"十三五"国家重点出版物出版规划项目
面向可持续发展的土建类工程教育丛书

材 料 力 学

主　编　张晓晴

副主编　张　红　杨　怡

参　编　陈　炎　赵　琛　段乐珍
　　　　容亮湾　郭馨艳　黄怀纬

机械工业出版社

本书共 13 章，依次为绪论、轴向拉压杆件的强度与变形计算、材料在拉伸和压缩时的力学性能、剪切与挤压的工程实用计算、扭转杆件的强度与刚度计算、平面弯曲杆件的应力与强度计算、平面弯曲杆件的变形与刚度计算、应力状态分析与强度理论、组合变形杆件的强度计算、压杆稳定计算、能量法及其应用、动荷载、交变应力与构件疲劳强度分析。另外，还包括平面图形的几何性质和型钢规格表两个附录供查阅。

为了便于学习，每章后均附有思考题与习题，书末附有习题参考答案。

本书可作为高等学校土木工程、机械工程、工程力学等工科专业材料力学课程的教材，也可作为高等学校专科、高等职业院校和成人教育学院师生及相关工程技术人员的参考书。

本书配套有授课 PPT、视频等资源，免费提供给选用本书的授课教师，需要者请登录机械工业出版社教育服务网（www.cmpedu.com）注册下载。

图书在版编目（CIP）数据

材料力学/张晓晴主编. —北京：机械工业出版社，2021.3（2025.1 重印）
（面向可持续发展的土建类工程教育丛书）
"十三五"国家重点出版物出版规划项目
ISBN 978-7-111-67540-2

Ⅰ.①材… Ⅱ.①张… Ⅲ.①材料力学-高等学校-教材 Ⅳ.①TB301

中国版本图书馆 CIP 数据核字（2021）第 030580 号

机械工业出版社（北京市百万庄大街 22 号　邮政编码 100037）
策划编辑：李　帅　　责任编辑：李　帅　　高凤春
责任校对：张　薇　　封面设计：张　静
责任印制：刘　媛
涿州市般润文化传播有限公司印刷
2025 年 1 月第 1 版第 4 次印刷
184mm×260mm・22.25 印张・546 千字
标准书号：ISBN 978-7-111-67540-2
定价：66.60 元

电话服务　　　　　　　　　　网络服务
客服电话：010-88361066　　　机　工　官　网：www.cmpbook.com
　　　　　010-88379833　　　机　工　官　博：weibo.com/cmp1952
　　　　　010-68326294　　　金　书　网：www.golden-book.com
封底无防伪标均为盗版　　　　机工教育服务网：www.cmpedu.com

前　言

本书是"十三五"国家重点出版物出版规划项目，根据《高等学校工科基础课程教学基本要求》和材料力学课程教学大纲，基于华南理工大学基础力学教学团队数十年的教学经验编写而成，可满足高校多数工科专业材料力学课程的教学需求。

党的二十大报告指出："必须坚持科技是第一生产力、人才是第一资源、创新是第一动力，深入实施科教兴国战略、人才强国战略、创新驱动发展战略"，各高校培养理工科创新人才非常重要，而材料力学是土木工程、机械工程、工程力学等工科专业的一门重要的专业基础课。本书主要内容包括杆件在基本变形和组合变形下的内力、应力、变形、强度、刚度的分析，以及压杆稳定、材料的力学性能、动荷载、能量法等。最后通过研究构件的强度、刚度和稳定性分析，使学生掌握进行工程构件设计所必要的理论基础、计算方法及实验技术。在国家新工科人才培养、"双一流"建设等重要背景下，本书坚持以"学"为本，注重学生基础知识的掌握，并和立德树人相结合。通过材料力学研究历史的学习、工程实例和生活案例的引入，使学生树立科学精神，培养学生发现问题、分析问题、解决问题的能力。同时，本书与时俱进，结合多媒体技术，通过二维码提供重要概念和内容的视频讲解。

本书由华南理工大学"基础力学"教学团队编写。华南理工大学"基础力学"教学团队承担全校基础力学教学任务，多年来取得了显著成果，材料力学课程先后被评为国家精品课程、国家精品资源共享课及国家级线下一流本科课程，本书为该课程的配套教材。本书编写分工：张晓晴编写第10、11章，张红编写第1、8章，杨怡编写第6章，陈炎编写第4、9章，赵琛编写第2、3章，段乐珍编写第7章，容亮湾编写第5章，郭馨艳编写第12、13章，黄怀纬编写附录。全书由张晓晴、张红、杨怡统稿。感谢"基础力学"教学团队黄小清、陆丽芳、何庭蕙老师对本书的大力支持，感谢曾庆敦老师为本书编写提供宝贵的指导意见。

本书的编写得到了华南理工大学教务处和华南理工大学土木与交通学院及工程力学系的大力支持，在此表示衷心感谢。

鉴于编者水平有限，书中难免存在疏漏与不足之处，望广大教师与学生批评指正。

编　者

目 录

前言
第1章 绪论 ………………………………… 1
1.1 材料力学及其发展简况 ……………… 1
1.2 材料力学的研究对象及基本任务 …… 2
1.3 材料力学的基本概念 ………………… 3
1.4 材料力学的基本假设 ………………… 6
1.5 杆件变形的基本形式 ………………… 6
思考题 ……………………………………… 7
习题 ………………………………………… 8

第2章 轴向拉压杆件的强度与变形
计算 ……………………………………… 10
2.1 轴向拉压杆件的内力 ………………… 10
2.2 轴向拉压杆件的应力 ………………… 13
2.3 轴向拉压杆件的强度计算 …………… 16
2.4 轴向拉压杆件的变形计算 …………… 19
2.5 拉压超静定问题 ……………………… 22
思考题 ……………………………………… 29
习题 ………………………………………… 30

第3章 材料在拉伸和压缩时的力学
性能 ……………………………………… 36
3.1 材料在拉伸时的力学性能 …………… 36
3.2 材料在压缩时的力学性能 …………… 41
3.3 许用应力 ……………………………… 43
3.4 应力集中 ……………………………… 44
思考题 ……………………………………… 45
习题 ………………………………………… 45

第4章 剪切与挤压的工程实用计算 …… 47
4.1 剪切与挤压的实例和概念 …………… 47
4.2 剪切与挤压的工程实用计算法 ……… 50
4.3 剪切与挤压强度计算算例 …………… 53
思考题 ……………………………………… 59

习题 ………………………………………… 59

第5章 扭转杆件的强度与刚度计算 …… 64
5.1 扭转杆件的内力 ……………………… 64
5.2 扭转圆轴的应力计算 ………………… 67
5.3 扭转圆轴的强度计算 ………………… 73
5.4 扭转圆轴的变形计算 ………………… 75
5.5 扭转圆轴的刚度计算 ………………… 77
5.6 扭转超静定问题 ……………………… 79
5.7 非圆截面杆的自由扭转简介 ………… 81
思考题 ……………………………………… 82
习题 ………………………………………… 84

第6章 平面弯曲杆件的应力与强度
计算 ……………………………………… 87
6.1 平面弯曲的概念 ……………………… 87
6.2 平面弯曲梁的内力 …………………… 89
6.3 纯弯曲时梁横截面上的正应力 ……… 99
6.4 横力弯曲时梁横截面上的应力 ……… 104
6.5 梁的强度计算 ………………………… 113
6.6 梁的合理强度设计 …………………… 119
6.7 弯曲中心 ……………………………… 124
思考题 ……………………………………… 127
习题 ………………………………………… 129

第7章 平面弯曲杆件的变形与刚度
计算 ……………………………………… 139
7.1 挠曲线的概念 ………………………… 139
7.2 挠曲线近似微分方程 ………………… 140
7.3 积分法求梁的变形 …………………… 141
7.4 叠加法求梁的变形 …………………… 145
7.5 梁的刚度条件与合理刚度设计 ……… 152
7.6 用变形比较法解简单超静定梁 ……… 153
思考题 ……………………………………… 156

目录

习题 …………………………………… 156

第8章 应力状态分析与强度理论 …… 160
8.1 概述 ………………………………… 160
8.2 平面应力状态分析 ………………… 161
8.3 三向应力状态分析 ………………… 170
8.4 广义胡克定律 ……………………… 172
8.5 复杂应力状态下的应变比能 ……… 175
8.6 工程中常用的四种强度理论 ……… 178
8.7 莫尔强度理论及其他强度理论 …… 183
思考题 ………………………………… 184
习题 …………………………………… 186

第9章 组合变形杆件的强度计算 …… 189
9.1 组合变形杆件的实例和概念 ……… 189
9.2 组合变形杆件的内力 ……………… 191
9.3 拉（压）与弯曲组合变形的强度
　　计算 ……………………………… 193
9.4 斜弯曲杆件的强度和变形计算 …… 203
9.5 弯曲和扭转组合变形的强度计算 … 210
思考题 ………………………………… 219
习题 …………………………………… 220

第10章 压杆稳定计算 ………………… 225
10.1 压杆稳定的实例和概念 …………… 225
10.2 细长压杆的临界力 ………………… 229
10.3 压杆的临界应力总图 ……………… 234
10.4 压杆的稳定性计算 ………………… 238
10.5 压杆稳定性的合理设计 …………… 243
思考题 ………………………………… 245
习题 …………………………………… 246

第11章 能量法及其应用 ……………… 251
11.1 应变能的计算 ……………………… 251
11.2 互等定理 …………………………… 258
11.3 卡氏第二定理 ……………………… 261
11.4 单位荷载法 ………………………… 264
11.5 图形互乘法 ………………………… 268
思考题 ………………………………… 273
习题 …………………………………… 273

第12章 动荷载 ………………………… 281
12.1 动荷载的概念和工程实例 ………… 281
12.2 匀加速度运动时的应力和变形
　　 计算 ……………………………… 282
12.3 受冲击荷载时的应力和变形计算 … 287
12.4 提高构件抗冲击能力的措施 ……… 293
思考题 ………………………………… 294
习题 …………………………………… 295

第13章 交变应力与构件疲劳强度
　　　　 分析 ………………………… 298
13.1 交变应力与疲劳失效 ……………… 298
13.2 S-N 曲线和疲劳极限 …………… 300
13.3 对称循环下构件的疲劳强度计算 … 305
13.4 非对称循环下构件的疲劳强度
　　 计算 ……………………………… 306
13.5 弯扭组合变形的疲劳强度计算 …… 308
13.6 提高构件疲劳强度的措施 ………… 309
思考题 ………………………………… 310
习题 …………………………………… 310

附录 …………………………………… 313
附录A 平面图形的几何性质 ………… 313
　A.1 平面图形的静矩和形心 ………… 313
　A.2 极惯性矩、惯性矩与惯性积 …… 315
　A.3 惯性矩和惯性积的平行移轴
　　　 公式 ……………………………… 318
　A.4 惯性矩与惯性积的转轴公式 …… 320
　A.5 主惯性轴与主惯性矩 …………… 320
　思考题 ……………………………… 321
　习题 ………………………………… 321
附录B 型钢规格表 …………………… 322
　B.1 工字钢 …………………………… 322
　B.2 槽钢 ……………………………… 324
　B.3 等边角钢 ………………………… 324
　B.4 不等边角钢 ……………………… 329

习题参考答案 ………………………… 333

参考文献 ……………………………… 347

第 1 章 绪 论

> **本章提要**
> 本章主要介绍了材料力学及其发展简况；材料力学的研究对象及基本任务；材料力学的基本概念，包括可变形固体、内力与截面法、应力与应变的概念；材料力学的基本假设；以及杆件变形的基本形式。

1.1 材料力学及其发展简况

材料力学（mechanics of materials）是应用力学的一个分支，主要研究各种荷载作用下固体的力学行为。这个领域的研究有时也称为材料强度（strength of materials）或可变形体力学（mechanics of deformable bodies）。材料力学研究的可变形固体包括轴向拉压杆件、扭转的轴、弯曲的梁和受压的柱，其主要目的是确定承受荷载的结构及其构件中的应力、应变和位移。如果确定了结构中直至失效荷载对应的上述力学量，就清楚了这些结构完整的力学行为。

材料力学是工科领域的重要基础课程。对于各种工程结构，比如建筑或桥梁、水库大坝、轮船或航空器等，了解结构的力学行为（结构在荷载作用下的应力、应变和位移等）对于其安全设计是十分必要的。材料力学这门科学正是源于长期工程实践中对各类结构安全设计需求的推动和工程经验的积累而产生和发展的。正如恩格斯在《自然辩证法》中所指出，"科学的发生和发展，一开始就是由生产决定的"。材料力学的发展也不例外。

在古代，建筑物多以石料、木材等为主要的建筑材料，机械多以铸铁、铸铜等为主要的材料，如建于公元前 2690 年代的埃及胡夫金字塔是世界上最大的金字塔，以其高超的设计和建筑技巧闻名于世。古希腊力学家阿基米德（Archimedes，公元前 287—212 年）利用自创的力学原理发明了一系列机械，如：阿基米德螺旋提水机、用于提升重物的复杂滑轮系统等，后者可以将一艘船成功吊入河水中，这些机械应用于生产活动，大大提升了生产效率。中世纪阿拉伯力学家阿勒·哈奇尼（Al khazini，约 12 世纪）利用自己著作中的等臂天平和秤盘，确定了水等多种物质的密度。他还由此发现空气也有质量，并指出由于存在空气浮力，阿基米德浮力定律不只适用于液体，也适用于气体。我国河北的赵州桥建于隋朝（594—605 年），是现存世界上最古老、跨度最大的敞肩石拱桥。赵州桥的结构设计尽善尽美，堪称世界桥梁建筑史上的一绝。还有我国古代的车船技术，如指南车和记里鼓车（约

12世纪，见《宋史·舆服志》），说明我国至少在宋代已能运用轮轴、齿轮、杠杆等构件组成复杂的机械系统。造船方面，明朝郑和七次下西洋（1405—1433年），所带浩浩荡荡的船队乘坐的大船长120m、宽50m，排水量达5000~10000t。船队多次安全可靠地航行于公海，表明我国明朝已掌握了相当丰富的船体强度、浮力平衡与稳定设计的经验（见武际可《力学史》）。不可否认，古代建筑或机械设计主要凭经验或采用模仿的方法，这些建筑或机械的工作条件相对较简单。但它们也体现了当时劳动人民根据生产实践中积累的经验，对构件受力特点及材料的力学性能有了初步的认识，并能结合构件的受力特点正确地使用材料。

进入文艺复兴时期后，科学发展迎来新机遇。这个时期在建筑和工程上涌现出一些杰出科学技术人才。其中的代表人物如莱奥纳多·达·芬奇（Leonado da Vinci，1452—1519年），他的笔记记载了应用力矩法进行杠杆及滑轮系统受力分析；他还通过试验研究了铁丝等结构材料的强度。最早尝试用解析法计算构件尺寸是17世纪开始的，伽利略（Galileo Galilei，1564—1642年）在他的名著《关于两门新科学的对谈》中采用这种方法进行应力分析，该书陈述了他在力学各方面的研究成果，包括建筑材料的力学性质和梁的强度研究等，是材料力学领域的首部著作，标志着材料力学这门科学的开端。英国的科学家胡克（Robert Hooke，1635—1703年）于1678年通过弹簧实验发表了胡克定律——弹性体的受力与变形成正比。伴随着第一次工业革命，各种车船、飞机、新型建筑结构和金属切削机床的发明和应用，生产实践提出了提高材料强度、减少构件自重和节省材料的迫切要求，这就推动了冶金工业的发展，从而尽量选择较细长的构件使其同时满足其强度、刚度要求并节省材料。此外，由于细长的杆件在受压时会出现丧失原有平衡形态的稳定性问题，因此，对构件承载能力计算包括了强度、刚度和稳定性三方面。瑞士科学家欧拉（Euler，1707—1783年）于1744年出版了《曲线变分法》一书，给出了不同荷载情况下，弹性压杆失稳的临界荷载和挠曲线形状。法国科学家纳维埃（Navier，1785—1838年）编写的材料力学著作呈现了19世纪初期弹性体力学研究的动态，对弹性梁弯曲时中性轴位置的确定做出了有益的讨论，还首创了分析材料力学超静定问题的一般方法。法国科学家柯西（Cauchy，1789—1857年）采用数学分析方法研究力学问题，在弹性理论方面贡献良多，例如，他首先将应力的概念引入弹性理论分析当中（见 Stephen P. Timoshenko *History of Strength of Materials*）。

工程实践的进一步发展又提出更多的新问题，如有些构件承受冲击荷载或随时间交替变化的荷载作用等。因此，一般材料力学课程还包括动荷载和交变应力情况下的构件设计。由于工程结构或构件中频发断裂事故，20世纪中期又发展出断裂力学分支等。当今，随着人类探索自然的脚步拓展到深海和深空领域，以及人们生产、生活水平的日益提高，各种新材料（如纳米材料、多胞材料以及超材料等）、新工艺（如3D打印技术）不断涌现，材料的非均匀性、各向异性矛盾更为突出，跨尺度、非线性、多场耦合等问题层出不穷。同时借助于计算科学与技术的飞速发展，相信材料力学的研究内容和手段也会随着科技进步继续不断丰富和发展。

1.2　材料力学的研究对象及基本任务

结构或机械通常都受到各种外力的作用。例如，楼房外墙受到自重和风荷载、汽车离合器连接轴受到传动力矩、飞机受到自重和风阻力等，这些外力称为荷载。而组成结构或机械的零部件统称为构件。一般构件根据几何形状可分为杆、板或壳、实体。本书的主要研究对象是杆件。所谓杆件是指长度远大于横向尺寸的构件。

材料力学的基本任务

当结构或机械承受荷载或传递运动时，随着荷载的增大，构件的变形和内力相应增大，当荷载增大到一定程度时，构件会丧失承载能力。因此，为了保证整个结构的正常工作，构件必须满足强度、刚度和稳定性的工程设计要求。

所谓强度，是指构件抵抗破坏的能力。工程上要求构件在荷载作用下应不至于破坏（含断裂）。比如，汽车主轴因超载而引起断裂时，汽车就无法正常行驶。

所谓刚度，是指构件抵抗变形的能力。工程上要求构件在荷载作用下的变形不得超过工程上允许的范围。比如，机床主轴若发生过大变形，将影响零件加工精度，产生废品。

所谓稳定性，是指构件在其原有形态下的平衡应保持为稳定的平衡。构件的平衡形式若发生突然转变，称为失稳或屈曲。比如，桁架桥梁中的受压杆件如果是细长的，则当压力超过一定限度后，会显著地变弯，甚至导致桥梁结构整体坍塌。

材料力学的基本任务首先应满足强度、刚度和稳定性的承载能力要求。此外，一个合理的构件设计，不但应保证构件具有足够的承载能力，使其能够安全可靠地工作，还应满足减轻自重、降低材料消耗等经济性要求。同时，材料的强度、刚度和稳定性均与材料的力学性能（主要指材料的变形与所受荷载之间的关系）有关，而材料的力学性能要通过实验测定。另外，有些仅靠现有理论难以解决的工程问题，也需借助实验研究。因此，材料力学的基本任务就是在满足强度、刚度和稳定性的前提下，为设计既安全又经济的构件提供必要的基本理论、计算方法和实验方法。

1.3 材料力学的基本概念

1.3.1 可变形固体的概念

构件由固体材料组成，任何固体在外力作用下都会发生变形（构件的尺寸改变或形状改变称为变形），因此也称为可变形固体。按变形的性质，可变形固体的变形分为弹性变形和塑性变形。弹性变形是指作用于可变形固体上的外力去除后能完全恢复的变形。而塑性变形是指作用于可变形固体上的外力去除后仍残余的变形。只产生弹性变形的固体称为弹性体。材料力学主要研究弹性体的变形。

1.3.2 内力与截面法的概念

1. 内力的概念

可变形固体的内力是指当受到外力作用而发生变形时，物体内各质点之间产生的附加的相互作用力，又称为"附加内力"。

内力是由外力引起并与变形同时产生的，它随着外力的增大而增大，当超过某一限度时，构件就发生破坏。因此，研究构件的承载能力，必须要计算内力。

2. 截面法的概念

截面法是研究构件内力的基本方法。如图 1-1a 所示,在要求内力处用一假想截面将杆件分成 A、B 两部分,研究其中一部分分离体(见图 1-1b),按正方向假定杆件内力,列平衡方程计算出所求截面上的内力,这种方法称为截面法。

截面法与杆件内力计算

一般采用截面法计算杆件的内力,对应基本变形,通常将内力分解为轴力 F_N、剪力 F_{Sy}、F_{Sz}、扭矩 M_x 或 T、弯矩 M_y 和 M_z 六个分量(见图 1-1c)。

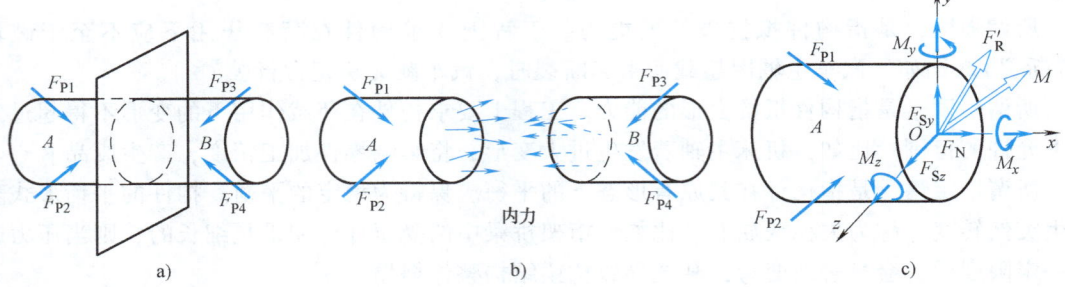

图 1-1 截面法中杆件的受力图

a) 用假想截面截取杆件　b) 杆件分离体受力图　c) 分离体截面上的内力分解

1.3.3 应力与应变的概念

一般构件各横截面上的内力分布及变形分布是不均匀的,应用截面法确定静定杆件横截面上的内力分量后还不足以判断构件在哪个点先破坏,因此,下面给出描述材料强度破坏的参数——应力,以及描述材料变形的参数——应变。

1. 应力的概念及计算

应力是分布内力在截面上某一点处的集度。如图 1-2 所示,设在某构件任意截面 m—m 上,围绕某点 K 取一微小面积 ΔA,若作用在该微面积上的分布内力的合力为 ΔF_R,则定义 $\dfrac{\Delta F_R}{\Delta A}$ 为面积 ΔA 上的平均应力,且当 $\Delta A \rightarrow 0$ 时,上述平均应力的极限值为

应力的概念

$$p = \lim_{\Delta A \rightarrow 0} \frac{\Delta F_R}{\Delta A} = \frac{\mathrm{d} F_R}{\mathrm{d} A} \quad (1-1)$$

式中　p——截面 m—m 上点 K 处的总应力(Pa 或 MPa);

ΔF_R——微面积 ΔA 上的分布内力的合力(N);

ΔA——微面积(m^2 或 mm^2)。

应力是对材料强度破坏参数的精准定义,通常强度破坏或失效从最大应力处开始。应力的国际单位为 Pa,$1Pa = 1N/m^2$,$1MPa = 10^6 Pa$,$1GPa = 10^9 Pa$。

为便于进行强度分析,一般将总应力沿构件截面的法线方向和切线方向进行分解,分别得到正应力和切应力。

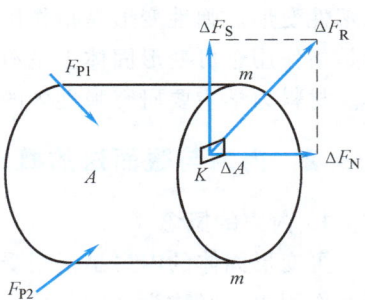

图 1-2 杆件截面微面积上的分布内力的合力

正应力：垂直于截面的应力称为正应力。一般规定拉应力为正，压应力为负。

$$\sigma = \lim_{\Delta A \to 0} \frac{\Delta F_N}{\Delta A} = \frac{dF_N}{dA} \tag{1-2}$$

式中　σ——截面 m—m 上点 K 处的正应力（Pa 或 MPa）；

ΔF_N——微面积 ΔA 上的分布内力合力的法向分力（N）。

切应力：沿截面切线方向的应力称为切应力。一般其对作用部分有顺时针转动趋势者为正，反之为负。

$$\tau = \lim_{\Delta A \to 0} \frac{\Delta F_S}{\Delta A} = \frac{dF_S}{dA} \tag{1-3}$$

式中　τ——截面 m—m 上点 K 处的切应力（Pa 或 MPa）；

ΔF_S——微面积 ΔA 上的分布内力合力的切向分力（N）。

2. 应变的概念及计算

一点处的变形用应变精准描述，分为线应变和切应变。描述物体的线应变或切应变时应明确发生在哪一点，沿哪一个方向或在哪一个平面上。

为研究构件内各点的变形情况，假想用包围该点的微小正六面体——单元体代表该点（见图1-3a）。整个杆件的变形可视为所有单元体变形的累加。

构件受力后，单元体的变形包括棱边长度的改变和棱边夹角的改变两种形式（见图1-3b、c），对应的应变分别为线应变（正应变）和角应变（切应变）。

应变的概念

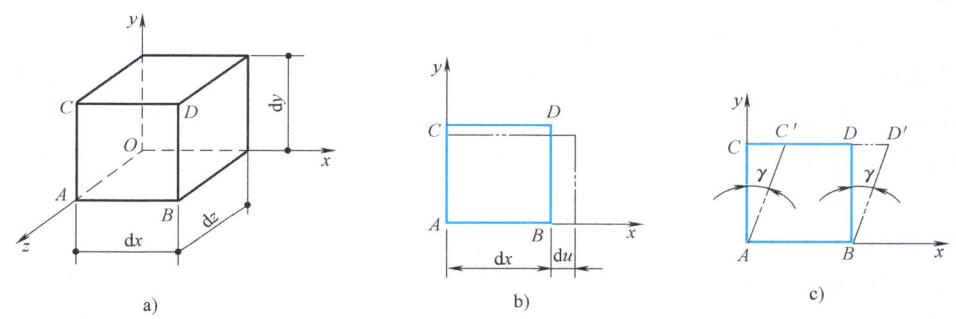

图 1-3　单元体及其变形

a）单元体　b）单元体的线应变　c）单元体的角应变

线应变（正应变）：描述弹性体各点处线变形程度的量，用 ε 表示，量纲为1。一般拉应变为正，压应变为负。

$$\varepsilon_x = \frac{du}{dx} \tag{1-4}$$

式中　ε_x——弹性体一点处沿 x 方向的线应变（量纲为1）；

dx——单元体沿 x 方向的棱边原长（m）；

du——单元体沿 x 方向棱边的伸长量（m）。

角应变（切应变）：单元体相邻棱边直角的改变量，用 γ 表示（见图1-3c），单位用 rad 表示。一般直角变小为正，反之为负。

1.4 材料力学的基本假设

材料力学的
基本假设

构件材料多种多样，其组成和微观结构更是复杂，如金属具有晶体结构，塑料由长链分子组成，碳纤维复合材料由碳纤维和基体组成。为便于工程应用，材料力学仅研究材料的宏观形态，为此，对可变形固体做出如下假设：

(1) 连续性假设　假设组成固体的物质密实地充满物体所在空间而毫无空隙。该假设有助于将有关力学量表达为固体内各点坐标的连续函数。注意在材料力学范畴内，变形后的固体仍应保持其连续性，即变形后的固体既不产生空隙，也不发生挤入现象。

(2) 均匀性假设　假设组成固体的物质均匀分布在物体内，并且各处具有相同的力学性质。即认为由物体内任意一点处取出的体积单元，其力学性能可代表该材料整体的力学性能。注意，一般代表材料力学性能的体积单元的尺寸随材料细观组织结构的不同而变化。例如，对于金属材料，考虑其晶体结构，通常取 0.1mm×0.1mm×0.1mm 为其代表性体积单元的最小尺寸；而对于混凝土材料，则需取 10mm×10mm×10mm 为其代表性体积单元的最小尺寸，以保持其力学性能的统计平均值为恒定量。

(3) 各向同性假设　假设材料沿各个方向上具有相同的力学性能。该假设有助于对构件进行受力分析时，沿任意方向截取研究对象，而材料的力学性能均相同。注意，金属材料沿任意方向的力学性能是具有方向性的晶体的统计平均值。

实践表明，根据上述假设得出的力学模型进行计算所得结果的精度，大多数情况下满足工程设计要求。但也有一些工程材料的力学性能具有明显的方向性，如木材、单向纤维增强复合材料，其沿纤维方向和垂直于纤维方向的力学性能是明显不同的，这类材料称为各向异性材料。

另外，材料力学中研究的构件在承受荷载作用时，其变形与构件的原始尺寸相比通常甚小。所以，在研究构件的平衡或内部受力及变形时，一般可忽略其变形，按构件的原始尺寸和形状进行计算，称为小变形条件。特殊地，对压杆稳定问题，因研究失稳临界荷载的需要，应按变形后的构型计算内力和变形。而大变形问题，则不在本书讨论范围内。

1.5 杆件变形的基本形式

杆件变形的
基本形式

作用在杆件上的外力多种多样，相应的杆件的基本变形可分为以下四种：

1. 轴向拉伸与压缩

轴向拉伸与压缩（见图 1-4a、b）的受力特点是外力的合力 F 作用线与杆的轴线重合；变形特点是杆的变形主要是轴向伸缩，同时伴随横向缩小或扩大。

2. 剪切

剪切（见图 1-4c）的受力特点是杆件受到一对相距很近的大小相同、方向相反的横向外力 F 作用；变形特点是杆的变形主要是横截面沿外力作用方向发生相对错动，有时还伴随其他的变形形式，如弯曲。

3. 扭转

扭转（见图 1-4d）的受力特点是杆件两端作用两个大小相等、方向相反、作用面垂直于杆件轴线的力偶 M_e；变形特点是杆件任意两个横截面绕轴线相对转动。

4. 弯曲

弯曲（见图 1-4e）的受力特点是杆件受垂直于轴线的横向外力作用；变形特点是杆件轴线变成了曲线。

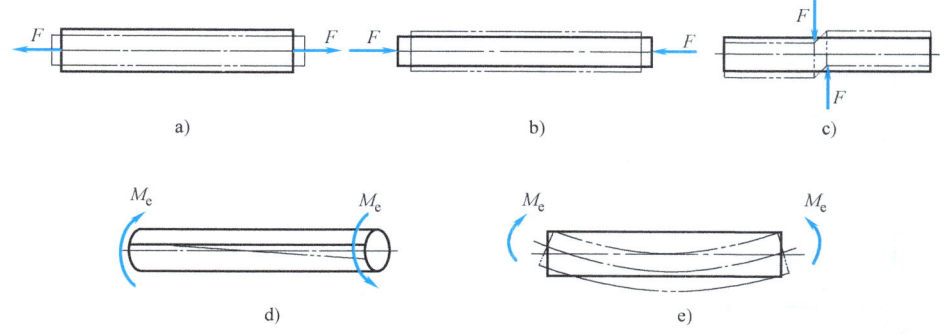

图 1-4 杆件的四种基本变形

a）杆件轴向拉伸变形 b）杆件轴向压缩变形 c）杆件剪切变形 d）杆件扭转变形 e）杆件弯曲变形

在此基础上，由两种或两种以上的基本变形组成的变形称为组合变形，通常有拉伸（压缩）与弯曲组合变形（含偏心拉压）、弯扭组合变形、斜弯曲等组合变形。本书将首先讨论杆件的四种基本变形，然后再应用叠加原理分析组合变形问题。

思 考 题

1-1 构件的承载能力包括强度、刚度和稳定性。请分别解释其内涵。

1-2 材料力学对可变形固体有哪些基本假设？各基本假设的内涵分别是什么？

1-3 计算构件内力的基本方法是什么？构件内力一般有哪几个分量？分别用什么符号表示？

1-4 力的可传性是否适用变形体？如图 1-5a、b 所示，两者是否等效？

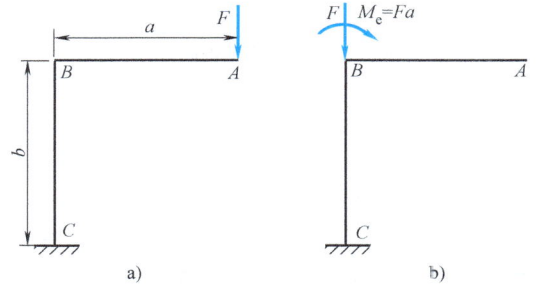

图 1-5 思考题 1-4、1-5 图

a）刚架 ABC（集中力作用在 A 点） b）刚架 ABC（集中力和集中力偶作用在 B 点）

1-5 如图 1-5 所示受力构件中，哪一段内有应力？哪一段内有应变？哪一段内有位移？

1-6 如下说法是否正确：均匀性假设认为，材料内部各点的应力与应变均相同。

习　　题

1-1 图 1-6a 所示梁的受力情况，是否等效于图 1-6b 所示的情况？为什么？

1-2 试求图 1-7 所示结构 $m—m$、$n—n$ 两截面的内力，并指出 AB 和 BC 两杆的变形属于哪类基本变形。

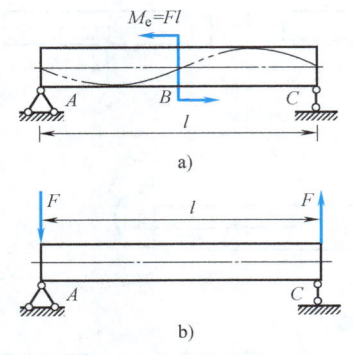

图 1-6　习题 1-1 图

a) 简支梁 ABC（集中力偶作用在 B 截面）
b) 简支梁 ABC（集中力作用在 A、C 截面）

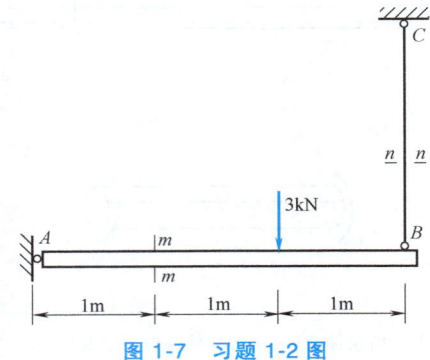

图 1-7　习题 1-2 图

1-3 试求图 1-8 所示杆件 1—1、2—2 及 3—3 截面上的轴力，并说明各段发生什么变形。

1-4 试求图 1-9 所示杆件 BC 段的扭矩，并说明 BC 段发生什么变形。

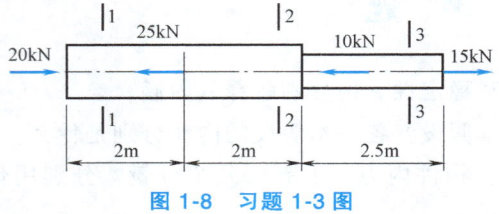

图 1-8　习题 1-3 图　　　　　图 1-9　习题 1-4 图

1-5 试求图 1-10 所示梁中截面 1—1、2—2 上的剪力和弯矩，这些截面无限接近截面 C 或截面 D。设 F_P、q、a 为已知。

1-6 杆件 AB 受力如图 1-11 所示。端点 B 有铅垂位移 Δ_B。试计算 B 点处的应力和应变的大小。

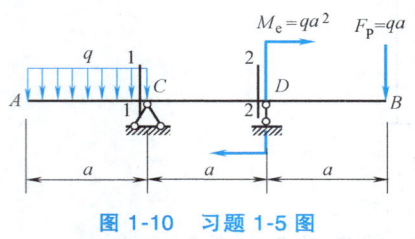

图 1-10　习题 1-5 图

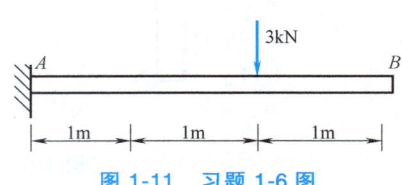

图 1-11　习题 1-6 图

1-7 图 1-12 所示双点画线表示单元体变形后的形状,试计算 A 点的切应变。

1-8 薄圆环的平均直径为 d,变形后的平均直径增加了 Δd,试求该圆环沿圆周方向的平均线应变 ε。

1-9 如图 1-13 所示,三角平板沿底边固定,顶角 A 水平位移为 5mm。试求:(1)顶点 A 的切应变 γ_{xy};(2)沿 x 轴的平均线应变 ε_x;(3)沿 x' 轴的平均线应变 $\varepsilon_{x'}$。

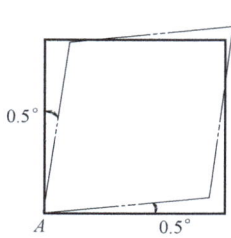

图 1-12 习题 1-7 图

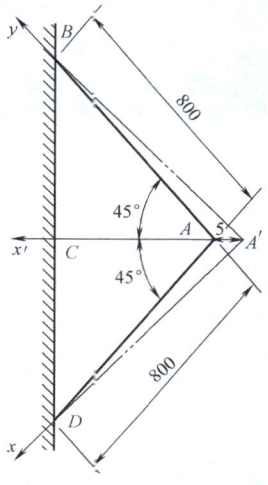

图 1-13 习题 1-9 图

第 2 章　轴向拉压杆件的强度与变形计算

本章提要

轴向拉伸和压缩是最简单的杆件基本变形形式。本章主要研究杆件承受轴向拉伸和压缩荷载时的内力、应力以及强度、变形计算，研究简单拉压超静定问题的求解原理和方法，并介绍温度应力和装配应力。

■ 2.1　轴向拉压杆件的内力

在工程实际中，经常遇到承受轴向拉伸或轴向压缩荷载的杆件。例如桥梁、房屋建筑中常见的桁架结构、液压传动机构或内燃机中的活塞连杆、起吊重物的钢索等。图 2-1a 所示桁架的竖杆、斜杆和上、下弦杆，均受到拉伸或压缩荷载。图 2-1b 所示的曲柄连杆，承受压缩荷载。

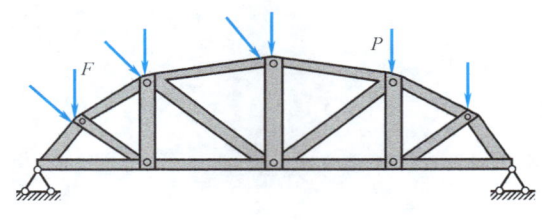

a)

b)

图 2-1　轴向拉压杆件实例

a）桁架　b）曲柄连杆

轴向拉伸（压缩）杆件受力特点是：杆件所受外力或其合力的作用线沿杆的轴线，而杆件的主要变形则为轴向伸长或缩短，可用图2-2a、b表示。作用线沿杆件轴线的荷载称为轴向外力或轴向荷载，以轴向拉压为主要变形的杆件称为轴向拉伸杆件或者轴向压缩杆件。

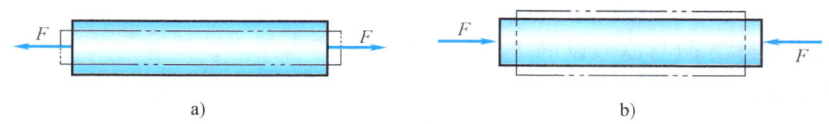

图2-2 轴向拉压杆件
a）轴向拉伸 b）轴向压缩

对于在两端只作用有一对轴向拉力（或压力）F的杆件（见图2-3a），可用截面法求任意横截面的内力。取一假想平面沿 m—m 将杆件截为两段，截开后取左段部分分析（见图2-3b），截面上的内力 F_N 就成为外力，由平衡条件知其作用线必与杆的轴线重合（与F共线），这种内力称为轴力，其数值可由平衡方程求得，即

$$\sum F_x = 0, \quad F_N - F = 0, \quad F_N = F$$

式中 F_N——横截面上轴力（N）。

可见，杆件 m—m 截面上的轴力 F_N，大小等于F，方向与F相反且沿同一作用线（即杆的轴线）。若取右段部分作为研究对象（见图2-3c），同样可以求出轴力 F_N。

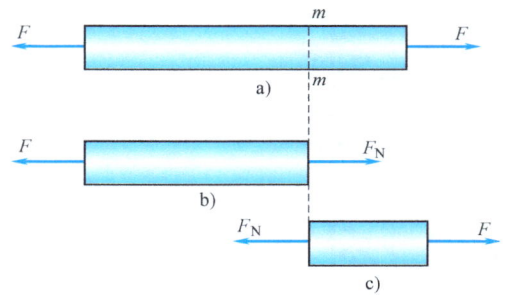

图2-3 截面法求轴向拉压杆件的内力　　　　轴向拉压杆件的内力
a）杆件 b）m—m 截面左侧段受力图 c）m—m 截面右侧段受力图

一般规定，轴力拉伸为正，压缩为负。如果将图2-3a中杆左端的作用力F移至杆长的中点，杆的轴力又如何？由此可以推论：刚体静力学中的力的可传性原理一般不适用于可变形固体。

为了清楚地显示轴力随横截面位置变化的情况，以便确定最大轴力及所在位置，可用与杆件平行的坐标轴表示横截面位置，以与杆件垂直的坐标轴表示轴力的数值，从而绘出轴力沿轴向位置变化的函数图形，称为轴力图。

【例2-1】　某变截面直杆受力情况如图2-4a所示，试作该杆的轴力图。

解：此杆在A、B、C、D四处受4个轴向外力作用（A处的为反力），故轴力应分AB、BC、CD三段计算。在AB段内用任一横截面1—1将杆截开后，研究右段杆的平衡，在截面上假设轴力 F_{N1} 为拉力（见图2-4b）。由平衡条件 $\sum F_x = 0$ 得

$$60\text{kN} + 20\text{kN} - 30\text{kN} - F_{N1} = 0, \quad F_{N1} = 50\text{kN}$$

结果为正，说明原假设拉力是正确的。

在 BC 及 CD 段，横截面面积虽有改变，但平衡方程式与截面大小无关。如在 BD 段用任一截面 2—2 将杆截开，研究右段杆的平衡。在截面上轴力 F_{N2} 仍设为拉力（见图 2-4b）。由平衡条件 $\sum F_x = 0$ 得

$$20\text{kN} - 30\text{kN} - F_{N2} = 0, \quad F_{N2} = -10\text{kN}$$

结果为负，说明实际方向与原假设的 F_{N2} 方向相反，即为压力。

同理在 CD 段，用任一截面 3—3 将杆截开，研究右段杆的平衡，假设轴力 F_{N3} 为拉力（见图 2-4b），由平衡条件 $\sum F_x = 0$，得 $F_{N3} = 20\text{kN}$。

根据以上结果绘制轴力图，如图 2-4c 所示。由轴力图可看出，最大轴力 $F_{N\max} = 50\text{kN}$，发生在 AB 段内。

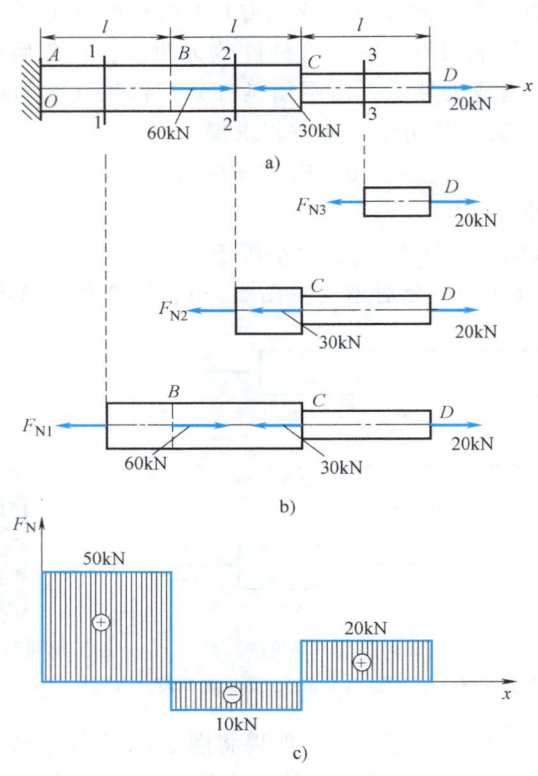

图 2-4 例 2-1 图
a）直杆受力图 b）各段受力图 c）轴力图

【例 2-2】 受压柱如图 2-5a 所示，已知柱在 A 点和 B 点分别受力 F，柱子的重度为 γ，AB 和 BC 段的横截面面积分别为 A_1 和 A_2。试绘制柱轴力图。

解：如图 2-5b 所示，柱上下两部分轴力分别为 F_{N1} 和 F_{N2}，根据平衡方程可以得到柱各段轴力为

$$F_{N1} = -F - \gamma A_1 x_1 \quad (0 < x_1 < l)$$

$$F_{N2} = -2F - \gamma A_1 l - \gamma A_2 x_2 \quad (0 < x_2 < l)$$

柱各段最大轴力$|F_N|_{max}$分别在柱中截面B和柱底截面C，分别为

$$|F_{N1}|_{max} = F + \gamma A_1 l$$

$$|F_{N2}|_{max} = 2F + \gamma l(A_1 + A_2)$$

建立F_N—x坐标系，绘制轴力图，如图2-5c所示。

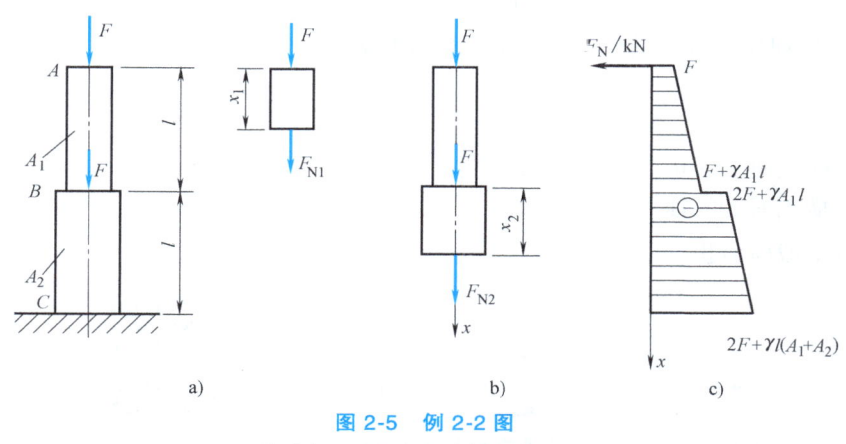

图2-5 例2-2图
a) 柱受力图 b) 各段受力图 c) 轴力图

2.2 轴向拉压杆件的应力

2.2.1 轴向拉压杆件横截面上的应力

在工程设计中，已知截面上的轴力还不能判断杆件在外力作用下是否会因强度不足而破坏，例如两根材料相同而粗细不同的拉杆，在相同拉力F作用下，两杆截面上的轴力F_N相同，但F增大时，细杆可能被拉断而粗杆却不会同时断裂。这是因为杆横截面上的内力的分布集度不同——即应力不同。细杆的横截面面积小，故应力比粗杆的应力大，因而细杆先破坏。

为了找出内力在杆横截面上的分布规律，常用的方法是先根据由试验中观察到的变形现象，做出关于变形分布规律的假设，然后据以推导出应力的计算公式。下面，就用这种方法建立轴向拉（压）杆横截面上正应力的计算公式。

为了了解轴向受拉杆的变形现象，观察图2-6所示的等直杆。施加轴向拉力F后，杆发生变形，横向线仍为平行的直线，与轴线垂直，且间距增大；纵向线仍为平行的直线，与轴线平行，且间距减小。

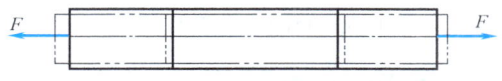

图2-6 轴向拉压杆件变形示意图

根据以上变形现象，可做出一重要假设，即杆在变形以前的横截面，在变形以后仍保持

为平面且仍与杆轴线垂直。通常把这个假设称为平面假设。

根据平面假设，在杆横截面上各点处的变形都相同。由于假设材料是均匀连续的，内力又与变形有关，故可以推论拉杆在横截面上的各点仅受均匀轴向内力作用，即轴向拉压杆横截上只有正应力 σ 且是均匀分布的（见图2-7）。于是

$$F_N = \int_A \sigma dA = \sigma \int_A dA = \sigma A$$

由此得到轴向拉压杆件横截面上正应力的计算公式

$$\sigma = \frac{F_N}{A} \tag{2-1}$$

式中　　σ——横截面上的正应力（Pa）；

F_N——横截面上的轴力（N）；

A——横截面面积（m^2）。

图 2-7　轴向拉压杆件横截面应力分布图　　　轴向拉压杆件的应力

正应力与轴力具有相同的符号，即拉应力为正，压应力为负。

应当指出，直接用式（2-1）计算杆件外力作用区域附近截面上各点的应力一般是不准确的，在外力作用点附近截面上的应力是非均匀分布的。试验和理论表明，力作用于杆端方式的不同，只会影响杆端局部范围，影响区的轴向范围为离杆端1~2个杆件的横向尺寸。在离外力稍远处的横截面上，横截面上的应力已趋于均匀分布。这一结论称为圣维南（Saint-Venant）原理。

【例 2-3】 已知条件与例 2-1 相同，杆件 AC 段为直径 $d_3 = 20$mm 的钢杆，CD 段为直径 $d_3 = 15$mm 的钢杆，求杆横截面上的最大正应力。

解：例 2-1 中已经求出 AC 段最大轴力在 AB 段，为 50kN，CD 段轴力为 20kN，所以根据式（2-1），AC 段最大正应力为

$$\sigma_{AC\,max} = \frac{F_{N1}}{A_1} = \frac{50 \times 10^3 \text{N}}{\frac{1}{4} \times \pi \times (20 \times 10^{-3} \text{m})^2} = 159.23 \times 10^6 \text{Pa} = 159.23 \text{MPa}$$

CD 段正应力为

$$\sigma_{CD} = \frac{F_{N3}}{A_3} = \frac{20 \times 10^3 \text{N}}{\frac{1}{4} \times \pi \times (15 \times 10^{-3} \text{m})^2} = 113.23 \times 10^6 \text{Pa} = 113.23 \text{MPa}$$

故杆横截面上的最大正应力为 159.23MPa，在 AB 段。

2.2.2　轴向拉压杆件斜截面上的应力

为了全面了解轴向拉（压）杆件中各处的应力情况，在研究了其横截面上的应力以后，还有必要进一步研究其斜截面上的应力。

考虑图 2-8a 所示拉杆，利用截面法，沿任一斜截面 $k-k$ 将杆切开，该截面的方位以其外法线 On 与 x 轴的夹角 α（逆时针转）表示，由于杆件内各纵向纤维变形相同，斜截面 $k-k$ 上的总应力 p_α 沿截面均匀分布，且方向与轴线平行，如图 2-8b 所示。

$F_{N\alpha}$ 为斜截面 $k-k$ 上的轴力，由平衡条件可得 $F_{N\alpha}=F_P$，可见斜截面上的轴力 $F_{N\alpha}$ 与横截面轴力 F_N 相等。设杆横截面面积为 A，则斜截面上各点的总应力为

$$p_\alpha = \frac{F_{N\alpha}}{A/\cos\alpha} = \frac{F_N}{A}\cos\alpha = \sigma\cos\alpha$$

式中　σ——杆件横截面上的正应力，$\sigma = F_N/A$。

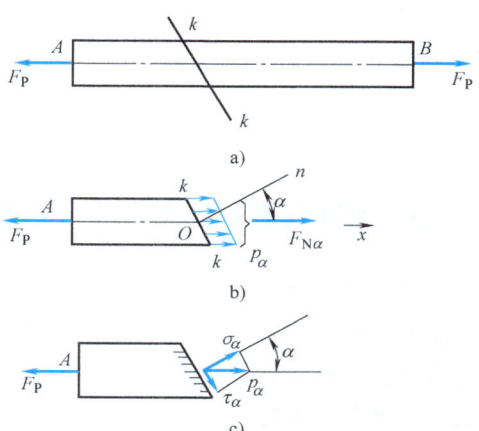

图 2-8　轴向拉压杆件斜截面上的应力
a) 杆件　b) $k-k$ 截面左侧段受力图
c) 斜截面应力图

将斜截面上一点处的总应力 p_α 沿截面法向与切向分解（见图 2-8c），分别得到斜截面上的正应力与切应力。

$$\sigma_\alpha = p_\alpha\cos\alpha = \sigma\cos^2\alpha \tag{2-2}$$

$$\tau_\alpha = p_\alpha\sin\alpha = \frac{\sigma}{2}\sin 2\alpha \tag{2-3}$$

式中　σ_α——斜截面上的正应力（Pa）；

　　　τ_α——斜截面上的切应力（Pa）；

　　　p_α——斜截面上的总应力（Pa）；

　　　σ——横截面上的正应力（Pa）；

　　　α——斜截面外法线 On 与 x 轴的夹角（°）。

可见，在拉杆的任一斜截面上各点处，不仅存在正应力，而且存在切应力，其数值均随截面的方位角变化。当 $\alpha=0$（杆的横截面）时，正应力取最大值

$$\sigma_{\max} = \sigma$$

当 $\alpha=45°$ 时，切应力取最大值

$$\tau_{\max} = \frac{\sigma}{2}$$

为便于应用上述公式，现对方位角与切应力的正负号做如下规定：以 x 轴为始边，方位角 α 为逆时针转向者为正；切应力以其对保留段内任一点的力矩，顺时针方向为正，反之为负。按此规定，图 2-8c 所示的正应力 σ_α 与切应力 τ_α 均为正。

【例 2-4】　图 2-9 所示为胶合而成的等截面轴向受拉杆件，已知 $F=10\text{kN}$，$\alpha=40°$，杆横截面面积为 $A=4000\text{mm}^2$。求胶缝处的切应力和正应力。

解：横截面上的正应力为

$$\sigma = \frac{F_N}{A} = \frac{10\times 10^3\text{N}}{4000\times 10^{-6}\text{m}^2} = 2.5\text{MPa}$$

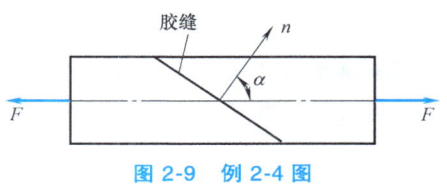

图 2-9　例 2-4 图

根据式（2-2）和式（2-3），可知

$$\sigma_\alpha = \sigma\cos^2\alpha = 2.5\text{MPa} \times \cos^2 40° = 1.47\text{MPa}$$

$$\tau_\alpha = \frac{\sigma}{2}\sin 2\alpha = \frac{2.5\text{MPa}}{2} \times \sin 80° = 1.23\text{MPa}$$

2.3 轴向拉压杆件的强度计算

轴向拉压杆件的强度计算

构件在外荷载作用下引起的应力称为工作应力。材料丧失正常工作能力（失效）时的应力称为极限应力，用 σ_u 表示。材料的极限应力通过材料的力学性能试验测定。当工作应力超过杆件材料所能承受的极限应力时，杆件断裂或者产生显著塑性变形，丧失正常功能，这种现象称为失效。

为了确保安全，构件还应具有适当的强度储备，工作应力的最大容许值必须低于材料的极限应力。对于由一定材料制成的具体构件，工作应力的最大容许值称为许用应力，用 $[\sigma]$ 表示。许用应力与极限应力的关系为

$$[\sigma] = \frac{\sigma_u}{n} \tag{2-4}$$

式中　$[\sigma]$——许用应力（Pa）；

　　　σ_u——极限应力（Pa）；

　　　n——安全系数。

n 为大于 1 的因数，称为安全系数。许用应力和安全系数的确定将在第 3 章讨论。

许用应力确定之后，就可以建立杆件的强度条件：

$$\sigma_{max} = \left(\frac{|F_N|}{A}\right)_{max} \leqslant [\sigma] \tag{2-5}$$

即杆件的最大工作应力不得超过许用应力。对于等截面杆，式（2-5）可写成

$$\sigma_{max} = \frac{|F_N|_{max}}{A} \leqslant [\sigma] \tag{2-6}$$

根据上述强度条件，可以解决下列三类强度计算问题：

(1) 强度校核　已知外力、截面尺寸及材料的许用应力，根据式（2-6）校核杆件是否满足强度要求。

(2) 设计截面尺寸　已知外力及材料的许用应力，确定杆件所需的最小横截面面积。由式（2-6）可得

$$A \geqslant \frac{|F_N|_{max}}{[\sigma]} \tag{2-7}$$

(3) 确定许用荷载　已知杆件的横截面面积及材料的许用应力，由式（2-8）确定最大轴力，通过轴力和荷载的关系确定允许的最大荷载。

$$|F_N|_{max} \leqslant [\sigma]A \tag{2-8}$$

考虑到各种因素引起的误差，一般工程设计的强度计算，允许最大工作应力 σ_{max} 略超过许用应力 $[\sigma]$，但不得超过许用应力的 5%。

【例 2-5】 气缸如图 2-10 所示,缸体内径 $D=560$mm,活塞杆直径 $d=80$mm,内压 $p=1.5$MPa,活塞杆的许用应力 $[\sigma]=160$MPa。(1) 试校核活塞杆的强度。(2) 缸体与缸盖用轴对称均匀布置的 16 个螺栓相连接,螺栓所用材料的许用应力为 $[\sigma]_1=80$MPa,求螺栓的内径。

解:(1) 校核活塞杆的强度 活塞杆所受轴力为

$$F_N = p\left(\frac{\pi D^2}{4} - \frac{\pi d^2}{4}\right) = 361.73\text{kN}$$

活塞杆横截面上的正应力

$$\sigma = \frac{F_N}{A} = \frac{361.73 \times 10^3 \text{N}}{\frac{\pi \times (80 \times 10^{-3}\text{m})^2}{4}} = 72.0\text{MPa}$$

根据式(2-5),有

$$\sigma = 72.0\text{MPa} < [\sigma] = 160\text{MPa}$$

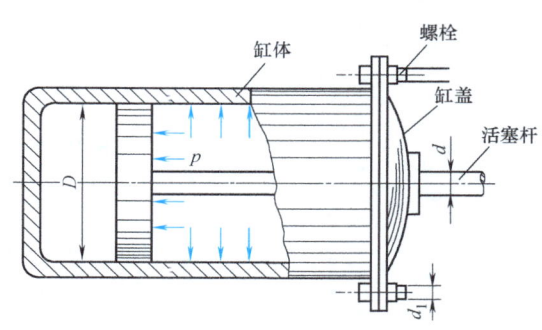

图 2-10 例 2-5 图

所以活塞杆是安全的。

(2) 计算螺栓内径 缸体和缸盖由 16 个螺栓连接,那么根据强度条件,螺栓承受的正应力为

$$\sigma_1 = \frac{F_N}{16 \times \frac{\pi}{4} d_1^2} \leq [\sigma]_1$$

得到螺栓的内径

$$d_1 \geq \sqrt{\frac{F_N}{16 \times \frac{\pi}{4}[\sigma]_1}} = \sqrt{\frac{361.73 \times 10^3 \text{N}}{16 \times \frac{3.14}{4} \times 80 \times 10^6 \text{Pa}}} = 0.0190\text{m} = 19.0\text{mm}$$

【例 2-6】 桁架结构如图 2-11a 所示,各杆都由两个相同的等边角钢组成。已知材料的许用应力 $[\sigma]=170$MPa,$F=200$kN。试选择杆 AC 和 CD 的角钢型号。

解:(1) 受力分析 桁架结构各杆均为拉压二力杆。图 2-11a 以整体为研究对象,列平衡方程求支座反力,分别为

$$\sum M_B(F) = 0, F_{Ay} = \frac{200\text{kN} \times 4\text{m} + 200\text{kN} \times 8\text{m}}{12\text{m}} = 200\text{kN}$$

$$\sum M_A(F) = 0, F_B = \frac{200\text{kN} \times 4\text{m} + 200\text{kN} \times 8\text{m}}{12\text{m}} = 200\text{kN}$$

由 A 点的平衡条件(见图 2-11b)求得杆 AC 的轴力为

$$F_{NAC} = \frac{F_{Ay}}{\cos 45°} = \sqrt{2} \times 200\text{kN} = 282.84\text{kN}$$

由 C 点的平衡条件(见图 2-11c)求得杆 CD 的轴力为

$$F_{NCD} = F_{NAC} \cos 45° = 200\text{kN}$$

(2) 强度计算 由式(2-7),求得 AC 杆和 CD 杆的截面面积分别为

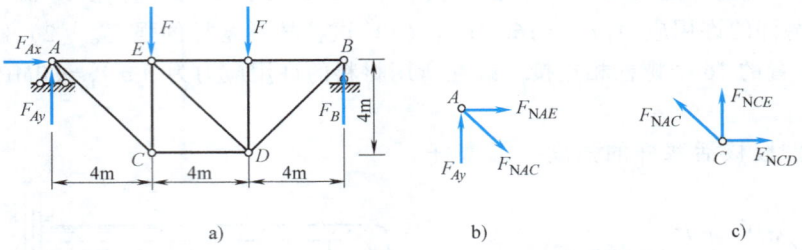

图 2-11 例 2-6 图
a) 桁架结构 b) A 节点受力图 c) C 节点受力图

$$A_{AC} \geqslant \frac{F_{NAC}}{[\sigma]} = \frac{282.84 \times 10^3 \text{N}}{170 \times 10^6 \text{Pa}} = 16.64 \text{cm}^2$$

$$A_{CD} \geqslant \frac{F_{NCD}}{[\sigma]} = \frac{200 \times 10^3 \text{N}}{170 \times 10^6 \text{Pa}} = 11.76 \text{cm}^2$$

各杆都由两个相同的等边角钢组成，AC 杆选两根 56mm×56mm×8mm（截面面积：8.367cm²）的等边角钢，CD 杆选两根 63mm×63mm×5mm（截面面积：6.134cm²）的等边角钢。

【例 2-7】 三角托架如图 2-12a 所示，在节点 A 受铅垂荷载 F 作用，其中钢拉杆 AC 由两根 70mm×70mm×6mm 等边角钢组成，AB 杆由两根 10 号工字钢组成，材料为 Q235 钢，许用拉应力 $[\sigma_t] = 170$MPa，许用压应力 $[\sigma_c] = 80$MPa，试确定许用荷载 $[F]$。

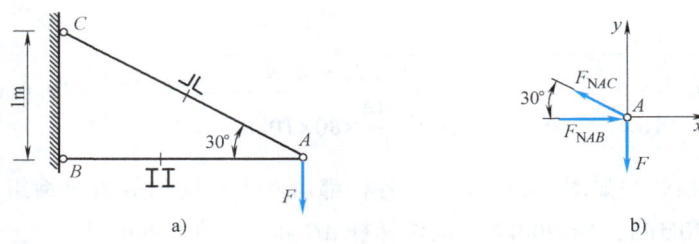

图 2-12 例 2-7 图
a) 托架结构 b) A 节点受力图

解：1) 取节点 A 为分离体（见图 2-12b），由平衡条件：

$$\sum F_x = 0, \quad -F_{NAC}\cos 30° + F_{NAB} = 0$$
$$\sum F_y = 0, \quad F_{NAC}\sin 30° - F = 0$$

解出

$$F_{NAC} = 2F \text{（拉）}, \quad F_{NAB} = \sqrt{3}F \text{（压）}$$

2) 确定许用荷载。由附录 B 得 AC 和 AB 的横截面面积分别为

$$A_{AC} = 2 \times 816.0 \text{mm}^2 = 1632.0 \text{mm}^2, \quad A_{AB} = 2 \times 1433 \text{mm}^2 = 2866 \text{mm}^2$$

由两杆的强度条件分别解得

$$\frac{F_{NAC}}{A_{AC}} = \frac{2F}{A_{AC}} \leqslant [\sigma_t], \quad F \leqslant \frac{1}{2}[\sigma_t] A_{AC} = \frac{1}{2} \times 170 \times 10^6 \text{Pa} \times 1632.0 \times 10^{-6} \text{m}^2 = 138.7 \text{kN}$$

$$\frac{F_{NAB}}{A_{AB}} = \frac{\sqrt{3}F}{A_{AB}} \leq [\sigma_c], \quad F \leq \frac{1}{\sqrt{3}}[\sigma_c]A_{AB} = \frac{1}{\sqrt{3}} \times 80 \times 10^6 \text{Pa} \times 2866 \times 10^{-6} \text{m}^2 = 132.4 \text{kN}$$

因此，三角托架所能承受的最大荷载应取为 $[F] = 132.4\text{kN}$。

本题中，材料的许用拉应力和许用压应力差别较大，是考虑到受压杆件的稳定性。

■ 2.4 轴向拉压杆件的变形计算

试验表明，当杆件承受轴向拉力或压力时，杆件轴向将伸长或缩短，而杆件的横向（与杆件轴向垂直）也将缩短或伸长。杆件沿轴线方向的变形称为轴向变形或纵向变形；垂直于轴线方向的变形称为横向变形。

设杆件原长为 l（见图 2-13），在轴向拉力 F 作用下，杆长变为 l_1，则杆的轴向变形为

$$\Delta l = l_1 - l \qquad (2\text{-}9)$$

杆件的轴向线应变为

$$\varepsilon = \frac{\Delta l}{l} \qquad (2\text{-}10)$$

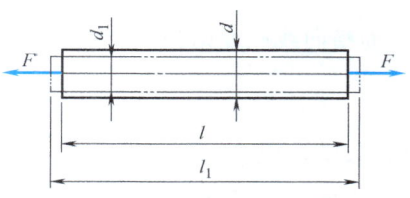

图 2-13 轴向拉压杆轴向变形和横向变形

式中 ε——轴向线应变；

Δl——轴向变形（m）；

l——原长（m）。

轴向变形 Δl 只反映杆的总变形量，无法说明杆的变形程度，而线应变可以更好地反映杆的变形程度。必须指出，式（2-10）所表达的仅是在长度 l 内的平均线应变，只适用于拉压杆在长度 l 内的均匀变形。

试验证明：当杆内的应力不超过材料的某一极限值，即比例极限时，杆的轴向变形 Δl 与其所受轴向轴力 F_N、杆的原长 l 成正比，而与其横截面面积 A 成反比，即

$$\Delta l \propto \frac{F_N l}{A}$$

引进比例常数 E，则有

$$\Delta l = \frac{F_N l}{EA} \qquad (2\text{-}11)$$

式中 Δl——轴向变形（m）；

F_N——轴力（N）；

l——原长（m）；

E——弹性模量（Pa）；

A——横截面面积（m²）。

轴向拉压杆件的变形计算

式（2-11）称为胡克定律（Hook's law），式中的比例常数 E 称为弹性模量（modulus of elasticity）或杨氏模量（Young's modulus），其量纲与应力相同，单位为帕（Pa）。E 的数值由试验测定。乘积 EA 称为杆的拉压刚度，对于长度相同且受力相同的杆件，其拉压刚度越大则杆的变形越小。

将 $\sigma = F_N/A$ 和 $\varepsilon = \Delta l/l$ 代入式（2-11），得

$$\sigma = E\varepsilon \tag{2-12}$$

这是胡克定律的另一种表达形式。

对于受多个力作用的杆和承受轴向分布力或者变截面的杆，则整个杆件的变形为

$$\Delta l = \sum_{i=1}^{n} \frac{F_{Ni} l_i}{E_i A_i} \tag{2-13}$$

$$\Delta l = \int_l \frac{F_N(x)\,\mathrm{d}x}{EA(x)} \tag{2-14}$$

即直杆的总变形可由杆件每段的变形叠加而成。

如图 2-13 所示，杆件的原宽度为 d，受力后，杆件宽度变为 d_1，所以，杆的横向变形为

$$\Delta d = d_1 - d$$

而横向线应变则为

$$\varepsilon' = \frac{\Delta d}{d} \tag{2-15}$$

式中　ε'——横向线应变；

　　　Δd——横向变形（m）；

　　　d——杆件原宽度（m）。

试验表明，轴向拉伸时，杆沿轴向伸长，其横向尺寸减小；轴向压缩时，杆沿轴向缩短，其横向尺寸则增大，即横向线应变 ε' 与轴向线应变 ε 异号。试验还表明，在比例极限内，横向线应变与轴向线应变成正比，比值的绝对值为一常数，称为泊松比（Poisson's ratio），一般用 ν 表示，即

$$\nu = \left|\frac{\varepsilon'}{\varepsilon}\right| = -\frac{\varepsilon'}{\varepsilon} \quad \text{或} \quad \varepsilon' = -\nu\varepsilon \tag{2-16}$$

式中　ν——泊松比；

　　　ε'——横向线应变；

　　　ε——轴向线应变。

ν 值随材料而异，由试验测定。

【例 2-8】 已知条件与例 2-2 相同，若材料的弹性模量为 E，试求柱顶 A 的位移。

解： 柱底固定，则柱顶位移值等于柱的伸缩量，采用式（2-13）和式（2-14）叠加原理计算。

$$\Delta_A = \Delta l = \sum \Delta l_i = \sum \int_{l_i} \frac{F_{Ni}\mathrm{d}x}{EA_i} = \int_l \frac{F_{N1}\mathrm{d}x}{EA_1} + \int_l \frac{F_{N2}\mathrm{d}x}{EA_2}$$

$$= -\frac{Fl}{EA_1} - \frac{\gamma l^2}{2E} - \frac{(2F+\gamma A_1 l)l}{EA_2} - \frac{\gamma l^2}{2E}$$

【例 2-9】 图 2-14a 所示桁架结构，在节点 A 承受铅垂力 F 作用。已知：杆 1 用钢管制成，弹性模量 $E_1 = 200\text{GPa}$，横截面面积 $A_1 = 100\text{mm}^2$，杆长 $l_1 = 1\text{m}$；杆 2 用硬铝管制成，弹性模量 $E_2 = 70\text{GPa}$，横截面面积 $A_2 = 250\text{mm}^2$；荷载 $F = 10\text{kN}$。试求节点 A 的水平和铅垂位移。

解： 首先，根据节点 A 的平衡条件（见图 2-14b），求得杆 1 与杆 2 的轴力分别为

$$F_{N1} = \sqrt{2}F = 14.14\text{kN} \quad （拉伸）$$
$$F_{N2} = F = 10\text{kN} \quad （压缩）$$

设杆 1 的伸长为 Δl_1，用 $\overline{AA_1}$ 表示（见图 2-14c），杆 2 的缩短为 Δl_2，用 $\overline{AA_2}$ 表示，由胡克定律可知

$$\Delta l_1 = \frac{F_{N1} l_1}{E_1 A_1} = \frac{14.14 \times 10^3 \text{N} \times 1\text{m}}{200 \times 10^9 \text{Pa} \times 100 \times 10^{-6} \text{m}^2} = 7.07 \times 10^{-4} \text{m} = 0.707\text{mm}$$

$$\Delta l_2 = \frac{F_{N2} l_2}{E_2 A_2} = \frac{10 \times 10^3 \text{N} \times 1\text{m} \times \cos 45°}{70 \times 10^9 \text{Pa} \times 250 \times 10^{-6} \text{m}^2} = 4.04 \times 10^{-4} \text{m} = 0.404\text{mm}$$

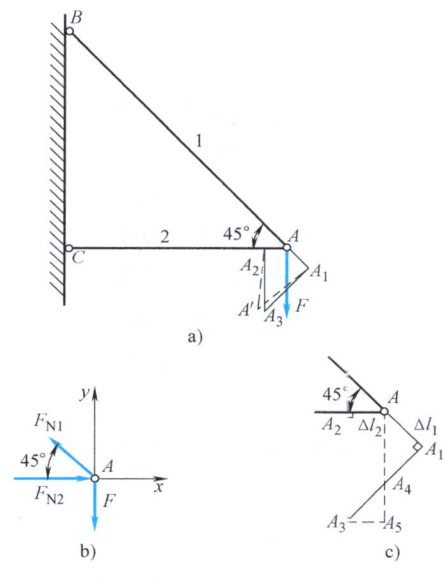

图 2-14 例 2-9 图

a) 结构图 b) A 节点受力图 c) A 节点位移图

受力前，杆 1 与杆 2 在节点 A 相连，受力后，各杆的长度虽然改变，但仍应相交于一点。因此，为了确定节点 A 位移后的新位置，可以 B 与 C 为圆心，并分别以 BA_1 与 CA_2 为半径作圆，其交点 A' 即为节点 A 的新位置。一般来说杆的变形都很小，上述弧线（$A_1 A'$ 与 $A_2 A'$）必很短，因而可近似地用其切线代替。于是，过 A_1 与 A_2 分别作 BA_1 与 CA_2 的垂线（见图 2-14c），其交点为 A_3，A_3 可视为节点 A 的新位置。

按此方法，得节点 A 的水平与铅垂位移分别为

$$\Delta_{Ax} = \overline{AA_2} = \Delta l_2 = 0.404\text{mm}, \quad \Delta_{Ay} = \overline{AA_4} + \overline{A_4 A_5} = \frac{\Delta l_1}{\sin 45°} + \frac{\Delta l_2}{\tan 45°} = 1.404\text{mm}$$

与结构原尺寸相比很小的变形，称为小变形。对于某些大型结构，位移的数值可能并不是很小，但若与结构原尺寸相比很小，则仍属于小变形。在小变形的条件下，可按结构的初始构形计算反力与内力，并可采用上述以切线代替圆弧的方法确定位移。合理利用小变形条件，可以简化许多结构分析问题。

2.5 拉压超静定问题

2.5.1 超静定问题分析

在前面几节中所介绍的拉伸和压缩问题，只需根据静力平衡方程即可解得要求的支座反力和轴力，这类问题称为静定问题。

图 2-15 所示为左端固定、右端自由的等截面杆 AB，当在其截面 C 的中心作用集中荷载 F_P 时，在固定端处的支座反力 F_A 及 AC 段中的轴力 F_N 都可由静力平衡方程求出。

在工程实际中，也会遇到图 2-16a 所示的左右两端都是固定端的等直杆。当在杆截面 C 的中心作用集中荷载 F_P 时（见图 2-16b），可以看出，在杆左、右固定端处将分别产生约束反力 F_A 和 F_B，根据整个杆的静力平衡，只能列出一个独立的平衡方程，即

$$F_P - F_A - F_B = 0 \tag{2-17}$$

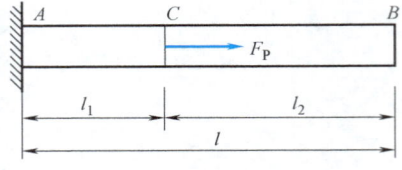

图 2-15 静定结构

显然，由一个方程不能解出两个独立的未知反力 F_A 和 F_B。这种结构或杆件的未知力个数多余有效静力平衡方程的个数，利用静力平衡方程不能求出所有未知力，这就是<u>超静定问题</u>。在超静定问题中单靠静力平衡方程无法求得全部未知力，还必须研究结构的变形，并借助力与变形（或位移）间的物理关系，建立补充方程，然后与平衡方程联立才能求解出全部未知力。

可以看出，图 2-16a 中的杆受力变形时，杆的总长度 l 不会改变。杆的 AC、CB 两段会分别发生变形 Δl_1 和变形 Δl_2，故有

$$\Delta l = \Delta l_1 + \Delta l_2 = 0 \tag{2-18}$$

通常把这类关系式称为<u>变形协调条件</u>或者<u>变形协调方程</u>。

为了求解方程式（2-17）和式（2-18），必须以未知力 F_A 和 F_B 表达变形协调方程。在线弹性范围内，杆件上力与变形之间的关系就是胡克定律。假设图 2-16 中的杆件横截面面积为 A，弹性模量为 E，根据式（2-11）和图 2-16b，可建立力与变形的物理关系式

$$\begin{cases} \Delta l_1 = \dfrac{F_{N1} l_1}{EA} = \dfrac{F_A l_1}{EA} \\ \Delta l_2 = \dfrac{F_{N2} l_2}{EA} = \dfrac{-F_B l_2}{EA} \end{cases} \tag{2-19}$$

式中的 F_{N1} 和 F_{N2} 分别为 AC 和 CB 段的轴力。将式（2-19）代入式（2-18），即可得到补充方程

$$\frac{F_A l_1}{EA} - \frac{F_B l_2}{EA} = 0 \tag{2-20}$$

解方程组式（2-17）和式（2-20），即可求出杆的支座反力为

$$F_A = F_P \frac{l_2}{l}, \quad F_B = F_P \frac{l_1}{l}$$

根据外力 F_P、F_A、F_B 不难求出杆的轴力 $F_{N1}=F_A=F_P\dfrac{l_2}{l}$ 和 $F_{N2}=F_B=F_P\dfrac{l_1}{l}$，并作出杆的轴力图，如图 2-16c 所示。

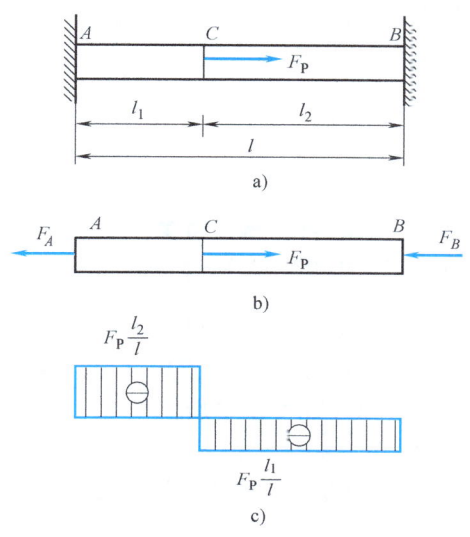

图 2-16 超静定结构
a）等直杆 b）受力图 c）轴力图

通常，把超静定问题中与多余约束相应的支座反力或内力称为多余未知力，而把多余未知力的数目称为超静定次数，例如上述问题中有一个多余未知力，故其超静定次数为 1，并称为一次超静定问题。由变形协调条件，并通过考虑力和变形关系建立补充方程求解超静定问题的方法，称为<u>变形比较法</u>。

从前面的讨论可以看出，<u>求解超静定问题的关键步骤</u>是：

1）受力分析，作受力图，根据静力平衡条件列出所有独立的静力平衡方程，判断超静定次数。

2）变形（位移）分析，根据几何变形协调关系列出变形协调方程。

3）根据力与变形关系建立物理方程。

4）将物理方程代入变形协调方程得到补充方程。

5）联立求解平衡方程和补充方程，得到未知约束反力或者轴力。

拉压超静定问题

上述方法对求解一般超静定问题都是适用的。由许多杆组成的超静定结构称为超静定杆系结构，其解法与上述相同，举例说明如下。

【**例 2-10**】 对称桁架结构如图 2-17a 所示，1、2、3 杆用铰连接，1、2 杆的长度、横截面面积和材料均相同，即 $l_1=l_2=l$，$A_1=A_2=A$，$E_1=E_2=E$；3 杆长度为 l_3，横截面面积为 A_3，弹性模量为 E_3。试求各杆的轴力。

解：（1）受力分析　设 1、2 和 3 杆的轴力分别为 F_{N1}、F_{N2} 和 F_{N3}，如图 2-17b 所示。由节点 A 的平衡条件列出平衡方程

$$\sum F_x=0, \quad -F_{N1}\sin\alpha+F_{N2}\sin\alpha=0 \tag{2-21}$$

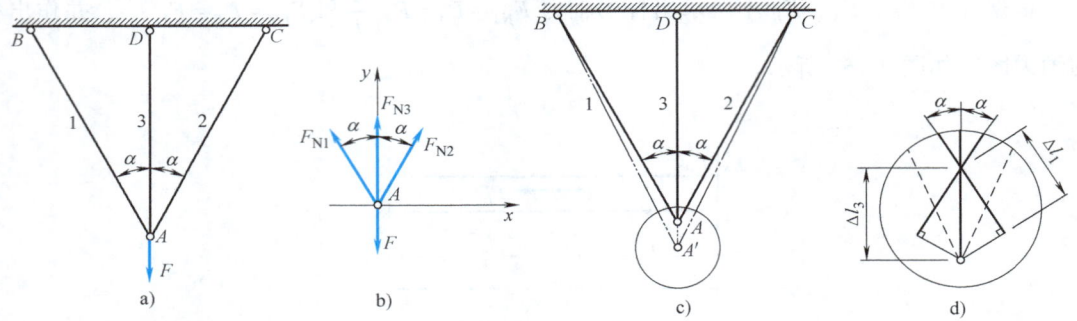

图 2-17 例 2-10 图
a) 结构图 b) A 节点受力图 c) 结构变形图 d) A 节点位移图

$$\sum F_y = 0, \quad F_{N3} + F_{N1}\cos\alpha + F_{N2}\cos\alpha - F = 0 \tag{2-22}$$

两个独立的平衡方程有三个未知力，为一次超静定问题，故还需建立一个补充方程。

（2）变形分析　由图 2-17c 和图 2-17d 可以看出，杆 1、2、3 的下端在受力前是铰接于点 A 的，当结构受力变形后，它们的下端仍应由铰连接在一起，但铰接点的位置将沿竖直方向移动到点 A'，使三杆都发生伸长变形。1 杆的伸长为 Δl_1，3 杆的伸长为 Δl_3，杆的伸长变形协调条件方程为

$$\Delta l_1 = \Delta l_3 \cos\alpha \tag{2-23}$$

（3）物理关系　在胡克定律有效的情况下，1、3 杆各自伸长和轴力的物理关系为

$$\Delta l_1 = \frac{F_{N1} l}{E_1 A_1} \tag{2-24}$$

$$\Delta l_3 = \frac{F_{N3} l_3}{E_3 A_3} = \frac{F_{N3} l \cos\alpha}{E_3 A_3} \tag{2-25}$$

（4）补充方程　把物理方程式（2-24）和式（2-25）代入变形协调方程式（2-23），得到补充方程

$$F_{N1} = F_{N3} \frac{EA}{E_3 A_3} \cos^2\alpha \tag{2-26}$$

（5）求解未知力　解方程组式（2-21）、式（2-22）和式（2-26）并整理后可得

$$F_{N1} = F_{N2} = \frac{F}{2\cos\alpha + \dfrac{E_3 A_3}{EA\cos^2\alpha}}$$

$$F_{N3} = \frac{F}{1 + 2\dfrac{EA}{E_3 A_3}\cos^3\alpha}$$

上面结果表明，各杆轴力的大小不仅与力 F 有关，还和该杆的刚度与各杆的刚度的比值有关，杆的刚度越大，其内力也越大。一般情况下，超静定结构中，杆系中任一杆的刚度的改变都将引起杆系各轴力的重新分配。这些特点在静定杆系中是不存在的。

【例 2-11】　结构如图 2-18a 所示，AB 为刚性杆，$l = 1\text{m}$，$F = 10\text{kN}$，B 支座弹簧刚度 $k = $

4000kN/m。杆 CD 直径 $d=20$mm，弹性模量 $E=200$GPa，试求杆 CD 的轴力及 B 端弹簧的反力 F_B。

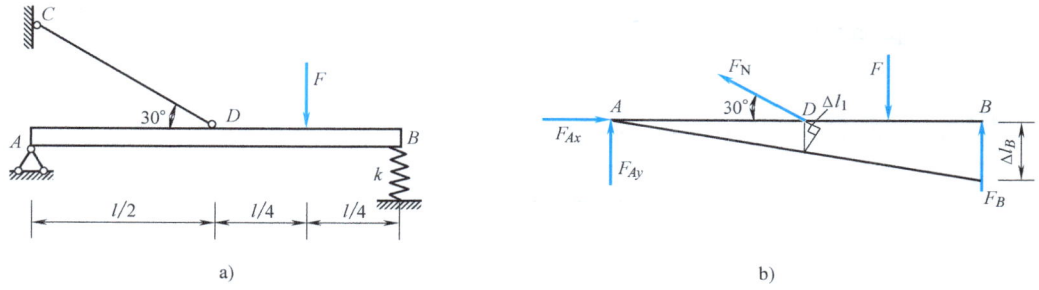

图 2-18 例 2-11 图
a）结构图 b）受力图和位移图

解：（1）受力分析 设 CD 杆的轴力为 F_N，B 点弹簧受力为 F_B，根据平衡条件 $\sum M_A=0$，得到

$$F_N \times \sin30° \times \frac{l}{2} - F \times \frac{3}{4}l + F_B l = 0 \tag{2-27}$$

（2）变形关系 如图 2-18b 所示，CD 杆的伸长为 Δl_1，B 支座弹簧变形为 Δl_B，杆在 D 点的位移为 $\dfrac{\Delta l_1}{\sin30°}$，B 点的位移是 D 点位移的 2 倍，所以

$$2\frac{\Delta l_1}{\sin30°} = \Delta l_B \tag{2-28}$$

（3）物理方程

$$\Delta l_1 = \frac{F_N l}{2\cos30° EA}, \quad \Delta l_B = F_B/k \tag{2-29}$$

（4）补充方程 将式（2-29）代入式（2-28），可得

$$\frac{4\sqrt{3}}{3}\frac{F_N l}{EA} = \frac{F_B}{k}$$

（5）求解未知力 联立求解得

$$F_B = 2.8\text{kN}, \quad F_N = 18.9\text{kN}$$

【例 2-12】 钢螺栓如图 2-19a 所示，其外套一长度为 l 的套管。已知螺栓与套管的横截面面积分别为 A_b 与 A_t，弹性模量分别为 E_b 与 E_t，螺栓的螺距为 p。现将螺母旋紧 1/5 圈，试求螺栓与套管的受力。螺栓与螺母的变形忽略不计。

解：螺母由距螺栓 l 处旋转 1/5 圈，即旋进 $p/5$ 的距离，螺栓受拉，而套管则受压。设螺栓所受拉力为 F_{Nb}，伸长为 Δl_b，套管所受压力为 F_{Nt}，缩短为 Δl_t，则由图 2-19b 与图 2-19c 可知，平衡方程为

$$F_{Nb} - F_{Nt} = 0 \tag{2-30}$$

变形协调方程则为

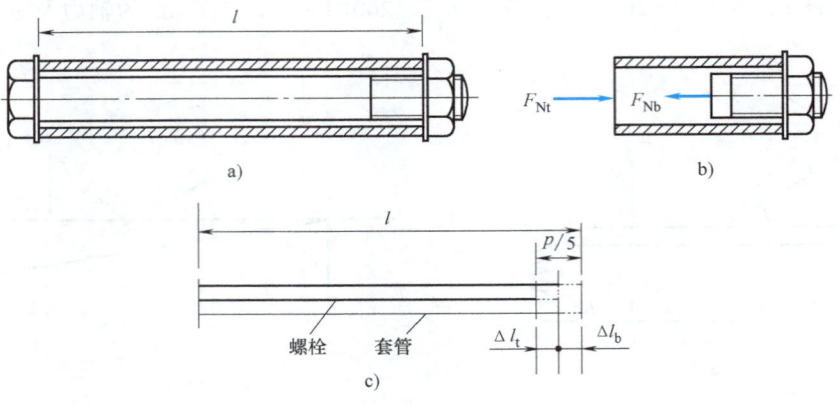

图 2-19 例 2-12 图

a) 螺栓 b) 受力图 c) 变形图

$$\Delta l_\mathrm{b} + \Delta l_\mathrm{t} = \frac{1}{5}p \tag{2-31}$$

由胡克定律得

$$\Delta l_\mathrm{b} = \frac{F_\mathrm{Nb} l}{A_\mathrm{b} E_\mathrm{b}}, \quad \Delta l_\mathrm{t} = \frac{F_\mathrm{Nt} l}{A_\mathrm{t} E_\mathrm{t}} \tag{2-32}$$

把式（2-32）代入式（2-31），得到补充方程为

$$\frac{F_\mathrm{Nb} l}{A_\mathrm{b} E_\mathrm{b}} + \frac{F_\mathrm{Nt} l}{A_\mathrm{t} E_\mathrm{t}} = \frac{1}{5}p \tag{2-33}$$

联立求解平衡方程式（2-30）与补充方程式（2-33），得螺栓与套管的受力即预紧力为

$$F_\mathrm{Nb} = F_\mathrm{Nt} = \frac{p}{5l} \frac{A_\mathrm{t} E_\mathrm{t} A_\mathrm{b} E_\mathrm{b}}{(A_\mathrm{t} E_\mathrm{t} + A_\mathrm{b} E_\mathrm{b})}$$

2.5.2 温度应力

自然界中普遍存在物体热胀冷缩的现象。在工程实际中，由于工作环境温度的改变或季节的更替等原因，结构构件也常会处于温度发生变化的工作状态下。对于静定杆或杆系，由于各杆件可以自由变形，所以在温度变化时，杆件的伸长或缩短不会引起杆件的内力。对于超静定杆或杆系（结构），杆件由于温度的变化引起的变形受到约束，杆内将产生应力。这种因温度变化在结构内引起的应力，称为温度应力或者热应力。

例如图 2-20a 所示的两端固定杆。如杆只有一端（比如 A 端）固定，则温度升高以后，杆将自由伸长 Δl_t（见图 2-20b）。现因刚性支承 B 的阻挡，使杆不能伸长，相当于在杆端加了压力 F_N 将杆顶住，而保持 B 点不动（见图 2-20c），在轴力 F_N 作用下杆件变形为 Δl_F。故变形协调方程为

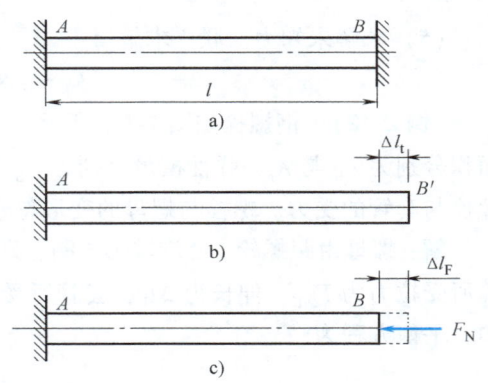

图 2-20 温度应力

$$\Delta l = \Delta l_t - \Delta l_F = 0 \tag{2-34}$$

式中 Δl——杆件变形（m）；

Δl_t——温度引起的变形（m）；

Δl_F——轴力引起的变形（m）。

利用材料的线膨胀定律和胡克定律：

$$\Delta l_t = \alpha l \Delta t \tag{2-35}$$

式中 Δl_t——温度引起的变形（m）；

α——材料的线膨胀系数（℃$^{-1}$）；

l——杆长（m）；

Δt——温差（℃）。

$$\Delta l_F = \frac{F_N l}{EA} \tag{2-36}$$

把式（2-35）和式（2-36）代入式（2-34），得到补充方程

$$\alpha \Delta t l - \frac{F_N l}{EA} = 0$$

解得杆中轴力为

$$F_N = \alpha \Delta t E A \quad （压力）$$

从而温度应力为

$$\sigma_t = \frac{F_N}{A} = \alpha \Delta t E \quad （压应力）$$

对于钢材，线膨胀系数 $\alpha = 12.5 \times 10^{-6}$℃$^{-1}$，$E = 200$GPa，温度升高 40℃时，杆的温度应力为 $\sigma_t = 100$MPa。可见，当温度变化较大时，在构件中可引起较大的温度应力，故在工程实际中计算和考虑温度应力的影响，从而采取适当的措施是不可忽视的工作。例如，在铁路钢轨的接头处保留一定的间隙，在混凝土公路路面各段之间设置伸缩缝，化工厂的高温管道中加入膨胀节等，都是为了防止温度应力的破坏。

【例 2-13】 杆系结构如图 2-21a 所示，点 A 为水平可动铰，已知 AB 杆和 AC 杆的横截面面积均为 1000mm^2，线膨胀系数 $\alpha = 12 \times 10^{-6}$℃$^{-1}$，弹性模量 $E = 200$GPa。试求当 AB 杆温度升高 30℃时，两杆内的应力。

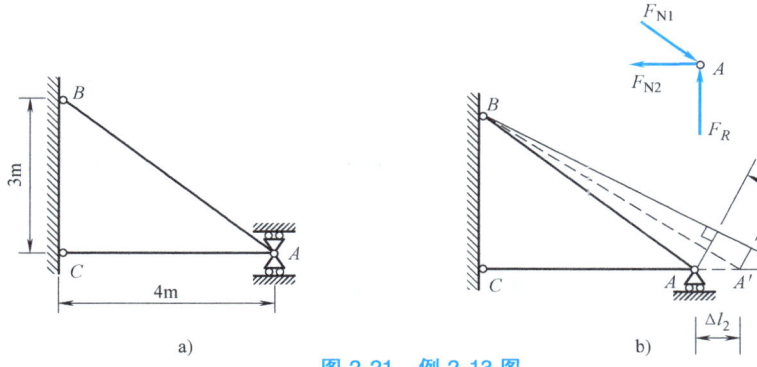

图 2-21 例 2-13 图

a）结构图　b）A 节点受力图和位移图

解：设 AB 杆和 AC 杆的轴力为 F_{N1} 和 F_{N2}，平衡方程为

$$F_{N1} \times \frac{4}{5} - F_{N2} = 0 \tag{2-37}$$

设 AB 杆和 AC 杆在轴力 F_{N1} 和 F_{N2} 作用下的变形为 Δl_1 和 Δl_2，如图 2-21b 所示。δ_t 为 AB 杆升温 30℃时的自由变形，变形协调方程为

$$\Delta l_1 + \frac{4}{5}\Delta l_2 = \delta_t \tag{2-38}$$

由胡克定律得

$$\Delta l_1 = \frac{F_{N1} l_1}{EA}, \quad \Delta l_2 = \frac{F_{N2} l_2}{EA}, \quad \delta_t = \alpha l_1 \Delta t \tag{2-39}$$

联解式(2-37)~式(2-39)得轴力为

$$F_{N1} = 47.6 \text{kN}, \quad F_{N2} = 38.1 \text{kN}$$

两杆应力为

$$\sigma_{AB} = 47.6 \text{MPa （压应力）}, \quad \sigma_{AC} = 38.1 \text{MPa （拉应力）}$$

2.5.3 装配应力

在工程实践中，由于制造的疏忽，可能使某些杆的尺寸具有微小的误差。在静定问题中，这种误差本身只会使结构的几何形状略有改变，并不会在杆中产生附加的内力，但在超静定问题中，情况就不同了，由于有多余的约束，将产生附加的内力，因而在结构尚未承受荷载作用时，各杆就已经有了应力，这种应力称为**装配应力**或**初应力**。计算装配应力的关键仍然是根据几何关系列出变形协调方程。

【**例 2-14**】 吊桥链条的一节如图 2-22a 所示，由三根长 l 的钢杆组成，若三杆的横截面面积相等，材料相同，弹性模量 $E = 200 \text{GPa}$，中间钢杆略短于名义长度，且加工误差为 $\delta = l/2000$，求各杆的装配应力。

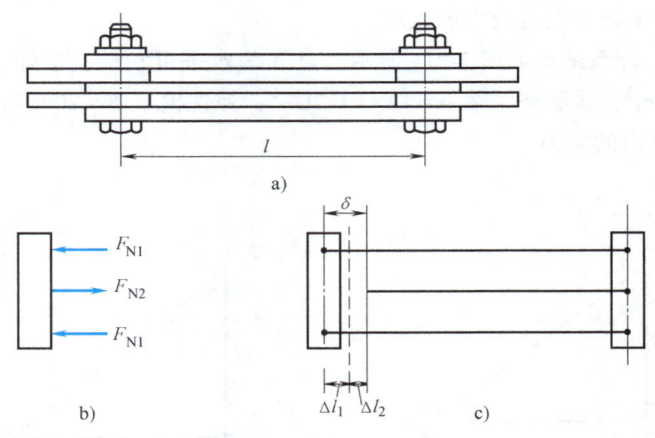

图 2-22 例 2-14 图
a) 链条结构图 b) 受力图 c) 变形图

解：当把较短的中间杆与两侧杆一同固定于两端的刚体上时，中间杆将受到拉伸，两端杆

将受到压缩，如不计螺栓变形，链条端部受力如图 2-22b 所示，设两侧杆的轴向压力为 F_{N1}，中间杆的轴向拉力为 F_{N2}，平衡方程为

$$-2F_{N1} + F_{N2} = 0 \tag{2-40}$$

两侧杆变形为 Δl_1，中间杆变形为 Δl_2，变形如图 2-22c 所示，变形协调方程为

$$\Delta l_1 + \Delta l_2 = \delta = \frac{l}{2000} \tag{2-41}$$

由胡克定律得

$$\Delta l_1 = \frac{F_{N1} l}{EA}, \quad \Delta l_2 = \frac{F_{N2} l}{EA} \tag{2-42}$$

把式（2-42）代入式（2-41），得到补充方程

$$F_{N1} + F_{N2} = \frac{EA}{2000} \tag{2-43}$$

联立求解式（2-40）和式（2-43），可得轴力

$$F_{N1} = \frac{EA}{6000}, \quad F_{N2} = \frac{EA}{3000}$$

两杆装配应力为

$$\sigma_1 = \frac{F_{N1}}{A} = \frac{E}{6000} = 33.3 \text{MPa}, \quad \sigma_2 = \frac{F_{N2}}{A} = \frac{E}{3000} = 66.7 \text{MPa}$$

由本例可见，在超静定结构中，杆件尺寸微小的误差，将产生相当可观的装配应力。

虽然在一般情况下，结构中存在初应力是不利的，但在某些特殊情况下，也可合理而巧妙地利用产生初应力进行某些构件的装配。图 2-23 所示的是一个用过盈连接方法装配的组合环，通常是将外环的内径做得比内环的外径稍小一些，装配时，先将外环加热，趁其胀大时套在内环上，冷却后，内、外两环就会紧密地结合在一起，外环受拉伸而内环受压缩。土建工程中的预应力钢筋混凝土构件，就是利用装配应力提高构件抗裂承载能力的。

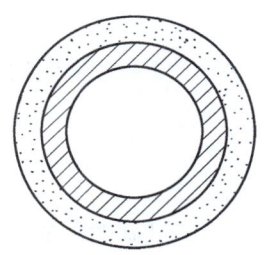

图 2-23 过盈连接

思 考 题

2-1 两根材料不同，横截面面积不同的杆，受相同的轴向拉力时，它们的内力是否相同？

2-2 长度和横截面面积均相同的两杆，一根为钢杆，一根为铝杆，在相同的拉力作用下比较铝杆和钢杆的应力和变形。

2-3 拉压杆的胡克定律有几种表达形式？应用条件是什么？

2-4 如图 2-24 所示，外径为 D，壁厚为 δ，长为 l 的均质圆管，由弹性模量 E、泊松比 ν 的材料制成。若在管端的环形横截面上有集度为 q 的均布力作用，试求受力前后圆管的长度、厚度和外径的改变量。

2-5 图 2-25 所示的受力结构中，若杆 1 和杆 2 的拉压刚度 EA 相同，节点 A 作用一铅垂方向力 F，试作出其变形图。

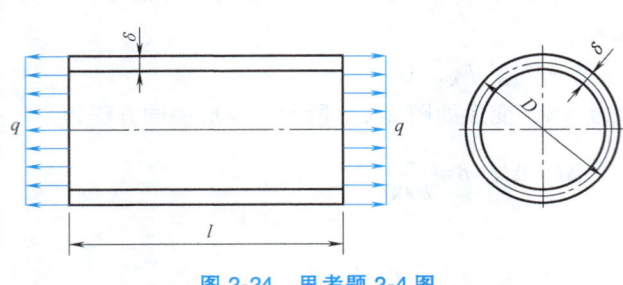
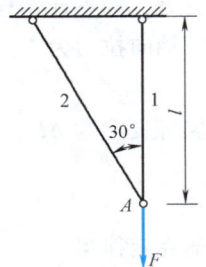

图 2-24　思考题 2-4 图　　　　　　　　图 2-25　思考题 2-5 图

2-6 判别图 2-26 所示结构是静定的还是超静定的。

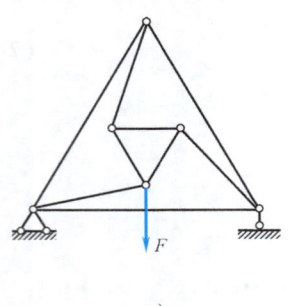
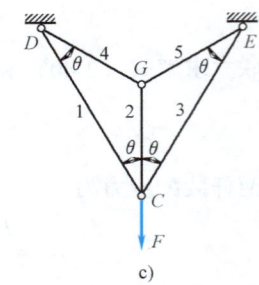

图 2-26　思考题 2-6 图

2-7 为什么静定结构无温度应力和装配应力？

习　题

2-1 试画图 2-27 中各杆的轴力图，并确定轴力的最大值 $|F_N|_{max}$。

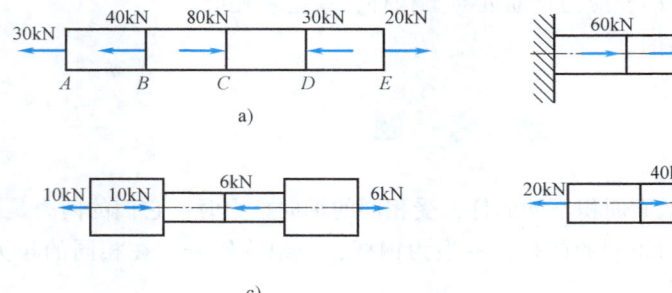

图 2-27　习题 2-1 图

2-2 某钻杆简图如图 2-28 所示，上端固定，下端自由，长为 l，截面面积为 A，材料重度为 γ。试绘制钻杆的轴力图。

2-3 如图 2-29 所示用两根钢丝绳起吊一扇平板闸门。若每根钢丝绳上所受的力为 20kN，钢丝绳圆截面的直径 $d = 20$mm，试求钢丝绳横截面上的应力。

2-4 如图 2-30 所示两根横截面为 100mm×100mm 的木柱，分别受到由横梁传来的外力作用。试计算两柱上、中、下三段的应力。

2-5 桁架结构受力如图 2-31 所示，其上所有杆的横截面均为 20mm×50mm 的矩形。试求 CE 杆和 DE 杆横截面上的正应力。

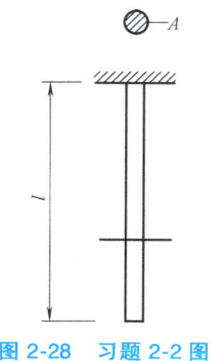

图 2-28 习题 2-2 图

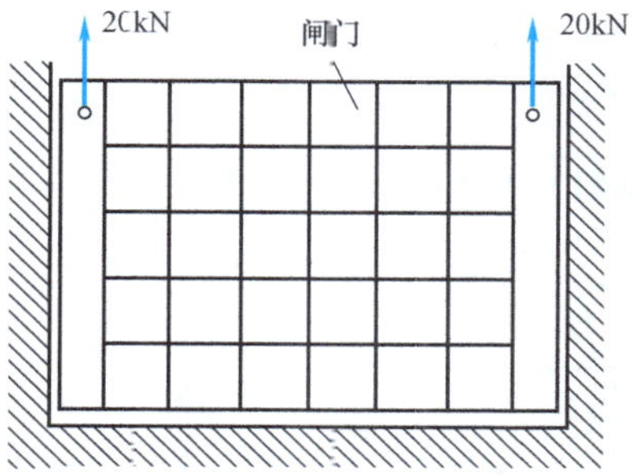

图 2-29 习题 2-3 图

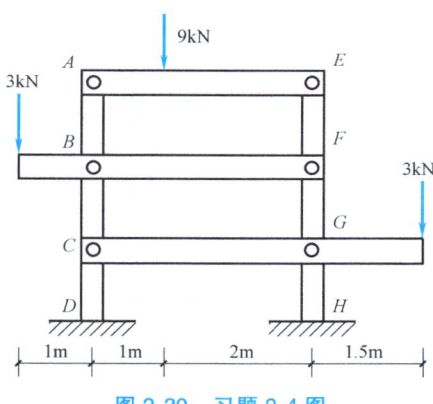

图 2-30 习题 2-4 图

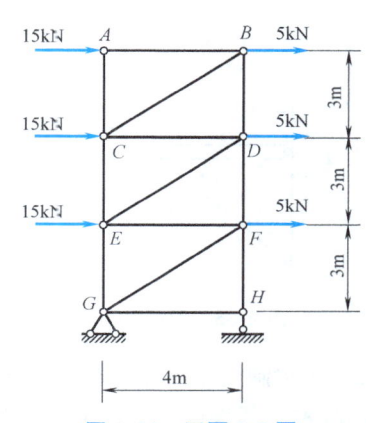

图 2-31 习题 2-5 图

2-6 胶合而成的等截面轴向拉杆如图 2-32 所示，杆的强度由胶缝控制，已知胶的许用切应力 $[\tau]$ 为许用正应力 $[\sigma]$ 的 1/2。问 α 为何值时，胶缝处的切应力和正应力同时达到各自的许用应力。

2-7 螺纹内径 $d=15$mm 的螺栓，紧固时所承受的预紧力为 $F=22$kN。若已知螺栓的许用应力 $[\sigma]=150$MPa，试校核螺栓的强度是否足够。

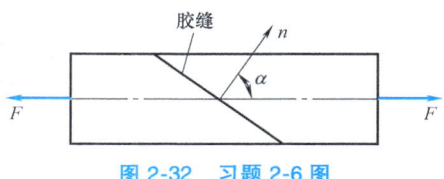

图 2-32 习题 2-6 图

2-8 某钢筋混凝土组合屋架如图 2-33 所示，受均布荷载 q 作用，屋架的上弦杆 AC 和 BC 由钢筋混凝土制成，下弦杆 AB 为 Q235 钢制成的圆截面钢拉杆。已知：$q=10$kN/m，$l=9$m，屋架高 $h=3$m，钢的许用应力 $[\sigma]=170$MPa，试设计钢拉杆 AB 的直径。

2-9 结构受力如图 2-34 所示，杆件 AB、AD 均由两根等边角钢组成，已知材料的许用应力 $[\sigma]=170$MPa，试选择杆 AB、AD 的角钢型号。

2-10 结构如图 2-35 所示，AC 为刚性梁，BD 为斜撑杆，荷载 F 可沿梁 AC 水平移动。试问：为使斜撑杆的质量最小，斜撑杆与梁之间的夹角 θ 应取何值？

2-11 结构起重机如图 2-36 所示，其 *BC* 杆由钢丝绳 *AB* 拉住。已知钢丝绳的直径 $d = 24\text{mm}$，许用拉应力为 $[\sigma] = 40\text{MPa}$。试求容许该起重机吊起的最大荷载 *F*。

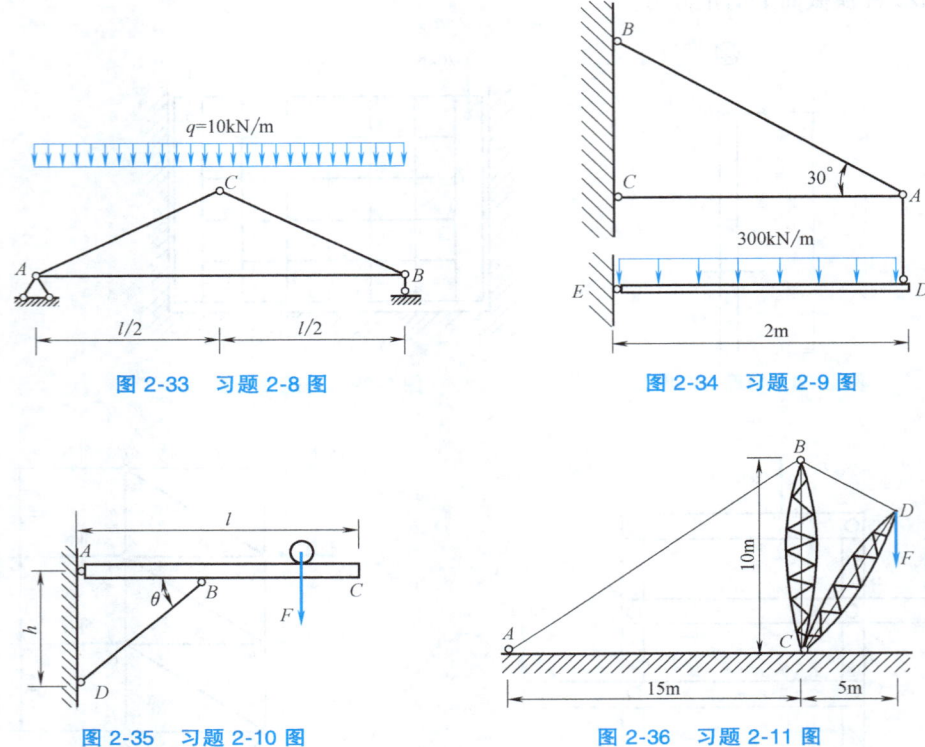

图 2-33 习题 2-8 图　　　　　图 2-34 习题 2-9 图

图 2-35 习题 2-10 图　　　　　图 2-36 习题 2-11 图

2-12 防水闸门用一排支杆支撑着，*AB* 为其中一根支撑杆，如图 2-37 所示。各杆为 $d = 100\text{mm}$ 的圆木，其许用应力 $[\sigma] = 10\text{MPa}$。试求支杆间的最大距离。

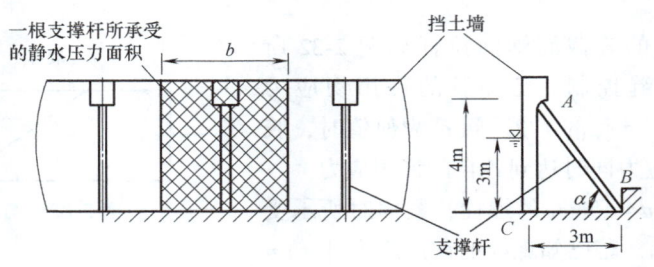

图 2-37 习题 2-12 图

2-13 三角架 *ABC* 由 *AC* 和 *BC* 两根杆组成，如图 2-38 所示。*AC* 杆由两根 14a 号的槽钢组成，许用应力 $[\sigma] = 160\text{MPa}$；*BC* 杆为一根 22a 号的工字钢，许用应力 $[\sigma] = 100\text{MPa}$。求荷载 *F* 的许用值 $[F]$。

2-14 某木柱受力如图 2-39 所示。柱的横截面为边长 200mm 的正方形，其弹性模量 $E = 10\text{GPa}$。如不计柱的自重，试求：（1）作轴力图；（2）各段柱横截面上的应力；（3）各段柱的纵向线应变；（4）柱的总变形。

2-15 某等截面摩擦木桩受力如图 2-40 所示，摩擦力沿杆均匀分布，其集度为 $f=ky^2$，其中 k 为待定常数。忽略桩身自重，试求：

（1）桩承受的轴力的分布规律并作桩的轴力图。

（2）桩的尺寸 $A=700\text{cm}^2$，$l=10\text{m}$，受力 $F=400\text{kN}$，$E=10\text{GPa}$，求桩的压缩量。

2-16 图 2-41 所示为某桁架，在节点 A 处承受荷载 F 作用。从试验中测得杆 1 与杆 2 的纵向正应变分别为 $\varepsilon_1=4.0\times10^{-4}$ 与 $\varepsilon_2=2.0\times10^{-4}$。已知杆 1 与杆 2 的横截面面积 $A_1=A_2=200\text{mm}^2$，弹性模量 $E_1=E_2=200\text{GPa}$。试确定荷载 F 及其方位角 θ 的值。

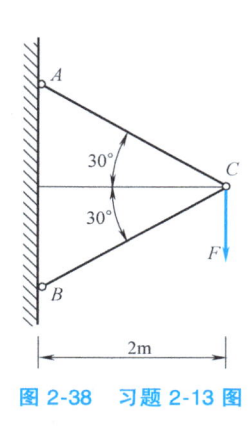

图 2-38 习题 2-13 图

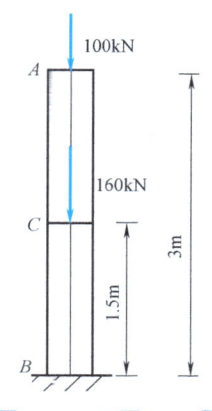

图 2-39 习题 2-14 图

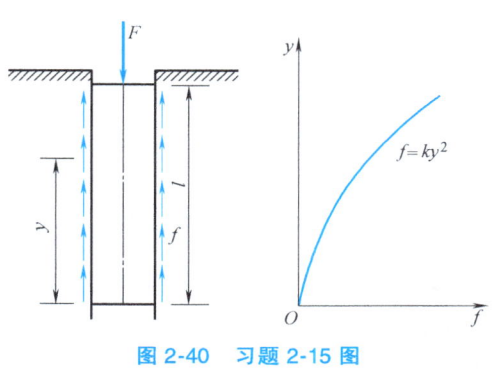

图 2-40 习题 2-15 图

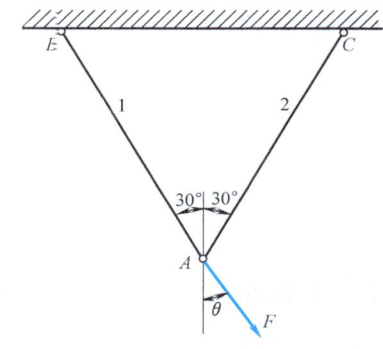

图 2-41 习题 2-16 图

2-17 刚性梁用两根钢杆悬挂着，受铅垂力 $F=100\text{kN}$ 作用，如图 2-42 所示。已知钢杆 AC 和 BD 的直径分别为 $d_1=25\text{mm}$ 和 $d_2=18\text{mm}$，钢的许用应力 $[\sigma]=170\text{MPa}$，弹性模量 $E=210\text{GPa}$。试校核钢杆的强度，并计算钢杆 A、B 两点的竖直位移 Δ_A 和 Δ_B。

2-18 某桁架如图 2-43 所示，各杆的拉压刚度为 EA，各节点均为铰接，点 B 作用有垂直向下的力 F。试求节点 B 的水平位移和竖直位移。

2-19 刚性梁受均布荷载作用，如图 2-44 所示。梁在 A 端铰支，在 B 点和 C 点由两根钢杆 BD 和 CE 支承。已知钢杆 BD 和 CE 的横截面面积分别为 $A_2=200\text{mm}^2$ 和 $A_1=400\text{mm}^2$；钢杆的许用应力 $[\sigma]=170\text{MPa}$，考虑到压杆的稳定性，许用压应力 $[\sigma_c]=100\text{MPa}$。试校核钢杆的强度。

2-20 铜芯与铝壳组成的复合材料杆如图 2-45 所示，轴向拉伸荷载 F_p 通过两端的刚性板加在杆上。若已知 $d=25\mathrm{mm}$，$D=60\mathrm{mm}$；铜和铝的弹性模量分别为 $E_\mathrm{c}=105\mathrm{GPa}$ 和 $E_\mathrm{a}=70\mathrm{GPa}$，拉力 $F_\mathrm{P}=171\mathrm{kN}$。试求铜芯与铝壳横截面上的正应力。

2-21　如图 2-46 所示两端固定的等截面直杆，其横截面面积为 A，该杆受到轴向力 F_P 作用。试求杆内的最大拉应力和最大压应力。

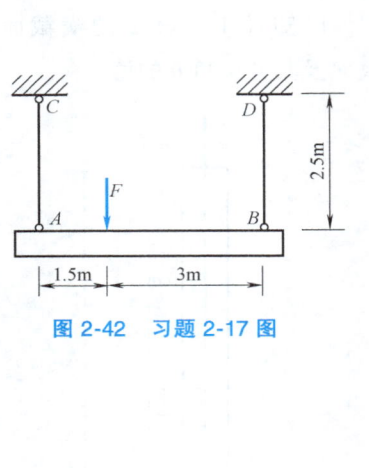

图 2-42　习题 2-17 图

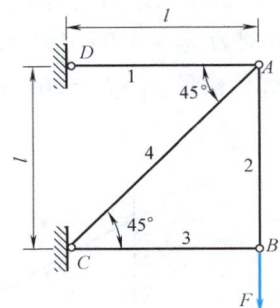

图 2-43　习题 2-18 图

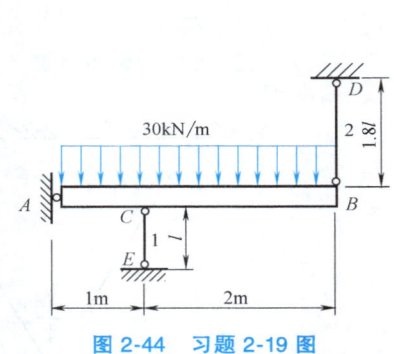

图 2-44　习题 2-19 图

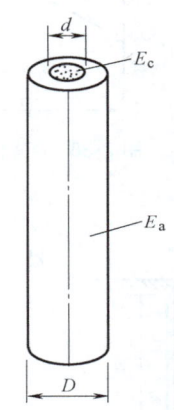

图 2-45　习题 2-20 图

2-22　支架如图 2-47 所示，由刚体 ABC 并经由铰链 A、杆 1 与杆 2 固定在墙上，刚体在 C 点处承受铅垂荷载 F 作用。杆 1 与杆 2 的长度、横截面面积与弹性模量均相同，分别为 $l=100\mathrm{mm}$、$A=100\mathrm{mm}^2$、$E=200\mathrm{GPa}$。设由千分表测得 C 点的铅垂位移 $\delta_y=0.075\times10^{-3}\mathrm{m}$，试确定荷载 F 与各杆轴力。

2-23　杆系结构如图 2-48 所示，AB、CD 为刚性杆，杆 1、2、3 的拉压刚度为 EA，荷载 F 作用在 C 处，垂直向下，不考虑杆失稳，试求杆 1、2、3 的内力。

2-24　在温度为 2℃ 时安装的铁轨，每段长度均为 12.5m，两相邻段铁轨间预留的空隙为 $\Delta=1.2\mathrm{mm}$，已知铁轨的弹性模量 $E=200\mathrm{GPa}$，线膨胀系数 $\alpha=12.5\times10^{-6}℃^{-1}$。试求当夏天气温上升为 40℃ 时，铁轨内的温度应力。

2-25　结构如图 2-49 所示，杆 1 与杆 2 的材料与横截面面积 A 均相同，梁 AB 为刚体。试求当杆 1 的温度升高 $\Delta t=50℃$ 时，杆 1 与杆 2 的正应力。已知材料的弹性模量 $E=210\mathrm{GPa}$，线膨胀系数 $\alpha=1.2\times10^{-5}℃^{-1}$。

2-26　钢丝 a 如图 2-50 所示，悬挂荷载 $F=20\mathrm{kN}$，因强度不够另加截面相等的钢丝相助。

已知长度 $l_a = 3\text{m}$，$l_b = 3.0015\text{m}$，横截面面积 $A_a = A_b = 0.5\text{cm}^2$，钢丝 a、b 的材料相同，其强度极限 $\sigma_b = 1000\text{MPa}$，弹性模量 $E = 200\text{GPa}$，在断裂前服从胡克定律。试求：

（1）两根钢丝内的正应力各为多少？

（2）若 F 力增大，l_b 超过何值时，即使加了钢丝 b 也无用？

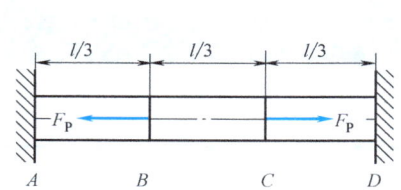

图 2-46　习题 2-21 图

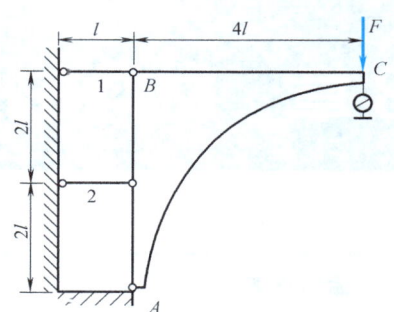

图 2-47　习题 2-22 图

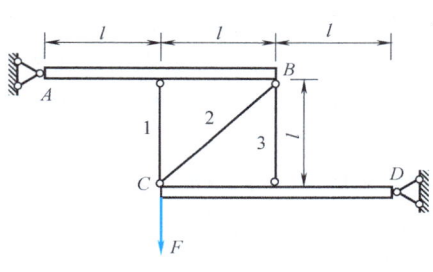

图 2-48　习题 2-23 图

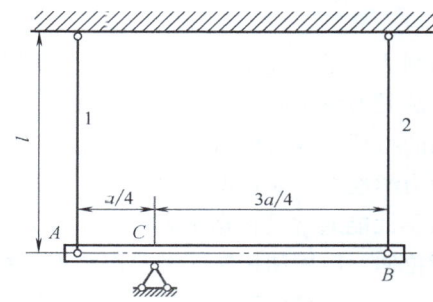

图 2-49　习题 2-25 图

2-27　结构如图 2-51 所示，已知 a、Δ，杆 1 和杆 2 的拉压刚度分别为 $E_1 A_1$ 和 $E_2 A_2$。当 C_1 和 C_2 连接在一起时，试求各杆的轴力。

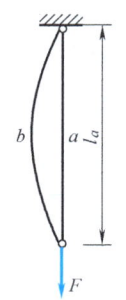

图 2-50　习题 2-26 图

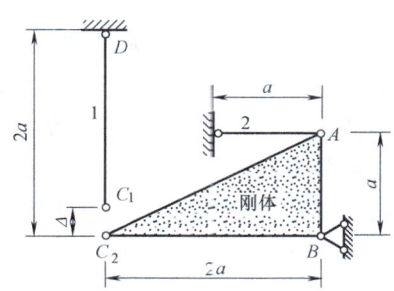

图 2-51　习题 2-27 图

第 3 章　材料在拉伸和压缩时的力学性能

> **本章提要**
> 本章主要介绍了以低碳钢为代表的塑性材料和以铸铁为代表的脆性材料在拉伸和压缩时的力学性能，此外，还介绍了许用应力如何取值和应力集中的概念。

材料力学是研究受力构件的强度和刚度等问题的。而构件的强度和刚度，除了与构件的几何尺寸及受力情况有关外，还与材料的力学性能有关。材料在外力作用下表现出的变形和破坏等方面的特征，称为材料的力学性能。在上一章轴向拉压杆件的强度、变形的分析中，曾涉及材料的力学性能，如强度极限、弹性模量等。

力学性能通常是根据国家标准试验方法，对不同材料制成的标准试样，在材料试验机上分别进行拉伸、压缩和扭转等试验而测得。材料的力学性能不仅取决于材料本身的成分、组织以及冶炼、加工、热处理等过程，而且取决于加载方式、应力状态和温度等。本章主要介绍工程中常用材料在常温、静荷载条件下拉伸和压缩的力学性能。

■ 3.1　材料在拉伸时的力学性能

拉伸试验是研究材料的力学性能最常用和最基本的试验。为了使测试的力学性能在国际、国内能通用，需将试验材料按照国家标准制成标准试样。为了避开试样两端受力部分对测试结果的影响，试验前先在试样的中间等直部分上划两条横线（见图3-1），当试样受力时，横线之间的一段杆中任何横截面上的应力均相等，这一段即为杆的工作段，其长度称为**标距**。

常用的试样有圆截面和矩形截面两种，通常对圆截面标准试样的标距长度 l 与其横截面直径 d 的比例加以规定。矩形截面标准试样，则规定其标距长度 l 与横截面面积 A 的比例。常用的标准比例有两种，即

$$l = 10d \text{ 和 } l = 5d \text{（对圆截面试样）}$$

或

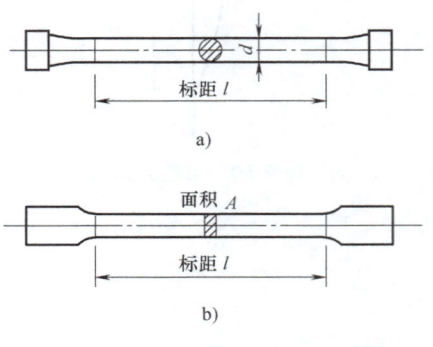

图 3-1　拉伸试样
a) 圆截面试样　b) 矩形截面试样

$l = 11.3\sqrt{A}$ 和 $l = 5.65\sqrt{A}$（对矩形截面试样）

将试样装在符合国家标准的试验机上（见图 3-2），在室温（常温）下，缓慢施加轴向荷载，并记录试样所受的荷载及标距相应的变形，直到试样被拉断，得到 F-Δl 曲线，这种曲线称为拉伸图。

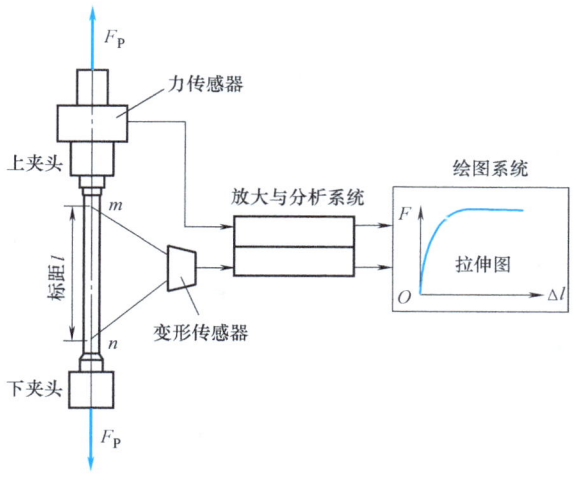

图 3-2 试验装置

对于常用的金属材料，一般选择低碳钢和铸铁为代表，前者破坏前有明显的变形量，后者破坏前无征兆就突然断裂。

3.1.1 低碳钢在拉伸时的力学性能

低碳钢是工程中使用最广泛的材料之一，同时，低碳钢试样在拉伸试验中所表现出的力与变形之间的关系也比较典型。图 3-3 所示为低碳钢的拉伸图。为了消除试样尺寸的影响，将拉伸图中的 F 值除以试样横截面的原面积，得到名义正应力 $\sigma = \dfrac{F}{A}$；将 Δl 除以试样工作段的原长 l，得到工作段内的名义应变 $\varepsilon = \dfrac{\Delta l}{l}$。这样，所得 σ-ε 曲线与试样的尺寸无关，称为应力-应变曲线或应力-应变图，可以代表材料的力学性质。

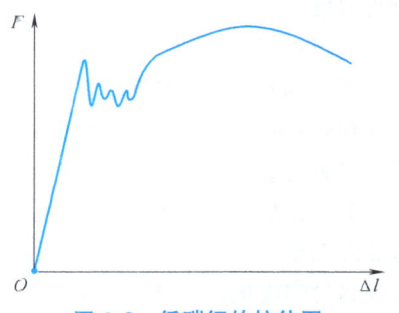

图 3-3 低碳钢的拉伸图

图 3-4 所示为低碳钢拉伸 σ-ε 曲线，低碳钢在整个拉伸试验过程中大致可分为 4 个阶段：弹性阶段、屈服阶段、强化阶段、局部缩颈阶段。

1. 弹性阶段

这一阶段试样的变形完全是弹性的，全部卸除荷载后，变形消失，试样将恢复其原长。在 Oa 段是一条直线，它表明在这段范围内，应力与应变成正比，即

$$\sigma = E\varepsilon$$

式中 σ——横截面正应力（Pa）；

E——弹性模量（Pa）；

ε——轴向线应变。

比例系数 E 即为弹性模量，在图 3-4 中 $E = \tan\alpha$。这就是式（2-12）所述的胡克定律。成正比关系的最高点 a 所对应的应力值 σ_p，称为 比例极限，Oa 段称为 线弹性阶段。低碳钢的 $\sigma_p = 200\text{MPa}$。

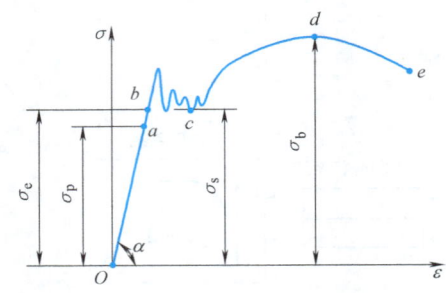

图 3-4　低碳钢拉伸 $\sigma\text{-}\varepsilon$ 曲线

低碳钢在拉伸时的力学性能

ab 段为微弯段，试验表明，只要应力不超过 b 点所对应的应力 σ_e，其变形是完全弹性的，称 σ_e 为 弹性极限，其值与 σ_p 接近，所以在应用上，对比例极限和弹性极限不做严格区别。对于低碳钢，$\sigma_e \approx \sigma_p \approx 200\text{MPa}$。

2. 屈服阶段

在应力超过弹性极限后，$\sigma\text{-}\varepsilon$ 曲线出现应力波动的平台，即应变不断增加，而应力却在很小的范围内波动，这种现象称为 屈服，这一阶段则称为 屈服阶段。将此阶段的最低点 c 所对应的应力称为 屈服极限（屈服强度），以 σ_s 表示，低碳钢的 $\sigma_s \approx 240\text{MPa}$。

屈服是由于材料晶格滑移而引起的力学行为，也塑性流动。若试样经过抛光，则在试样表面可以看到一些与试样轴线成 45°角的 滑移线（见图 3-5），这是由材料沿最大切应力面发生错动的结果。

材料在屈服阶段，在外力去掉后，有部分应变（弹性应变 ε_e）随之消失，但仍有一部分应变（塑性应变 ε_p）不会消失。考虑到低强度钢材在屈服时会发生较大的塑性变形，使构件不能正常工作，故在进行构件设计时，一般应将构件的最大工作应力限制在屈服极限 σ_s 以内。σ_s 是衡量钢材强度的一个重要指标。

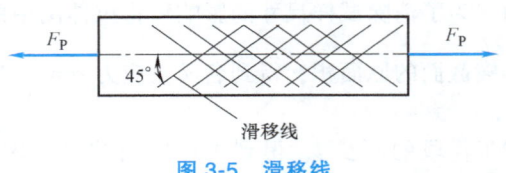

图 3-5　滑移线

3. 强化阶段

经过屈服阶段后，表现为 $\sigma\text{-}\varepsilon$ 曲线自 c 点开始又继续上升，直到最高点 d 为止。说明材料又增强了抵抗变形的能力，要使材料继续变形需增大拉力，这一现象称为强化。强化阶段的最高点 d 所对应的应力，称为材料的 强度极限（拉伸强度），并用 σ_b 表示。

4. 局部颈缩阶段

当应力达到 σ_b 之前，试样变形基本是均匀的。但自应力达到 σ_b 后开始，变形将集中在试样的某一较薄弱的区域内（见图 3-6），该处的横截面面积显著地收缩，出现"颈缩"现象。颈缩出现后，使试样继续变形所需的拉力减小，应力-应变曲线相应呈现下降，最后导致试样在颈缩处断裂。

综上所述，在低碳钢拉伸过程中，经历了线弹性、屈服、强化和颈缩四个阶段。并有四个特征点：比例极限 σ_p、弹性极限 σ_e、屈服极限 σ_s 和强度极限 σ_b。对于低碳钢来讲，屈服极限 σ_s 和强度极限 σ_b 是衡量材料强度的两个重要指标。

3.1.2 材料的塑性

在常温、静荷载条件下，材料常分为塑性材料和脆性材料两大类。材料能经受较大塑性变形而不破坏（断裂）的能力，称为材料的塑性。为了衡量材料的塑性性能，通常以试样拉断后的标距段长度 l_1 与其原长 l 之差除以 l 的值（表示成百分数）表示。

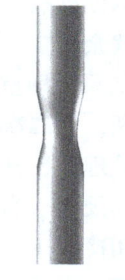

图 3-6　局部颈缩

$$\delta = \frac{l_1 - l}{l} \times 100\% \tag{3-1}$$

材料的塑性

式中　δ——延伸率（%）；

　　　l——标距原长（m）；

　　　l_1——拉断后标距段长度（m）。

δ 称为延伸率，低碳钢的 $\delta = 20\% \sim 30\%$。此值的大小表示材料在拉断前能发生的最大塑性变形程度，是衡量材料塑性的一个重要指标。工程上一般认为 $\delta \geq 5\%$ 的材料为塑性材料，$\delta < 5\%$ 的材料为脆性材料。

衡量材料塑性的另一个指标为截面收缩率，用 ψ 表示，其定义为

$$\psi = \frac{A - A_1}{A} \times 100\% \tag{3-2}$$

式中　ψ——截面收缩率（%）；

　　　A——横截面面积（m^2）；

　　　A_1——拉断后断口处的最小横截面面积（m^2）。

低碳钢的 ψ 一般在 60% 左右。

塑性材料在破坏以前的变形较大，其抵抗冲击的能力比脆性材料要大得多，故对承受冲击或振动的构件一般要用塑性材料。

对材料性质的进一步研究，发现即使是同一种材料，在不同外界因素（例如加载的速度、温度的高低、受力的状态等）的影响下，它既可表现为塑性性质，也可表现为脆性性质。例如：低碳钢经过淬火，可提高其硬度和增加脆性性质，铸铁在三向受压的情况下则会显示出发生较大变形后仍不破坏的塑性性质。故严格来说，材料的塑性性质和脆性性质并非绝对不变的，它们还会受到外界条件的影响。通常所习用的塑性材料和脆性材料这两个名词，只是指在常温、静荷载下具有塑性性质或脆性性质的材料。

3.1.3 卸载与再加载规律

在弹性范围内，加载与卸载过程中试件的应力、应变将沿同一曲线上升和返回，可见，当应力为零时，弹性应变 ε_e 也恢复到零。如果将试件拉伸到超过弹性极限 σ_e，在强化阶段某点 f 时逐渐卸载到零（见图 3-7a），在卸载过程中试件的应力、应变沿着与原弹性加载线平行的

直线返回到点 g，这时弹性应变 ε_e 消失，塑性应变 ε_p 仍存在。遗留下来的、不可恢复的应变称为残余应变（永久应变），相应的变形称为永久变形。

如果立即重新加载，变形将重新沿直线 gf 到达点 f，然后大致沿着曲线 fde 继续增加，直到拉断。第二次加载期间，从 g 到 f 材料表现为线弹性行为，此时比例极限在 f 点。材料经过这样处理后，其比例极限将得到提高，而拉断时的塑性变形减小，即塑性降低了，这种现象称为冷作硬化。当某些构件对塑性的要求不高时，可利用它提高材料的强度，例如对起重机的钢丝采用冷拔工艺。

若卸载后的试样停留一段时间后再重新加载，应力-应变曲线为图 3-7b 中的 $gfhi$，则其线弹性范围的最大荷载还有所提高，这种现象称为冷作时效。在冷作时效处理时，卸载点 f 的选择很重要，同时还应注意冷作时效处理后塑性性能会降低。

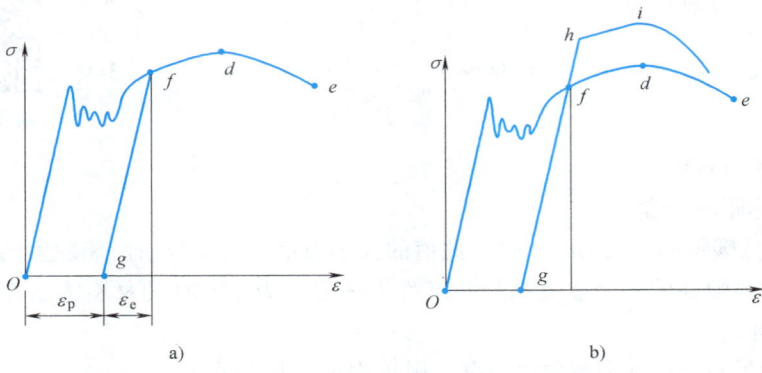

图 3-7 冷作硬化和冷作时效
a）冷作硬化 b）冷作时效

3.1.4 其他金属材料在拉伸时的力学性能

锰钢与强铝等金属材料拉伸时的 $\sigma\text{-}\varepsilon$ 曲线如图 3-8 所示。它们的伸长率 δ 都较大，均属于塑性材料。不同的是，有些材料的 $\sigma\text{-}\varepsilon$ 曲线并不都像低碳钢那样具备四个阶段，不存在明显的屈服阶段。对于不存在明显屈服阶段的塑性材料，工程中通常以卸载后产生数值为 0.2% 的塑性应变的应力作为屈服应力，称为名义屈服极限，并用 $\sigma_{0.2}$ 表示，如图 3-9 所示。确定 $\sigma_{0.2}$ 的方法是：在 ε 轴上取 0.2% 的点，过此点作平行于弹性阶段的直线（斜率为 E），与 $\sigma\text{-}\varepsilon$ 曲线相交的点所对应的应力即为 $\sigma_{0.2}$。

灰口铸铁在拉伸时的 $\sigma\text{-}\varepsilon$ 曲线如图 3-10 所示，这是一条微弯曲线，即应力-应变不成正比。但由于直到拉断时试样的变形都非常小，且没有屈服阶段、强化阶段和局部颈缩阶段，特征点只有拉断时的强度极限 σ_b。其拉断时延伸率 $\delta = 0.5\% \sim 0.6\%$，是典型的脆性材料。衡量脆性材料拉伸强度的唯一指标是材料的强度极限 σ_b。在工程计算中，通常取总应变为 0.1% 时 $\sigma\text{-}\varepsilon$ 曲线的割线（图 3-10 所示的虚线）斜率确定其弹性模量，称为割线弹性模量。

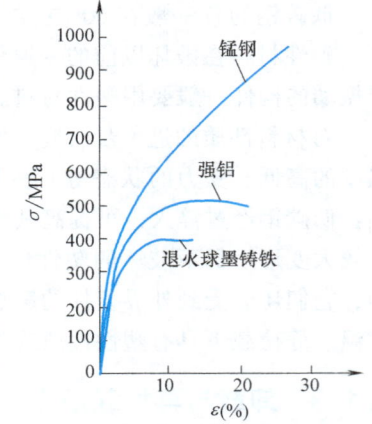

图 3-8 其他金属材料拉伸 $\sigma\text{-}\varepsilon$ 曲线

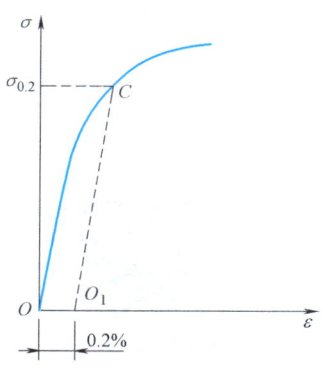

图 3-9　名义屈服极限

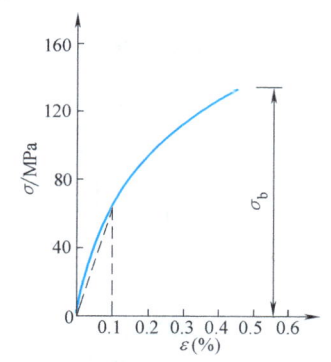

图 3-10　灰口铸铁拉伸 σ-ε 曲线

灰口铸铁在拉伸时的力学性能

【例 3-1】 一根低碳钢圆截面试件，其圆截面的直径 $d=10\text{mm}$，工作段的长度 $l=100\text{mm}$，当加拉力至 $F=12\text{kN}$ 时，量测得工作段的伸长 $\Delta l=0.0728\text{mm}$，直径缩小 $\Delta d=0.00204\text{mm}$。低碳钢的比例极限（试验平均数值）$\sigma_p=200\text{MPa}$。试求此时试件横截面上的正应力 σ、工作段的应变 ε 以及低碳钢的弹性模量 E 和泊松比 ν 各为多少？

解： $F=12\text{kN}$ 时，试件横截面上的正应力

$$\sigma=\frac{F_N}{A}=\frac{4F_N}{\pi d^2}=\frac{4\times12\times10^3\text{N}}{\pi\times(1\times10^{-2}\text{m})^2}=152.87\times10^6\text{N/m}^2=152.87\text{MPa}$$

由式（2-10）和式（2-15）算出试件工作段的轴向线应变和横向线应变分别为

$$\varepsilon=\frac{\Delta l}{l}=\frac{0.0728\text{mm}}{100\text{mm}}=0.000728=728\times10^{-6}$$

和

$$\varepsilon'=\frac{\Delta d}{d}=\frac{-0.00204\text{mm}}{10\text{mm}}=-0.000204=-204\times10^{-6}$$

根据式（2-16）计算泊松比 ν：

$$\nu=-\frac{\varepsilon'}{\varepsilon}=-\frac{-204\times10^{-6}}{728\times10^{-6}}=0.28$$

由于应力值低于材料的比例极限，故可用式（2-12）求弹性模量 E：

$$E=\frac{\sigma}{\varepsilon}=\frac{152.87\times10^6\text{Pa}}{728\times10^{-6}}=210\times10^9\text{Pa}=210\text{GPa}$$

3.2　材料在压缩时的力学性能

压缩试样通常用图 3-11 所示的圆形截面或正方形截面的短柱体，其长度 l 与横截面直径 d 或边长 b 的比值一般规定为 1~3，这样才能避免试样在试验过程中被压弯。

低碳钢压缩时的应力-应变曲线如图 3-12 所示，为便于比较，图中还画出了拉伸时的应力-应变曲线。从图中可以看出，在屈服之前，拉伸与压缩的应力-应变曲线基本重合，这表明压缩与拉伸时的比例极限、屈服极限与弹性模量大致相同。但过了屈服极限后，曲线逐渐

上升，这是因为在试验过程中，试样越压越扁，横截面面积不断增大（见图3-13），抗压能力也不断提高，所以也得不到抗压强度极限。

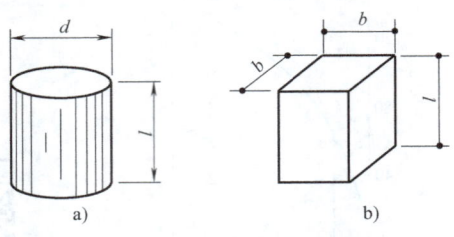

图 3-11　压缩试样

a）圆截面压缩试样　b）正方形截面压缩试样

低碳钢压缩时的力学性能

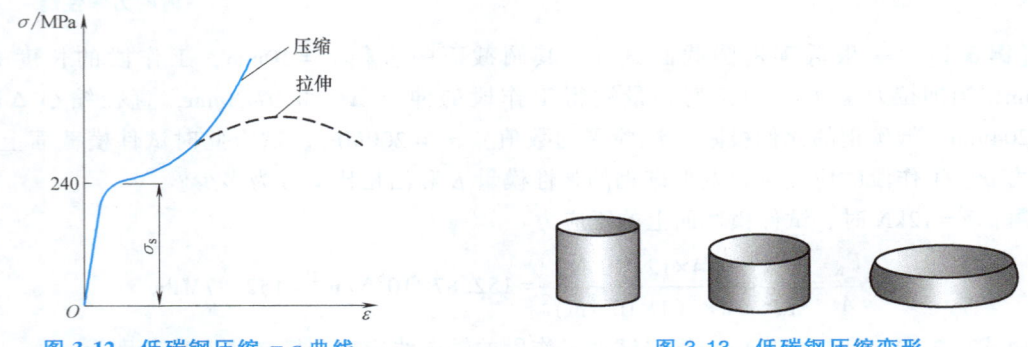

图 3-12　低碳钢压缩 σ-ε 曲线　　　图 3-13　低碳钢压缩变形

与塑性材料不同，脆性材料在拉伸和压缩时的力学性能有较大的区别。灰口铸铁压缩时的应力-应变曲线如图3-14所示，没有明显的直线阶段，所以应力-应变关系只是近似地符合胡克定律，压缩强度极限远高于拉伸强度极限（约为3~4倍）。其他脆性材料（如混凝土与石料）也具有上述特点，所以，脆性材料宜作为承压构件。

灰口铸铁压缩破坏的形式如图3-15所示，破坏时无明显塑性变形，断口的方位角约为45°~55°。由于该截面存在较大切应力，所以灰口铸铁压缩是剪切错动而破坏。从图3-14及拉压杆斜截面应力分析可知，对灰口铸铁来说，抗压能力最好，抗剪能力次之，抗拉能力最差。

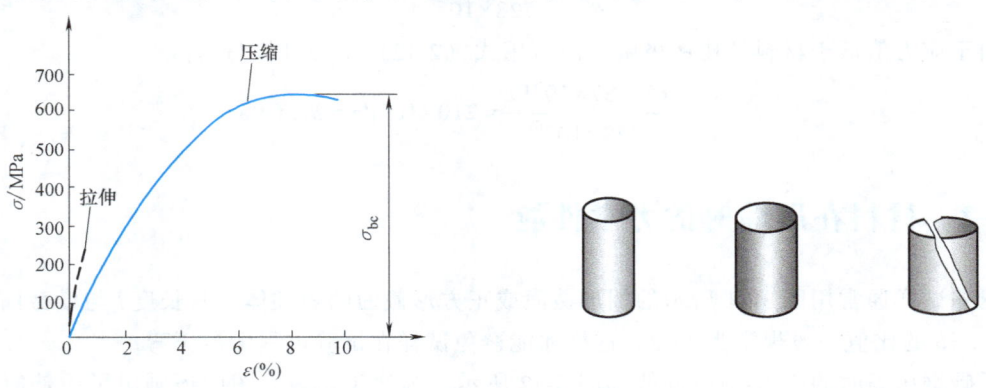

图 3-14　灰口铸铁压缩时的 σ-ε 曲线　　　图 3-15　灰口铸铁压缩变形

混凝土是由水泥、石子和砂加水搅拌均匀经水化作用后凝结成型的人造材料,是典型的脆性材料。混凝土的拉伸强度很小,约为压缩强度的 1/20~1/5,因此,一般都用作压缩构件。混凝土的强度等级也是根据其压缩强度确定的。试验时将混凝土做成边长为 150mm 的立方体试块,在标准条件下养护 28d 后进行测定。

表 3-1 中列出了几种常用材料的屈服极限、强度极限和延伸率,表中所列数据是在常温与静荷载的条件下测得的。

表 3-1 常用材料的力学性能

材料名称	牌号	σ_s/MPa	σ_b/MPa	$\delta_5(\%)$
普通碳素钢	Q235	235	375~500	21~26
	Q275	275	490~630	15~20
优质碳素钢	35	315	530	20
	45	355	600	16
	55	380	645	13
低合金钢	16Mn	345	510	21
合金钢	20Cr	540	835	10
	40Cr	785	980	9
	30CrMnSi	885	1080	10
铸钢	ZG200-400	200	400	25
	ZG270-500	270	500	18
灰口铸铁	HT150	—	150	—
	HT150	—	250	—
铝合金	LY12	274	412	19
黄铜	—	70~550	200~620	4~60
混凝土(压缩)			10~80	
石灰石			20~200	
聚乙烯		—	7~28	15~300
橡木(顺纹压缩)		—	30~40	30~50
橡胶		1~7	7~20	100~800

注:表中 δ_5 是指 $l=5d$ 的标准试样的延伸率。

■ 3.3 许用应力

在理想情况下,为了充分利用材料的强度,应使材料的工作应力接近于材料的极限应力,但实际上这有的时候是危险的,原因是有如下的一些不确定因素:

1) 构件上的外荷载估计不准确。由于某些偶然因素会出现超载现象。
2) 实际结构与计算简图的差异。计算简图往往不能精确地符合实际构件的工作情况。
3) 实际材料的组成与品质等难免存在差异,不能保证构件所用材料完全符合计算时所做的理想均匀假设。

4) 计算理论的近似性。

此外还有尺寸误差、构件的工作条件以及加工工艺等不确定的因素，都有可能使构件的实际应力比设想的要大。因此，杆件按照理论计算的最大工作应力 σ_{max} 不仅应小于材料的极限应力 σ_u，而且还要有一定的安全储备，特别是对于因破坏将带来严重后果的结构，如桥梁、水坝及大型起重设备等，更应给予较大的强度储备。所以，在选定材料的极限应力后，应除以一个大于1的安全系数 n 作为构件工作应力的最大容许值，即许用应力 $[\sigma] = \sigma_u/n$。

对于塑性材料，当正应力达到屈服极限 σ_s 时，将产生屈服，出现显著的塑性变形。构件工作时发生屈服，出现显著的塑性变形一般是不容许的。所以，以屈服极限 σ_s 作为极限应力 σ_u，即塑性材料的许用应力

$$[\sigma] = \frac{\sigma_s}{n} \tag{3-3}$$

对于无明显屈服阶段的塑性材料，则用 $\sigma_{0.2}$ 作为 σ_u。

对于脆性材料，当应力达到强度极限 σ_b 时，材料发生断裂，强度极限是唯一强度指标，因此以强度极限 σ_b 作为极限应力 σ_u，即脆性材料的许用应力

$$[\sigma] = \frac{\sigma_b}{n} \tag{3-4}$$

许用应力

确定安全系数是一项重要的工作，安全系数定低了，构件不安全，定高了则浪费材料。一般脆性材料破坏时，发生突然断裂，比塑性材料破坏危险性大，所以在同样工况下脆性材料的安全系数一般比塑性材料大。各种材料在不同工作条件下的安全系数或许用应力，可从国家有关规范或设计手册中查到。

■ 3.4 应力集中

轴向拉压杆的横截面应力，通常用式（2-1）$\sigma = \dfrac{F_N}{A}$ 计算，这个公式是基于应力在横截面上是均匀分布的假设。但在工程实际中，由于构造与使用等方面的需要，许多构件常常带有沟槽（如螺纹）、孔和圆角等，使截面尺寸在某些部位发生突变。试验和理论分析表明，在外力作用下，构件在形状或截面尺寸有突然变化处，将出现局部的应力呈非均匀分布。例如，图 3-16a 所示的含圆孔的受拉薄板，圆孔处截面上的应力分布如图 3-16b 所示，在孔的附近处应力骤然增加，而离孔稍远处应力就迅速下降并趋于均匀。这种由杆件截面突变而引

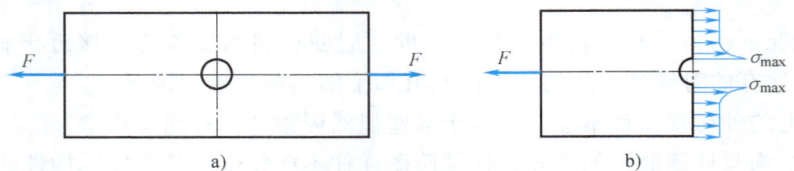

图 3-16 应力集中现象

a) 受拉带孔板　b) 圆孔处应力分布

起的局部应力显著增大的现象，称为应力集中。

应力集中的程度用理论应力集中系数 K 表示，其定义为

$$K = \frac{\sigma_{\max}}{\sigma} \tag{3-5}$$

式中 　$\sigma_{\max}$ ——应力集中处截面上的最大应力（Pa）；

　　　　σ ——该截面上的平均应力（Pa）。

理论应力集中系数反映了应力集中程度，其值大于 1。试验结果表明，杆件外形改变越突然，应力集中的程度越严重。因此，应尽量避免在构件上开孔或者挖槽，在阶梯形轴的轴肩处采用过渡圆弧。

不同材料对应力集中的敏感程度是不同的。由塑性材料制成的构件承受静荷载时，当最大应力 $\sigma_{\max}$ 达到屈服极限 σ_s 后，同一截面未屈服的部分继续承载，以致屈服区域不断扩大，应力分布逐渐趋于均匀，如图 3-17 所示。所以，在研究塑性材料构件的静强度问题时，通常可以不考虑应力集中的影响。对于由脆性材料制成的构件，由于没有屈服阶段，当由应力集中所形成的最大局部应力 $\sigma_{\max}$ 达到强度极限时，构件即发生破坏，应力集中危害性很明显，强度计算时要考虑应力集中。但在动荷载作用下，则不论是塑性材料，还是脆性材料制成的杆件，都应考虑应力集中的影响。

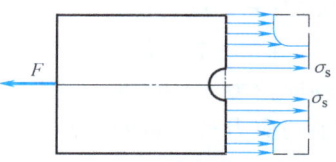

图 3-17　塑性材料应力集中

思　考　题

3-1　低碳钢拉至强化阶段时，在拉伸图上如何测量其弹性伸长量和塑性伸长量？

3-2　低碳钢被拉断时的应力为什么反而比强度极限低？

3-3　比较低碳钢和灰口铸铁在拉伸和压缩时的破坏现象。

3-4　三种材料的 σ-ε 曲线分别如图 3-18 所示。其中哪种材料的强度最高？哪种材料的刚度最大？哪种材料的塑性最好？

3-5　图 3-19a、b 中所示哪个应力集中系数大些？

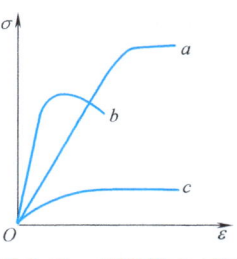

图 3-18　思考题 3-4 图

a)

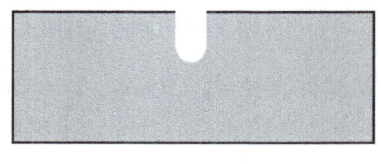
b)

图 3-19　思考题 3-5 图

习　题

3-1　用低碳钢试件做拉伸试验，试件如图 3-20 所示。当拉力达到 20kN 时，试件中间

部分 A、B 两点间距离由 50mm 变为 50.01mm。试求该试件的相对伸长、在试件中产生的最大正应力。已知低碳钢的 $E = 210\text{GPa}$。

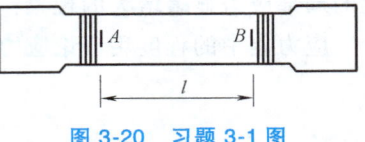

图 3-20 习题 3-1 图

3-2 某材料的应力-应变曲线如图 3-21 所示，经过 A (0.3%，200MPa) 点。试根据该曲线确定：

(1) 材料的弹性模量 E、比例极限 σ_p 与屈服极限 $\sigma_{0.2}$。

(2) 当应力增加到 $\sigma = 350\text{MPa}$ 时，材料的正应变 ε 以及弹性应变 ε_e 与塑性应变 ε_p。

3-3 某圆截面钢杆，直径 $d = 10\text{mm}$，$E = 200\text{GPa}$，泊松比 $\nu = 0.25$。在轴向拉力 F 作用下，直径减少了 0.0025mm，试求拉力 F。

3-4 一根直径 $d = 16\text{mm}$，长 $l = 3\text{m}$ 的圆截面杆，承受轴向拉力 $F = 30\text{kN}$，其伸长为 $\Delta l = 2.2\text{mm}$。试求杆横截面上的应力与材料的弹性模量 E。

3-5 电子秤的传感器如图 3-22 所示，是一个空心圆筒，承受轴向拉伸或压缩。已知圆筒外径 $D = 80\text{mm}$，壁厚 $\delta = 9\text{mm}$，材料的弹性模量 $E = 210\text{GPa}$。在称某重物时，测得筒壁的轴向应变 $\varepsilon = -476 \times 10^{-6}$。试问该物重多少？

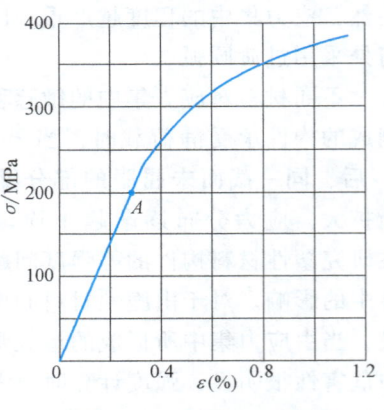

图 3-21 习题 3-2 图

3-6 直杆如图 3-23 所示，材料为低碳钢，弹性模量 $E = 200\text{GPa}$，杆的横截面面积为 $A = 5\text{cm}^2$，杆长 $l = 1\text{m}$，加轴向拉力 $F = 150\text{kN}$，测得伸长 $\Delta l = 4\text{mm}$。试求卸载后杆的残余变形。

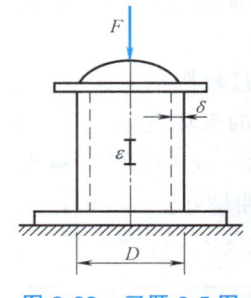

图 3-22 习题 3-5 图

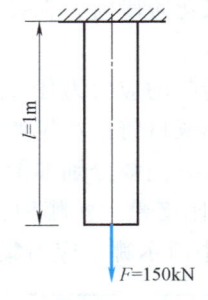

图 3-23 习题 3-6 图

3-7 已知某试件直径 $d_0 = 10\text{mm}$，$l_0 = 50\text{mm}$，拉伸试验试件断裂后，l_0 从 50mm 改变为 $l_1 = 58.3\text{mm}$，颈缩处直径 $d_1 = 6.2\text{mm}$。求材料的延伸率和断面收缩率。

第 4 章　剪切与挤压的工程实用计算

> **本章提要**
>
> 连接件是工程上广泛应用的结构，其受力和变形非常复杂，精确求解非常困难。本章以工程实用计算法对这种结构进行强度计算，该方法用名义应力代替实际应力，可以有效表示实际应力并使计算得到简化。本章的重点在于掌握剪切面、计算挤压面、名义剪切应力和名义挤压应力等概念及其计算方法，能熟练地利用工程实用计算法进行剪切与挤压的强度计算。

　　工程应用和生活中存在许多剪切与挤压的力学现象，如用剪刀剪东西，用切割机切钢板，用模具冲压各种器件，用连接件把构件组装成整体机器和结构。这些现象的特点是被作用的对象受力很特殊且很复杂，但主要受力又具有特点，比如受到距离很近的反向作用力作用，受到平面承压和曲面承压等现象。这些对象在进行工程设计和应用时，在材料力学的理论框架内很难做到精确的力学计算，通过大量的工程实践和试验总结，材料力学建立了一套工程实用计算法，可以对这一类构件进行强度计算。工程实用计算法的特点是工作应力和许用应力采用相同的方法进行计算，极限内力则通过试验和工程实际统计得到。所以，虽然得到的是构件的名义应力而不是真实应力，但工作应力和许用应力具有了可比性，且名义应力可以有效表示实际应力，从而可以对这类构件进行强度计算。

■ 4.1　剪切与挤压的实例和概念

4.1.1　剪切与挤压的工程实例

　　图 4-1 所示是工厂里或工地上使用的钢材切割机，钢板或钢筋放在切割机的砧板上，通过铡刀的转动，使钢材受到砧板支撑和刀具下压形成的等值、反向且间隔很小的两个力的作用，当力大到一定程度时，钢材便会被剪断。

　　图 4-2 所示是飞机部件的连接过程。飞机的机身和机翼都是由许多较小的板块材料拼接而成。拼接有多种方式，如焊接方式、铆钉或螺栓连接方式。由于飞机材料主要是铝合金等高性能的轻、软、延展性大的材料，焊接易造成焊缝不均匀、气泡等问题，使用中容易产生裂纹，对飞机安全造成威胁，而且也不利于维修。而铆钉或螺栓连接具有良好的抗振动、抗

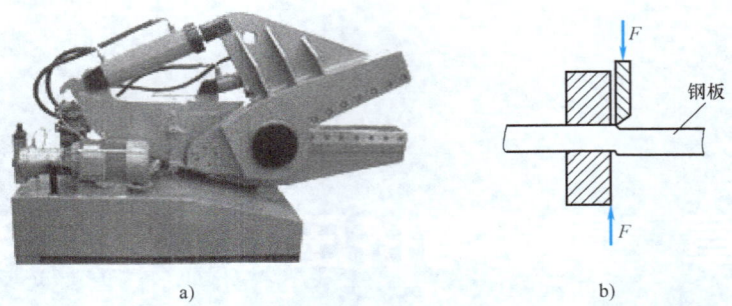

图 4-1 切割机的工作原理
a) 结构图　b) 受力图

疲劳等特性，铆钉或螺栓连接的连接孔天然具有防裂纹扩展的能力，使用时便于拆卸维修，所以在飞机制造中得到广泛应用。

图 4-2 飞机部件的铆钉或螺栓连接

在土木、机械等工程领域中，铆钉或螺栓也有着广泛的应用。图 4-3 和图 4-4 所示是桥梁杆件连接、汽车转向轴连接和压力容器结构连接的结构细节和受力情况。由图可知，铆钉或螺栓的中间横截面上受到剪切的作用，在其圆柱表面受到挤压的作用。销钉或销轴具有铆钉或螺栓相同的性质，所以在工程中也得到广泛应用，如图 4-5 所示的吊钩连接结构，用于吊运货物。

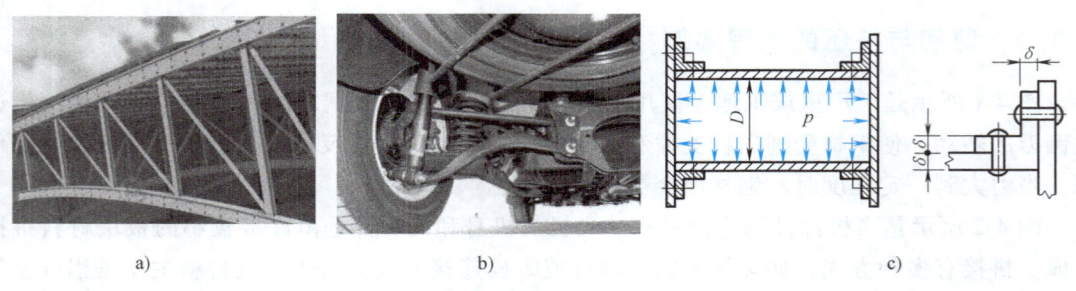

图 4-3 桥梁杆件间、汽车转向轴间以及压力容器间的铆钉或螺栓连接
a) 桥梁结构　b) 汽车底盘结构　c) 压力容器结构

第4章 剪切与挤压的工程实用计算

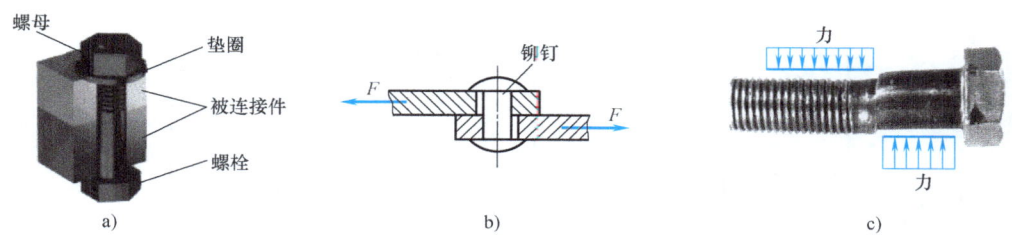

图 4-4 铆钉或螺栓连接的实际结构和受力
a) 连接结构图　b) 连接结构受力图　c) 螺栓变形图

图 4-5 吊钩连接结构

图 4-6 所示是金属挤压成型的结构，根据希望制造的构件的形状设计好模具，把制造构件的材料放到模具中，通过冲头施加压力，材料受到挤压变形，最后充满整个模具成为所需要的构件形状。成型过程中，构件的底部和侧面都受到挤压作用。

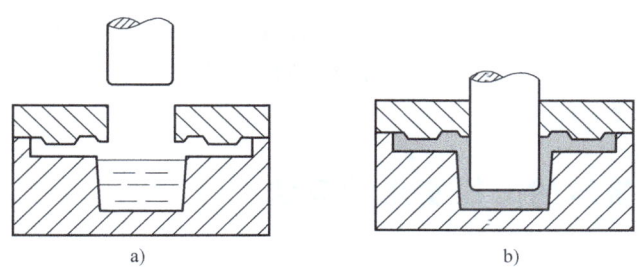

图 4-6 锻压铸造成型过程
a) 加压前　b) 挤压后

4.1.2 剪切与挤压的概念

从前面的工程应用中销轴、铆钉和螺栓的受力特点，可提炼出剪切与挤压变形的概念如下：

剪切与挤压的实例和概念

剪切变形：当构件受到一对等值、反向且作用线很接近的横向力（即垂直于杆件轴线的力）作用时，该两力间杆件的截面沿力的作用线方向发生相对错动的变形现象，称为剪切变形，如图 4-7 所示。

剪切变形中发生相对错动的截面 $m—m$ 称为剪切面。存在一个剪切面的剪切变形称为单剪切变形，存在两个剪切面的剪切变形称为双剪切变形，依次类推。图 4-3a 中桥梁杆件间的连接属于单剪切变形，图 4-3b 中汽车转向轴的连接和图 4-5 中的销轴连接属于双剪切变形，图 4-6 中的锻压件的底板属于单剪切变形。

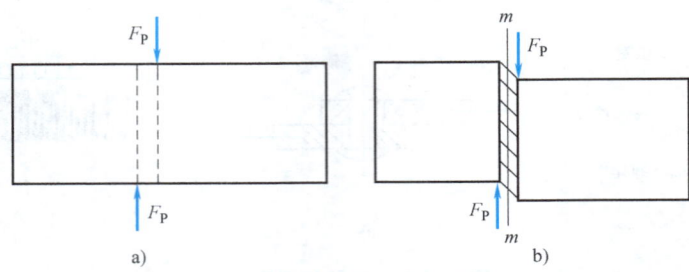

图 4-7 剪切变形
a) 剪切受力图　b) 剪切变形图

挤压变形：连接件和被连接件在其相互接触的表面上发生承压，并在承压部分的圆柱表面呈现被"挤扁"的近似于半椭圆形压痕的变形现象，称为挤压变形。图 4-4 中螺栓圆柱表面出现的压痕就是挤压变形。

剪切变形所受两个力的距离很小，所以剪切变形在构件内很小的范围中发生，具有突变性，其和受力的关系非常复杂，精确的数学处理非常困难。

挤压变形后的压痕范围是未知的，压痕范围内各点处的压痕深度也各不相同，所以压痕的特征和挤压力的关系也非常复杂，数学处理也很困难。但由于压痕具有一定的空间区域，其精确的数学处理比剪切变形要容易得多。

连接结构所连接的杆件通常还受到轴力作用，会发生拉伸变形，所以，连接件的强度计算需包括剪切强度、挤压强度和拉伸强度，才能保证整个连接结构的安全。连接结构通常不进行刚度计算。若工程应用要求进行刚度计算，则应根据弹性力学理论、有限元理论或试验结果进行连接结构的变形计算。

4.2　剪切与挤压的工程实用计算法

剪切的工程实用计算法

4.2.1　剪切强度的工程实用计算法

从前述剪切与挤压的工程实例可知，剪切变形在极小的空间内受一对反向力作用，剪切变形具有突变性，荷载与变形的关系非常复杂，在材料力学的范围内很难进行精确的力学计算，所以引进了一种工程实用计算的方法对剪切的强度进行计算。所谓剪切工程实用计算法，就是根据工程应用的经验总结以及剪切试验结果，结合剪切变形的受力特点，总结出来的一种近似的工程应用的计算办法。

剪切工程实用计算法的要点是：由于剪切变形时，两个反向作用力间的距离很小，剪切面可以假设为平面，剪切面只受剪力作用且剪力在剪切面上均匀分布。

以铆钉连接结构为例（见图 4-8a、b），铆钉受到两个连接板柱孔表面的两组分布力的作用。如图 4-8c 所示，由于板厚很小，两组分布力可以用两个距离很小的反向集中力 F_P 表示。根据截面法，用剪切面 $m—m$ 把铆钉截开；根据剪切工程实用计算法，只考虑 $m—m$ 截面上的剪力，不考虑 $m—m$ 截面上的弯矩，则可得截面法分离体的受力如图 4-8d 所示。由分离体的平衡条件，得 $m—m$ 截面上的剪力为

$$\sum F_x = 0: \quad F_S = F_P$$

剪切工程实用计算法认为，$m—m$ 截面上的剪力 F_S 均匀地分布在 $m—m$ 截面上，所以 $m—m$ 截面上的切应力为（τ 也称为名义切应力）

$$\tau = \frac{F_S}{A_s} \tag{4-1}$$

式中　　A_s——剪切面的截面面积（m^2）；
　　　　F_S——剪切面上的剪力（N）。

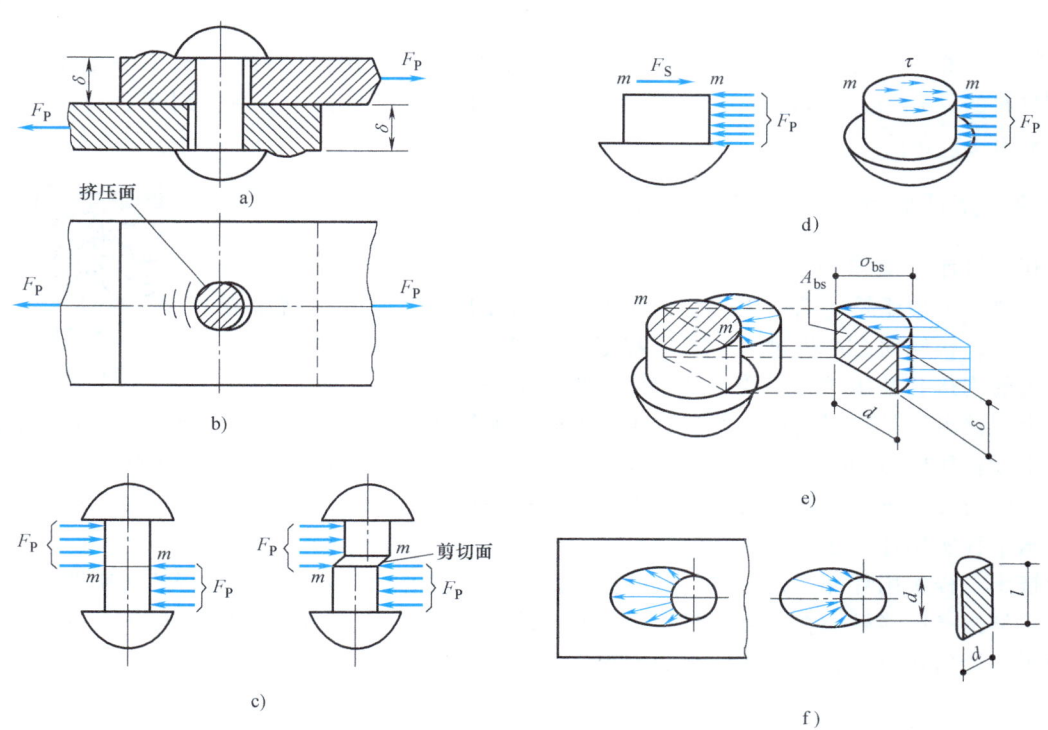

图 4-8　剪切与挤压工程实用计算法的计算模型
a）连接结构正视剖面图　b）连接结构俯视图　c）铆钉受力与铆钉剪切变形图
d）铆钉剪切面剪力和切应力图　e）铆钉挤压应力图　f）铆钉挤压应力分布图

剪切变形的强度条件可由试验得到。由于剪切工程实用计算法的假定忽略了剪切面上的弯矩，也忽略了剪切面上剪力分布的非均匀性，所以与实际情况是有较大差异的。因此在用试验方法确定剪切强度条件时，应尽量使试件受力情况与实际受力情况相同。对图 4-8a 中的铆钉连接结构在相同加载形式下进行试验，改变外力的大小，记录铆钉出现剪切破坏时所对应的外力 F_b，求出极限剪力 F_{Sb}；然后根据"剪切面上切应力均匀分布"的剪切工程实用计算法假定，按照式（4-1）求出剪切破坏面 $m—m$ 截面上的极限切应力

$$\tau_b = \frac{F_{Sb}}{A_s} \tag{4-2}$$

式中　　F_{Sb}——铆钉剪切破坏试验时铆钉被剪断时剪切面上的极限剪力（N）。

考虑工程实践的经验总结以及精确计算结果与工程实用计算法的差异，引进大于 1 的安

全系数 n_b，可得到剪切工程实用计算法的许用切应力为

$$[\tau] = \frac{\tau_b}{n_b} \tag{4-3}$$

式中　τ_b——剪切破坏时的极限切应力（N/m²）；

　　　n_b——安全系数。

于是剪切工程实用计算法的强度条件可表示为

$$\tau = \frac{F_S}{A_s} \leqslant [\tau] \tag{4-4}$$

精确计算和工程实践经验表明，许用切应力 $[\tau]$ 与许用拉应力 $[\sigma]$ 有一定相关性，各种材料的 $[\tau]$ 值可以从有关的国家标准和各行业的设计规范中查到。对于钢材，$[\tau] = (0.75 \sim 0.8)[\sigma]$。

4.2.2　挤压强度的工程实用计算法

在铆钉连接结构中，铆钉与连接板之间受力后发生接触并互相挤压，接触面上由于挤压而产生的接触应力称为挤压应力。当最大挤压应力过大时，接触面会产生过大的变形甚至被压溃，如铆钉或螺栓被压扁或钢板的连接孔被压皱，导致连接结构失效而无法工作。

挤压的工程实用计算法

由于接触面是空间曲面，所以挤压应力分布很复杂。弹性力学和有限元法计算的结果表明，实际挤压应力的分布情况如图 4-8e、f 所示，是一种复杂的、变化的空间分布力系。由于挤压应力分布复杂，材料力学的理论体系无法进行精确计算，所以，其挤压强度计算也采用挤压工程实用计算法。

挤压工程实用计算法是通过引进计算挤压面和名义挤压应力的概念进行的。所谓计算挤压面，是指挤压接触面在垂直于挤压力方向上的投影面。所谓名义挤压应力（σ_{bs}），是假设挤压力均匀地分布在计算挤压面的面积上所得到的挤压应力，即

$$\sigma_{bs} = \frac{F_{Pc}}{A_{bs}} \tag{4-5}$$

式中　F_{Pc}——接触面上的总挤压力（N），可通过连接件的平衡条件求得；

　　　A_{bs}——计算挤压面的面积（m²）。

对于铆钉类的柱状挤压面，计算挤压面的面积可近似取为圆柱接触面在直径平面上的投影面积，即 $A_{bs} = \delta d$，如图 4-8e、d、f 所示，其中 d 为铆钉直径，δ 为连接板的厚度。铆钉类的名义挤压应力与其实际的最大挤压应力具有正相关性。对于键连接类的平面接触面，如图 4-10 所示，其计算挤压面的面积就是实际接触面的面积。

挤压变形的强度条件也可通过实验得到，由于名义挤压应力与实际情况是有差异的。因此在用试验方法确定挤压强度条件时，也应尽量使试件受力情况与实际受力情况相同。对图 4-8a 中的铆钉连接结构在相同加载形式下做试验，改变力的大小，记录铆钉接触面出现挤压破坏时所对应的外力 F_P，求出极限挤压力 F_{Pcb}；然后根据"计算挤压面上挤压应力均匀分布"的挤压工程实用计算法假定，按下式求出极限名义挤压应力

$$\sigma_{bsb} = \frac{F_{Pcb}}{A_{bs}} \tag{4-6}$$

式中 F_{Pcb}——挤压破坏时的极限挤压力（N）。

考虑工程实践的经验总结以及精确计算结果与工程实用计算法的差异，引进大于1的安全系数 n_{bs}，可得到挤压工程实用计算法的许用名义挤压应力为

$$[\sigma_{bs}] = \frac{\sigma_{bsb}}{n_{bs}} \qquad (4\text{-}7)$$

式中 σ_{bsb}——极限名义挤压应力（N/m²）；
$\quad n_{bs}$——安全系数。

于是，挤压工程实用计算法的强度条件可表示为

$$\sigma_{bs} = \frac{F_{Pc}}{A_{bs}} \leq [\sigma_{bs}] \qquad (4\text{-}8)$$

精确计算和工程实践经验表明，许用名义挤压应力 $[\sigma_{bs}]$ 与许用拉应力 $[\sigma]$ 也有一定相关性，各种材料的 $[\sigma_{bs}]$ 值可以从有关的国家标准和各行业的设计规范中查到。对于钢材，$[\sigma_{bs}] = (1.7 \sim 2)[\sigma]$。

挤压应力是连接结构中两个构件之间的相互作用力，所以，当各构件的材料不相同时，挤压强度应该按许用挤压应力较小的构件进行计算。

剪切与挤压的工程实用计算法是对复杂剪切变形和挤压变形的一种简化的近似计算，但这种方法并非只是为了简化。因为弹性力学和有限元法等精确计算以及工程经验总结和试验结果都表明，名义切应力与实际最大切应力、名义挤压应力与实际最大挤压应力具有明显的相关性，是实际最大切应力、实际最大挤压应力的一种表示，所以应用工程实用计算法对剪切与挤压进行强度计算在工程上是合理的、可行的。

■ 4.3 剪切与挤压强度计算算例

【例 4-1】 图 4-9a 所示为切料装置用刀刃把切料模中直径为 12mm 的圆形截面棒料切断。棒料的许用切应力 $[\tau] = 160\text{MPa}$，安全系数 $n_b = 2$，试确定切断力 F_P 的大小。

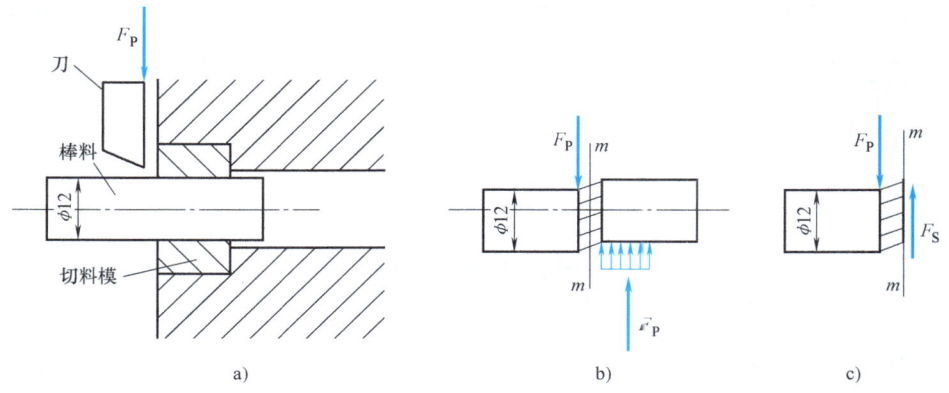

图 4-9 例 4-1 图
a) 切料装置 b) 棒料受力图 c) 棒料截面分离体图

解：棒料受力如图 4-9b 所示，m—m 截面为棒料的剪切面，以 m—m 截面左边分离体为

对象（见图 4-9c），由平衡方程得

$$\sum F_x = 0: \quad F_S = F_P$$

当剪切面上的名义切应力等于极限切应力时，棒料被切断，此时

$$\tau = \frac{F_S}{A_s} = \tau_b = n_b[\tau]$$

$$\frac{F_P}{A_s} = n_b[\tau]$$

所以

$$F_P = A_s n_b[\tau] = \left(\frac{\pi}{4} \times 12^2 \times 10^{-6} \times 2 \times 160 \times 10^6\right) \text{N} = 36191.1\text{N} = 36.19\text{kN}$$

即当 $F_P > 36.19\text{kN}$ 时，棒料被剪断。

【例 4-2】 齿轮转动轴结构如图 4-10a 所示。已知轴的直径 $d = 50\text{mm}$，通过平键将转矩 $m = 720\text{N} \cdot \text{m}$ 传递给齿轮，键的宽度、高度和长度分别为 $b = 16\text{mm}$、$h = 10\text{mm}$ 和 $l = 45\text{mm}$，键材料的许用切应力 $[\tau] = 110\text{MPa}$，许用挤压应力 $[\sigma_{bs}] = 250\text{MPa}$。试校核该键的强度。

键连接典型例题

解：（1）轮毂对键的作用力的计算 以键和轴组成的整体为研究对象，其受力如图 4-10b 所示，轮毂对键的作用力为 F_P，根据平衡条件，有

$$\sum M_O = 0: \quad m - F_P \frac{d}{2} = 0$$

所以

$$F_P = \frac{2m}{d} = \frac{2 \times 720 \text{N} \cdot \text{m}}{50 \times 10^{-3} \text{m}} = 28.8 \times 10^3 \text{N} = 28.8\text{kN}$$

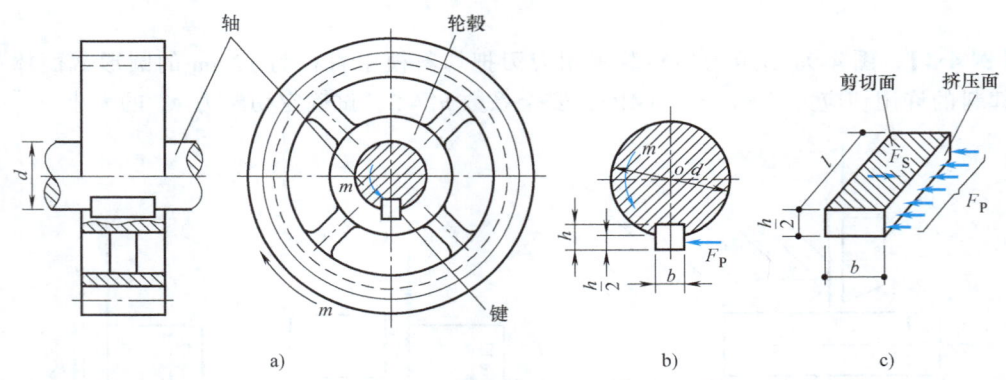

图 4-10 例 4-2 图
a) 齿轮转动轴结构 b) 键和轴局部整体受力图 c) 键剪切面分离体受力图

（2）键的剪切强度校核 键的剪切面为键高度方向的中间水平截面，以剪切面为截面分离键，得分离体受力如图 4-10c 所示，根据平衡条件，有

$$\sum F_x = 0: \quad F_S = F_P = 28.8\text{kN}$$

根据切应力强度条件，即式 (4-4)，有

$$\tau = \frac{F_S}{A_s} = \frac{F_P}{bl} = \frac{28.8\times 10^3 \text{N}}{(16\times 10^{-3}\text{m})\times(45\times 10^{-3}\text{m})} = 40\times 10^6 \text{Pa} = 40\text{MPa} < [\tau] = 110\text{MPa}$$

所以键满足剪切强度要求。

（3）键的挤压强度校核　根据分离体受力知，挤压面是键与轮毂键槽的接触面或键与轴键槽的接触面，挤压力为 $F_{Pc} = F_P$。根据挤压强度条件，即式（4-8），有

$$\sigma_{bs} = \frac{F_{Pc}}{A_{bs}} = \frac{F_P}{lh/2} = \frac{28.8\times 10^3 \text{N}\times 2}{(45\times 10^{-3}\text{m})\times(10\times 10^{-3}\text{m})} = 128\times 10^6 \text{Pa} = 128\text{MPa} < [\sigma_{bs}] = 250\text{MPa}$$

所以键满足挤压强度要求。

【例 4-3】　如图 4-11a 所示，直径为 $d = 50\text{mm}$ 的圆柱放在直径为 $D = 150\text{mm}$、厚为 $t = 20\text{mm}$ 的混凝土圆形基座上，地基对基座的支承力为均匀分布。混凝土的许用切应力 $[\tau] = 1.5\text{MPa}$。设地基没有破坏，求许用荷载 $[F_P]$。

解：1）地基对基座的支承力为均匀分布，如图 4-11b 所示，所以

$$p = \frac{4F_P}{\pi D^2}$$

2）当圆柱受外力 F_P 作用时，混凝土圆形基座上虚线对应的圆柱面受到剪切作用，如图 4-11c 所示。τ 是剪切面上的切应力。由剪切分离体的平衡条件，有

$$\sum F_y = 0: \quad \tau \pi dt + p\frac{\pi d^2}{4} - F_P = 0$$

所以

$$\tau = \frac{F_P}{\pi dt}\left(1 - \frac{d^2}{D^2}\right)$$

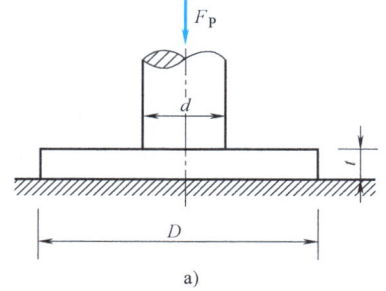
a)
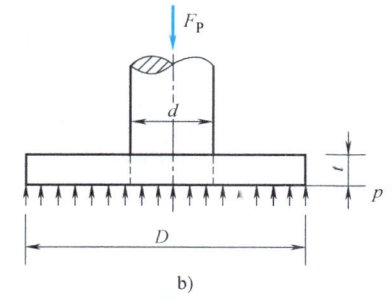
b)
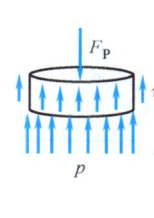
c)

图 4-11　例 4-3 图

a) 混凝土基座受压图　b) 基座受剪示意图　c) 基座剪切面分离体受力图

3）根据剪切强度条件，即式（4-4），有

$$\tau = \frac{F_P}{\pi dt}\left(1 - \frac{d^2}{D^2}\right) \leq [\tau]$$

所以

$$F_P \leq \frac{\pi dt D^2}{D^2 - d^2}[\tau] = \frac{\pi\times(50\times 10^{-3}\text{m})\times(20\times 10^{-3}\text{m})\times(150\times 10^{-3})^2\text{m}^2}{(150\times 10^{-3})^2\text{m}^2 - (50\times 10^{-3})^2\text{m}^2}\times(1.5\times 10^6)\text{Pa}$$

$$= 5301.45\text{N} = 5.30\text{kN}$$

故

$$[F_P] = 5.30\text{kN}$$

许用荷载$[F_P] = 5.30\text{kN}$。

【**例 4-4**】 支撑杆结构如图 4-12a 所示，AB 杆长 $l = 2\text{m}$，BC 距离 $a = 1\text{m}$，在跨中作用有荷载 $F_P = 15\text{kN}$。B 端为铰链支座，A 端靠在光滑竖直面上。若许用切应力 $[\tau] = 65\text{MPa}$，求 B 端铰链中圆柱销的最小直径 d。

解：1) 以 AB 杆为对象，其受力如图 4-12b 所示，由平衡条件，有

$$\sum M_B = 0: \quad F_A \sqrt{l^2 - a^2} - F_P a/2 = 0$$

所以

$$F_A = \frac{F_P a}{2\sqrt{l^2 - a^2}} = \frac{(15 \times 10^3 \times 1)\ \text{N} \cdot \text{m}}{(2 \times \sqrt{2^2 - 1^2})\ \text{m}} = 4330.13\text{N}$$

$$\sum F_x = 0: \quad F_{Bx} = F_A = 4330.13\text{N}$$

$$\sum F_y = 0: \quad F_{By} = F_P = 15000\text{N}$$

所以

$$F_B = \sqrt{F_{Bx}^2 + F_{By}^2} = (\sqrt{4330.13^2 + 15000^2})\ \text{N} = 15612.50\text{N}$$

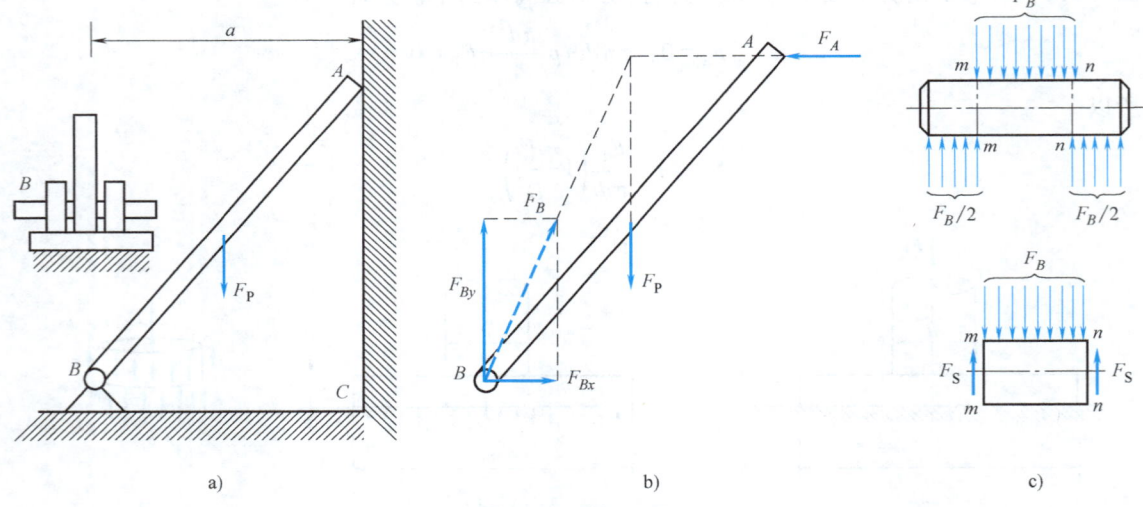

图 4-12 例 4-4 图
a) 支撑杆结构图　b) 支撑杆受力图　c) 销轴 B 剪切面分离体受力图

2) 以圆柱销 B 杆为对象，其受力如图 4-12c 所示，$m—m$、$n—n$ 截面均为剪切面，由截面法的平衡条件，得 $F_S = F_B/2 = 7806.25\text{N}$。

3) 根据剪切强度条件，即式（4-4），有

$$\tau = \frac{F_S}{A_S} \leq [\tau]: \quad \frac{4 \times 7806.25\text{N}}{(\pi d^2)} \leq (65 \times 10^6)\text{Pa}$$

所以

$$d \geq \sqrt{\frac{4 \times 7806.25\text{N}}{\pi \times 65 \times 10^6 \text{Pa}}} = 0.0123653\text{m} = 12.4\text{mm}$$

取 $d = 13\text{mm}$。

【例 4-5】 铆钉接头如图 4-13a 所示。已知 $F_P = 110\text{kN}$，板厚 $t = 10\text{mm}$，板宽度 $b = 85\text{mm}$，板材料的许用拉应力 $[\sigma] = 160\text{MPa}$；铆钉的直径 $d = 16\text{mm}$，铆钉材料的许用切应力 $[\tau] = 140\text{MPa}$，许用挤压应力 $[\sigma_{bs}] = 320\text{MPa}$，试校核该连接结构的强度。

解：本例给出了连接结构的板和铆钉的许用应力，即构件应满足所有的强度条件，所以必须校核铆钉的剪切强度和挤压强度，以及板的拉伸强度。三个强度条件都满足时，整个连接结构才是安全的。

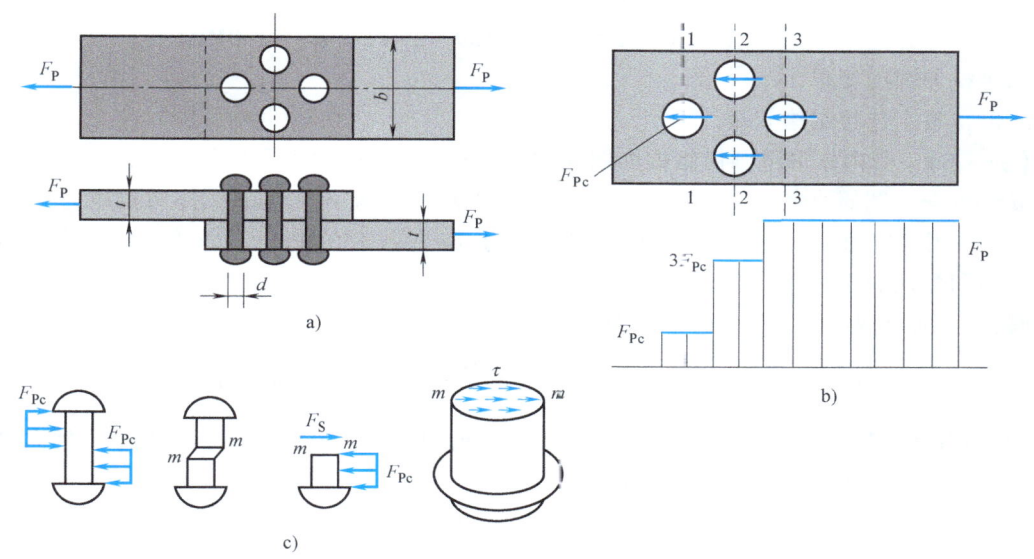

图 4-13 例 4-5 图

a）铆钉接头结构图 b）连接板受力及轴力图 c）铆钉剪切与挤压内力图

（1）受力计算 以板为对象，受力如图 4-13b 所示。板受到外力 F_P 和四个铆钉的挤压力的作用，由于铆钉的尺寸和材料相同且外力对称作用在板的轴线上，所以可以假设每个铆钉的挤压力相同，即都等于 F_{Pc}。根据板的平衡条件，有

$$\sum F_x = 0: \quad F_{Pc} = \frac{F_P}{4} = \frac{110\text{kN}}{4} = 27.50\text{kN}$$

铆钉的受力如图 4-13c 所示，由截面法的平衡条件，可得

$$F_S = F_{Pc} = 27.50\text{N}$$

（2）铆钉的剪切强度校核 根据剪切强度条件，有

$$\tau = \frac{F_S}{A_s} = \frac{4F_S}{\pi d^2} = \frac{4 \times (27.50 \times 10^3)\text{N}}{\pi \times 16^2 \times 10^{-6}\text{m}^2} = 136.77 \times 10^6 \text{Pa} = 136.77\text{MPa} < [\tau] = 140\text{MPa}$$

铆钉满足剪切强度要求。

（3）铆钉的挤压强度校核 根据挤压强度条件，有

$$\sigma_{bs} = \frac{F_{Pc}}{A_{bs}} = \frac{F_{Pc}}{td} = \frac{27.5 \times 10^3 \text{N}}{10 \times 16 \times 10^{-6}\text{m}^2} = 171.88 \times 10^6 \text{Pa} = 171.88\text{MPa} < [\sigma_{bs}] = 320\text{MPa}$$

铆钉满足挤压强度要求。

(4) 板的拉伸强度校核　板的轴力图如图 4-13b 所示，可见有两个可能的危险面 2—2 截面和 3—3 截面，对应的拉应力分别为

$$\sigma_{2-2} = \frac{F_{N2}}{A_2} = \frac{3F_{Pc}}{(b-2d)t} = \frac{3 \times 27.50 \times 10^3 \text{N}}{(85-2\times16)\times10\times10^{-6}\text{m}^2}$$
$$= 155.66 \times 10^6 \text{Pa} = 155.66 \text{MPa} < [\sigma] = 160 \text{MPa}$$

$$\sigma_{3-3} = \frac{F_{N3}}{A_3} = \frac{F_P}{(b-d)t} = \frac{110\times10^3\text{N}}{(85-16)\times10\times10^{-6}\text{m}^2}$$
$$= 159.42 \times 10^6 \text{Pa} = 159.42 \text{MPa} < [\sigma] = 160 \text{MPa}$$

钢板满足拉伸强度要求。

所以，整个连接结构安全。

【例 4-6】　受内压薄壁圆筒结构如图 4-14a 所示，筒盖由角钢和铆钉连接。已知：铆钉直径 $d = 20$mm，圆筒直径 $D = 1000$mm，内压 $p = 1$MPa，壁厚 $\delta = 10$mm，许用拉应力 $[\sigma] = 40$MPa，许用切应力 $[\tau] = 70$MPa，许用挤压应力 $[\sigma_{bs}] = 160$MPa。试求连接筒盖和角钢及连接角钢和筒壁的铆钉数目。

解：1) 如图 4-14b 所示，筒盖受到的内压合力为

$$F_P = p\frac{\pi D^2}{4} = 1\times10^6\text{Pa}\frac{\pi\times(1000\times10^{-3})^2\text{m}^2}{4} = 785.40\times10^3\text{N}$$

2) 以筒盖为对象，如图 4-14b 所示，筒盖受到内压合力的作用，还受到 n_1 个轴向铆钉的作用力 $n_1 F_{N1}$ 的作用。由筒盖的平衡条件，有

$$\sum F_x = 0: \quad F_P - n_1 F_{N1} = 0$$

所以

$$F_{N1} = \frac{F_P}{n_1}$$

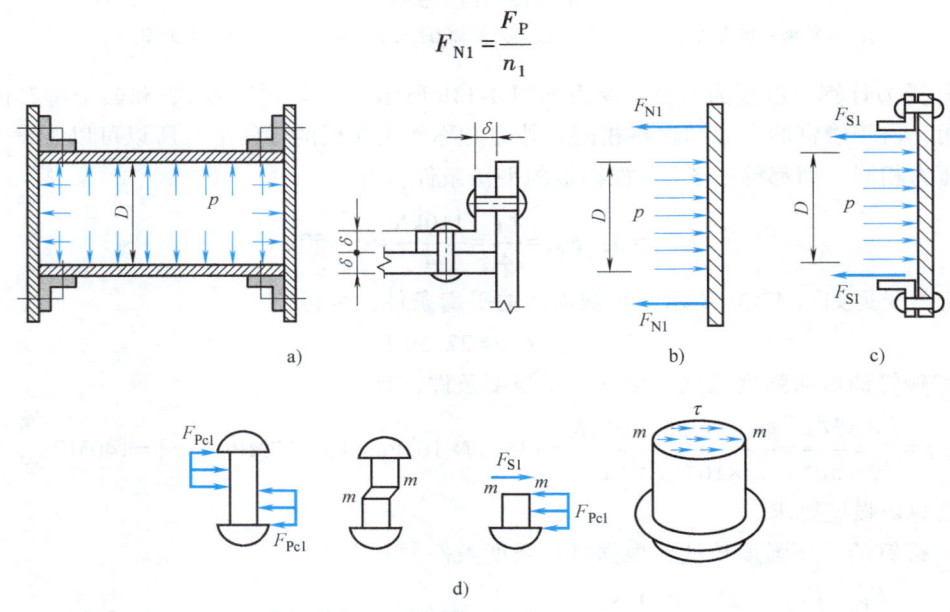

图 4-14　例 4-6 图

a) 薄壁圆筒结构图　b) 筒盖受力图　c) 筒盖、角钢局部整体受力图　d) 铆钉剪切与挤压内力图

3）以筒盖和角板整体为对象，如图 4-14c 所示。筒盖受到内压合力的作用，还受到 n_2 个横向铆钉的剪力作用，总剪力为 $n_2 F_{S1}$。由平衡条件，有

$$\sum F_x = 0：F_P - n_2 F_{S1} = 0$$

所以

$$F_{S1} = \frac{F_P}{n_2}$$

4）对横向铆钉进行内力分析，如图 4-14d 所示，由截面法得

$$F_{Pc1} = F_{S1}$$

5）由纵向铆钉的拉伸强度条件，有

$$\sigma = \frac{4F_P}{n_1 \pi d^2} \leqslant [\sigma]$$

$$n_1 \geqslant \frac{4 \times 785.40 \times 10^3 \text{N}}{\pi \times 20^2 \times 10^{-6} \times 40 \times 10^6 \text{m}^2 \cdot \text{Pa}} = 62.5$$

6）由横向铆钉的剪切强度条件，有

$$\tau = \frac{4F_P}{n_2 \pi d^2} \leqslant [\tau]$$

$$n_2 \geqslant \frac{4 \times 785.40 \times 10^3 \text{N}}{\pi \times 20^2 \times 10^{-6} \times 70 \times 10^6 \text{m}^2 \cdot \text{Pa}} = 35.7$$

7）由横向铆钉的挤压强度条件，有

$$\sigma_{bs} = \frac{F_P}{n_2' d \delta} \leqslant [\sigma_{bs}]$$

$$n_2' \geqslant \frac{785.40 \times 10^3 \text{N}}{20 \times 10 \times 10^{-6} \times 160 \times 10^{-6} \text{m}^2 \cdot \text{Pa}} = 24.5$$

故容器每端取纵向铆钉数 $n_1 = 63$，横向铆钉数 $n_2 = 36$。

思 考 题

4-1 剪切与挤压变形具有什么特点？试举出一些生活中和工程中剪切与挤压变形的例子。

4-2 剪切与挤压的工程实用计算法的假设只是为了对剪切与挤压强度计算进行简化吗？

4-3 铆钉类连接结构中的铆钉，其剪切面上的实际内力有哪些？为什么只留下剪力？

4-4 铆钉类连接结构中的铆钉，其与连接件的接触面上的实际内力有哪些？为什么只留下挤压力？

4-5 连接件的强度包含哪些强度计算，才能保证整个连接结构的安全？

4-6 单剪和双剪、挤压和压缩、实际应力和名义应力之间有什么区别？

习 题

4-1 拉伸试件的夹头如图 4-15 所示，求该夹头的剪切面面积和挤压面面积。

4-2 如图 4-16 所示的木榫接头，两端受到拉力作用。指出木榫接头的剪切面和挤压面，并计算剪切面面积和挤压面面积。

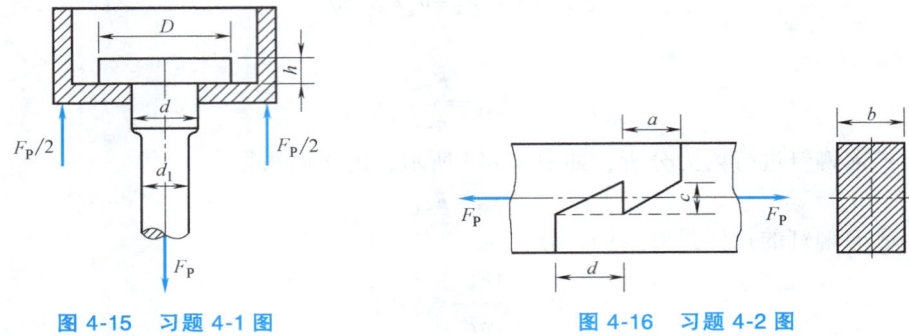

图 4-15 习题 4-1 图　　　　　图 4-16 习题 4-2 图

4-3 如图 4-17 所示，厚度为 δ 的基础上有一方柱，柱受轴向压力 F_P 作用，则基础的剪切面面积和挤压面面积分别是多少？

4-4 木接头如图 4-18 所示，水平杆与斜杆成 α 角，则其挤压面积为多少？

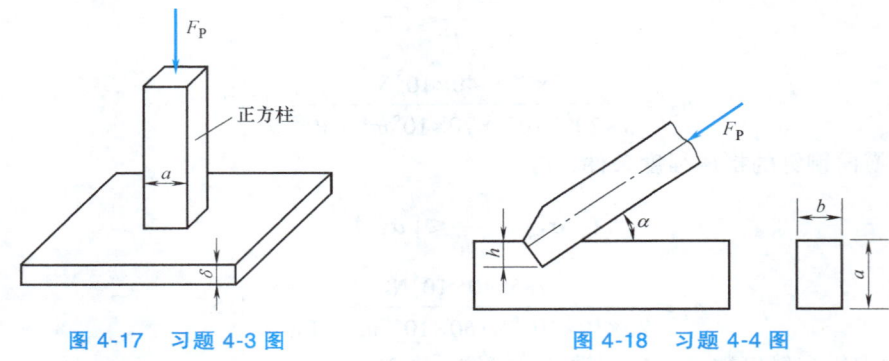

图 4-17 习题 4-3 图　　　　　图 4-18 习题 4-4 图

4-5 某销钉连接如图 4-19 所示，已知钢板、销钉与叉头的材料均相同，许用切应力 $[\tau]$ = 120MPa，许用拉应力 $[\sigma]$ = 160MPa，许用挤压应力 $[\sigma_{bs}]$ = 300MPa，销钉直径 d = 30mm，叉头与钢板宽度均为 b = 80mm，δ_1 = 22mm，δ_2 = 10mm。试求许用荷载 $[F_P]$。

4-6 两根矩形截面木材，用两块钢板连接在一起，受轴向荷载 F_P = 45kN 作用，如图 4-20 所示。已知截面宽度 b = 250mm，木材许用拉应力 $[\sigma]$ = 6MPa，许用挤压应力 $[\sigma_{bs}]$ = 10MPa，沿木材的顺纹方向许用切应力 $[\tau]$ = 1MPa。试确定接头的尺寸 δ、l、h。

4-7 钢板用销钉固连于墙上，且受拉力 F_P 作用，如图 4-21 所示。已知销钉直径 d = 22mm，板的尺寸为 8mm×100mm，板和销钉的许用拉应力 $[\sigma]$ = 160MPa，许用切应力 $[\tau]$ = 100MPa，许用挤压应力 $[\sigma_{bs}]$ = 280MPa。试求许用拉力 $[F_P]$。

4-8 为使压力机在超过最大压力 F_P = 160kN 作用时，重要机件不发生破坏，在压力机冲头内装有保险器（压塌块）。已知保险器（压塌块）中的尺寸：d_1 = 50mm，d_2 = 51mm，D = 82mm，如图 4-22 所示。极限切应力 τ_b = 360MPa，试求保险器（压塌块）的 δ 值。

4-9 剪刀受力和尺寸如图 4-23 所示，销钉 B 的直径 d = 3mm。若销钉 B 与被剪的钢丝材料相同，其剪切强度极限 τ_b = 200MPa，销钉的安全系数 n = 4.5。试求：在 C 处能剪断多大直径的钢丝？如将钢丝放在 D 处，则又能剪断多大直径的钢丝？

4-10 如图 4-24 所示转轴，键的长度 $l=30\text{mm}$，键许用切应力 $[\tau]=110\text{MPa}$，许用挤压应力 $[\sigma_{bs}]=200\text{MPa}$。试求许用荷载 $[F_P]$。

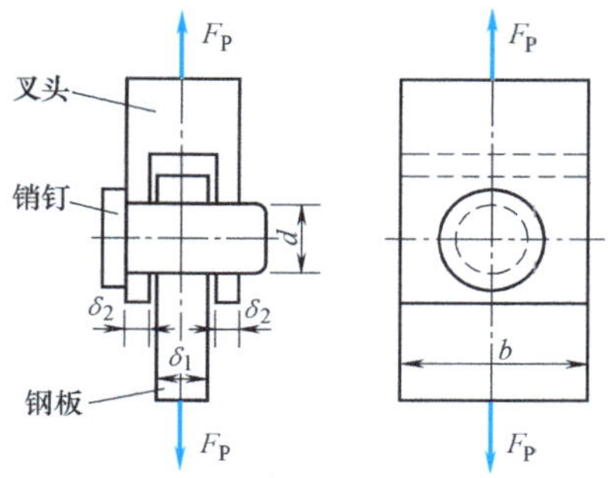

图 4-19 习题 4-5 图

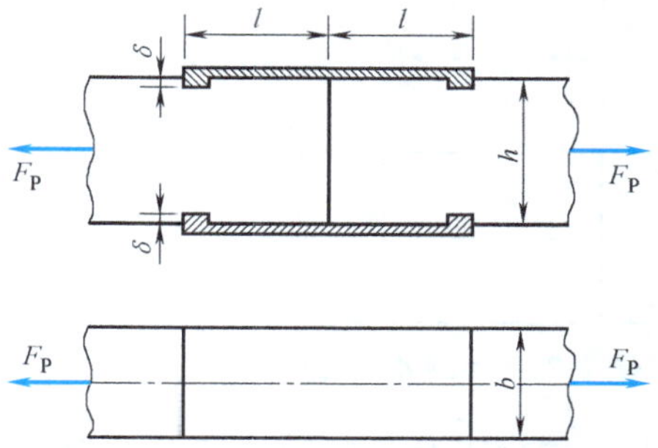

图 4-20 习题 4-6 图

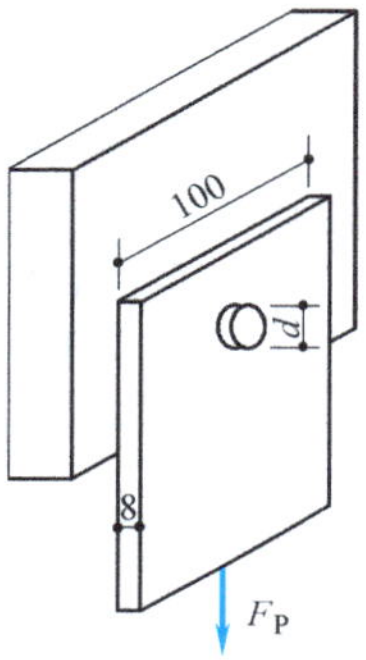

图 4-21 习题 4-7 图

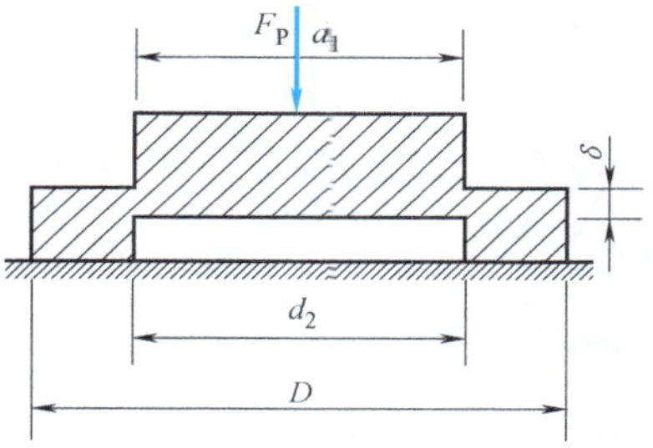

图 4-22 习题 4-8 图

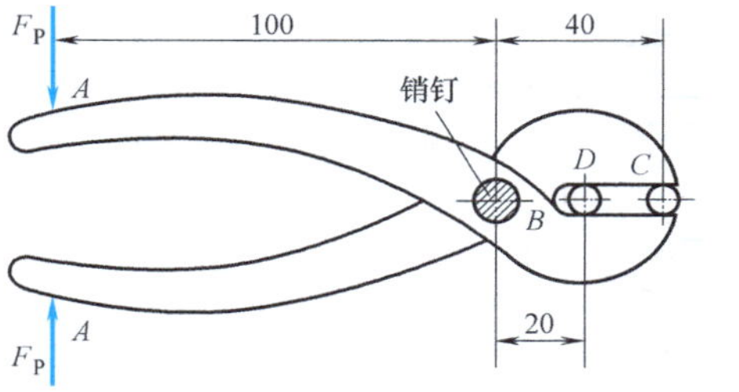

图 4-23 习题 4-9 图

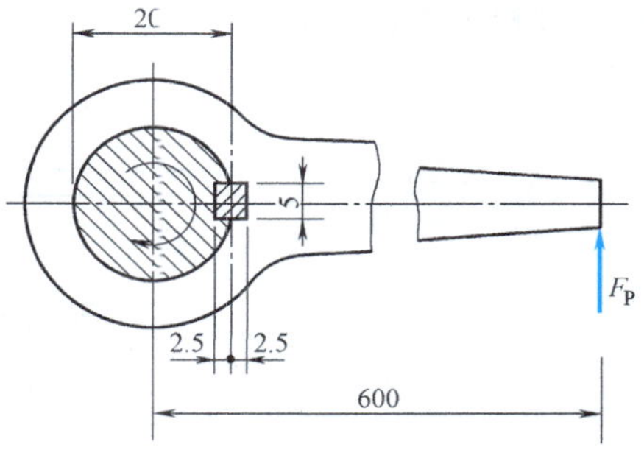

图 4-24 习题 4-10 图

4-11 木榫接头如图 4-25 所示。已知 $a=100\text{mm}$，$c=25\text{mm}$，杆宽 $b=150\text{mm}$，轴向拉力 $F_P=30\text{kN}$，榫接头许用切应力 $[\tau]=0.8\text{MPa}$，许用挤压应力 $[\sigma_{bs}]=4\text{MPa}$。试求每个杆上需要几个榫头。

4-12 斜杆安置在松木横梁上，结构如图 4-26 所示。已知：$\alpha=30°$，$F_P=50\text{kN}$，松木顺纹方向的许用切应力 $[\tau]_\text{顺}=1\text{MPa}$，许用挤压应力 $[\sigma_{bs}]=8\text{MPa}$。试设计横梁端头的尺寸 l 和 h。

4-13 图 4-27 所示为某联轴器，由两个靠背轮和连接靠背轮的四个销钉组成，外力偶矩 M_e 通过销钉从一个靠背轮传给另一个靠背轮。已知 $M_e=2.5\text{kN}\cdot\text{m}$，$D=150\text{mm}$，$d=12\text{mm}$，销钉的许用切应力 $[\tau]=80\text{MPa}$。试校核销钉的强度。

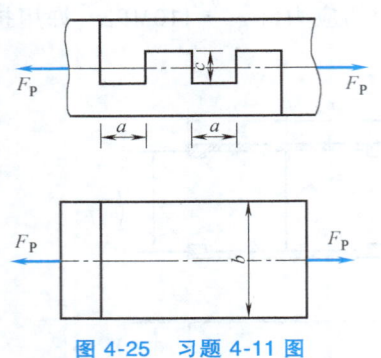

图 4-25 习题 4-11 图

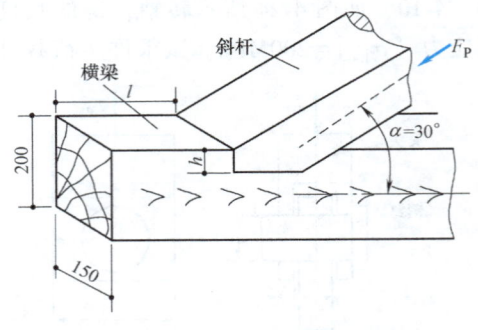

图 4-26 习题 4-12 图

4-14 销钉式安全联轴器如图 4-28 所示，$D = 30\text{mm}$，销钉材料的许用切应力 $[\tau] = 140\text{MPa}$。若允许传递的最大扭转力偶矩为 $M_e = 300\text{N} \cdot \text{m}$，试设计销钉的直径 d。

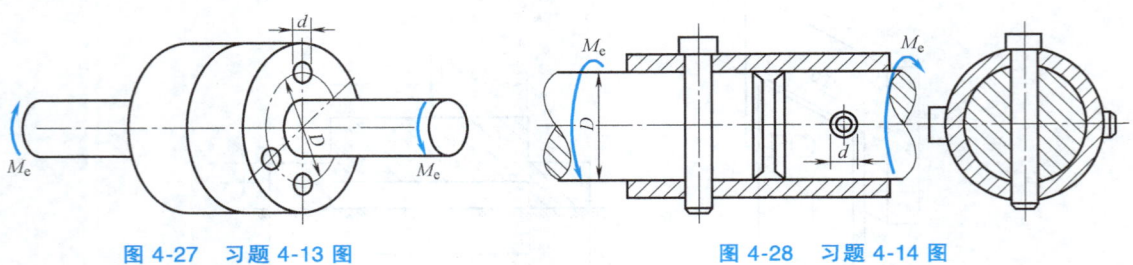

图 4-27 习题 4-13 图   图 4-28 习题 4-14 图

4-15 图 4-29 所示为铆钉连接结构，已知：板厚 $\delta_1 = 6\text{mm}$，$\delta_2 = 10\text{mm}$，轴向拉力 $F_P = 300\text{kN}$，铆钉直径 $d = 20\text{mm}$，铆钉的许用切应力 $[\tau] = 140\text{MPa}$，许用挤压应力 $[\sigma_{bs}] = 240\text{MPa}$。试校核铆钉的强度。

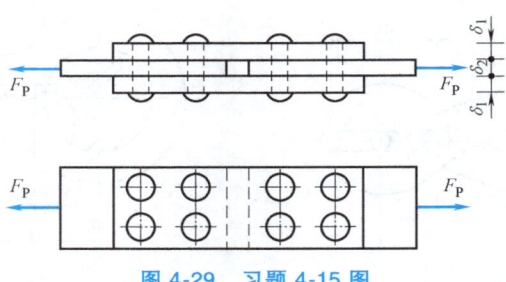

图 4-29 习题 4-15 图

4-16 铆钉连接结构如图 4-30 所示。已知铆钉的直径 $d = 25\text{mm}$，铆钉材料的许用切应力 $[\tau] = 100\text{MPa}$，许用挤压应力 $[\sigma_{bs}] = 280\text{MPa}$，板的拉伸许用应力 $[\sigma] = 140\text{MPa}$。试求拉力的许用值 $[F_P]$。

4-17 如图 4-32 所示，两轴用凸缘连轴节连接，在凸缘上沿着直径为 150mm 的圆周上对称地排列着四个螺栓，螺栓的直径 $d = 12\text{mm}$。此联轴节传递的扭矩为 $M_e = 2.5\text{kN} \cdot \text{m}$，螺栓材料的许用切应力 $[\tau] = 80\text{MPa}$。试校核螺栓的剪切强度。

4-18 图 4-33 所示结构中，杆件 AB 由销钉与固定支座 A 相连，若销钉直径为 $d = 10\text{mm}$，销钉材料的许用切应力 $[\tau] = 100\text{MPa}$，许用挤压应力 $[\sigma_{bs}] = 200\text{MPa}$，$t = 4\text{mm}$。试校核结构在受到荷载 $F_P = 12\text{kN}$ 作用时，支座 A 处销钉的强度。

4-19 图 4-34 所示杠杆机构中 B 处为螺栓连接，若螺栓材料的许用切应力 $[\tau]$ = 98MPa，且不考虑螺栓的挤压应力，试确定螺栓的直径。

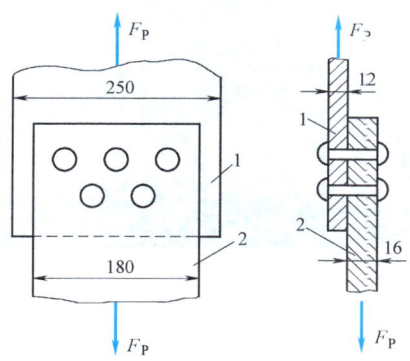

图 4-30 习题 4-16 图

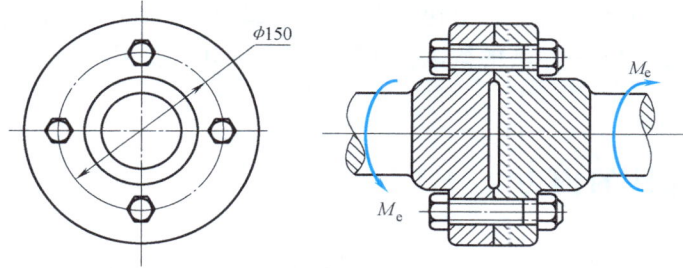

图 4-31 习题 4-17 图

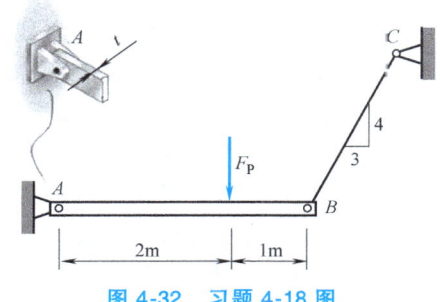

图 4-32 习题 4-18 图

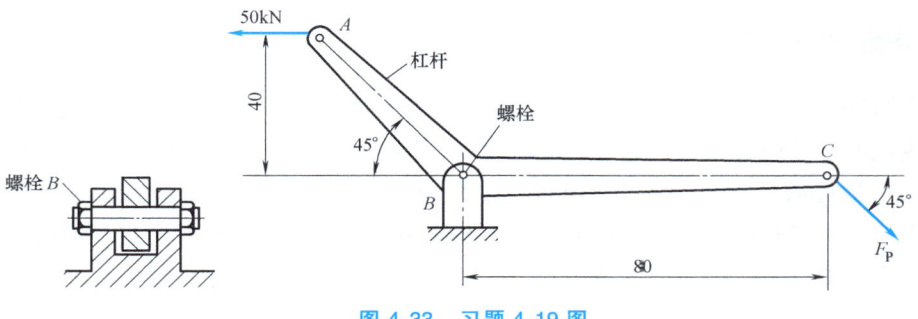

图 4-33 习题 4-19 图

第 5 章　扭转杆件的强度与刚度计算

> **本章提要**
> 本章主要介绍扭转杆件的内力，圆轴扭转时切应力的计算、极惯性矩和扭转截面系数、切应力互等定理、剪切胡克定律，圆轴扭转时的强度和刚度计算。另外还介绍了非圆截面杆扭转的概念，并给出了相关计算实例。

■ 5.1　扭转杆件的内力

扭转是工程构件的主要变形形式之一。通常情况下，当杆件两端作用大小相等、方向相反且其作用平面垂直于杆件轴线的力偶时，杆件各相邻横截面会发生绕杆轴的相对转动，这称为扭转变形。以汽车转向轴（见图 5-1）为例，轴的上端受到由方向盘传来的力偶作用，下端则又受到来自转向器的阻抗力偶作用。在日常生活和工程实际中，尚有许多构件，如螺钉旋具、钻头、车床的光杆等，都是受扭构件。事实上，单纯产生扭转变形的构件较少，一般在受扭的同时伴随有弯曲变形。工程中将主要承受扭转的杆件称为轴。本章主要介绍圆截面轴扭转时的应力变形分析、强度计算和刚度计算，这是扭转中最简单的问题，也是工程中最常见的情况。对于非圆截面杆的扭转，本章只做简单介绍。

圆轴扭转内力计算

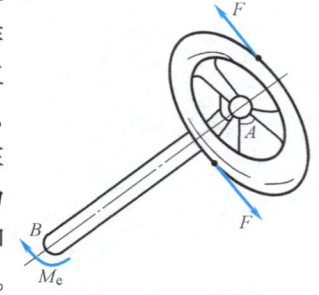
图 5-1　汽车转向轴

5.1.1　外力偶矩的计算

在研究圆轴扭转时轴内横截面上的应力以及轴的变形之前，首先要确定作用在轴上的外力偶矩和横截面上的内力。作用在轴上的外力偶矩通常不是直接给出的。对于带轮（如胶带轮、齿轮）的传动轴（见图 5-2）而言，带拉力对轴的力偶矩就是作用在轴上的外力偶矩，但通常情况下已知的是轴所传递的功率和轴的转速，而不是带拉力，所以需将功率、转速换算为力偶矩，换算关系如下所述。

设轴的转速为 $n(\text{r}/\text{min})$，则轴的角速度为 $\omega = \dfrac{2\pi n}{60} = \dfrac{\pi n}{30}$ (rad/s)。又设外力偶矩 M_e 在

时间 dt 内转过的角度为 dφ，则由理论力学知识，外力偶矩所做的功为

$$\delta W = M_e \mathrm{d}\varphi \qquad (5\text{-}1)$$

式中　δW——元功（J）；
　　　M_e——外力偶矩（N·m）；
　　　φ——角度（rad）。

于是，功率为

$$P = \frac{\delta W}{\mathrm{d}t} = \frac{M_e \mathrm{d}\varphi}{\mathrm{d}t} = M_e \omega = \frac{\pi n M_e}{30} \qquad (5\text{-}2)$$

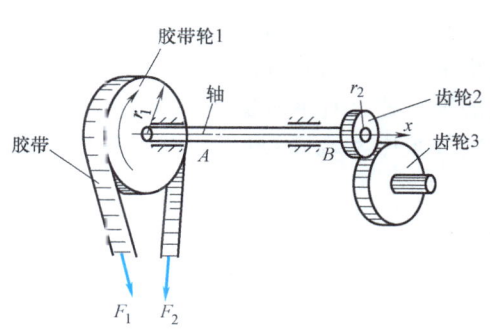

图 5-2　带胶带轮和齿轮的传动轴

式中　P——功率（W）；
　　　t——时间（s）；
　　　ω——角速度（rad/s）；
　　　n——转速（r/min）。

从而得到

$$M_e = \frac{30P}{\pi n} \qquad (5\text{-}3)$$

这是外力偶矩 M_e 与功率 P、转速 n 之间的基本关系式。

当功率使用 kW（千瓦）作为单位时，则

$$M_e = 9549 \frac{P}{n} \qquad (5\text{-}4)$$

当功率使用马力（1 马力 = 735.499W）作为单位时，则

$$M_e = 7024 \frac{P}{n} \qquad (5\text{-}5)$$

5.1.2　扭矩的计算和扭矩图

在确定作用于轴上的所有外力偶矩后，即可进行各横截面的内力计算，计算所采用的基本方法仍是截面法。以图 5-3a 所示圆轴为例，该圆轴在两个等值反向的外力偶作用下发生扭转变形，为确定任意一横截面 n—n 上的内力，可用假想平面沿 n—n 截面处将轴截开，并取左段作为研究对象（见图 5-3b）。由于作用在左段上的外力只有一个力偶（力偶矩为 M_e），为了保持平衡状态，截面 n—n 上的内力系必然合成为一个内力偶与之平衡，该内力偶矩用 T 表示，由圆轴左段的平衡方程 $\sum M_x = 0$，可求得

$$T = M_e$$

由此可见，T 即为轴扭转时横截面上分布内力的合力偶之矩，称为扭矩。

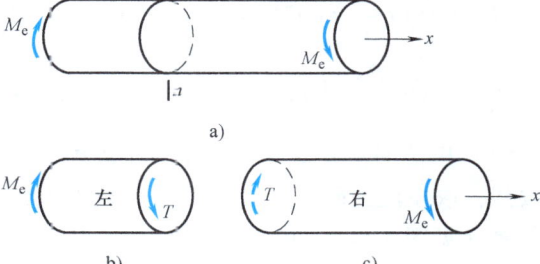

图 5-3　截面法求扭转圆轴的内力
a）整段圆轴　b）左段　c）右段

如果选取圆轴右段为研究对象（见图 5-3c），由平衡方程也可求得 n—n 横截面上的扭

矩，其数值与取圆轴左段求得的相同，但方向相反。为了使取左段和取右段研究时，求得的扭矩不仅有相同的数值，而且有相同的正负号，对<u>扭矩的正负号规则</u>约定如下：依据右手螺旋法则，若以右手四指表示扭矩矢量的转向，则拇指的指向与截面外法线方向一致时的扭矩为正（见图5-4a），反之，拇指指向与截面外法线方向相反时则扭矩为负（见图5-4b）。

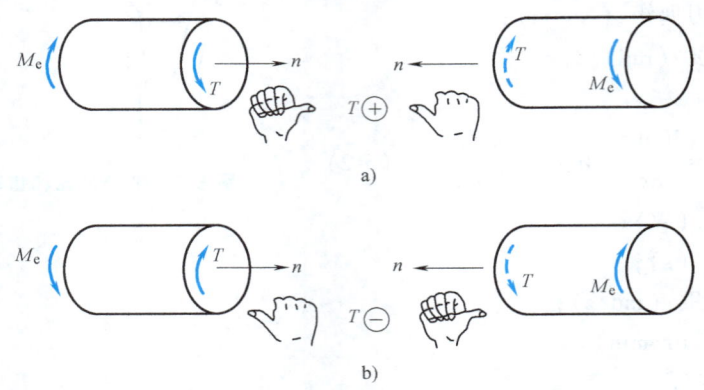

图 5-4 扭矩正负号约定
a）正扭矩　b）负扭矩

当轴上同时有几个外力偶矩作用时，则不同轴段上扭矩不同。为了表示各横截面上扭矩沿轴线变化的情况，可以作出扭矩图，作扭矩图的方法与作轴力图类似，即以与轴平行的坐标轴表示横截面的位置，以与轴垂直的坐标轴表示相应截面上扭矩的数值。

【例 5-1】 图 5-5a 所示为某齿轮传动轴，已知主动轮 A 输入功率 $P_A=24\text{kW}$，从动轮 B、C 的输出功率分别为 $P_B=10\text{kW}$、$P_C=14\text{kW}$，轴的转速为 $n=200\text{r/min}$。试作该传动轴的扭矩图。

解：（1）计算外力偶矩　由式（5-4）知，作用于各轮上的外力偶矩分别为

$$M_{eA}=9549\frac{P_A}{n}=\left(9549\times\frac{24}{200}\right)\text{N}\cdot\text{m}=1145.88\text{N}\cdot\text{m}$$

$$M_{eB}=9549\frac{P_B}{n}=\left(9549\times\frac{10}{200}\right)\text{N}\cdot\text{m}=477.45\text{N}\cdot\text{m}$$

$$M_{eC}=9549\frac{P_C}{n}=\left(9549\times\frac{14}{200}\right)\text{N}\cdot\text{m}=668.43\text{N}\cdot\text{m}$$

（2）用截面法计算扭矩　在 BA 段内，沿 1—1 横截面截开，取左段为研究对象，设截开截面上的扭矩 T_1 为正方向（见图5-5b），由平衡方程

$$\sum M_x=0,\quad T_1+M_{eB}=0$$

得

$$T_1=-M_{eB}=-477.45\text{N}\cdot\text{m}$$

同理，在 AC 段内（见图5-5c），由平衡方程

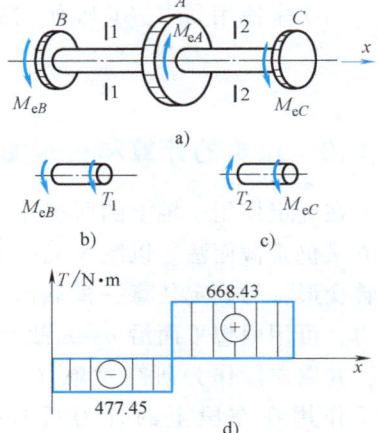

图 5-5 例 5-1 图
a）传动轴整体
b）1—1 截面左侧段受力
c）2—2 截面右侧段受力　d）扭矩图

得

$$\sum M_x = 0, \quad M_{eC} - T_2 = 0$$

$$T_2 = M_{eC} = 668.43 \text{N} \cdot \text{m}$$

上面计算结果中 T_1 为负值，表示扭矩的实际转向与图中假设的转向相反。

(3) 作扭矩图　建立 T-x 坐标系，选定比例尺，将各段的扭矩值标在 T-x 坐标中，得到如图 5-5d 所示的扭矩图。由于在每一段内扭矩为常数，所以扭矩图由两段水平线组成。由图可见，绝对值最大的扭矩值为 668.43N·m，发生在 AC 段内。

由上例的计算可看出扭矩图的规律：轴内集中力偶作用截面，扭矩发生突变，其突变值等于此集中力偶矩的大小。

5.2　扭转圆轴的应力计算

圆轴扭转时
横截面上的应力

5.2.1　扭转圆轴横截面上的应力分析

圆轴受扭时，其内部各点的应力值一般是不相同的，因此仅知道其横截面上应力的简化结果——内力，仍不足以确定各点的应力值，即所研究问题的性质是超静定的。我们知道，应力的作用效果是应变，通过对变形的观察和研究，可得到应变规律。因此，在材料力学中，分析圆轴扭转时应力分布的基本思想是通过观察、分析变形，提出合理几何假设，建立变形协调关系，由变形与应力之间的物理关系得到应力分布规律，最后根据截面上应力简化结果——内力（称为静力关系），确定应力值。下面遵照这一思路推导受扭圆轴横截面上的应力计算公式。

1. 扭转变形分析

当圆轴承受绕轴线转动的外扭转力偶作用时，其横截面上将只有扭矩一个内力分量。为了辅助分析圆轴扭转的变形情况，施加外力偶之前，可在圆轴表面刻上一系列圆周线和垂直于圆周线的纵向线（见图 5-6a）。扭转后，可以观察到，这些纵向线均发生了同一角度的倾斜，圆周线只在原处绕杆轴线旋转了一个微小的角度，没有发生翘曲（见图 5-6b）。根据这一变形特征，可以提出如下的圆轴受扭平面假设：圆轴扭转变形时，横截面始终保持为平面，仅绕杆轴线发生相对转动，其形状、大小及各横截面之间的距离均保持不变，并且横截面上的直径在横截面转动之后依然保持为直线。按照这一假设，扭转变形中，圆轴的横截面就像刚性平面一样，绕杆轴线旋转了一个角度。这一假设的正确性已得到实验和弹性理论所证实。

根据上述假设，圆轴上的每个矩形微元（例图 5-6a 中的 ABCD）在扭转变形后可认为各边的长度没有改变，只是夹角（直角）发生变化，这种直角的改变量即为切应变 γ（见图 5-6c）。由此可以推断，圆轴受扭时，其横截面上只有切应力而无正应力，且横截面上任一点处的切应力必垂直于所在半径。这种切应力作为分布力系，其总体效应构成截面上的扭矩，因此切应力的方向应该与扭矩的旋向一致。

2. 变形几何关系

在上述平面假设的基础上，再研究微元体的变形。现从受扭圆轴中截取长度为 dx 的微段进行分析（见图 5-7）。设右截面相对左截面转了一个微扭转角 $d\varphi$。若以同轴柱面分割圆

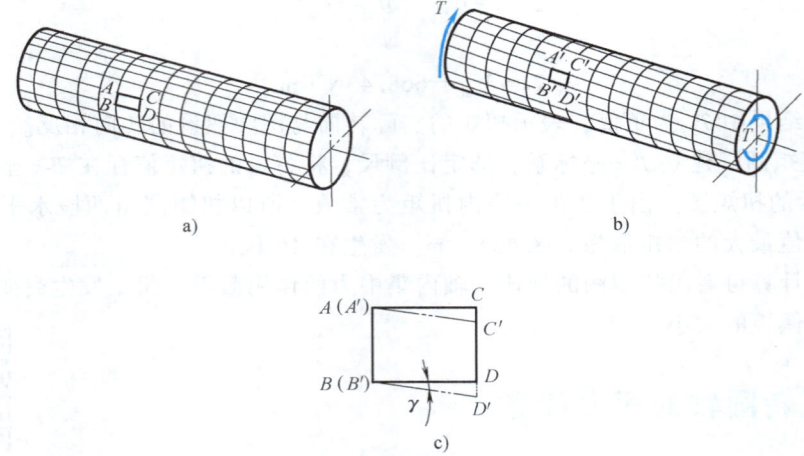

图 5-6 圆轴的扭转变形
a) 变形前 b) 变形后 c) 矩形微元变形前后对比

轴,则可得许多半径不等的圆柱,根据上述变形现象,在 dx 微段内,虽然所有圆柱的左、右两端面均相对转过相同的角度 dφ,但半径不等的圆柱上产生的切应变各不相同。设距离轴线为 ρ 处的切应变为 γ_ρ,则由图 5-7 可得如下几何关系:

$$\gamma_\rho \approx \tan\gamma_\rho = \frac{BB'}{NB} = \frac{\rho d\varphi}{dx} \tag{5-6}$$

式中　γ——切应变;
　　　ρ——与轴线距离(m)。
所以近似有

$$\gamma_\rho = \frac{\rho d\varphi}{dx} \tag{5-7}$$

式中,dφ/dx 为<u>单位长度相对扭转角</u>。对于同一横截面,dφ/dx 为常量。式(5-7)即为圆轴扭转时的变形几何方程。它表明:圆轴扭转时,其横截面上任意点处的切应变与该点至横截面中心的距离成正比。显然,在圆轴的外表面,切应变达到最大值 $\gamma_{max} = \frac{R d\varphi}{dx}$。

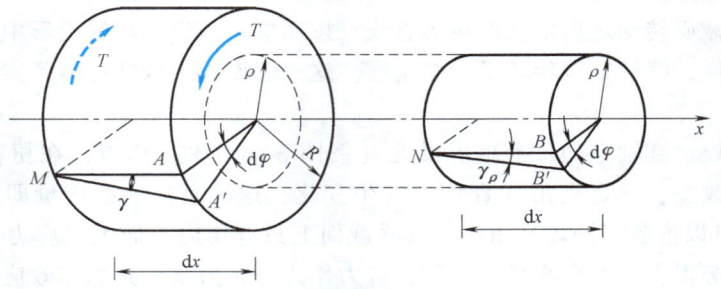

图 5-7 圆轴扭转时的切应变

3. 物理关系

若在弹性范围内加载,即切应力小于剪切比例极限时,对于大多数各向同性材料,切应力与切应变之间成正比例关系,如图 5-8 所示,于是有

$$\tau = G\gamma \tag{5-8}$$

式中　τ——切应力（Pa）；

　　　G——切变模量（Pa）。

这一关系称为剪切胡克定律。G 值的大小因材料而异，由试验测定。G 值越小，表示材料抵抗剪切变形的能力越弱。至此，我们已经给出了三个材料常数，即拉压弹性模量 E、泊松比 ν 和切变模量 G。对于各向同性材料，在弹性变形范围内，可以证明三个材料常数之间存在如下关系：

$$G = \frac{E}{2(1+\nu)} \tag{5-9}$$

这表明，对于各向同性材料，上述三个材料常数中只有两个是独立的。

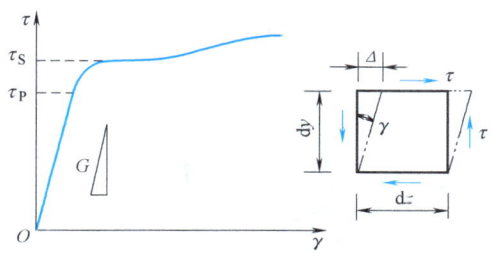

图 5-8　圆轴扭转时切应力与切应变关系曲线

将剪切胡克定律式（5-8）代入式（5-7），可得到横截面上距离轴线为 ρ 处的切应力为

$$\tau_\rho = G\rho \frac{\mathrm{d}\varphi}{\mathrm{d}x} \tag{5-10}$$

至此，因为式（5-10）中的 $\mathrm{d}\varphi/\mathrm{d}x$ 尚未求出，所以尚不能用它计算切应力，这需要借助静力关系。

4. 静力关系

作用在横截面上的切应力形成一个分布力系。设距离轴心 ρ 处的微面积 $\mathrm{d}A$ 上有切应力 τ_ρ，则作用在 $\mathrm{d}A$ 上的微内力 $\tau_\rho \mathrm{d}A$ 对轴线的矩为 $\rho \tau_\rho \mathrm{d}A$，如图 5-9 所示。这样，横截面上的全部内力向圆心简化的结果为一力偶矩，这一力偶矩即为该横截面上的扭矩 T，于是有

$$T = \int_A \rho \tau_\rho \mathrm{d}A \tag{5-11}$$

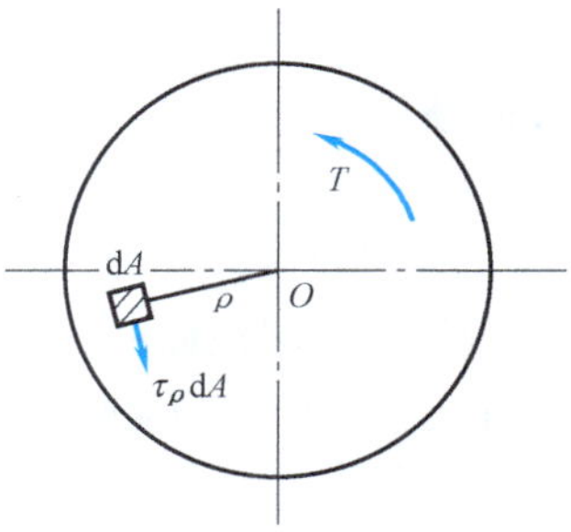

图 5-9　圆轴切应力的计算

式中　T——扭矩（N·m）；

　　　A——截面面积（m²）。

将式（5-10）代入式（5-11），并注意到在给定的横截面上 $\mathrm{d}\varphi/\mathrm{d}x$ 为常量，有

$$T = \int_A \rho \tau_\rho \mathrm{d}A = G\frac{\mathrm{d}\varphi}{\mathrm{d}x} \int_A \rho^2 \mathrm{d}A \tag{5-12}$$

令

$$I_\mathrm{p} = \int_A \rho^2 \mathrm{d}A \tag{5-13}$$

可得圆轴扭转时相对扭转角的计算公式为

$$\frac{d\varphi}{dx} = \frac{T}{GI_p} \tag{5-14}$$

式中 I_p——圆截面对圆心的 极惯性矩 （m^4）。

极惯性矩是截面的一种几何性质，其值与圆截面的大小和形状（实心或空心等）有关。

将式（5-14）代回式（5-10）可得 圆轴扭转时横截面上切应力的表达式 为

$$\tau_\rho = \frac{T}{I_p}\rho \tag{5-15}$$

式（5-15）表明，圆轴横截面上任意点处切应力 τ_ρ 的大小与该截面的扭矩 T 成正比，与极惯性矩 I_p 成反比，与该点到圆心的距离 ρ 成正比，即切应力沿横截面半径成线性分布。又因为应变 γ_ρ 发生在垂直于半径的平面内，所以切应力 τ_ρ 的方向与半径垂直，且与扭矩转向一致。实心圆轴和空心圆轴受扭变形时横截面上的切应力分布如图5-10所示。

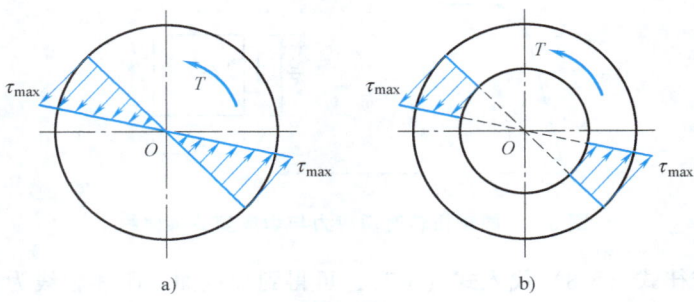

图5-10 圆轴扭转时横截面上切应力分布规律
a）实心圆轴 b）空心圆轴

根据式（5-15），在圆截面边缘上，ρ 为最大值 R，得最大切应力为

$$\tau_{max} = \frac{T}{I_p}R \tag{5-16}$$

引入符号

$$W_p = \frac{I_p}{R} \tag{5-17}$$

式中 W_p——圆截面的 扭转截面系数 （m^3）。

由式（5-16），圆轴扭转时横截面上最大切应力的表达式 可写成

$$\tau_{max} = \frac{T}{W_p} \tag{5-18}$$

应当指出，以上诸式均以平面假设为基础导出，应力及变形表达式只适用于等直圆轴，且横截面上的最大切应力不得超过材料的剪切比例极限。对圆截面沿轴线缓慢变化的小锥度锥形轴，也可近似应用上述公式计算。当扭转外力偶的施加方式不能使轴的两端面保持平面且只产生刚性转动时，根据圣维南原理，上述公式仍可用于离端部稍远处。

5.2.2 圆截面的极惯性矩和扭转截面系数

式（5-13）和式（5-17）是计算圆轴扭转切应力和变形不可缺少的两个截面几何量（I_p 和 W_p）的表达式，下面将讨论这两个几何量的计算方法。

1. 实心圆截面

对于直径为 D 的实心圆截面，可在距离圆心 ρ 处取宽度为 dρ 的薄圆环形微面积 dA，如图 5-11a 所示，则 $dA = 2\pi\rho d\rho$，极惯性矩为

$$I_p = \int_A \rho^2 dA = \int_0^{D/2} 2\pi\rho^3 d\rho = \frac{\pi D^4}{32} \tag{5-19}$$

式中 D——圆轴直径（m）。

扭转截面系数为

$$W_p = \frac{I_p}{R} = \frac{\pi D^3}{16} \tag{5-20}$$

式中 R——圆轴半径（m）。

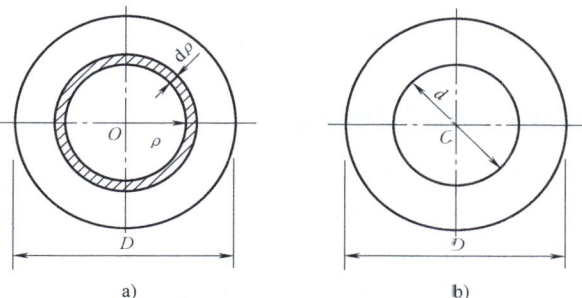

图 5-11 圆轴横截面
a）实心 b）空心

2. 空心圆截面

对于外径为 D，内径为 d 的空心圆截面（见图 5-11b），令内外径之比为 $\alpha = d/D$，则有

$$I_p = \int_A \rho^2 dA = \int_{d/2}^{D/2} 2\pi\rho^3 d\rho = \frac{\pi(D^4 - d^4)}{32} = \frac{\pi D^4}{32}(1-\alpha^4) \tag{5-21}$$

$$W_p = \frac{I_p}{R} = \frac{\pi D^3}{16}(1-\alpha^4) \tag{5-22}$$

式中 α——圆轴内外径之比。

5.2.3 薄壁圆管的扭转切应力

当空心圆轴的内、外径尺寸相差很小，即 $d \approx D$ 或 $\alpha = \frac{d}{D} \geq 0.9$ 时，称为薄壁圆管。受扭薄壁圆管横截面上的切应力可按空心圆轴计算，但由于壁厚很薄，可认为扭转切应力沿壁厚均匀分布（见图 5-12）。若取 R_0 代表薄壁圆管的平均半径，δ 为壁厚，则由静力学关系

$$\int_A R_0 \tau dA = T$$

式中，R_0 和 τ 均与微面积 dA 无关，可以提到积分号外，且 $\int_A dA = A = 2\pi R_0 \delta$，所以有

$$\tau = \frac{T}{2\pi R_0^2 \delta} \tag{5-23}$$

式中　　R_0——薄壁圆管的平均半径（m）。
　　　　δ——薄壁圆管的壁厚（m）。

精确分析表明，按式（5-23）计算薄壁圆管的扭转切应力，其误差约为 4.7%。

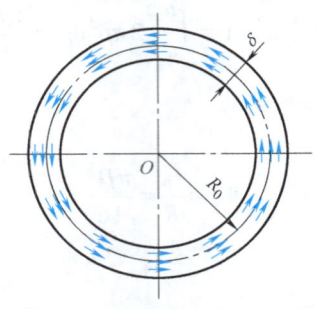

图 5-12　薄壁圆管横截面

5.2.4　切应力互等定理及纯剪切的概念

切应力互等定理

在受扭圆轴表面用横截面、纵截面和与表面平行的平面截取一个边长分别为 dx、dy 和 dz 的单元体，如图 5-13 所示。单元体左、右两侧面即为圆轴横截面上的微面积，所以没有正应力而只有切应力 τ。由静力平衡条件 $\sum F_y = 0$ 可知，这两个侧面上的切应力数值相等、方向相反，两者与其作用微面积相乘，形成一对力，并组成一个矩为 $(\tau dydz)dx$ 的力偶。为了保持单元体平衡，单元体上、下两个纵向侧面上必然存在切应力 τ'，两者与其作用微面积相乘，形成一对力，组成另一个力偶，这两个力偶的力偶矩必须大小相等、方向相反。

于是，根据单元体的平衡条件，$\sum M_z = 0$，得

$$(\tau dydz)dx - (\tau' dxdz)dy = 0$$

即

$$\tau = \tau' \tag{5-24}$$

这一结果表明：在单元体相互垂直的两个平面上，切应力必然成对存在，且数值相等，两者都垂直于两个平面的交线，方向则同时指向或同时背离这一交线。这一规律称为**切应力互等定理**，也称为**切应力双生定理**。

在图 5-13b 所示单元体的四个侧面上，只有切应力而无正应力，这种受力状态称为**纯剪切应力状态**，又称为**纯切应力状态**。

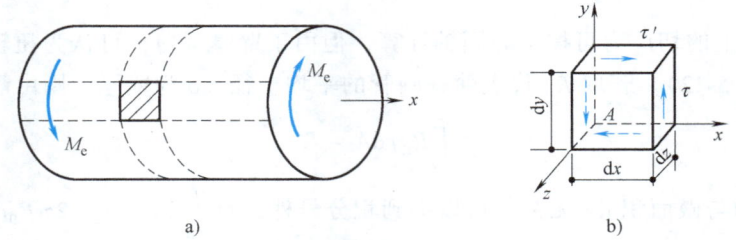

图 5-13　圆轴表面处单元体应力状态
a) 圆轴表面点　b) 单元体

可以证明，切应力互等定理不仅在纯剪切应力状态下成立，当单元体上既有正应力又有切应力时，切应力也是互等的。

■ 5.3 扭转圆轴的强度计算

圆轴扭转时的强度计算

等直圆轴在扭转时，轴内各点均处于纯剪切应力状态。其强度条件应该是全轴横截面上的最大工作切应力 τ_{max} 不超过材料的许用切应力 $[\tau]$，即

$$\tau_{max} \leq [\tau] \tag{5-25}$$

由于等直圆轴的最大工作切应力 τ_{max} 存在于扭矩绝对值最大的横截面（即危险截面）的周边上任一点处，故式（5-25）中应以这些点即危险点处的切应力为依据。于是，上述强度条件可写为

$$\tau_{max} = \frac{|T|_{max}}{W_p} \leq [\tau] \tag{5-26}$$

对于阶梯轴，因为各段 W_p 不同，所以 τ_{max} 不一定发生在 $|T|_{max}$ 的截面上，必须综合考虑 W_p 和 $|T|_{max}$，寻求 $\tau = T/W_p$ 的极值。

许用切应力 $[\tau]$ 可根据试验确定。进一步的研究表明，在静荷载的情形下，扭转许用切应力 $[\tau]$ 与材料拉应力 $[\sigma]$ 之间有如下关系：

塑性材料：

$$[\tau] = (0.5 \sim 0.6)[\sigma] \tag{5-27}$$

脆性材料：

$$[\tau] = (0.8 \sim 1.0)[\sigma] \tag{5-28}$$

将式（5-20）和式（5-22）中的扭转截面系数 W_p 代入式（5-26），则可对实心或空心圆轴进行强度计算，即校核强度、选择截面或计算许用荷载。

【例 5-2】 一阶梯状电动机转子圆轴，各段的直径分别为 $D_1 = 135mm$、$D_2 = 75mm$ 和 $D_3 = 70mm$，如图 5-14a 所示。在 B、C 处分别作用有大小为 m 的外力偶矩。已知该轴的功率为 150kW，转速为 924r/min，材料的许用切应力为 $[\tau] = 30MPa$，试校核该轴的强度。

解：（1）求扭矩及作扭矩图 AB 段和 BC 段的扭矩分别为

$$T_{AB} = 0$$

$$T_{BC} = m = 9549 \frac{P}{n} = (9549 \times \frac{150}{924}) N \cdot m = 1.55 \times 10^3 N \cdot m$$

作出扭矩图，如图 5-14b 所示。

（2）计算并校核切应力强度 经比较，最大切应力发生在直径为 $D_3 = 70mm$ 的轴段上。由式（5-26）有

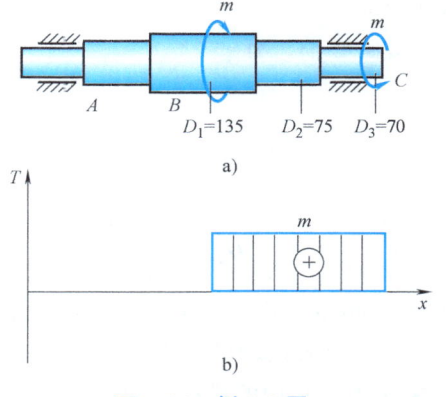

图 5-14 例 5-2 图
a）电动机转子圆轴 b）扭矩图

$$\tau_{\max} = \frac{T_{\max}}{W_p} = \frac{16 T_{\max}}{\pi D^3} = \frac{16 \times 1.55 \times 10^3 \text{N} \cdot \text{m}}{\pi \times (70 \times 10^{-3})^3 \text{m}^3} = 23\text{MPa} < [\tau] = 30\text{MPa}$$

可见，该轴满足强度条件。

【**例 5-3**】 如图 5-15 所示，实心轴和空心轴通过牙嵌离合器连接。已知轴传递的最大外力偶矩为 $M_e = 1.5\text{kN} \cdot \text{m}$，空心圆轴的内外径之比为 $\alpha = 0.8$，材料的许用扭转切应力为 $[\tau] = 60\text{MPa}$，两轴长度相同。试确定实心轴的直径 d_1 和空心轴的内外径 d_2、D_2，并比较两轴的重力。

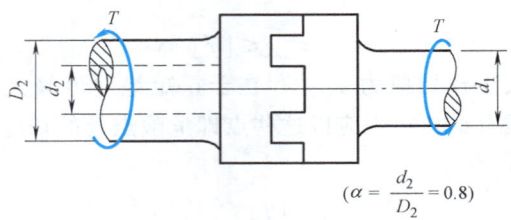

图 5-15　例 5-3 图

解：(1) 确定直径　设实心轴和空心轴的扭转截面系数分别为 W_{p1} 和 W_{p2}。两轴内最大扭矩均为

$$T_{\max} = M_e = 1.5\text{kN} \cdot \text{m}$$

依题意，两轴在作用有最大扭矩的情况下产生的最大切应力不超过材料的许用扭转切应力。因此，对实心轴，有

$$W_{p1} = \frac{\pi d_1^3}{16} \geqslant \frac{T_{\max}}{[\tau]}$$

即

$$d_1 \geqslant \sqrt[3]{\frac{16 T_{\max}}{\pi [\tau]}} = \sqrt[3]{\frac{16 \times 1.5 \times 10^3 \text{N} \cdot \text{m}}{\pi \times 60 \times 10^6 \text{Pa}}} = 50\text{mm}$$

取 $d_1 = 50\text{mm}$。

对空心轴，有

$$W_{p2} = \frac{\pi D_2^3}{16}(1 - \alpha^4) \geqslant \frac{T_{\max}}{[\tau]}$$

即

$$D_2 \geqslant \sqrt[3]{\frac{16 T_{\max}}{\pi [\tau](1 - \alpha^4)}} = \sqrt[3]{\frac{16 \times 1.5 \times 10^3 \text{N} \cdot \text{m}}{\pi \times 60 \times 10^6 \text{Pa} \times (1 - 0.8^4)}} = 60\text{mm}$$

取 $D_2 = 60\text{mm}$，则 $d_2 = \alpha D_2 = 0.8 \times 60\text{mm} = 48\text{mm}$。

(2) 比较两轴的重力　由于两轴的长度和材料相同，空心轴的重力 G_2 与实心轴的重力 G_1 之比等于它们的横截面面积 A_2 与 A_1 之比，故得

$$\frac{G_2}{G_1} = \frac{A_2}{A_1} = \frac{D_2^2 - d_2^2}{D_1^2} = \frac{60^2 \text{mm}^2 - 48^2 \text{mm}^2}{50^2 \text{mm}^2} = 0.52$$

由此例可见，在荷载相同和强度相等的条件下，空心轴所需的截面面积较实心轴小得

多，因而可以减轻轴的重力和节省材料。这是因为扭转切应力沿半径呈线性分布，实心轴圆心附近处应力较小，材料未能充分发挥作用。若置换为空心轴则相当于把轴心处的材料移向边缘，从而提高轴的强度。

5.4 扭转圆轴的变形计算

圆轴扭转时的变形与刚度计算

在前述圆轴扭转应力分析过程中，出现了两个与变形有关的角度几何量，一个是圆轴侧表面上纵向线的偏转角（即切应变 γ），另一个是长为 dx 的微段两个横截面之间的相对转角 $d\varphi$。而在考虑圆轴扭转的总体变形时，人们常把后者积分得到的圆轴两端截面间转角 φ 作为表征圆轴扭转变形的标志性几何量。为此，由式（5-14）可得该微段两个横截面间的相对扭转角

$$d\varphi = \frac{T}{GI_p}dx \tag{5-29}$$

式（5-29）中 $d\varphi$ 沿轴线 x 积分，可求得长为 l 的一段轴的两个横截面之间的<u>相对扭转角</u> φ，即

$$\varphi = \int_l d\varphi = \int_0^l \frac{T}{GI_p}dx \tag{5-30}$$

式（5-30）可用于扭矩沿轴线变化（如圆轴存在分布力偶矩作用），或者截面半径沿轴线长度方向变化的一般情形。若在两横截面间的扭矩 T 为常数，且圆轴是等截面的，则式（5-30）中 $\frac{T}{GI_p}$ 为常量。例如只在等截面圆轴两端作用有扭转力偶时，正是这种情况。这时式（5-30）可进一步化为

$$\varphi = \frac{Tl}{GI_p} \tag{5-31}$$

式中 φ —— 两个横截面间的相对扭转角（rad），正负号与扭矩的相同；

l —— 轴长（m）。

式（5-31）表明，GI_p 越大，则扭转角 φ 越小，故 GI_p 称为圆轴的<u>扭转刚度</u>，它反映了圆轴抵抗变形的能力。

在某些情况下，轴在各段内的扭矩 T 并不相同或者各段内的 I_p 不同（如阶梯轴），这时应分段计算各段的相对扭转角，然后按代数值相加，得两端截面的相对扭转角为

$$\varphi = \sum \frac{T_i l_i}{GI_{pi}} \tag{5-32}$$

或

$$\varphi = \sum \int_{l_i} \frac{Tl}{GI_p}dx_i \tag{5-33}$$

【例 5-4】 某水平阶梯圆轴 AD 固定在 D 端，受力如图 5-16a 所示。其中 AB 段为实心轴，直径为 $D_1 = 30\text{mm}$。BD 轴段外径为 $D_2 = 60\text{mm}$，其内部 CD 段为空心段，内径为 $d = 44\text{mm}$。已知各段的材料相同，其切变模量为 $G = 77\text{GPa}$，试求：(1) 实心轴的最大切应力和空心轴的最大、最小切应力；(2) A 截面相对于 D 截面的扭转角 φ_{AD}。

解：(1) 作扭矩图　作出扭矩图，如图 5-16b 所示

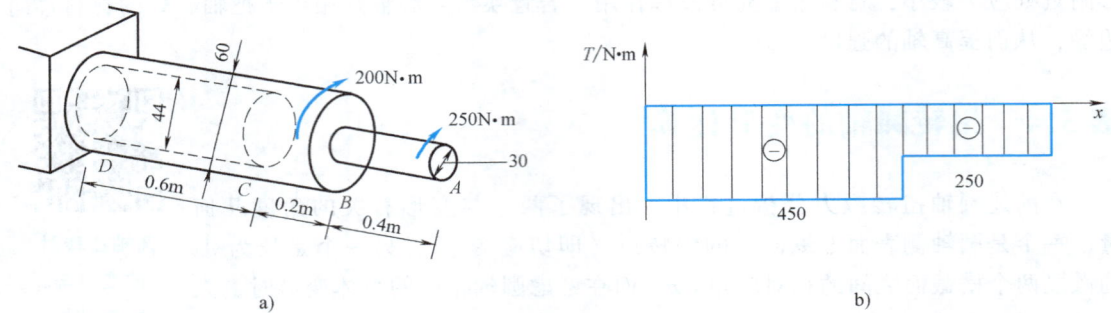

图 5-16　例 5-4 图
a) 水平阶梯圆轴　b) 扭矩图

(2) 计算各段的 I_p 和 W_p　对 AB 段和 BC 段，由式（5-19）和式（5-20），得

$$I_{pAB} = \frac{\pi D_1^4}{32} = \frac{\pi \times (30 \times 10^{-3})^4 m^4}{32} = 7.95 \times 10^{-8} m^4$$

$$W_{pAB} = \frac{I_{pAB}}{D_1/2} = \frac{\pi D_1^3}{16} = \frac{\pi \times (30 \times 10^{-3})^3 m^3}{16} = 5.30 \times 10^{-6} m^3$$

$$I_{pBC} = \frac{\pi D_2^4}{32} = \frac{\pi \times (60 \times 10^{-3})^4}{32} m^4 = 1.27 \times 10^{-6} m^4$$

$$W_{pBC} = \frac{\pi D_2^3}{16} = \frac{\pi \times (60 \times 10^{-3})^3}{16} m^3 = 4.24 \times 10^{-5} m^3$$

对 CD 段，将内外径之比 $\alpha = d/D_2 = 44mm/60mm = 0.73$ 代入式（5-21）和式（5-22），得

$$I_{pCD} = \frac{\pi D_2^4}{32}(1-\alpha^4) = \frac{\pi \times (60 \times 10^{-3})^4 m^4}{32} \times (1-0.73^4) = 9.09 \times 10^{-7} m^4$$

$$W_{pCD} = \frac{I_{pCD}}{D_2/2} = \frac{\pi D_2^3}{16}(1-\alpha^4) = \frac{\pi \times (60 \times 10^{-3})^3 m^3}{16} \times (1-0.73^4) = 3.04 \times 10^{-5} m^3$$

(3) 计算应力　实心轴 AB 段的最大切应力发生在 AB 段横截面的周边上，由式（5-18）得

$$\tau_{max,AB} = \frac{|T|_{AB}}{W_{pAB}} = \frac{250N \cdot m}{5.30 \times 10^{-6} m^3} = 47.2 \times 10^6 N/m^2 = 47.2 MPa$$

同理，实心轴 BC 段的最大切应力发生在 BC 段横截面的周边上，得

$$\tau_{max,BC} = \frac{|T|_{BC}}{W_{pBC}} = \frac{450N \cdot m}{4.24 \times 10^{-5} m^3} = 10.6 \times 10^6 N/m^2 = 10.6 MPa$$

比较 AB 段和 BC 的最大切应力可知，实心轴的最大切应力发生在 AB 段横截面的周边上，其值为

$$\tau_{max1} = \tau_{max,AB} = 47.2 MPa$$

空心轴的最大、最小切应力可分别由式（5-18）及式（5-15）求得

$$\tau_{max2} = \frac{|T|_{CD}}{W_{pCD}} = \frac{450\text{N}\cdot\text{m}}{3.04\times10^{-5}\text{m}^3} = 14.8\times10^6\text{N/m}^2 = 14.8\text{MPa}$$

$$\tau_{min2} = \frac{|T|_{CD}}{I_{pCD}}\rho = \frac{450\text{N}\cdot\text{m}\times22\times10^{-3}\text{m}}{9.09\times10^{-7}\text{m}^4} = 10.9\times10^6\text{N/m}^2 = 10.9\text{MPa}$$

（4）计算扭转角　由式（5-31）可得各段的相对扭转角分别为

$$\varphi_{AB} = \frac{T_{AB}l_{AB}}{GI_{pAB}} = \frac{-250\text{N}\cdot\text{m}\times0.4\text{m}}{77\times10^9\text{Pa}\times7.95\times10^{-8}\text{m}^4} = -16.3\times10^{-3}\text{rad}$$

$$\varphi_{BC} = \frac{T_{BC}l_{BC}}{GI_{pBC}} = \frac{-450\text{N}\cdot\text{m}\times0.2\text{m}}{77\times10^9\text{Pa}\times1.27\times10^{-6}\text{m}^4} = -0.9\times10^{-3}\text{rad}$$

$$\varphi_{CD} = \frac{T_{CD}l_{CD}}{GI_{pCD}} = \frac{-450\text{N}\cdot\text{m}\times0.6\text{m}}{77\times10^9\text{Pa}\times9.09\times10^{-7}\text{m}^4} = -3.9\times10^{-3}\text{rad}$$

将各段的相对扭转角代入式（5-32），得 A 截面相对 D 截面的扭转角为

$$\varphi_{AD} = \varphi_{AB} + \varphi_{BC} + \varphi_{CD} = (-16.3-0.9-3.9)\times10^{-3}\text{rad} = 2.1\times10^{-2}\text{rad}$$

5.5　扭转圆轴的刚度计算

机械设计中的某些轴类零件，除应满足强度要求外，还需对其扭转变形加以限制，即要满足刚度要求。例如，车床主轴的扭转角过大，会引起较大的振动，影响被加工工件的精度和光洁度。对于精密机械，刚度要求往往起着主要作用。

由式（5-31）可以看出，扭转角 φ 的大小与轴长 l 有关。为了消除长度的影响，通常用单位长度的扭转角 $\theta = \mathrm{d}\varphi/\mathrm{d}x$ 表示扭转变形的程度。在工程中，常限制单位长度的扭转角的最大值 θ_{max} 不得超过单位长度许用扭转角 $[\theta]$。因此，结合式（5-14）可得扭转圆轴的**刚度条件**为

$$\theta_{max} = \left(\frac{|T|}{GI_p}\right)_{max} \leq [\theta] \tag{5-34}$$

对于等截面圆轴，则要求

$$\theta_{max} = \frac{|T|_{max}}{GI_p} \leq [\theta] \tag{5-35}$$

式（5-34）和式（5-35）中，单位长度许用扭转角 $[\theta]$ 的单位为 rad/m，而工程中习惯用(°)/m 作为 $[\theta]$ 的单位。此时，需把式（5-34）和式（5-35）中的弧度换算成度，得

$$\theta_{max} = \frac{|T|_{max}}{GI_p}\times\frac{180}{\pi} \leq [\theta] \tag{5-36}$$

对于不同的机械和轴的工作条件，可从有关手册中查阅到单位长度许用扭转角 $[\theta]$ 的值，例如：

精密机械传动轴　　　　　$[\theta] = 0.15\sim0.5$ (°)/m
一般传动轴　　　　　　　$[\theta] = 0.5\sim1$ (°)/m
精度要求不高的轴　　　　$[\theta] = 1.0\sim2.5$ (°)/m

应用上述刚度条件，也可解决三个方面的问题，即对受扭圆轴进行刚度校核、设计截面直径和确定许用荷载。

要使圆轴同时满足强度条件和刚度条件，则应分别计算满足两者时的直径并加以比较，取其较大者为圆轴直径，或先按强度条件进行设计，再用刚度条件进行校核。而对于一些精密机械设备中的轴，刚度要求较高，其截面直径的设计通常由刚度条件控制。

【例 5-5】 阶梯形圆轴直径分别为 $d_1 = 40\text{mm}$、$d_2 = 70\text{mm}$，轴上装有三个带轮，如图 5-17a 所示。已知由轮 3 输入的功率为 $P_3 = 3\text{kW}$，轮 1 输出的功率为 $P_1 = 13\text{kW}$，轴做匀速转动，转速 $n = 200\text{r/min}$，材料的切变模量 $G = 80\text{GPa}$，单位长度许用扭转角 $[\theta] = 2(°)/\text{m}$。试校核该轴的刚度。

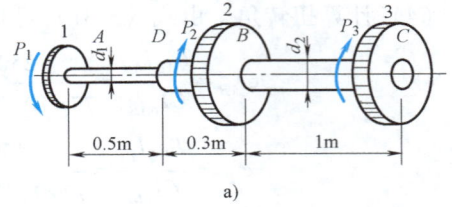

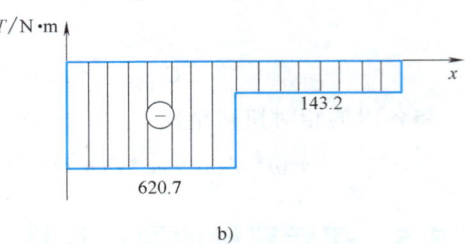

图 5-17 例 5-5 图
a) 阶梯圆轴　b) 扭矩图

解：由式（5-4）得，作用于轮 1、3 上的外力偶矩分别为

$$M_{e1} = 9549 \frac{P_1}{n} = \left(9549 \times \frac{13}{200}\right)\text{N} \cdot \text{m} = 620.7\text{N} \cdot \text{m}$$

$$M_{e3} = 9549 \frac{P_3}{n} = \left(9549 \times \frac{3}{200}\right)\text{N} \cdot \text{m} = 143.2\text{N} \cdot \text{m}$$

由平衡条件可得作用于轮 2 上的外力偶矩为

$$M_{e2} = M_{e1} - M_{e3} = 620.7\text{N} \cdot \text{m} - 143.2\text{N} \cdot \text{m} = 477.5\text{N} \cdot \text{m}$$

作该轴的扭矩图，如图 5-17b 所示。各段的扭矩分别为

$$T_{AD} = T_{BD} = -620.7\text{N} \cdot \text{m}$$
$$T_{BC} = -143.2\text{N} \cdot \text{m}$$

比较 BD 段和 BC 段，它们具有相同的横截面直径，而 BD 段的内力扭矩比 BC 段的要大，因此 BD 段相比 BC 段更不安全；比较 AD 段和 BD 段，它们则承受相同的内力扭矩，但 AD 段的横截面直径比 BD 段的要小，所以 AD 段相比 BD 段更不安全。综合起来看，三段中 AD 段最为不安全，故应先校核 AD 段的扭转刚度。

由式（5-19）可得 AD 段的极惯性矩为

$$I_{pAD} = \frac{\pi d_1^4}{32} = \frac{\pi \times (40 \times 10^{-3})^4 \text{m}^4}{32} = 2.51 \times 10^{-7}\text{m}^4$$

据式（5-36），AD 段的单位长度扭转角为

$$\theta_{AD} = \frac{|T_{AD}|}{GI_{pAD}} \times \frac{180}{\pi} = \frac{620.7\text{N} \cdot \text{m}}{80 \times 10^9\text{Pa} \times 2.51 \times 10^{-7}\text{m}^4} \times \frac{180}{\pi} = 1.77(°)/\text{m} < [\theta] = 2(°)/\text{m}$$

可见，该轴满足刚度要求。

【例 5-6】 如图 5-18a 所示阶梯圆轴，AB 和 BC 段的直径分别为 d_1 和 d_2，且 $d_1 = 3d_2/2$。若外力偶矩 $M_e = 1\text{kN} \cdot \text{m}$，材料的切变模量 $G = 80\text{GPa}$，许用扭转切应力为 $[\tau] = 80\text{MPa}$，轴的单位长度许用扭转角为 $[\theta] = 0.5(°)/\text{m}$，试确定该阶梯轴的直径 d_1 和 d_2。

解：由截面法，作出轴的扭矩图如图 5-18b 所示，AB 段和 BC 段的内力扭矩分别为

$$T_{BC} = M_e = 1\text{kN} \cdot \text{m}$$
$$T_{AB} = 2M_e = 2 \times 1\text{kN} \cdot \text{m} = 2\text{kN} \cdot \text{m}$$

根据扭矩图和各段的截面尺寸，应分段进行强度计算和刚度计算。

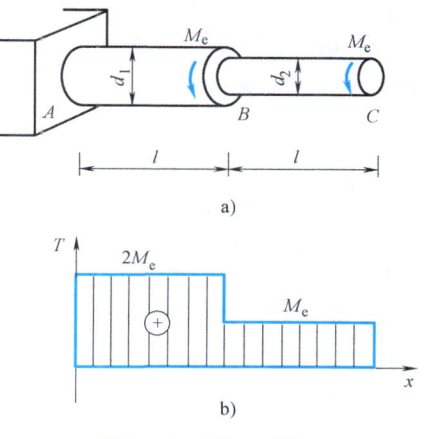

图 5-18 例 5-6 图

a) 阶梯圆轴 b) 扭矩图

1) 强度计算。由 AB 段内的最大扭转切应力

$$\tau_{\max AB} = \frac{T_{AB}}{W_{pAB}} = \frac{2M_e}{\pi d_1^3/16} = \frac{256 M_e}{27\pi d_2^3} \leqslant [\tau]$$

得

$$d_2 \geqslant \sqrt[3]{\frac{256 M_e}{27\pi [\tau]}} = \sqrt[3]{\frac{256 \times 10^3 \text{N} \cdot \text{m}}{27 \times \pi \times 80 \times 10^6 \text{Pa}}}$$
$$= 0.0335\text{m} = 33.5\text{mm}$$

同理，由 BC 段内的最大扭转切应力

$$\tau_{\max BC} = \frac{T_{BC}}{W_{pBC}} = \frac{M_e}{\pi d_2^3/16} = \frac{16 M_e}{\pi d_2^3} \leqslant [\tau]$$

得

$$d_2 \geqslant \sqrt[3]{\frac{16 M_e}{\pi [\tau]}} = \sqrt[3]{\frac{16 \times 10^3 \text{N} \cdot \text{m}}{\pi \times 80 \times 10^6 \text{Pa}}} = 0.0399\text{m} = 39.9\text{mm}$$

2) 刚度计算。由 AB 段两端的相对扭转角

$$\theta_{AB} = \frac{T_{AB}}{GI_{pAB}} \times \frac{180}{\pi} = \frac{11520 M_e}{\pi^2 G d_1^4} = \frac{20480 M_e}{9\pi^2 G d_2^4} \leqslant [\theta]$$

得

$$d_2 \geqslant 8\sqrt[4]{\frac{5 M_e}{9\pi^2 G [\theta]}} = 8 \times \sqrt[4]{\frac{5 \times 10^3 \text{N} \cdot \text{m}}{9 \times \pi^2 \times 80 \times 10^9 \text{Pa} \times 0.5(°)/\text{m}}} = 0.0490\text{m} = 49.0\text{mm}$$

由 BC 段两端的相对扭转角

$$\theta_{BC} = \frac{T_{BC}}{GI_{pBC}} \times \frac{180}{\pi} = \frac{5760 M_e}{\pi^2 G d_2^4} \leqslant [\theta]$$

得

$$d_2 \geqslant 2\sqrt[4]{\frac{360 M_e}{\pi^2 G [\theta]}} = 2 \times \sqrt[4]{\frac{360 \times 10^3 \text{N} \cdot \text{m}}{\pi^2 \times 80 \times 10^9 \text{Pa} \times 0.5(°)/\text{m}}} = 0.0618\text{m} = 61.8\text{mm}$$

综合上述计算结果，可取阶梯轴 AB 段、BC 段的直径分别为 $d_1 = 93\text{mm}$、$d_2 = 62\text{mm}$。

5.6 扭转超静定问题

圆轴扭转超静定问题是指圆轴扭转时，其支座约束反力偶或轴横截面上的扭矩仅用静力平衡方程无法全部求解出来。与杆件拉压超静定问题的解法相似，圆轴扭转超静定问题的求解仍然综合考虑静力平衡方程、几何关系（变形协调条件）和物理关系。下面通过例 5-7 说明其求解方法。

【例 5-7】 如图 5-19 所示，两端固定的阶梯圆轴在截面 C 处受外力偶矩 M_e 的作用。已知 AC 和 BC 段的直径分别为 $D_1 = 70\text{mm}$ 和 $D_2 = 50\text{mm}$，材料的许用扭转切应力为 $[\tau] = 60\text{MPa}$。试求该轴所允许承受的最大外力偶矩 $[M_e]$。

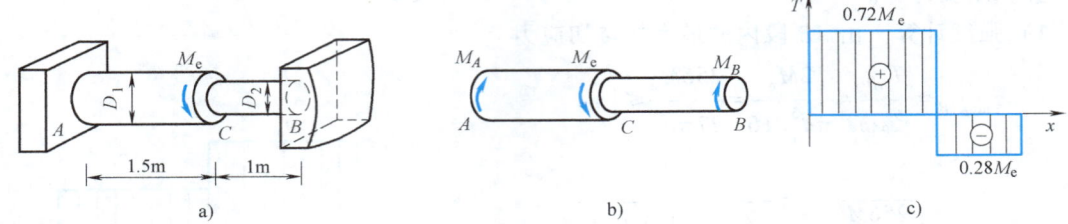

图 5-19　例 5-7 图
a) 阶梯圆轴　b) 圆轴受力分析　c) 扭矩图

解：(1) 求固定端处的约束力偶矩　显然这是扭转一次超静定问题。解除约束，假设左、右端的支反力偶矩分别为 M_A 和 M_B，且这两个力偶矩转向相同，阶梯圆轴的受力图如图 5-19b 所示，可得平衡方程

$$M_A + M_B = M_e \tag{5-37}$$

由于 A、B 两端面之间的相对扭转角为 $0°$，故有变形协调方程

$$\varphi_{AB} = \varphi_{AC} + \varphi_{BC} = 0 \tag{5-38}$$

设圆轴的扭转刚度为 GI_p，利用式 (5-31)，可建立 AC、BC 两段满足的物理方程，分别为

$$\varphi_{AC} = \frac{M_A l_{AC}}{GI_p} \tag{5-39}$$

$$\varphi_{BC} = \frac{M_B l_{BC}}{GI_p} \tag{5-40}$$

将式 (5-39)、式 (5-40) 代入式 (5-38)，并利用式 (5-19)，可得补充方程

$$\frac{M_A \times 1.5\text{m}}{D_1^4} - \frac{M_B \times 1\text{m}}{D_2^4} = 0 \tag{5-41}$$

联立式 (5-37) 和式 (5-41)，代入数据，解得固定端处的约束力偶矩为

$$M_A = 0.72 M_e, \quad M_B = 0.28 M_e$$

(2) 强度计算　由截面法，作出圆轴的扭矩图，如图 5-19c 所示。AC 和 BC 两轴段横截面上的扭矩分别为

$$T_{AC} = 0.72 M_e, \quad T_{BC} = -0.28 M_e$$

由 AC 段的强度条件

$$\tau_{\max, AC} = \frac{T_{AC}}{W_{pAC}} = \frac{16 T_{AC}}{\pi D_1^3} = \frac{16 \times 0.72 M_e}{\pi \times (70 \times 10^{-3})^3 \text{m}^3} \leq [\tau] = 60 \times 10^6 \text{Pa}$$

解得

$$M_e \leq 5.6 \text{kN} \cdot \text{m}$$

同理，由 BC 段的强度条件

$$\tau_{max,BC} = \frac{|T_{BC}|}{W_{pBC}} = \frac{16|T_{BC}|}{\pi D_2^3} = \frac{16 \times 0.28 M_e}{\pi \times (50 \times 10^{-3})^3 \text{m}^3} \leq [\tau] = 60 \times 10^6 \text{Pa}$$

解得

$$M_e \leq 5.3 \text{kN} \cdot \text{m}$$

所以，该阶梯圆轴所允许承受的最大外力偶矩

$$[M_e] = 5.3 \text{kN} \cdot \text{m}$$

■ 5.7 非圆截面杆的自由扭转简介

在前面，讨论了圆截面杆的扭转问题，但工程实际中还有许多非圆截面杆的扭转问题，比如方形传动轴、开口薄壁截面杆的扭转等。试验表明，非圆截面杆在扭转时横截面不再保持为平面，相同横截面上各点将沿轴线方向产生不同的位移，这种现象称为横截面的翘曲（见图 5-20）。因此，由平面假设导出的圆轴扭转计算公式将不再适用。

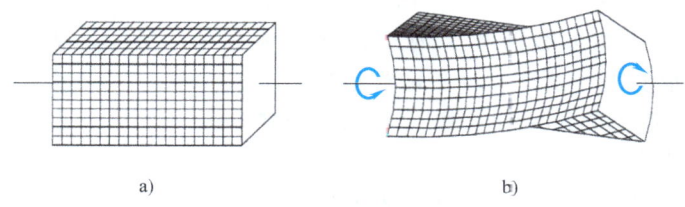

图 5-20 非圆截面杆翘曲示意图

a) 变形前 b) 变形后

非圆截面杆的扭转可分为自由扭转和约束扭转。若杆件扭转时其横截面的翘曲不受任何约束，相邻横截面的翘曲程度完全相同，横截面上将只有切应力而无正应力，这种扭转称为自由扭转；若杆件受到约束而不能自由翘曲时，不仅横截面发生翘曲，而且各横截面的翘曲程度不同，故横截面上除了有切应力之外还有正应力，这种扭转称为约束扭转。

由于非圆截面杆在扭转时横截面发生翘曲而变为曲面，而对曲面做简单的假设将变得十分困难，因此单纯用材料力学的方法不能完整解决这一问题，而必须用弹性力学的方法进行求解。本节将简述矩形截面杆在自由扭转时的弹性力学主要计算结果。

矩形截面等直杆在自由扭转时，由切应力互等原理可断定：横截面边缘各点处的切应力必然平行于横截面周边方向，且 4 个角点处的切应力为零。此外，横截面长边中点处的切应力最大，短边上的最大切应力发生在中点处（见图 5-21）。设矩形截面的长边尺寸为 h，短边尺寸为 b，杆长为 l，则最大切应力 τ_{max}、短边中点处的切应力 τ_1 以及杆件两端的相对扭转角 φ 分别为

$$\tau_{max} = \frac{T}{\alpha h b^2} = \frac{T}{W_t} \quad (5\text{-}42)$$

$$\tau_1 = \mu \tau_{max} \quad (5\text{-}43)$$

$$\varphi = \frac{Tl}{G\beta h b^3} = \frac{Tl}{GI_t} \quad (5\text{-}44)$$

式中，$W_t = \alpha h b^2$ 和 $GI_t = G\beta h b^3$，分别称为杆件的抗扭截面系数和抗扭刚度，α、β 和 μ 为弹

性力学计算结果得到的系数，与横截面的边长比 h/b（$h \geq b$）有关，其值已列入表 5-1 中。

表 5-1　矩形截面杆扭转时的系数 α、β 和 μ

h/b	1.0	1.2	1.5	2.0	2.5	3.0	4.0	6.0	8.0	10.0	∞
α	0.208	0.219	0.231	0.246	0.258	0.267	0.282	0.299	0.307	0.313	0.333
β	0.141	0.166	0.196	0.229	0.249	0.263	0.281	0.299	0.307	0.313	0.333
μ	1.000	0.930	0.858	0.796	0.767	0.753	0.745	0.743	0.743	0.743	0.743

当 $h/b > 10$ 时横截面为狭长矩形，有 $\alpha = \beta \approx \dfrac{1}{3}$。狭长矩形截面等直杆横截面上扭转切应力沿长边方向只在角点附近有变化。

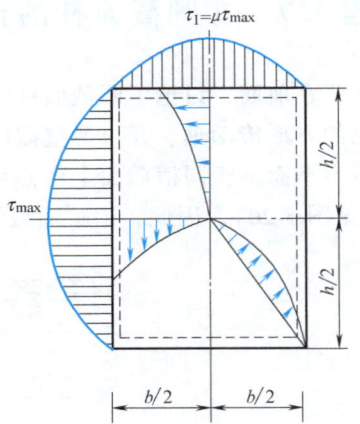

图 5-21　矩形截面杆应力分布

【例 5-8】　某矩形截面杆扭转变形，已知截面的宽度和高分别为 $b = 50\text{mm}$ 和 $h = 150\text{mm}$，截面上承受的扭矩 $T = 6\text{kN} \cdot \text{m}$。试求：(1) 计算截面上的最大切应力；(2) 若保持横截面面积不变，将矩形截面改为内外径之比为 $\alpha' = d/D = 0.5$ 的空心圆形截面，试比较两者的最大扭转切应力。

解：(1) 计算截面上的最大切应力　此例 $h/b = 150\text{mm}/50\text{mm} = 3$，从表 5-1 中查得系数 $\alpha = 0.267$。

根据式（5-42），此矩形截面杆横截面上的最大切应力为

$$\tau_{\max} = \frac{T}{\alpha h b^2} = \frac{6 \times 10^3 \text{N} \cdot \text{m}}{0.267 \times 0.15\text{m} \times 0.05^2 \text{m}^2} = 59.9 \times 10^6 \text{Pa} = 59.9 \text{MPa}$$

(2) 比较两者的最大扭转切应力　根据题意，内外径比为 $\alpha' = 0.5$ 的圆截面面积为

$$A = \frac{\pi D^2}{4}(1 - \alpha'^2) = hb = 0.15\text{m} \times 0.05\text{m} = 7.5 \times 10^{-3}\text{m}^2$$

解得

$$D = 2\sqrt{\frac{A}{\pi(1 - \alpha'^2)}} = 2 \times \sqrt{\frac{7.5 \times 10^{-3}\text{m}^2}{\pi \times (1 - 0.5^2)}} = 0.113\text{m} = 113\text{mm}$$

则空心圆轴横截面上最大扭转切应力为

$$\tau_{\max} = \frac{T}{W_p} = \frac{16T}{\pi D^3(1 - \alpha'^4)} = \frac{16 \times 6 \times 10^3 \text{N} \cdot \text{m}}{\pi \times 0.113^3 \text{m}^3 \times (1 - 0.5^4)} = 22.6 \times 10^6 \text{Pa} = 22.6 \text{MPa}$$

可见，保持横截面面积不变，矩形截面杆的最大扭转切应力比空心圆截面杆的大得多。

思　考　题

5-1　已知轴的转速、传递功率，如何计算轴所受的外力偶矩？并就此公式解释为什么减速器中，高速轴的直径较小，而低速轴的直径较大？

5-2　将两端受扭转外力偶矩作用的空心圆轴改为横截面面积相同的实心圆轴，则其最

大切应力是增大了还是减小了？

5-3 图5-22所示为从构件中取出的两个单元体，除写明是表面的以外，其他都是截面。当表面没有受到外力作用时，问哪些截面上可能有切应力？它的方向应该怎样？哪些截面上则不可能有切应力？

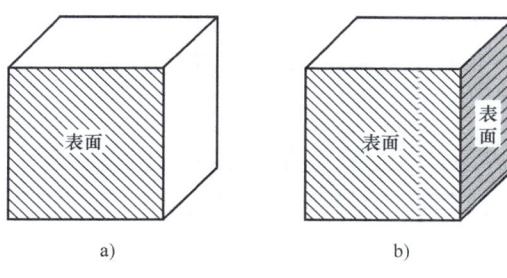

图 5-22 思考题 5-3 图

5-4 图5-23所示为由两种材料在交界面上牢固结合而成的组合圆轴的横截面。已知两部分的极惯性矩分别为 I_{p1} 和 I_{p2}，切变模量 $G_1 = 2G_2$，承受扭矩 T，问如何推导此组合轴横截面上的切应力公式？横截面上的切应力是怎样分布的？

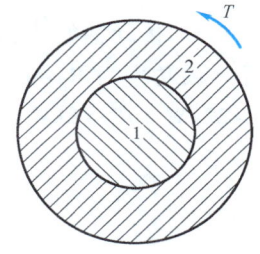

图 5-23 思考题 5-4 图

5-5 用软钢或某种塑性很好的塑性材料制成的扭转圆轴试件，在扭转之后，试件表面的母线变成了螺旋线。问母线有没有伸长？试件的长度和直径有没有变化？

5-6 某外径为 D、内径为 d 的空心圆轴，其极惯性矩 I_p 和扭转截面系数 W_p 是否可以按下式计算？

$$I_p = \frac{\pi D^4}{32} - \frac{\pi d^4}{32}, \quad W_p = \frac{\pi D^3}{16} - \frac{\pi d^3}{16}$$

5-7 长为 l、直径为 d 的由不同材料制成的两根圆轴，在其两端作用相同的扭转力偶矩，试问：（1）最大切应力是否相同？为什么？（2）两端截面的相对扭转角是否相同？为什么？

5-8 如果两端作用扭转力偶矩 M_e 的实心圆轴的直径 D 增大一倍而其他情况不变，那么最大切应力和两端截面的相对扭转角有什么变化？

5-9 低碳钢圆截面试件在受扭时，在纵、横截面上的切应力大小相等，为什么试件总是沿横截面被剪断？

5-10 某圆杆在外力偶矩 M_e 作用下扭转（见图5-24a）。现用横截面 ABE、CDF 和一个过杆轴线的水平纵截面 $ABCD$ 截取隔离体。根据切应力互等定理可知，水平纵截面 $ABCD$ 上切应力的情况如图5-24b所示。试问该纵截面上的切应力所形成的合力偶矩是如何去平衡的？

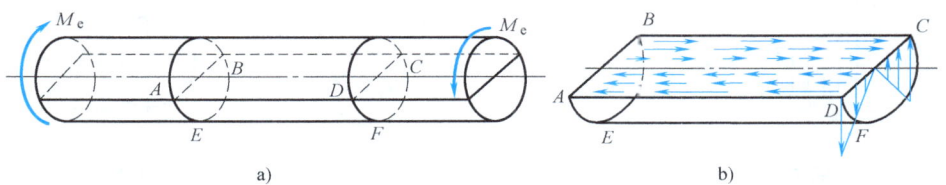

图 5-24 思考题 5-10 图

习 题

5-1 如图 5-25 所示,传动轴的转速 $n=300\mathrm{r/min}$,轮 1 为主动轮,输入功率 $P_1=50\mathrm{kW}$,轮 2、3、4 为从动轮,输出功率分别为 $P_2=10\mathrm{kW}$、$P_3=P_4=20\mathrm{kW}$。试求:(1)作该轴的扭矩图;(2)若将轮 1 与轮 3 的位置对调,试分析对轴的受力是否有利。

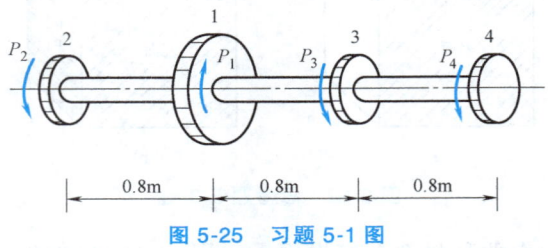

图 5-25 习题 5-1 图

5-2 传动轴如图 5-26 所示,已知其转速为 $n=200\mathrm{r/min}$,轴上共装有 5 个轮子,主动轮 B 输入的功率为 $P_B=60\mathrm{kW}$,从动轮 A、C、D、E 的输出功率依次为 $P_A=18\mathrm{kW}$、$P_C=12\mathrm{kW}$、$P_D=22\mathrm{kW}$、$P_E=8\mathrm{kW}$。试作出该轴的扭矩图,并确定最大扭矩。

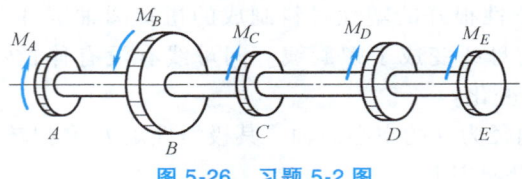

图 5-26 习题 5-2 图

5-3 圆轴如图 5-27 所示,承受矩为 M 的集中力偶和集度为 m 的分布阻抗力偶作用(见图 5-27a)。设阻抗力偶矩集度 m 沿轴线线性变化(见图 5-27b),最大集度为 m_0,试推导沿轴线的扭矩方程并作出轴的扭矩图。

5-4 图 5-28 所示为实心圆轴,直径为 $d=100\mathrm{mm}$,长为 $l=1\mathrm{m}$,两端受扭转外力偶矩 $M_e=14\mathrm{kN\cdot m}$ 作用。已知材料的切变模量 $G=80\mathrm{GPa}$,试确定:(1)轴内最大切应力 τ_{max} 以及两端截面间的相对扭转角;(2)横截面上 A、B、C 三点处切应力的数值及方向;(3)C 点处的切应变。

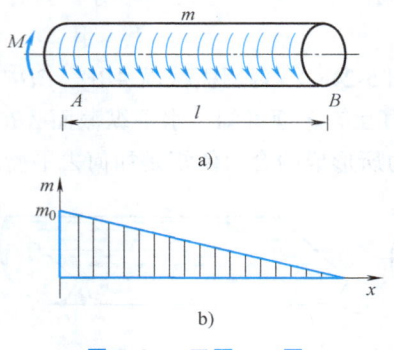

图 5-27 习题 5-3 图

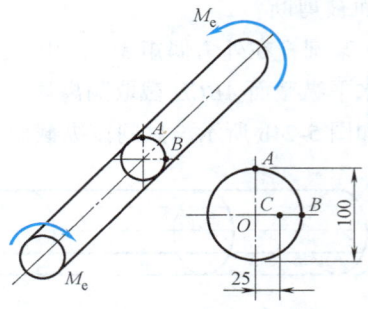

图 5-28 习题 5-4 图

5-5 图 5-29 所示为实心圆轴,直径为 $d=100$mm,材料的切变模量 $G=80$GPa,其表面上的纵向线在扭转力偶作用下倾斜了一个角 $\alpha=0.065°$,试求:(1)外力偶矩 M_e 的值;(2)若 $[\tau]=70$MPa,校核其强度。

5-6 图 5-30 所示为实心阶梯形圆轴,已知圆轴直径 $d_2=2d_1$,若使两段内单位长度的扭转角 θ 相等,则外力偶矩的比值 M_{e2}/M_{e1} 为多少?

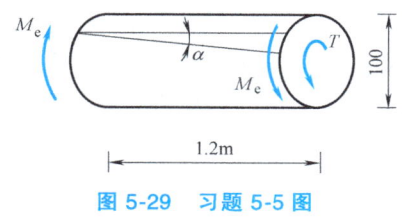

图 5-29 习题 5-5 图

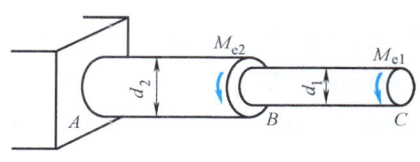

图 5-30 习题 5-6 图

5-7 如图 5-31 所示,将一钻头简化成直径为 $d=20$mm 的实心圆轴,在头部受均布阻抗外力偶矩 t 的作用,许用切应力为 $[\tau]=70$MPa,材料的切变模量 $G=80$GPa。试求:(1)钻头上端部作用的许用外力偶矩 m;(2)钻头上、下两端的相对扭转角。

5-8 图 5-32 所示为圆轴 AC,其直径为 d,切变模量为 G,BC 段受均匀分布的力偶矩,其集度为 m,C 端受集中力偶 M_C 作用。若 $M_C=2ma$,试求:(1)最大切应力;(2)A 端轴表面上纵向线 1—1 倾斜的角度;(3)单位长度最大扭转角;(4)若 M_C 的大小可以调整,为使 B 截面相对于 A 截面的扭转角为 0,M_C 应为多少?

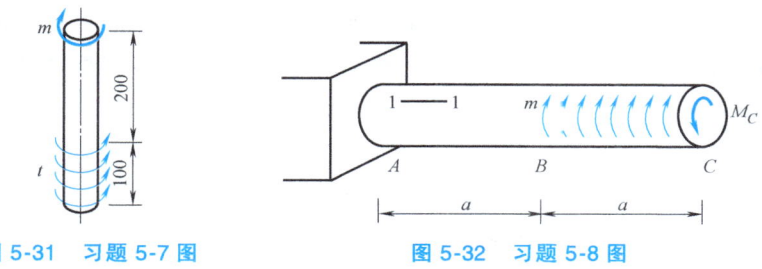

图 5-31 习题 5-7 图   图 5-32 习题 5-8 图

5-9 已知空心圆轴的外径 $D=76$mm,壁厚 $\delta=2.47$mm,承受外力偶矩 $M_e=2$kN·m 作用,材料的许用切应力 $[\tau]=100$MPa,切变模量 $G=80$GPa,单位长度许用扭转角 $[\theta]=2(°)/$m。试校核该轴的强度和刚度。

5-10 如图 5-33 所示,某组合圆轴由变截面空心铜轴和实心钢轴组成,两轴间无相对滑动。已知组合轴承受扭矩 M_e 作用,钢轴两端截面的直径分别为 d_1 和 d_2,铜轴外直径为 d_3。铜和钢的切变模量分别为 G_c 和 G_s。试推导该组合轴横截面上的扭转切应力公式。

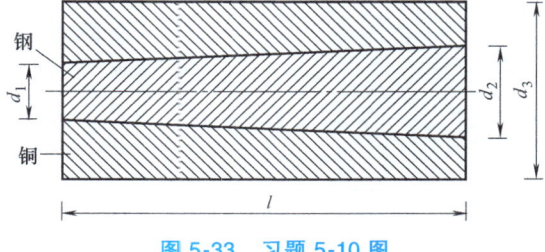

图 5-33 习题 5-10 图

5-11 两端固定的阶梯实心圆轴在 AC 段作用有均布力偶矩,其集度为 t,如图 5-34 所示。已知 AC 和 BC 两段长度均为 L,直径分别为 D_1 和 D_2,材料的切变模量为 G。求 AC 和 BC 两段横截面上最大的扭转切应力。

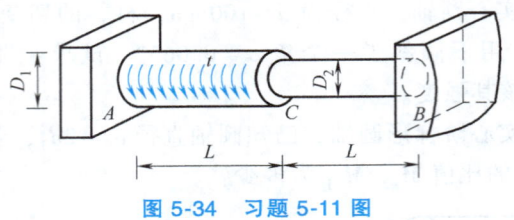

图 5-34　习题 5-11 图

5-12　如图 5-35 所示结构中，AB 和 CD 两杆的尺寸相同。AB 为钢杆，CD 为铝杆，两种材料的切变模量之比为 $G_{AB} : G_{CD} = 3 : 1$。若不计 BE 和 ED 两杆的变形，试问集中荷载 P 将以怎样的比例分配于 AB 和 CD 杆上？

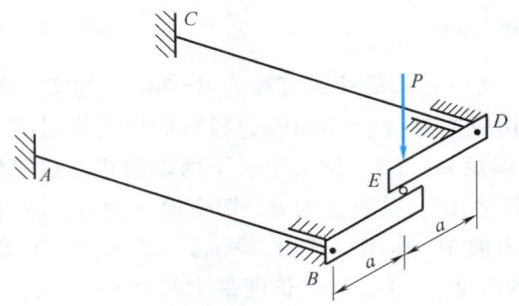

图 5-35　习题 5-12 图

5-13　如图 5-36 所示的三根杆受相同的扭转外力偶 $M_e = 300\text{N} \cdot \text{m}$ 作用，现要求最大切应力不能超过 60MPa。试求：（1）确定各杆的横截面尺寸；（2）若三根杆的长度相等，试比较三者的重力。

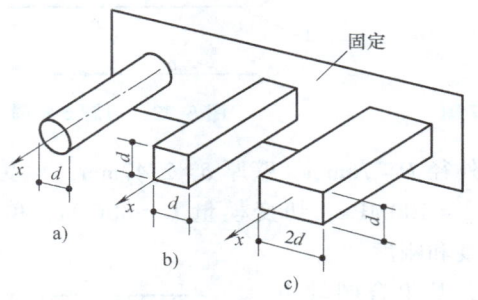

图 5-36　习题 5-13 图

a）圆形截面　b）正方形截面　c）矩形截面

第 6 章　平面弯曲杆件的应力与强度计算

> **本章提要**
>
> 梁是工程中重要的结构杆件，本章主要研究杆件发生弯曲变形时的内力、应力以及强度计算，着重研究对称弯曲的情况。主要内容有：平面弯曲的概念；截面法求弯曲梁的内力，剪力图和弯矩图；简易法作梁的内力图；纯弯曲时梁横截面上的正应力，横力弯曲时梁横截面上的正应力和切应力；平面弯曲梁三类危险点的强度条件及强度计算实例；梁的合理强度设计方法；以及弯曲中心的概念。

■ 6.1　平面弯曲的概念

在前面的章节讨论了杆件受到轴向荷载，即轴向压力或拉力、轴向力偶的作用，这一章开始讨论杆件受到横向荷载作用的情况，此时杆件会发生弯曲变形。这是在结构和机械构件中常见

弯曲变形的　　平面弯曲
工程实例　　　的概念

的一种变形，如房屋的大梁（见图 6-1a）、桥梁的主梁（见图 6-1b）、火车的轮轴（见图 6-1c）、飞机的机翼（见图 6-1d）等。这类直杆的受力及变形特征是：作用于杆上的外力垂直于杆的轴线，原为直线的轴线变形为曲线。以弯曲变形为主的构件称为梁，垂直于杆轴的荷载称为横向荷载。外部荷载会引起杆件的内部产生反作用力和力偶，首先要确定这些内力，然后再计算弯曲应力和变形。

工程中常见的梁，其横截面一般都有一根对称轴（见图 5-2a），由各横截面对称轴组成的纵向平面称为梁的纵向对称面。当梁上所有的外力（包括荷载和支座约束力）均作用在梁的纵向对称面内时，弯曲变形后，梁的轴线变成一条位于纵向对称面内的平面曲线，这种弯曲变形称为对称弯曲。对称弯曲是最常见和最基本的弯曲变形，属于平面弯曲（见图 6-2b）。若外力不是作用在梁的纵向对称面内，则梁除发生弯曲变形外，还可能发生扭转变形，而且轴线也将变成空间曲线。平面弯曲是杆件的基本变形形式之一，本章着重讨论对称弯曲时的情形。

在工程实际中，梁的外形、横截面的几何形状、荷载及支承形式是多种多样的。为了便于分析和计算梁的内力，首先要对梁进行合理的简化，得到梁的计算简图。计算简图既要便于计算，又要符合实际情况，在对梁进行简化时要根据实际工程的要求选择合适的结构、荷载和支承形式。

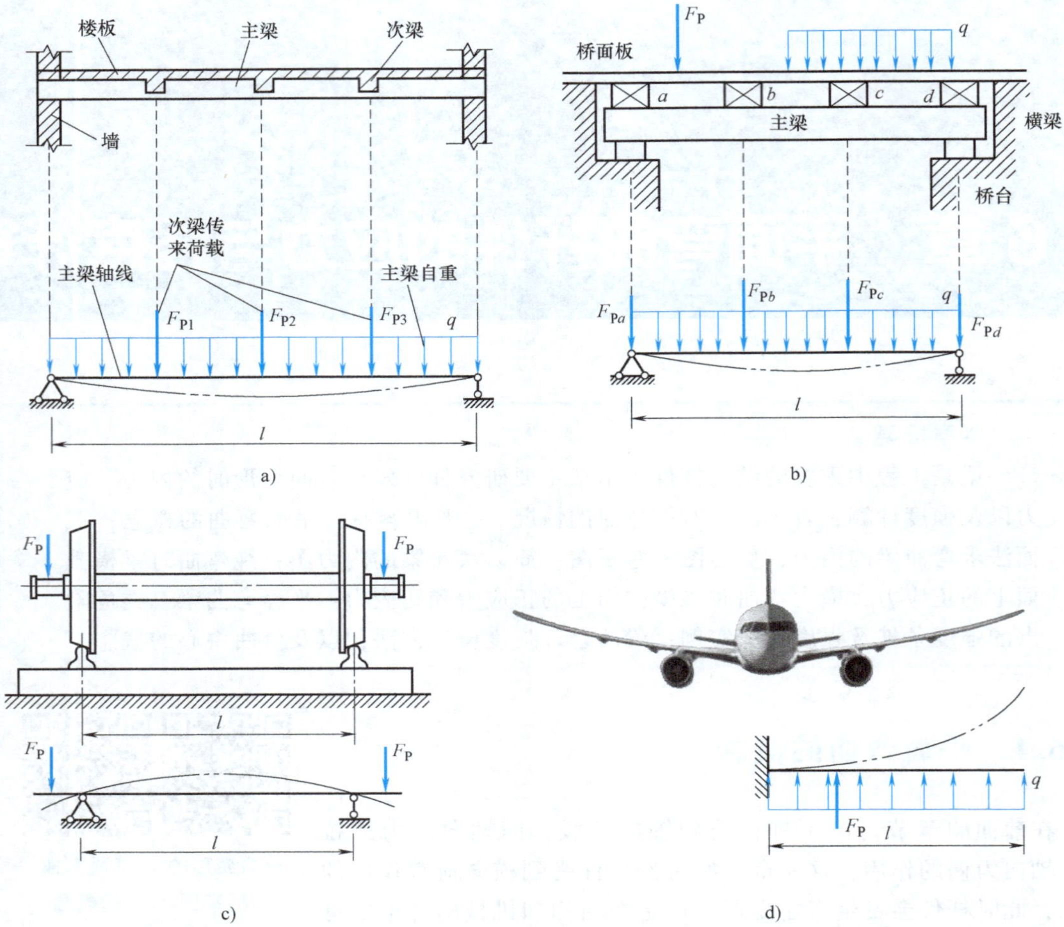

图 6-1 弯曲梁工程实例

a) 房屋的大梁 b) 桥梁的主梁 c) 火车的轮轴 d) 飞机的机翼

1. 梁外形的简化

通常，用梁轴表示梁的主体。

2. 荷载的简化

当作用于杆件上的力都位于同一平面内，且力的作用方向均垂直于杆件的轴线时，这样的力称为横向力。梁所受的横向力主要包括：集中荷载、分布荷载、集中力偶，如图 6-2b 所示。

3. 结构的简化

在对称弯曲的情况下，梁所受的荷载、支座约束力组成一个位于梁纵向对称面内的平面一般力系。如果梁的约束力和内力都可以通过静力平衡方程全部确定，这种梁称为静定梁。工程中常见的由单根杆件构成的静定梁有如下三种形式：

1）简支梁（见图 6-3a）：梁在两端支承，一端为固定铰支座，另一端为辊轴铰支座。

2）外伸梁（见图 6-3b）：简支梁若有一端或两端向外延伸，就变成外伸梁。

3）悬臂梁（见图 6-3c）：梁的一端为固定端支座，另一端自由。

简支梁或外伸梁的两个铰支座之间的距离称为梁的跨度,悬臂梁的跨度则是固定端到自由端的距离。

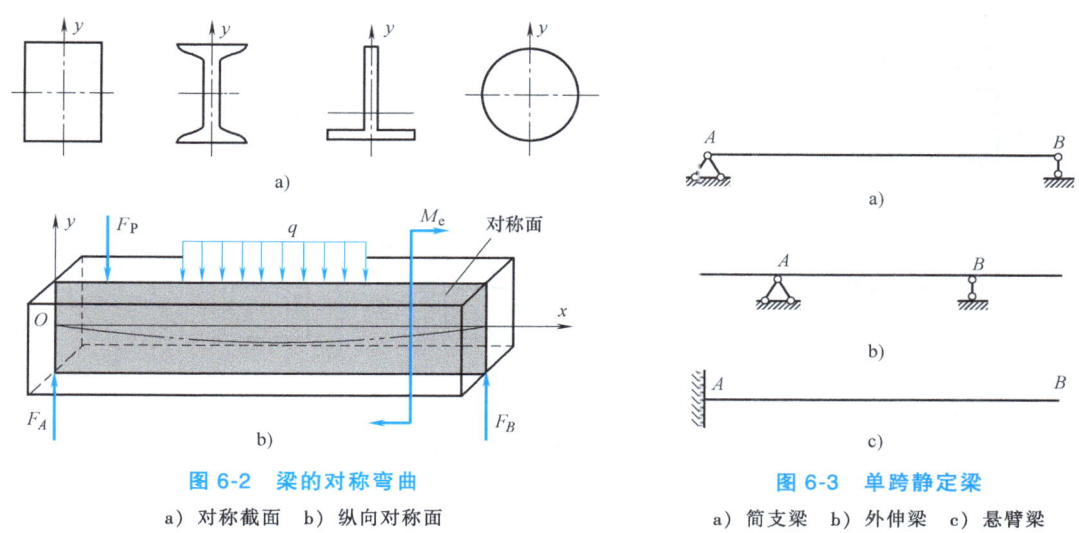

图 6-2　梁的对称弯曲
a) 对称截面　b) 纵向对称面

图 6-3　单跨静定梁
a) 简支梁　b) 外伸梁　c) 悬臂梁

工程上为了满足某种要求,有时需要在静定梁上增加某些约束,比如增加一个或多个支座,这时,仅靠静力平衡方程无法确定梁的全部支座约束力,这类梁称为超静定梁。超静定梁的约束力计算将在第 7 章中讨论,本章仅讨论单跨静定梁的内力计算。

6.2　平面弯曲梁的内力

6.2.1　剪力和弯矩

当作用在梁上的全部外力(荷载和支座约束力)确定后,梁任意横截面上的内力可通过截面法求得。在对称弯曲的情况下,梁的横截面上一般有两个内力分量:剪力 F_S 和弯矩 M。剪力和弯矩分别引起剪切与弯曲变形。

以图 6-4a 所示的简支梁为例,分析距支座 A 为 a 的横截面 $m—m$ 上的内力。应用截面法,在 $m—m$ 截面处将梁截开,任选其中一部分作为研究对象(见图 6-4b、c),设 $m—m$ 截面的形心为 O,则由平衡方程 $\sum F_y = 0$ 及 $\sum M_O = 0$,可得 $m—m$ 截面上的剪力和弯矩分别为

$$F_S = F_A$$
$$M = F_A a$$

对于各种弯曲问题的内力分析保持一致性是非常重要的,从左、右梁段分离体求出的同一截面上的剪力和弯矩不但要大小相等,而且正负号也要一致。在本书中按照以下规则定义:对于水平放置的梁,如图 6-4 所示,有以下几点需要注意:①图 6-4a 中,荷载 F_P(或 q)取竖直向上为正,如果荷载方向向下,则取为负值;②图 6-4a 中,以 x 轴表示梁的轴线,以从左往右为正;y 轴表示梁的竖向位移,以向下为正,因为现实中绝大部分弯曲梁都是产生向下的位移;③弯矩和剪力都是成对出现的矢量,当截面上的剪力使所考虑的梁段有顺时针转动趋势时为正,反之为负(见图 6-4d);当截面上的弯矩使所考虑的梁段在截面处

产生向下凸的弯曲变形（即下侧受拉，上侧受压）时为正，反之为负（见图6-4e）。

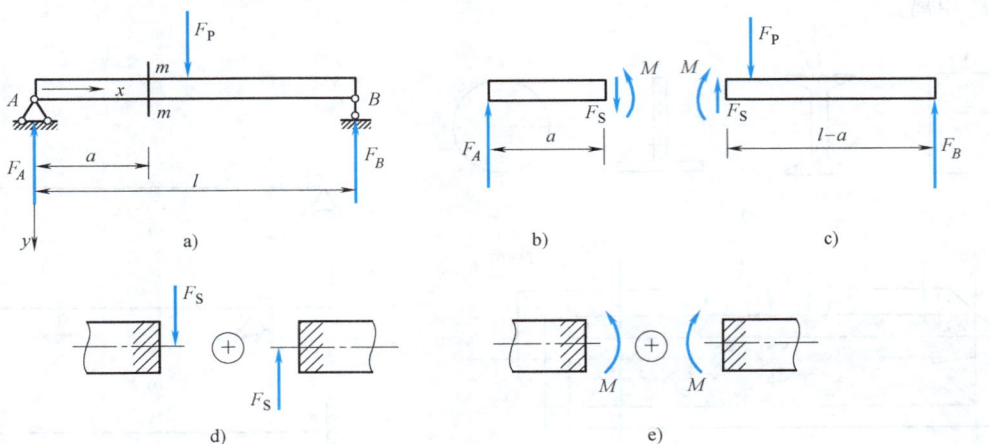

图6-4 弯曲梁的内力

a）受力图 b）左梁段分离体 c）右梁段分离体 d）剪力 e）弯矩

【例6-1】 求图6-5a所示的外伸梁截面1—1、2—2上的剪力和弯矩。

解： 先由梁的整体静力平衡条件求出 C、D 支座的约束力，并标于受力图中（图6-5b）。应用截面法，取1—1截面左侧梁段为研究对象（见图6-5c），假设剪力和弯矩均为正向，由平衡方程 $\sum F_y = 0$，有

$$F_{S1} + qa = 0$$

解得

$$F_{S1} = -qa$$

由 $\sum M_C = 0$，有

$$M_1 + \frac{1}{2}qa^2 = 0$$

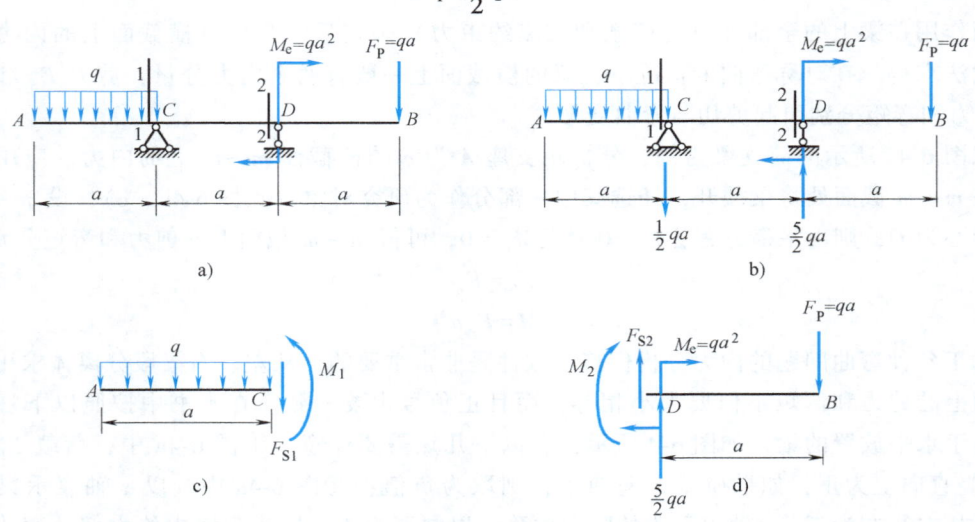

图6-5 例6-1图

a）荷载图 b）受力图 c）1—1截面左侧梁段 d）2—2截面右侧梁段

解得
$$M_1 = -\frac{1}{2}qa^2$$

同理，由 2—2 截面右侧梁段的平衡（见图 6-5d），有
$$F_{S2} + \frac{5}{2}qa - qa = 0$$
$$M_2 + qa^2 + qa^2 = 0$$

解得
$$F_{S2} = -\frac{3}{2}qa, \quad M_2 = -2qa^2$$

从例 6-1 可以看出，截面上的内力与该截面一侧杆上的外力相平衡，因而与确定轴力、扭矩相似，可以通过一侧梁段上的外力直接求出截面上的剪力和弯矩。

6.2.2 剪力方程和弯矩方程、剪力图和弯矩图

弯曲应力和变形与内力直接相关，因此需要给出内力沿梁轴的变化规律，并确定最大内力及其所在位置。一般情况下，梁横截面上的剪力和弯矩是随横截面位置而变化的，各横截面上的剪力和弯矩均可表示为横截面位置坐标 x 的函数，称为剪力方程和弯矩方程，统称为内力方程。弯曲梁的内力图包含剪力图和弯矩图，可以直观地描述在梁的各个横截面上剪力和弯矩的变化情况。下面给出几个简单例题说明弯曲内力图的作法。

【例 6-2】 试作如图 6-6a 所示的简支梁在 C 截面处受集中荷载作用时的剪力图和弯矩图。

解：由梁的平衡方程 $\sum M_B = 0$ 和 $\sum M_A = 0$，可解得支座约束力为
$$F_A = \frac{b}{l}F_P, \quad F_B = \frac{a}{l}F_P$$

由于截面 C 处作用有集中荷载，需分两段建立剪力方程和弯矩方程。

AC 段，以左端 A 为原点，取左段为研究对象，有
$$F_S(x_1) = F_A = \frac{b}{l}F_P \quad (0 < x_1 < a)$$
$$M(x_1) = F_A x_1 = \frac{b}{l}F_P x_1 \quad (0 < x_1 < a)$$

CB 段，仍以左端 A 为原点，取右段为研究对象，有
$$F_S(x_2) = -F_B = -\frac{a}{l}F_P \quad (a < x_2 < l)$$
$$M(x_2) = F_B(l - x_2) = \frac{a}{l}F_P(l - x_2) \quad (a \leq x_2 \leq l)$$

由上述内力方程可见，剪力图将由两条水平线组成，而弯矩图则由两条斜直线组成，求出各控制截面的内力值为

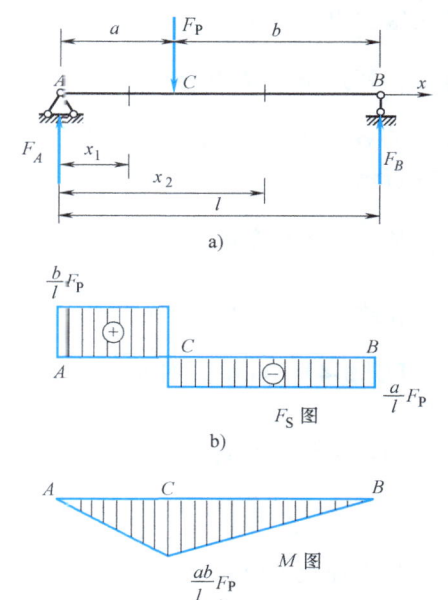

图 6-6 例 6-2 图
a）荷载图 b）剪力图 c）弯矩图

$$F_S(0^+) = F_S(a^-) = \frac{b}{l}F_P, \quad F_S(a^+) = F_S(l^-) = -\frac{a}{l}F$$

$$M(0) = 0, \quad M(a^-) = \frac{ab}{l}F_P, \quad M(a^+) = \frac{ab}{l}F_P, \quad M(l) = 0$$

由各控制面数值，作出剪力图（见图 6-6b）和弯矩图（见图 6-6c）。可见，最大弯矩发生在集中荷载作用的截面处，$|M|_{\max} = \frac{ab}{l}F_P$。

【例 6-3】 试作如图 6-7a 所示的简支梁在受到均布荷载作用时的剪力图和弯矩图。

解：由对称性，可求得支座约束力为

$$F_A = F_B = \frac{1}{2}ql$$

将坐标原点取在梁的左端，建立剪力方程和弯矩方程。

$$F_S(x) = F_A - qx = \frac{1}{2}ql - qx \quad (0 < x < l)$$

$$M(x) = F_A x - qx\frac{x}{2} = \frac{1}{2}qlx - \frac{1}{2}qx^2 \quad (0 \le x \le l)$$

可见，剪力是 x 的一次函数，剪力图为一条斜直线，只需算出两个控制截面的剪力值：$F_S(0^+) = \frac{1}{2}ql$，$F_S(l^-) = -\frac{1}{2}ql$，即可连线绘出剪力图，如图 6-7b 所示。弯矩是 x 的二次函数，故弯矩图是一条二次抛物线，需计算三个控制截面（两端点和极值点）的弯矩值：$M(0) = 0$，$M(l) = 0$，$M\left(\frac{l}{2}\right) = \frac{1}{8}ql^2$，将各点数值用光滑曲线连接，得弯矩图，如图 6-7c 所示。

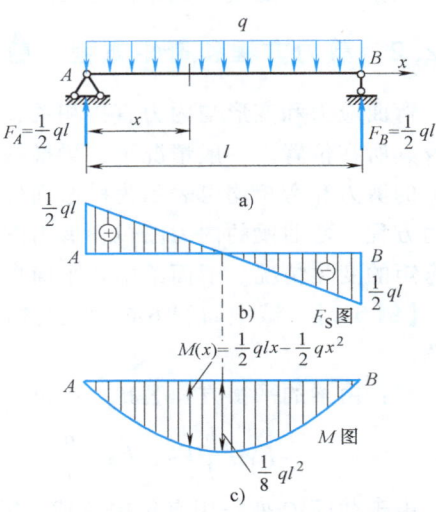

图 6-7 例 6-3 图
a) 荷载图 b) 剪力图 c) 弯矩图

从剪力图和弯矩图可见，梁上的最大剪力发生在支座截面处，$|F_S|_{\max} = \frac{1}{2}ql$；最大弯矩发生在跨中点截面处，$|M|_{\max} = \frac{1}{8}ql^2$。

【例 6-4】 试作如图 6-8a 所示的简支梁在 C 截面处受集中力偶作用时的剪力图和弯矩图。

解：由平面力偶系的平衡方程 $\sum M = 0$，可求得 A、B 两处的支座约束力为

$$F_A = F_B = \frac{M_e}{l}$$

将坐标原点取在梁的左端，建立剪力方程和弯矩方程。

AC 段：

$$F_S(x_1) = F_A = \frac{M_e}{l} \quad (0 < x_1 \le a)$$

$$M(x_1) = F_A x_1 = \frac{M_e}{l} x_1 \quad (0 \le x_1 < a)$$

CB 段：

$$F_S(x_2) = F_B = \frac{M_e}{l} \quad (a \le x_2 < l)$$

$$M(x_2) = -F_B(l - x_2) = -\frac{M_e}{l}(l - x_2) \quad (a < x_2 \le l)$$

因剪力在全梁上为一常数，所以剪力图为水平线，如图 6-8b 所示。弯矩图由两条斜直线组成，如图 6-8c 所示，控制截面的弯矩是：$M(0) = 0$，$M(a^-) = \frac{M_e a}{l}$ 和 $M(a^+) = -\frac{M_e b}{l}$，$M(l^-) = 0$。

若 $b > a$，则最大弯矩发生在 C 截面的右侧，

$$|M|_{max} = \frac{M_e b}{l}$$

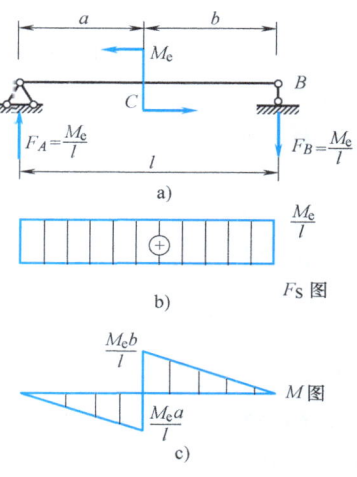

图 6-8 例 6-4 图
a) 荷载图 b) 剪力图 c) 弯矩图

【例 6-5】 试作如图 6-9a 所示的悬臂梁在受到均布荷载作用时的剪力图和弯矩图。

解：由梁的平衡方程 $\sum M_A = 0$ 和 $\sum F_y = 0$，可求得支座约束力为

$$F_A = ql, \quad M_A = \frac{ql^2}{2}$$

将坐标原点取在梁的左端，建立剪力方程和弯矩方程。

$$F_S(x) = F_A - qx = q(l - x) \quad (0 < x \le l)$$

$$M(x) = -\frac{1}{2}q(l - x)^2 \quad (0 \le x \le l)$$

可见，剪力是 x 的一次函数，剪力图为一条斜直线，只需算出两个控制截面的剪力值：$F_S(0^+) = ql$，$F_S(l) = 0$，即可连线绘出剪力图，如图 6-9b 所示。弯矩是 x 的二次函数，故弯矩图是一条二次抛物线，两个控制截面的弯矩值：$M(0) = -\frac{1}{2}ql^2$，$M(l) = 0$，由于端点 B 处即为弯矩极值点，再计算 $M\left(\frac{l}{2}\right) = -\frac{1}{8}ql^2$，将各点数值用光滑曲线连接，得弯矩图，如图 6-9c 所示。

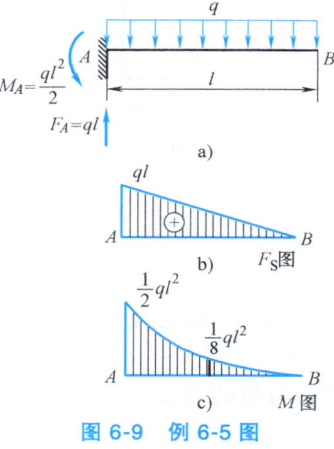

图 6-9 例 6-5 图
a) 荷载图 b) 剪力图 c) 弯矩图

梁上的最大剪力和最大弯矩均发生在支座截面处，$|F_S|_{max} = ql$，$|M|_{max} = \frac{1}{2}ql^2$。

根据上述方法，可以作出悬臂梁在自由端受到集中荷载、集中力偶作用时的剪力图和弯矩图（见图 6-10），读者可自行分析。

6.2.3 剪力、弯矩与荷载集度之间的关系

从 6.2.2 小节的几个例题可以看出，弯矩 $M(x)$、剪力 $F_S(x)$ 与荷载集度 $q(x)$ 三者之间

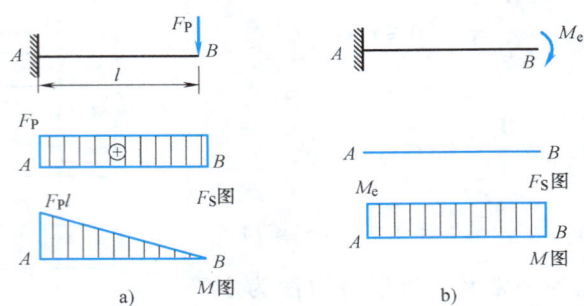

图 6-10 悬臂梁的内力
a) 自由端受集中荷载作用 b) 自由端受集中力偶作用

存在一定的函数关系，这可以通过考察一微梁段的平衡导出。如图 6-11a 所示的梁段，受到任意分布荷载 $q(x)$ 的作用；在梁中截取长为 $\mathrm{d}x$ 的微段，其所受荷载可视为均布荷载，受力如图 6-11b 所示。

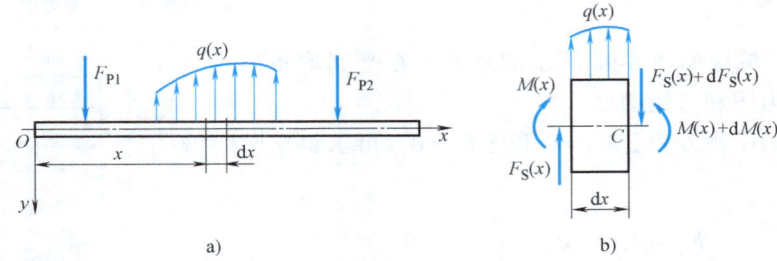

图 6-11 梁的荷载与内力分析
a) 受力梁段 b) 微梁段

列出微梁段的竖向平衡方程，有

$$-F_S(x)-q(x)\mathrm{d}x+F_S(x)+\mathrm{d}F_S(x)=0 \tag{6-1}$$

得到剪力与荷载集度之间的微分关系

$$\frac{\mathrm{d}F_S(x)}{\mathrm{d}x}=q(x) \tag{6-2}$$

式（6-2）在任意两个截面进行积分，有

$$F_{S2}-F_{S1}=\int_1^2 q(x)\mathrm{d}x \tag{6-3}$$

即两个截面之间的剪力之差，等于这两个截面间分布荷载与 x 轴组成图形的面积，于是截面 2 的剪力可以表示为

$$F_{S2}=F_{S1}+\int_1^2 q(x)\mathrm{d}x \tag{6-4}$$

式中　F_{S2}——截面 2 的剪力（N）；

F_{S1}——截面 1 的剪力（N）；

$q(x)$——截面 1、2 之间的分布荷载（N/m）。

列出对截面 C 中点的力矩平衡方程，有

$$-F_S(x)\mathrm{d}x-M(x)-\frac{1}{2}q(x)(\mathrm{d}x)^2+M(x)+\mathrm{d}M(x)=0 \tag{6-5}$$

忽略高阶小量 $(dx)^2$，得到弯矩与剪力之间的微分关系：

$$\frac{dM(x)}{dx} = F_S(x) \tag{6-6}$$

当 $F_S = 0$，$\frac{dM(x)}{dx} = 0$，即剪力等于零时，弯矩图的斜率为零，但并不意味着该截面的弯矩为最大值，最大弯矩也可能发生在 $\frac{dM(x)}{dx} \neq 0$ 的截面（见例6-5）。由式（6-6），考虑截面 1 与 2，有

$$\int_1^2 dM = \int_1^2 F_S dx \tag{6-7}$$

即

$$M_2 - M_1 = \int_1^2 F_S dx \tag{6-8}$$

两截面之间的弯矩之差，等于这两个截面间剪力图与 x 轴组成图形的面积，于是截面 2 的弯矩值可以表示为

$$M_2 = M_1 + \int_1^2 F_S dx \tag{6-9}$$

式中　M_2——截面 2 的弯矩（N·m）；
　　　M_1——截面 1 的弯矩（N·m）；
　　　F_S——截面 1、2 之间的剪力（N）。

式（6-2）和式（6-6）的几何意义在于：剪力图上任一点切线的斜率，等于梁上相应点处的荷载集度；弯矩图上任一点切线的斜率，等于梁上相应点处横截面上的剪力。由此可得出梁上荷载、剪力图和弯矩图之间的下列几何关系：

1) 如果某梁段上无分布荷载作用，即 $q = 0$，则剪力 F_S 为常量，说明该段梁上的剪力图是一条水平直线；而弯矩 M 为坐标 x 的一次函数，说明该段梁上的弯矩图是一条倾斜直线。当对应的 $F_S > 0$ 时，弯矩图从左到右向下倾斜（斜率为正）；当 $F_S < 0$ 时，弯矩图从左到右向上倾斜（斜率为负）。

2) 如果某梁段上有均布荷载作用，即 q 为常数，则剪力 F_S 为坐标 x 的一次函数，说明剪力图在该段梁上为一条倾斜直线；而弯矩 M 为坐标 x 的二次函数，说明弯矩图在该段梁上为一条抛物线。当 $q < 0$（向下）时，剪力图从左到右向下倾斜（斜率为负），弯矩图为开口向上（即向下凸）的二次抛物线；当 $q > 0$（向上）时，剪力图从左到右向上倾斜（斜率为正），弯矩图为开口向下（即向上凸）的二次抛物线。

3) 在集中荷载作用截面处，剪力图发生突变，突变的方向与集中荷载的方向一致，突变的大小等于集中荷载的大小。弯矩图会发生转折，转折的方向和集中荷载的方向一致，斜率由剪力 1 变为剪力 2。

4) 在集中力偶作用处，剪力图无变化。弯矩图将发生突变，突变的大小等于集中力偶矩的大小；突变的方向，从左向右看如果外力偶矩为逆时针，弯矩由下向上突变。

5) 若在梁的某一截面上剪力等于零，则弯矩图在该点的斜率为零，在该截面处弯矩存在极值。

表 6-1 给出了在各种简单荷载作用时，截面上剪力图与弯矩图的变化情况。

表 6-1 荷载与剪力、弯矩的关系

荷载	无荷载	均布荷载 q		集中力 F_P		集中力偶 M_e	
荷载分布	$q=0$	$q<0$	$q>0$	$F_P<0$	$F_P>0$		
剪力图 F_S	水平直线	斜直线		自左向右突变		无变化	
弯矩图 M	斜直线	二次抛物线		自左向右折角		自左向右突变	

6.2.4 简易法作梁的内力图

利用弯矩、剪力与荷载集度之间的微分关系,可以不必列出剪力方程和弯矩方程,便能直接作出剪力图和弯矩图。其方法是:根据梁上荷载将梁分成几段,再由各段内的荷载作用情况,初步判断剪力图和弯矩图的形状,然后求出控制截面上的内力值,从而作出整根梁的内力图。这种绘制梁的内力图的方法称为简易法。绘制剪力图时,采用浮点法,即用一浮点从梁的轴线左端沿着荷载的指向及大小比例移至梁的轴线右端,所形成的封闭图形即为剪力图。绘制弯矩图时,根据弯矩与剪力、荷载集度的微分关系,求控制点的弯矩值,分段连点作图。控制截面包括梁端、支座、荷载变化点和驻点等。

简易法作梁的内力图

【例 6-6】 试用简易法作如图 6-12a 所示梁的剪力图和弯矩图。

解: (1) 求支座约束力 由平衡方程 $\sum M_B = 0$ 和 $\sum M_C = 0$,有

$$F_B = 70\text{kN}(\uparrow), \quad F_C = 30\text{kN}(\uparrow)$$

将支座约束力的数值及方向标于梁的计算简图上。

(2) 绘剪力图 利用浮点法,由图 6-12a,浮点从 A 点开始沿集中荷载方向向下走 20kN,AB 段无荷载作用,浮点沿水平线走,即剪力图为一条水平线;B 截面处有集中荷载 F_B,浮点沿 F_B 方向向上走 70kN,即剪力由 -20kN 变为 50kN;BC 段有分布荷载 q 作用,浮点沿 q 方向向下走,剪力图为一条斜直线,斜率为 q,到截面 C 时下降了 20kN/m × 4m = 80kN,即剪力由 50kN 变为 -30kN;C 截面处有方向向上的集中荷载 F_C,因为到了梁的右端,浮点不再变动;右端

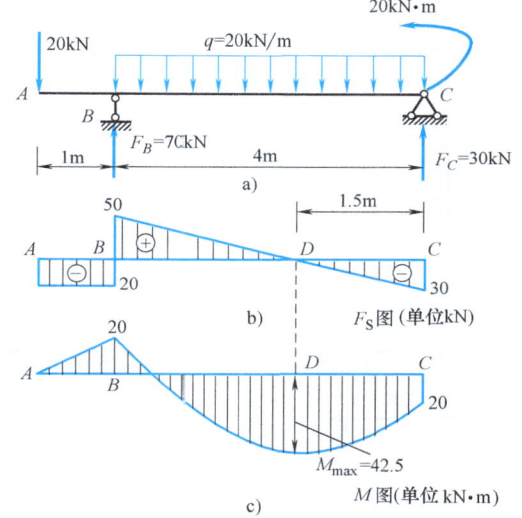

图 6-12 例 6-6 图
a) 荷载图 b) 剪力图 c) 弯矩图

向上的集中荷载对应着负剪力,刚好验证了剪力图在这个截面是正确的。所得的封闭图形即为剪力图,如图 6-12b 所示。剪力图上必须标注正负号和控制截面的数值,写明剪力的单位。BC 段的斜直线经过零值点(截面 D),点 D 至梁右端的距离可由比例关系算出为 1.5m。

(3) 绘弯矩图 由图 6-12a 的左端点 A 开始,此处没有集中力偶,弯矩为零;A 截面作用有集中荷载,而 AB 段无分布荷载作用,则弯矩图为一条斜直线,梁的上边缘为受拉侧,斜直线应画在轴线上方;控制截面弯矩值为:$M_A = 0$,$M_B = -20\text{kN} \cdot \text{m}$。由于 BC 段有向下的分布荷载作用,其弯矩图是向下凸的二次曲线,且在对应于剪力值为零的截面 D 处取极值;BD 段剪力图的面积为 $A = 50 \times 2.5/2 = 62.5$,对应弯矩图增大 62.5kN·m,即从 -20kN·m 增大到 42.5kN·m;C 截面处的弯矩等于 B 支座的外力偶,即 $M_C = 20$kN·m,画在轴线下方。按比例绘出各控制面弯矩值,并按各段曲线特性作出弯矩图,如图 6-12c 所示。弯矩图可不

标记正负号，但同样要注明各特征值及弯矩的单位。

6.2.5 叠加法作梁的内力图

由 6.2.3 小节弯矩、剪力与荷载集度的微分关系可知，平面弯曲梁的内力与外荷载满足线性关系。于是，当梁承受几个荷载共同作用时，只要梁处于线弹性范围和小变形条件下，则由一个荷载所引起的梁的支座约束力、剪力和弯矩都将不受其他荷载的影响。这样，梁的某一截面上的弯矩和剪力，就等于各个荷载单独作用下该截面的弯矩和剪力之和，即可用叠加法确定梁的内力。图 6-13a 所示的悬臂梁受到均布荷载 q 与集中荷载 F_P 的共同作用，距离左端点 x 距离的截面的弯矩与剪力分别为

$$M = F_P x - \frac{qx^2}{2}, \quad F_S = F_P - qx$$

等于集中荷载 F_P 与均布荷载 q 分别单独作用时（见图 6-13b、c），x 截面处的弯矩 $F_P x$ 与 $-\frac{qx^2}{2}$ 的代数和，及剪力 $-qx$ 与 F_P 的代数和。

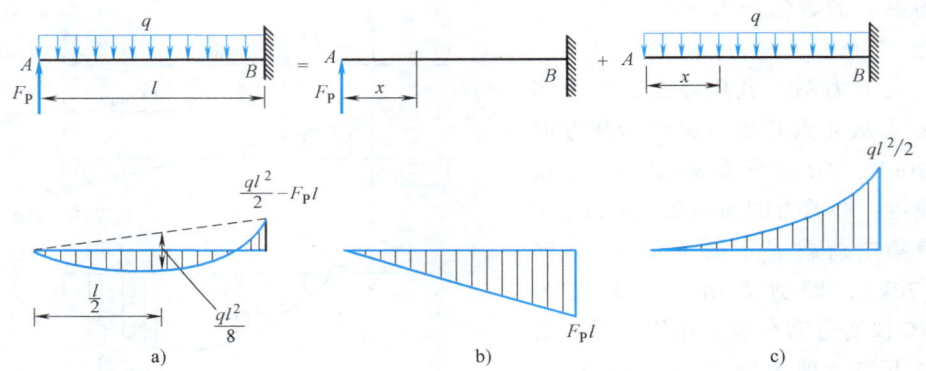

图 6-13 叠加法作弯矩图
a）荷载叠加　b）集中荷载单独作用　c）均布荷载单独作用

这种计算弯曲内力的方法，实际上应用了力学分析中的叠加原理，即：由几个外荷载共同作用所引起的某一参数（内力、应力或位移），等于每个外荷载单独作用时所引起的该参数值的代数和。

由于内力可以叠加，用来直观表示内力沿梁的轴向变化的内力图也可以按叠加原理作出。先分别作出每个外荷载单独作用时梁的内力图，然后将其相应的纵坐标叠加，即可得到梁在所有外荷载共同作用时的内力图。

【例 6-7】 试用叠加法作如图 6-14a 所示梁的弯矩图。

解：1）当 $M_{eA} = 120\text{kN} \cdot \text{m}$ 单独作用时，作出其弯矩图，如图 6-14b 所示轴线上方的三角形，其中

$$M_{C1} = -M_{eA} \frac{BC}{AB} = -77.1 \text{kN} \cdot \text{m}$$

2）当 $F_P = 80\text{kN}$ 单独作用时，作出其弯矩图，如图 6-14b 所示轴线下方的三角形，其中

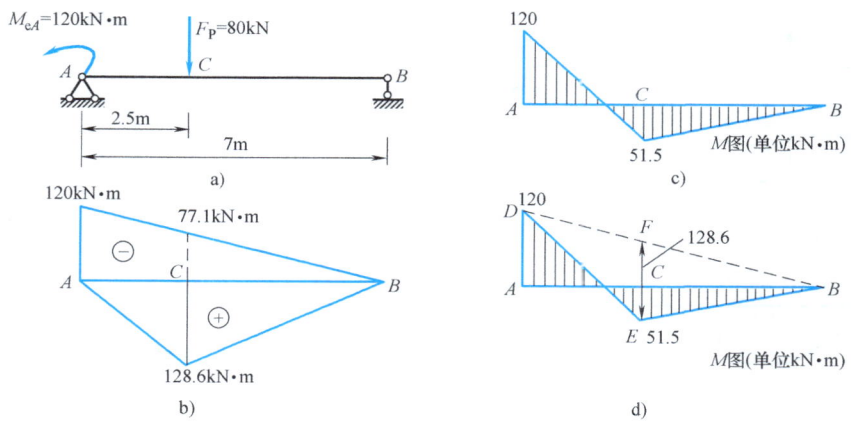

图 6-14 例 6-7 图

a）荷载叠加 b）两个荷载单独作用时的弯矩图 c）弯矩图 d）弯矩值叠加

$$M_{C2} = \frac{ab}{l}F_P = 128.6 \text{kN} \cdot \text{m}$$

3）同截面弯矩值相叠加，求其代数和。因为 AC、CB 段的弯矩图均是直线段，所以叠加后仍为直线段，故只需求 A、B、C 三个截面处的弯矩值：

$$M_{AB} = (-120+0)\text{kN} \cdot \text{m} = -120\text{kN} \cdot \text{m}$$

$$M_{BA} = 0$$

$$M_C = M_{C1} + M_{C2} = (-77.1+128.6)\text{kN} \cdot \text{m} = 51.5\text{kN} \cdot \text{m}$$

其中，M_{AB} 表示 AB 段在 A 端的弯矩，M_{BA} 表示 AB 段在 B 端的弯矩。按比例用直线连接 A、B、C 三处的弯矩值，即得到实际的弯矩图，如图 6-14c 所示。梁中的最大弯矩值为 $|M|_{max} = 120\text{kN} \cdot \text{m}$。

弯矩值叠加时，也可用如下方法：先绘出 M_{eA} 作用下的弯矩图 ADB，其中 DB 线用虚线表示（见图 6-14d）。在 DB 线上 F 点（C 截面处）向下量度 $FE = M_{C2} = 128.6\text{kN} \cdot \text{m}$，用直线连接 D、E、B 点，即得到实际弯矩图（见图 6-14d）。

6.3 纯弯曲时梁横截面上的正应力

发生平面弯曲的梁，其轴线变形后是一条在与荷载作用面重合或平行的平面上的平面曲线。这一节开始，将介绍各向同性材料制成的直梁在平面弯曲时，横截面上的应力及其强度计算，着重研究对称弯曲梁的情况。

梁在横向荷载作用下发生弯曲变形时，横截面上一般既有弯矩又有剪力（见图 6-15）。只有法向微内力才可能构成弯矩，只有切向微内力才可能构成剪力，因而横截面上将同时存在弯曲正应力和弯曲切应力，这种弯曲称为横力弯曲。若在某一梁段上，各横截面上的弯矩等于常量而剪力等于零，则该段的弯曲称为纯弯曲。图 6-15a 所示简支梁的 AC、DB 段发生横力弯曲，CD 段则发生纯弯曲。如图 6-16 所示悬臂梁，假设其横截面关于 y 轴对称，施加的弯矩与对称轴相垂直时，该梁也发生纯弯曲变形。

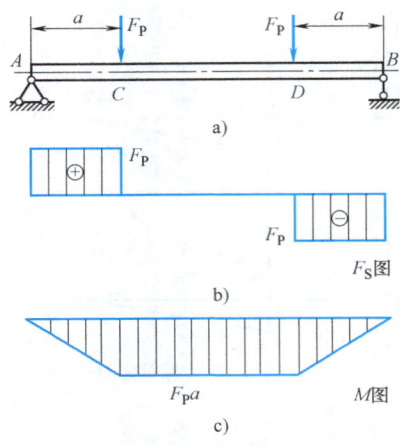
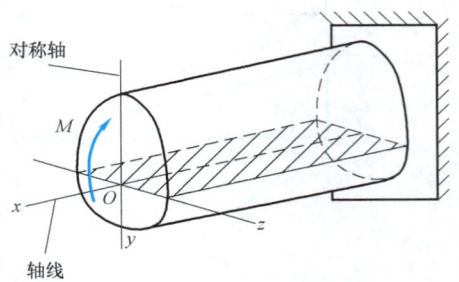

图 6-15 受横向荷载作用的简支梁
a) 受力图 b) 剪力图 c) 弯矩图

图 6-16 受弯矩作用的悬臂梁

6.3.1 直杆的纯弯曲变形

首先,利用强变形材料,如橡胶,制成一等截面直杆,进行弯曲变形试验,观察杆的变形特征。如图 6-17a 所示的弯曲前的杆,横截面为正方形,在杆的表面沿轴向和横向画有网格线。当施加弯矩时,杆发生对称弯曲变形,呈现如图 6-17b 所示的图形。从中可以看到,水平线变成了曲线,铅垂线依然与之相垂直,并保持为直线,只是转过了一个角度。

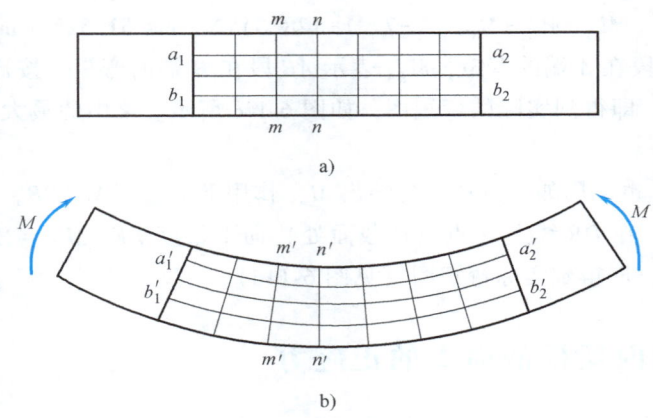

图 6-17 纯弯曲梁的变形
a) 变形前 b) 变形后

对于对称弯曲下的纯弯曲变形,可做出如下的平面假设和纵向材料之间无挤压的假设。

如果纯弯曲等截面直梁两端的外力分布与横截面上的内力分布相同,则沿轴线无限分割后的任一微段的变形均相同,且变形均对称于该微段的中间截面。若微段的两端截面不保持平面,则具有相同的凹凸性,但这必然要破坏整体的连续性。可见,为满足对称性和连续性的要求,变形前原为平面的横截面在变形后仍保持为平面,且仍垂直于变形后的轴线。这就是梁弯曲的平面假设。

梁变形后，在弯矩作用下，靠近梁凸出一侧的材料纵向伸长了，而靠近梁凹入一侧的材料纵向缩短了（见图6-17b）。由于纯弯曲梁段上没有横向力作用，可假设纵向材料之间没有挤压，可忽略横截面在自身平面内的变形，材料的纵向变形只是沿梁轴的单向拉伸或压缩变形。

由以上假设不难看出，纯弯曲梁的横截面上只有正应力而无切应力。

梁变形后，由于横截面仍保持为平面，所以沿截面高度，从材料的纵向伸长区到缩短区是连续变化的，中间必有一层材料的长度不变，这一层称为中性层（见图6-18）。中性层与横截面的交线称为中性轴。梁轴线位于中性层，其长度不发生变化；弯矩使梁变形时，会将该轴线变为曲线，位于纵向对称面上。位于中性层上、下两侧的材料，一侧伸长，另一侧缩短，这就形成横截面绕中性轴的轻微转动。在对称弯曲的情况下，梁的整体变形对称于梁的纵向对称面，因此

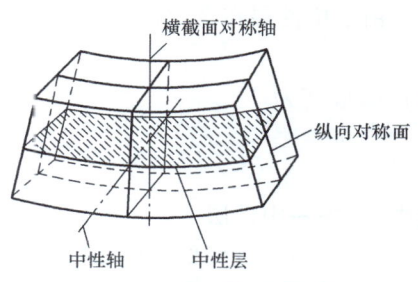

图6-18　纯弯曲梁的对称弯曲

中性轴必垂直于纵向对称面；在横截面上，中性轴必垂直于截面的纵向对称轴。

6.3.2　梁的弯曲正应力

为了确定横截面上的正应力，需采用类似于圆轴扭转应力分析的方法，即需综合考虑变形几何关系、物理关系和静力关系。

1. 由变形几何关系确定应变分布规律

为了考察弯曲变形如何使材料产生应变，从梁中取一个微段进行研究。该微段位于轴线方向 x 处，变形前和变形后的梁段分别如图6-19a、b所示。设横截面的对称轴为 y 轴（向下为正）；中性轴为 z 轴，位置待定；x 轴沿横截面的法线方向（见图6-19c）。

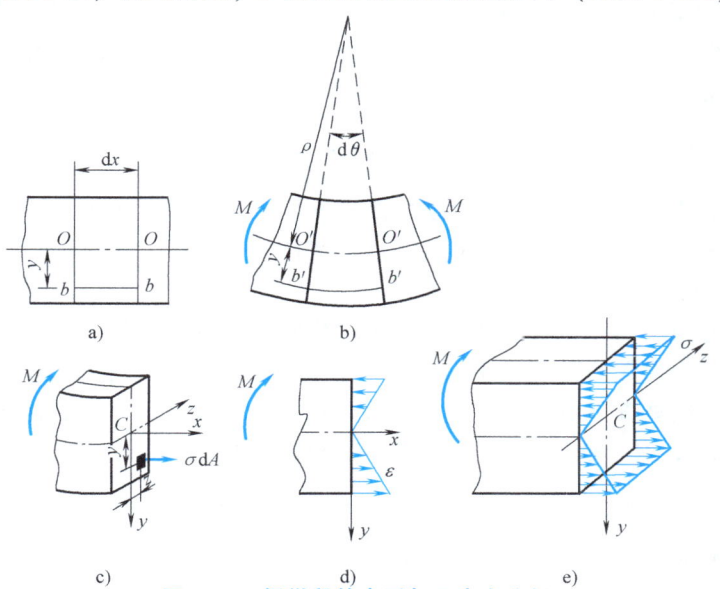

图6-19　梁微段的变形与正应力分析
a）变形前　b）变形后　c）坐标系　d）正应变分布　e）正应力分布

根据平面假设，变形前相距 dx 的两个横截面，变形后绕中性轴相对转动了 dθ 角，并仍保持为平面，这就使距中性层为 y 的材料 bb 的长度变为

$$b'b' = (\rho+y)d\theta \qquad (6\text{-}10)$$

式中　ρ——中性层的曲率半径。

由于中性层在变形前后的长度不变，故由图 6-19a、b 可知

$$bb = dx = OO = O'O' = \rho d\theta \qquad (6\text{-}11)$$

bb 的线应变为

$$\varepsilon = \frac{(\rho+y)d\theta - \rho d\theta}{\rho d\theta} = \frac{y}{\rho} \qquad (6\text{-}12)$$

式中　ε——中性层上方 y 距离处的正应变（量纲为 1）；

　　　y——求应变处到中性层的距离（m）；

　　　ρ——中性层的曲率半径（m）。

可见，纵向材料的线应变 ε 与其到中性层的距离 y 成正比，如图 6-19d 所示。这一正应变仅仅依赖于变形假设。当梁受到一个弯矩作用，可以合理地假设该弯矩只产生沿轴线或 x 方向的正应力，而其他的正应力与切应力均为零，这是因为梁的表面是自由表面，没有受到其他荷载作用，处于单向应力状态，使得材料产生轴向正应变分量 ε_x，由式（6-12）给出。而且，可以用泊松比表示相关的另两个应变分量 $\varepsilon_y = -\nu\varepsilon_x$、$\varepsilon_z = -\nu\varepsilon_x$，这会使得横截面产生变形，而在此之前忽略了这些变形。但是，这些变形会使横截面的大小发生变化，在中性轴下方部分将变小，而中性轴上方部分将变大。举例说明，当梁的横截面为正方形，变形后它将变成如图 6-20 所示的图形。

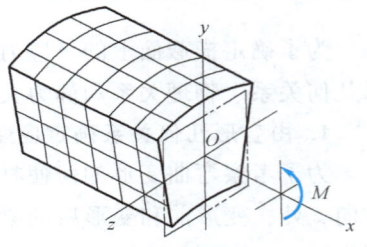

图 6-20　横截面的变形

2. 由物理关系确定应力分布规律

由于材料的纵向变形都是沿梁轴的单向拉伸或压缩变形的，因此，当应力小于比例极限时，由单向应力状态的胡克定律，有

$$\sigma = E\varepsilon = E\frac{y}{\rho} \qquad (6\text{-}13)$$

这表明，纵向材料的正应力与其到中性层的距离 y 成正比，即横截面上任一点的正应力与其到中性轴的距离成正比，正应力沿横截面高度按线性规律变化，如图 6-19e 所示。

3. 由静力关系确定正应力表达式

要确定正应力的大小，还需先确定中性轴的位置及中性层的曲率半径。

将横截面划分为无数的微面积 dA，在任一微面积 dA 上的微内力是 σdA，如图 6-19c 所示。这些微内力构成垂直于横截面的空间平行力系。这一内力系可能组成三个内力分量：平行于 x 轴的轴力 F_N，对 y 轴和 z 轴的力偶矩 M_y 和 M_z。它们分别为

$$F_N = \int_A \sigma dA, \qquad M_y = \int_A z\sigma dA, \qquad M_z = \int_A y\sigma dA \qquad (6\text{-}14)$$

由于纯弯曲时横截面上只有弯矩 M，于是有

$$F_N = \int_A \sigma dA = 0 \qquad (6\text{-}15)$$

$$M_y = \int_A z\sigma dA = 0 \tag{6-16}$$

$$M_z = \int_A y\sigma dA = M \tag{6-17}$$

将式（6-13）代入式（6-15），得

$$\int_A \sigma dA = \frac{E}{\rho}\int_A y dA = 0 \tag{6-18}$$

式中，$\frac{E}{\rho}$ 不等于零，因此必有 $\int_A y dA = S_z = 0$，即横截面对 z 轴的静矩 S_z 等于零，这表明，中性轴 z 必定通过截面形心。这就完全确定了中性轴的位置，同时也确定了 x 轴通过截面形心且垂直于截面，与变形前的梁轴重合。由于中性轴通过截面形心又包含在中性层内，所以梁截面的形心连线（轴线）也在中性层内，变形后轴线的长度不变。

将式（6-13）代入式（6-16），得

$$\int_A z\sigma dA = \frac{E}{\rho}\int_A yz dA = 0 \tag{6-19}$$

式中，$\int_A yz dA = I_{yz}$ 是横截面对 y 轴、z 轴的惯性积，由于 y 轴是横截面的对称轴，必有 $I_{yz} = 0$，所以式（6-19）自然满足。

将式（6-13）代入式（6-17），得

$$\int_A y\sigma dA = \frac{E}{\rho}\int_A y^2 dA = M \tag{6-20}$$

式中，$\int_A y^2 dA = I_z$，是横截面对中性轴 z 的惯性矩，于是式（6-20）可以改写为

$$\frac{1}{\rho} = \frac{M}{EI_z} \tag{6-21}$$

式中，$\frac{1}{\rho}$ 是梁轴线变形后的曲率。式（6-21）表明，EI_z 越大，则曲率 $\frac{1}{\rho}$ 越小，即弯曲变形越小，故 EI_z 称为梁的弯曲刚度。将式（6-21）代入式（6-13），可得

$$\sigma = \frac{My}{I_z} \tag{6-22}$$

梁的弯曲正应力

式中　σ——到中性轴距离 y 处的正应力（Pa）；

　　　M——截面弯矩（N·m）；

　　　y——到中性轴的距离（m）；

　　　I_z——横截面对中性轴 z 的惯性矩（m^4）。

式（6-22）即为纯弯曲梁的正应力计算公式，可以用来计算当横截面具有对称轴的直杆受到垂直于该对称轴的力偶作用时横截面上的正应力。该公式表明了正应力沿横截面高度按线性规律变化，在中性轴处的正应力等于零，距中性轴越远处的正应力数值最大，在截面的上、下边缘处达到拉应力或压应力的最大值。

将弯矩 M、坐标 y 按规定的正负号代入式（6-22），计算所得的 σ 为正值时，是拉应力；反之，是压应力。但在应用式（6-22）时，通常取 M、y 的绝对值代入，应力是拉或是压，直接由弯曲变形判定：以中性轴为界，梁凸出的一侧受拉，凹入的一侧受压。

以上讨论中，为了方便，将梁横截面表示为矩形，但在推导中并未用到矩形的几何特性，所以式（6-21）和式（6-22）适用于梁有纵向对称面，且荷载作用于这一平面内的对称弯曲所有情况。还有，在上面分析中，假定杆件是等截面的，但是在大多数结构设计中，即使杆件有轻微的锥度，也可以用上述公式计算正应力。例如，对一个矩形截面、锥度为15%的杆件，基于弹性理论的数学分析，其实际的最大正应力会比用弯曲正应力公式计算的值仅仅小约 5.4%。此外，由于加载方式的不同，梁两端局部受力区域的应力和变形会有很大差异，但是，根据圣维南原理，在离局部加载区域稍远处，受其加载方式的影响很小，一般可忽略不计。

通过以上对弯曲正应力公式的推导，可以得到以下几个重要结论：

1）当梁发生弯曲变形时，横截面依然保持为平面，使得梁的一侧受拉应力作用，另一侧受压应力作用，中性轴处应力为零。

2）在变形时，轴向应变由在中性轴处等于零线性变化到两外缘为最大值；对于各向同性材料，根据胡克定律，在横截面上应力也是线性变化的。

3）对于线弹性材料，中性轴通过横截面的形心，这是由横截面上轴力为零推断出来的。

4）弯曲正应力公式是由横截面上线性分布的正应力对中性轴的力矩等于弯矩推导出来的。

在对纯弯曲梁进行弯曲正应力分析时，建议按以下步骤运用弯曲正应力公式计算：

1）弯矩。确定需分析弯曲正应力的点所在的截面，计算该截面所受弯矩。横截面的形心或中性轴必须是已知的，因为弯矩 M 要围绕这根轴进行计算。作出梁的弯矩图以确定最大弯矩值，并用以计算弯曲应力的最大值。

2）截面性质。计算横截面面积关于中性轴的惯性矩。本书的附录 A 介绍了惯性矩的计算方法，并在表 A-1 中给出了一些常用截面的惯性矩 I_z 值。

3）正应力。给定到中性轴的垂直距离 y，应用公式 $\sigma = \dfrac{M}{I_z} y$ 计算该点的正应力；如果要计算最大弯曲正应力，可应用公式 $\sigma_{max} = \dfrac{M y_{max}}{I_z}$。代入数值时，一定要保证单位一致性。

■ 6.4 横力弯曲时梁横截面上的应力

6.4.1 横力弯曲时梁横截面上的正应力

在横力弯曲的情况下，梁横截面的内力既有弯矩又有剪力，这时横截面上不但有正应力还有切应力。由于切应力的存在，横截面将发生翘曲而不再保持为平面。同时，横力弯曲下，往往也不能保证纵向材料之间没有相互挤压。因此，纯弯曲梁正应力公式推导所采用的两个假设并不完全成立。但是，弹性力学较精确的分析结果表明，对于跨度与横截面高度之比（即跨高比）大于 5 的细长梁，用式（6-22）计算横力弯曲时的正应力，并不会引起很大的误差，可以满足工程问题所需要的精度。

横力弯曲时，弯矩随截面位置变化，对于非等直梁或截面不对称于中性轴的情况，最大正应力并不一定发生在最大弯矩值的截面上,需要综合考虑弯矩和截面形状。对于等直梁,当中性轴是横截面的对称轴时,最大正应力发生在弯矩值最大的截面的上、下边缘处。此时,由式(6-22),有

$$\sigma_{\max} = \frac{|M|_{\max} y_{\max}}{I_z} \tag{6-23}$$

记

$$W_z = \frac{I_z}{y_{\max}} \tag{6-24}$$

则式(6-23)改写为

$$\sigma_{\max} = \frac{|M|_{\max}}{W_z} \tag{6-25}$$

式中 $\sigma_{\max}$——等直梁的最大弯曲正应力(Pa);

$|M|_{\max}$——梁的最大弯矩绝对值(N·m);

W_z——弯曲截面系数(m^3),它与截面的几何形状和尺寸有关。

按式(6-24)的定义,图6-21a所示矩形截面的弯曲截面系数为

$$W_z = \frac{bh^3}{12} \bigg/ \frac{h}{2} = \frac{bh^2}{6} \tag{6-26}$$

圆形截面(见图6-21b)和空心圆截面(见图6-21c)的弯曲截面系数分别为

$$W_z = \frac{\pi D^4}{64} \bigg/ \frac{D}{2} = \frac{\pi D^3}{32} \tag{6-27}$$

$$W_z = \frac{\pi D^4}{64}(1-\alpha^4) \bigg/ \frac{D}{2} = \frac{\pi D^3}{32}(1-\alpha^4) \tag{6-28}$$

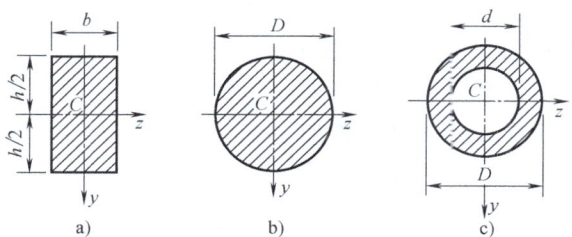

图 6-21 常用横截面

a) 矩形截面 b) 圆形截面 c) 空心圆截面

各种型钢截面的弯曲截面系数,可从附录B中查得。

【例 6-8】 如图6-22a所示的简支梁,由56a号工字钢制成,其横截面简化后的尺寸如图6-22b所示。当梁受到均布荷载 $q = 20\text{kN/m}$ 作用时,试求梁危险截面上的最大正应力 $\sigma_{\max}$ 和同一截面上翼缘与腹板交界处 a 点的正应力 σ_a。

解:(1)弯矩图 作梁的弯矩图,如图6-22c所示。其中最大弯矩发生在跨中,$M_{\max} = 90\text{kN·m}$。

(2)最大正应力 由附录B.1查得,56a号工字钢截面的 $I_z = 65600 \times 10^4 \text{mm}^4$ 和 $W_z = 2340 \times 10^3 \text{mm}^3$。由式(6-25)可求得危险截面上的最大正应力 $\sigma_{\max}$ 为

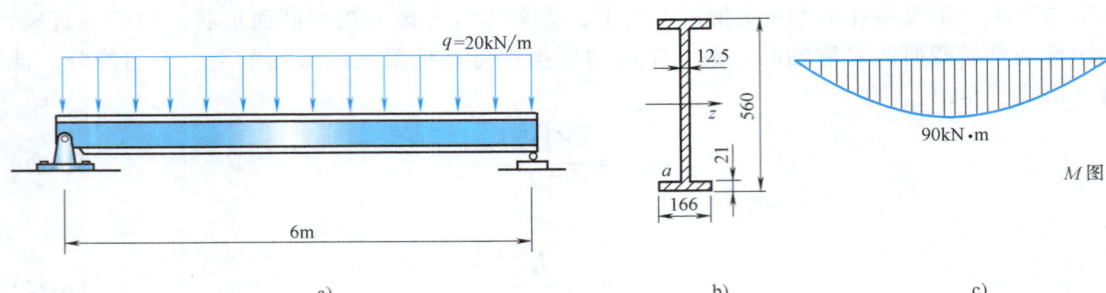

图 6-22 例 6-8 图
a) 受均布荷载作用简支梁 b) 工字形横截面 c) 弯矩图

$$\sigma_{\max} = \frac{M_{\max}}{W_z} = \left(\frac{90 \times 10^3}{2340 \times 10^{-6}}\right) \text{Pa} = 38.5 \text{MPa}$$

(3) 危险截面上点 a 处的正应力 点 a 到中性轴的距离为

$$y_a = \left(\frac{0.56}{2} - 0.021\right) \text{m} = 0.259 \text{m}$$

利用式 (6-22)，代入 $M_{\max}$、I_z 和 y_a，得

$$\sigma_a = \frac{M_{\max} y_a}{I_z} = \left(\frac{90 \times 10^3 \times 0.259}{65600 \times 10^{-8}}\right) \text{Pa} = 35.5 \text{MPa}$$

直梁横截面上的正应力与中性轴的距离成正比，因此，当求得横截面上的最大正应力 $\sigma_{\max}$ 后，可按比例关系求同一截面上的 σ_a。

6.4.2 梁的弯曲切应力

梁在受到横向集中荷载或分布荷载作用时，横截面上通常会有剪力和弯矩两种内力。剪力 F_S 是作用在横截面上横向切应力分布的结果，如图 6-23 所示。下面介绍梁在对称弯曲时的弯曲切应力。由切应力的互等性，轴向平面上也会作用有轴向切应力。例如，从梁的横截面上取出一单元体，其在横向与轴向都受到切应力作用。

在建立弯曲正应力公式的时候，假设梁在变形后横截面依然保持为平面，且垂直于轴线。虽然在梁同时受到弯矩和剪力作用时，这一假设并不成立，但是只要横截面的翘曲程度足够小，就可忽略不计。此时也可以做此假设，而且对于大多数细长梁（梁高远小于跨度）这一假设是成立的。

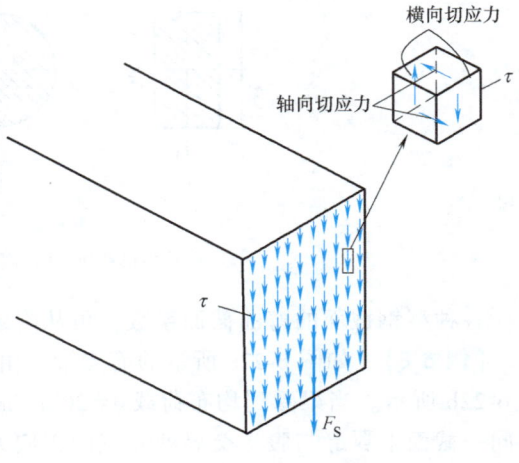

图 6-23 剪力与切应力

前面章节，基于忽略横截面变形，由应变分布分析推导了轴向荷载、弯矩和弯曲应力公式，但是，在受到横向剪力作用时，切应变沿横截面高度方向分布的数学表达式并不能轻易地得到。例如，对于矩形截面梁，横截面上

的切应变分布并不是均匀或线性的。因此，接下来对切应力的分析会用到与前述不同的方法，会用一种非直接的方式推导切应力公式，即利用弯曲正应力公式及弯矩与剪力的关系。

为了分析梁横截面上的切应力的分布与截面上剪力的关系，要用到轴向应力的分析和式（6-6），即 $F_S(x) = \dfrac{dM}{dx}$。从图 6-24a 所示梁结构中截取一小段（见图 6-24b），考虑其水平方向的受力平衡，发现水平方向只有弯曲正应力分布，如图 6-24c 所示。这是由于弯矩 M 和 $M+dM$ 引起的正应力分布，排除了 F_S、F_S+dF_S 和 $q(x)$ 在自由单元体中的影响，因为这些力沿着竖直方向，就不会在水平方向有投影。如图 6-24c 所示的单元满足 $\sum F_x = 0$，因为在单元每一面的应力分布表达式仅有一对弯矩，因此合力主矢为零。

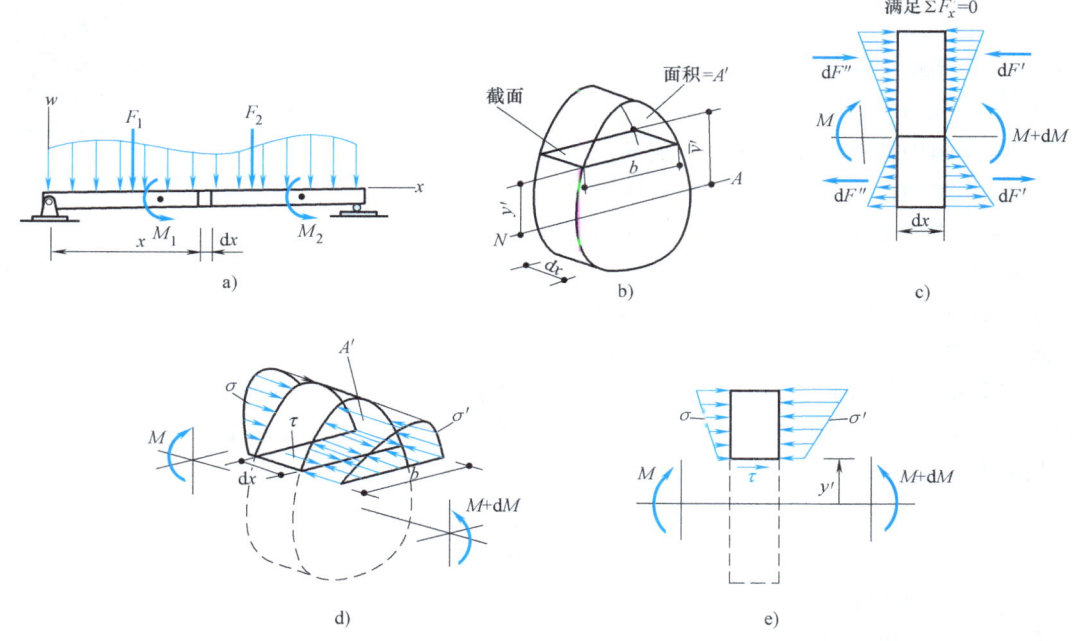

图 6-24 横力弯曲时梁横截面的切应力分析

a）横力弯曲梁 b）微段 c）微段的轴向受力与应力分布 d）y' 微段的轴向受力与应力分布（三维视图）
e）y' 微段的轴向受力与应力分布（侧视图）

现在考虑如图 6-24b 所示的距中性轴 y' 距离的阴影部分面积，这一部分的截面宽度为 b，横截面侧的面积为 A'。因为单元两侧的弯矩之差为 dM，从图 6-24d 可知，$\sum F_x = 0$ 并不成立，除非有轴向的切应力 τ 作用于这一部分的底截面。在接下来的分析中，假设切应力在底截面的宽度 b 方向大小保持不变。切应力的作用面面积为 bdx，利用水平方向的受力平衡方程和正应力公式（6-22），有

$$\int_{A'} \sigma' dA - \int_{A'} \sigma dA - \tau(bdx) = 0 \tag{6-29}$$

$$\int_{A'} \left(\frac{M+dM}{I_z}\right) y dA - \int_{A'} \frac{M}{I_z} y dA - \tau(bdx) = 0 \tag{6-30}$$

$$\frac{\mathrm{d}M}{I_z}\int_{A'}y\mathrm{d}A = \tau(b\mathrm{d}x) \tag{6-31}$$

可以解得

$$\tau = \frac{\mathrm{d}M}{\mathrm{d}x}\frac{\int_{A'}y\mathrm{d}A}{bI_z} \tag{6-32}$$

式中的积分代表面积 A' 对中性轴的静矩，可记为 S_z^*，再利用 $F_S = \frac{\mathrm{d}M}{\mathrm{d}x}$，切应力的公式可以写为

$$\tau = \frac{F_S S_z^*}{bI_z} \tag{6-33}$$

式中　τ——到距中性轴 y' 处的切应力（Pa）；

　　　F_S——截面的剪力（N），可利用截面法求解；

　　　S_z^*——距中性轴为 y' 的横线一侧的部分截面对中性轴的静距（m³）；

　　　I_z——横截面面积对中性轴的惯性矩（m⁴）；

　　　b——横截面上所求切应力点所在的宽度（m）。

梁的弯曲切应力

上述切应力公式，虽然是作用在梁轴向平面内的切应力，但也是梁横截面上的切应力，因为轴向切应力与横向切应力是完全相同的。

式（6-33）是由弯曲正应力公式间接推导出来的，它也必须适用于材料处于线弹性范围，且在受拉和受压时有相同的弹性模量。对于复合材料梁，其横截面由不同材料组成，切应力也可以由切应力公式求得；对于等直梁，最大切应力 $\tau_{\max}$ 发生在最大剪力 $F_{S,\max}$ 所在的横截面上，由式（6-33）可知，梁横截面上最大切应力 $\tau_{\max}$ 可表示为

$$\tau_{\max} = \frac{F_{S,\max}S_{z,\max}^*}{bI_z} \tag{6-34}$$

式中　$\tau_{\max}$——梁横截面上的最大切应力（Pa）；

　　　$F_{S,\max}$——梁的最大剪力（N）；

　　　$S_{z,\max}^*$——横截面上中性轴一侧面积对中性轴的静矩（m³）。

接下来分析一些常用横截面类型的切应力分布情况，并给出切应力公式数值应用的算例。

1. 矩形截面

考虑图 6-25a 所示具有矩形截面的梁，截面宽度和高度分别为 b、h。切应力在横截面上的分布，可以通过计算距中性轴任意高度 y 处的切应力大小得到，如图 6-25b 所示。这里要用到阴影部分面积 A'，它对中性轴的静矩为

$$S_z^* = \bar{y}'A' = \left[y + \frac{1}{2}\left(\frac{h}{2}-y\right)\right]\left(\frac{h}{2}-y\right)b = \frac{1}{2}\left(\frac{h^2}{4}-y^2\right)b \tag{6-35}$$

代入式（6-33），得

$$\tau = \frac{F_S S_z^*}{bI_z} = \frac{6F_S}{bh^3}\left(\frac{h^2}{4}-y^2\right) \tag{6-36}$$

第6章 平面弯曲杆件的应力与强度计算

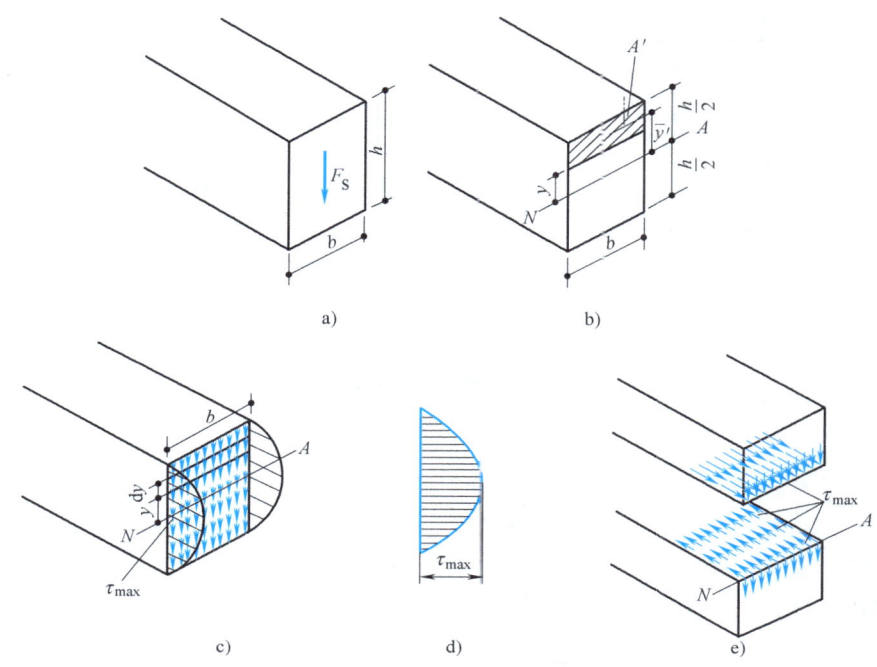

图 6-25 矩形截面的切应力

a) 横截面上的剪力 b) 横截面 y、y' 位置 c) 切应力分布（三维视图） d) 切应力大小示意图 e) 纵剖面的切应力

根据式（6-36），横截面上的切应力分布如图 5-25c、d 所示。这意味着，切应力在横截面上的大小分布是一抛物线。在图 6-25d 中，切应力在上、下边缘等于零，此时 $y=\pm\dfrac{h}{2}$；而在中性轴处取得最大值，此时 $y=0$。因为横截面的面积为 $A=bh$，当 $y=0$ 时，由式（6-36）有

$$\tau_{max} = 1.5\dfrac{F_S}{A} \tag{6-37}$$

式中　τ_{max}——横截面上的最大切应力（Pa）；

F_S——横截面上的剪力（N）；

A——横截面面积（m^2）。

令 $\tau_{avg}=\dfrac{F_S}{A}$，表示横截面的平均切应力，则 τ_{max} 比 τ_{avg} 大 50%。

2. 工字形截面

工字形截面由两块翼板和一块腹板组成，如图 6-26a 所示。由于腹板是狭长的矩形，仍可应用式（6-33）计算腹板中距中性轴为 y 处的弯曲切应力，其中 b 为腹板的宽度，$S_z^*(y)$ 为距中性轴为 y 的横线一侧部分截面对中性轴 z 的静矩。由图 6-26a 可以看出，y 处横线以下的截面对中性轴 z 的静矩为

$$S_z^*(y) = \dfrac{B}{8}(H^2-h^2) + \dfrac{b}{2}\left(\dfrac{h^2}{4}-y^2\right) \tag{6-38}$$

代入式（6-33），可以得到腹板上 y 处的弯曲切应力为

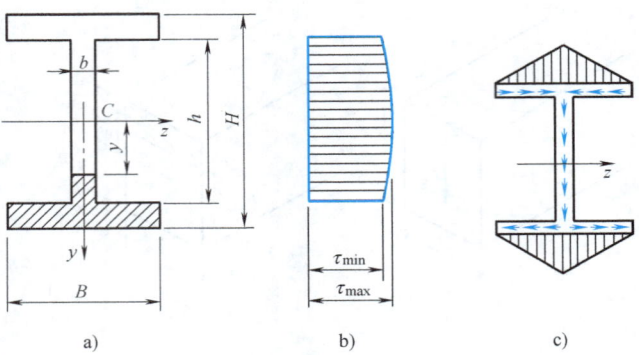

图 6-26 工字形截面的切应力
a) 工字形截面 b) 腹板切应力分布 c) 横截面切应力流

$$\tau(y) = \frac{F_S S_z^*(y)}{bI_z} = \frac{F_S}{8bI_z}[B(H^2-h^2)+b(h^2-4y^2)] \tag{6-39}$$

式 (6-39) 表明，腹板上的弯曲切应力沿腹板高度呈抛物线分布（见图 6-26b），最大切应力发生在中性轴（$y=0$）处，其值为

$$\tau_{max} = \frac{F_S S_{zmax}^*}{bI_z} = \frac{F_S}{8bI_z}[BH^2-h^2(B-b)] \tag{6-40}$$

腹板的最小切应力发生在腹板与翼板交界处（$y=\pm h/2$），其值为

$$\tau_{min} = \frac{F_S}{8bI_z}(BH^2-Bh^2) \tag{6-41}$$

比较式 (6-40) 和式 (6-41) 可知，当腹板宽度 b 远小于翼板宽度 B 时，最大和最小切应力的差值很小，腹板上的切应力可近似看成是均匀分布的。特别指出，切应力在腹板上的变化很小，且在翼板与腹板相接处发生突变，因为横截面的厚度在这一点发生了改变，或者说，因为切应力公式中 b 发生了变化。比较可知，腹板承受的剪力要比翼板大很多，占整个截面剪力的 95%~97%。因此，在工程中常用以下的近似公式计算工字形截面腹板上的弯曲切应力：

$$\tau = \frac{F_S}{bh} \tag{6-42}$$

式中 τ——工字形截面腹板上的弯曲切应力（Pa）；

F_S——横截面上的剪力（N）；

b——腹板的宽度（m）；

h——腹板的高度（m）。

注意，式 (6-42) 为近似公式，其计算误差随着工字形截面各尺寸情况的不同而不同。本书编者对此问题进行了详细研究，读者可参看参考文献 [27]。

而对于轧制工字钢的梁，则通过附录 B 查得 I_z，算出 S_{zmax}^*，由下式计算其最大弯曲切应力：

$$\tau_{max} = \frac{F_S}{b(I_z/S_{zmax}^*)} \tag{6-43}$$

对于翼板而言，由于翼板上下表面无切应力，而翼板又很薄，平行于 y 轴的切应力分量是次要的，主要是与翼板长边平行的切应力分量（见图 6-26c）。后者也可按照矩形截面分析的方法求得，其计算公式为（推导略）

$$\tau_z = \frac{F_S(h+\delta)}{2I_z}\eta \tag{6-44}$$

可见，翼板上水平方向的切应力 τ_z 沿坐标 η 是线性分布的。用同样的方法，可求得翼板其余各部分的水平切应力。但比较式（6-42）和式（6-44）可知，翼板上最大切应力值远小于腹板上的切应力，一般情况下不必计算。

从图 6-26c 可知，整个工字形截面上的弯曲切应力如同水流一样，从上翼缘两端流入，进入腹板上端合二为一，在腹板下端分成两股，经下翼缘流出。这种现象称为"切应力流"。所有开口薄壁截面（如工字形、T形、槽形、角钢等）梁，其横截面上的弯曲切应力方向均符合形成"切应力流"这一规律。

3. 圆形截面

根据切应力互等定理，横截面周边上的切应力必定与周边相切。因此，对于圆形截面上的弯曲切应力分布（见图 6-27a），可做如下假设：

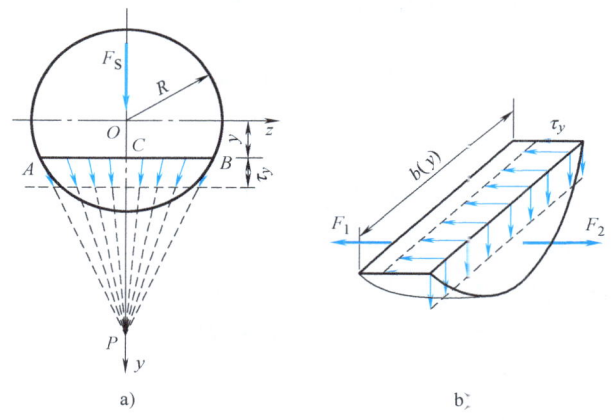

图 6-27 圆形截面的切应力

a）圆形截面　b）y 位置的轴力与切应力

1）距离中心轴为 y 的 AB 弦上各点的切应力方向必汇交于 A、B 处的切线 PA、PB 的交点 P 上。

2）AB 弦上各点切应力沿 y 方向的分量 τ_y 相等。

圆形截面上各点切应力的竖直分量 τ_y 的总和等于该截面的剪力 F_S。切应力分量 τ_y 的表达式为（推导略，参见图 6-27b）

$$\tau_y = \frac{F_S S_z^*(y)}{b(y)I_z} \tag{6-45}$$

式中　$S_z^*(y)$——AB 弦以下部分截面对中性轴 z 的静矩（m³）；

$b(y)$——AB 弦的长度（m）。

由于在中性轴的两端及中点处的切应力方向平行于剪力 F_S 或 z 轴，因此中性轴上各点的切应力均平行于剪力 F_S 并沿中性轴均匀分布。最大弯曲切应力 τ_{max} 发生在中性轴上。将 $b(0)=D$，$I_z = \pi D^4/64$ 及 $S_{zmax}^* = S_z^*(0) = \left(\dfrac{1}{2}\dfrac{\pi D^2}{4}\right)\left(\dfrac{2D}{3\pi}\right)$ 代入式（6-45），得

$$\tau_{max} = \dfrac{F_S S_{zmax}^*}{DI_z} = \dfrac{4}{3}\dfrac{F_S}{\pi D^2/4} = \dfrac{4}{3}\dfrac{F_S}{A} \tag{6-46}$$

式（6-46）表明，圆形截面梁横截面上最大弯曲切应力 τ_{max} 是截面上平均应力的 $4/3$ 倍。

4．薄壁环形截面

设薄壁环形截面的壁厚为 δ，平均半径为 R_0（见图 6-28）。由于壁厚很小，可以认为其弯曲切应力沿壁厚均匀分布，且必定与周边相切。最大弯曲切应力 τ_{max} 也发生在中性轴上，其值为（推导略）：

$$\tau_{max} = \dfrac{F_S S_{zmax}^*}{(2\delta) I_z} \approx \dfrac{F_S(2R_0^2\delta)}{(2\delta)\pi R_0^3 \delta} = 2\dfrac{F_S}{2\pi R_0 \delta} \tag{6-47}$$

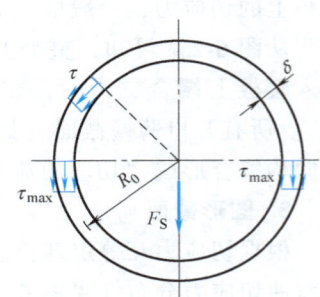

图 6-28 薄壁环形截面的切应力

即，薄壁环形截面上最大弯曲切应力 τ_{max} 是截面上平均应力的 2 倍。

由式（6-37）、式（6-42）、式（6-46）和式（6-47）可知，以上几种常见截面的最大弯曲切应力可用下式统一表达：

$$\tau_{max} = \dfrac{F_S S_{zmax}^*}{b I_z} = \kappa \dfrac{F_S}{A} \tag{6-48}$$

式中 τ_{max}——横截面上的最大切应力（Pa）；

S_{zmax}^*——中性轴一侧的横截面对中性轴 z 的静矩（m^3）；

κ——截面系数，矩形截面：$\kappa=3/2$；圆形截面：$\kappa=4/3$；工字形截面：$\kappa=1$；薄壁环形截面：$\kappa=2$；

A——横截面面积（m^2）。

在对横力弯曲梁进行弯曲正应力和切应力计算时，建议按以下步骤进行分析：

1）弯矩和剪力。确定需分析弯曲正应力和切应力的点所在的截面，计算该截面所受弯矩和剪力。作出梁的弯矩图、剪力图以确定最大弯矩值和最大剪力值，并用以计算弯曲应力的最大值。

2）截面性质。确定截面中性轴的位置，计算横截面面积关于中性轴的惯性矩，过欲求切应力的点画一个水平区域，确定其宽度，计算该区域以上或以下面积对中性轴的静矩。

3）弯曲正应力。给定到中性轴的垂直距离 y，应用弯曲正应力公式计算该点的正应力 σ，并可计算最大弯曲正应力。

4）弯曲切应力。应用弯曲切应力公式计算该点的切应力 τ，并可计算最大弯曲切应力。

【例 6-9】 如图 6-29 所示的矩形截面细长悬臂梁，已知截面为 $b \times h$，梁跨度为 l，在自由端承受集中荷载 F_P 的作用。试求梁的最大弯曲正应力和最大弯曲切应力，以及两者的比值。

解：梁的最大弯矩发生在固定端 A 截面上，最大剪力发生在梁的各横截面上，其值为

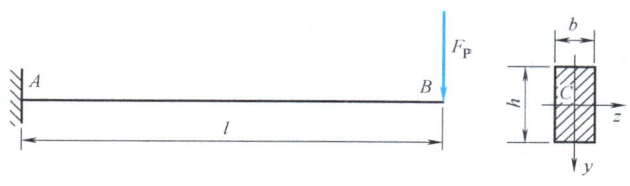

图 6-29 例 6-9 图

$$M_{\max} = M_A = F_P l$$
$$|F_S|_{\max} = F_P$$

梁的最大弯曲正应力和最大弯曲切应力分别发生在最大弯矩和最大剪力的截面上，由式（6-25）和式（6-37）得

$$\sigma_{\max} = \frac{M_A}{W_z} = \frac{F_P l}{\dfrac{bh^2}{6}} = \frac{6F_P l}{bh^2}$$

$$\tau_{\max} = \frac{3}{2} \frac{|F_S|_{\max}}{bh} = \frac{3F_P}{2bh}$$

于是，该梁的最大弯曲正应力与最大弯曲切应力的比值是

$$\frac{\sigma_{\max}}{\tau_{\max}} = \frac{6F_P l}{bh^2} \bigg/ \frac{3F_P}{2bh} = 4\left(\frac{l}{h}\right)$$

由此可见，当梁的跨度 l 远大于截面高度 h 时，梁的最大弯曲正应力远大于最大弯曲切应力。若将本例中梁的横截面改为直径为 D 的圆形截面，梁的最大弯曲正应力与最大弯曲切应力的比值变为 $6\left(\dfrac{l}{D}\right)$；若本例中悬臂梁承受的是均布荷载，则矩形截面和圆形截面对应的上述两个应力的比值分别是 $2\left(\dfrac{l}{h}\right)$ 和 $3\left(\dfrac{l}{D}\right)$。对于细长梁，由于跨高比 $\dfrac{l}{h} > 5$，因而弯曲正应力是主要的。对于简支梁，这一结论依然成立，读者可以自行证明。

6.5　梁的强度计算

6.5.1　梁的危险截面与危险点

梁的三类危险点

一般情况下，梁的各个横截面上的剪力和弯矩是不相等的，有可能在一个或几个横截面上出现弯矩最大值或剪力最大值；也可能在同一横截面上，剪力和弯矩虽然都不是最大值，但数值都较大，这些截面都是可能的危险截面。

除了根据剪力和弯矩的大小判断可能危险截面外，有时还要根据截面的形状和尺寸及材料的力学性能等方面综合考虑。如果结构存在正弯矩和负弯矩，且材料的抗拉性能与抗压性能不同，则正弯矩最大和负弯矩最大的截面都是危险截面。

大多数情形下，横截面上既有正应力又有切应力，而且两者都是非均匀分布的。于是，在梁内可能存在三类危险点：第一类危险点是正应力最大的点，这些点位于危险截面的上、下边缘，此处切应力为零，这一类危险点可视为单向应力状态；第二类危险点是切应力最大的点，对于常见的实心截面，这些点位于危险截面的中性轴处，此处正应力为零，这一类危险点处于纯剪切应力状态；第三类危险点是正应力和切应力都比较大的点，这些点一般位于剪力和弯矩都比较大的截面上，例如工字形截面和T形截面的翼缘与腹板交界处，这一类危险点处于一般平面应力状态。

6.5.2 梁的弯曲强度条件

1. 弯曲正应力强度条件

最大弯曲拉应力和最大弯曲压应力发生在危险截面的上边缘或下边缘处，而该处各点的切应力为零或很小，因而可看成处于单向应力状态。所以弯曲正应力强度条件为：梁内的最大拉应力 σ_{tmax} 和最大压应力 σ_{cmax} 均不超过各自的弯曲许用正应力 $[\sigma_t]$ 和 $[\sigma_c]$，即

$$\sigma_{tmax} \leqslant [\sigma_t] \tag{6-49}$$

$$\sigma_{cmax} \leqslant [\sigma_c] \tag{6-50}$$

当 $[\sigma_t]=[\sigma_c]=[\sigma]$ 时，式（6-49）和式（6-50）可表示为

$$\sigma_{max} = \left(\frac{|M|}{W_z}\right)_{max} \leqslant [\sigma] \tag{6-51}$$

对于横截面对称于中性轴的等直梁，弯曲正应力强度条件可改写为

$$\sigma_{max} = \frac{|M|_{max}}{W_z} \leqslant [\sigma] \tag{6-52}$$

式中 σ_{max}——梁上的最大弯曲正应力（Pa）；

$|M|_{max}$——梁的最大弯矩（N·m）；

W_z——弯曲截面系数（m^3）；

$[\sigma]$——材料的许用应力（Pa）。

工程上规定，弯曲许用正应力略高于拉伸许用应力。对于塑性材料，弯曲许用正应力一般取为拉伸许用应力的 1.2 倍。

2. 弯曲切应力强度条件

对于前面所提到的几种常见截面梁，最大弯曲切应力发生在危险截面的中性轴上各点处，这些点的弯曲正应力为零，因此，发生最大弯曲切应力的点处于纯剪切应力状态，相应的强度条件为：梁横截面上的最大弯曲切应力不超过材料的纯剪切应力状态时的许用应力 $[\tau]$，即

$$\tau_{max} \leqslant [\tau] \tag{6-53}$$

若代入式（6-34），可得几种常见截面梁的弯曲切应力强度条件：

$$\tau_{max} = \left(\frac{|F_S|S_{zmax}^*}{bI_z}\right)_{max} \leqslant [\tau] \tag{6-54}$$

对于等直梁，式（6-54）又可表示为

$$\tau_{max} = \frac{|F_S|_{max} S_{zmax}^*}{bI_z} \leqslant [\tau] \tag{6-55}$$

3. 第三类危险点的强度条件

第三类危险点上既有正应力又有切应力，其强度计算需选择适当的强度理论。关于强度

理论的详细讨论将在第 8 章进行。若为塑性材料，通常采用最大切应力理论或形状改变能密度理论，其强度条件分别为

$$\sqrt{\sigma^2+4\tau^2} \leqslant [\sigma] \tag{6-56}$$

$$\sqrt{\sigma^2+3\tau^2} \leqslant [\sigma] \tag{6-57}$$

式中 $[\sigma] = \sigma_s/n_s$。

6.5.3 梁的弯曲强度计算

对于实心截面细长梁，在一般受力形式下，梁内的最大弯曲正应力远大于弯曲切应力，多数情形下，只要保证最大正应力处具有足够的强度，就可以保证第二类和第三类危险点有足够的强度，因而通常只需要按弯曲正应力强度条件进行分析。但对于弯矩较小而剪力较大的梁（如短而粗的梁、集中荷载作用在支座附近的梁等）及薄壁截面梁，则不仅要考虑弯曲正应力强度，还应考虑第二类和第三类危险点的强度。

梁的强度计算，包括强度校核、截面设计和承载力计算等问题。

【例 6-10】 如图 6-30a 所示的某钢制阶梯圆轴，已知：AC 和 BD 段的直径为 $D_1 = 100\mathrm{mm}$，CD 段的直径为 $D_2 = 120\mathrm{mm}$，轴材料的许用应力 $[\sigma] = 65\mathrm{MPa}$，受集中荷载 $F_P = 20\mathrm{kN}$ 作用。试校核该轴的强度。

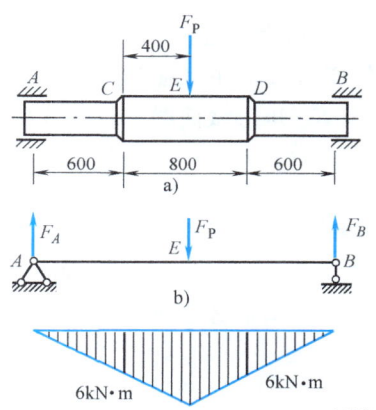

图 6-30　例 6-10 图
a）受力图　b）受力分析图　c）弯矩图

解：（1）内力分析　此轴可以简化为简支梁（见图 6-30b），由梁的静力平衡条件可求得其支座约束力为

$$F_A = F_B = 10\mathrm{kN}(\uparrow)$$

作出弯矩图，如图 6-30c 所示。从图中看出，截面 E 的弯矩值最大，其值为

$$M_E = M_{\max} = 10\mathrm{kN \cdot m}$$

所以，截面 E 是可能危险截面。此外，在截面 C 和 D 上，这两处直径较小，也是可能危险截面，其弯矩值为

$$M_C = M_D = 6\mathrm{kN \cdot m}$$

（2）强度校核　对截面 E：

$$W_{E,z} = \frac{\pi D_2^3}{32} = \left[\frac{\pi \times (120 \times 10^{-3})^3}{32}\right]\mathrm{m}^2 = 1.696 \times 10^{-4}\mathrm{m}^2$$

$$\sigma_{E,\max} = \frac{M_E}{W_{E,z}} = \left(\frac{10 \times 10^3}{1.696 \times 10^{-4}}\right)\mathrm{Pa} = 59\mathrm{MPa}$$

对截面 C 和 D：

$$W_{C,z} = W_{D,z} = \frac{\pi D_1^3}{32} = \left[\frac{\pi \times (100 \times 10^{-3})^3}{32}\right]\mathrm{m}^2 = 9.817 \times 10^{-5}\mathrm{m}^2$$

$$\sigma_{C,\max} = \frac{M_C}{W_{C,z}} = \left(\frac{6 \times 10^3}{9.817 \times 10^{-5}}\right)\mathrm{Pa} = 61\mathrm{MPa}$$

由此可见，截面 C 和 D 的上、下边缘点为危险点。根据式（6-52），有

$$\sigma_{\max} = 61\mathrm{MPa} < [\sigma] = 65\mathrm{MPa}$$

故该轴满足强度条件。

【例 6-11】 如图 6-31a 所示的悬臂梁,已知:材料的许用应力$[\sigma]=140\mathrm{MPa}$,自由端受集中荷载 $F_\mathrm{P}=20\mathrm{kN}$ 作用。若分别采用下列三种截面形状:(1)工字形;(2)高宽比 $h/b=2$ 的矩形;(3)圆形。试比较三者所耗的材料用量。

解: 作出梁的弯矩图,如图 6-31b 所示。由图可见,最大弯矩发生在固定端 A 截面,其弯矩值为

$$|M|_{\max}=F_\mathrm{P}l=20\mathrm{kN\cdot m}$$

根据式(6-52),有

$$W_z\geq\frac{|M|_{\max}}{[\sigma]}=\left(\frac{20\times10^3}{140\times10^6}\right)\mathrm{m}^3=143\times10^{-6}\mathrm{m}^3$$

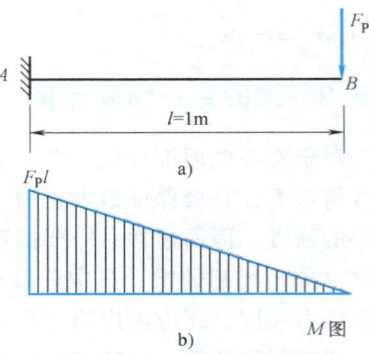

图 6-31 例 6-11 图
a)受力图 b)弯矩图

(1)工字钢梁 查附录 B,取 16 号工字钢,$W_z=141\times10^{-6}\mathrm{m}^3$,$A_1=2611\mathrm{mm}^2$,其工作应力将超过$[\sigma]$,需进行校核:

$$\sigma_{\max}=\frac{|M|_{\max}}{W_z}=\left(\frac{20\times10^3}{141\times10^{-6}}\right)\mathrm{Pa}=141.8\mathrm{MPa}<1.05[\sigma]=147\mathrm{MPa}$$

工作应力略超许用应力,但由于不超过 5%,工程上是允许的。

(2)矩形截面梁 由式(6-26)有

$$W_z=\frac{bh^2}{6}=\frac{b(2b)^2}{6}=143\times10^{-6}\mathrm{m}^3$$

可解得

$$b=60\mathrm{mm},\quad h=120\mathrm{mm},\quad A_2=bh=7200\mathrm{mm}^2$$

(3)圆形截面梁 由式(6-27)有

$$W_z=\frac{\pi D^3}{32}=143\times10^{-6}\mathrm{m}^3$$

解得

$$D=113\mathrm{mm},\quad A_3=10024\mathrm{mm}^2$$

综合上述计算结果可得,三种截面的面积比为

$$A_1:A_2:A_3=26.1:72:100.24=1:2.76:3.84$$

这说明,圆形截面梁最耗费材料,工字形截面梁最省材料。在梁的设计中,选择合理的截面形状对节约材料是很有意义的。

【例 6-12】 铸铁制成的 T 形截面外伸梁,其荷载和截面尺寸如图 6-32a、b 所示。已知:截面对形心轴 z 的惯性矩 $I_z=4636.4\times10^4\mathrm{mm}^4$,$h_1=64.7\mathrm{mm}$,$h_2=145.3\mathrm{mm}$。材料的许用拉应力和许用压应力分别为$[\sigma_\mathrm{t}]=40\mathrm{MPa}$ 和$[\sigma_\mathrm{c}]=120\mathrm{MPa}$。试求梁的许用荷载 $[F]$。

解:(1)作弯矩图 对梁的受力进行分析,求出支座约束力为

$$F_A=0.75F(\uparrow),\quad F_B=2.75F(\uparrow)$$

作出弯矩图,如图 6-32c 所示。最大正弯矩发生在 D 截面,

$$M_D=0.9F$$

最大负弯矩发生在 B 截面,

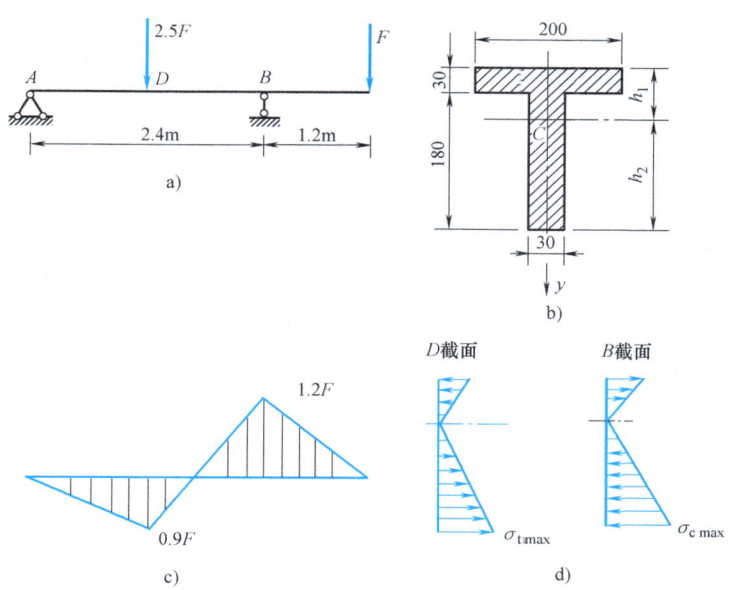

图 6-32 例 6-12 图

a) 受力图 b) 横截面 c) 弯矩图 d) 正应力分布图

$$|M_B| = 1.2F$$

（2）应力分析 从 B、D 截面的正应力分布示意图（见图 6-32d）可知，由于截面不对称于中性轴，且 $|M_B| > M_D$，故梁内的最大压应力发生在 B 截面的下边缘处，其值为

$$\sigma_{cmax} = \frac{|M_B|h_2}{I_z} = \frac{1.2h_2F}{I_z}$$

而梁内的最大拉应力是发生在 D 截面的下边缘还是在 B 截面的上边缘处，则需要通过计算才能确定：

$$\sigma_{tmax,D} = \frac{M_D h_2}{I_z} = \frac{0.9h_2F}{I_z}, \quad \sigma_{tmax,B} = \frac{|M_E|h_1}{I_z} = \frac{1.2h_1F}{I_z}$$

因为 $0.9h_2 = 130.77\text{mm} > 1.2h_1 = 77.64\text{mm}$，可知梁内的最大拉应力发生在 D 截面的下边缘处，其值为

$$\sigma_{tmax} = \frac{0.9h_2F}{I_z}$$

（3）计算许用荷载 由式（6-23）和式（6-50）有

$$\sigma_{cmax} = \frac{1.2h_2F}{I_z} \leqslant [\sigma_c]$$

求得

$$F \leqslant \frac{[\sigma_c]I_z}{1.2h_2} = \left(\frac{120 \times 10^6 \times 4636.4 \times 10^{-8}}{1.2 \times 145.3 \times 10^{-3}}\right)\text{N} = 31.19\text{kN} \qquad (6\text{-}58)$$

由式（6-23）和式（6-49）有

$$\sigma_{tmax} = \frac{0.9h_2F}{I_z} \leqslant [\sigma_t]$$

求得

$$F \leqslant \frac{[\sigma_\text{t}]I_z}{0.9h_2} = \left(\frac{40\times10^6 \times 4636.4\times10^{-8}}{0.9\times145.3\times10^{-3}}\right)\text{N} = 14.18\text{kN} \tag{6-59}$$

对比式(6-58)、式(6-59)的结果,确定许用荷载$[F]$为

$$[F] = 14.18\text{kN}$$

【例 6-13】 如图 6-33a 所示的简支钢梁,其横截面如图 6-33b 所示,截面尺寸为:$B = 220$mm,$h = 800$mm,$\delta = 22$mm,$b = 10$mm。已知:横截面中性轴一侧截面对中性轴的静矩为$S_{z\max} = 2790\times10^{-6}\text{m}^3$,翼缘面积对中性轴的静矩为$S_z = 1990\times10^{-6}\text{m}^3$,横截面对中性轴 z 的惯性矩 $I_z = 2062\times10^{-6}\text{m}^4$,且梁的跨度 $l = 4.2$m,受集中荷载 $F_\text{P} = 750$kN 作用,材料的许用应力 $[\sigma] = 170$MPa,$[\tau] = 90$MPa。试对梁的强度进行全面校核(第三类危险点采用最大切应力理论校核)。

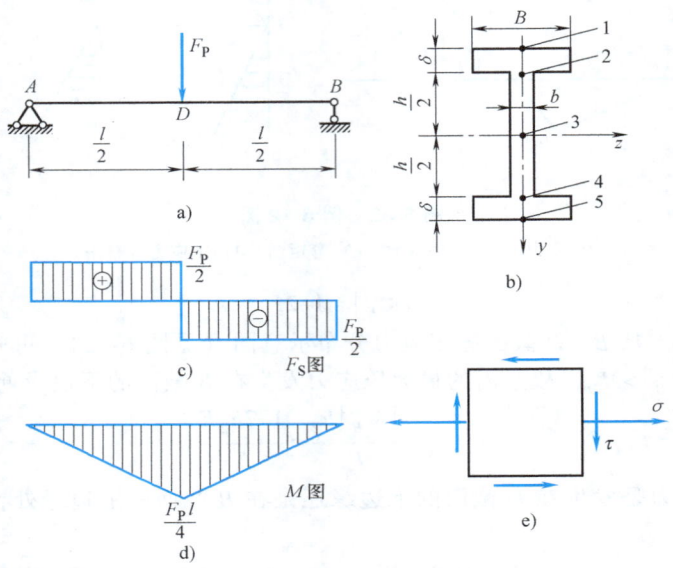

图 6-33 例 6-13 图
a) 受力图 b) 横截面 c) 剪力图 d) 弯矩图 e) D 截面处点 4 的应力状态

解: 为了全面校核梁的强度,需要确定梁内的可能危险截面和危险点。

工字形截面梁在对称弯曲时,梁内可能存在三类危险点:第一类是正应力最大点,这些点位于最大弯矩的截面上距中性轴最远处(即截面上、下边缘);第二类是切应力最大点,这些点位于最大剪力的截面上中性轴处;第三类是正应力和切应力都比较大的点,这些点一般位于剪力和弯矩都比较大的截面上翼缘与腹板交界处。

作出简支梁的剪力图和弯矩图,如图 6-33c、d 所示。由内力图可以看出,跨中荷载作用处 D 的左、右截面为危险截面。现对 D 处的左侧截面进行分析,该截面上的剪力和弯矩值分别为

$$F_\text{S} = \frac{F_\text{P}}{2} = \left(\frac{750\times10^3}{2}\right)\text{N} = 375\text{kN}$$

$$M = \frac{F_\text{P}l}{4} = \left(\frac{750\times10^3\times4.2}{4}\right)\text{N}\cdot\text{m} = 787.5\text{kN}\cdot\text{m}$$

最大正应力位于危险截面的上、下边缘处(如点 1、5);最大切应力位于危险截面的中

性轴处（如点 3）；正应力和切应力都比较大的点位于危险截面翼缘与腹板交界处（如点 2、4）。这些点均为危险点，需进行强度校核。

1) 第一类危险点的强度校核。点 1、5 为第一类危险点，即正应力最大的点，由式 (6-23) 得

$$\sigma_{\max} = \frac{My_{\max}}{I_z} = \left[\frac{787.5 \times 10^3}{2062 \times 10^{-6}} \times \left(\frac{800 \times 10^{-3}}{2} + 22 \times 10^{-3}\right)\right] \text{Pa} = 161.3 \text{MPa}$$

根据式 (6-52)，有

$$\sigma_{\max} = 161.3 \text{MPa} < [\sigma] = 170 \text{MPa} \tag{6-60}$$

2) 第二类危险点的强度校核。点 3 为第二类危险点，即切应力最大的点，由式 (6-34) 得

$$\tau_{\max} = \frac{F_S S_{z\max}^*}{bI_z} = \left(\frac{375 \times 10^3 \times 2790 \times 10^{-6}}{10 \times 10^{-3} \times 2062 \times 10^{-6}}\right) \text{Pa} = 50.74 \text{MPa}$$

根据式 (6-55)，有

$$\tau_{\max} = 50.74 \text{MPa} < [\tau] = 90 \text{MPa} \tag{6-61}$$

3) 第三类危险点的强度校核。点 2、4 为第三类危险点，正应力和切应力都比较大。图 6-33e 所示为点 4 的应力状态。其中 σ 和 τ 分别由式 (6-22) 和 (6-33) 计算得到

$$\sigma = \frac{My}{I_z} = \left(\frac{787.5 \times 10^3 \times 400 \times 10^{-3}}{2062 \times 10^{-6}}\right) \text{Pa} = 152.8 \text{MPa}$$

$$\tau = \frac{F_S S_z^*}{bI_z} = \left(\frac{375 \times 10^3 \times 1990 \times 10^{-6}}{10 \times 10^{-3} \times 2062 \times 10^{-6}}\right) \text{Pa} = 36.2 \text{MPa}$$

应用最大切应力理论，由式 (6-56) 得

$$\sqrt{\sigma^2 + 4\tau^2} = \sqrt{(152.8)^2 + 4 \times (36.2)^2} \text{Pa} = 169.3 \text{MPa}$$

即

$$\sqrt{\sigma^2 + 4\tau^2} = 169.3 \text{MPa} < [\sigma] = 170 \text{MPa} \tag{6-62}$$

综合上述计算结果，该梁满足强度要求。

对比式 (6-60) 和式 (6-62) 可知，横截面上发生最大正应力的点处于单向应力状态，而在危险截面腹板与翼缘交界处各点处于复杂应力状态，且正应力和切应力都比较大，对梁仅做正应力强度校核是不够的。

6.6 梁的合理强度设计

在一般情况下，梁的强度设计主要是依据弯曲正应力强度条件。根据正应力强度条件 $\sigma_{\max} = \left(\frac{|M|}{W_z}\right)_{\max} \leq [\sigma]$，梁的弯曲强度与其所用材料、横截面的形状与尺寸，以及外力引起的弯矩有关。因此，为了合理地设计梁，可以从以下几个方面考虑。

6.6.1 合理配置梁的荷载和支座

合理安排梁的加载方式和支座，可显著降低梁内的最大弯矩，提高梁的强度。

1. 集中荷载不能作用在跨中

对图 6-34a 所示的简支梁，如果结构允许，将作用在跨中的集中荷载 F_P 安排在距左端支座 $\dfrac{l}{6}$ 处（见图 6-34b），则梁的最大弯矩值将从 $\dfrac{F_P l}{4}$ 减小到 $\dfrac{5F_P l}{36}$。要注意的是，荷载距离支座太近时，支座附近的剪力将显著增大，切应力强度问题就突出了。

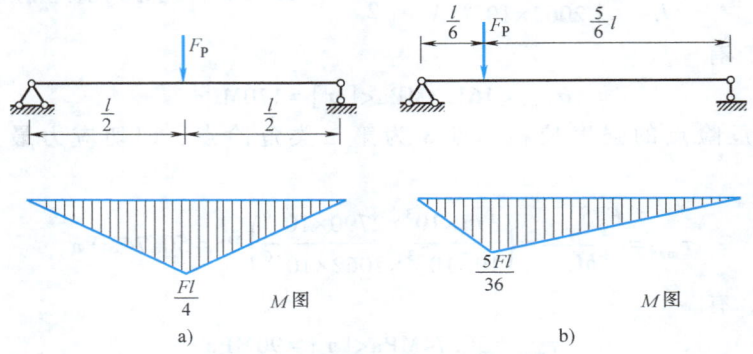

图 6-34 集中荷载作用下简支梁的弯矩图
a) 荷载作用在跨中 b) 荷载靠近左支座

2. 荷载分散化

对图 6-35a 所示的简支梁，将集中荷载 F_P 离散成均布荷载 $q(ql=F_P)$，在梁上满跨分布，则梁内最大弯矩值将减小到 $\dfrac{ql^2}{8}$，即 $\dfrac{F_P l}{8}$（见图 6-35b）。又如，用两个集中荷载 $\dfrac{F_P}{2}$ 代替 F_P，且作用在距两端 $\dfrac{l}{4}$ 的位置（见图 6-35c），则梁内最大弯矩值将变成为 $\dfrac{F_P l}{8}$。可以看出，在结构允许的条件下，应尽可能地将集中荷载分散成多个较小的荷载或者改为均布荷载。如工程中常在梁中设置辅助梁，对大平板车采用密布的车轮等措施，均可降低梁内最大弯矩值。

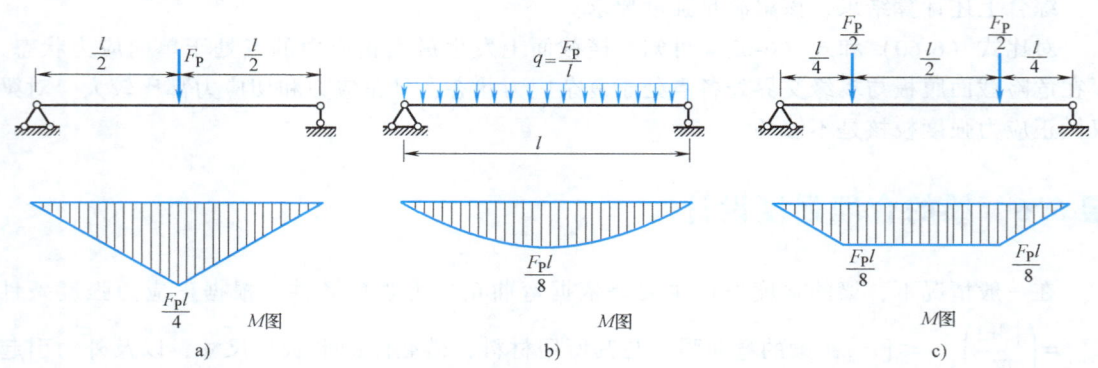

图 6-35 简支梁受力后的弯矩图
a) 集中力作用在跨中 b) 均布荷载作用 c) 两个荷载对称作用

3. 合理布置支座

对图 6-35b 所示的简支梁，将其两端支座各向内移动 $0.2l$（见图 6-36a），则梁内会产生负弯矩，最大弯矩值将从 $\dfrac{ql^2}{8}$ 下降到 $\dfrac{ql^2}{40}$，后者仅为前者的 $\dfrac{1}{5}$。又如，在简支梁的中间设置一个简支支座（见图 6-36b），则最大弯矩值为 $\dfrac{ql^2}{32}$，发生在原支座与新增支座之间。

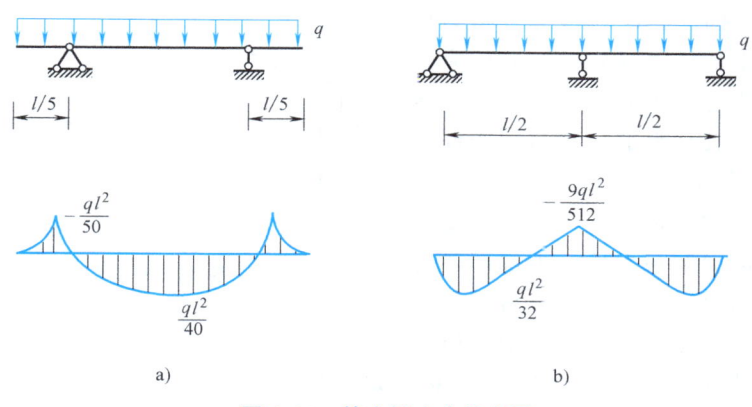

图 6-36 简支梁支座的布置
a) 支座往跨中移动　b) 增加一个支座

6.6.2　合理选择梁的截面形状

当弯矩确定时，梁横截面上的最大弯曲正应力 $\sigma_{\max}$ 与弯曲截面系数 W_z 成反比。因此，合理的梁截面形状，应使在给定的横截面面积下，弯曲截面系数要尽可能地大。也就是说，当截面面积一定时，宜将较多材料放置在远离中性轴的部位。实际上，由于弯曲正应力沿截面高度线性分布，当离中性轴最远各点处的正应力达到许用应力值时，中性轴附近各点处的正应力仍很小。因此，在离中性轴较远的位置，配置较多的材料，将提高材料的利用率。

1. 截面弯曲性能对比

例 6-11 所采用的工字形截面、矩形截面和圆形截面三种截面，工字形截面的 W_z/A 最大，矩形的次之，圆形的最差。可见，从强度观点看，梁横截面的形状以工字形的为最好。对于图 6-37a、b 所示的圆形截面和空心圆截面，若两者的截面面积相同，则空心圆截面的弯曲截面系数 W_z 要大于圆形截面，且空心圆截面的内外径之比 α 越大，W_z 也会越大。同理，截面面积相同且具有相同高宽比的矩形框截面（见图 6-37d）的 W_z 要比实心矩形截面（见图 6-37c）的大，而与工字形截面（见图 6-37e）相同。

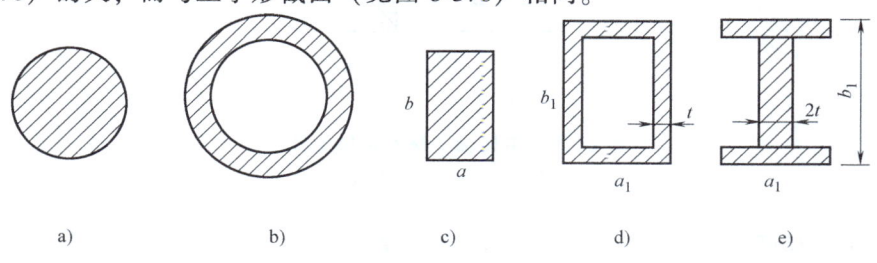

图 6-37 常用横截面形状
a) 圆形截面　b) 空心圆截面　c) 矩形截面　d) 矩形框截面　e) 工字形截面

又如，图 6-38 所示的矩形截面梁，在竖放和平放两种情况下，弯曲截面系数 W_z 分别是 $bh^2/6$ 和 $b^2h/6$，其比值为 $h/b>1$。因此，对静荷载作用下的矩形截面梁的强度来说，竖放比平放更合理。

2. 截面形状的选择

在选择梁的截面形状时应考虑材料的特性，力图使截面上、下边缘处的最大正应力分别与材料的许用应力值相接近。对于用塑性材料制成的梁，其材料的抗拉与抗压许用应力值相等，宜采用对称于中性轴的截面，如工字形、矩形、圆环形等截面，才能使横截面上的最大拉应力和最大压应力都同时达到材料的许用应力值。对于用脆性材料制成的梁（如铸铁梁），其抗拉强度低于抗压强度，宜选择中性轴偏于受拉一侧的截面形状，如 T 字形、槽形等截面（见图 6-39），且尽可能使

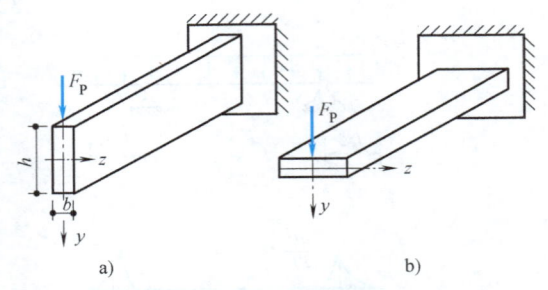

图 6-38 矩形截面悬臂梁
a）截面竖放 b）截面平放

$$\frac{\sigma_{tmax}}{\sigma_{cmax}} = \frac{[\sigma_t]}{[\sigma_c]} \tag{6-63}$$

即

$$\frac{y_1}{y_2} = \frac{[\sigma_t]}{[\sigma_c]} \tag{6-64}$$

式中　y_1——最大拉应力所在点至中性轴的距离（m）；

　　　y_2——最大压应力所在点至中性轴的距离（m）；

　　　$[\sigma_t]$——材料的许用拉应力（Pa）；

　　　$[\sigma_c]$——材料的许用压应力（Pa）。

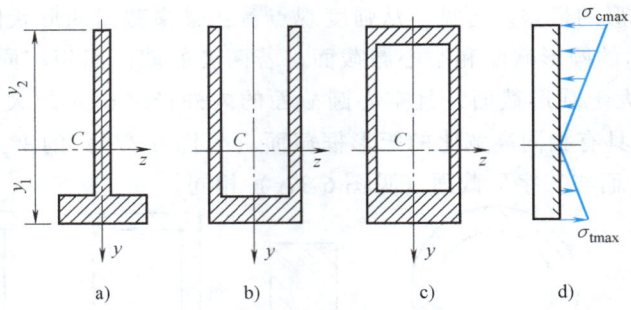

图 6-39 中性轴不是对称轴的截面
a）T 形截面　b）槽形截面　c）矩形框截面　d）截面应力分布

还应指出，在确定截面形状和尺寸时，还要考虑梁的使用要求和制造工艺等方面的因素。例如，车轴宜选择空心圆截面，在桥梁和房屋建筑中宜采用工字形截面；对于木材制成的梁，则多采用矩形截面。

6.6.3 合理设计梁的外形

等强度梁
的概念

一般情况下,梁内不同横截面的弯矩值不同,在对等截面梁进行截面尺寸设计时,除最大弯矩所在截面外,其余截面的最大正应力都小于材料的许用应力,材料强度未得到充分利用。在工程实际中,为了充分发挥材料的强度、节约材料、减轻自重,常根据弯矩沿梁轴的变化情况,将梁也相应设计为变截面梁。例如,在弯矩最大的截面附近进行局部加强。如果变截面梁上所有横截面上的最大弯曲正应力均相同,并等于许用应力 $[\sigma]$,即各横截面具有相同强度,这就是等强度梁。等强度梁是一种理想的变截面梁,它要求

$$\sigma_{max} = \frac{M(x)}{W_z(x)} = [\sigma] \tag{6-65}$$

由此得

$$W_z(x) = \frac{M(x)}{[\sigma]} \tag{6-66}$$

式中 $W_z(x)$——x 截面处的弯曲截面系数（m³）;

$M(x)$——x 截面处的弯矩（N·m）;

$[\sigma]$——材料的许用应力（Pa）。

在进行等强度梁的截面设计时,可设截面宽度 b 保持不变,高度 h 沿梁轴变化。对图 6-40a 所示的简支梁,其左半跨的截面弯矩方程和剪力方程分别为

$$M(x) = \frac{Fx}{2}, \quad F_S(x) = \frac{F}{2} \tag{6-67}$$

由式（6-66）,有

$$W_z(x) = \frac{bh^2(x)}{6} = \frac{F/2}{[\sigma]} \tag{6-68}$$

由此得

$$h(x) = \sqrt{\frac{3Fx}{b[\sigma]}} \tag{6-69}$$

在跨中截面（$x = l/2$）,截面高度最大,其值为

$$h_{max} = h\left(\frac{l}{2}\right) = \sqrt{\frac{3Fl}{2b[\sigma]}} \tag{6-70}$$

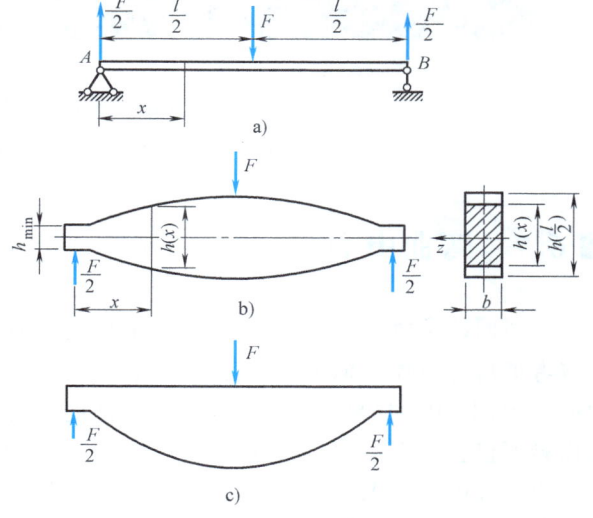

图 6-40 等强度梁

a) 受力图 b) 等强度梁 c) 鱼腹梁

在靠近支座处,截面还应满足弯曲切应力强度条件,要按切应力强度条件确定截面的最小高度 h_{min}。根据式（6-37）,有

$$\tau_{max} = \frac{3F_S}{2bh_{min}} = [\tau] \tag{6-71}$$

于是得

$$h_{\min}=\frac{3F}{4b[\tau]} \tag{6-72}$$

按照式（6-69）和式（6-72），全梁的构造形式见图 6-40b 所示。为了承载和施工的方便，梁的外形采用鱼腹梁的形式（见图 6-40c）。上例中，也可以设截面高度 h 保持不变，宽度 b 沿梁轴变化进行等强度梁截面设计，请读者自行分析。

等强度梁因为既能满足强度要求，又节省了材料，减轻了自重，在工程中得到了广泛的应用，如阶梯状车轴（见图 6-41a）、钢板弹簧（见图 6-41b）、站台悬臂梁（见图 6-41c）、挖土机大梁（见图 6-41d）等。

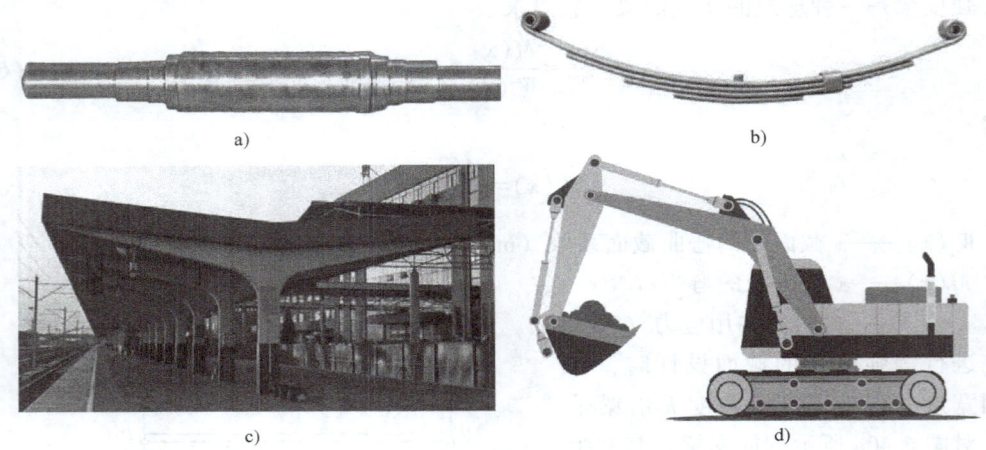

图 6-41　等强度梁的工程应用
a）阶梯状车轴　b）钢板弹簧　c）站台悬臂梁　d）挖土机大梁

6.7　弯曲中心

在前面的章节中，假设剪力 F_S 是沿形心主惯性轴施加的，且为横截面的对称轴。这一节将考虑形心主惯性轴不是对称轴的情况。以薄壁槽形截面梁为例（见图 6-42a），受到集中荷载 F_P 作用。如果该荷载沿着竖直方向的非对称轴施加，经过横截面的形心 C，则槽形截面梁不仅会往下弯曲，而且还会产生顺时针扭转。

为了理解槽形截面梁的扭转，需要研究切应力流在横截面的翼板和腹板的分布情况（见图 6-42b）。应力流在翼板和腹板面积上积分，可以得到翼板上的合力 F_f，与腹板上的合力 F_S（见图 6-42c）。如果将这些力对翼板中点 A 求力矩，则翼板上的两个力会形成一个力偶，从而使截面产生扭转，从梁的正面看是顺时针方向的扭转，因为内部平衡力 F_f 引起了扭转。为了避免产生扭转，应该将荷载 F_P 施加到距离 A 点 e 位置的 O 点（见图 6-42d），此时满足

$$\sum M_A = F_f d = F_P e = F_S e \tag{6-73}$$

即

$$e=\frac{F_f d}{F_S} \tag{6-74}$$

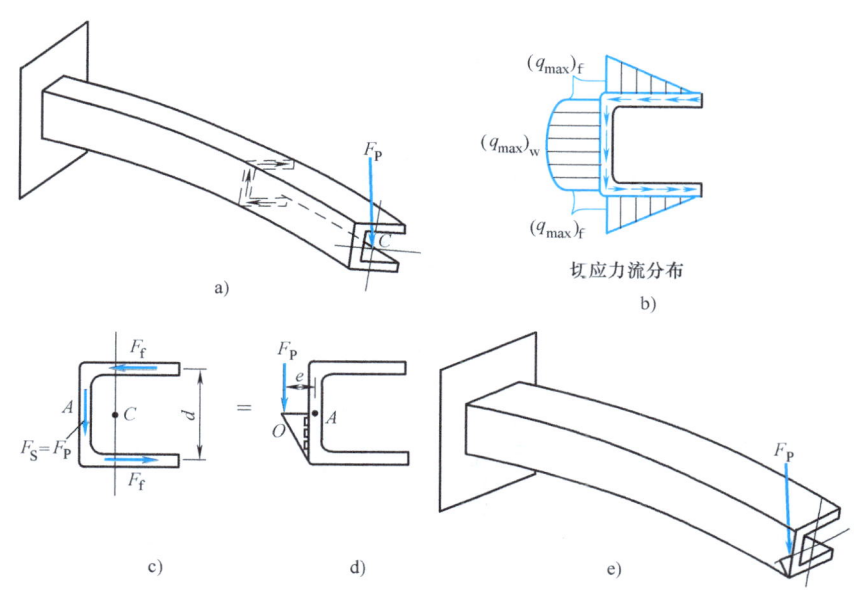

图 6-42 槽形截面悬臂梁的弯曲
a) 集中荷载作用在形心 b) 横截面切应力流 c) 横截面的剪切内力
d) 弯曲中心 e) 集中荷载作用在弯曲中心

式中 e——O 点到槽腹板中点 A 的距离（m）；

F_f——一块翼板承受的剪力（N）；

d——上下翼板中心的距离（m）；

F_S——截面的剪力（N）。

其中 F_f 可以表示为 F_S 的因式，则式（6-74）中可以消去 F_S，于是 e 由横截面的几何形状和尺寸所决定，而与 F_S 无关。点 O 称为弯曲中心时，当荷载沿横截面竖向作用于弯曲中心时，梁会只产生弯曲而不发生扭转，如图 6-42e 所示。弯曲中心是横截面上与切应力相对应的分布内力系的合力的作用点，或者说，横截面上与切应力相对应的分布内力系向弯曲中心简化时，所得的主矩为零而主矢不为零。故弯曲中心又称为剪力中心。

对于各种类型的薄壁梁，设计手册通常会列出其剪切中心的位置。如果构件的横截面具有对称轴，则剪切中心一定位于对称轴上，把图 6-42a 所示的槽形截面梁旋转 90°，荷载 F_P 作用在点 A（见图 6-43a），则不会发生扭转，因为翼板和腹板上的切应力流是对称的。因此这些部位应力的合力对点 A 的矩必等于 0（见图 6-43b）。显然，若杆件横截面具有两根对称轴，如工字梁，则剪切中心位于对称轴的交点，即截面的形心。

开口薄壁截面杆的扭转刚度较小，若横向力不通过弯曲中心，将引起严重的扭转变形。实心杆件或闭口薄壁杆件的扭转刚度较大，且弯曲中心靠近截面形心，因而当横向力不通过截面形心时，引起的扭转变形一般可以不考虑。

【例 6-14】 某槽形薄壁梁的横截面如图 6-44a 所示，试确定其弯曲中心的位置。

解：弯曲中心 E 必位于截面的对称轴 z 上。为确定弯曲中心在对称轴上的具体位置，设横向力铅垂向下，使梁只发生弯曲而不扭转，则横截面上的弯曲切应力流如图 6-44b 所示。下翼缘 η 处的切应力仍可用式（6-33）计算。

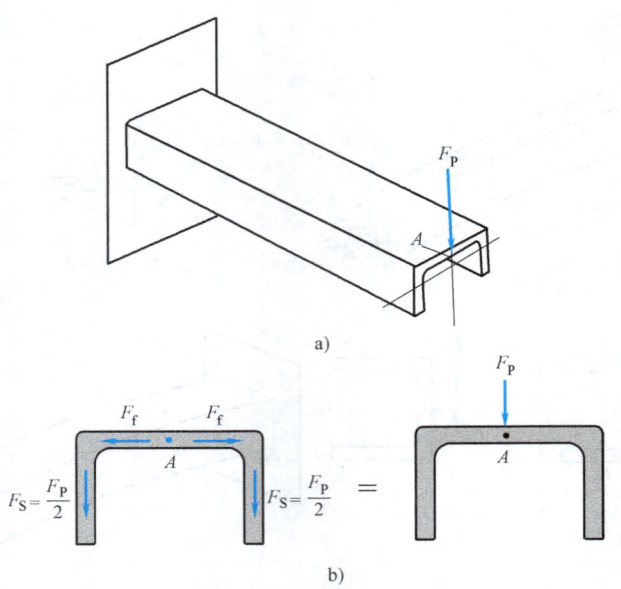

图 6-43 槽形截面悬臂梁的对称弯曲
a) 集中荷载作用在截面对称轴　b) 横截面的剪切内力

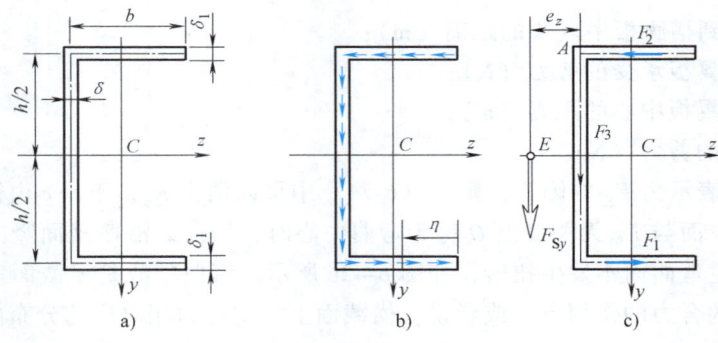

图 6-44 例 6-14 图
a) 槽形薄壁截面　b) 横截面切应力流　c) 剪切内力与弯曲中心

$$\tau(\eta) = \frac{F_{Sy} S'_z(\eta)}{\delta_1 I_z} = \frac{F_{Sy} h \eta}{2 I_z}$$

式中　$\tau(\eta)$——翼板距离开口 η 处的切应力（Pa）；

　　　F_{Sy}——横截面上的剪力值（N）；

　　　h——横截面的高度（m）；

　　　η——翼板截面到开口的距离（m）；

　　　I_z——截面对中心轴的惯性矩（m^4）。

由积分求得作用在下翼缘上的内力 F_1 的大小为

$$F_1 = \int_0^b \delta_1 \tau(\eta) \, d\eta = \frac{F_{Sy} h \delta_1 b^2}{4 I_z}$$

用同样的办法，可计算上翼缘及腹板上的内力 F_2 及 F_3。横截面上的剪切内力如图 6-44c 所示。由此可判断截面的弯曲中心 E 位于 F_3 的左侧。设弯曲中心 E 至腹板中心线的距离为 e_z。力 F_2 和 F_3 相交于中心线的角点 A，以点 A 为矩心，由合力矩定理得

$$F_{Sy}e_z = F_1 h \tag{6-75}$$

将 F_1 的表达式代入式（6-75），便得到

$$e_z = \frac{h^2 \delta_1 b^2}{4I_z}$$

表 6-2 给出了工程中常用的开口薄壁截面的弯曲中心位置。对于具有反对称轴的截面（如 Z 形截面），其弯曲中心与形心重合；由两条狭长矩形所组成的开口薄壁截面，其弯曲中心位于两狭长矩形长边中线的交点。

表 6-2 常见的开口薄壁截面的弯曲中心位置

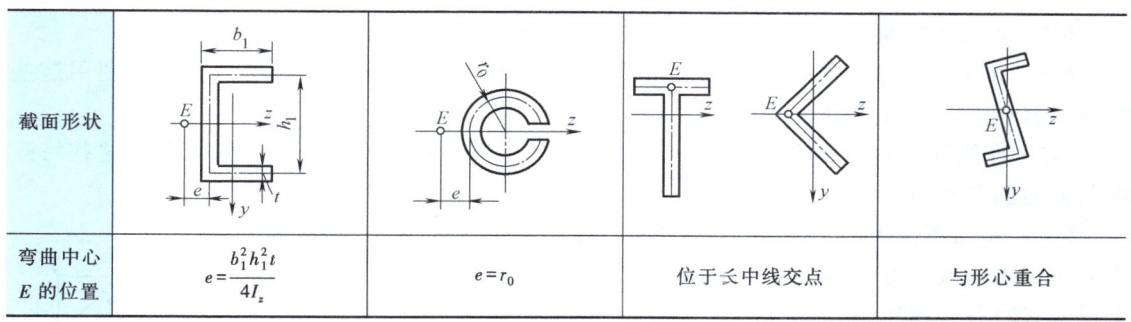

截面形状				
弯曲中心 E 的位置	$e = \dfrac{b_1^2 h_1^2 t}{4I_z}$	$e = r_0$	位于 $\angle$ 中线交点	与形心重合

综上所述，在梁的横力弯曲中，当横向力通过横截面的弯曲中心，且重合或平行于截面的任一形心主惯性轴时，在横截面上引起的弯矩矢量平行于截面的另一形心主惯性轴，且中性轴沿着这一形心主惯性轴（即中性轴）垂直于弯矩作用面，梁发生平面弯曲。

思　考　题

6-1　在建立剪力方程和弯矩方程时，在何处需要分段？

6-2　在求梁截面上的内力时，为什么可直接由该横截面任一侧梁上的外力计算？

6-3　梁的平衡微分方程中的正负号由哪些因素所确定？简支梁受力及 Ox 坐标如图 6-45 所示，试分析下列平衡微分方程中哪一个是正确的。

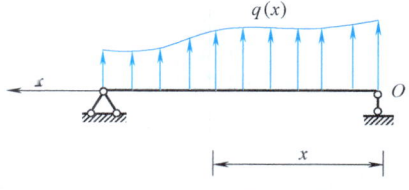

图 6-45　思考题 6-3 图

(a) $\dfrac{dF_S}{dx} = q(x)$，$\dfrac{dM}{dx} = F_S$

(b) $\dfrac{dF_S}{dx} = -q(x)$，$\dfrac{dM}{dx} = -F_S$

(c) $\dfrac{dF_S}{dx} = -q(x)$，$\dfrac{dM}{dx} = F_S$

(d) $\dfrac{dF_S}{dx} = q(x)$，$\dfrac{dM}{dx} = -F_S$

6-4 对于承受均布荷载 q 的简支梁（见图6-46），其弯矩图凹凸性与哪些因素有关？试判断下列四种答案中哪几种是正确的。

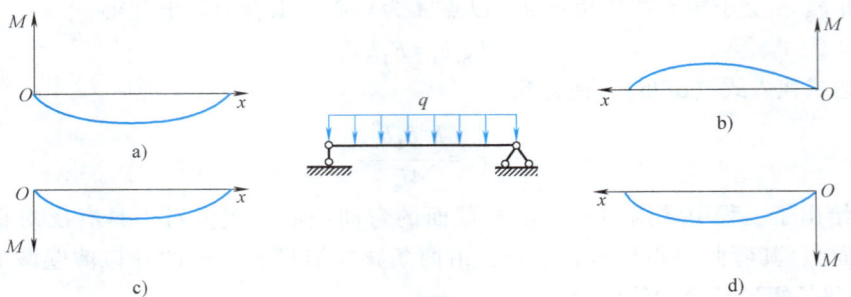

图 6-46 思考题 6-4 图

6-5 如何确定最大弯矩？最大弯矩是否一定发生在剪力为零的横截面上？

6-6 在无荷载作用与均布荷载作用的梁段，剪力、弯矩图各有何特点？如何利用这些特点绘制剪力图和弯矩图？

6-7 在线性分布荷载作用的梁段，梁的剪力图和弯矩图有何特点？如何利用这些特点绘制剪力图和弯矩图？

6-8 如何考虑几何、物理与静力学三方面以建立弯曲正应力公式？弯曲平面假设与单向受力假设在建立上述公式时各起何作用？

6-9 区别下列概念：纯弯曲与横力弯曲；中性轴与形心轴；惯性矩与极惯性矩；弯曲刚度与弯曲截面系数。

6-10 如图 6-47 所示悬臂梁，按图 6-47a 及图 6-47b 两种方式放置。试问两梁的最大弯曲正应力是否相同？

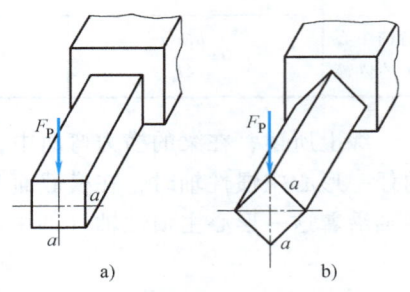

图 6-47 思考题 6-10 图

6-11 梁的三种截面形状和尺寸如图 6-48 所示，试分别写出它们的弯曲截面系数。

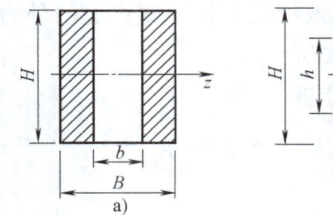 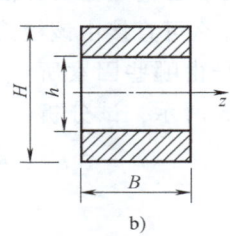 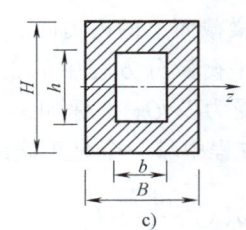

图 6-48 思考题 6-11 图

6-12 是不是弯矩绝对值最大的横截面就必定是最危险的截面？

6-13 两根梁的长度、横截面、约束情况以及所受荷载都相同，但材料不同，一根是钢梁，另一根是铸铁梁。试问这两根梁的最大正应力是否相同？

6-14 如图 6-49 所示两铸铁梁，已知梁的材料相同，承受相同的荷载 F_P。试问当 F_P 增大时，哪一根梁先破坏？

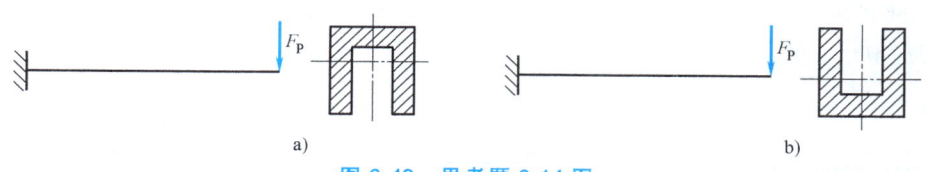

图 6-49 思考题 6-14 图

6-15 在计算如图 6-50 所示矩形截面梁 a 点处的弯曲切应力时，其中的静矩 S_z^* 若取 a 点以上或 a 点以下部分的面积计算，试问结果是否相同？为什么？

6-16 矩形截面梁弯曲时，横截面上的切应力是如何分布的？其计算公式是如何建立的？如何计算最大弯曲切应力？

6-17 在工字形与箱形截面梁的腹板上，弯曲切应力是如何分布的？如何计算最大与最小弯曲切应力？如何计算圆形截面梁的最大弯曲切应力？

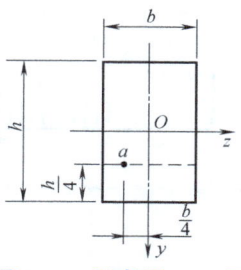

图 6-50 思考题 6-15 图

6-18 在建立弯曲正应力与弯曲切应力公式时，所用分析方法有何不同？

6-19 弯曲正应力与弯曲切应力强度条件是如何建立的？依据是什么？

6-20 梁截面合理设计的原则是什么？什么是变截面梁与等强度梁？等强度设计的原则是什么？

习　题

6-1 试求图 6-51 所示各梁中截面 1—1、2—2、3—3 上的剪力和弯矩，这些截面无限接近截面 C 或截面 D。设 F_P、q、a 为已知。

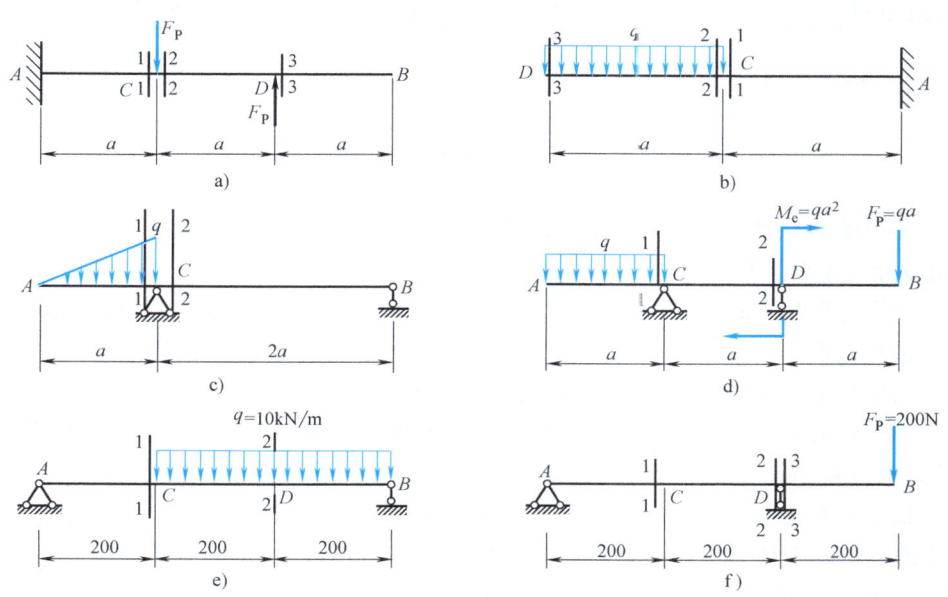

图 6-51 习题 6-1 图

6-2 试列出图 6-52 所示各梁的剪力方程和弯矩方程。作剪力图和弯矩图，并确定 $|F_S|_{max}$ 及 $|M|_{max}$ 值。

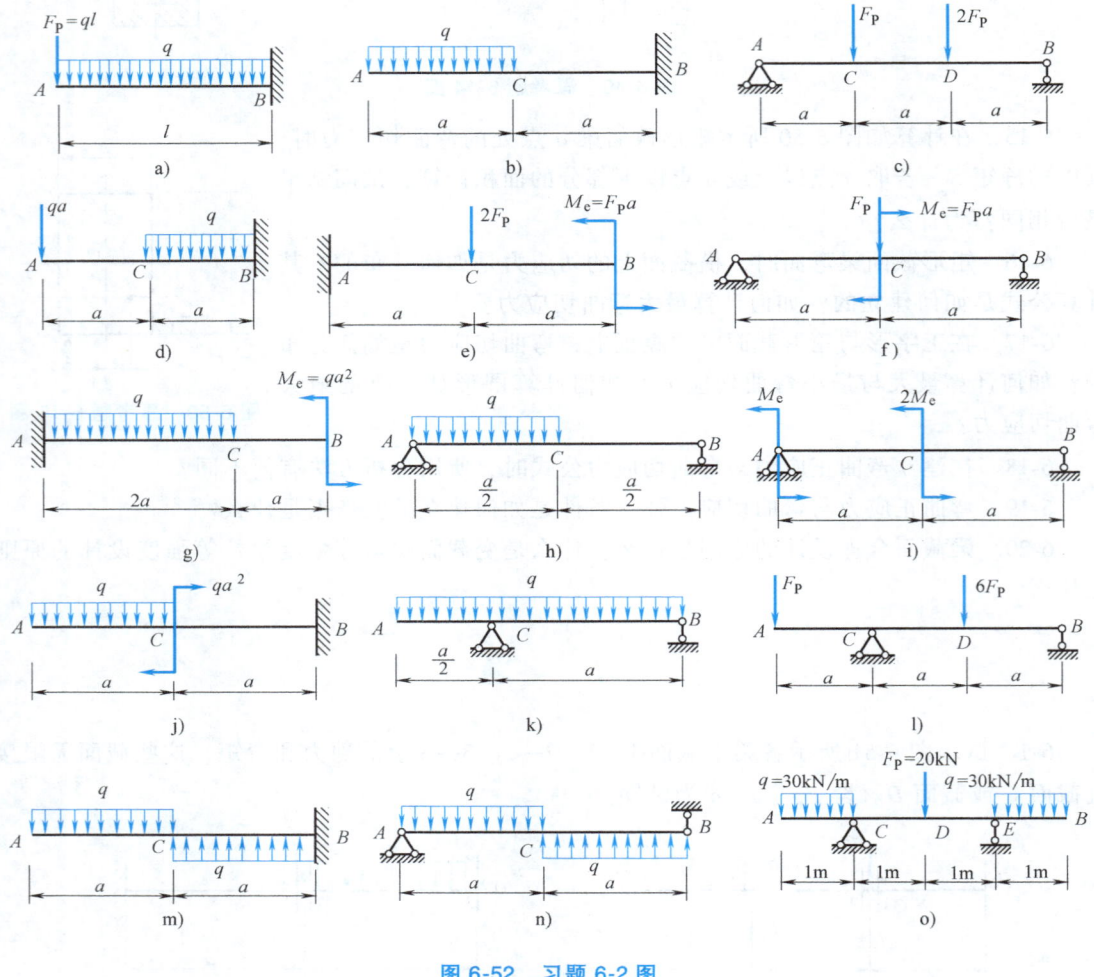

图 6-52 习题 6-2 图

6-3 试用简易法作如图 6-53 所示各梁的剪力图和弯矩图，并确定 $|F_S|_{max}$ 及 $|M|_{max}$ 值，并用微分关系对图形进行校核。

6-4 设梁的剪力图如图 6-54 所示。试作其弯矩图和荷载图。已知梁上没有作用集中力偶。

6-5 试检查图 6-55 所示剪力图、弯矩图的正确性，并将错误处加以改正。

6-6 试用叠加法绘出图 6-56 所示各梁的弯矩图。

6-7 如图 6-57 所示，起吊一根自重为 q 的等截面钢筋混凝土杆，问吊装时吊点的位置 x 为多少才合理（最不容易使杆折断）？提示：是梁内的最大正弯矩与最大负弯矩的绝对值相等。

6-8 如图 6-58 所示简支梁，小车可以在梁上移动，它的每个轮子对梁的作用力均为 F_P，试分析小车处于什么位置时梁内的弯矩最大（以 x 表示梁上小车的位置）。

6-9 如图 6-59 所示简支梁，荷载 F_P 可按四种方式作用于梁上，试分别作弯矩图，并从强度方面考虑，指出哪种加载方式最好。

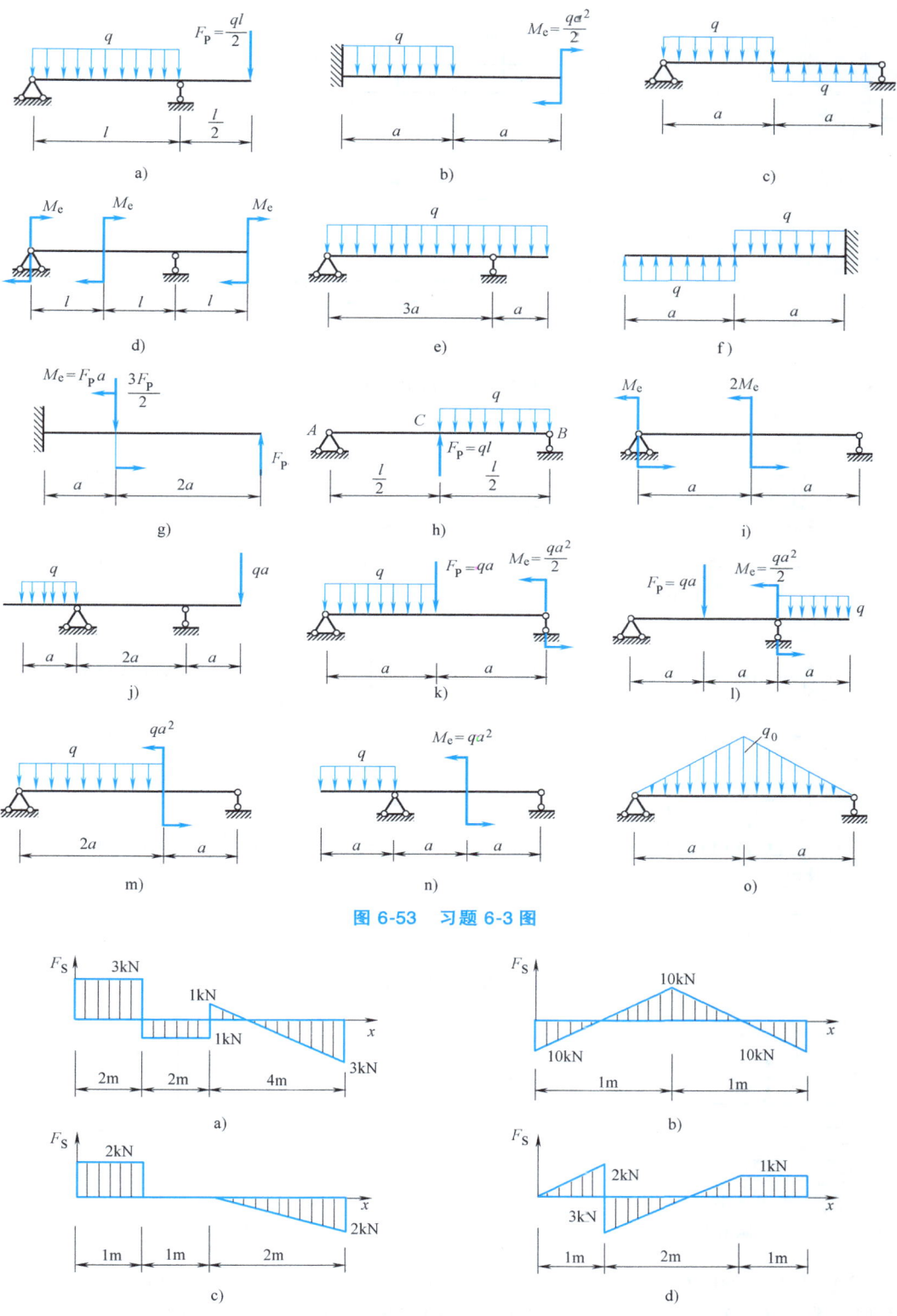

图 6-53 习题 6-3 图

图 6-54 习题 6-4 图

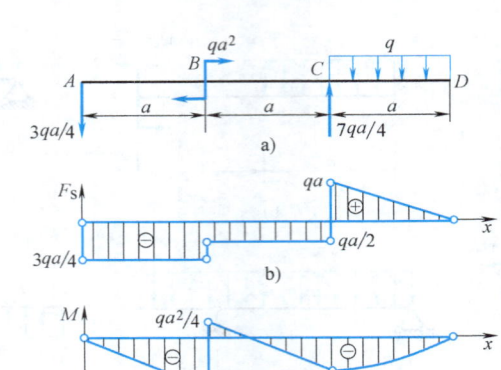

图 6-55 习题 6-5 图

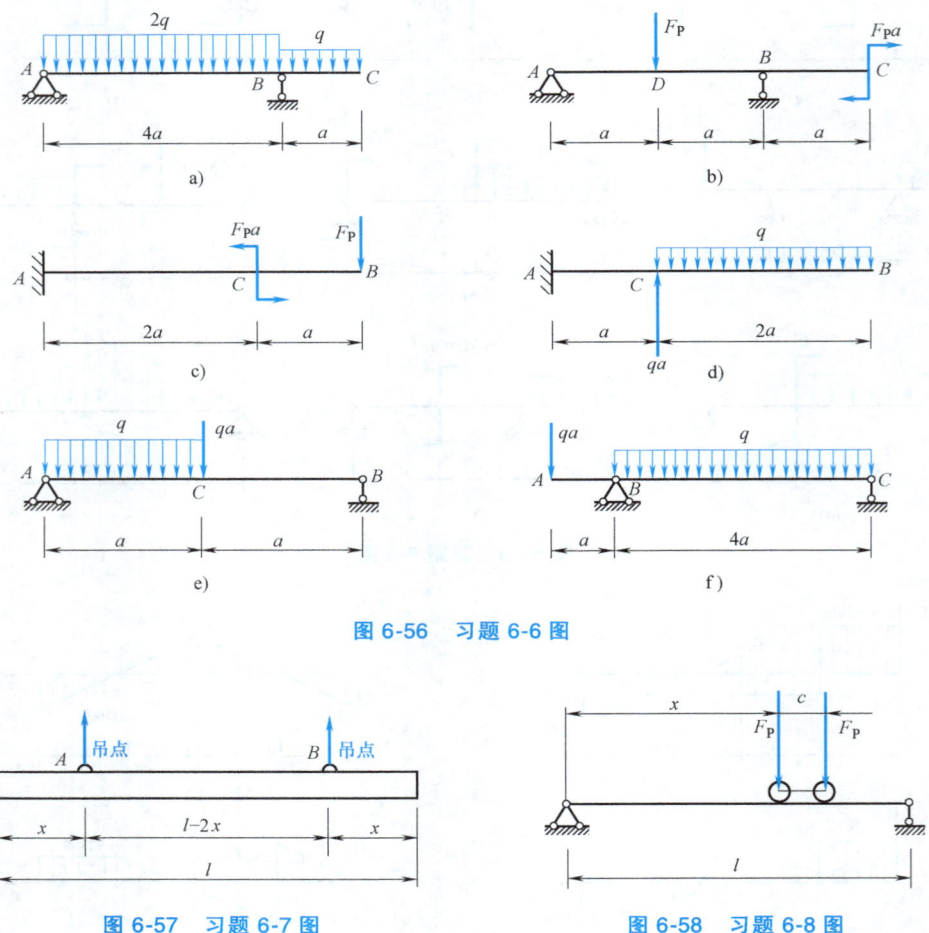

图 6-56 习题 6-6 图

图 6-57 习题 6-7 图

图 6-58 习题 6-8 图

6-10 如图 6-60 所示简支梁,承受均布荷载 $q=2\text{kN/m}$,梁跨长 $l=2\text{m}$。若分别采用截面面积相等的实心和空心圆截面,实心圆截面的直径 $D_1=40\text{mm}$,空心圆截面的内、外径比

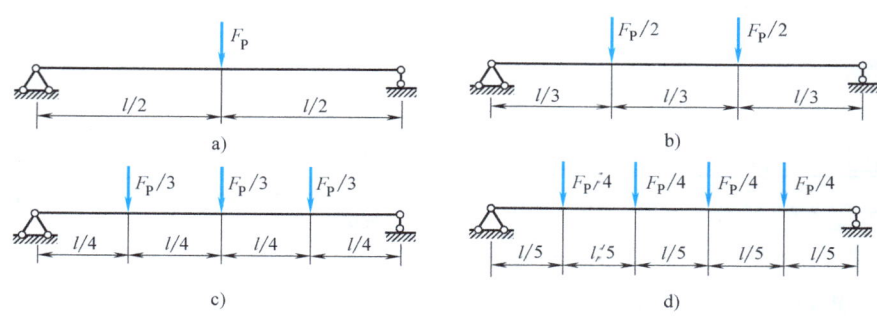

图 6-59 习题 6-9 图

$\alpha = d_2/D_2 = 3/5$,试分别计算它们的最大弯曲正应力及两者的比值。

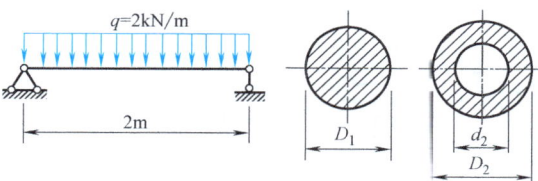

图 6-60 习题 6-10 图

6-11 如图 6-61 所示矩形截面悬臂梁,已知:$l=4$m,$b/h=2/3$,$q=10$kN/m,许用应力 $[\sigma]=10$MPa。试确定此梁截面的尺寸。

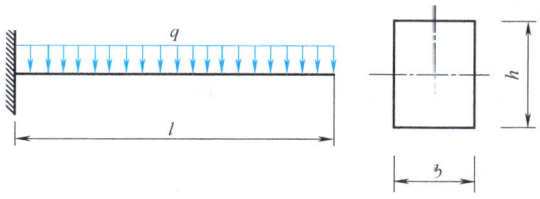

图 6-61 习题 6-11 图

6-12 厚度为 $\delta=1.5$mm 的钢带,卷成直径为 $D=3$m 的圆环,求此时钢带横截面上的最大正应力。已知钢的弹性模量 $E=210$GPa。

6-13 如图 6-62 所示直径为 d、弹性模量为 E 的金属丝,环绕在直径为 D 的轮缘上。试求金属丝内的最大弯曲正应变、最大弯曲正应力与弯矩。

6-14 如图 6-63 所示简支梁,由 18 号工字钢制成,已知:弹性模量 $E=200$GPa,$a=1$m。在均布荷载 q 作用下,测得截面 C 底边的纵向正应变 $\varepsilon=3.0\times10^{-4}$。试计算梁内的最大弯曲正应力。

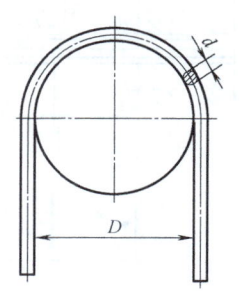

图 6-62 习题 6-13 图

6-15 如图 6-64 所示圆截面外伸梁,其外伸部分是空心的。已知:$F_P=10$kN,$q=5$kN/m,许用应力 $[\sigma]=140$MPa。试校核梁的强度。图中尺寸单位为 mm。

6-16 如图 6-65 所示铸铁梁,已知:许用拉应力 $[\sigma_t]=40$MPa,许用压应力 $[\sigma_c]=$

160MPa。试按正应力强度条件校核梁的强度。若荷载不变，但将截面倒置，问是否合理？为什么？

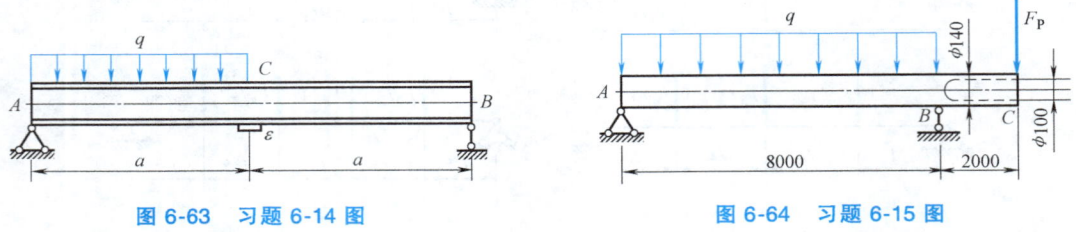

图 6-63 习题 6-14 图   图 6-64 习题 6-15 图

6-17 如图 6-66 所示某承受纯弯曲的铸铁梁，其截面为⊥形，已知材料的抗拉和抗压许用应力之比为 $[\sigma_t]/[\sigma_c]=1/4$。试求水平翼板的合理宽度 b。

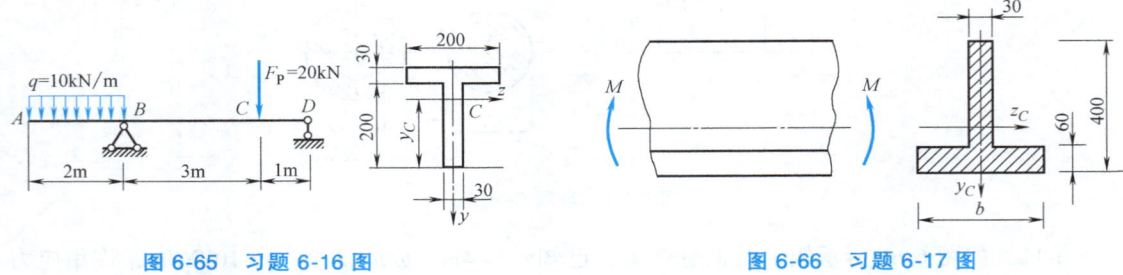

图 6-65 习题 6-16 图   图 6-66 习题 6-17 图

6-18 如图 6-67 所示某承受管道的悬臂梁，用两根槽钢组成。已知两管道作用在悬臂梁上的重力各为 $Q=5.39\text{kN}$，材料的许用应力 $[\sigma]=130\text{MPa}$。试求：（1）绘悬臂梁的弯矩图；（2）选择槽钢的型号。

6-19 如图 6-68 所示 20a 号工字钢梁，已知材料的许用应力 $[\sigma]=160\text{MPa}$。试求许用荷载 $[F_P]$。

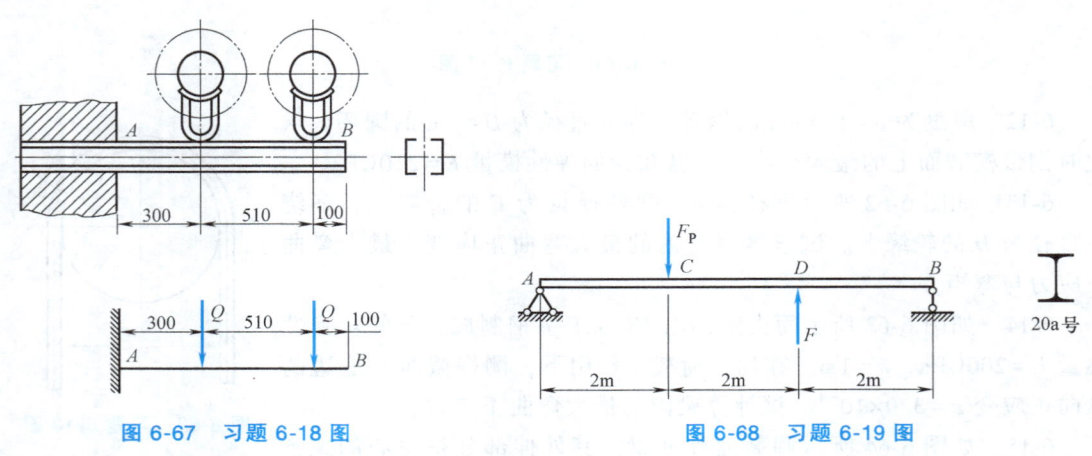

图 6-67 习题 6-18 图   图 6-68 习题 6-19 图

6-20 如图 6-69a 所示悬臂梁 AB，已知：$F_P=10\text{kN}$，$M_e=70\text{kN}\cdot\text{m}$，$a=3\text{m}$。梁横截面的形状及尺寸均示于图 6-69b（单位为 mm），C_0 为截面形心，截面对中性轴的惯性矩 $I_z=1.02\times10^8\text{mm}^4$，拉伸许用应力 $[\sigma_t]=40\text{MPa}$，压缩许用应力 $[\sigma_c]=120\text{MPa}$。试校核梁

的强度。

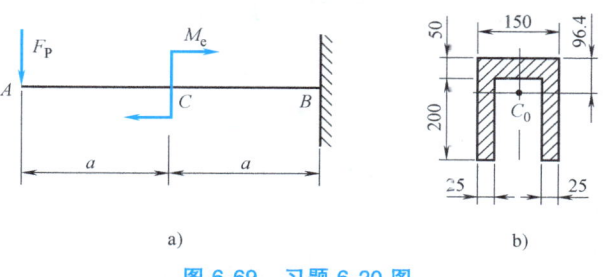

图 6-69　习题 6-20 图

6-21　如图 6-70 所示外伸梁，承受集中荷载 F_P 作用。已知：$F_P = 20$kN，许用应力 $[\sigma] = 160$MPa。试选择工字钢的型号。

6-22　如图 6-71 所示结构中，ABC 为 10 号普通热轧工字钢梁，钢梁在 A 处为固定铰链支承，B 处用圆截面钢杆悬吊。已知梁与杆的许用应力均为 $[\sigma] = 160$MPa。试求：（1）许用分布荷载集度 $[q]$；（2）圆杆 BD 的直径 d。

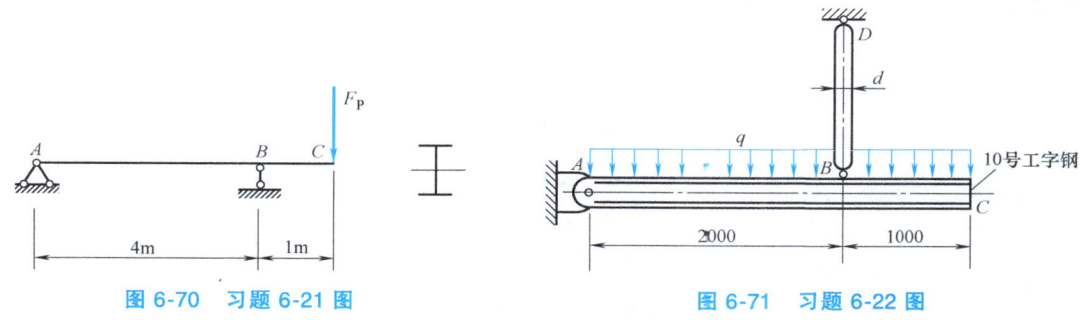

图 6-70　习题 6-21 图　　　　　　　图 6-71　习题 6-22 图

6-23　如图 6-72 所示简支梁 AB，当力 F_P 直接作用在简支梁的中点时，梁内最大正应力超过许用应力 30%，为了消除此过载现象，配置了如图 6-72 所示的辅助梁 CD。已知 $l = 6$m，试求此辅助梁的跨度 a。

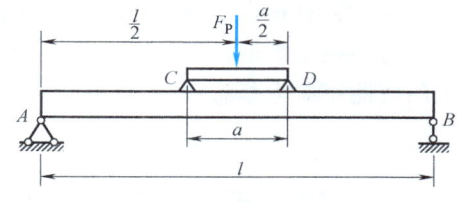

图 6-72　习题 6-23 图

6-24　如图 6-73 所示矩形截面木梁，许用应力 $[\sigma] = 10$MPa。求：（1）试根据强度要求确定截面尺寸 b；（2）如果在横截面 A 处钻出一直径为 $d = 60$mm 的圆孔，试问是否安全。

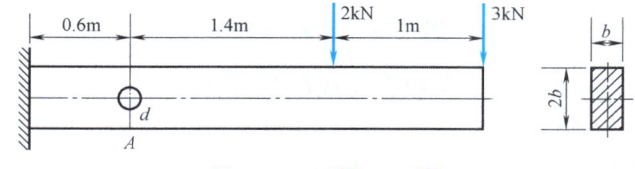

图 6-73　习题 6-24 图

6-25　如图 6-74 所示矩形截面阶梯梁，承受均布荷载 q 作用。已知：截面宽度为 b，许用应力为 $[\sigma]$。为使梁自量最轻，试确定长度 l_1、截面高度 h_1 与 h_2。

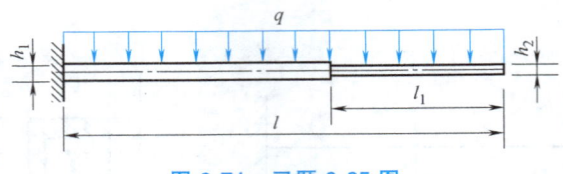

图 6-74 习题 6-25 图

6-26 如图 6-75 所示工字形截面外伸梁，试计算梁内的最大正应力和最大切应力。

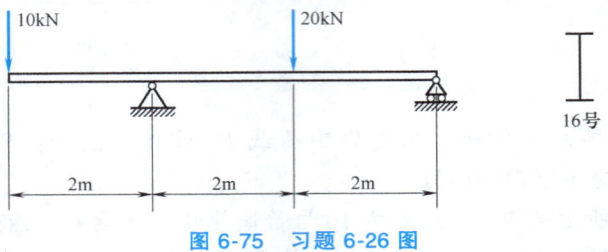

图 6-75 习题 6-26 图

6-27 如图 6-76 所示简支梁，试从梁中 A 点和 B 点处取出单元体，并表明单元体各面上的应力。

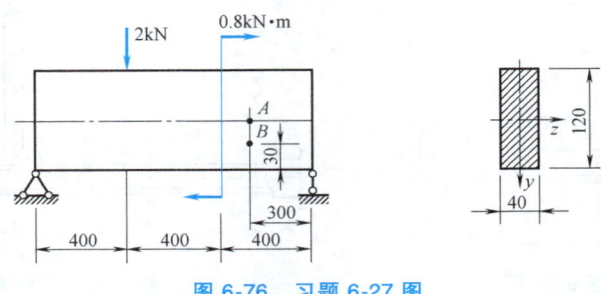

图 6-76 习题 6-27 图

6-28 如图 6-77 所示两根材料相同、横截面面积相等的简支梁，一根是整体的矩形截面梁，另一根是矩形截面的叠合梁。若不计叠合梁之间的摩擦，试问：（1）这两种梁横截面上的弯曲正应力是怎样的？（2）这两种梁能承受的荷载相差多少？

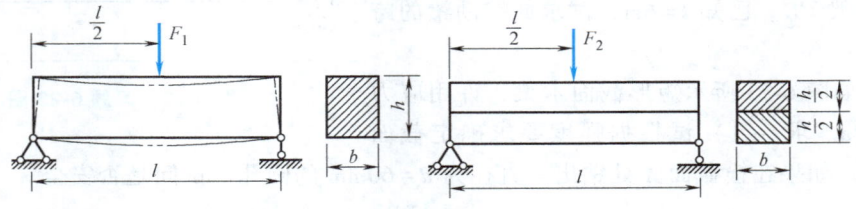

图 6-77 习题 6-28 图

6-29 如图 6-78 所示由三根木条胶合而成的悬臂梁，已知：跨度 $l=1$m，木材的 $[\sigma]=10$MPa，$[\tau]=1$MPa，胶合面上的 $[\tau]_g=0.34$MPa。试求许用荷载 $[F_P]$ 值。

6-30 已知悬臂梁承受均布荷载 q，截面为矩形，宽度为 b，高为 h，梁的长度为 l，试证明 $\dfrac{\tau_{max}}{\sigma_{max}}=0.5\left(\dfrac{h}{l}\right)$。

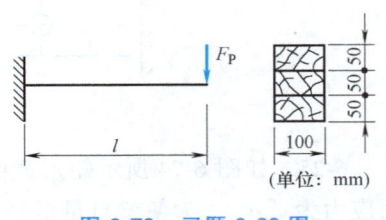

图 6-78 习题 6-29 图

若限制梁的最大切应力不超过最大正应力的 5%，则 h/l 应取多少？

6-31　如图 6-79 所示简支钢梁 AB，材料许用应力 $[\sigma]=160\mathrm{MPa}$，$[\tau]=80\mathrm{MPa}$。该梁拟采取三种形状的截面：(a) 直径为 d 的圆截面；(b) 高宽比为 2 的矩形截面；(c) 工字形钢截面。试：(1) 按弯曲正应力强度条件设计三种形状的截面尺寸；(2) 比较三种截面的 W_z/A 值，说明何种形式最为经济；(3) 按弯曲切应力强度条件进行校核。

6-32　如图 6-80 所示起重机下的梁，由两根工字钢组成。已知：起重机自重 $G=50\mathrm{kN}$，起重量 $F_\mathrm{P}=10\mathrm{kN}$，许用应力 $[\sigma]=160\mathrm{MPa}$，$[\tau]=100\mathrm{MPa}$。若不考虑梁的自重，试选择工字钢型号。

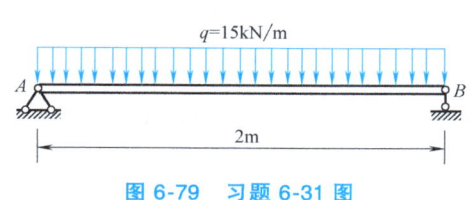

图 6-79　习题 6-31 图

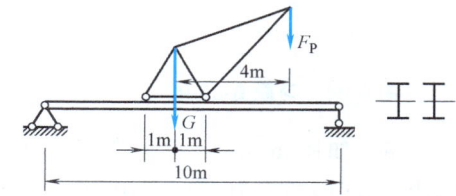

图 6-80　习题 6-32 图

6-33　为了起吊重 $W=300\mathrm{kN}$ 的大型设备，采用一台 150kN 和一台 200kN 的起重机及一根辅助梁 AB，如图 6-81 所示。已知钢材的 $[\sigma]=160\mathrm{MPa}$，$l=4\mathrm{m}$。试分析和计算：(1) 设备吊在辅助梁的什么位置（以至 150kN 起重机的间距 a 表示），才能保证两台起重机都不会超载？(2) 若以普通热轧工字形钢作为辅助梁，确定工字钢型号。

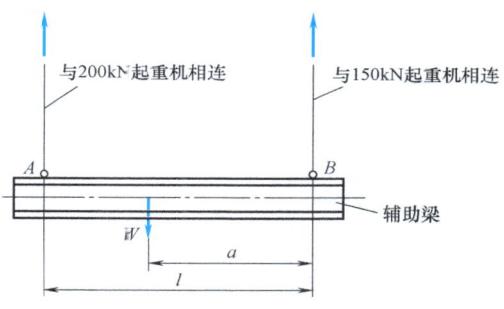

图 6-81　习题 6-33 图

6-34　某 28a 号工字钢梁受力如图 6-82 所示，已知：钢材 $E=200\mathrm{GPa}$，$\nu=0.3$。已知中性层上 K 点处的切应力为 $\tau_K=40\mathrm{MPa}$，且 No.28a 工字钢的 $I_z:S^*_{z\max}=24.62\mathrm{cm}$，试求此时梁承受的荷载 F_P。

6-35　No.25b 工字钢简支梁受力如图 6-83 所示，已知：$[\sigma]=160\mathrm{MPa}$，$[\tau]=100\mathrm{MPa}$。No.25b 工字钢的 $W_z=422.72\mathrm{cm}^3$，$I_z=5283.96\mathrm{cm}^4$，$I_z:S^*_{zm\varepsilon x}=21.27\mathrm{cm}$，腹板厚度 $b=10\mathrm{cm}$，翼缘面积对中性轴的静矩为 $S^*_z=181.8\times10^{-6}\mathrm{m}^3$。试全面校核梁的强度（第三类危险点采用形状改变能密度理论校核）。

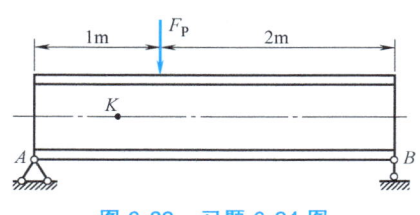

图 6-82　习题 6-34 图

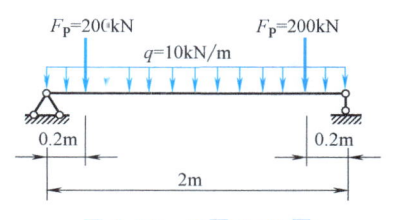

图 6-83　习题 6-35 图

6-36　图 6-84 所示为由 16 号工字钢制成的简支梁，跨中作用着集中荷载 F_P。在截面 C—C 处梁的下边缘上，用标距 $s=20\mathrm{mm}$ 的应变仪量得纵向伸长 $\Delta s=0.008\mathrm{mm}$。已知梁的跨

度 $l=1.5\mathrm{m}$，$a=1\mathrm{m}$，弹性模量 $E=210\mathrm{GPa}$。试求力 F_P 的大小。

6-37　如图 6-85 所示简支梁，由四块尺寸相同的木板胶接而成。已知：荷载 $F_\mathrm{P}=4\mathrm{kN}$，梁跨度 $l=400\mathrm{mm}$，截面宽度 $b=50\mathrm{mm}$，高度 $h=80\mathrm{mm}$，木板的许用应力 $[\sigma]=7\mathrm{MPa}$，胶缝的许用切应力 $[\tau]=5\mathrm{MPa}$。试校核梁的强度。

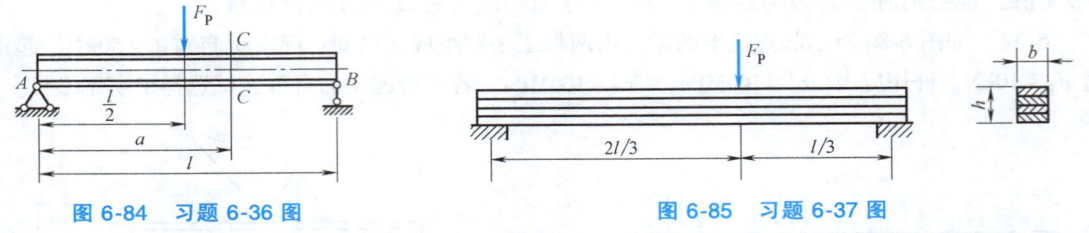

图 6-84　习题 6-36 图　　　　　　　　图 6-85　习题 6-37 图

6-38　如图 6-86 所示外伸梁，承受荷载 $F_\mathrm{P}=20\mathrm{kN}$ 作用。已知：许用应力 $[\sigma]=160\mathrm{MPa}$，许用切应力 $[\tau]=90\mathrm{MPa}$。试选择工字钢型号。

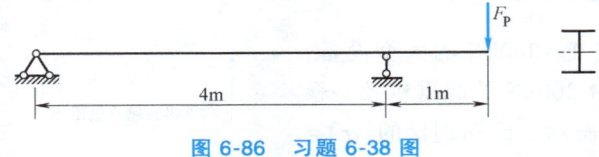

图 6-86　习题 6-38 图

第 7 章 平面弯曲杆件的变形与刚度计算

> **本章提要**
> 平面弯曲杆件变形时，其轴线由直线变为曲线。本章主要介绍平面弯曲杆件变形的概念、挠度和转角；推导挠曲线近似微分方程；着重研究平面弯曲杆件变形及位移的计算方法，即积分法和叠加法。然后就工程实际问题，进行刚度计算。最后介绍简单超静定梁的求解。

■ 7.1 挠曲线的概念

直梁在平面弯曲时，其轴线将在形心主惯性平面（杆件轴线与横截面形心主惯性轴所确定的平面）内弯成一条连续光滑的曲线，如图 7-1 所示，该曲线称为梁的 <u>挠度曲线</u>（简称 <u>挠曲线</u>）。其 <u>挠曲线方程</u> 可表示为

$$w = w(x) \tag{7-1}$$

式中 w——挠度（m 或 mm），即横截面的形心在垂直于梁的初始轴线方向的位移，向下为正，反之为负；

x——横截面的位置（m 或 mm）。

根据平面假设，梁变形时，各横截面仍保持为平面绕中性轴转动，且仍与弯曲后的梁轴线保持垂直。即梁的任一横截面的转角 θ 等于挠曲线在该横截面处的切线与 x 轴的夹角。因此，在图 7-1 所示的 Oxw 坐标系中，挠度与转角存在以下关系：

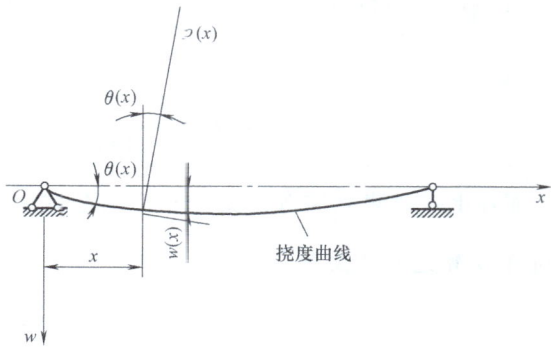

图 7-1 梁的挠曲线

$$\frac{\mathrm{d}w}{\mathrm{d}x} = \tan\theta \tag{7-2}$$

式中 θ——转角（rad），即横截面相对于变形前的位置绕中性轴转过的角度，顺时针转向为正，反之为负。

在小变形的条件下，梁的转角一般都很小，因而 $\tan\theta \approx \theta$，于是有

$$\frac{dw}{dx} = \theta \tag{7-3}$$

即横截面的转角等于挠曲线在该横截面处切线的斜率。

在小变形情况下,挠曲线是一条极为平缓的曲线,所以任一横截面的形心在轴线方向上的位移分量都可略去不计。对于细长梁,剪力对其弯曲变形的影响很小,一般也忽略不计。因此,梁变形后横截面发生的位移可用**挠度** w 和**转角** θ 两个量描述。只要知道了挠曲线方程,即可由式 (7-1) 和式 (7-3) 分别求得梁上任一横截面的挠度和转角。

另外,变形和位移是两个不同的概念,但又相互联系。例如有两根梁,其长度、材料、横截面的形状和尺寸以及受力情况等均相同(见图 7-2),这两根梁的弯曲变形程度是相同的,因为它们的中性层曲率相同,但其相应横截面的位移却明显不同。这是因为梁的弯曲变形仅与弯矩和梁的弯曲刚度有关,而各横截面的位移不仅与弯矩和梁的弯曲刚度有关,还与梁的约束条件(**边界条件**)有关。

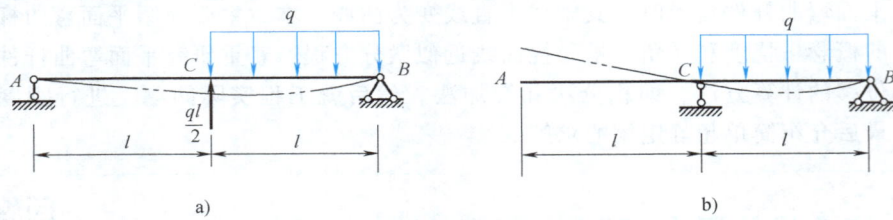

图 7-2 不同约束情况下梁的挠曲线
a) 简支梁 b) 外伸梁

7.2 挠曲线近似微分方程

图 7-1 中,挠曲线 $w = w(x)$ 上的任一点的曲率为

$$\frac{1}{\rho(x)} = \pm \frac{\dfrac{d^2 w}{dx^2}}{\left[1 + \left(\dfrac{dw}{dx}\right)^2\right]^{3/2}}$$

挠曲线近似微分方程

而在上一章建立纯弯曲梁的正应力公式时,曾导出中性层的曲率(即挠曲线的曲率)$\dfrac{1}{\rho}$ 与弯矩 M 之间的关系,即

$$\frac{1}{\rho} = \frac{M}{EI}$$

该式也适用于细长梁的横力弯曲,即

$$\frac{1}{\rho(x)} = \frac{M(x)}{EI}$$

因此,有

$$\frac{\dfrac{d^2 w}{dx^2}}{\left[1 + \left(\dfrac{dw}{dx}\right)^2\right]^{3/2}} = \pm \frac{M(x)}{EI} \tag{7-4}$$

在小变形条件下，梁的转角一般很小，故 $\left(\dfrac{dw}{dx}\right)^2$ 远小于 1，式（7-4）可以简化为

$$\dfrac{d^2w}{dx^2}=\pm\dfrac{M(x)}{EI} \tag{7-5}$$

式（7-5）称为 挠曲线近似微分方程。式中的正负号与坐标轴正向的选取有关，如图 7-3 所示。若弯矩的正负号仍按书中规定，则弯矩 M 与 $\dfrac{d^2w}{dx^2}$ 的正负号恒相反。于是，式（7-5）等号右侧应取负号，即

$$\dfrac{d^2w}{dx^2}=-\dfrac{M(x)}{EI} \tag{7-6}$$

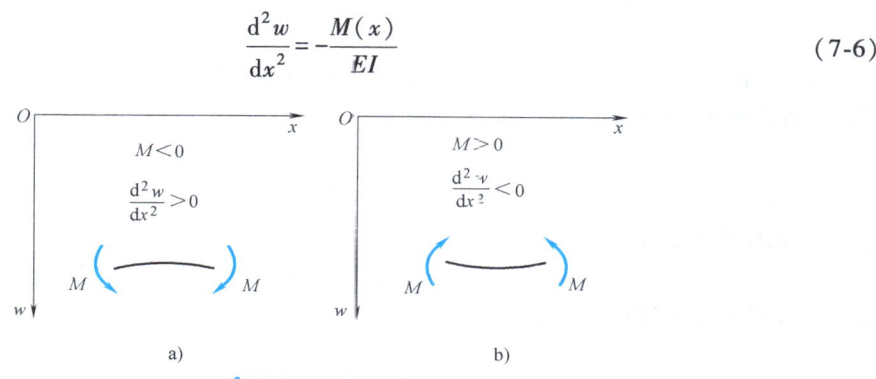

图 7-3　$\dfrac{d^2w}{dx^2}$ 正负号与弯矩 M 的关系

a）挠曲线上凸　b）挠曲线下凸

7.3　积分法求梁的变形

由梁的挠曲线近似微分方程，通过两次积分，就可得出梁的挠曲线方程。因此，积分法是求梁变形时各横截面位移的基本方法。

积分法求梁的变形

当全梁各横截面上的弯矩可用一个弯矩方程表示时，梁的挠度曲线近似微分方程仅有一个，将式（7-6）相继积分两次，有

$$\theta=\dfrac{dw}{dx}=-\int\dfrac{M(x)}{EI}dx+C_1 \tag{7-7}$$

$$w=-\iint\dfrac{M(x)}{EI}dxdx+C_1x+D_1 \tag{7-8}$$

其中，C_1 和 D_1 是积分常数，可通过梁的约束条件确定。例如铰支座处的挠度应等于零；固定端处的挠度和转角均应等于零。这种已知约束位移的条件，通常称为梁的 边界条件。而当梁的弯矩方程需要分段列出时，挠曲线近似微分方程也应分段建立。分别积分两次后，每一段均含有两个积分常数。此时除了要应用梁的边界条件之外，还需利用分段处挠曲线的 连续性条件，即在分段处左、右两段梁应具有相等的挠度和相等的转角。

【例 7-1】　求图 7-4 所示悬臂梁的转角方程和挠度方程，并确定其最大转角 $\theta_{\max}$ 和最大

挠度 w_{max}。已知该梁的弯曲刚度 EI 为常量。

解：建立坐标系，如图7-4所示。

(1) 列出弯矩方程

$$M(x) = -F(l-x) \quad (0 < x \leqslant l)$$

(2) 建立挠曲线近似微分方程并积分两次

$$EIw''(x) = -M(x) = F(l-x)$$

$$EIw'(x) = Flx - \frac{F}{2}x^2 + C_1$$

$$EIw(x) = \frac{Fl}{2}x^2 - \frac{F}{6}x^3 + C_1x + D_1$$

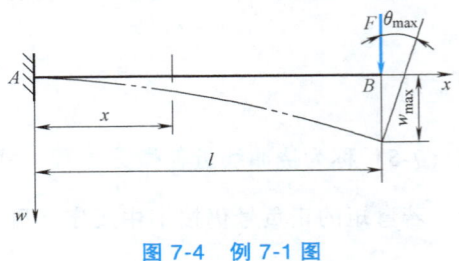

图 7-4　例 7-1 图

(3) 确定积分常数，并建立转角方程和挠曲线方程　此梁的位移边界条件是固定端 A 处的挠度和转角均为零，即

$$x = 0 \text{ 时}, \quad w' = 0$$
$$x = 0 \text{ 时}, \quad w = 0$$

将它们分别代入上面两式，得

$$C_1 = 0, \quad D_1 = 0$$

所以，转角方程和挠曲线方程分别为

$$\theta(x) = w'(x) = \frac{1}{EI}\left(Flx - \frac{F}{2}x^2\right)$$

$$w(x) = \frac{1}{EI}\left(\frac{Fl}{2}x^2 - \frac{F}{6}x^3\right)$$

(4) 求最大转角 θ_{max} 和最大挠度 w_{max}　根据梁的受力情况和边界条件，画出挠曲线的大致形状，如图7-4所示。可知 θ_{max} 和 w_{max} 均发生在自由端 B 处，故以 $x = l$ 代入转角方程和挠曲线方程，可得

$$\theta_{max} = w'(l) = \frac{Fl^2}{2EI}(\curvearrowright)$$

$$w_{max} = w(l) = \frac{Fl^3}{3EI}(\downarrow)$$

可以看出：上述积分是以 x 为自变量的，由此得出的积分常数具有明确的物理意义，即

$$C_1 = EIw'(0) = EI\theta_0$$
$$D_1 = EIw(0) = EIw_0$$

式中，θ_0 和 w_0 分别为初始截面（$x = 0$ 的截面）的转角和挠度。

【例 7-2】 求图7-5所示简支梁的转角方程和挠曲线方程，并确定其最大转角 θ_{max} 和最大挠度 w_{max}。已知该梁的弯曲刚度 EI 为常量。

解：建立坐标系，如图7-5所示。

梁的支座 A、B 的约束力分别为

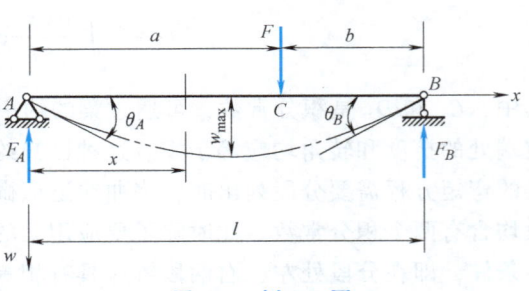

图 7-5　例 7-2 图

$$F_A = \frac{Fb}{l}, \quad F_B = \frac{Fa}{l}$$

(1) 分段列出弯矩方程

AC 段（$0 \leq x \leq a$）：

$$M_1(x) = F_A x = \frac{Fb}{l} x$$

CB 段（$a \leq x \leq l$）：

$$M_2(x) = F_A x - F(x-a) = \frac{Fb}{l} x - F(x-a)$$

(2) 建立挠曲线近似微分方程并积分 由于 AC 段和 CB 段的弯矩方程不同，挠曲线近似微分方程应分段建立，并分别进行积分。

AC 段（$0 \leq x \leq a$）：

$$EIw_1''(x) = -M(x) = -\frac{Fb}{l} x$$

$$EIw_1'(x) = -\frac{Fb}{2l} x^2 + C_1$$

$$EIw_1(x) = -\frac{Fb}{6l} x^3 + C_1 x + D_1$$

CB 段（$a \leq x \leq l$）：

$$EIw_2''(x) = -M(x) = -\frac{Fb}{l} x + F(x-a)$$

$$EIw_2'(x) = -\frac{Fb}{2l} x^2 + \frac{F}{2}(x-a)^2 + C_2$$

$$EIw_2(x) = -\frac{Fb}{6l} x^3 + \frac{F}{6}(x-a)^3 + C_2 x + D_2$$

(3) 确定积分常数，建立转角方程和挠曲线方程 四个积分常数 C_1、D_1、C_2、D_2 需要四个位移条件确定。

先利用 C 点处的位移连续性条件：

$$x = a \text{ 时}, \quad w_1'(a) = w_2'(a)$$
$$x = a \text{ 时}, \quad w_1(a) = w_2(a)$$

将 $x = a$ 代入各积分式，得

$$C_1 = C_2, \quad D_1 = D_2$$

再利用位移边界条件：

$$x = 0 \text{ 时}, \quad w_1(0) = 0$$
$$x = l \text{ 时}, \quad w_2(l) = 0$$

将 $x = 0$ 和 $x = a$ 代入相应的积分式，得

$$D_1 = D_2 = 0$$

$$C_1 = C_2 = \frac{Fb}{6l}(l^2 - b^2)$$

所以，各梁段的转角方程和挠曲线方程分别为

AC 段 $(0 \leqslant x \leqslant a)$:

$$\theta_1(x) = w_1'(x) = \frac{1}{EI}\left[-\frac{Fb}{2l}x^2 + \frac{Fb}{6l}(l^2-b^2)\right]$$

$$w_1(x) = \frac{1}{EI}\left[-\frac{Fb}{6l}x^3 + \frac{Fb}{6l}(l^2-b^2)x\right]$$

CB 段 $(a \leqslant x \leqslant l)$:

$$\theta_2(x) = w_2'(x) = \frac{1}{EI}\left[-\frac{Fb}{2l}x^2 + \frac{F}{2}(x-a)^2 + \frac{Fb}{6l}(l^2-b^2)\right]$$

$$w_2(x) = \frac{1}{EI}\left[-\frac{Fb}{6l}x^3 + \frac{F}{6}(x-a)^3 + \frac{Fb}{6l}(l^2-b^2)x\right]$$

(4) 求最大转角 θ_{max} 和最大挠度 w_{max} 根据梁的受力情况和边界条件，画出挠曲线的大致形状，如图 7-5 所示。最大转角位于支座 A 处或支座 B 处，它们的值分别为

$$\theta_A = w_1'(0) = \frac{Fab}{6EIl}(l+b) \ (\curvearrowright)$$

$$\theta_B = w_2'(l) = -\frac{Fab}{6EIl}(l+a) \ (\curvearrowleft)$$

当 $a>b$ 时

$$\theta_{max} = |\theta_B| = \frac{Fab}{6EIl}(l+a)$$

简支梁最大挠度必发生在转角为零处。设该截面的位置为 $x = x_1$，先研究 AC 段梁，令 $w_1'(x_1) = 0$，即

$$-\frac{Fb}{2l}x_1^2 + \frac{Fb}{6l}(l^2-b^2) = 0$$

解得

$$x_1 = \sqrt{\frac{l^2-b^2}{3}} = \sqrt{\frac{a(a+2b)}{3}}$$

当 $a>b$ 时，可得 $x_1<a$，即转角为零的截面在 AC 段内，所以最大挠度在 AC 段中，从而有

$$w_{max} = w_1(x_1) = \frac{Fb}{9\sqrt{3}EIl}\sqrt{(l^2-b^2)^3} \ (\downarrow)$$

若 $a = b = l/2$ 时，即集中荷载 F 作用于简支梁的跨度中点时，可得挠曲线为对称曲线，最大挠度值发生在跨度中点处，且

$$w_{max} = w_1(l/2) = \frac{Fl^3}{48EI} \ (\downarrow)$$

在两端铰支座处，有

$$\theta_{max} = \theta_A = |\theta_B| = \frac{Fl^2}{16EI}$$

现在再讨论一下简支梁的最大挠度值近似计算的问题。当集中力 F 离右端支座非常近时，即当 b 值很小，以致 b^2 与 l^2 相比可忽略不计时，可得 $x_1 = \sqrt{\frac{l^2}{3}} = 0.577l$。可见，即使在

这种极端情形下,最大挠度仍在跨度中点附近,其值为

$$w_{\max} \approx w_1\left(\frac{l}{\sqrt{3}}\right) = \frac{Fb}{9\sqrt{3}EIl}l^3 = 0.0642\frac{Fbl^2}{EI}$$

而跨度中点处挠度为

$$w(l/2) = w_1(l/2) = \frac{Fb}{48EI}(3l^2 - 4b^2) \approx 0.0625\frac{Fbl^2}{EI}$$

这时若用梁的跨度中点处挠度值代替梁的最大挠度值,其误差也不超过最大挠度值的 3%。所以在工程中,只要简支梁的挠曲线上无拐点,就可用梁的跨度中点处挠度值代替最大挠度值。

【例 7-3】 试作出图 7-6a 所示悬臂梁的挠曲线大致形状。

解:根据弯矩便可确定挠曲线的凸向,所以先判断梁各段的弯矩情况,再考虑固定端处的位移边界条件,即可画出挠曲线的大致形状。

AB 段的弯矩为零,该段梁不变形,而固定端处的挠度和转角均为零,所以该段挠曲线为水平直线。

BC 段的弯矩为正值,该段挠曲线应向下凸,故挠曲线位于基线上方。

CD 段的弯矩为零,该段梁不变形,其挠曲线必为直线。因梁的挠曲线应光滑连续,所以 CD 段直线必为前一段曲线的切线。

对于等截面梁,弯矩大的地方挠曲线曲率就大些,弯矩小的地方挠曲线的曲率就小。该梁的挠曲线大致形状如图 7-6b 所示。

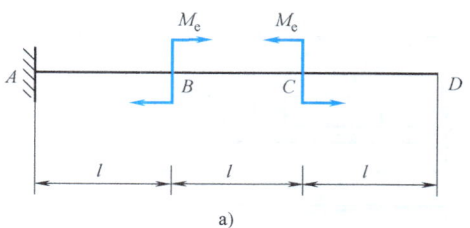
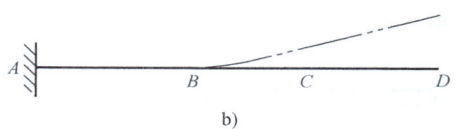

图 7-6 例 7-3 图
a) 受力图 b) 变形图

7.4 叠加法求梁的变形

积分法是求梁位移的基本方法,但当梁上的荷载比较复杂时,需要分成 n 段列弯矩方程时,就要确定 2n 个积分常数,其运算过程相当冗长。实际工程中,常常只需要确定某些特定截面的位移,因而可将常见静定梁在某些简单荷载作用下的变形列成表格(见表 7-1)。采用叠加法求若干荷载同时作用时梁的位移,就比较简捷。

叠加法求梁的变形

用叠加法求位移要满足的条件是:梁的变形很小且材料在线弹性范围内工作。这是因为在这两个条件下才能得到方程

$$\frac{d^2w}{dx^2} = -\frac{M(x)}{EI}$$

由该方程所求得的挠度和转角均与荷载成正比,即每一荷载对位移的影响是各自独立的。所以当梁上同时作用有若干荷载时,可分别求出每一荷载单独作用时所引起的位移,然后进行叠加,即得这些荷载共同作用下的位移。即

$$\theta_B(F_1, F_2, \cdots, F_n) = \theta_{B1}(F_1) + \theta_{B2}(F_2) + \cdots + \theta_{Bn}(F_n)$$

$$w_B(F_1, F_2, \cdots, F_n) = w_{B1}(F_1) + w_{B2}(F_2) + \cdots + w_{Bn}(F_n)$$

表 7-1　等截面梁在简单荷载作用下的变形

荷载类型	转角	最大挠度	挠曲线方程
悬臂梁端部集中力 F_P	$\theta_B = \dfrac{F_P l^2}{2EI}$	$w_B = \dfrac{F_P l^3}{3EI}$	$w(x) = \dfrac{F_P x^2}{6EI}(3l-x)$
悬臂梁均布荷载 q	$\theta_B = \dfrac{ql^3}{6EI}$	$w_B = \dfrac{ql^4}{8EI}$	$w(x) = \dfrac{qx^2}{24EI}(x^2+6l^2-4lx)$
悬臂梁端部力偶 M_e	$\theta_B = \dfrac{M_e l}{EI}$	$w_B = \dfrac{M_e l^2}{2EI}$	$w(x) = \dfrac{M_e x^2}{2EI}$
简支梁集中力 F_P	$\theta_A = \dfrac{F_P ab(l+b)}{6lEI}$ $\theta_B = -\dfrac{F_P ab(l+a)}{6lEI}$ $a=b=\dfrac{l}{2}$ 时 $\theta_A = -\theta_B = \dfrac{F_P l^2}{16EI}$	$a>b$ 时 $w_{max} = \dfrac{F_P b(l^2-b^2)^{3/2}}{9\sqrt{3}\,EIl}$ $a=b=\dfrac{l}{2}$ 时 $w_{max} = \dfrac{F_P l^3}{48EI}$	$w_1(x) = \dfrac{F_P bx}{6EIl}(l^2-x^2-b^2)$ $(0 \leq x \leq a)$ $w_2(x) = \dfrac{F_P b}{6EIl}\Big[\dfrac{l}{b}(x-a)^3 +$ $(l^2-b^2)x-x^3\Big]$ $(a \leq x \leq l)$
简支梁均布荷载 q	$\theta_A = -\theta_B = \dfrac{ql^3}{24EI}$	$w_{max} = \dfrac{5ql^4}{384EI}$	$w(x) = \dfrac{qx}{24EI}(l^3-2lx^2+x^3)$

(续)

荷载类型	转角	最大挠度	挠曲线方程
(简支梁，B端施加力偶 M_e，长度 l)	$\theta_A = \dfrac{M_e l}{6EI}$ $\theta_B = -\dfrac{M_e l}{3EI}$	$x = \dfrac{l}{\sqrt{3}}$ 时 $w_{\max} = \dfrac{M_e l^2}{9\sqrt{3}\,EI}$	$w(x) = \dfrac{M_e l x}{6EI}\left(1 - \dfrac{x^2}{l^2}\right)$
(简支梁，C处施加力偶 M_e，$AC=a$，$CB=b$)	$\theta_A = -\dfrac{M_e}{6EI\,l}(l^2 - 3b^2)$ $\theta_B = -\dfrac{M_e}{6EI\,l}(l^2 - 3a^2)$ $\theta_C = \dfrac{M_e}{6EI\,l}(3a^2 + 3b^2 - l^2)$	$x = \sqrt{\dfrac{l^2 - 3b^2}{3}}$ 时 $w_{\max 1} = \dfrac{M_e(l^2 - 3b^2)^{3/2}}{9\sqrt{3}\,EI\,l}$ $x = \sqrt{\dfrac{l^2 - 3a^2}{3}}$ 时 $w_{\max 2} = \dfrac{M_e(l^2 - 3a^2)^{3/2}}{9\sqrt{3}\,EI\,l}$	$w_1(x) = -\dfrac{M_e x}{6EI\,l}(l^2 - 3b^2 - x^2)$ $(0 \leqslant x \leqslant a)$ $w_2(x) = \dfrac{M_e(l-x)}{6EI\,l}[l^2 - 3a^2 - (l-x)^2]$ $(a \leqslant x \leqslant l)$

另外，**逐段刚化法**也是确定梁位移的一种叠加法。即在研究前一段梁的变形时，暂将后面各梁段视为刚体，并将作用在后面各梁段上的荷载等效移至前一段梁的末端；在研究后一梁段的变形时，将已变形的前一段梁刚化，最后将后一梁段的变形叠加在因前段梁变形所引起的刚体位移上，从而得到后一梁段的总位移。

如图 7-7 所示外伸梁，求 B 截面的位移。可以先刚化梁 CB 段，求出梁 AC 段变形在 B 截面处引起的刚体位移；然后再刚化已变形的梁 AC 段，把梁 CB 段看成悬臂梁，求出梁 CB 段变形在 B 截面的位移；最后进行叠加。即

$$w_B = w_{B1} + w_{B2}, \quad \theta_B = \theta_{B1} + \theta_{B2}$$

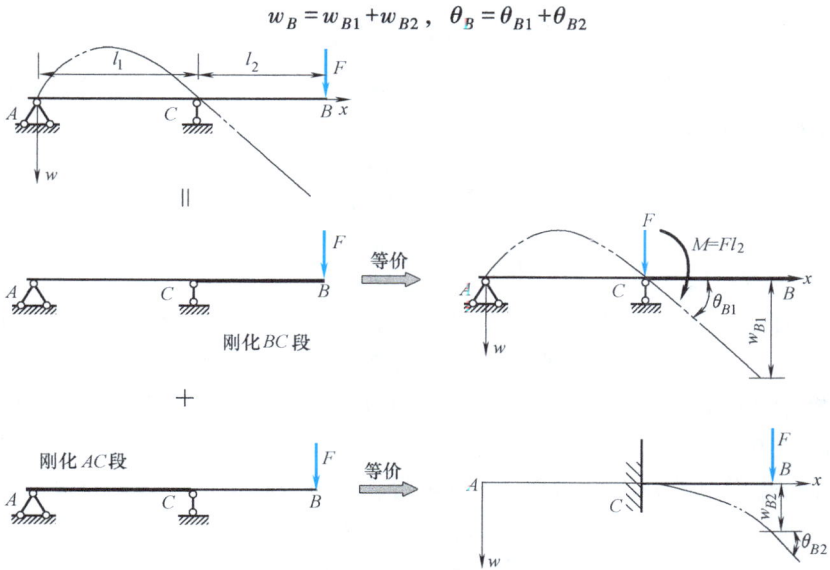

图 7-7 逐段刚化法叠加过程

【例 7-4】 如图 7-8a 所示的简支梁，承受均布荷载 q 及集中力偶 $m=ql^2$ 作用。已知梁的弯曲刚度 EI 为常数，试用叠加法求梁跨中点截面 C 处的挠度和右端支座 B 处的转角。

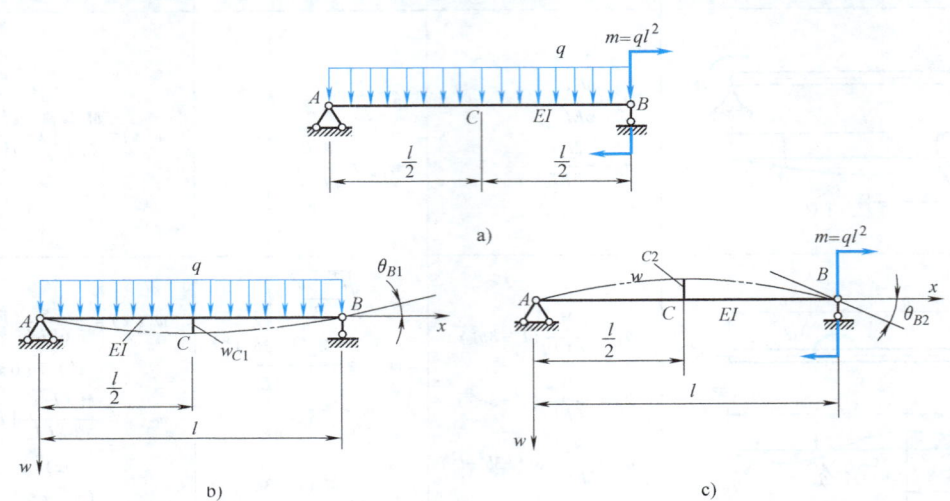

图 7-8 例 7-4 图

a) 受力图 b) 均布荷载作用下的变形图 c) 力偶作用下的变形图

解：将简支梁所受荷载分解为均布荷载及集中力偶单独作用两种情况，并画出挠曲线大致形状，分别如图 7-8b、c 所示。

由表 7-1 可求得，在均布荷载与集中力偶单独作用时，梁跨中点截面 C 处的挠度分别为

$$w_{C1} = \frac{5ql^4}{384EI}, \quad w_{C2} = -\frac{ql^4}{16EI}$$

右端支座 B 处的转角分别为

$$\theta_{B1} = -\frac{ql^3}{24EI}, \quad \theta_{B2} = \frac{ql^3}{3EI}$$

叠加以上结果，求得均布荷载 q 与集中力偶 $m=ql^2$ 共同作用下，梁跨中点截面 C 处的挠度和右端支座 B 处的转角分别为

$$w_C = w_{C1} + w_{C2} = -\frac{19ql^4}{384EI} (\uparrow)$$

$$\theta_B = \theta_{B1} + \theta_{B2} = \frac{7ql^3}{24EI} (\curvearrowleft)$$

【例 7-5】 如图 7-9a 所示悬臂梁，承受集中力 $2F$ 及集中力偶 $M_e = Fl$ 作用。已知梁的弯曲刚度 EI 为常量，试用叠加法求梁自由端截面 D 处的挠度和转角。

解：将悬臂梁所受荷载分解为集中力偶及集中力单独作用两种情况，并画出挠曲线大致形状，分别如图 7-9b、c 所示。

在集中力偶 M_e 单独作用时，由表 7-1 可求得，梁自由端截面 B 处的挠度和转角分别为

$$w_{B1} = \frac{Fl^3}{2EI}, \quad \theta_{B1} = \frac{Fl^2}{EI}$$

由于 BD 段仍为直线，所以由集中力偶 M_e 引起的截面 B 处的转角与截面 D 处的转角相同，

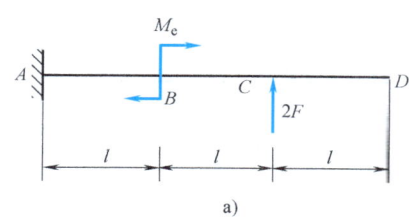
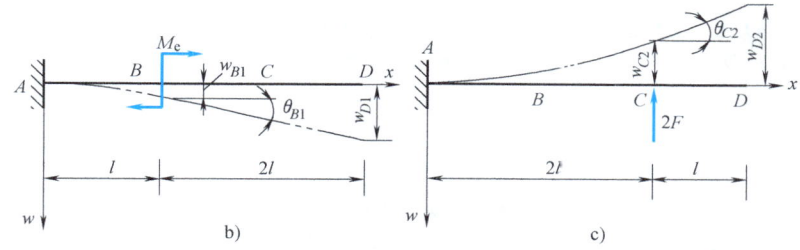

图 7-9 例 7-5 图
a) 受力图 b) 力偶作用下的变形图 c) 集中力作用下的变形图

即 $\theta_{D1}=\theta_{B1}$；因截面 B 处的转角很小，故由集中力偶 M_e 引起的截面 D 处的挠度可近似写成

$$w_{D1}=w_{B1}+\theta_{B1}\cdot 2l=\frac{Fl^3}{2EI}+\frac{Fl^2}{EI}\cdot 2l=\frac{5Fl^3}{2EI}$$

在集中力 $2F$ 单独作用下，由表 7-1 可求得，梁截面 C 处的挠度和转角分别为

$$w_{C2}=-\frac{(2F)(2l)^3}{3EI}=-\frac{16Fl^3}{3EI},\quad \theta_{C2}=-\frac{(2F)(2l)^2}{2EI}=-\frac{4Fl^2}{EI}$$

由于 CD 段为直线，所以由集中力 $2F$ 引起的截面 C 处的转角与截面 D 处的转角相同，即 $\theta_{D2}=\theta_{C2}$；截面 C 处的转角也很小，故由集中力 $2F$ 引起的截面 D 处的挠度也可近似写成

$$w_{D2}=w_{C2}+\theta_{C2}l=-\frac{(2F)(2l)^3}{3EI}-\frac{(2F)(2l)^2}{2EI}l=-\frac{28Fl^3}{3EI}$$

叠加以上结果，求得梁自由端截面 D 处的挠度和转角分别为

$$w_D=w_{D1}+w_{D2}=\frac{5Fl^3}{2EI}-\frac{28Fl^3}{3EI}=-\frac{41Fl^3}{6EI}(\uparrow)$$

$$\theta_D=\theta_{D1}+\theta_{D2}=\frac{Fl^2}{EI}-\frac{4Fl^2}{EI}=-\frac{3Fl^2}{EI}(\curvearrowright)$$

【例 7-6】 如图 7-10a 所示简支梁，在梁 AC 段承受均布荷载 q 作用。已知梁的弯曲刚度 EI 为常量，试用叠加法求梁的跨中截面 C 处的挠度和两端截面的转角。

解：为利用表 7-1 中的结果，将图 7-10a 所示荷载视为关于跨中截面 C 正对称和反对称荷载两种情况的叠加，如图 7-10b、c 所示。

在正对称荷载作用下，由表 7-1 可求得，梁的跨中截面 C 处的挠度和两端截面的转角分别为

$$w_{C1}=\frac{5(q/2)l^4}{384EI}=\frac{5ql^4}{768EI},\quad \theta_{A1}=-\theta_{B1}=\frac{(q/2)l^3}{24EI}=\frac{ql^3}{48EI}$$

在反对称荷载作用下，挠曲线对跨中截面应是反对称的，此时跨中截面的挠度应等于

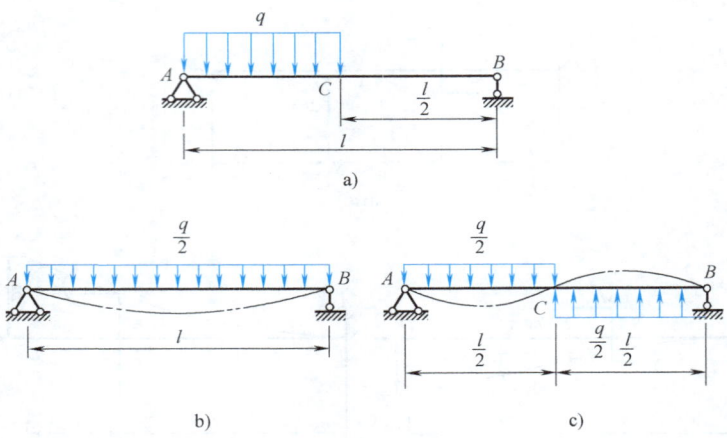

图 7-10 例 7-6 图
a) 受力图 b) 均布荷载作用下的变形图 c) 反对称荷载作用下的变形图

零；由于 C 截面的挠度为零，而转角不为零，且该截面的弯矩也等于零，故可将 AC 段和 CB 段分别看成受均布荷载作用的简支梁。因此，由表 7-1 可得

$$\theta_{A2} = \theta_{B2} = \frac{(q/2)(l/2)^3}{24EI} = \frac{ql^3}{384EI}$$

将两种情况相应的位移进行叠加，即得

$$w_C = w_{C1} + w_{C2} = \frac{5ql^4}{768EI} + 0 = \frac{5ql^4}{768EI}(\downarrow)$$

$$\theta_A = \theta_{A1} + \theta_{A2} = \frac{ql^3}{48EI} + \frac{ql^3}{384EI} = \frac{3ql^3}{128EI}(\curvearrowright)$$

$$\theta_B = \theta_{B1} + \theta_{B2} = -\frac{ql^3}{48EI} + \frac{ql^3}{384EI} = -\frac{7ql^3}{384EI}(\curvearrowleft)$$

【例 7-7】 如图 7-11a 所示，主梁 AB 和副梁 BD 在 B 处用铰链连接，在梁的右端 D 处作用有集中力 F。已知梁的弯曲刚度 EI 为常量，试用叠加法求梁右端 D 截面的挠度和转角。

解：应用逐段刚化法求梁右端 D 截面的挠度和转角。

(1) 刚化副梁 BD，计算主梁 AB 变形时引起副梁 BD 刚体位移而使截面 D 产生的挠度和转角。

由副梁 BD 的平衡方程，可知 B 处的约束力 $F_B = F$，则主梁 AB 的 B 处将受到向上的集中力 F 作用。由图 7-11b、c 所示可得

$$w_{D1} = -w_B = \frac{Fl^3}{3EI}$$

$$\theta_{D1} = \frac{w_{D1}}{l} = \frac{Fl^2}{3EI}$$

(2) 刚化主梁 AB，计算副梁 BD 在荷载作用下 D 截面的位移时，仍采用逐段刚化叠加，计算简图如图 7-11d 所示，然后再把其分解为图 7-11e、f 两种情况。由此可得

$$w_{D2} = \theta_C l = \frac{Fl^2}{3EI} l = \frac{Fl^3}{3EI}$$

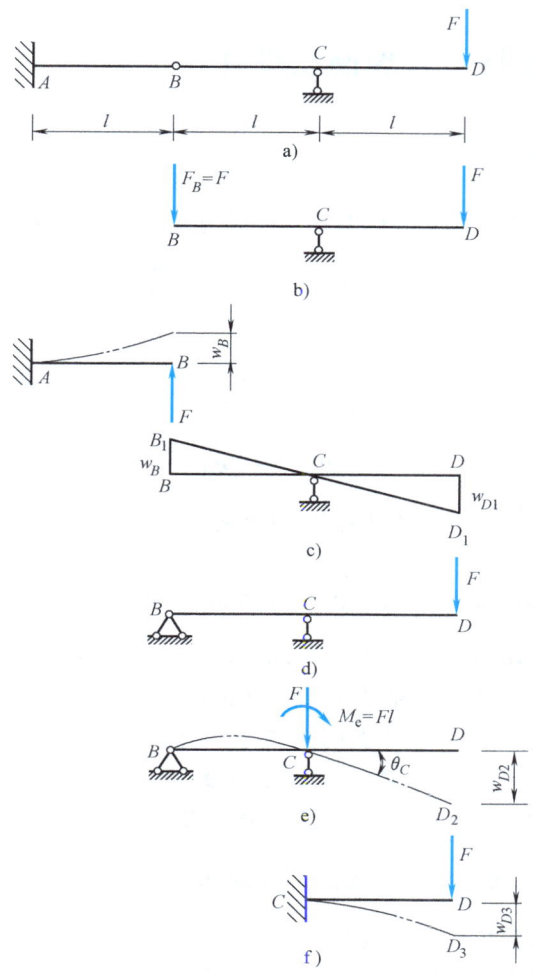

图 7-11 例 7-7 图
a) 受力图 b) 受力分析 c) 刚化梁 BD 段变形图 d) 梁 BD 段分析简图
e) 刚化 CD 段梁 BD 段变形图 f) 梁 CD 段变形图

$$\theta_{D2} = \theta_C = \frac{Fl^2}{3EI}$$

$$w_{D3} = \frac{Fl^3}{3EI}$$

$$\theta_{D3} = \frac{Fl^2}{2EI}$$

叠加上述结果，可得 D 截面的挠度和转角分别为

$$w_D = w_{D1} + w_{D2} + w_{D3} = \frac{Fl^3}{3EI} + \frac{Fl^3}{3EI} + \frac{Fl^3}{3EI} = \frac{Fl^3}{EI} \quad (\downarrow)$$

$$\theta_D = \theta_{D1} + \theta_{D2} + \theta_{D3} = \frac{Fl^2}{3EI} + \frac{Fl^2}{3EI} + \frac{Fl^2}{2EI} = \frac{7Fl^2}{6EI} \quad (\curvearrowright)$$

7.5 梁的刚度条件与合理刚度设计

7.5.1 梁的刚度条件

为使梁具有足够的刚度，需对梁的弯曲变形位移进行限制。工程中，对于梁的挠度许用值通常以许用挠度与梁的跨度之比值（简称挠跨比）$\left[\dfrac{w}{l}\right]$ 作为标准。

梁的刚度条件可表达为

$$\left|\dfrac{w_{\max}}{l}\right| \leqslant \left[\dfrac{w}{l}\right] \tag{7-9}$$

$$|\theta|_{\max} \leqslant [\theta] \tag{7-10}$$

在土建工程中，梁的 $\left[\dfrac{w}{l}\right]$ 值一般限制在 1/1000 ~ 1/250 范围内；在机械制造工程中，一些主要轴的 $\left[\dfrac{w}{l}\right]$ 值一般限制在 1/10000 ~ 1/5000 范围内，对传动轴在支座处的许用转角 $[\theta]$ 一般限制在 0.001~0.005rad 范围内。不同情况下的梁或轴的许用值根据构件的工作要求与工程经验确定，可从有关手册和设计规范中查得。

【例 7-8】 由 40a 号工字钢制成的吊车梁如图 7-12a 所示。已知起吊的最大重力 $F_P = 30\text{kN}$，梁跨度 $l=10\text{m}$，材料的许用应力 $[\sigma] = 140\text{MPa}$，弹性模量 $E = 200\text{GPa}$，梁的许用挠度与跨度的比值为 $\left[\dfrac{w}{l}\right] = 2\times10^{-3}$。若考虑梁自重的影响，试校核梁的强度和刚度。

解：当起吊重物在跨度中间截面 C 处时，梁的弯矩值和挠度值最大，故进行强度校核和刚度校核的计算简图如图 7-12b 所示，其中梁自重的影响用均布荷载 q 表示。

由附录 B 查得 40a 号工字钢的有关数据如下：
$W_z = 1090\times10^{-6}\text{m}^3$，$I_z = 21700\times10^{-8}\text{m}^4$，$q = 662.5\text{N/m}$。

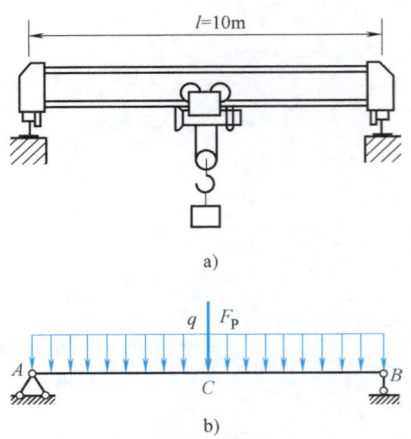

图 7-12 例 7-8 图
a) 受力图 b) 计算简图

（1）校核梁的弯曲正应力强度　应用叠加法求得梁的最大弯矩为

$$M_{\max} = \dfrac{F_P l}{4} + \dfrac{ql^2}{8} = \dfrac{30\times10^3\text{N}\times10\text{m}}{4} + \dfrac{662.5\text{N/m}\times10^2\text{m}}{8} = 83.28\times10^3\text{N}\cdot\text{m}$$

根据弯曲正应力强度条件，得

$$\sigma_{\max} = \dfrac{M_{\max}}{W_z} = \dfrac{83.28\times10^3\text{N}\cdot\text{m}}{1090\times10^{-6}\text{m}^3} = 76.4\times10^6\text{Pa} = 76.4\text{MPa} < [\sigma] = 140\text{MPa}$$

（2）校核梁的刚度　由表 7-1 并应用叠加法，求得梁跨中截面 C 处的最大挠度为

$$w_{max} = \frac{F_P l^3}{48EI} + \frac{5ql^4}{384EI} = \frac{l^3}{EI}\left(\frac{F_P}{48} + \frac{5ql}{384}\right)$$

$$= \frac{10^3 \text{m}^3}{200 \times 10^9 \text{Pa} \times 21700 \times 10^{-8} \text{m}^4} \times \left(\frac{30 \times 10^3 \text{N}}{48} + \frac{5 \times 662.5 \text{N/m} \times 10\text{m}}{384}\right)$$

$$= 16.39 \times 10^{-3} \text{m} = 16.39 \text{mm}$$

根据梁的刚度条件，有

$$\frac{w_{max}}{l} = \frac{16.39 \times 10^{-3} \text{m}}{10\text{m}} = 1.639 \times 10^{-3} < \left[\frac{w}{l}\right] = 2 \times 10^{-3}$$

综上，该梁满足强度和刚度要求。

7.5.2 梁的合理刚度设计

从梁的挠曲线微分方程及其积分可以看出，挠度和转角与弯矩 $M(x)$、弯曲刚度 EI、跨度 l 及支座情况有关。因此，通常采用以下措施提高梁的弯曲刚度。

1) 调整加载方式，减小弯矩。如将简支梁跨中的集中力安排在靠支座比较近的位置处，或将集中力分散为均布荷载作用于梁上，梁的挠度都会减小。

2) 减小梁的跨度或增加支座。由于梁的挠度与跨度 l 的 n 次幂成正比，因此减小梁的跨度将显著提高梁的刚度。例如，在简支梁的中间增加一个支座，这会减小梁的跨长，使梁的挠度变小。但增加支座后，会使原来的静定梁变成超静定梁（关于超静定梁的解法将在下一节中介绍）。

3) 选用合理的截面形状。在横截面面积不变的情况下，让尽可能多的材料布置得离中性轴远一些，可以增大截面的惯性矩 I。因此，工程中常采用工字形、箱形等截面形式，这也是提高梁的弯曲刚度的主要途径。

4) 选用合适的材料，提高弹性模量 E。对于钢梁来说，因各种钢材的弹性模量 E 相差很小，故选用高强度的优质钢，对提高梁的弯曲刚度作用不大。

■ 7.6 用变形比较法解简单超静定梁

用变形比较法解简单超静定梁

前面研究的是静定梁，仅由独立平衡方程就可求出全部约束力。但在工程实际中，有时为了提高梁的强度和刚度，或由于构造上的需求，往往对静定梁再增加一个或几个约束。这样，梁的支座约束力数目便超过独立平衡方程的数目，只凭静力平衡方程不能解出全部未知约束力，这样的梁称为超静定梁。

在超静定梁中，那些超过维持静力平衡所需的约束，称为多余约束，其所对应的约束力称为多余约束力。超静定梁未知约束力的数目与静力平衡方程数目之差，称为超静定次数。求解超静定梁的未知约束力，与求解拉（压）超静定问题相似，除列出静力平衡方程外，还需根据结构的变形协调条件及荷载与变形间的物理关系，建立补充方程，且使补充方程的数目等于多余约束力的数目，才能求得全部约束力。

下面以图 7-13 为例，说明求解简单超静定梁的方法与步骤。

1) 根据超静定次数，选择静定基。把超静定梁结构中多余的约束解除，用约束力取代，这样把原超静定梁在形式上转变为静定系统。这种形式上的静定系统称为原超静定梁的**静定系或静定基**。如图 7-13b 所示，支座 B 作为多余约束，解除之后用 F_B 代替。

2）写出变形协调方程。为了使静定基的变形与原超静定梁的变形相同，必须使静定基在原荷载和多余约束力共同作用下在多余约束处的位移与原超静定梁在该处的相应位移相等。这种通过比较静定基与原超静定梁的变形而建立的方程，称为**变形协调方程**或**变形协调条件**。

如图 7-13 所示，变形协调方程为

$$w_B = (w_B)_q + (w_B)_F = 0$$

3）写出物理关系。查表 7-1 可得荷载与挠度间的物理关系为

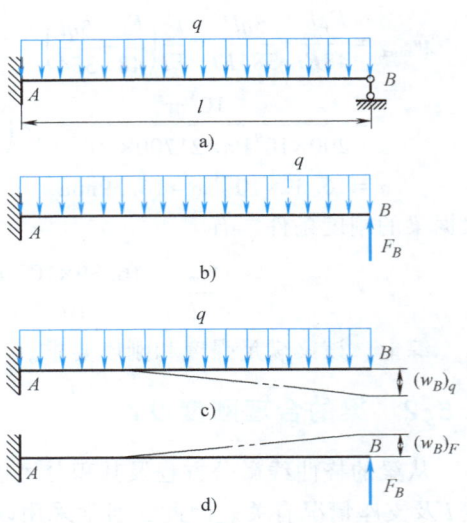

图 7-13 简单超静定梁问题
a）超静定梁　b）静定基　c）均布荷载作用下的变形图　d）集中力作用下的变形图

$$(w_B)_q = \frac{ql^4}{8EI}$$

$$(w_B)_F = -\frac{F_B l^3}{3EI}$$

4）列出补充方程。把物理关系代入变形协调方程，得**补充方程**

$$\frac{ql^4}{8EI} - \frac{F_B l^3}{3EI} = 0$$

5）根据补充方程求解多余约束力。

$$F_B = \frac{3ql}{8}$$

6）利用平衡方程求解其他约束力。

$$F_{Ax} = 0, \quad F_{Ay} = \frac{5ql}{8}(\uparrow), \quad m_A = \frac{ql^2}{8}(\circlearrowright)$$

约束力全部确定后，其他问题（内力、应力）则与静定梁的解法相同。

应当指出，多余约束或静定基的选择并非是唯一的。选择不同的约束作为多余约束就可以得出不同形式的静定基，但静定基必须是几何稳定的。例如，上面例子中，也可以把固定端 A 处的转动约束视为多余约束，解除此约束，则要以与之相应的多余约束力偶 m_A 代替，这时静定基为简支梁，如图 7-14 所示。

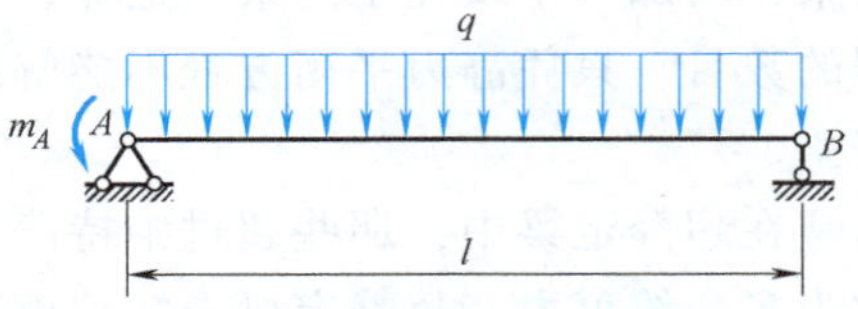

图 7-14 简单超静定梁的另一形式静定基

因为原超静定梁端面 A 处的转角等于零，故相应的变形协调方程为

$$\theta_A = (\theta_A)_q + (\theta_A)_m = 0$$

物理方程为

$$(\theta_A)_q = \frac{ql^3}{24EI}, \quad (\theta_A)_m = -\frac{M_A l}{3EI}$$

补充方程为

$$\frac{ql^3}{24EI} - \frac{M_A l}{3EI} = 0$$

由此解得

$$m_A = \frac{ql^2}{8} \quad (\curvearrowleft)$$

所得结果与前面一样。可见，用两种静定基计算的最后结果是相同的。

【例 7-9】 图 7-15 所示梁 AB 和 CD 横截面尺寸相同，梁在加载之前，B 处与 C 处之间存在间隙 $\delta_0 = 1.2\text{mm}$。若两梁的材料相同，$E = 105\text{GPa}$，$q = 30\text{kN/m}$，试求 A、D 端的约束力。

解：梁 AB 加载之后，其端点 B 处的挠度大于加载之前 B 处与 C 处之间的间隙，使两梁的自由端相互接触，形成相互约束。因此，对两梁来说，都是一次超静定问题。选择两梁的自由端的约束为多余约束，解除此约束，用荷载 F_{BC} 代替，静定基如图 7-15b 所示。

梁 AB 在静定基情况下自由端 B 处的挠度值与梁 CD 在静定基情况下自由端 C 处的挠度值之差等于梁在加载前 B 处与 C 处之间的间隙。即变形协调条件为

$$w_B - w_C = \delta_0$$

由表 7-1 可得物理方程

$$w_B = (w_B)_q + (w_B)_F = \frac{ql_{AB}^4}{8EI} - \frac{F_{BC} l_{AB}^3}{3EI}$$

$$w_C = \frac{F_{BC} l_{CD}^3}{3EI}$$

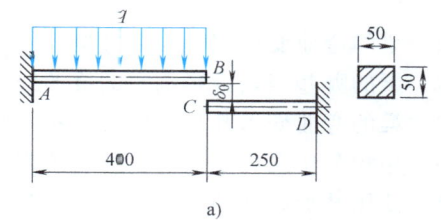

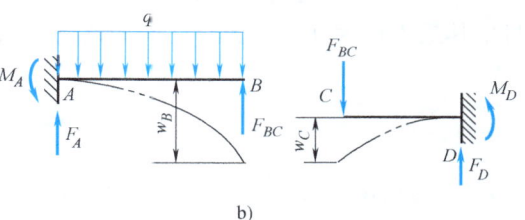

图 7-15 例 7-9 图

a) 超静定梁 b) 静定基

将物理方程代入变形协调方程，可得补充方程

$$\frac{ql_{AB}^4}{8EI} - \frac{F_{BC} l_{AB}^3}{3EI} - \frac{F_{BC} l_{CD}^3}{3EI} = \delta_0$$

由此解得

$$F_{BC} = \frac{3(ql_{AB}^4 - 8EI\delta_0)}{8(l_{AB}^3 + l_{CD}^3)}$$

$$= \frac{3 \times (30 \times 10^3 \text{N/m} \times 0.4^4 \text{m}^4 - 8 \times 105 \times 10^9 \text{Pa} \times \frac{0.05^4 \text{m}^4}{12} \times 1.2 \times 10^{-3}\text{m})}{8 \times (0.4^3 \text{m}^3 + 0.25^3 \text{m}^3)}$$

$$= 1.15 \times 10^3 \text{N} = 1.15 \text{kN}$$

最后，分别选梁 AB、梁 CD 为研究对象，列平衡方程求得 A、D 端的约束力。

$\sum F_y = 0 \quad F_A = ql_{AB} - F_{BC} = 30 \text{kN/m} \times 0.4\text{m} - 1.15\text{kN} = 10.85\text{kN} \quad (\uparrow)$

$\sum M_A = 0 \quad M_A = \frac{1}{2}ql_{AB}^2 - F_{BC}l_{AB}$

$\qquad\qquad\qquad = \frac{1}{2} \times 30\text{kN/m} \times 0.4^2\text{m}^2 - 1.15\text{kN} \times 0.4\text{m} = 1.94\text{kN} \cdot \text{m} \quad (\curvearrowleft)$

$\sum F_y = 0 \quad F_D = F_{BC} = 1.15\text{kN} \quad (\uparrow)$

$\sum M_D = 0 \quad M_D = -F_{BC}l_{CD}$

$\qquad\qquad\qquad = -1.15\text{kN} \times 0.25\text{m} = -0.29\text{kN} \cdot \text{m} \quad (\curvearrowright)$

思 考 题

7-1 梁的弯曲变形用哪几个量描述？它们之间有什么关系？正负号如何规定？

7-2 梁的哪些因素会影响它的挠曲线？

7-3 梁的弯曲变形和位移的含义相同吗？试说明两者之间的关系。

7-4 用积分法求梁变形时，如何确定积分常数？

7-5 使用叠加原理的前提是什么？为什么可以用叠加法求梁的变形？

7-6 弯曲刚度相同，跨度之比为 1∶2∶3 的三根简支梁受集度为 q 的均布荷载作用，试写出其最大挠度和最大转角之间的比例关系。

习 题

7-1 写出图 7-16 所示各梁的边界条件，并画出其挠曲线的大致形状。已知图 7-16a 中支座 B 的弹簧刚度为 $k(\text{N/m})$。

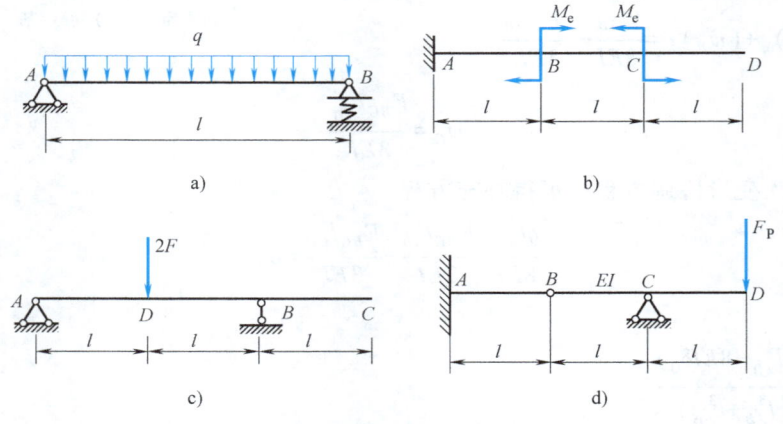

图 7-16 习题 7-1 图

7-2 等截面悬臂梁弯曲刚度 EI 为已知，梁下有一曲面（见图 7-17），方程为 $w = Ax^3$。欲使梁变形后与该曲面密合（曲面不受力），试求梁的自由端处应施加的荷载。

7-3 用积分法求图 7-18 所示梁 A 截面、B 截面的转角以及 C 截面、D 截面的挠度。已

知 EI 为常量。

7-4 用叠加法求图 7-19 所示梁 A 截面的挠度和 B 截面的转角。已知 EI 为常量。

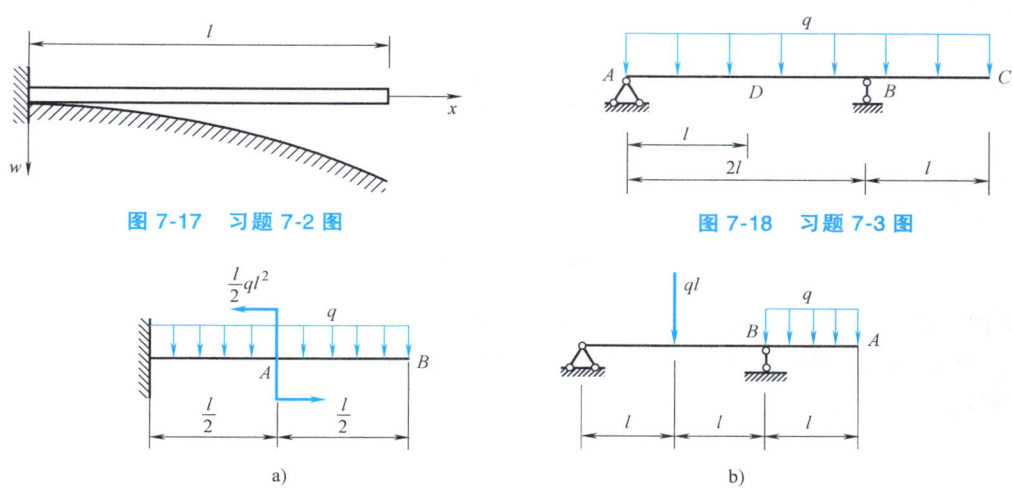

图 7-17 习题 7-2 图　　　　图 7-18 习题 7-3 图

　　　　a)　　　　　　　　　　b)

图 7-19 习题 7-4 图

7-5 用叠加法求图 7-20 所示变截面梁自由端 B 截面的挠度和转角。

7-6 用叠加法求图 7-21 所示组合梁中间铰 A 处的挠度。

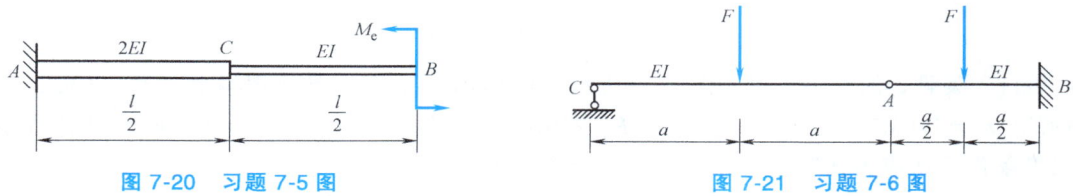

图 7-20 习题 7-5 图　　　　图 7-21 习题 7-6 图

7-7 如图 7-22 所示梁，右端 C 由拉杆吊起。已知梁的截面为 $200mm \times 200mm$ 的正方形，材料的弹性模量 $E_1 = 10GPa$；拉杆的截面面积为 $A = 2500mm^2$，其弹性模量 $E_2 = 200GPa$。试用叠加法求梁跨中截面 D 的竖直位移。

7-8 圆轴受力如图 7-23 所示，已知 $F_P = 1.6kN$，$d = 32mm$，$E = 200GPa$。若要求加力点的挠度不大于许用挠度 $[w] = 0.05mm$，试校核该轴是否满足刚度要求。

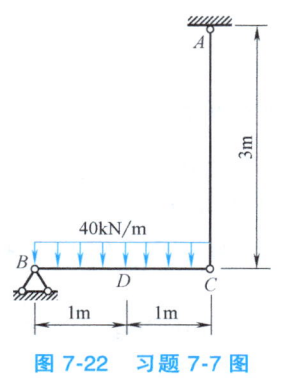

图 7-22 习题 7-7 图

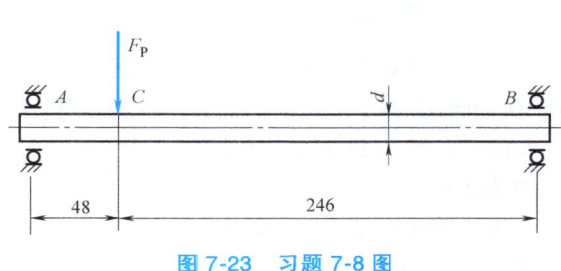

图 7-23 习题 7-8 图

7-9 如图 7-24 所示的钢制圆轴,右端受力 $G=20$kN,轴材料的 $E=200$GPa,轴承 B 处的许用转角 $[\theta]=0.5°$。试设计该轴的直径。

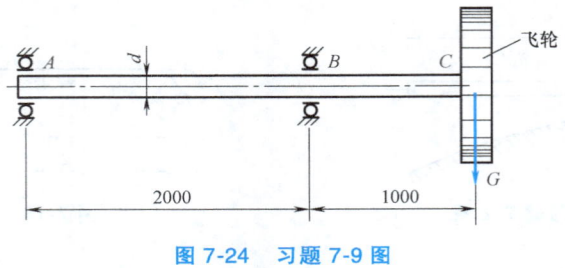

图 7-24 习题 7-9 图

7-10 图 7-25 所示承受均布荷载的简支梁由两根竖向放置的普通槽钢组成。已知 $l=4$m,$q=10$kN/m,材料的 $[\sigma]=100$MPa,许用挠跨比 $[w/l]=1/1000$,$E=200$GPa。试确定槽钢型号。

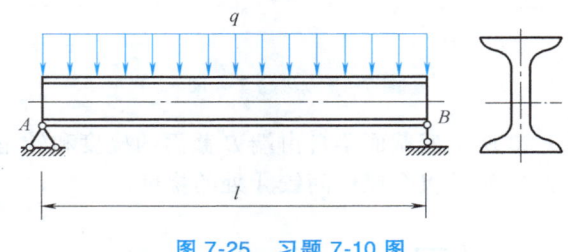

图 7-25 习题 7-10 图

7-11 某悬臂的工字钢梁如图 7-26 所示,长 $l=4$m,在自由端作用集中力 $F_P=10$kN,已知钢的 $[\sigma]=170$MPa,$[\tau]=100$MPa,$E=210$GPa,梁的许用挠度 $[w]=1/100$m,试按正应力强度条件、切应力强度条件和刚度条件选择工字钢型号。

7-12 试求图 7-27 所示梁的约束力,并画出剪力图和弯矩图。已知梁的弯曲刚度 EI。

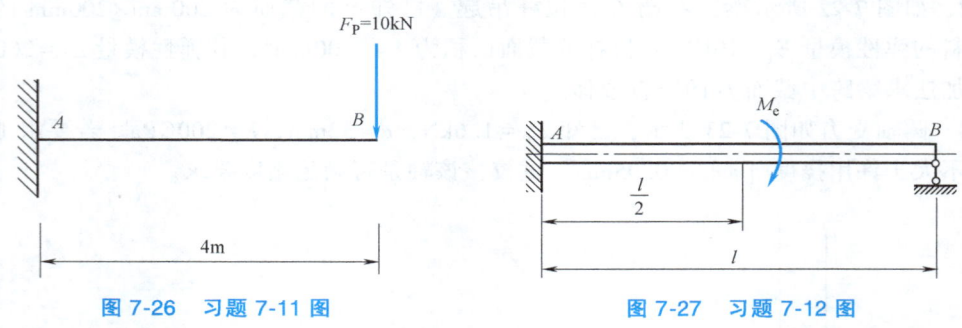

图 7-26 习题 7-11 图　　　　　图 7-27 习题 7-12 图

7-13 受均布荷载 q 的钢梁 AB 如图 7-28 所示,A 端固定,B 端用钢拉杆 BC 吊起。已知钢梁 AB 的弯曲刚度 EI 和拉杆 BC 的拉伸刚度 EA 及尺寸 h、l,求拉杆的内力。

7-14 求图 7-29 所示 BD 杆的内力。已知 AB、CD 两梁的弯曲刚度均为 EI,BD 杆的拉压刚度为 EA。

7-15 超静定梁 AB 两端固定,如图 7-30 所示,弯曲刚度为 EI,试求固定端 B 下沉 Δ 后,梁固定端 B 处的约束力。

7-16 试求图 7-31 所示超静定梁的支座约束力。梁弯曲刚度 EI 为常量。

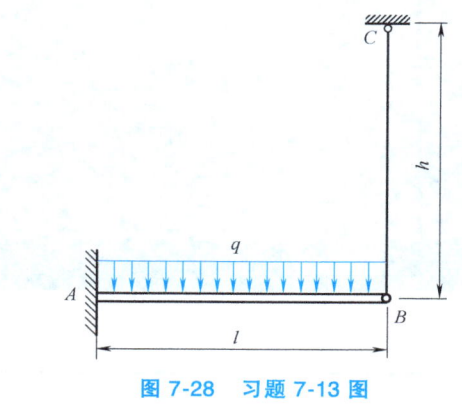

图 7-28 习题 7-13 图

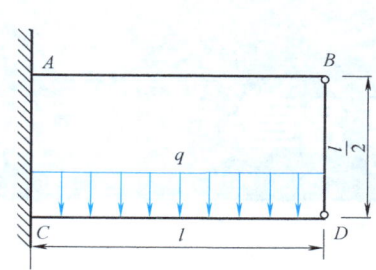

图 7-29 习题 7-14 图

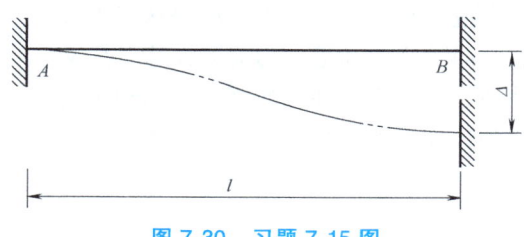

图 7-30 习题 7-15 图

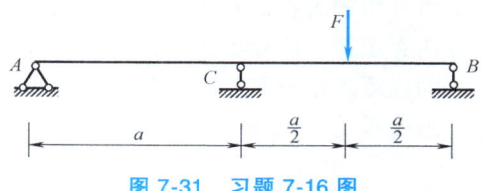

图 7-31 习题 7-16 图

第 8 章　应力状态分析与强度理论

本章提要

本章主要介绍一点处应力状态的概念、主应力和主平面、平面应力状态下应力分析的解析法和应力圆法、三向应力状态下的主应力和最大切应力计算、广义胡克定律、应变能密度的概念和计算。另外还介绍了强度理论的概念、四种常用的强度理论及其相应的强度条件,并给出相关计算实例。最后,简要介绍了莫尔强度理论及其他强度理论。

8.1　概述

由轴向拉压杆斜截面上的应力分析可知,杆件内同一点的应力随着所取截面的方位不同而不同;而受扭圆轴横截面上的切应力分布表明同一截面上各点的应力一般也不相同。又由基本变形杆件的强度计算可知,轴向拉压杆的危险点是位于最大拉应力或最大压应力所在横截面上的各点,对称弯曲梁中最大拉应力或最大压应力的危险点位于危险截面上距中性轴最远的上、下外缘处,正应力的危险点处于单轴应力状态,故可将其与材料在单轴拉伸(或压缩)时的许用应力相比较建立强度条件 $\sigma_{tmax} \leqslant [\sigma_t]$、$\sigma_{cmax} \leqslant [\sigma_c]$;圆轴扭转时危险点是最大切应力所在横截面外缘上的各点,对称弯曲中最大切应力的危险点位于梁危险截面的中性轴上,上述两个切应力的危险点均处于纯剪切应力状态,故可将其与材料在纯剪切时的许用应力相比较建立强度条件 $\tau_{max} \leqslant [\tau]$。但是,在一般情况下,受力构件内的某一潜在危险点处可能既有正应力又有切应力,例如,对称弯曲中,工字梁横截面上翼缘与腹板交接处,或者弯曲与组合变形构件的危险点。因此,为了对构件进行强度计算,就必须了解构件中各点的"应力状态",即要对过受力构件中各点各个方位截面上的应力情况进行分析,从而确定该点处的极值正应力和极值切应力及其所在截面的方位。

应力状态是指过受力体内一点所有方位面上应力的集合,又称为一点处的应力状态。为了研究受力构件一点处的应力状态,通常是围绕该点截取出一个微小的正六面体,当其三个方向的尺度趋于无穷小时,正六面体便趋于所考虑的点,这样的微六面体称为应力单元体,简称为**单元体**。基于单元体的上述几何特性及其平衡方程,可以认为单元体具有如下性质:

在单元体的各个表面上的应力是均匀分布的；单元体的各对相互平行平面上的应力是大小相等、方向相反的；单元体互相垂直平面上的切应力满足切应力互等定理。

实际上，由弹性力学可知，描述一点处的应力状态应采用二阶应力张量。本书由于篇幅所限在此不予展开，感兴趣者可查阅弹性力学相关教材。

"应力状态分析"简称"应力分析"，是通过平衡方程分析过构件一点（用单元体表示）的不同方位截面上应力的相互关系，确定这些应力中的极大、极小值及其作用面方位，从而为进一步的强度计算提供依据。

一般由基本变形应力计算公式可以计算杆件纵、横截面上的应力，故通常用纵、横六个面截取单元体，称为原始单元体。图 8-1 所示为用纵、横截面从简支梁中的点 A 处所截取的原始单元体。

在应力状态分析的基础上，人们通过长期的生产实践和科学研究，根据对破坏现象的分析，采用判断推理的方法，提出了一些假说，推测材料在复杂应力状态下失效或破坏的主要原因。这类假说通常称为强度理论。

考虑到危险点应力状态的复杂性与多样性，以及材料多轴试验的困难及复杂性，研究者试图确立各种应力状态下材料进入危险状态的共同标志，从宏观角度对引起材料破坏的原因提出假说，认为材料的某一类型的破坏是由某种因素引起的，从而利用简单应力状态（如单轴应力状态或纯剪切应力状态）下的试验结果，建立复杂应力状态下的强度准则。详见 8.6、8.7 节。

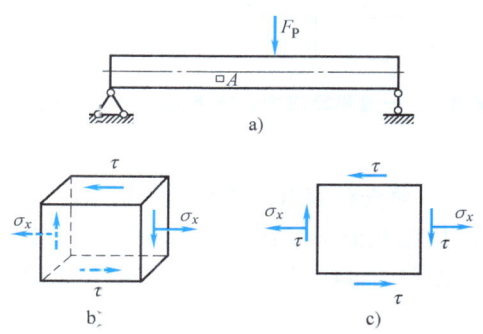

图 8-1　简支梁及其应力单元体
a) 集中力作用下的简支梁
b) A 点空间应力单元体
c) A 点平面应力单元体

8.2　平面应力状态分析

若单元体有一对平面（如图 8-1b 所示单元体的前后平面）上的应力等于零，即不为零的应力分量均处于同一坐标平面内，则称为平面应力状态（平面应力状态也可用主应力数值定义，见 8.2.1 小节）。它是工程中常见的应力状态，通常可将平面应力状态的单元体简化为如图 8-1c 所示的平面单元体形式。平面应力状态的一般形式如图 8-2 所示，即在两对非零应力平面上分别有正应力和切应力（σ_x、τ_x 和 σ_y、τ_y）。下面由平面应力状态单元体推导其任一斜截面上的应力，并进而确定该点处的极值正应力、极值切应力及其所在截面的方位。下面分别采用解析法和应力圆法进行分析。

8.2.1　解析法

图 8-2 所示的一般平面应力状态单元体可简化为图 8-3a 所示的平面单元体。若规定截面方位用截面外法线方向表示，则可知在 x 截面上作用有应力 σ_x 和 τ_x；在 y 截面上作用有应力 σ_y 和 τ_y；与 z 轴平行的任一斜截面（α 截面）ef 的方位以其外法线 n 与 x 轴的夹角 α 表示，α 截面上的正应力和切应

平面应力状态分析的解析法

力分别用 σ_α 和 τ_α 表示。关于正应力、切应力和转角 α 的符号规定为：正应力以拉应力为正，压应力为负；切应力以使其作用部分顺时针转动者为正，反之为负；方位角 α 以由 x 轴正向逆时针转至 α 截面的外法线 n 为正，反之为负。按照这一规定，图 8-3a 中的正应力 σ_x、σ_y、σ_α，切应力 τ_x、τ_α 以及方位角 α 均为正方向，而切应力 τ_y 为负方向。

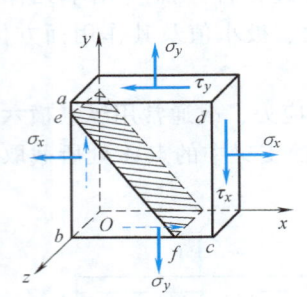

图 8-2 一般平面应力状态单元体

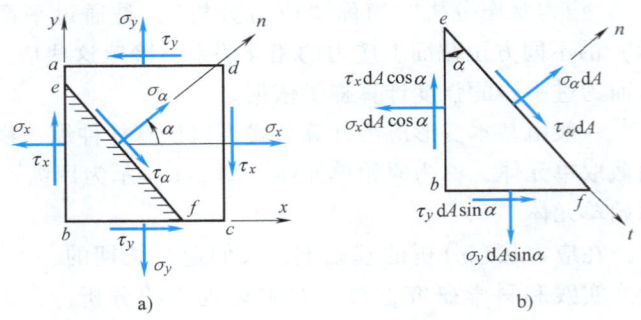

图 8-3 平面应力状态单元体
a) 应力单元体斜截面上的应力 b) 应力单元体分离体

1. 单元体斜截面应力变换公式

应用截面法，将单元体沿截面 ef 截为两部分，取三角形微元体 ebf 为研究对象，设截面 ef 的面积为 dA，则微元体 ebf 受力如图 8-3b 所示。分别沿截面 ef 的外法向和切向列平衡方程：

$\sum F_n = 0$，即

$$\sigma_\alpha dA - \sigma_x dA\cos^2\alpha + \tau_x dA\cos\alpha\sin\alpha - \sigma_y dA\sin^2\alpha + \tau_y dA\sin\alpha\cos\alpha = 0$$

$\sum F_t = 0$，即

$$\tau_\alpha dA - \sigma_x dA\cos\alpha\sin\alpha - \tau_x dA\cos^2\alpha + \sigma_y dA\sin\alpha\cos\alpha + \tau_y dA\sin^2\alpha = 0$$

由此得

$$\sigma_\alpha = \sigma_x\cos^2\alpha + \sigma_y\sin^2\alpha - (\tau_x + \tau_y)\sin\alpha\cos\alpha$$

$$\tau_\alpha = (\sigma_x - \sigma_y)\sin\alpha\cos\alpha + \tau_x\cos^2\alpha - \tau_y\sin^2\alpha$$

由切应力互等定理可知，τ_x 和 τ_y 的数值相等；经化简得平面应力状态下斜截面应力的一般公式：

$$\sigma_\alpha = \frac{\sigma_x + \sigma_y}{2} + \frac{\sigma_x - \sigma_y}{2}\cos2\alpha - \tau_x\sin2\alpha \tag{8-1}$$

$$\tau_\alpha = \frac{\sigma_x - \sigma_y}{2}\sin2\alpha + \tau_x\cos2\alpha \tag{8-2}$$

式（8-1）、式（8-2）又称为平面应力状态的应力变换公式。

式中　σ_α——单元体 α 截面上的正应力（Pa 或 MPa）；
　　　τ_α——单元体 α 截面上的切应力（Pa 或 MPa）；
　　　σ_x——单元体 x 截面上的正应力（Pa 或 MPa）；
　　　σ_y——单元体 y 截面上的正应力（Pa 或 MPa）；
　　　τ_x——单元体 x 截面上的切应力（Pa 或 MPa）；
　　　α——单元体上其外法线 n 方向与 x 轴正方向夹角为 α 的斜截面（rad）。

由于上述公式仅从单元体平衡方程推出，因此，其变换关系与材料是否线性或非线性、弹性或非弹性无关。

若用 α+90° 代替式（8-1）中的 α，则有

$$\sigma_{\alpha+90°} = \frac{\sigma_x+\sigma_y}{2} - \frac{\sigma_x-\sigma_y}{2}\cos 2\alpha + \tau_x \sin 2\alpha$$

从而有

$$\sigma_\alpha + \sigma_{\alpha+90°} = \sigma_x + \sigma_y \tag{8-3}$$

式中 $\sigma_{\alpha+90°}$ ——单元体沿 α+90° 截面上的正应力（Pa 或 MPa）。

这表明，在平面应力状态下，单元体两互相垂直平面上的正应力之和是一个不变量。

同样，若用 α+90° 代替式（8-2）中的 α，则有

$$\tau_{\alpha+90°} = -\frac{\sigma_x-\sigma_y}{2}\sin 2\alpha - \tau_x \cos 2\alpha$$

从而有

$$\tau_{\alpha+90°} = -\tau_\alpha \tag{8-4}$$

式中 $\tau_{\alpha+90°}$ ——单元体沿 α+90° 截面上的切应力（Pa 或 MPa）。

这印证了<u>切应力互等定理</u>：在平面应力状态下，单元体两互相垂直平面上的切应力大小相等，方向同时指向或背离它们的交线。

将式（8-1）、式（8-2）用图 8-4 所示曲线表示，可见，σ_α、τ_α 均为 α 的周期性函数，周期为 180°，且均存在极大值和极小值。

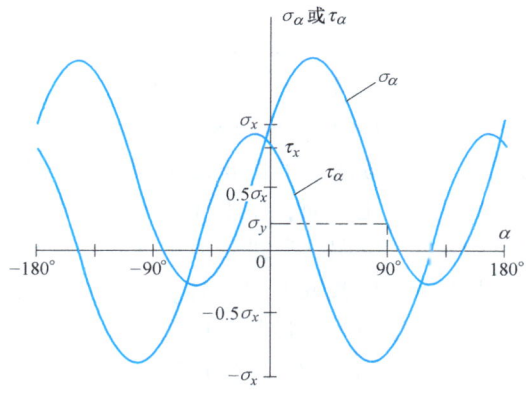

图 8-4　σ_α、τ_α 随 α 角变换关系曲线（其中，$\sigma_y = 0.2\sigma_x$，$\tau_x = 0.8\sigma_x$）

2. 主应力和主平面

为求极值正应力，将式（8-1）两端对 α 求一阶导数并令其等于零，得

$$\left.\frac{d\sigma_\alpha}{d\alpha}\right|_{\alpha=\alpha_0} = -(\sigma_x-\sigma_y)\sin 2\alpha_0 - 2\tau_x \cos 2\alpha_0 = 0 \tag{8-5}$$

$$\tan 2\alpha_0 = -\frac{2\tau_x}{\sigma_x-\sigma_y} \tag{8-6}$$

式中 α_0 ——应力单元体主平面的方位角（rad）。

在 $2\alpha_0 \in$ （-180°~180°）范围内，满足式（8-6）的 α_0 有两个值，分别对应 α_0' 和 $\alpha_0' + \dfrac{\pi}{2}$，这两个方位角称为 主方位角，对应的平面称为 主平面，主平面上的正应力（极值正应力）称为 主应力。

式（8-6）可表示为图 8-5。由图 8-5 的几何关系可知，

$$\cos 2\alpha_0 = \dfrac{\sigma_x - \sigma_y}{2R}, \quad \sin 2\alpha_0 = -\dfrac{\tau_x}{R} \qquad (8-7)$$

式中 R——应力圆半径（Pa 或 MPa），$R = \sqrt{\left(\dfrac{\sigma_x - \sigma_y}{2}\right)^2 + \tau_x^2}$。

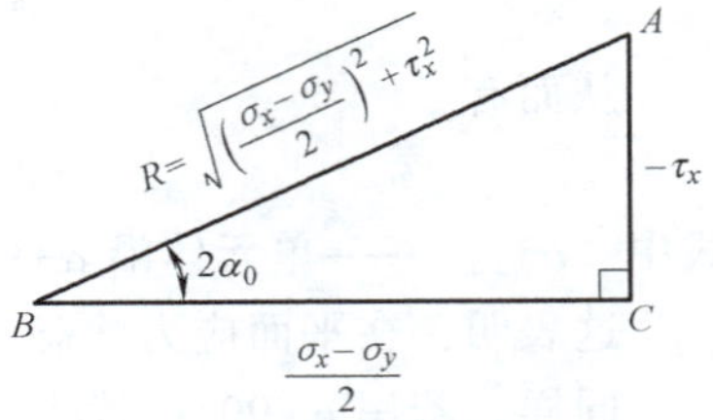

将式（8-7）代入式（8-1）得到一个主应力值

$$\sigma' = \dfrac{\sigma_x + \sigma_y}{2} + \sqrt{\left(\dfrac{\sigma_x - \sigma_y}{2}\right)^2 + \tau_x^2} \qquad (8-8)$$

图 8-5 应力圆的几何关系

再由式（8-3）得到另一个主应力 σ'

$$\sigma'' = (\sigma_x + \sigma_y) - \sigma' = \dfrac{\sigma_x + \sigma_y}{2} - \sqrt{\left(\dfrac{\sigma_x - \sigma_y}{2}\right)^2 + \tau_x^2} \qquad (8-9)$$

综上，对照图 8-4 可知，该点对应主方位面的两个主应力分别为极大值 σ' 和极小值 σ''，其表达式综合如下：

$$\left.\begin{array}{l}\sigma'\\ \sigma''\end{array}\right\} = \dfrac{\sigma_x + \sigma_y}{2} \pm \sqrt{\left(\dfrac{\sigma_x - \sigma_y}{2}\right)^2 + \tau_x^2} \qquad (8-10)$$

式中 σ'——平面应力状态中主应力的极大值（Pa 或 MPa）；

σ''——平面应力状态中主应力的极小值（Pa 或 MPa）。

两个主应力对应的方位角由式（8-6）和式（8-7）决定。

另外，由求导过程的式（8-5）易知，极值正应力（主应力）所在平面上的切应力为零。或者说，切应力为零的平面称为主平面，主平面上的正应力称为主应力。

在一般情况下，由弹性力学可以证明，通过受力构件内任一点，一定存在三个互相垂直的主平面。围绕一点按三个主平面方位截取的单元体，称为主单元体。主应力可为拉应力，也可为压应力或为零。通常按三个主应力的代数值由大到小，依次用 σ_1、σ_2 和 σ_3 表示，即 $\sigma_1 \geqslant \sigma_2 \geqslant \sigma_3$。通过应力状态分析，用主应力 σ_1、σ_2 和 σ_3 及其方位角描述危险点处的应力状态，从而为进行强度计算提供依据。

3. 应力状态分类

通常按照单元体非零主应力的数目，将一点处的应力状态分为三类。三个主应力中只有一个不等于零，称为 单向应力状态，如：轴向拉压杆件中各点均处于单向应力状态；若三个主应力中有两个不等于零，则称为 二向应力状态 或 平面应力状态（如图 8-2 所示单元体）；当三个主应力都不等于零时，称为 三向应力状态 或 空间应力状态。单向应力状态和二向应力状态都是三向应力状态的特殊情况。单向应力状态又称为 简单应力状态，二向应力状态和三向应力状态统称为 复杂应力状态。

4. 极值切应力

为求极值切应力，将式（8-2）两端对 α 求一阶导数并令其等于零，得

$$\left.\frac{d\tau_\alpha}{d\alpha}\right|_{\alpha=\alpha_1} = 0 \tag{8-11}$$

得

$$\tan 2\alpha_1 = \frac{\sigma_x - \sigma_y}{2\tau_x} \tag{8-12}$$

式中 α_1——平面应力单元体中极值切应力所在平面的方位角（rad）。

对比式（8-6）易知，极值切应力所在平面与主平面成45°角。即

$$\alpha_0 = \alpha_1 \pm \frac{\pi}{4}$$

在 $2\alpha_1 \in (-180° \sim 180°)$ 范围内，满足式（8-12）的 α_1 有两个值，分别对应 α_1' 和 $\alpha_1' + \frac{\pi}{2}$，对应的极值切应力有两个，大小分别为

$$\begin{matrix}\tau'\\\tau''\end{matrix} = \pm\sqrt{\left(\frac{\sigma_x-\sigma_y}{2}\right)^2 + \tau_x^2} \tag{8-13}$$

式中 τ'——平面应力状态中面内切应力的极大值（Pa 或 MPa）；

τ''——平面应力状态中面内切应力的极小值（Pa 或 MPa）。

【例 8-1】 如图 8-6a 所示平面应力状态单元体，试计算 $\alpha = -30°$ 和 $\alpha' = 60°$ 斜截面上的应力。（单位：MPa）。

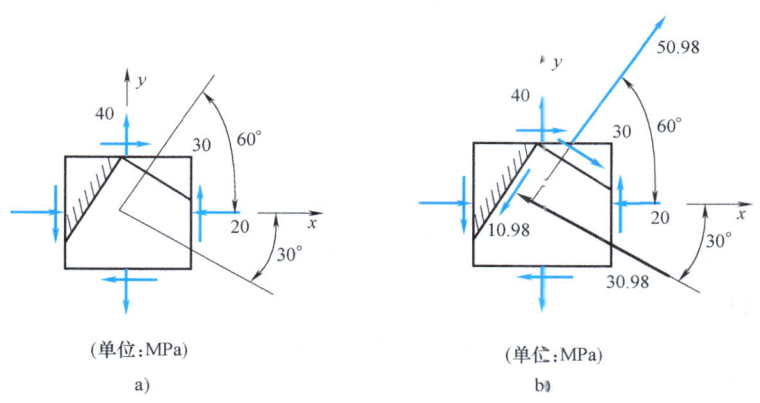

图 8-6 例 8-1 图
a) 原始单元体 b) 应力单元体斜截面上的应力

解：已知 $\sigma_x = -20\text{MPa}$，$\sigma_y = 40\text{MPa}$，$\tau_x = -30\text{MPa}$，$\alpha = -30°$

1) 当 $\alpha = -30°$ 时，由式（8-1）和式（8-2）得

$$\sigma_{-30°} = \frac{(-20+40)\text{MPa}}{2} + \frac{(-20-40)\text{MPa}}{2} \times \cos(-60°) - (-30\text{MPa}) \times \sin(-60°)$$

$$= -30.98\text{MPa}$$

$$\tau_{-30°} = \frac{(-20-40)\text{MPa}}{2} \times \sin(-60°) + (-30\text{MPa}) \times \cos(-60°)$$

$$= 10.98\text{MPa}$$

$\sigma_{-30°}$ 为负是压应力，指向计算截面；$\tau_{-30°}$ 为正，对计算截面为顺时针方向转动，如图 8-6b 所示。

2) 当 $\alpha=60°$ 时，由式（8-3）得

$$\sigma_{60°} = \sigma_x + \sigma_y - \sigma_{-30°}$$
$$= [-20+40-(-30.98)] \text{MPa}$$
$$= 50.98 \text{MPa}$$

再由切应力互等定理，得

$$\tau_{60°} = -\tau_{-30°}$$
$$= -10.98 \text{MPa}$$

$\sigma_{60°}$ 和 $\tau_{60°}$ 方向如图 8-6b 所示。

由本题计算可知，应用应力变换公式可以计算单元体任意斜截面上的应力，而有时恰当应用应力不变量的关系和切应力互等定理可以简化计算。

8.2.2 应力圆法

1. 应力圆法公式推导

奥托·莫尔（Otto Mohr）于 1882 年经研究发现，式（8-1）和式（8-2）是 σ_α 和 τ_α 的关于参数 2α 的参数方程。从两式中消去参变量 2α，即可得

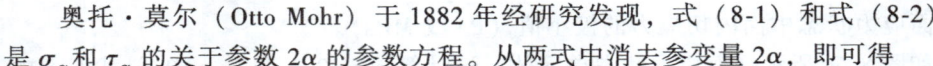

平面应力状态分析的莫尔圆法

$$\left(\sigma_\alpha - \frac{\sigma_x+\sigma_y}{2}\right)^2 + \tau_\alpha^2 = \left(\frac{\sigma_x-\sigma_y}{2}\right)^2 + \tau_x^2 \tag{8-14a}$$

令平均应力

$$\sigma_a = \frac{\sigma_x+\sigma_y}{2} \tag{8-14b}$$

应力圆半径

$$R = \sqrt{\left(\frac{\sigma_x-\sigma_y}{2}\right)^2 + \tau_x^2} \tag{8-14c}$$

则式（8-14a）可以表示为

$$(\sigma_\alpha - \sigma_a)^2 + \tau_\alpha^2 = R^2 \tag{8-15}$$

式中 σ_a——平均应力（Pa 或 MPa）。

式（8-15）是变量 σ_α 和 τ_α 的圆周曲线方程。该圆的圆心坐标为（σ_a, 0），半径为 R，圆周上任一点的横坐标 σ_α 和纵坐标 τ_α 分别代表单元体相应截面上的正应力和切应力，此圆称为应力圆或莫尔圆。

现以图 8-7a 所示的平面应力状态为例说明应力圆的作法。在 σ-τ 平面内（见图 8-7b），按一定比例尺确定坐标，画出与 x 截面对应的点 D（σ_x, τ_x）；与 y 截面对应的点 E（σ_y, τ_y）。由于 τ_x 与 τ_y 数值相等，即 $\overline{DF} = \overline{GE}$，因此，直线 DE 与 σ 坐标轴的交点 C 的坐标为（σ_a, 0），即点 C 为应力圆的圆心。于是，以点 C 为圆心，以 CD 或 CE 为半径作圆，即得相应的应力圆。由几何关系可见应力圆半径 $\overline{CD} = \sqrt{CF^2 + DF^2} = R$。

应力圆确定后，如欲求单元体 α 截面上的应力，只需将与 x 截面对应的点 D 所在半径 CD 沿与方位角 α 相同的转向旋转 2α 至 CH 处（见图 8-7b），所得点 H 的横、纵坐标值即分

别代表 α 截面上的正应力 σ_α 和切应力 τ_α。现证明如下:

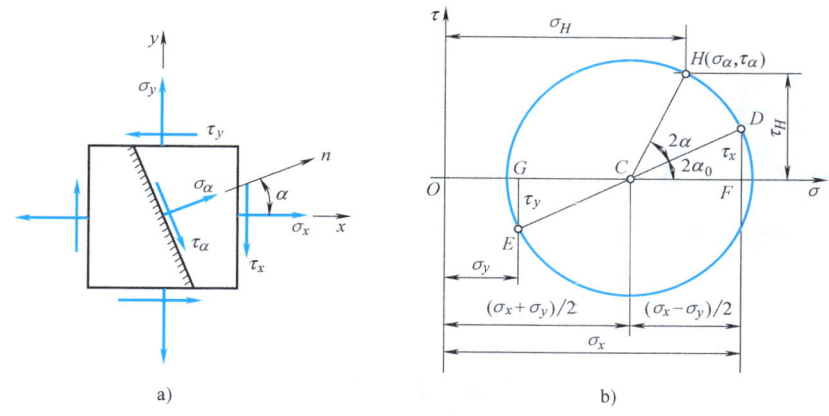

图 8-7 应力单元体及其应力圆
a) 应力单元体及其斜截面上的应力 b) 对应应力单元体的应力圆

令 $\angle DCF = 2\alpha_0$,则点 H 的横坐标值为

$$\begin{aligned}
\sigma_H &= \overline{OC} + \overline{CH}\cos(2\alpha_0 + 2\alpha) \\
&= \overline{OC} + \overline{CD}(\cos 2\alpha_0 \cos 2\alpha - \sin 2\alpha_0 \sin 2\alpha) \\
&= \overline{OC} + \overline{CF}\cos 2\alpha - \overline{DF}\sin 2\alpha \\
&= \frac{\sigma_x + \sigma_y}{2} + \frac{\sigma_x - \sigma_y}{2}\cos 2\alpha - \tau_x \sin 2\alpha \\
&= \sigma_\alpha
\end{aligned}$$

类似地,点 H 的纵坐标值为

$$\begin{aligned}
\tau_H &= \overline{CH}\sin(2\alpha_0 + 2\alpha) \\
&= \overline{CD}(\sin 2\alpha_0 \cos 2\alpha + \cos 2\alpha_0 \sin 2\alpha) \\
&= \overline{DF}\cos 2\alpha + \overline{CF}\sin 2\alpha \\
&= \tau_x \cos 2\alpha + \frac{\sigma_x - \sigma_y}{2}\sin 2\alpha \\
&= \tau_\alpha
\end{aligned}$$

得证。

以上作图及证明过程表明,进行应力分析时,应力圆与单元体之间存在以下的对应关系:

1) 点与面的对应关系,即应力圆上的点的坐标值与单元体内相应截面上的应力值一一对应。

2) 二倍角与转向对应关系,即当单元体上两截面的夹角为 α 时,图 8-7a 所示的法线分别为 x 和 n 的两个截面,则应力圆上相应点 D 和 H 所对应的圆心角为 2α,且这二个角转向相同(见图 8-7b)。

【例 8-2】 试用应力圆法求解例 8-1(当 α = -30°)。

解：将例 8-1 的应力状态重绘于图 8-8a。

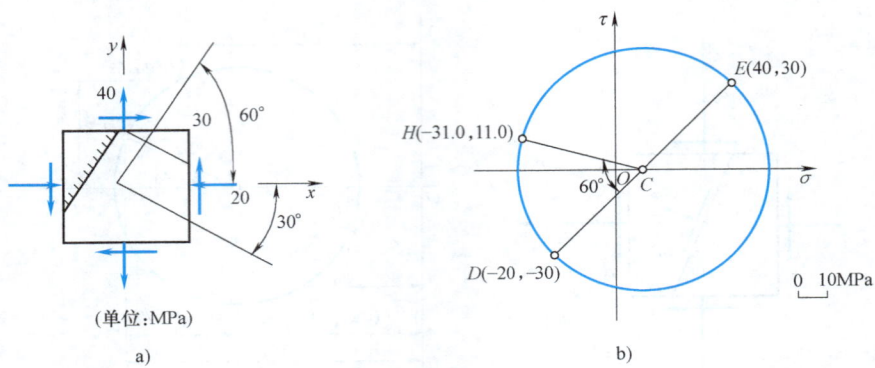

图 8-8 例 8-2 图
a）应力单元体及其斜截面 b）对应应力单元体的应力圆

在 $\sigma\text{-}\tau$ 平面内（见图 8-8b），按选定的比例尺画出与 x 截面对应的点 D（-20，-30）MPa；与 y 截面对应的点 E（40，30）MPa。以直线 DE 与 σ 坐标轴的交点 C 为圆心，以 CD 或 CE 为半径作圆，即得相应的应力圆。然后，将与 x 截面对应的点 D 所在半径 CD 沿方位角 $\alpha = -30°$ 顺时针旋转 $60°$ 至 CH 处（见图 8-8b），所得点 H 的横、纵坐标值即为所求。按比例尺量取，测得

$$\sigma_{-30°} = -31.0 \text{MPa}, \quad \tau_{-30°} = 11.0 \text{MPa}$$

可见，与例 8-1 解析法计算结果一致。

应力圆方法是进行应力分析的有力工具，它直观地呈现了平面应力状态下一点处在任意斜截面上的应力随截面方位角变化的规律，以及一点处应力状态的全部特征，特别是主应力及其主方位面、极值切应力及其方位面等。

2. 主应力及其主方位面（应力圆法）

从图 8-9a 所示应力圆可以看出，应力圆与 σ 轴的交点 A 和 B 分别对应切应力为零的两个主平面，其横坐标值即为平面应力状态的两个主应力值（此处均大于零）。

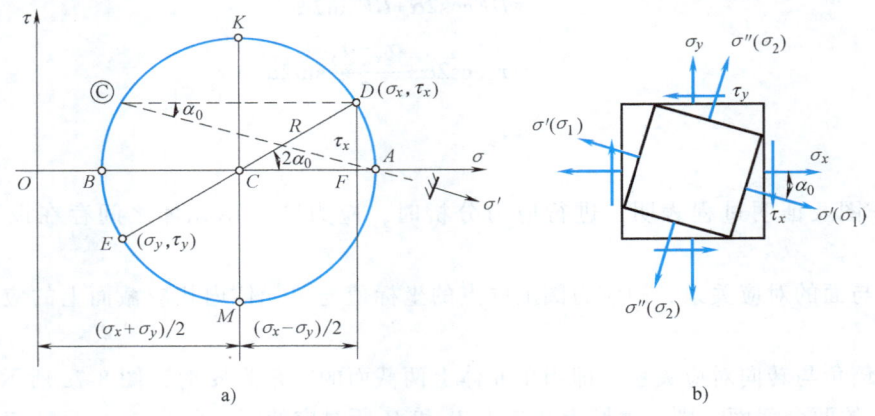

图 8-9 应力圆及其应力单元体
a）应力圆 b）对应应力圆的原始单元体和主单元体

如前所述，实际应用中，为进行构件的强度计算，需将三个主应力 σ_1、σ_2 和 σ_3 按数值由大到小顺序排列，即 $\sigma_1 = \max(\sigma', \sigma'', \sigma''')$，$\sigma_3 = \min(\sigma', \sigma'', \sigma''')$。

根据图 8-9a 中的几何关系，平面应力状态的三个主应力分别为

$$\sigma' = \overline{OC} + \overline{CA} = \frac{\sigma_x + \sigma_y}{2} + \sqrt{\left(\frac{\sigma_x - \sigma_y}{2}\right)^2 + \tau_x^2} \tag{8-16a}$$

$$\sigma'' = \overline{OC} - \overline{CA} = \frac{\sigma_x + \sigma_y}{2} - \sqrt{\left(\frac{\sigma_x - \sigma_y}{2}\right)^2 + \tau_x^2} \tag{8-16b}$$

$$\sigma''' = 0 \tag{8-16c}$$

式中 σ'——平面应力状态中主应力的极大值（Pa 或 MPa）；

σ''——平面应力状态中主应力的极小值（Pa 或 MPa）；

σ'''——平面应力状态中其值为零的主应力。

式（8-16a）、式（8-16b）与解析法所得结果式（8-10）一致。

考虑到点 A 和 B 在应力圆上成 180°夹角，表明单元体上主应力 σ' 和 σ'' 所在主平面相互垂直，这两个截面的方位角可从图 8-9 的几何关系中得到，即

$$\tan 2\alpha_0 = -\frac{\overline{DF}}{\overline{CF}} = -\frac{2\tau_x}{\sigma_x - \sigma_y} \tag{8-17}$$

式（8-17）与解析法导出的确定主平面方位的表达式（8-6）一致，可以确定两个相差 90°的 α_0，它们分别是主应力 σ' 和 σ'' 的主方位角。一般主方位角与主应力的对应关系通过应力圆法确定较之解析法更为直观简便（见图 8-9b）。

应力圆表明主应力具有极值性质，因此，由任意方位面的应力表达式（8-1），也可以求导得出主应力及主平面方位的表达式（8-10）和式（8-6）。

【例 8-3】 某工字梁的翼缘和腹板交界处一点的应力状态如图 8-10a 所示。试确定其主应力的大小及方位，并图示主单元体的应力状态。图 8-10 中应力单位为 MPa。

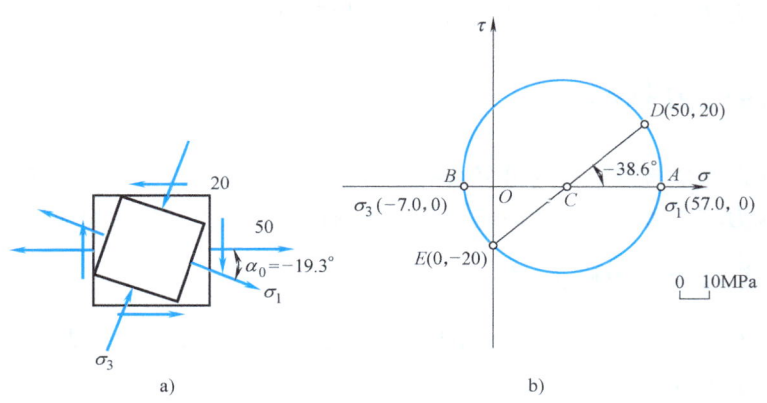

图 8-10 例 8-3 图
a）原始单元体和主单元体　b）对应单元体的应力圆

解：由题意知，$\sigma_x = 50\text{MPa}$，$\sigma_y = 0\text{MPa}$，$\tau_x = 20\text{MPa}$。

在 σ-τ 平面内（见图 8-10b），按选定的比例尺画出与 x 截面对应的点 $D(50, 20)$MPa；与 y 截面对应的点 $E(0, -20)$MPa。以直线 DE 与 σ 坐标轴的交点 C 为圆心，以 CD 或 CE

为半径作圆，即得相应的应力圆。

由式（8-10）和式（8-6）可求得主应力及其方位角

$$\sigma' = \frac{\sigma_x+\sigma_y}{2} + \sqrt{\left(\frac{\sigma_x-\sigma_y}{2}\right)^2+\tau_x^2} = \left[\frac{50+0}{2} + \sqrt{\left(\frac{50-0}{2}\right)^2+20^2}\right]\text{MPa} = 57.0\text{MPa}$$

$$\sigma'' = \frac{\sigma_x+\sigma_y}{2} - \sqrt{\left(\frac{\sigma_x-\sigma_y}{2}\right)^2+\tau_x^2} = \left[\frac{50+0}{2} - \sqrt{\left(\frac{50-0}{2}\right)^2+20^2}\right]\text{MPa} = -7.0\text{MPa}$$

$$\sigma''' = 0$$

$$\alpha_0 = \frac{1}{2}\arctan\left(\frac{-2\tau_x}{\sigma_x-\sigma_y}\right) = \frac{1}{2}\arctan\left(\frac{-2\times 20}{50-0}\right) = -19.3°$$

由此可见，

$$\sigma_1 = 57.0\text{MPa}, \quad \sigma_2 = 0, \quad \sigma_3 = -7.0\text{MPa}$$

由应力圆易确定，主应力 σ_1 的方位角为 $-19.3°$。主单元体如图 8-10a 内侧单元体所示。

进行平面应力状态分析，一般主应力大小计算宜采用解析法，而主方位角判断借助应力圆法更为直观简便。

3. 极值切应力（应力圆法）

如图 8-9a 所示应力圆的最高点 K 和最低点 M，分别对应平面应力状态中切应力的极大值和极小值，又称为面内最大切应力，且两者绝对值相等，大小等于应力圆的半径。其值为

$$\left.\begin{array}{l}\tau'\\\tau''\end{array}\right\} = \pm\frac{\sigma'-\sigma''}{2} = \pm\sqrt{\left(\frac{\sigma_x-\sigma_y}{2}\right)^2+\tau_x^2} \tag{8-18}$$

式（8-18）与解析法求导结果式（8-13）一致。

由应力圆与单元体的对应关系可知，面内最大切应力 τ' 与最小切应力 τ'' 所在平面互相垂直，并与主应力 σ' 和 σ'' 所在截面成 45° 角。

一般应力单元体的三个互相垂直的主平面有各自对应的面内最大切应力与最小切应力，欲知过一点的最大切应力还需全面进行三向应力状态分析。

8.3　三向应力状态分析

三向应力状态是危险点所处的最复杂的应力状态。本节进行三向应力状态分析，考虑所有斜截面上的应力，并重点研究三向应力状态下的极值正应力和最大切应力。

8.3.1　三向应力状态的应力圆

考虑如图 8-11a 所示的主单元体，主应力分别为 σ_1、σ_2 和 σ_3。首先分析平行于主应力的三组特殊方位面上的应力。

若用平行于 σ_3 的任意方位面 $abcd$ 从单元体截取分离体（见图 8-11b），考虑到与 σ_3 相关的力自相平衡，因此，该截面上的应力 σ_α 及 τ_α 仅与主应力 σ_1 和 σ_2 有关。所以，在 σ-τ 坐标平面内，这一组截面上的应力所对应的点必位于由 σ_1 和 σ_2 所确定的应力圆上（见图 8-11c）。类似地，在 σ-τ 坐标平面内，与主应力 σ_1（或 σ_2）平行的各截面上的应力所对应的点必位于由 σ_2 与 σ_3（或 σ_1 与 σ_3）所确定的应力圆上（见图 8-11c）。图 8-11c 所示的

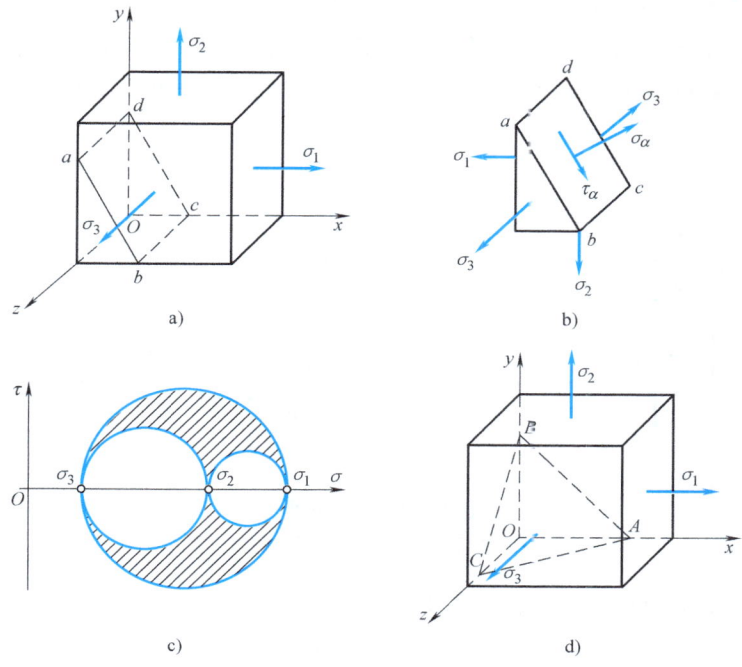

图 8-11　三向应力状态单元体及其应力圆
a）三向应力状态主单元体　b）主单元体平行于 σ_3 方向的斜截面上的应力
c）三向应力状态的应力圆　d）主单元体任意方向的斜截面 ABC

三个应力圆统称为三向应力状态的应力圆。

进一步可以证明，与三个主应力均不平行的任意斜截面（如图 8-11d 所示的 ABC 截面）上的应力，必对应着上述三个应力圆之间所围阴影线区域（见图 8-11c）内某一点的坐标值。

8.3.2　极值正应力与最大切应力

综上所述，在 σ-τ 坐标平面内，代表单元体任一截面上应力的点，或位于三向应力状态应力圆上，或位于由三个应力圆所围区域内。由此可见，一点处的最大正应力与最小正应力分别是主应力 σ_1 与 σ_3，即

$$\sigma_{max} = \sigma_1 \tag{8-19}$$

式中　σ_{max}——一点处的最大正应力（Pa 或 MPa）。

$$\sigma_{min} = \sigma_3 \tag{8-20}$$

式中　σ_{min}——一点处的最小正应力（Pa 或 MPa）。
而一点处的最大切应力

$$\tau_{max} = \frac{\sigma_1 - \sigma_3}{2} \tag{8-21}$$

式中　τ_{max}——一点处的最大切应力（Pa 或 MPa）。

由应力圆作图过程可知，最大切应力作用面必平行于主应力 σ_2，并分别与主应力 σ_1 与 σ_3 所在主平面成 45° 夹角。

平面应力状态作为三向应力状态的特例，也可以画出三个应力圆，同样地，该点处的最大切应力等于 σ_1 与 σ_3 确定的应力圆的半径，其值可由式（8-10）确定。

【例 8-4】 某点的应力状态如图 8-12a 所示，图中应力的单位为 MPa。试求该点的主应力及最大切应力。

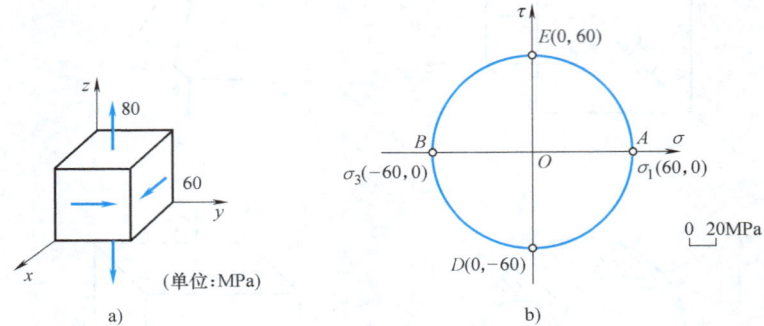

图 8-12　例 8-4 图
a）应力单元体　b）对应单元体的应力圆

解：由题意，z 平面是主平面，其上主应力为
$$\sigma' = 80\text{MPa}$$
再分析 xy 平面内的主应力，已知 $\sigma_x = \sigma_y = 0$，$\tau_x = -60\text{MPa}$
由应力圆法画出 xy 平面内的应力圆（见图 8-12b），可知
$$\sigma'' = 60\text{MPa}, \quad \sigma''' = -60\text{MPa}$$
由此，得三个主应力分别为
$$\sigma_1 = 80\text{MPa}, \quad \sigma_2 = 60\text{MPa}, \quad \sigma_3 = -60\text{MPa}$$
最大切应力
$$\tau_{\max} = \frac{\sigma_1 - \sigma_3}{2} = \frac{80 + 60}{2}\text{MPa} = 70\text{MPa}$$

可见，xy 平面内的面内最大切应力 $\tau' = 60\text{MPa}$ 并非过该点的最大切应力。因此，计算一点处最大切应力 $\tau_{\max}$ 的前提是先正确计算出过该点的三个主应力 σ_1、σ_2、σ_3。另外，图 8-12b 表明，纯剪切应力状态属于平面应力状态，是圆心位于 σ-τ 坐标原点的应力圆，其两个面内主应力的绝对值分别等于所在平面内最大切应力的绝对值。

类似应力状态分析方法，一般应力状态单元体对应的应变分析也可采用上述解析法和应力圆法进行分析。相关内容可查阅其他教材，由于篇幅所限，在此不再赘述。

8.4　广义胡克定律

在一般应力状态单元体的应力状态与应变状态分析的基础上，本节讨论三向应力状态下均匀且各向同性材料的应力-应变关系，又称为广义胡克定律。

广义胡克定律

三向应力状态下，主单元体有三个主应力 σ_1、σ_2 和 σ_3（见图 8-13），在材料线弹性和小变形的条件下，可以将三向应力状态视为三组单向主应力的组合，应用叠加原理，先计算每一组单向应力所引起的三个方向的线应变，然后叠加。例如，当主应力 σ_1、

σ_2 和 σ_3 分别单独作用时，根据单向应力状态的胡克定律

$$\varepsilon = \frac{\sigma}{E} \tag{8-22}$$

以及单向应力状态下的纵向线应变 ε 与横向线应变 ε' 之间的关系

$$\varepsilon' = -\nu\varepsilon = -\nu\frac{\sigma}{E} \tag{8-23}$$

三个主应力在 σ_1 方向引起的线应变分别为 $\frac{\sigma_1}{E}$、$-\nu\frac{\sigma_2}{E}$、$-\nu\frac{\sigma_3}{E}$。因此，当三者共同作用时，由叠加原理得，σ_1 方向的线应变 ε_1 为

$$\varepsilon_1 = \frac{1}{E}[\sigma_1 - \nu(\sigma_2 + \sigma_3)]$$

同理，也可写出三个主应力共同作用时，σ_2 和 σ_3 方向的线应变 ε_2 和 ε_3。于是，得到三向应力状态下主单元体的广义胡克定律：

$$\begin{cases} \varepsilon_1 = \frac{1}{E}[\sigma_1 - \nu(\sigma_2 + \sigma_3)] \\ \varepsilon_2 = \frac{1}{E}[\sigma_2 - \nu(\sigma_3 + \sigma_1)] \\ \varepsilon_3 = \frac{1}{E}[\sigma_3 - \nu(\sigma_1 + \sigma_2)] \end{cases} \tag{8-24}$$

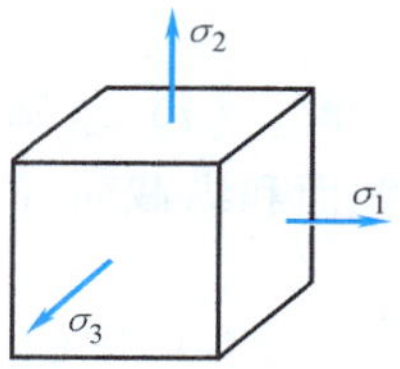

图 8-13 主单元体

式中　ε_1、ε_2 和 ε_3——第一、第二、第三主应变（量纲为 1）；
　　　σ_1、σ_2 和 σ_3——第一、第二、第三主应力（Pa 或 MPa）；
　　　E——材料的弹性模量（Pa 或 MPa）；
　　　ν——材料的泊松比（量纲为 1）。

对非主单元体的一般应力状态单元体（见图 8-14），基于各向同性材料在线弹性范围和小变形条件下正应力与切应力的相互独立作用原理，即线应变只与正应力有关而与切应力无关，切应变只与切应力有关而与正应力无关，应用叠加原理及剪切胡克定律式（5-8），便有如下一般形式的广义胡克定律：

$$\begin{cases} \varepsilon_x = \frac{1}{E}[\sigma_x - \nu(\sigma_y + \sigma_z)] \\ \varepsilon_y = \frac{1}{E}[\sigma_y - \nu(\sigma_z + \sigma_x)] \\ \varepsilon_z = \frac{1}{E}[\sigma_z - \nu(\sigma_x + \sigma_y)] \\ \gamma_{xy} = \frac{\tau_{xy}}{G} \\ \gamma_{zx} = \frac{\tau_{zx}}{G} \\ \gamma_{yz} = \frac{\tau_{yz}}{G} \end{cases} \tag{8-25}$$

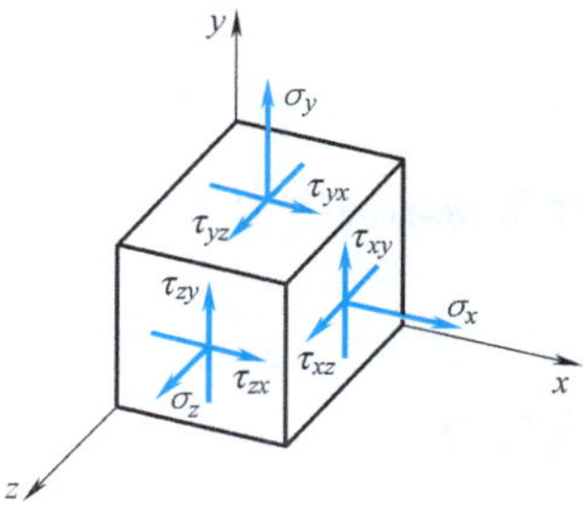

图 8-14　非主单元体的一般应力状态单元体

式中　ε_x、ε_y 和 ε_z——单元体沿 x、y 和 z 方向的线应变（量纲为 1）；

　　　σ_x、σ_y 和 σ_z——单元体沿 x、y 和 z 方向的正应力（Pa 或 MPa）；

　　　G——材料的切变模量（Pa 或 MPa）。

【例 8-5】 如图 8-15 所示薄壁容器承受内压 p。已知容器平均直径 $D=500\text{mm}$，壁厚 $\delta=10\text{mm}$。现用标距 $s=20\text{mm}$、放大倍数 $K=1000$ 的杠杆变形仪测量容器外表面轴向及切向变形，变形仪读数分别为 $n_A=2\text{mm}$，$n_B=7\text{mm}$。若已知材料弹性模量 $E=200\text{GPa}$，泊松比 $\nu=0.25$，试求圆筒的轴向及环向应力，并求内压 p。

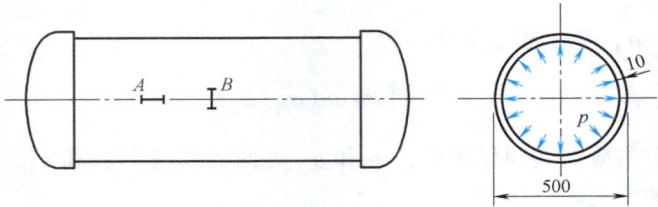

图 8-15　例 8-5 图

解：（1）求圆筒的轴向及环向应力　对薄壁容器，假定应力沿壁厚均匀分布，分别用横截面和纵截面将容器截开，其受力分别如图 8-16 所示。列平衡方程

$$\sum F_x=0,\quad p\frac{\pi D^2}{4}-\sigma'(\pi D\delta)=0$$

$$\sum F_y=0,\quad \sigma''(l\cdot 2\delta)-pDl=0$$

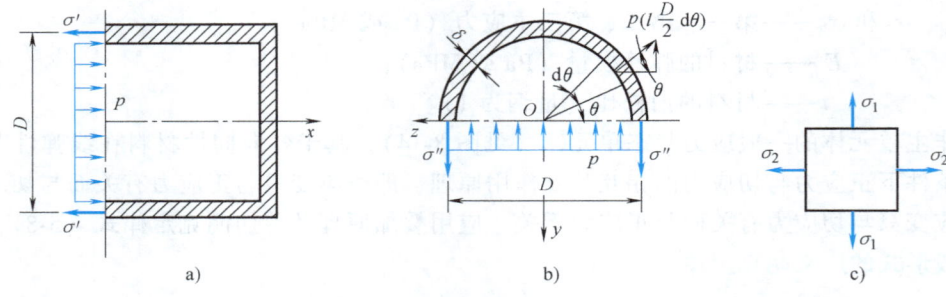

图 8-16　圆筒横截面与纵剖面上的应力及其单元体
a）圆筒横截面上的应力　b）圆筒纵剖面上的应力　c）平面应力状态单元体

由此解得轴向应力

$$\sigma'=\frac{pD}{4\delta}$$

环向应力

$$\sigma''=\frac{pD}{2\delta}$$

由于容器内外表面的径向压力一般可以忽略不计，于是单元体可视为平面应力状态（见图 8-16c）。按主应力排序为

$$\sigma_1=\sigma''=\frac{pD}{2\delta},\quad \sigma_2=\sigma'=\frac{pD}{4\delta},\quad \sigma_3=0$$

(2) 求内压 p 由题意知,

$$\varepsilon_2 = \frac{n_A}{sK} = \frac{2\text{mm}}{20\text{mm} \times 1000} = 10^{-4}$$

$$\varepsilon_1 = \frac{n_B}{sK} = \frac{7\text{mm}}{20\text{mm} \times 1000} = 3.5 \times 10^{-4}$$

由广义胡克定律得

$$\sigma_2 = \frac{E}{1-\nu^2}(\varepsilon_2 + \nu\varepsilon_1) = \frac{200 \times 10^9 \text{Pa}}{1-0.25^2} \times (10^{-4} + 0.25 \times 3.5 \times 10^{-4}) = 40\text{MPa}$$

$$\sigma_1 = \frac{E}{1-\nu^2}(\varepsilon_1 + \nu\varepsilon_2) = \frac{200 \times 10^9 \text{Pa}}{1-0.25^2} \times (3.5 \times 10^{-4} + 0.25 \times 10^{-4}) = 80\text{MPa}$$

再由

$$\sigma_2 = \frac{pD}{4\delta}$$

解得

$$p = \frac{4\delta\sigma_2}{D} = \frac{4 \times 0.01\text{m} \times 40 \times 10^6 \text{Pa}}{0.5\text{m}} = 3.2\text{MPa}$$

可见,本题中容器内压 $p = 3.2$MPa 和外部大气压(约 0.10MPa)均远小于轴向应力和环向应力,因此,将薄壁容器上一点视为如图 8-16c 所示的平面应力状态是合理的。

■ 8.5 复杂应力状态下的应变比能

考察引起材料破坏的强度指标,除了极值正应力和最大切应力等因素,还可以另辟蹊径,从能量的角度进行研究。弹性体在荷载作用下将发生变形,在加载和变形的过程中,荷载在其相应的位移上做了功,与此同时,弹性体由于变形而储存能量,这种由于弹性变形而积蓄在弹性体内的应变能称为**弹性变形能**或**弹性应变能**。

8.5.1 线弹性体的应变能

当材料处于线弹性阶段且在小变形的条件下,以准静态方式给某一弹性体按如图 8-17 所示的荷载-位移关系进行加载。设在加载过程中,荷载为 F_{P1} 时对应的位移为 Δ_1,则当荷载增加 dF_{P1} 时,相应的位移增量为 $d\Delta_1$,于是,外力元功

$$dW = F_{P1}d\Delta_1$$

当力从 0 增加到 F_P,位移从 0 增加到 Δ 时,外力所做的功为

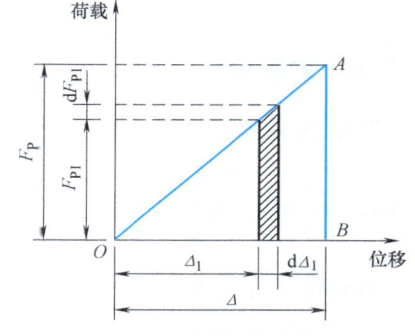

图 8-17 荷载-位移关系

$$W = \int_0^\Delta dW = \int_0^\Delta F_{P1}d\Delta_1 = \frac{1}{2}F_P\Delta \qquad (8-26)$$

式中 W——外力所做的功(J);
F_{P1}、F_P——位移为 Δ_1 和 Δ 时的荷载(N);

Δ_1、Δ——荷载为 F_{P1} 和 F_P 时的位移（m）。

若忽略加载过程中的能量损耗，此功将全部转变为弹性变形能 V_ε，于是由功能原理 $V_\varepsilon = W$ 有

$$V_\varepsilon = W = \frac{1}{2} F_P \Delta \tag{8-27}$$

式中　V_ε——弹性变形能（J）。

8.5.2　复杂应力状态下的应变能密度

研究如图 8-18 所示主单元体的应变能，其中，与力 $\sigma_1 \mathrm{d}y\mathrm{d}z$、$\sigma_2 \mathrm{d}x\mathrm{d}z$、$\sigma_3 \mathrm{d}x\mathrm{d}y$ 相对应的位移分别为 $\varepsilon_1 \mathrm{d}x$、$\varepsilon_2 \mathrm{d}y$、$\varepsilon_3 \mathrm{d}z$。在材料线弹性及小变形条件下，这些力所做的功或单元体的应变能为

$$\begin{aligned}
\mathrm{d}V_\varepsilon &= \mathrm{d}W = \frac{1}{2}\sigma_1 \mathrm{d}y\mathrm{d}z \cdot \varepsilon_1 \mathrm{d}x + \frac{1}{2}\sigma_2 \mathrm{d}x\mathrm{d}z \cdot \varepsilon_2 \mathrm{d}y + \frac{1}{2}\sigma_3 \mathrm{d}y\mathrm{d}x \cdot \varepsilon_3 \mathrm{d}z \\
&= \frac{1}{2}(\sigma_1 \varepsilon_1 + \sigma_2 \varepsilon_2 + \sigma_3 \varepsilon_3) \mathrm{d}x\mathrm{d}y\mathrm{d}z \\
&= \frac{1}{2}(\sigma_1 \varepsilon_1 + \sigma_2 \varepsilon_2 + \sigma_3 \varepsilon_3) \mathrm{d}V
\end{aligned}$$

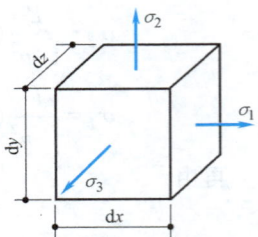

图 8-18　主单元体

式中　$\mathrm{d}V$——单元体未变形时的体积。

由此便可得应变能密度 v_ε（单位体积的应变能）

$$v_\varepsilon = \frac{1}{2}(\sigma_1 \varepsilon_1 + \sigma_2 \varepsilon_2 + \sigma_3 \varepsilon_3) \tag{8-28}$$

式中　　v_ε——应变能密度（J/m³）；

ε_1、ε_2 和 ε_3——第一、第二、第三主应变（量纲为 1）；

σ_1、σ_2 和 σ_3——第一、第二、第三主应力（Pa 或 MPa）。

将式（8-24）代入式（8-28），有

$$v_\varepsilon = \frac{1}{2E}[\sigma_1^2 + \sigma_2^2 + \sigma_3^2 - 2\nu(\sigma_1\sigma_2 + \sigma_3\sigma_2 + \sigma_1\sigma_3)] \tag{8-29}$$

8.5.3　体应变

图 8-18 所示的主单元体在三向应力作用下发生变形，其体积由 $\mathrm{d}V = \mathrm{d}x\mathrm{d}y\mathrm{d}z$ 变为

$$\mathrm{d}V' = (1+\varepsilon_1)(1+\varepsilon_2)(1+\varepsilon_3)\mathrm{d}x\mathrm{d}y\mathrm{d}z = (1+\varepsilon_1)(1+\varepsilon_2)(1+\varepsilon_3)\mathrm{d}V \tag{8-30}$$

展开式（8-30），并略去高阶微量，得

$$\mathrm{d}V' = (1+\varepsilon_1+\varepsilon_2+\varepsilon_3)\mathrm{d}V$$

由此得体应变 θ（单位体积的体积改变）为

$$\theta = \frac{\mathrm{d}V' - \mathrm{d}V}{\mathrm{d}V} = \varepsilon_1 + \varepsilon_2 + \varepsilon_3 \tag{8-31}$$

式中　θ——体应变（量纲为 1）。

如将式（8-24）代入式（8-31）并整理，可得体应变的另一表达式：

$$\theta = \frac{1-2\nu}{E}(\sigma_1 + \sigma_2 + \sigma_3) = \frac{3(1-2\nu)}{E}\sigma_\mathrm{m} = \frac{\sigma_\mathrm{m}}{K} \tag{8-32}$$

其中，
$$\sigma_m = \frac{\sigma_1 + \sigma_2 + \sigma_3}{3} \tag{8-33}$$

$$K = \frac{E}{3(1-2\nu)} \tag{8-34}$$

式中 σ_m——三个主应力的平均值，称为平均应力（Pa 或 MPa）；
　　K——体积弹性模量（Pa 或 MPa）；
　　E——材料的弹性模量（Pa 或 MPa）；
　　ν——材料的泊松比（量纲为1）。

式（8-32）表明，体应变 θ 与平均应力 σ_m 成正比。

8.5.4 体积改变能密度与形状改变能密度

在材料线弹性及小变形条件下，根据叠加原理，将以主应力 σ_1、σ_2 和 σ_3 表示的三向应力状态（见图 8-19a）分解为如图 8-19b 和 8-19c 所示两种应力状态的叠加，一种为三向均承受平均应力 σ_m（见图 8-19b），另一种为三向分别承受应力 $\sigma'_1 = \sigma_1 - \sigma_m$、$\sigma'_2 = \sigma_2 - \sigma_m$、$\sigma'_3 = \sigma_3 - \sigma_m$（见图 8-19c）。应力 σ'_1、σ'_2、σ'_3 称为给定应力状态 σ_1、σ_2、σ_3 的应力偏量。

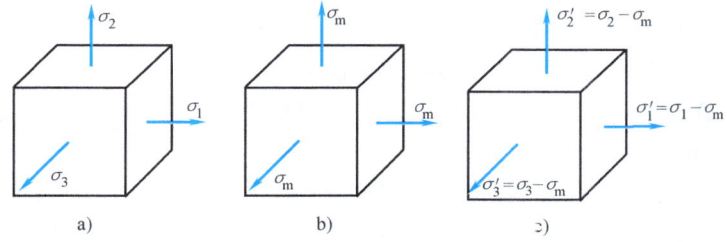

图 8-19　主单元体及其应力叠加

a）主单元体　b）三向平均应力作用下的主单元体　c）偏应力作用下的主单元体

易知在三向等拉（或等压）的平均应力作用下（见图 8-19b），单元体的形状不变，仅体积发生改变，于是由式（8-29）得体积改变能密度为

$$v_V = \frac{1-2\nu}{6E}(\sigma_1 + \sigma_2 + \sigma_3)^2 \tag{8-35}$$

式中 v_V——体积改变能密度（J/m³）。

在应力偏量 σ'_1、σ'_2、σ'_3 作用下，因其平均应力

$$\sigma'_m = \frac{\sigma'_1 + \sigma'_2 + \sigma'_3}{3} = \frac{1}{3}(\sigma_1 - \sigma_2 + \sigma_3 - 3\sigma_m) = 0$$

由式（8-32）可知单元体的体积不变，仅形状发生改变，于是由式（8-29）得形状改变能密度（又称为歪形能密度）为

$$v_d = \frac{1+\nu}{6E}[(\sigma_1 - \sigma_2)^2 + (\sigma_2 - \sigma_3)^2 + (\sigma_3 - \sigma_1)^2] \tag{8-36}$$

式中 v_d——形状改变能密度（J/m³）。

上面的分析表明，一般情况下，物体的变形包含了体积改变与形状改变。由式（8-29）、

式（8-34）及式（8-35）不难证明，总应变能密度等于体积改变能密度与形状改变能密度之和，即

$$v_\varepsilon = v_V + v_d \tag{8-37}$$

【例 8-6】 试对图 8-20 所示单向应力状态单元体推导材料单向拉伸屈服时的形状改变能密度 v_{ds}。

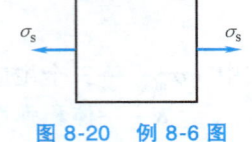

图 8-20 例 8-6 图

解：由题意，$\sigma_1 = \sigma_s$，$\sigma_2 = \sigma_3 = 0$

由式（8-35）得单向拉伸屈服时材料的形状改变能密度

$$v_{ds} = \frac{1+\nu}{6E}[(\sigma_s-0)^2 + (0-0)^2 + (0-\sigma_s)^2]$$

$$= \frac{1+\nu}{3E}\sigma_s^2 \tag{8-38}$$

式中　v_{ds}——单向拉伸屈服时材料的形状改变能密度（J/m³）；

　　　σ_s——单向拉伸时材料的屈服应力（Pa 或 MPa）。

8.6　工程中常用的四种强度理论

尽管材料的破坏现象比较复杂，但经过分析和归纳不难发现，在常温、静荷载的条件下，材料破坏的基本形式有两类：一类是在没有明显的塑性变形情况下发生突然断裂，称为脆性断裂。如圆截面铸铁试件在扭转时沿斜截面的断裂。另一类是材料产生显著的塑性变形从而丧失正常的工作能力，称为塑性屈服。如低碳钢试件拉伸超过屈服点后会产生明显的塑性变形（出现滑移线），直至应力达到强度极限，出现显著的颈缩现象导致最后在颈缩处断裂。因此，目前工程上常用的强度理论相应地分为两类：一类是关于断裂失效的强度理论，如最大拉应力理论和最大拉应变理论；另一类是关于屈服失效的强度理论，如最大切应力理论和形状改变能密度理论。

8.6.1　常用的四种强度理论

1. 最大拉应力理论（第一强度理论）

按目前主流国内材料力学教材的介绍，第一强度理论为最大拉应力理论。该理论认为，引起材料断裂的主要因素是最大拉应力，不论材料处于何种应力状态，只要最大拉应力 σ_1 达到材料单向拉伸断裂时的最大拉应力即强度极限 σ_b，材料就发生断裂破坏。

第一强度理论

按此理论，材料的断裂条件为

$$\sigma_1 = \sigma_b \tag{8-39}$$

相应的强度条件是

$$\sigma_1 \leq [\sigma] = \frac{\sigma_b}{n_b} \quad (\sigma_1 > 0) \tag{8-40}$$

式中　σ_1——构件危险点处的最大拉应力（Pa 或 MPa）；

　　　$[\sigma]$——单向拉伸时材料的许用应力（Pa 或 MPa）；

　　　σ_b——材料单向拉伸断裂时的强度极限（Pa 或 MPa）；

n_b——材料脆性断裂时的安全系数（量纲为1）。

这个理论能较好地解释铸铁、石料、混凝土等脆性材料在单向拉伸、扭转或双向拉伸所产生的断裂破坏现象。但是，它没有考虑其他两个主应力σ_2、σ_3对材料破坏的影响。

而按国外有关教材（Theory and Problems of Strength and Materials，4th Edition，Chaum）介绍，该强度理论为最大正应力理论，是由英国工程师 W. J. M. Rankine 提出的。该理论认为，当最大正应力达到材料单向拉伸失效应力值时，材料就发生失效（断裂或者屈服——以首先发生的为准）。或者说，如果受到压缩荷载，当最小正应力达到材料单向压缩失效应力值时，材料就发生失效。显然，该准则只考虑了最大（或最小）主应力，未考虑其他主应力的影响。

2. 最大拉应变理论（第二强度理论）

最大拉应变理论认为，引起材料断裂的主要因素是最大拉应变，不论材料处于何种应力状态，只要最大拉应变ε_1达到材料单向拉伸断裂时的最大拉应变ε_{1u}时，材料就发生断裂破坏。

按此理论，材料的断裂条件为

第二强度理论

$$\varepsilon_1 = \varepsilon_{1u} \quad (\varepsilon_1 > 0) \tag{8-41}$$

在线弹性范围内，复杂应力状态下的最大拉应变可由式（8-24）的第一式表达，而材料单向拉伸断裂时的最大拉应变

$$\varepsilon_{1u} = \frac{\sigma_b}{E} \tag{8-42}$$

因此，式（8-41）可表达为

$$\sigma_1 - \nu(\sigma_2 + \sigma_3) = \sigma_b \tag{8-43}$$

相应的强度条件是

$$\sigma_1 - \nu(\sigma_2 + \sigma_3) \leq [\sigma] = \frac{\sigma_b}{n_b} \tag{8-44}$$

式中　σ_1、σ_2、σ_3——构件危险点处的第一、第二、第三主应力（Pa 或 MPa）；

　　　$[\sigma]$——单向拉伸时材料的许用应力（Pa 或 MPa）；

　　　σ_b——材料单向拉伸断裂时的强度极限（Fa 或 MPa）；

　　　n_b——材料脆性断裂时的安全系数（量纲为1）。

最大拉应变理论由 J. Poncelet 于 19 世纪初提出。试验表明，这一理论只与少数材料的试验结果相吻合，如石料、混凝土材料受轴向压缩时纵向开裂的破坏现象，故在工程实践中应用较少。

3. 最大切应力理论（第三强度理论）

最大切应力理论认为，引起材料屈服的主要因素是最大切应力，不论材料处于何种应力状态，只要最大切应力$\tau_{\max}$达到材料单向拉伸屈服时的最大切应力值τ_s，材料就发生屈服破坏。

第三强度理论

按此理论，材料的屈服条件是

$$\tau_{\max} = \tau_s \tag{8-45}$$

将$\sigma_1 = \sigma_s$、$\sigma_2 = \sigma_3 = 0$代入复杂应力状态下的最大切应力$\tau_{\max}$的表达式（8-21），可得材料单向拉伸屈服时的最大切应力值τ_s，即

$$\tau_s = \frac{\sigma_s}{2} \tag{8-46}$$

因此，式（8-45）表达为

$$\sigma_1 - \sigma_3 = \sigma_s \tag{8-47}$$

相应的强度条件是

$$\sigma_1 - \sigma_3 \leq [\sigma] = \frac{\sigma_s}{n_s} \tag{8-48}$$

式中 σ_1、σ_3——构件危险点处的第一和第三主应力（Pa 或 MPa）；

$[\sigma]$——单向拉伸时材料的许用应力（Pa 或 MPa）；

σ_s——材料单向拉伸时的屈服极限（Pa 或 MPa）；

n_s——材料塑性屈服时的安全系数（量纲为1）。

最大切应力理论由 C. A. Coulomb（1773 年）、H. Tresca（1864 年）分别独立提出，目前通常称为 Tresca 准则。该准则主要适用于双轴或三轴应力状态。对于许多塑性材料，最大切应力理论与试验结果很接近，因此在工程中得到了广泛应用。该理论的不足之处是未考虑主应力 σ_2 的影响。

4. 形状改变能密度理论（第四强度理论）

形状改变能密度理论认为，引起材料屈服的主要因素是形状改变能密度，不论材料处于何种应力状态，只要形状改变能密度 v_d 达到材料单向拉伸屈服时的形状改变能密度 v_{ds}，材料就发生屈服破坏。

第四强度理论

按此理论，材料的屈服条件是

$$v_d = v_{ds} \tag{8-49}$$

复杂应力状态下的形状改变能密度 v_d 的表达式为式（8-35），而材料单向拉伸屈服时的形状改变能密度 v_{ds} 为

$$v_{ds} = \frac{(1+\nu)}{3E}\sigma_s^2 \tag{8-50}$$

于是，式（8-49）可表达为

$$\sqrt{\frac{1}{2}[(\sigma_1-\sigma_2)^2+(\sigma_2-\sigma_3)^2+(\sigma_3-\sigma_1)^2]} = \sigma_s \tag{8-51}$$

相应的强度条件则为

$$\sqrt{\frac{1}{2}[(\sigma_1-\sigma_2)^2+(\sigma_1-\sigma_3)^2+(\sigma_3-\sigma_1)^2]} \leq [\sigma] = \frac{\sigma_s}{n_s} \tag{8-52}$$

式中 σ_1、σ_2、σ_3——构件危险点处的第一、第二、第三主应力（Pa 或 MPa）；

$[\sigma]$——单向拉伸时材料的许用应力（Pa 或 MPa）；

σ_s——材料单向拉伸时的屈服极限（Pa 或 MPa）；

n_s——材料塑性屈服时的安全系数（量纲为1）。

形状改变能密度理论由 M. T. Huber（1904 年）、R. von Mises（1913 年）、H. Hencky（1925 年）分别独立提出，称为 Huber-von Mises-Hencky 失效准则。该准则主要适用于双轴

或三轴应力状态。该理论从应变能的角度研究材料的强度，较全面地反映了各个主应力的影响。对于多数塑性材料，形状改变能密度理论比最大切应力理论更符合试验结果，但由于最大切应力理论的表达式比较简单，故这两个理论都得到了广泛应用。

8.6.2　四种强度理论的相当应力

从式（8-40）、式（8-44）、式（8-48）和式（8-52）的形式来看，按照上述四种强度理论所建立的强度条件可用以下的统一形式表示：

$$\sigma_{ri} \leq [\sigma] \quad (i=1, 2, 3, 4) \tag{8-53}$$

式中　$\sigma_{ri}(i=1, 2, 3, 4)$——四种强度理论的相当应力（Pa 或 MPa）；

　　　$[\sigma]$——许用应力（σ_b/n_b 或 σ_s/n_s）（Pa 或 MPa）。

相当应力 $\sigma_{ri}(i=1, 2, 3, 4)$ 是根据不同强度理论所得到的构件危险点处三个主应力的某些组合。四种强度理论的相当应力分别为

$$\begin{cases} \sigma_{r1} = \sigma_1 \\ \sigma_{r2} = \sigma_1 - \nu(\sigma_2 + \sigma_3) \\ \sigma_{r3} = \sigma_1 - \sigma_3 \\ \sigma_{r4} = \sqrt{\dfrac{1}{2}[(\sigma_1-\sigma_2)^2 + (\sigma_2-\sigma_3)^2 + (\sigma_3-\sigma_1)^2]} \end{cases} \tag{8-54}$$

式中　ν——材料的泊松比（量纲为 1）。

8.6.3　四种强度理论的应用

1. 四种强度理论的适用范围

一般而言，脆性材料多表现为断裂破坏，塑性材料多表现为屈服破坏。因此，第一强度理论和第二强度理论一般适用于脆性材料，而第三强度理论和第四强度理论一般适用于塑性材料。但是，材料的脆性或塑性，并非是固定不变的，而是与工作条件（如温度、加载速度等）有关。此外，还应注意到，实际上材料失效的形式不仅与材料的性质有关，同时还与其所处的应力状态有关。例如，在三向压缩的情况下，脆性材料也可能会产生显著的塑性变形，而在近乎三向等值拉应力的作用下，塑性材料也会发生脆性破坏。

因此，在实际应用强度理论时，一方面要保证所用的强度理论与危险点所处的复杂应力状态下发生的破坏形式相对应，另一方面必须使用相应于该破坏形式的极限应力确定许用应力 $[\sigma]$。应该指出，强度理论毕竟只是利用简单应力状态下的试验结果建立了复杂应力状态下的强度失效准则。考虑到实际工程问题的复杂性和多样性，具体应用时还应结合相关工程技术部门长期积累的经验，以及根据这些经验制定的一整套规范等综合考量。

2. 一种常见平面应力状态的强度条件

工程实际中对某些构件进行强度计算时，如梁对称弯曲时的第三类危险点、弯扭组合变形构件的危险点，通常处于图 8-21 所示的平面应力状态，该类危险点一般会发生塑性屈服失效。将 $\sigma_x = \sigma$，$\sigma_y = 0$，$\tau_x = \tau$ 代入式（8-10），可得此应力状态下的三个主应力为

$$\begin{cases} \sigma_1 = \dfrac{\sigma}{2} + \sqrt{\left(\dfrac{\sigma}{2}\right)^2 + \tau^2} \\ \sigma_2 = 0 \\ \sigma_3 = \dfrac{\sigma}{2} - \sqrt{\left(\dfrac{\sigma}{2}\right)^2 + \tau^2} \end{cases} \tag{8-55}$$

式中 σ ——平面应力状态单元体 x 截面上的正应力（Pa 或 MPa）；

τ ——平面应力状态单元体 x 截面上的切应力（Pa 或 MPa）。

将式（8-55）代入式（8-54）的后两式，便得到第三强度理论和第四强度理论的相当应力分别为

$$\sigma_{r3} = \sqrt{\sigma^2 + 4\tau^2} \tag{8-56}$$

$$\sigma_{r4} = \sqrt{\sigma^2 + 3\tau^2} \tag{8-57}$$

因此，此种平面应力状态根据第三强度理论和第四强度理论建立的强度条件分别为

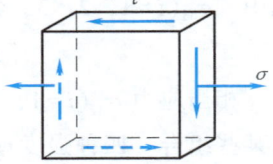

图 8-21 一种典型的平面应力状态

$$\sigma_{r3} = \sqrt{\sigma^2 + 4\tau^2} \leq [\sigma] \tag{8-58}$$

$$\sigma_{r4} = \sqrt{\sigma^2 + 3\tau^2} \leq [\sigma] \tag{8-59}$$

式中 σ_{r3}、σ_{r4} ——第三、第四强度理论的相当应力（Pa 或 MPa）

【例 8-7】 试分析低碳钢和铸铁圆轴试件扭转时不同的破坏现象。

解：由圆轴扭转时横截面上切应力分布规律可知危险点为圆轴外缘上各点。在受扭圆轴表面任取一点 A 的单元体，如图 8-22a 所示。

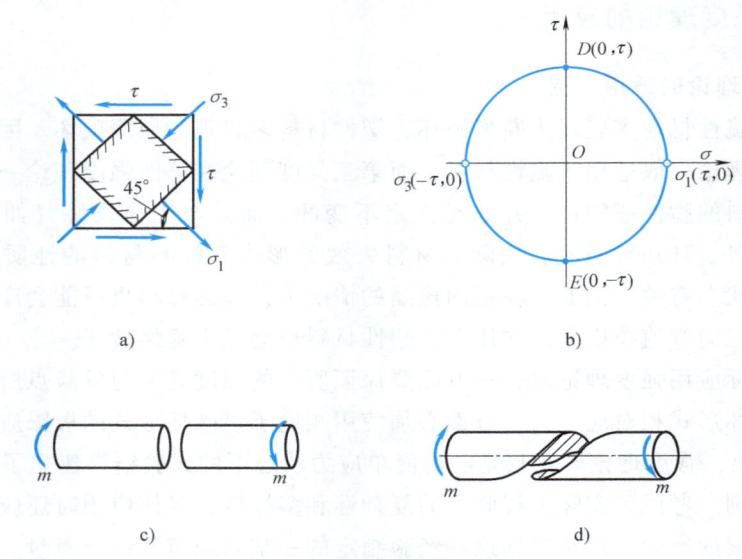

图 8-22 例 8-7 图

a）原始单元体和主单元体 b）纯剪切应力状态应力圆 c）低碳钢圆轴扭转断裂 d）铸铁圆轴扭转断裂

A 点处于纯剪切应力状态，可知单元体前后平面上的主应力

$$\sigma' = 0$$

再分析 xy 平面内的应力，已知 $\sigma_x = \sigma_y = 0$，$\tau_x = \tau = \dfrac{m}{W_P}$。由应力圆法画出 xy 平面内的应力圆（见图 8-22b），可知

$$\sigma'' = \tau, \quad \sigma''' = -\tau$$

由此，得三个主应力

$$\sigma_1 = \sigma'' = \tau, \quad \sigma_2 = \sigma' = 0, \quad \sigma_3 = \sigma''' = -\tau$$

最大切应力

$$\tau_{\max} = \frac{\sigma_1 - \sigma_3}{2} = \tau \quad （发生在横截面上）$$

其中最大主应力 σ_1（拉应力）和最小主应力 σ_3 发生在与横截面夹∓45°角的斜截面上（如图 8-22a 内侧单元体），而最大切应力发生在横截面上。且 $|\sigma_1| = |\sigma_3| = |\tau_{\max}| = \tau$。

根据低碳钢材料的力学性能，其拉压力学性能相同，且抗拉强度高于抗剪切强度，因此，低碳钢圆轴试件扭转时，当材料首先达到剪切强度时沿横截面发生剪切断裂现象（见图 8-22c）；而对铸铁材料，其拉压力学性能不同，抗压强度最高，抗剪切强度次之，抗拉强度最弱，因此，铸铁圆轴试件扭转时，当材料首先达到拉伸强度时沿与横截面成 −45°角的斜截面发生拉伸断裂现象（见图 8-22d）。

8.7　莫尔强度理论及其他强度理论

强度理论发展至今共有一百余种，其中，还有应用较多的莫尔强度理论。莫尔假设仅由材料在破坏时的主应力 σ_{1u} 和 σ_{3u} 所作的应力圆就足以决定极限应力状态，即开始屈服或发生断裂时的应力状态，该应力圆称为极限应力圆。

如图 8-23 所示，在 σ-τ 坐标平面上，分别作出材料在单轴拉伸试验时极限应力圆（直径为 OA'）、单轴压缩试验的极限应力圆（直径为 OB'）、纯剪切试验的极限应力圆（直径为 $O'C'$），以及任意应力状态下由材料在破坏时的主应力 σ_{1u} 和 σ_{3u} 确定的极限应力圆（直径为 $E'D'$），由此得到一系列的极限应力圆，其包络线为 $F'G'$ 与 FG。对于某一给定的应力状态，如果由主应力 σ_1 和 σ_3 确定的应力圆与极限应力圆的包络线相切或相交，

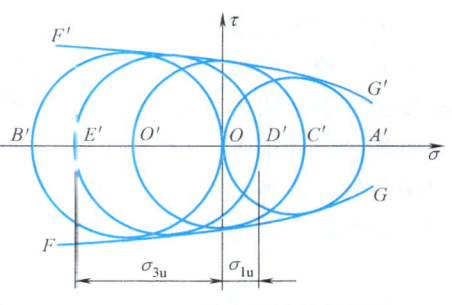

图 8-23　极限应力圆及其包络线

则材料便发生屈服或断裂失效。若将各种应力状态下失效时的主应力值 σ_{1u} 和 σ_{3u} 除以相同的安全系数，由此可得到许用应力圆包络线。

实际应用中，通常以单轴拉伸许用应力 $[\sigma_t]$ 与单轴压缩许用应力 $[\sigma_c]$ 分别画出应力圆，并以其公切线作为实际应用的许用包络线（见图 8-24）。于是，如果由主应力 σ_1 和 σ_3 所作的应力圆与该公切线相切或在该公切线之内，则满足强度要求。

莫尔强度理论的强度条件为

$$\sigma_1 - \frac{[\sigma_t]}{[\sigma_c]} \sigma_3 \leq [\sigma_t] \tag{8-60}$$

式中 σ_1、σ_3——构件危险点处的第一、第三主应力（Pa 或 MPa）；

$[\sigma_t]$——单向拉伸时材料的许用应力（Pa 或 MPa）；

$[\sigma_c]$——单向压缩时材料的许用应力（Pa 或 MPa）。

当材料的拉伸和压缩强度相等时，$[\sigma_t] = [\sigma_c] = [\sigma]$，式（8-59）退化为

$$\sigma_1 - \sigma_3 \leqslant [\sigma]$$

此即为最大切应力理论的强度条件式（8-47）。莫尔强度理论考虑了材料抗拉和抗压能力不等的情况，这符合脆性材料（如岩石混凝土等）的破坏特点，但未考虑中间主应力的影响是其不足之处。

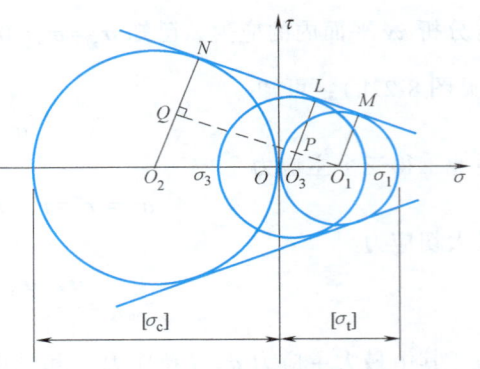

图 8-24 单轴拉伸与压缩极限应力圆及其许用包络线

此外，其他强度理论，如双剪应力强度理论（由我国西安交通大学俞茂鋐教授 1961 年提出）。俞茂鋐认为，在一点处的应力状态中，除了最大切应力 τ_{13} 外，另外两个面内最大切应力 τ_{12}、τ_{23} 也将影响材料的屈服。材料屈服准则为

$$\tau_{13} + \tau_{12} = C \quad (\tau_{12} > \tau_{23}) \tag{8-61}$$

或

$$\tau_{13} + \tau_{23} = C \quad (\tau_{12} < \tau_{23}) \tag{8-62}$$

式中 τ_{13}——一点处的最大切应力（Pa 或 MPa）；

τ_{12}——一点处位于第一和第二主平面内的面内最大切应力（Pa 或 MPa）；

τ_{23}——一点处位于第二和第三主平面内的面内最大切应力（Pa 或 MPa）；

C——待定常数（Pa 或 MPa）。

后来，他又发展了广义双剪强度理论（1985 年）和双剪统一强度理论（1991 年），在工程实践中被证明行之有效，为材料强度理论的发展做出了贡献。

材料强度理论进一步发展，在 20 世纪中期又产生了断裂力学分支。今后，随着科技发展日新月异，各种新材料、新工艺不断涌现，材料的非均匀性、各向异性矛盾更为突出，跨尺度、非线性、多场耦合等问题层出不穷，强度理论也将随之继续不断发展和完善。

思 考 题

8-1 应力单元体具有什么性质？

8-2 应力圆和单元体之间有什么对应关系？

8-3 试问在下列各种应力状态下的应力圆具有什么特征？请在图 8-25 所示 σ-τ 坐标下表示：（1）单向拉伸；（2）单向压缩；（3）纯剪切；（4）三向等拉。

8-4 如图 8-26 所示传动轴，直径为 d，外力偶矩均为已知。试从 CA 段的表面中取出 K 点，并图示其应力单元体。

8-5 三个单元体各面上的应力分量如图 8-27 所示。试问它们是否均处于平面应力状态？

8-6 三向应力状态中，截取一个与 σ_1 平行的平面，则该平面上的正应力和切应力与 σ_2 和 σ_3 无关，仅与 σ_1 有关。这种说法对吗？

8-7 关于弹性体受力后某一方向的应力与应变关系，"有应力一定有应变，有应变不一定有应力"的论述正确吗？

8-8 扭转杆如图 8-28 所示，已知材料的弹性模量 E 和泊松比 ν，根据广义胡克定律，只要测得杆件表面的一个主应变数值，即可计算出作用在扭转杆上的外力偶矩 m 的大小及转向。这种说法对吗？

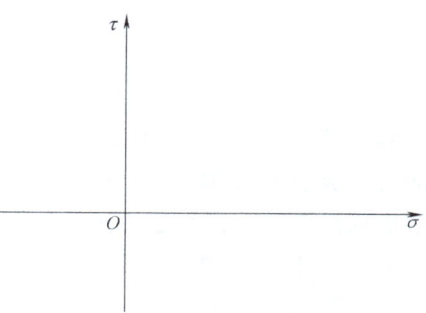

图 8-25 思考题 8-3 图

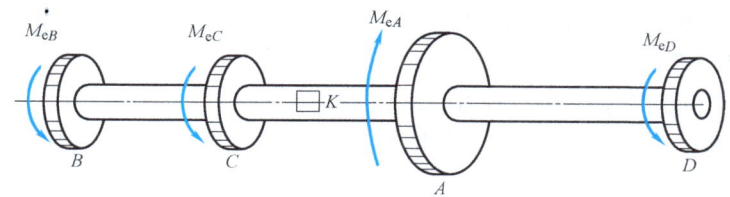

图 8-26 思考题 8-4 图

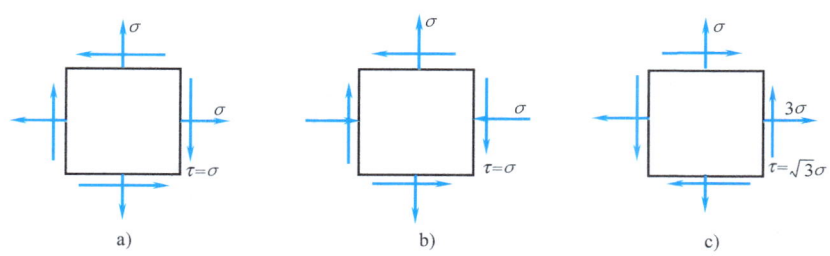

图 8-27 思考题 8-5 图
a) 应力单元体 1　b) 应力单元体 2　c) 应力单元体 3

8-9 脆性材料受力后的强度问题，均可采用第一或第二强度理论校核；塑性材料受力后的强度问题，均可采用第三或第四强度理论校核。上述说法正确吗？

8-10 某直径为 $D=25\mathrm{mm}$ 的实心钢球承受静水压力，压强为 $p=14\mathrm{MPa}$。设钢球的弹性模量 $E=210\mathrm{GPa}$，泊松比 $\nu=0.3$。试问其体积减小多少？

8-11 水管在冬天常有冻裂现象，根据作用与反作用原理，水管壁与管内所结冰之间的作用力相等，试问为什么不是冰被压碎而是水管被冻裂？

8-12 某塑性材料，其屈服极限 $\sigma_s=300\mathrm{MPa}$。用其制成的构件中的危险点有如图 8-29a 和图 8-29b 所示的两种应力状态（σ 与 τ 数值相等）。试按第四强度理论分析比较两者的危险程度。

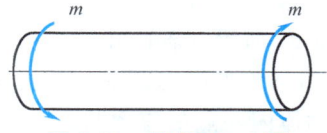

图 8-28 思考题 8-8 图

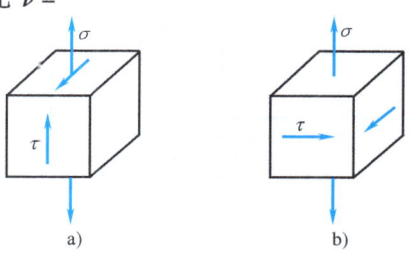

图 8-29 思考题 8-12 图
a) 应力单元体 1　b) 应力单元体 2

习　题

8-1　阶梯形圆轴受力如图 8-30 所示，其中实心段扭转截面系数 $W_{PBC} = 1.96 \times 10^{-4} \mathrm{m}^3$，空心段扭转截面系数 $W_{PCD} = 1.84 \times 10^{-4} \mathrm{m}^3$。试从轴表面取出危险点，并图示其应力单元体。

8-2　开口直立薄壁圆管 $p = 12\mathrm{MPa}$，如图 8-31 所示，已知其直径 $d = 2.2\mathrm{m}$，厚度 $\delta = 20\mathrm{mm}$。材料的拉伸屈服应力 $\sigma_s = 300\mathrm{MPa}$，安全系数 $n_s = 2.0$。试问：

（1）若该直立薄壁圆管内最大环向应力 $\sigma_\theta = 12\mathrm{MPa}$，对应管内水的高度应为多少？

（2）由水压产生的管壁的轴向应力为多大？

8-3　从某构件中取出的微元体受力如图 8-32 所示，其中 AC 为自由表面（无外力作用）。试求 σ_x 和 τ_x。

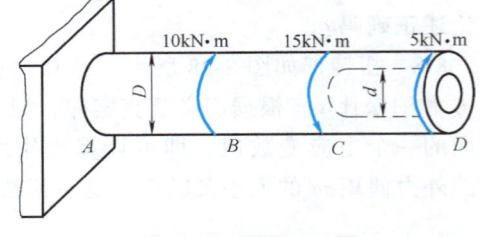

图 8-30　习题 8-1 图

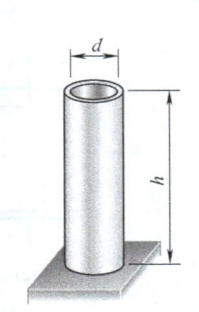

图 8-31　习题 8-2 图

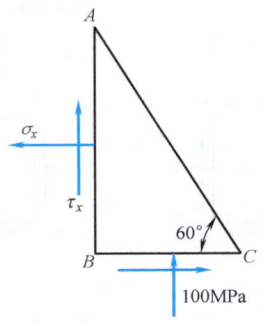

图 8-32　习题 8-3 图

8-4　层合板构件中微元体受力如图 8-33 所示，各层板之间用胶粘接，接缝方向如图 8-33 所示。若已知胶层切应力不得超过 1MPa。试分析是否满足这一要求。

8-5　平面问题中，若物体在两个方向上的受力相同，如图 8-34 所示，试分析这种情况下物体内一点的应力状态。

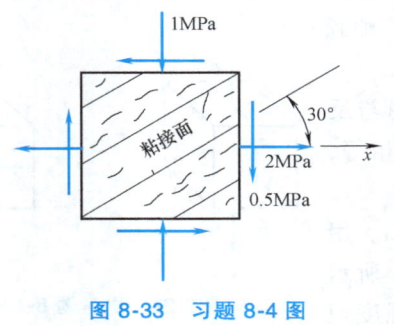

图 8-33　习题 8-4 图

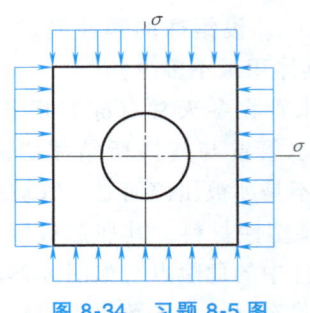

图 8-34　习题 8-5 图

8-6　试用解析法和应力圆法求图 8-35 所示各单元体中的主应力及主单元体方位角和最

大切应力的大小。图中应力单位为 MPa。

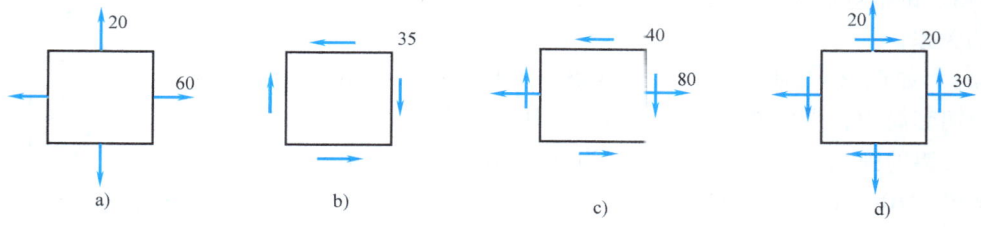

图 8-35　习题 8-6 图

a）双向拉伸应力状态　b）纯剪切应力状态　c）平面应力状态 1　d）平面应力状态 2

8-7　已知某点处的应力状态如图 8-36 所示，$\tau = 60\mathrm{MPa}$，$\sigma = 100\mathrm{MPa}$，弹性模量 $E = 200\mathrm{GPa}$，泊松比 $\nu = 0.25$，求三个主应力，以及该点处沿 σ 方向的线应变。

8-8　试从三向应力状态的广义胡克定律推导一般平面应力状态下的胡克定律公式，要求推导分别用应力表示应变和用应变表示应力两种形式。

8-9　外径 $D = 120\mathrm{mm}$，内径 $d = 80\mathrm{mm}$ 的空心圆轴，两端承受一对扭转力偶矩 M_e，如图 8-37 所示。在轴的中部表面点 A 处，测得与其母线成 $45°$ 方向的线应变为 $\varepsilon_{45°} = 2.6 \times 10^{-4}$。已知材料的弹性模量 $E = 200\mathrm{GPa}$，泊松比 $\nu = 0.3$，试求扭转外力偶矩 M_e。

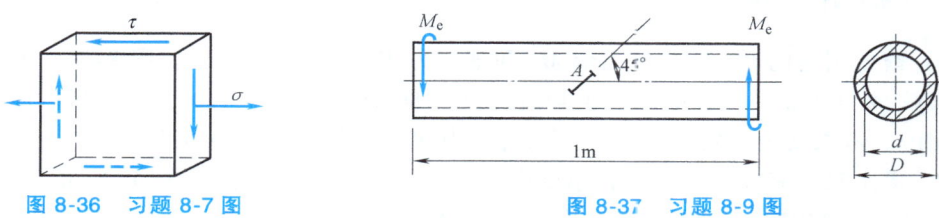

图 8-36　习题 8-7 图　　　　图 8-37　习题 8-9 图

8-10　图 8-38 所示为某钢质圆杆，直径 $D = 20\mathrm{mm}$，已知 A 点处与水平线成 $60°$ 方向上的正应变 $\varepsilon_{60°} = 4.1 \times 10^{-4}$，已知材料的弹性模量 $E = 210\mathrm{GPa}$，泊松比 $\nu = 0.28$，试求荷载 F。

8-11　如图 8-39 所示，在一体积较大的钢块上开一个贯通的槽，其宽度和深度都是 $10\mathrm{mm}$。在槽内紧密无隙地嵌入一铝质立方块，它的尺寸是 $10\mathrm{mm} \times 10\mathrm{mm} \times 10\mathrm{mm}$。当铝块受到压力 $F_\mathrm{P} = 6\mathrm{kN}$ 作用时，假设钢块不变形。铝的弹性模量 $E = 70\mathrm{GPa}$，泊松比 $\nu = 0.33$，试求铝块的三个主应力及其相应的变形。

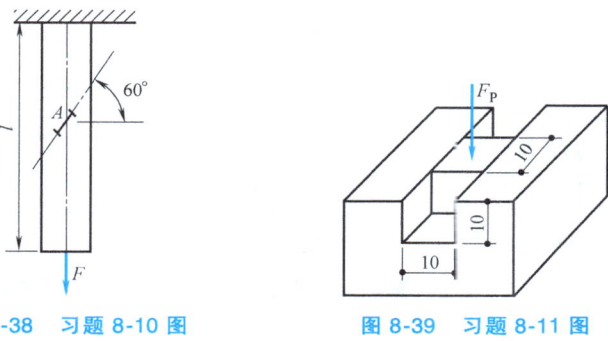

图 8-38　习题 8-10 图　　　　图 8-39　习题 8-11 图

8-12　已知如图 8-40 所示单元体材料的弹性模量 $E = 200\mathrm{GPa}$，泊松比 $\nu = 0.3$。试求该单

元体的形状改变能密度。图中应力单位为 MPa。

8-13 试推导纯剪切应力状态下的许用切应力 [τ] 与许用正应力 [σ] 的关系。

8-14 如图 8-41 所示，直径 $D = 40$mm 的铝圆柱，放在厚度 $\delta = 2$mm 的钢套筒内，设两者之间无间隙。作用于圆柱上的轴向压力 $F_P = 40$kN。若铝的弹性模量及泊松比分别为 $E_1 = 70$GPa、$\nu_1 = 0.35$，钢的弹性模量 $E = 210$GPa，试求筒内的环向应力。提示：当圆柱受均匀的径向压力 p 作用时，其中任一点的径向及切向应力均为 p。

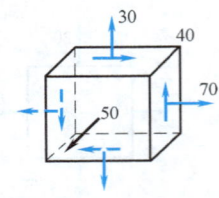

图 8-40 习题 8-12 图

8-15 如图 8-42 所示一两端封闭的薄壁圆筒，受内压力 p 及轴向压力 F_P 作用。已知 $F_P = 100$kN，$p = 5$MPa，筒的平均直径 $d = 100$mm。试按下列两种情况求筒壁厚度 δ 值：

（1）材料为铸铁，[σ] = 40MPa，$\nu = 0.25$，按第二强度理论计算。

（2）材料为钢材，[σ] = 120MPa，按第四强度理论计算。

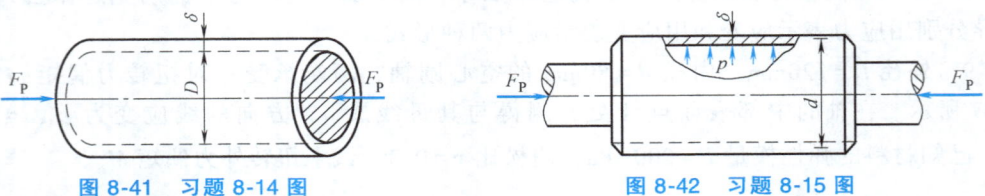

图 8-41 习题 8-14 图　　　　　图 8-42 习题 8-15 图

8-16 薄壁圆筒同时承受扭转力偶 M_e 和轴向力 F_P 的联合作用，如图 8-43 所示。已知 $F_P = 140$kN，$M_e = 25$kN·m，圆筒的平均直径 $d = 180$mm，壁厚 $\delta = 10$mm，材料的屈服应力 $\sigma_s = 250$MPa，若取安全系数 $n_s = 2.5$，试按第三强度理论校核圆筒的强度。

8-17 潜水氧气瓶（见图 8-44）承受内压 $p = 12$MPa，已知其直径 $d = 150$mm，材料的拉伸屈服应力 $\sigma_s = 300$MPa，剪切屈服应力 $\tau_s = 140$MPa。若取安全系数 $n_s = 2.0$，试按合适的强度理论设计该氧气瓶最小厚度 δ。

8-18 工字钢简支梁受力如图 8-45 所示，已知 [σ] = 160MPa，[τ] = 100MPa，试根据强度条件选择工字钢的型号。

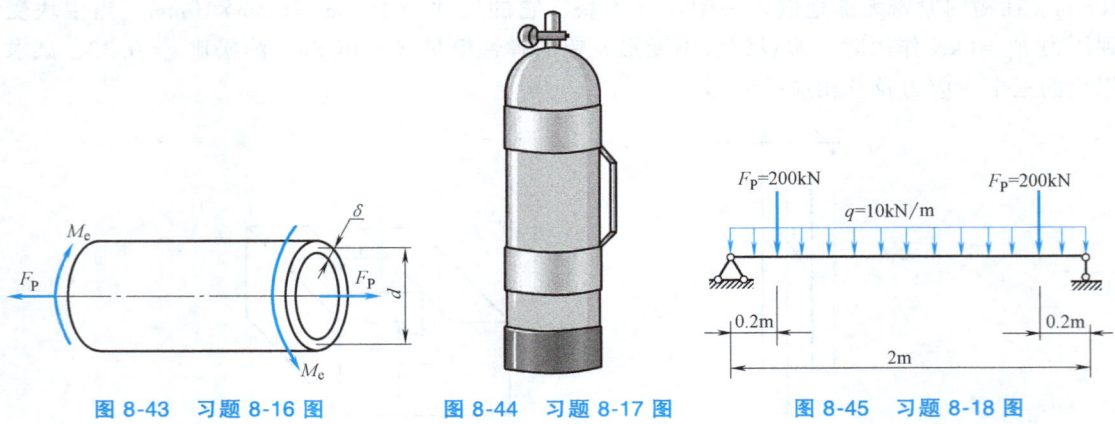

图 8-43 习题 8-16 图　　　图 8-44 习题 8-17 图　　　图 8-45 习题 8-18 图

第 9 章 组合变形杆件的强度计算

> **本章提要**
> 本章在基本变形理论的基础上,对组合变形杆件的强度问题进行研究。研究的方法是首先把组合变形分解为基本变形;然后用截面法求出对应于基本变形的内力;再根据基本变形理论确定对应于各种基本变形的应力分布;最后找出可能的危险截面和危险点,确定危险点的应力状态,通过叠加法进行强度计算。学习的关键在于对组合变形叠加法的理解,要特别注意组合变形叠加法和普通叠加法的异同。

■ 9.1 组合变形杆件的实例和概念

前面介绍的杆件<u>基本变形理论</u>,即拉压、扭转、弯曲变形理论,是对工程实际杆件受力和变形进行分析时,考虑变形的主要因素并忽略次要因素后得到的模型。纯粹的基本变形虽然存在但并不多见,例如楼房的柱子和桥梁的桥墩的主要作用就是承压,可以近似看成压缩变形,但实际工作时,这两种杆件除了存在压缩变形,还会有弯曲变形。又如齿轮转动和带轮转动中的转轴,除了发生扭转变形,还有弯曲变形。所以杆件在工作时同时存在多种基本变形是普遍的工程现象。由于多种基本变形同时存在,每种基本变形对杆件的总强度和总刚度都有影响,只是程度不同,其综合效应不能单纯通过各种基本变形理论孤立地进行计算,必须建立<u>组合变形理论</u>,对多种基本变形的综合作用和综合效应进行分析。组合变形理论的主要方法是<u>叠加法</u>。由于组合变形的复杂性,组合变形叠加法有特殊的含义,后面将详细论述。

9.1.1 组合变形的工程实例

图 9-1 所示是水坝的结构及其受力图,水坝在自身重力和坝面行人和车辆的重力作用下会产生压缩变形,在水的横向压力作用下会产生弯曲变形,所以水坝的变形属于<u>压缩和弯曲组合变形</u>。

图 9-2a 所示为手摇起重结构的简图,通过摇动摇臂带动绞盘轴转动,绳子包卷在绞盘轴上,把重物吊起。图 9-2b 所示是手摇起重结构绞盘轴的受力

组合变形的
工程实例

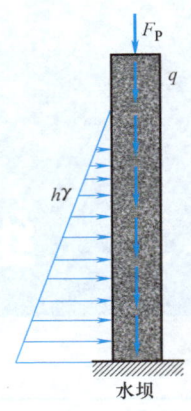

图 9-1　水坝结构和受力特征

图，可见绞盘轴在铅垂面内会产生弯曲变形，在水平面内也会发生弯曲变形，在摇动摇臂和重物对轴线的力矩作用下会发生扭转变形，所以绞盘轴的变形属于<u>斜弯曲与扭转的组合变形</u>。

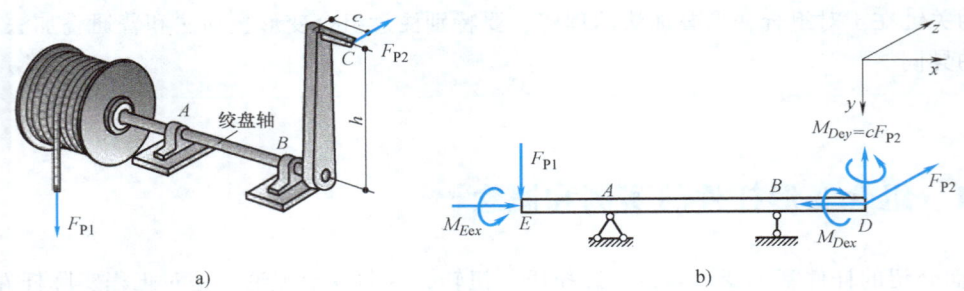

图 9-2　起重结构
a）手摇起重结构　b）手摇起重结构绞盘轴的受力图

9.1.2　组合变形的概念

当杆件在外力作用下产生两种或两种以上的基本变形时，该杆件的变形称为<u>组合变形</u>。杆件的组合变形可以在一个外力的作用下产生，也可以在多个外力的作用下产生。

1. 组合变形的研究方法

在工程实际中的组合变形是非常复杂的变形。考虑到工程实际中构件的变形很小，为了简化计算，对组合变形研究时可以引进<u>小变形和线弹性的假设</u>，即组合变形中的各种基本变形都属于线弹性范围内的小变形，各种基本变形<u>互相独立，互不影响</u>。

在小变形和线弹性假设的前提下，组合变形的<u>研究方法</u>可表述如下：

1）外力分析：外力向所作用杆件横截面的形心简化为静力等效力系，并沿横截面主惯性轴分解。

2）内力分析：求每个基本变形对应的内力方程和内力图，确定<u>可能的危险截面</u>。

3）应力分析：根据基本变形理论，确定可能危险截面上对应于各种基本变形的应力分布情况，确定可能的危险点。

4) 强度计算：按照叠加法进行。

2. 组合变形理论的叠加法

叠加法的前提：各种基本变形在线弹性范围内，即满足胡克定律；各种基本变形属于小变形。

叠加法的具体方法：

1) 按基本变形理论，确定各种基本变形的应力和变形。

2) 杆件组合变形的变形叠加。不同基本变形在构件同一截面上同一点沿同一方向产生的位移或变形按代数方法叠加；不同基本变形在构件同一截面上同一点沿不同方向产生的位移或变形按矢量方法叠加。

3) 杆件组合变形的应力叠加。不同基本变形在构件同一截面上同一点沿同一方向产生的应力按代数方法叠加；不同基本变形在构件同一截面上同一点沿不同方向产生的应力按应力状态理论和强度理论进行叠加。

在应用叠加法时，要特别注意组合变形叠加法与普通叠加法的区别。

组合变形的叠加法

■ 9.2 组合变形杆件的内力

根据组合变形的研究方法，内力分析时首先是把外力向所作用杆件的横截面形心简化为静力等效力系，并沿横截面主惯性轴分解，其次分析每个外力分量对应的基本变形，最后根据基本变形理论求出对应的内力方程或内力图。下面通过例题进一步说明。

【例 9-1】 工厂厂房的立柱 AB 受力如图 9-3a 所示，屋顶对柱子的作用力 $F_{P1}=1000\text{kN}$，作用在 CB 段轴线上，作用线偏离 AC 段轴线 $e_1=0.1\text{m}$，厂房墙壁间横梁对柱子的作用力 $F_{P2}=500\text{kN}$，作用线偏离 CB 段轴线 $e_2=0.3\text{m}$。试作柱子 AB 的内力图。

组合变形的内力图

解：1) AC 段内的截面 1—1 截断柱子，研究该截面上面的柱段，如图 9-3b 所示。

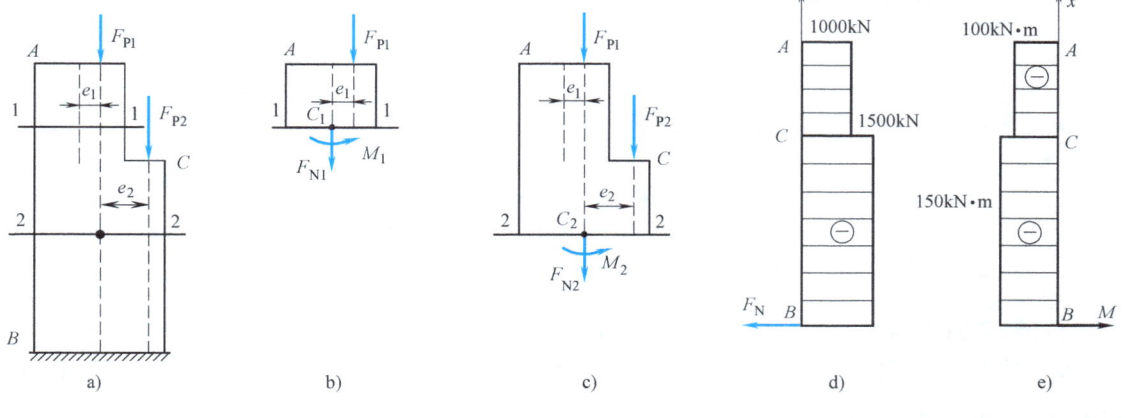

图 9-3 例 9-1 图

a) 房屋立柱结构简图 b) AC 段分离体受力图 c) CB 段分离体受力图 d) 立柱轴力图 e) 立柱弯矩图

$$\sum F_x = 0: \quad F_{N1} = -F_{P1} = -1000\text{kN}$$
$$\sum M_{C1} = 0: \quad M_1 = F_{P1}e_1 = 1000\text{kN} \times 0.1\text{m} = 100\text{kN} \cdot \text{m}$$

2) CB 段内的截面 2—2 截断柱子，研究该截面上面的柱段，如图 9-3c 所示。
$$\sum F_x = 0: \quad F_{N2} = -F_{P1} - F_{P2} = -1000\text{kN} - 500\text{kN} = -1500\text{kN}$$
$$\sum M_{C2} = 0: \quad M_2 = F_{P2}e_2 = 500\text{kN} \times 0.3\text{m} = 150\text{kN} \cdot \text{m}$$

3) 柱子的内力图如图 9-3d、e 所示。

【例 9-2】 图 9-4a 所示为某钢制实心圆轴 AB，轴上齿轮的受力如图 9-4 所示，齿轮 C 的径向啮合力 $F_{Pr1} = 2\text{kN}$，切向啮合力 $F_{Pt1} = 6\text{kN}$，齿轮 D 的径向啮合力 $F_{Pr2} = 4\text{kN}$，切向啮合力 $F_{Pt2} = 10\text{kN}$。齿轮 C 的节圆直径 $d_C = 500\text{mm}$，齿轮 D 的节圆直径 $d_D = 300\text{mm}$。试画轴 AB 的内力图。

解：1) 先将齿轮上的外力向所在的横截面形心简化，得到如图 9-4b 所示的计算简图，其中 $M_e = 1.5\text{kN} \cdot \text{m}$。

2) CD 段产生扭转变形的受力和扭矩图如图 9-4c 所示。

3) 水平面内的受力和弯矩 M_y 图如图 9-4d 所示，其中 $F_{Az} = -0.25\text{kN}$，$F_{Bz} = 12.25\text{kN}$。

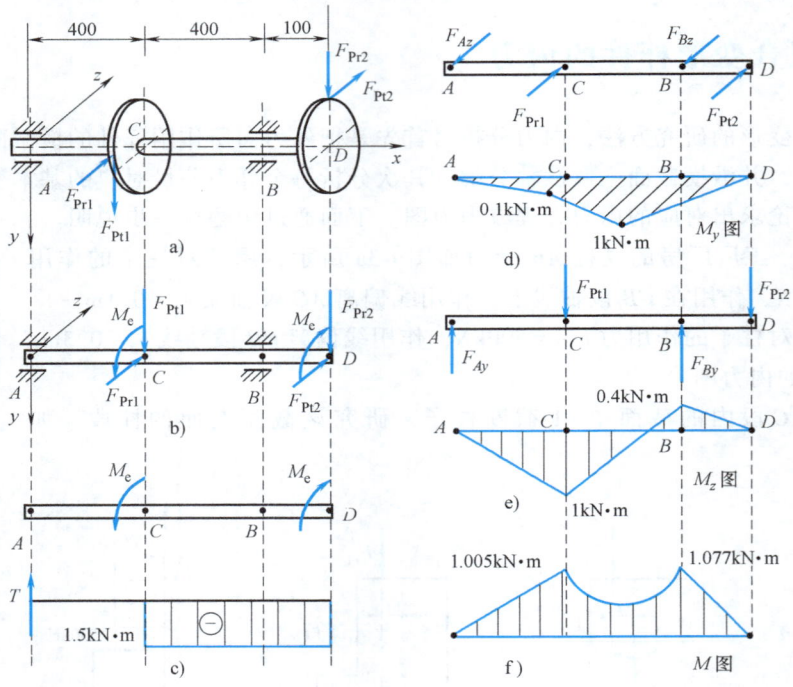

图 9-4　例 9-2 图

a) 转动轴结构简图　b) 受力简化图　c) 轴的扭矩图　d) 水平面弯曲的弯矩图　e) 铅垂面弯曲的弯矩图　f) 合弯矩图

4) 铅垂面内的受力和弯矩 M_z 图如图 9-4e 所示，其中 $F_{Ay} = 2.5\text{kN}$，$F_{By} = 7.5\text{kN}$。

5) 对于圆截面杆的弯扭组合变形，其强度计算与截面的合弯矩有关，由于 M_y 和 M_z 互相垂直，所以合弯矩 $M = \sqrt{M_y^2 + M_z^2}$，于是可以得到合弯矩图如图 9-4f 所示。

注意到在 AC 段中 $M_y = k_1 x$，$M_z = k_2 x$，所以 $M = \sqrt{k_1^2 + k_2^2}\, x$ 是直线。同理 BD 段也是直线。

但在 CB 段中，$M_y = a_y + k_3 x$，$M_z = a_z + k_4 x$，其中 a_y、a_z 分别是 M_y、M_z 两条直线的截距，所以 $M = \sqrt{M_y^2 + M_z^2}$ 无法简化为直线方程。

考虑到 M 与 $f(x) = M^2 = a_y^2 + a_z^2 + 2(a_y k_3 + a_z k_4)x + (k_3^2 + k_4^2)x^2$ 的曲线形状相似，而 $f(x)$ 的形状由其二阶导数所确定。因为 $\dfrac{d^2 f(x)}{dx^2} = 2(k_3^2 + k_4^2) > 0$，所以 $f(x)$ 的形状必为凹曲线。所以 CB 段中的合弯矩图必为凹曲线。

■ 9.3 拉（压）与弯曲组合变形的强度计算

当杆件截面上存在轴力和弯矩时，杆件会发生拉（压）与弯曲组合变形。如图 9-1 所示的水坝在横向水平压力和轴向重力作用下横截面存在轴力和弯矩。又如图 9-3a 房屋建筑结构中的立柱结构，在偏离立柱轴线的轴向压力作用下横截面存在轴力和弯矩，此时立柱也将产生拉（压）与弯曲组合变形。前者称为轴向荷载与横向荷载共同作用下的组合变形，后者称为偏心拉伸（压缩）作用下的组合变形。

轴向荷载与横向荷载共同作用下的组合变形的强度

9.3.1 轴向荷载与横向荷载共同作用下的组合变形的强度

拉（压）与弯曲组合变形的强度计算的叠加法可通过下面的悬臂梁在轴向荷载和横向均布荷载共同作用下的拉弯组合变形为例说明，如图 9-5 所示，计算中忽略弯曲剪力的影响。

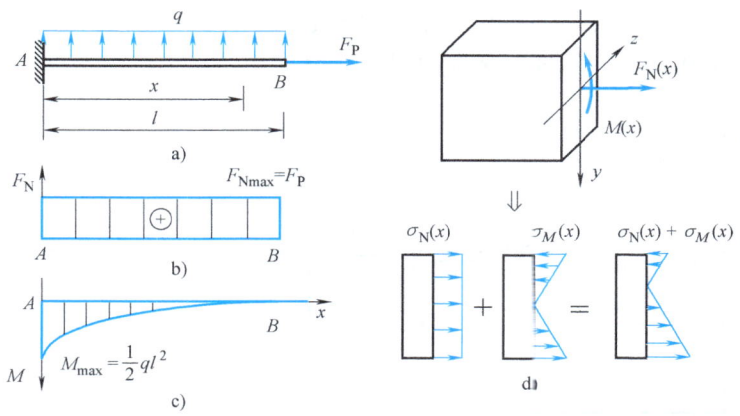

图 9-5 轴向荷载和横向均布荷载共同作用下悬臂梁的组合变形
a) 结构受力图　b) 轴力图　c) 弯矩图　d) 截面应力叠加图

根据外力情况和截面法，作出轴力图和弯矩图，如图 9-5b、c 所示。x 截面的轴力和弯矩分别为 $F_N(x) = F_P$，$M_z(x) = \dfrac{1}{2} q(l-x)^2$，根据叠加法，$x$ 截面上 y 点处的应力等于拉伸应力和弯曲正应力的代数和，如图 9-5d 所示，即

$$\sigma(x,y) = \sigma_N(x) + \sigma_M(x,y) = \dfrac{F_P}{A} + \dfrac{q(l-x)^2 y}{2 I_z}$$

强度计算时，危险截面在 A 截面，即 $x=0$，危险点在截面的上下边缘处，即 $y=\pm\dfrac{h}{2}$，所以，危险应力为

$$\sigma\left(0,\dfrac{h}{2}\right)=\dfrac{F_P}{A}+\dfrac{ql^2h}{4I_z}$$

上式也可以改写为

$$\left.\begin{array}{c}\sigma_{\max}\\ \sigma_{\min}\end{array}\right\}=\sigma\left(0,\pm\dfrac{h}{2}\right)=\dfrac{F_N}{A}\pm\dfrac{M_{z\max}}{W_z} \qquad (9\text{-}1)$$

式中　F_N——危险截面的轴力（N）；

　　　$M_{z\max}$——危险截面上对 z 轴的弯矩（N·m）；

　　　A——危险截面的面积（m²）；

　　　W_z——危险截面对 z 轴的弯曲截面系数（m³）。

危险截面的最小应力 $\sigma_{\min}$ 可能是拉应力，也可能是压应力，具体须根据轴力和弯矩的大小以及截面的几何性质确定。在图 9-5d 中，$\dfrac{F_P}{A}<\dfrac{M_{z\max}}{W_z}$，所以 $\sigma_{\min}$ 是压应力。

由于危险点处于单向应力状态，属于<u>第一类危险点</u>，所以不管采用何种强度理论，其强度条件与拉压杆的强度相同，即

$$\sigma_{\max}\leqslant[\sigma] \qquad (9\text{-}2)$$

式中　$\sigma_{\max}$——危险截面的最大应力（Pa）；

　　　$[\sigma]$——材料的许用应力（Pa）。

【例 9-3】 如图 9-6 所示的支架结构中，横梁 BD 为工字形钢梁，已知 $F_P=15\text{kN}$，钢的许用应力 $[\sigma]=160\text{MPa}$。试选择工字钢的型号。

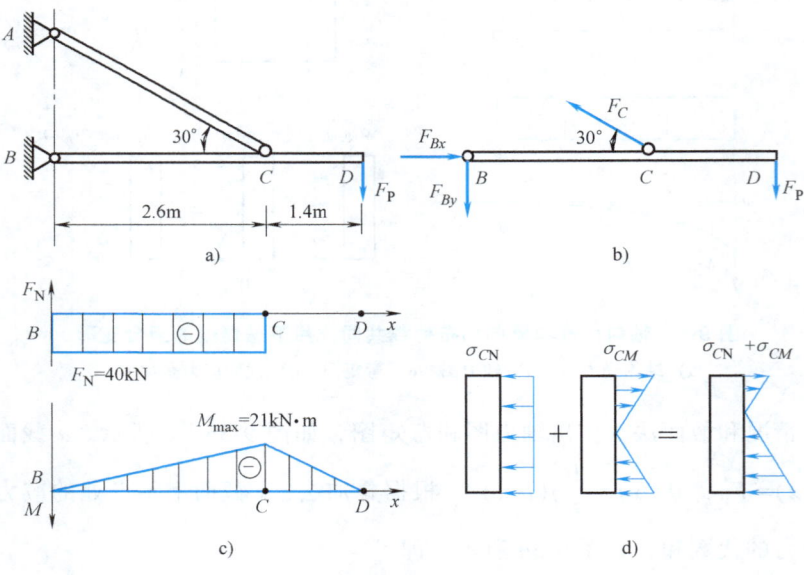

图 9-6　例 9-3 图

a）结构简图　b）梁 BD 受力图　c）轴力和弯矩图　d）C^- 截面应力叠加

解：1) 以梁 BD 为对象，其受力图如图9-6b所示，由平衡方程可得

$$F_C = 46.15\text{kN}, \quad F_{Bx} = 40\text{kN}, \quad F_{By} = 8.1\text{kN}$$

2) 作出梁 BD 的轴力图和弯矩图，如图9-6c所示，可知危险截面在 C^- 截面，危险点为 C 截面的下边缘，为最大压应力。

3) 截面设计：由于截面尺寸变量多，所以可先按弯曲强度设计截面，再校核强度。由弯曲强度条件，有

$$W_z \geq \frac{M_{z\max}}{[\sigma]} = \frac{21 \times 10^3 \text{N} \cdot \text{m}}{160 \times 10^6 \text{Pa}} = 131 \times 10^{-6} \text{m}^3 = 131 \text{cm}^3$$

查附表B，可选16号工字钢，其截面几何参数为

$$A = 26.11 \text{cm}^2, \quad W_z = 141 \text{cm}^3$$

4) 校核强度，危险截面在 C^- 截面，危险点为 C^- 截面的下边缘，为最大压应力。

$$\sigma_{c\max} = \frac{|F_{CN}|}{A} + \frac{|M_{Cz}|}{W_z} = \frac{40 \times 10^3 \text{N}}{26.11 \times 10^{-4} \text{m}^2} + \frac{21 \times 10^3 \text{N} \cdot \text{m}}{141 \times 10^{-6} \text{m}^3}$$

$$= 164.26 \times 10^{-6} \text{Pa} = 164.26 \text{MPa} > [\sigma] = 160 \text{MPa}$$

虽然 $\sigma_{c\max} > [\sigma]$，但只超过许用应力的 2.66%，未超过 5%，工程上认为此时梁 BD 安全，所以梁 BD 可以选用 16 号工字钢。

9.3.2　简单偏心拉伸（压缩）作用下柱的组合变形的强度

简单偏心拉伸（压缩）作用下柱的组合变形的强度

柱子是工程中常用的结构，如桥墩、房屋结构中的立柱等。柱子的主要作用是受压，应用时也是希望其压力沿轴线方向。但由于工程应用需要、环境复杂和施工误差等原因，柱子受到的压力在使用中可能偏离轴线方向，如图9-3中的房屋结构的立柱，屋顶结构不对称时，其压力 F_{P1} 会偏离轴线，而吊车梁对立柱的作用力 F_{P2} 本身就是偏离立柱轴线的。此时柱子将产生拉伸（压缩）与弯曲组合变形。

当偏心压力仅在柱子横截面某根对称轴的方向偏离柱子轴线时，柱子的变形称为**简单偏心拉伸（压缩）组合变形**。处理的办法仍然是**叠加法**。以图9-7a所示的桥

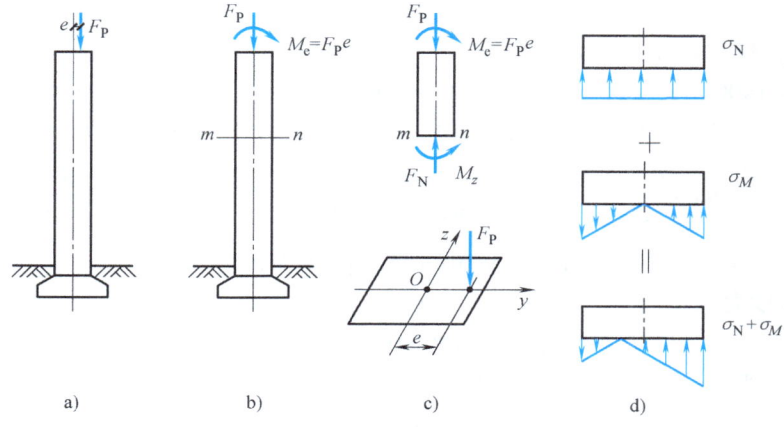

图9-7　桥墩的简单偏心压缩

a) 结构简图　b) 力的简化　c) 截面内力　d) 截面应力叠加

墩为例，O 为桥墩轴线位置，外力 F_P 在截面对称轴 y 方向上偏离桥墩轴线，**偏心距**为 e。把 F_P 简化到桥墩轴线处得 F_P 和附加力偶 M_e，利用截面法，可知任意截面 m—n 的内力为

$$F_N(x) = F_P, \quad M_z(x) = F_P e$$

可见此时柱子的变形本质上还是属于拉（压）弯组合变形。对于图示桥墩，每个横截面都是危险截面，危险点在截面的右边沿处，为压应力。按照叠加法，可得危险点的应力为

$$\sigma_{\max} = \sigma_N + \sigma_{M\max} = \frac{F_N}{A} + \frac{M_z(x)}{W_z} \tag{9-3}$$

强度条件为

$$\sigma_{\max} \leqslant [\sigma] \tag{9-4}$$

【例 9-4】 如图 9-8 所示压力机，最大压力 $F_P = 1400\text{kN}$，机架用铸铁做成，许用拉应力 $[\sigma_t] = 35\text{MPa}$，许用压应力 $[\sigma_c] = 140\text{MPa}$，试校核该压力机立柱部分的强度。立柱截面的几何性质如下：$y_C = 200\text{mm}$，$h = 700\text{mm}$，$A = 1.8 \times 10^5 \text{mm}^2$，$I_z = 8.1 \times 10^9 \text{mm}^4$，如图 9-8c 所示。

解：1) 求偏心距。如图 9-8b、c 所示，荷载 F_P 偏离立柱轴线，其偏心距为

$$e = y_C + 500\text{mm} = 200\text{mm} + 500\text{mm} = 700\text{mm}$$

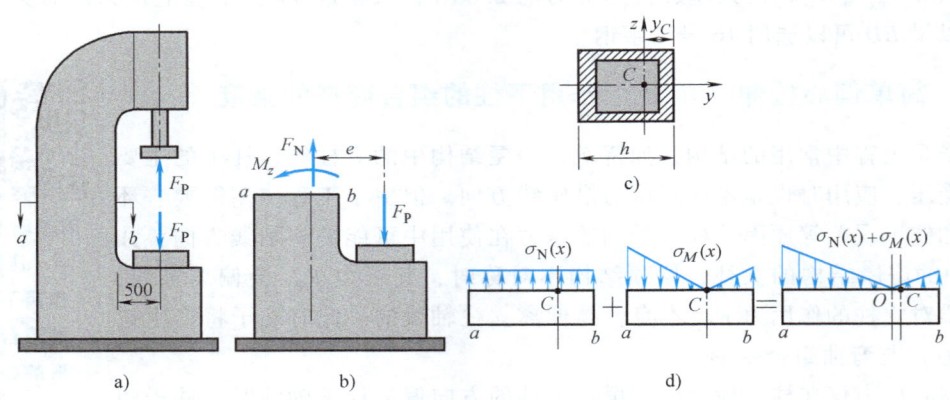

图 9-8　例 9-4 图

a) 压力机结构简图　b) 截面内力　c) a—b 截面尺寸　d) a—b 截面的应力

2) 立柱部分任意截面的内力为

$$F_N = F_P = 1400\text{kN}, \quad M_z(x) = F_P e = (1400 \times 10^3 \times 700 \times 10^{-3})\text{N} \cdot \text{m} = 980 \times 10^3 \text{N} \cdot \text{m}$$

3) 立柱部分任意截面的危险点是截面左右边缘的点，即截面的 a、b 点处，大小为

$$\sigma_{t\max} = \sigma_b = \frac{F_N}{A} + \frac{M_z(x) y_b}{I_z} = \frac{1400 \times 10^3 \text{N}}{1.8 \times 10^5 \times 10^{-6} \text{m}^2} + \frac{980 \times 10^3 \text{N} \cdot \text{m} \times 200 \times 10^{-3} \text{m}}{8.1 \times 10^9 \times 10^{-12} \text{m}^4}$$

$$= 31.98 \times 10^6 \text{Pa} = 31.98\text{MPa} < [\sigma_t] = 35\text{MPa}$$

立柱满足拉伸强度要求。

$$\sigma_{c\max} = \sigma_a = \frac{F_N}{A} - \frac{F e y_a}{I_z} = \frac{1400 \times 10^3 \text{N}}{1.8 \times 10^5 \times 10^{-6} \text{m}^2} - \frac{980 \times 10^3 \text{N} \cdot \text{m} \times 500 \times 10^{-3} \text{m}}{8.1 \times 10^9 \times 10^{-12} \text{m}^4}$$

$$= -52.72 \times 10^6 \text{Pa} = -52.72\text{MPa}$$

$$|\sigma_{c\max}| = 52.72\text{MPa} < [\sigma_c] = 140\text{MPa}$$

立柱满足压缩强度要求。

因此，压力机立柱满足强度要求。

【例 9-5】 求例 9-1 中厂房立柱 AC 段和 BC 段内的绝对值最大的正应力。立柱的横截面尺寸如图 9-9a 所示，$a_1 = 0.6\text{m}$，$a_2 = 0.8\text{m}$，$b = 0.3\text{m}$，C_1 是 AC 段横截面形心，C_2 是 BC 段横截面形心。

解：内力图已在例 9-1 求出，AC 段和 BC 段的内力分别为

$F_{N1} = 1000\text{kN}$，$M_{z1} = 100\text{N} \cdot \text{m}$，
$F_{N2} = 1500\text{kN}$，$M_{z2} = 150\text{N} \cdot \text{m}$

立柱 AC 段和 BC 段的几何性质为

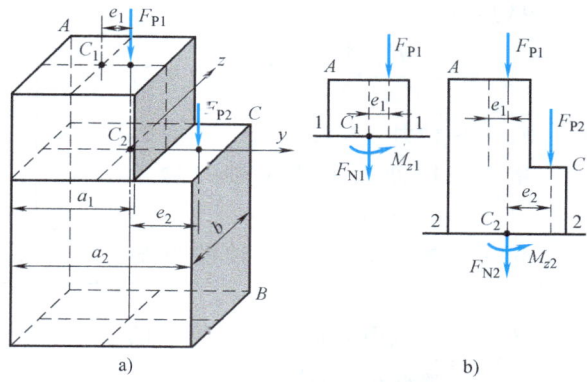

图 9-9 例 9-5 图
a) 尺寸图 b) 截面内力

$$A_1 = 0.3\text{m} \times 0.6\text{m} = 0.18\text{m}^2, \quad W_{z1} = \frac{0.3\text{m} \times 0.6^2 \text{m}^2}{6} = 0.018\text{m}^3$$

$$A_2 = 0.3\text{m} \times 0.8\text{m} = 0.24\text{m}^2, \quad W_{z2} = \frac{0.3\text{m} \times 0.8^2 \text{m}^2}{6} = 0.032\text{m}^3$$

对 AC 段和 BC 段分别进行内力分析，如图 9-9b 所示。容易发现，AC 段和 BC 段内的截面最大正应力都发生在横截面的右边缘，为压应力。

$$\sigma_{1\text{max}} = \frac{F_{N1}}{A_1} + \frac{M_{z1}}{W_{z1}} = \frac{1000 \times 10^3 \text{N}}{0.18\text{m}^2} + \frac{100 \times 10^3 \text{N} \cdot \text{m}}{0.018\text{m}^3} = 11.11 \times 10^6 \text{Pa} = 11.11 \text{MPa}$$

$$\sigma_{2\text{max}} = \frac{F_{N2}}{A_2} + \frac{M_{z2}}{W_{z2}} = \frac{1500 \times 10^3 \text{N}}{0.24\text{m}^2} + \frac{150 \times 10^3 \text{N} \cdot \text{m}}{0.032\text{m}^3} = 10.94 \times 10^6 \text{Pa} = 10.94 \text{MPa}$$

若 F_{P1} 作用在 C_1 处，则 AC 段受均匀压应力，大小为

$$\sigma'_{1\text{max}} = \frac{F_{N1}}{A_1} = \frac{1000 \times 10^3 \text{N}}{0.18\text{m}^2} = 5.56 \times 10^6 \text{Pa} = 5.56 \text{MPa} < \sigma_{1\text{max}} = 11.11 \text{MPa}$$

可见偏心压缩会增加结构的危险性，工程上应尽量避免或尽量减少偏心距。

9.3.3 一般偏心拉伸（压缩）作用下的组合变形的强度

当拉（压）力平行于柱子的轴线并同时偏离横截面的两根对称轴（或主惯性轴）y、z 时，柱子的变形称为<u>一般偏心拉伸（压缩）作用下的组合变形</u>，如图 9-10a 所示。

一般偏心拉伸（压缩）作用下的组合变形的强度

一般偏心压缩的处理办法仍然是叠加法，首先把外力向顶部截面的形心简化，得到轴力 F_N、绕 y 轴的弯矩 M_y 和绕 z 轴的弯矩 M_z，如图 9-10b 所示。很显然，对于图 9-10 所示的柱子，其任意横截面的内力与顶部的受力相同。根据叠加法，分别求出 F_N、M_y 和 M_z 对应的应力，如图 9-11a、b 和 c 所示。

根据叠加法，可求得横截面上的总应力，如图 9-11d 所示。截面上任意点（y，z）的应

力可表示为

$$\sigma(y,z) = \sigma_N + \sigma_{M_y} + \sigma_{M_z}$$
$$= -\frac{F_N}{A} - \frac{M_y}{I_y}z - \frac{M_z}{I_z}y \quad (9\text{-}5)$$

式中 F_N——轴力（N）；
M_y——横截面上绕 y 轴的弯矩（N·m）；
M_z——横截面上绕 z 轴的弯矩（N·m）；
I_y——横截面对形心坐标轴 y 的惯性矩（m^4）；
I_z——横截面对形心坐标轴 z 的惯性矩（m^4）；
y——横截面任意点的 y 坐标（m）；
z——横截面任意点的 z 坐标（m）。

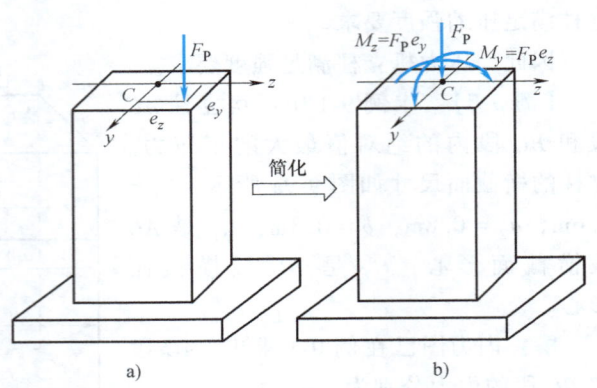

图 9-10　一般偏心压缩的组合变形
a）结构简图　b）外力简化

或表示为

$$\sigma(y,z) = -\frac{F_P}{A}\left(1 + \frac{e_z}{i_y^2}z + \frac{e_y}{i_z^2}y\right) \quad (9\text{-}6)$$

式中 F_P——偏心压力（N）；
e_y——偏心压力在 y 方向的偏心距（m）；
e_z——偏心压力在 z 方向的偏心距（m）；
i_y——横截面对形心坐标轴 y 的惯性半径（m）；
i_z——横截面对形心坐标轴 z 的惯性半径（m）。

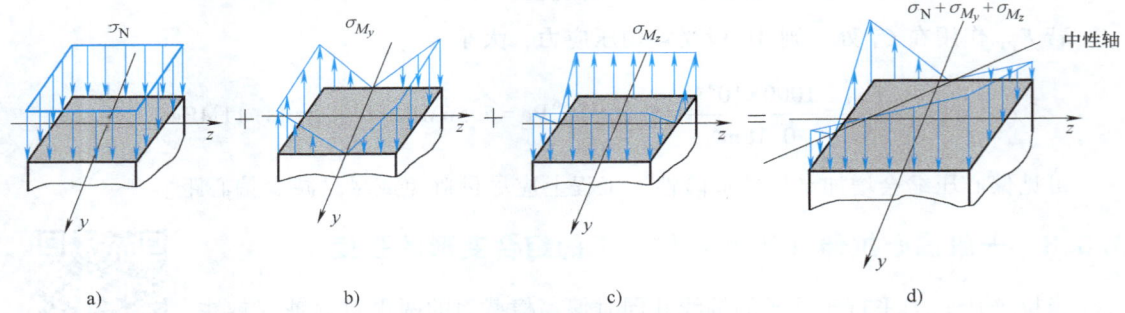

图 9-11　一般偏心压缩的应力分布
a）F_N 产生的应力　b）M_y 产生的应力　c）M_z 产生的应力　d）截面总应力

应用上述公式时，要注意式（9-5）中绕 y 轴的弯矩 M_y 以顺时针（即弯矩矢 M_y 沿 y 的负方向）为正，而绕 z 轴的弯矩 M_z 以逆时针（即弯矩矢 M_z 沿 z 的正方向）为正。也可以根据截面上内力分量的实际方向或旋向，分析它们使截面产生怎么样的运动，从而确定各种内力在所求点处产生应力的拉压性质，再叠加得到总应力。

由于 y、z 在柱子横截面内变化，所以其取得有限值。根据式（9-6）可知，当偏心距

e_y、e_z 足够小时，不管 y、z 在截面内怎么变化，式（9-6）中等号右边括号内部分的值都将大于零，则 $\sigma(y, z)$ 将小于零，即截面内的所有点都受压应力作用。

当偏心距 e_y、e_z 足够大时，虽然 y、z 是有限值，但根据式（9-6）可知，等号右边括号内部分的值可能大于零，也可能小于零，相应的 $\sigma(y, z)$ 可能小于零，也可能大于零，即截面内部分区域受压，部分区域受拉。此时横截面存在中性轴，如图 9-11d 所示。

根据式（9-6），利用中性轴上应力为零的条件，可得到中性轴的方程为

$$1 + \frac{e_z}{i_y^2}z + \frac{e_y}{i_z^2}y = 0 \tag{9-7}$$

由此可得到中性轴在截面坐标系 Cyz 中的截距 a_y 和 a_z，如图 9-12a 所示。

$$a_y = -\frac{i_z^2}{e_y}, \quad a_z = -\frac{i_y^2}{e_z} \tag{9-8}$$

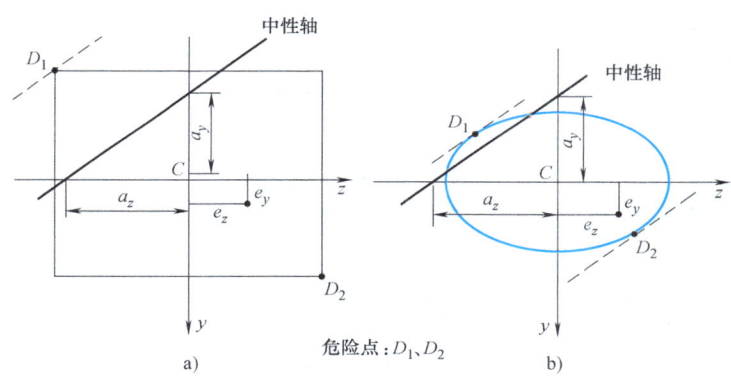

图 9-12 一般偏心压缩的中性轴和截距
a）矩形截面　b）凸曲线截面

由式（9-8）可知，截距 a_y、a_z 分别与偏心距 e_y、e_z 的符号相反，所以中性轴与偏心压力 F_P 的作用点（e_y, e_z）分别位于横截面形心的两侧。中性轴把截面分成受拉和受压两个区域。对于偏心压缩，小区域受拉，大区域受压；对于偏心拉伸，小区域受压，大区域受拉。

通过中性轴和横截面轮廓，可方便地确定横截面危险点的位置。即截面上与中性轴垂直距离最远的两个点，可由平行于中性轴且与截面轮廓相切的切线的切点确定，如图 9-12a、b 中矩形截面和凸曲线截面中的 D_1 点和 D_2 点。矩形截面的危险点必然位于角点上。

【例 9-6】 矩形截面木柱受偏心荷载 F_P 作用，如图 9-13a 所示。$F_P = 4.8$ kN。试：确定任意截面上 A、B、E、D 四点的正应力；画出横截面上正应力分布图并确定中性轴的位置。

解：1) 外力 F_P 向截面形心简化，如图 9-13b 所示，得

$$F_N = 4.8 \text{kN}, \quad M_y(x) = -288 \text{N} \cdot \text{m}, \quad M_z(x) = 192 \text{N} \cdot \text{m}$$

2) 立柱部分任意截面的内力与上述简化结果相同，如图 9-13c 所示。

3) 立柱横截面的几何性质。

$$A = 120 \times 10^{-3} \text{m} \times 80 \times 10^{-3} \text{m} = 9.6 \times 10^{-3} \text{m}^2$$

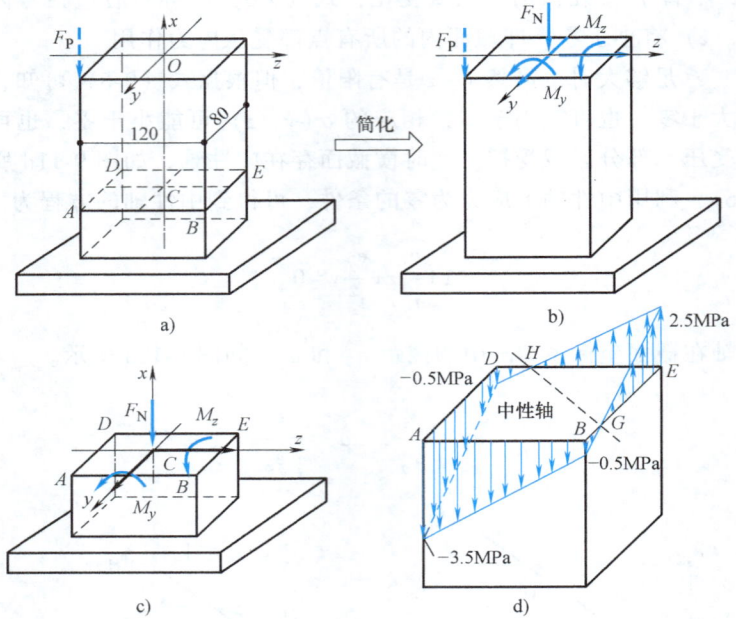

图 9-13 例 9-6 图

a) 矩形截面木柱结构简图 b) 力的简化 c) 任意截面的内力 d) 横截面上的正应力分布图及中性轴位置

$$I_y = \frac{80 \times 10^{-3} \text{m} \times (120 \times 10^{-3})^3 \text{m}^3}{12} = 11.52 \times 10^{-6} \text{m}^4$$

$$I_z = \frac{120 \times 10^{-3} \text{m} \times (80 \times 10^{-3})^3 \text{m}^3}{12} = 5.12 \times 10^{-6} \text{m}^4$$

$$W_y = \frac{11.52 \times 10^{-6} \text{m}^4}{60 \times 10^{-3} \text{m}} = 1.92 \times 10^{-4} \text{m}^3, \quad W_z = \frac{5.12 \times 10^{-6} \text{m}^4}{40 \times 10^{-3} \text{m}} = 1.28 \times 10^{-4} \text{m}^3$$

4) 横截面上任意点的正应力，根据式（9-5）得

$$\sigma = -\left(\frac{F_N}{A} + \frac{M_y z}{I_y} + \frac{M_z y}{I_z}\right) = -\left(\frac{4.8 \times 10^3}{A} - \frac{288z}{I_y} + \frac{192y}{I_z}\right)$$

注意，式中 M_y 应以负值代入。

5) 根据上式，横截面上 A、B、E、D 四点的正应力，为

$$\sigma_A = -\left(\frac{4.8 \times 10^3 \text{N}}{9.6 \times 10^{-3} \text{m}^2} - \frac{288 \text{N} \cdot \text{m} \times (-60 \times 10^{-3}) \text{m}}{11.52 \times 10^{-6} \text{m}^4} + \frac{192 \text{N} \cdot \text{m} \times 40 \times 10^{-3} \text{m}}{5.12 \times 10^{-6} \text{m}^4}\right)$$

$$= -3.5 \times 10^6 \text{Pa} = -3.5 \text{MPa}$$

$$\sigma_B = -\left(\frac{4.8 \times 10^3 \text{N}}{9.6 \times 10^{-3} \text{m}^2} - \frac{288 \text{N} \cdot \text{m} \times 60 \times 10^{-3} \text{m}}{11.52 \times 10^{-6} \text{m}^4} + \frac{192 \text{N} \cdot \text{m} \times 40 \times 10^{-3} \text{m}}{5.12 \times 10^{-6} \text{m}^4}\right)$$

$$= -0.5 \times 10^6 \text{Pa} = -0.5 \text{MPa}$$

$$\sigma_E = -\left(\frac{4.8\times10^3\,\text{N}}{9.6\times10^{-3}\,\text{m}^2} - \frac{288\,\text{N}\cdot\text{m}\times60\times10^{-3}\,\text{m}}{11.52\times10^{-6}\,\text{m}^4} + \frac{192\times(-40\times10^{-3})\,\text{m}}{5.12\times10^{-6}\,\text{m}^4}\right)$$

$$= 2.5\times10^6\,\text{Pa} = 2.5\,\text{MPa}$$

$$\sigma_D = -\left(\frac{4.8\times10^3\,\text{N}}{9.6\times10^{-3}\,\text{m}^2} - \frac{288\,\text{N}\cdot\text{m}\times(-60\times10^{-3})\,\text{m}}{11.52\times10^{-6}\,\text{m}^4} + \frac{192\,\text{N}\cdot\text{m}\times(-40\times10^{-3})\,\text{m}}{5.12\times10^{-6}\,\text{m}^4}\right)$$

$$= -0.5\times10^6\,\text{Pa} = -0.5\,\text{MPa}$$

6）横截面的应力分布图如图 9-13d 所示。GH 即为中性轴。

中性轴上 G、H 的位置可通过图示应力线性分布的关系以及几何关系得到，即

$$\frac{\overline{BG}}{\overline{GE}} = \frac{|\sigma_B|}{\sigma_E},\quad \frac{\overline{DH}}{\overline{HE}} = \frac{|\sigma_D|}{\sigma_E},\quad \overline{BG}+\overline{GE}=80\,\text{mm},\quad \overline{DH}+\overline{HE}=120\,\text{mm}$$

可解得

$$\overline{BG}=13.3\,\text{mm},\quad \overline{DH}=20\,\text{mm}$$

中性轴位置也可以由横截面上任意点的应力为零的条件得到，即

$$\frac{4.8\times10^3}{9.6\times10^{-3}} - \frac{288z}{11.52\times10^{-6}} + \frac{192y}{5.12\times10^{-6}} = 0$$

本例中，截面上 A、B、E、D 四点的正应力也可以通过各内力在对应点产生的实际应力大小和方向叠加而得。如对于 A 点，轴力 F_N 产生压应力 $\frac{F_N}{A}$，弯矩 M_y 产生压应力 $\frac{M_y}{W_y}$，弯矩 M_z 产生压应力 $\frac{M_z}{W_z}$，所以 A 点的总应力为

$$\sigma_A = -\left(\frac{F_N}{A}+\frac{M_y}{W_y}+\frac{M_z}{W_z}\right) = -\left(\frac{4.8\times10^3\,\text{N}}{9.6\times10^{-3}\,\text{m}^2}+\frac{288\,\text{N}\cdot\text{m}}{1.92\times10^{-4}\,\text{m}^3}+\frac{192\,\text{N}\cdot\text{m}}{1.28\times10^{-4}\,\text{m}^3}\right)$$

$$= -3.5\times10^6\,\text{Pa} = -3.5\,\text{MPa}$$

9.3.4 截面核心

工程上应用柱子，其主要目的是用来承受压力，所以希望压力作用时尽量不出现拉应力，而土木工程上广泛采用预应力钢筋混凝土结构，由于混凝土抗拉强度很低，所以桥墩、桩等柱子类结构在工作时也不希望出现拉应力。于是，偏心受压的柱子类结构，使用时希望能通过控制偏心距的大小使横截面只受压应力的作用。

截面核心：当偏心压力作用在截面的某个范围以内时，中性轴的位置将在与截面边界相切或位于截面以外，整个截面上就只会受压应力作用。截面上偏心压力的这个作用范围称为**截面核心**，也称为**压应力作用区**。

截面核心的确定方法：因为截面边界是确定的，其边界上任意点的切线也是确定的，所以通过假设中性轴与截面边界的每一点相切，求出截距，再由式 (9-8) 确定偏心距，即可确定截面核心，如图 9-14 所示。

1）在横截面内建立形心坐标系 Cyz，求出 i_y^2、i_z^2。

2）以任意一根与截面边界相切的直线为中性轴，根据边界形状确定其截距为 a_y、a_z，

201

则该中性轴对应的偏心压力作用点 1 的坐标为

$$e_{y1} = -\frac{i_z^2}{a_y}, \quad e_{z1} = -\frac{i_y^2}{a_z}$$

3) 用同样的方法，将与截面边界相切的其他直线看成中性轴，求出对应的偏心压力作用点 2、3、…的坐标，连接 1、2、3、…点所得到的封闭曲线即为截面核心的边界，该边界包围的区域即为截面核心。

以下给出常见截面的截面核心区域：

1) 矩形截面，如图 9-15a 所示。

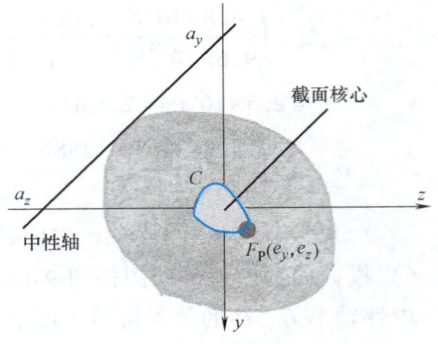

图 9-14　截面核心示意图

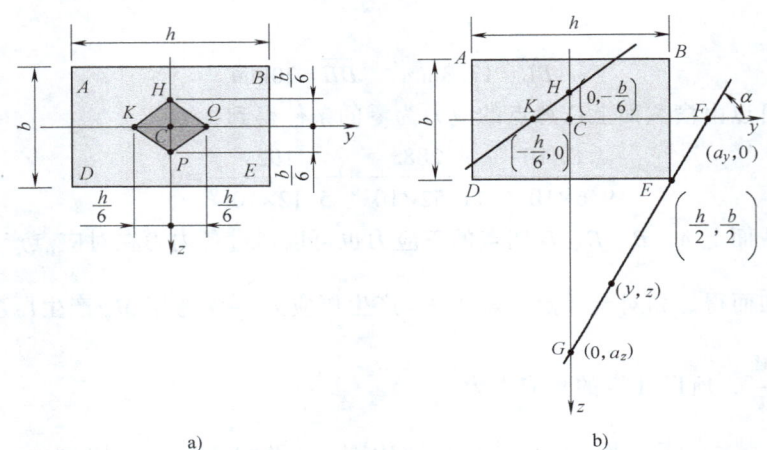

图 9-15　矩形截面的截面核心
a) 当中性轴与边长重合时　b) 当中性轴与角点相切时

建立截面形心坐标系 Cyz，则

$$i_y^2 = \frac{I_y}{A} = \frac{b^2}{12}, \quad i_z^2 = \frac{I_z}{A} = \frac{h^2}{12}$$

当中性轴与边界 AB 重合（相切）时

$$a_y = -\frac{i_z^2}{e_y} = \infty, \quad a_z = -\frac{i_y^2}{e_z} = -\frac{b}{2}$$

所以对应的压力作用点为

$$e_z = \frac{b}{6}, \quad e_y = 0$$

即图 9-15a 中的 P 点，同理，当中性轴分别与 AD、DE 和 BE 重合时，可得对应的压力作用点分别为 Q、H 和 K 点。

当中性轴与角点 E 相切时，如图 9-15b 所示的直线 FG，其倾角为 α，当 α 任意变化时，可求得压力作用点在图 9-15a 中的线段 HK 间变化。同理，当中性轴与其他角点相切时，压力作用点分别在图 9-15a 中的线段 HQ、PQ 和 PK 间变化。所以，矩形截面的截面核心是由

$HKPQ$ 围成的菱形区域。

2) 圆形截面，如图 9-16 所示。建立截面形心坐标系 Cyz，则

$$i_y^2 = \frac{I_y}{A} = \frac{d^2}{16}, \quad i_z^2 = \frac{I_z}{A} = \frac{d^2}{16}$$

当中性轴与边界顶点 D_1 相切时

$$a_y = \infty, \quad a_z = -\frac{i_y^2}{e_z} = -\frac{d}{2}$$

所以对应的压力作用点为

$$e_y = 0, \quad e_z = \frac{d}{8}$$

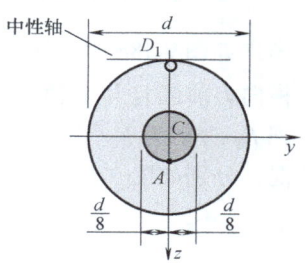

图 9-16 圆形截面的截面核心

即图 9-16 中的 A 点。根据对称性，可知圆形截面的截面核心是以 $\frac{d}{8}$ 为半径的圆形区域。

对于工程上常见的横截面图形，其截面核心可查工程设计手册得到。对于工字形类具有凹进部分的截面，确定截面核心时，中性轴不能与凹进部分的边界相切，因为这样的中性轴一定会把截面分为两部分，截面必然存在受拉和受压区域。

9.4 斜弯曲杆件的强度和变形计算

根据梁的平面弯曲理论可知，当所有横向力通过截面形心的主惯性平面时，梁的挠曲线和外力将都处于形心主惯性平面内，即两者是共面的，这种弯曲称为平面弯曲。

工程上应用的各种梁，其所受横向力通过截面形心但可能并不处于主惯性平面内，如房屋结构中广泛使用的檩条，其形心主惯性平面垂直于屋架或与屋架平行，其所受的自重和屋顶的压力，不在形心主惯性平面，如图 9-17 所示。此时檩条的弯曲可分解为垂直于屋架的分力产生的弯曲和平行于屋架的分力产生的弯曲的叠加，其挠曲线与荷载将不在同一平面内，这种弯曲称为斜弯曲。斜弯曲的应力和变形计算，也是按照叠加法进行的。

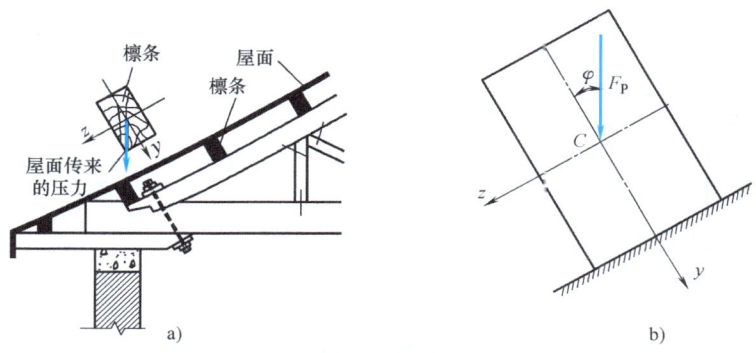

图 9-17 檩条的斜弯曲
a）房屋的屋顶结构 b）檩条的受力特征

9.4.1 斜弯曲杆件的强度计算

考虑如图 9-18a 所示的矩形截面悬臂梁在任意方向横向力 F_P 作用下的斜弯曲,横向力前倾且与 y 轴的倾角为 φ,横截面的宽高分别为 b、h。根据叠加法,把 F_F 分解为 F_{Py} 和 F_{Pz},如图 9-18b、c 所示;其在横截面引起的正应力分布情况,分别如图 9-18d、e 所示。由叠加法得截面总应力,如图 9-18f 所示。

斜弯曲杆件的强度计算

$$\sigma(y,z) = -\frac{M_z}{I_z}y + \frac{M_y}{I_y}z \tag{9-9}$$

式中 $I_z = \frac{bh^3}{12}$,$I_y = \frac{hb^3}{12}$,M_y、M_z 以其绕坐标轴的逆时针为正(即以其弯矩矢量沿坐标轴正向为正)。实际计算时,也可以根据 M_y、M_z 对应的弯曲情况,判断横截面分别绕中性轴 y、z

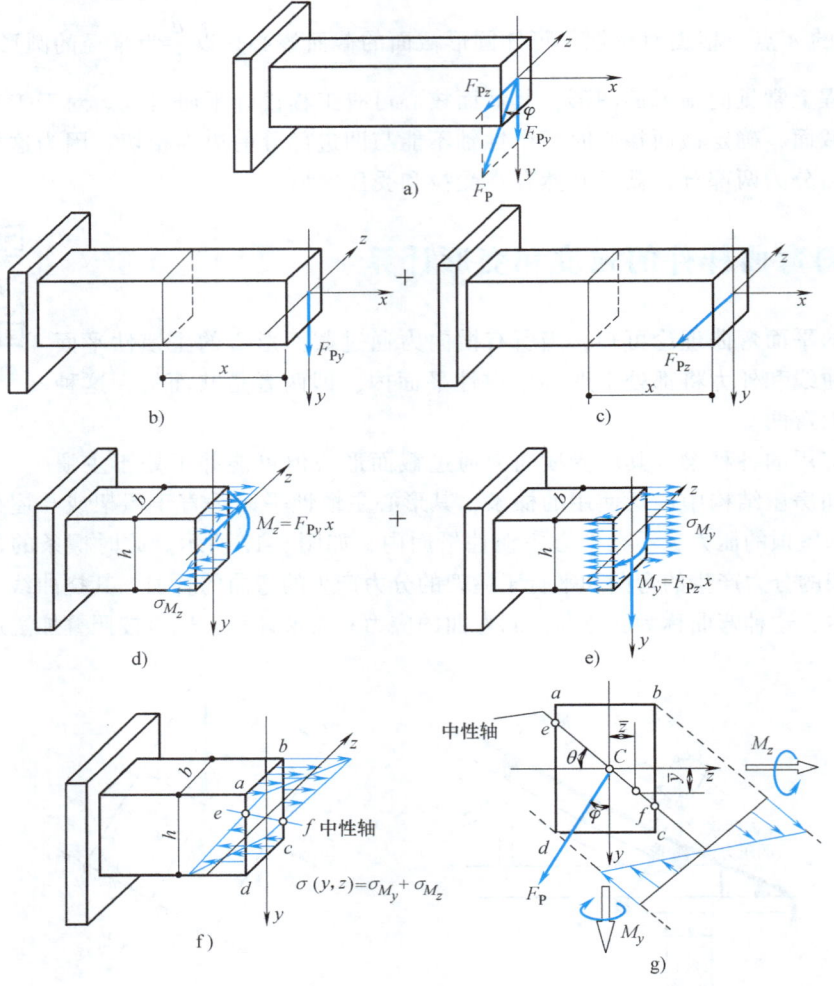

图 9-18 矩形截面悬臂梁的斜弯曲

a) 总受力图 b) 铅垂面内的弯曲 c) 水平面内的弯曲 d) 铅垂面内弯曲时的应力
e) 水平面内弯曲时的应力 f) 总应力 g) 斜弯曲的中性轴

如何转动，从而由平面弯曲理论确定 M_y、M_z 在截面上某点处产生的应力的大小和方向，再按叠加法求出该点的总应力。

由式（9-9）可知，斜弯曲横截面的总应力是截面上点坐标的线性函数，即总应力构成一个通过截面形心的空间平面，如图 9-18f 所示。总应力平面与横截面的交线 ef 就是该截面的中性轴，中性轴也通过截面形心。

设中性轴上一点的坐标为 $(\bar{y}, \bar{z})$，中性轴与 z 轴的夹角为 θ，如图 9-18g 所示。中性轴的方程可通过式（9-9）中令 $\sigma(y,z)$ 为零得到，即

$$-\frac{M_z}{I_z}\bar{y} + \frac{M_y}{I_y}\bar{z} = 0 \qquad (9-10)$$

由式（9-10）可得中性轴的倾角为

$$\tan\theta = \frac{\bar{y}}{\bar{z}} = \frac{M_y I_z}{M_z I_y} = \frac{I_z}{I_y}\tan\varphi \qquad (9-11)$$

式中 φ 是横向力 F_P 与 y 轴的夹角。一般情况下，$I_y \neq I_z$，所以中性轴与外力不垂直，对于一个外力作用的悬臂梁，挠度的方向与中性轴垂直，所以斜弯曲的挠曲线和外力不在同一平面内。对于圆形截面和正多边形截面，$I_y = I_z$，则 $\theta = \varphi$，此时，挠曲线与外力共面，即此时的弯曲属于平面弯曲。

根据式（9-9）可知矩形截面斜弯曲危险点的应力为

$$\left.\begin{array}{c}\sigma_{tmax}\\ \sigma_{cmax}\end{array}\right\} = \pm\left(\frac{M_z}{W_z} + \frac{M_y}{W_y}\right) \qquad (9-12)$$

由于危险点的总应力垂直于横截面，所以，其强度条件与拉压强度条件相同。

[例 9-7] 图 9-19a 所示双向简支梁由 16 号工字钢制成，跨长 $l = 4\mathrm{m}$，梁的中截面 C 受到通过截面形心的倾斜力 $F_P = 7\mathrm{kN}$ 作用，力作用线与梁的纵向对称轴 y 的夹角 $\varphi = 20°$。已知梁的弯曲许用应力 $[\sigma] = 160\mathrm{MPa}$。试校核此梁的强度。

解： 1）图 9-19a 的支承情况可以视为梁在 y、z 两个方向都是简支约束，这种约束状态也通常用图 9-19b 所示的简图表示。

2）把外力 F_P 沿 y、z 分解，得

$$F_{Py} = F_P\cos\varphi = 7 \times 10^3 \mathrm{N} \times \cos 20° = 6577.85\mathrm{N}$$

$$F_{Pz} = F_P\sin\varphi = 7 \times 10^3 \mathrm{N} \times \sin 20° = 2394.14\mathrm{N}$$

最大弯矩 M_{zmax} 和 M_{ymax} 均发生在 C 截面，C 截面即为危险截面。

3）F_{Py} 和 F_{Pz} 分别作用时，由梁的平衡方程可得

$$F_{Ay} = F_{By} = \frac{1}{2}F_{Py} = 3288.92\mathrm{N}, \quad F_{Az} = F_{Bz} = \frac{1}{2}F_{Pz} = 1197.07\mathrm{N}$$

4）用截面法取 C 截面左边分离体，如图 9-19d、e 所示，由平衡方程可得

$$M_{zmax} = M_{Cz} = F_{Ay} \times \frac{l}{2} = 3288.92\mathrm{N} \times 2\mathrm{m} = 6.58 \times 10^3 \mathrm{N \cdot m}$$

$$M_{ymax} = M_{Cy} = F_{Az} \times \frac{1}{2}l = 1197.07\mathrm{N} \times 2\mathrm{m} = 2.39 \times 10^3 \mathrm{N \cdot m}$$

5）危险截面的应力分析。根据危险截面 C 截面的弯矩 M_{zmax} 和 M_{ymax} 的转向，可知上

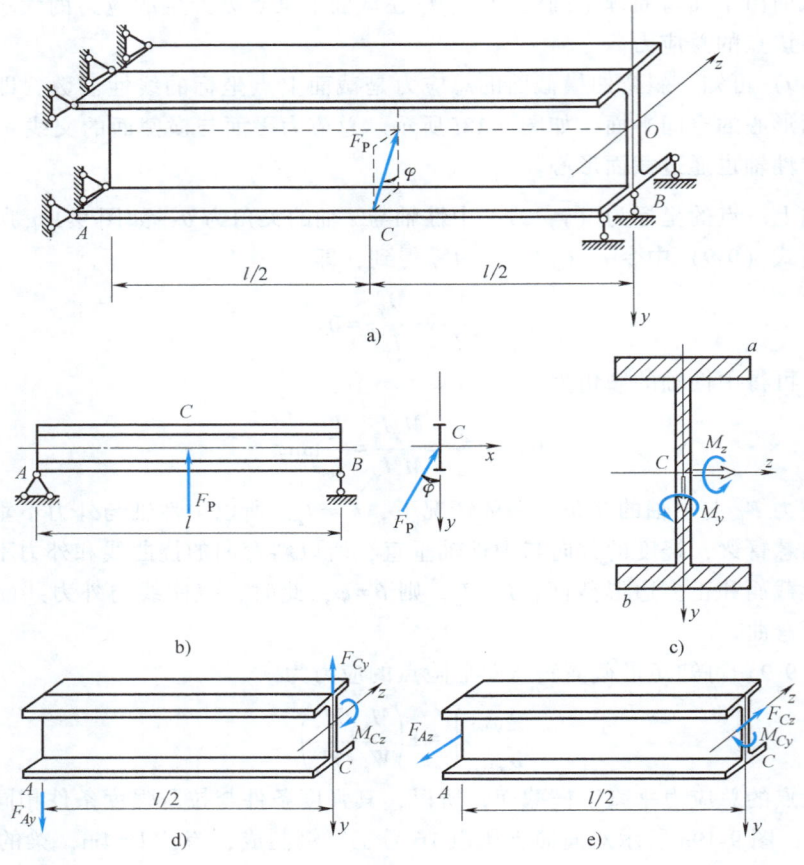

图 9-19 例 9-7 图
a) 两方向简支工字钢梁 b) 简化计算图 c) C 截面的内力 d) y 方向外力引起的 C 左截面内力 e) z 方向外力引起的 C 左截面内力

边缘和右边缘的交点 a（右上角）就是拉伸危险点，下边缘和左边缘的交点 b（左下角）就是压缩危险点，如图 9-19c 所示。两者皆处于单向应力状态，属于第一类危险点。

由附录 B 查得 16 号工字钢的几何性质：

$$W_z = 141 \times 10^{-6} \mathrm{m}^3, \quad W_y = 21.2 \times 10^{-6} \mathrm{m}^3$$

于是由式（9-12）可得危险点的最大拉（压）应力为

$$\left.\begin{array}{l}\sigma_{\mathrm{tmax}} = \sigma_a \\ \sigma_{\mathrm{cmax}} = \sigma_b\end{array}\right\} = \pm \left(\frac{M_{y\max}}{W_y} + \frac{M_{z\max}}{W_z}\right) = \pm \left(\frac{2.39 \times 10^3 \mathrm{N\cdot m}}{21.2 \times 10^{-6} \mathrm{m}^3} + \frac{6.58 \times 10^3 \mathrm{N\cdot m}}{141 \times 10^{-6} \mathrm{m}^3}\right)$$

$$= \pm 159.4 \times 10^6 \mathrm{Pa} = \pm 159.4 \mathrm{MPa}$$

6）强度校核。根据第一类危险点的强度条件，危险点 a 和 b 的强度条件和拉压杆的强度条件相同。由于

$$\sigma_{\max} = 159.4 \mathrm{MPa} < [\sigma] = 160 \mathrm{MPa}$$

可见该梁满足强度要求。

若外力 F_P 的倾角 $\varphi = 0°$，即外力作用在纵向对称面内，则梁的弯曲就是通常的平面弯

曲，其最大弯曲正应力为

$$\sigma_{\max} = \frac{M_{\max}}{W_z} = \frac{F_P l}{4W_z} = \frac{7\times10^3\text{N}\times 4\text{m}}{4\times141\times10^{-6}\text{m}^3} = 49.6\times10^6\text{Pa} = 49.6\text{MPa}$$

可见，外力倾斜 $\varphi = 20°$ 时的最大弯曲正应力是外力不倾斜时弯曲正应力的 3 倍多，同样的外力大小，斜弯曲的危险性远远大于平面弯曲，所以工程应用时应尽量避免。

【例 9-8】 如图 9-20 所示，矩形截面的水平悬臂梁，$h = 2b$，承受水平力 $F_{P1} = 0.8\text{kN}$，竖直力 $F_{P2} = 1.6\text{kN}$，$[\sigma] = 10\text{MPa}$。试选择截面尺寸 b 与 h。

解：危险截面在固定端处，绕 y 轴弯矩 $M_{y\max} = 1.6\text{kN}\cdot\text{m}$，绕 z 轴弯矩 $M_{z\max} = 1.6\text{kN}\cdot\text{m}$。截开固定端截面后，对着截面看，危险点在固定端截面右上角或左下角，分别是最大拉应力、压应力。由式（9-12）得

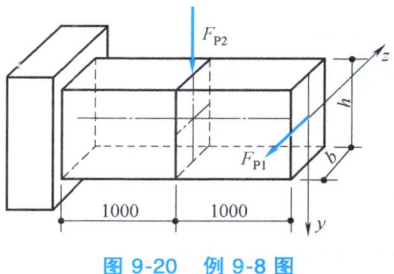

图 9-20 例 9-8 图

$$\sigma_{\max} = \frac{M_{y\max}}{W_y} + \frac{M_{z\max}}{W_z} = \frac{6\times1.6\times10^3\text{N}\cdot\text{m}}{(h\times b^2)\text{m}^3} + \frac{6\times1.6\times10^3\text{N}\cdot\text{m}}{(b\times h^2)\text{m}^3}$$

根据第一类危险点的强度条件，危险点的强度条件和拉压杆的强度条件相同，即

$$\sigma_{\max} = \frac{6\times1.6\times10^3\text{N}\cdot\text{m}}{(2b^3)\text{m}^3} + \frac{6\times1.6\times10^3\text{N}\cdot\text{m}}{(4b^3)\text{m}^3} < [\sigma] = 10\times10^6\text{Pa}$$

所以

$$b = \sqrt[3]{\frac{7.2\times10^3\text{N}\cdot\text{m}}{10\times10^6\text{Pa}}} = 89.6\times10^{-3}\text{m}$$

可取

$$b = 90\text{mm}, \quad h = 180\text{mm}$$

在利用斜弯曲强度条件进行截面设计时，由于条件中含截面对两个对称轴的弯曲截面系数 W_y 和 W_z，即强度条件中有两个未知量，所以无法解出截面的所有参数。实际应用时，可以先假设两个截面系数具有某种比例关系，即选定一 W_y/W_z 值，代到强度条件中进行截面尺寸试设计，得到尺寸后，再按强度条件验算该截面尺寸是否满足强度条件。若强度不够或过大，则改变 W_y/W_z 的值再进行设计，如此循环，直至危险应力与许用应力相对误差小于 5%，则认为截面尺寸合理，截面设计完成。这种设计方法，称为逐步逼近法（或试凑法）。W_y/W_z 的初选值可参考下列范围：

矩形截面：$W_y/W_z = h/b = 1.5 \sim 2.0$。

工字钢截面：$W_y/W_z = 8 \sim 10$。

槽钢截面：$W_y/W_z = 6 \sim 8$。

9.4.2 斜弯曲构件的变形计算

斜弯曲的变形计算的叠加法可以图 9-21a 所示的矩形截面悬臂梁为例进行说明，设矩形截面悬臂梁尺寸如图 9-21 所示，梁的总跨度设为 l。在 B、D 截面分别受到通过截面形心 C 的两个横向倾斜力 F_{P1} 和 F_{P2} 的作用，与 y 轴的倾角分别为 φ_1 和 φ_2。为了求该梁的斜弯曲

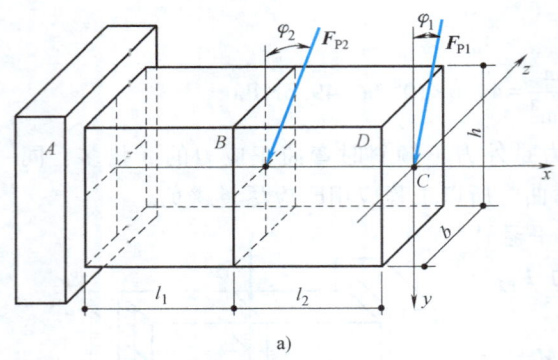
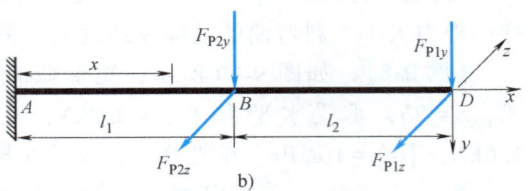

图 9-21 悬臂梁受两个任意横向力作用下的斜弯曲
a) 结构及受力图　b) 计算简图

变形，首先把外力沿 y、z 轴分解，如图 9-21b 所示，得

$$F_{P1y}=F_{P1}\cos\varphi_1,\quad F_{P1z}=F_{P1}\sin\varphi_1$$
$$F_{P2y}=F_{P2}\cos\varphi_2,\quad F_{P2z}=F_{P2}\sin\varphi_2$$

分力 F_{P1y} 和 F_{P2y} 使梁在 xy 平面内发生平面弯曲，其对应的截面弯矩是 M_z；分力 F_{P1z} 和 F_{P2z} 使梁在 xz 平面内发生平面弯曲，其对应的截面弯矩是 M_y。根据截面法，有

$$AB：M_y(x)=F_{P1z}(l-x)+F_{P2z}(l_1-x)\quad x\in[0,l_1]$$
$$M_z(x)=F_{P1y}(l-x)+F_{P2y}(l_1-x)\quad x\in[0,l_1]$$
$$BD：M_y(x)=F_{P1z}(l-x)\quad x\in[l_1,l]$$
$$M_z(x)=F_{P1y}(l-x)\quad x\in[l_1,l]$$

根据叠加法，梁的任意 x 截面弯矩如图 9-22 所示，合弯矩与 z 轴的夹角为

$$\tan\alpha(x)=\frac{M_y(x)}{M_z(x)}=\begin{cases}\dfrac{F_{P1}\sin\varphi_1(l-x)+F_{P2}\sin\varphi_2(l_1-x)}{F_{P1}\cos\varphi_1(l-x)+F_{P2}\cos\varphi_2(l_1-x)} & x\in[0,\ l_1]\\[2mm] \dfrac{F_{P1}\sin\varphi_1(l-x)}{F_{P1}\cos\varphi_1(l-x)}=\tan\varphi_1 & x\in[l_1,\ l]\end{cases}\qquad(9\text{-}13)$$

根据式（9-10），x 截面的中性轴方程为

$$-\frac{M_z(x)}{I_z}y+\frac{M_y(x)}{I_y}z=0\qquad(9\text{-}14)$$

由式（9-11）和图 9-22，中性轴与 z 的夹角

$$\tan\theta(x)=\frac{\bar{y}}{\bar{z}}=\frac{M_y(x)I_z}{M_z(x)I_y}=\frac{I_z}{I_y}\tan\alpha(x)$$

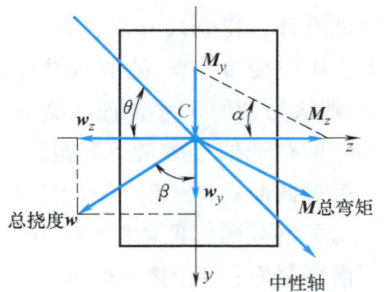

图 9-22 悬臂梁受两个竖直力作用下的任意截面弯矩、中性轴和挠度示意图

$$=\begin{cases}\dfrac{I_z}{I_y}\dfrac{F_{P1}\sin\varphi_1(l-x)+F_{P2}\sin\varphi_2(l_1-x)}{F_{P1}\cos\varphi_1(l-x)+F_{P2}\cos\varphi_2(l_1-x)} & x\in[0,l_1]\\[2mm] \dfrac{I_z}{I_y}\dfrac{F_{P1}\sin\varphi_1(l-x)}{F_{P1}\cos\varphi_1(l-x)}=\dfrac{I_z}{I_y}\tan\varphi_1 & x\in[l_1,l]\end{cases}$$

$$(9\text{-}15)$$

由式（9-13）、式（9-15）可知，对于一般矩形截面，截面惯性矩 $I_y\neq I_z$，所以无论是

梁的 AB 段还是梁的 BD 段，都有 $\alpha(x) \neq \theta(x) \neq \varphi_1(x) \neq \varphi_2(x)$，即任意截面的合弯矩方向与中性轴方向不重合，与外力方向也不垂直。

根据第 7 章表 7-1 和平面弯曲变形叠加法，可得梁的挠曲线方程为

$$w_y = \begin{cases} \dfrac{F_{P1}\cos\varphi_1 x^2}{6EI_z}(3l-x) + \dfrac{F_{P2}\cos\varphi_2 x^2}{6EI_z}(3l_1-x) & x \in [0, l_1] \\ \dfrac{F_{P1}\cos\varphi_1 x^2}{6EI_z}(3l-x) + \dfrac{F_{P2}\cos\varphi_2 l_1^3}{3EI_z} + \dfrac{F_{P2}\cos\varphi_2 l_1^2}{2EI_z}(x-l_1) & x \in [l_1, l] \end{cases}$$

$$w_z = \begin{cases} \dfrac{F_{P1}\sin\varphi_1 x^2}{6EI_y}(3l-x) + \dfrac{F_{P2}\sin\varphi_2 x^2}{6EI_y}(3l_1-x) & x \in [0, l_1] \\ \dfrac{F_{P1}\sin\varphi_1 x^2}{6EI_y}(3l-x) + \dfrac{F_{P2}\sin\varphi_2 l_1^3}{3EI_y} + \dfrac{F_{P2}\sin\varphi_2 l_1^2}{2EI_y}(x-l_1) & x \in [l_1, l] \end{cases}$$

因此，总挠度的方向与 y 轴的夹角 $\beta(x)$ 为

$$\tan\beta(x) = \dfrac{w_z(x)}{w_y(x)}$$

$$= \begin{cases} \dfrac{I_z}{I_y} \dfrac{F_{P1}\sin\varphi_1 x^2(3l-x) + F_{P2}\sin\varphi_2 x^2(3l_1-x)}{F_{P1}\cos\varphi_1 x^2(3l-x) + F_{P2}\cos\varphi_2 x^2(3l_1-x)} & x \in [0, l_1] \\ \dfrac{I_z}{I_y} \dfrac{F_{P1}\sin\varphi_1 x^2(3l-x) + 2F_{P2}\sin\varphi_2 l_1^3 + 3F_{P2}\sin\varphi_2 l_1^2(x-l_1)}{F_{P1}\cos\varphi_1 x^2(3l-x) + 2F_{P2}\cos\varphi_2 l_1^3 + 3F_{P2}\cos\varphi_2 l_1^2(x-l_1)} & x \in [l_1, l] \end{cases} \quad (9-16)$$

设 $F_{P1} = 0.8\text{kN}$，$F_{P2} = 1.2\text{kN}$，$b = 90\text{mm}$，$h = 180\text{mm}$，$l_1 = 0.4\text{mm}$，$l_2 = 0.6\text{mm}$，$\varphi_1 = 30°$，$\varphi_2 = 60°$，$E = 200\text{GPa}$，则梁的总挠度曲线如图 9-23 所示。

可见，在梁的任意截面，$\tan\beta(x) \neq \tan\theta(x) \neq \tan\alpha(x)$，即总挠度方向与中性轴不垂直，与总弯矩也不垂直，与外力也不共面。

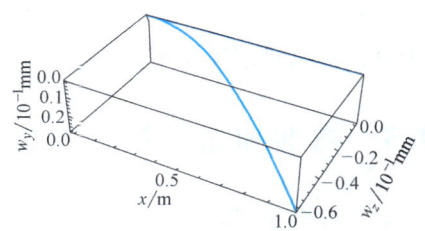

图 9-23 悬臂梁在两个不同方向横向力作用下的总挠度曲线

【例 9-9】 矩形截面的简支木梁，尺寸与受力如图 9-24 所示，$\alpha = 30°$，$b = 110\text{mm}$，$h = 160\text{mm}$，$l = 4\text{m}$，$q = 1.6\text{kN/m}$，梁的弹性模量 $E = 10\text{GPa}$，许用挠跨比 $[w/l] = 0.00525\text{m}$。试校核木梁的刚度。

解：(1) 外力分解 将均布荷载 q 沿 y、z 轴分解

$$q_y = q\cos\alpha = 1.6 \times 10^3 (\text{N/m}) \times \cos 30° = 1385.64\text{N/m}$$

$$q_z = q\sin\alpha = 1.6 \times 10^3 (\text{N/m}) \times \sin 30° = 800\text{N/m}$$

(2) 截面的几何性质

$$I_y = \dfrac{hb^3}{12} = \dfrac{(160 \times 110^3 \times 10^{-12})\text{m} \times \text{m}^3}{12} = 17.75 \times 10^{-6}\text{m}^4$$

$$I_z = \dfrac{bh^3}{12} = \dfrac{(110 \times 160^3 \times 10^{-12})\text{m} \times \text{m}^3}{12} = 37.55 \times 10^{-6}\text{m}^4$$

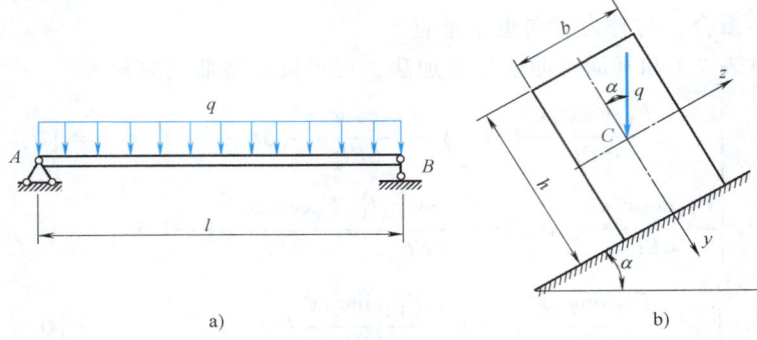

图 9-24 例 9-9 图
a) 简支梁结构受力图 b) 横截面的几何图

(3) 刚度计算　最大挠度发生在梁的跨中截面，根据表 7-1 查得

$$w_{y\max} = \frac{5q_y l^4}{384EI_z} = \frac{5 \times 1385.64\text{N/m} \times 4^4 \text{m}^4}{384 \times 10 \times 10^9 \text{Pa} \times 37.55 \times 10^{-6} \text{m}^4} = 0.0123\text{m}$$

$$w_{z\max} = \frac{5q_z l^4}{384EI_y} = \frac{5 \times 800\text{N/m} \times 4^4 \text{m}^4}{384 \times 10 \times 10^9 \text{Pa} \times 17.75 \times 10^{-6} \text{m}^4} = 0.0150\text{m}$$

梁的最大总挠度

$$w_{\max} = \sqrt{w_{y\max}^2 + w_{z\max}^2} = \sqrt{0.0123^2 \text{m}^2 + 0.0150^2 \text{m}^2} = 0.0194\text{m}$$

$$\frac{w}{l} = \frac{0.0194\text{m}}{4\text{m}} = 0.00485 < \left[\frac{w}{l}\right] = 0.00525$$

所以，梁满足刚度要求。

■ 9.5　弯曲和扭转组合变形的强度计算

本节研究弯扭组合变形的强度计算方法。仅研究圆截面杆件的弯扭组合变形，计算中将忽略弯曲剪力的影响。弯扭组合变形的变形可通过能量法进行计算。

9.5.1　简单弯扭组合变形的强度计算

简单弯扭组合变形是指杆件受到绕轴线的扭矩作用和绕截面一个对称轴的弯矩作用下产生的组合变形。

考虑图 9-25a 所示电动机带轮转动结构，设带轮的直径为 D，皮带紧边和松边拉力分别为 F_{P1} 和 F_{P2}，电动机轴的外伸端的直径为 d，长为 l，分析该轴的强度。

电动机轴的外伸段可视为悬臂梁，其受力简图如图 9-25b 所示，电动机轴的外伸段的扭矩图和弯矩图如图 9-25c、d 所示。可知该轴的危险截面位于固定端横截面，即截面 A，其扭矩和弯矩大小分别为 $T_{\max} = (F_{P1} - F_{P2})D/2$ 和 $M_{z\max} = (F_{P1} + F_{P2})l$。根据圆轴的扭转理论和梁的平面弯曲理论，截面 A 上的应力分布如图 9-25e 所示，危险点 a、b 的弯曲正应力和扭转

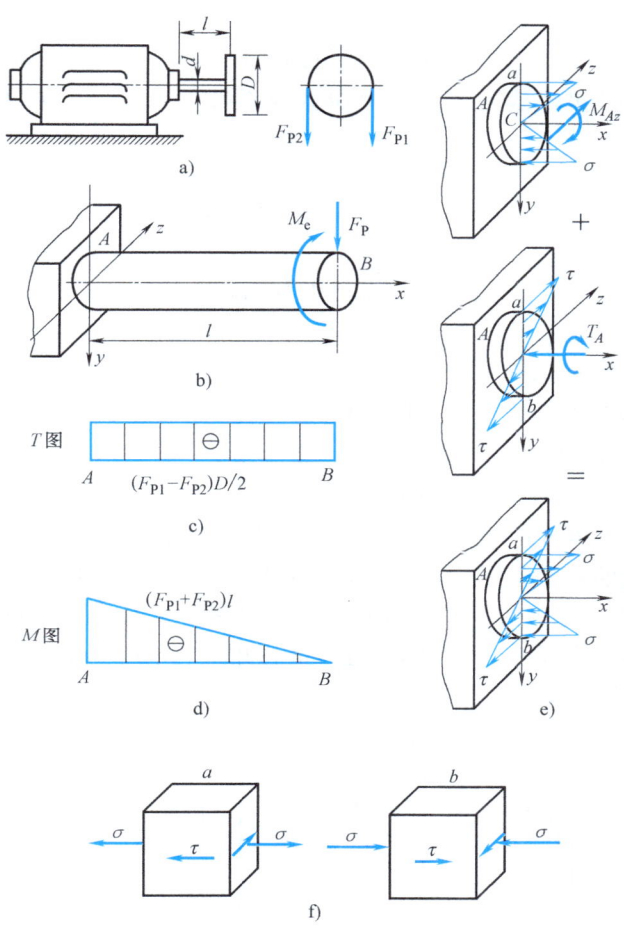

图 9-25 电动机轴的弯扭组合变形

a）电动机结构图　b）转动轴受力图　c）转动轴扭矩图　d）转动轴弯矩图
e）危险面的应力分布图　f）危险点应力状态图

切应力如图 9-25e 所示，分别为

$$\sigma = \frac{M_{z\max}}{W_z}, \quad \tau = \frac{T_{\max}}{W_P} \tag{9-17}$$

式中　$M_{z\max}$——危险截面上对中性轴 z 的弯矩（N·m）；

　　　$T_{\max}$——危险截面上的扭矩（N·m）；

　　　W_z——圆截面的弯曲截面系数（m³），$W_z = \dfrac{\pi d^3}{32}$；

　　　W_P——圆截面的扭转截面系数（m³），$W_P = 2W_z = \dfrac{\pi d^3}{16}$。

对于危险点 a，其应力状态如图 9-25f 所示，考虑轴的材料为塑性材料的情形，根据应力状态理论和强度理论，该危险点应按<u>第三强度理论</u>或<u>第四强度理论</u>进行计算，于是

$$\sigma_{r3} = \sqrt{\sigma^2 + 4\tau^2} \leqslant [\sigma] \qquad (9\text{-}18)$$

$$\sigma_{r4} = \sqrt{\sigma^2 + 3\tau^2} \leqslant [\sigma] \qquad (9\text{-}19)$$

把式（9-17）以及扭转截面系数和弯曲截面系数关系 $W_P = 2W_z$ 代入式（9-18）和式（9-19），得

$$\sigma_{r3} = \frac{\sqrt{M_{z\max}^2 + T_{\max}^2}}{W_z} \leqslant [\sigma] \qquad (9\text{-}20)$$

$$\sigma_{r3} = \frac{\sqrt{M_{z\max}^2 + 0.75 T_{\max}^2}}{W_z} \leqslant [\sigma] \qquad (9\text{-}21)$$

式中　$M_{z\max}$——危险截面上的弯矩（N·m）；

　　　$T_{\max}$——危险截面上的扭矩（N·m）；

　　　W_z——圆截面的弯曲截面系数（m³）；

　　　$[\sigma]$——材料的许用应力（Pa）。

式（9-20）和式（9-21）即为圆截面杆发生简单弯扭组合变形时用内力表示的第三强度理论和第四强度理论的强度条件。式（9-20）和式（9-21）也适用于空心圆截面。

[例 9-10]　如图 9-26 所示，铁道路标的圆信号板安装在外径 $D = 60\text{mm}$ 的空心圆柱上，若信号圆板上所受的最大风压 $p = 3\text{kPa}$，材料的许用应力 $[\sigma] = 60\text{MPa}$，试按第三强度理论选择空心柱的壁厚。

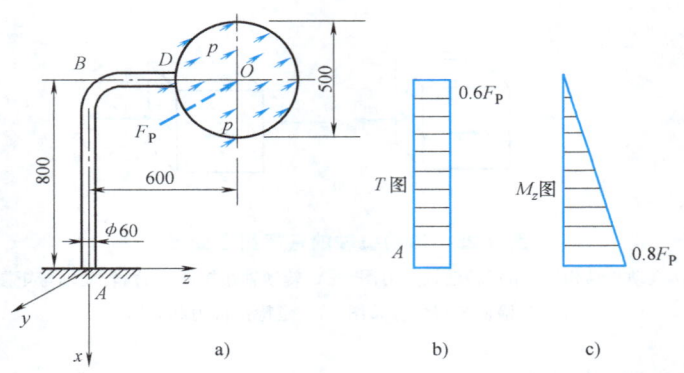

图 9-26　例 9-10 图

a) 结构受力图　b) AB 杆扭矩图　c) AB 杆弯矩图

解：(1) 外力计算　建立坐标系如图 9-26a 所示，y 轴垂直于路标圆盘。

最危险时，设最大风压均匀垂直作用在路标圆盘上，则其合力 F_P 作用在圆盘中心上，方向沿 y 轴，大小为

$$F_P = pA = p \times \frac{\pi D_0^2}{4} = \frac{3 \times 10^3 \text{N/m}^2 \times \pi \times 500^2 \times 10^{-6} \text{m}^2}{4} = 589.05\text{N}$$

(2) 内力计算　扭矩图和弯矩图如图 9-26b、c 所示，危险截面为固定端 A 处的横截面。

$$T_{\max} = 0.6\text{m} \times 589.05\text{N} = 353.43\text{N} \cdot \text{m}, \quad M_{z\max} = 0.8\text{m} \times 589.05\text{N} = 471.24\text{N} \cdot \text{m}$$

(3) 截面的几何性质　设 α 为空心柱内外径之比，则

$$W_z = \frac{\pi D^3}{32}(1-\alpha^4) = \frac{\pi \times 60^3 \times 10^{-9} \text{m}^3}{32}(1-\alpha^4) = 21.21(1-\alpha^4) \times 10^{-6} \text{m}^3$$

（4）强度条件　按第三强度理论，由式（9-20）有

$$\sigma_{r3} = \frac{\sqrt{M_{z\max}^2 + T_{\max}^2}}{W_z} \leqslant [\sigma]: \quad \frac{\sqrt{353.43^2(\text{N} \cdot \text{m})^2 + 471.24^2(\text{N} \cdot \text{m})^2}}{21.21(1-\alpha^4) \times 10^{-6} \text{m}^3} \leqslant 60 \times 10^6 \text{Pa}$$

解得

$$\alpha = 0.85609$$

（5）空心柱的壁厚

$$\delta = \frac{D(1-\alpha)}{2} = \frac{60\text{mm} \times (1-0.85609)}{2} = 4.3\text{mm}$$

9.5.2　斜弯曲和扭转组合变形的强度计算

1. 圆截面杆斜弯曲的强度计算

当圆截面梁在互相垂直的两个纵向对称平面上受到两个或两个以上不同方向的横向力作用，此时，梁的任意 x 截面会受到互相垂直的两个弯矩 M_y 和 M_z 的作用；一般情况下，各截面的合弯矩大小、方向各不相同，所以圆截面梁将发生斜弯曲变形，如图 9-27a、b 所示。其强度计算与 9.3.1 小节类似。

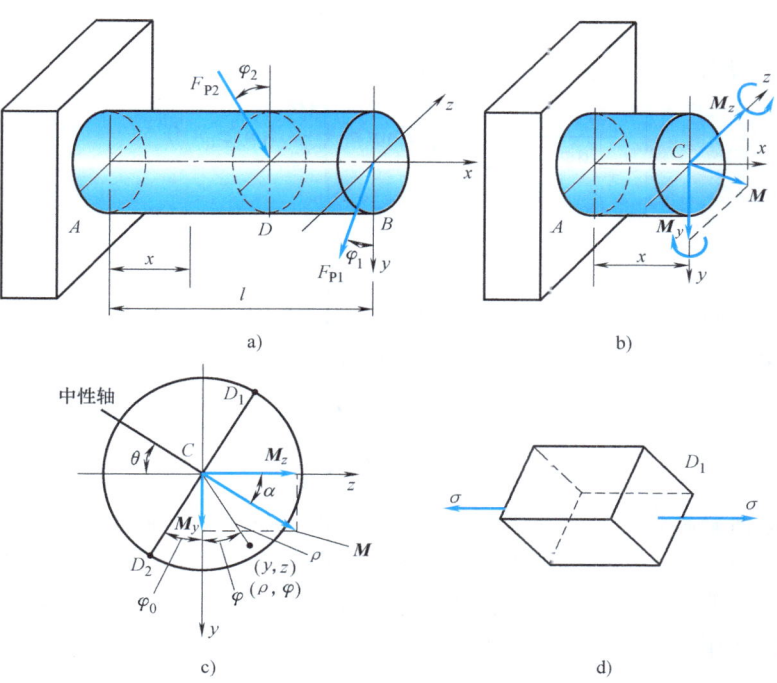

图 9-27　圆截面梁的斜弯曲

a）结构受力图　b）任意 x 截面内力图　c）x 截面的中性轴、合弯矩和危险点　d）危险点应力状态图

在截面上建立以形心 C 为原点的坐标系 Cyz，根据叠加法，截面上任意点的正应力为

$$\sigma(y,z) = -\frac{M_z}{I_y}y + \frac{M_y}{I_y}z \quad (9\text{-}22)$$

考虑到圆截面的 $I_y = I_z$，由式（9-22）知，中性轴与 z 的夹角 θ 由下式确定：

$$\tan\theta = \frac{y}{z} = \frac{M_y}{M_z} \quad (9\text{-}23)$$

由图 9-27c 可知，截面上的合弯矩 M 与 z 轴的夹角 α 由下式确定：

$$\tan\alpha = \frac{M_y}{M_z} \quad (9\text{-}24)$$

式（9-23）和式（9-24）表明，θ = α，即中性轴与合弯矩重合。

为了确定危险截面上的危险点位置，引入极坐标（ρ, φ）表示（y, z），如图 9-27c 所示，则有

$$y = \rho\cos\varphi, \quad z = \rho\sin\varphi \quad (9\text{-}25)$$

把式（9-25）代入式（9-22），得

$$\sigma(\rho,\varphi) = \rho\left(-\frac{M_z}{I_z}\cos\varphi + \frac{M_y}{I_y}\sin\varphi\right) \quad (9\text{-}26)$$

式（9-26）表明，危险点必然处于圆截面的圆周边缘上，即在 ρ = R 上（R 为圆截面边缘圆周的半径），所以危险应力与 φ 的关系变为

$$\sigma(\varphi) = -\frac{M_z}{I_z}R\cos\varphi + \frac{M_y}{I_y}R\sin\varphi$$

在 σ(φ) 的导数等于 0 处，σ(φ) 取极值，即

$$\left.\frac{\mathrm{d}\sigma(\varphi)}{\mathrm{d}\varphi}\right|_{\varphi=\varphi_0} = \frac{M_z}{I_z}R\sin\varphi_0 + \frac{M_y}{I_y}R\cos\varphi_0 = 0 \quad (9\text{-}27)$$

解得

$$\tan\varphi_0 = -\frac{M_y}{M_z} \quad (9\text{-}28)$$

式（9-28）表明，危险点 D_1、D_2 的连线与 y 轴的夹角为 $\varphi_0 = -\alpha = -\theta$，即 $D_1D_2 \perp M$，即两个危险点位于与合弯矩矢量垂直或中性轴垂直的直径的两端点处，如图 9-27c 所示。

把式（9-28）代入式（9-26），并注意 ρ = R，$I_y = I_z$，可得危险点的应力为

$$\sigma_{\max} = \pm\frac{M}{I_z}R = \pm\frac{M}{W_z} \quad (9\text{-}29)$$

可见，圆截面梁斜弯曲时任意横截面的应力计算，与平面弯曲时的应力计算相同，就是以合弯矩矢量为中性轴，以合弯矩为弯矩的平面弯曲的应力计算。但要注意的是，一般情况下，圆截面梁斜弯曲的变形不能按平面弯曲进行计算而应按<u>斜弯曲叠加法</u>进行计算。

【例 9-11】 如图 9-28a 所示，圆截面杆承受垂直于轴线的铅垂力 F_{P1} 与斜向力 F_{P2} 的作用，且 $F_{P1} = F_{P2} = F_P$，杆的直径 d = 30mm，[σ] = 170MPa。试求许用荷载 $[F_P]$。

解：1）根据外力情况作出该梁沿 y 方向弯曲和沿 z 方向弯曲所对应的弯矩 M_y 图和 M_z 图，如图 9-28b、c 所示。

2）确定危险截面：由于是等直圆截面杆，所以由 M_y 图和 M_z 图知 A 截面是危险截面。

第9章 组合变形杆件的强度计算

$$M_{y\max} = F_P, \quad M_{z\max} = (1+\sqrt{3})F_P$$

3）确定许用荷载。危险点处于单向拉压应力状态，所以强度条件和拉压杆强度条件相同，由式（9-29）有

$$\sigma_{\max} = \frac{M_{\max}}{W_z} = \frac{\sqrt{M_{y\max}^2 + M_{z\max}^2}}{W_z} \leqslant [\sigma]:$$

$$\frac{32\sqrt{F_P^2(\text{N}\cdot\text{m})^2 + (1+\sqrt{3})^2 F_P^2(\text{N}\cdot\text{m})^2}}{\pi \times 30^3 \times 10^{-9}\,\text{m}^3}$$

$$\leqslant 170 \times 10^6\,\text{Pa}$$

$$F_P \leqslant \frac{\pi \times 30^3 \times 10^{-9}\,\text{m}^3 \times 170 \times 10^6\,\text{Pa}}{32 \times \sqrt{5+2\sqrt{3}}\,\text{m}} = 154.89\,\text{N}$$

所以 $[F_P] = 154.89\,\text{N}$

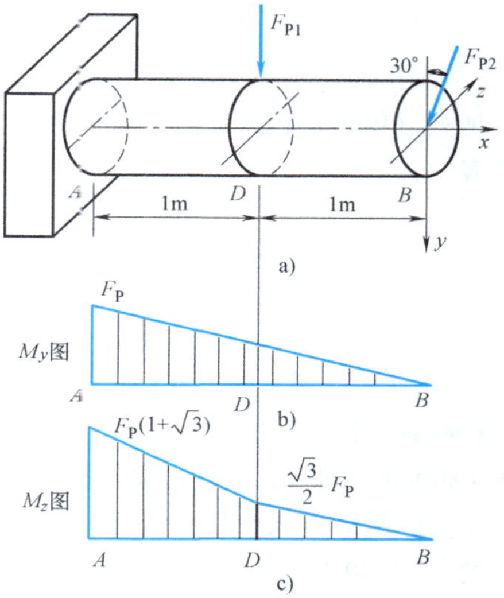

2. 圆截面杆斜弯曲和扭转组合变形的强度计算

当圆截面杆不但在互相垂直的两个纵向对称平面上受到两个或两个以上不同方向的横向力作用，而且还受到偏离截面形心的横向力作用，如图9-29a所示，此时杆的任意横截面一般将存在两个互相垂直的弯矩和扭矩的共同作用，如图9-29b所示。这种情况下杆将发生斜弯曲和扭转组合变形。进行强度计算时，首先按照9.5.2小节"1. 圆截面杆斜弯曲的强度计算"的方法把截面上的两个弯矩合成截面的合弯矩，由于合弯矩作用下的应力计算与平面弯曲时的应力计算相同，所以，合弯矩与扭矩的共同作用下组合变形的强度计算与9.5.1小节相同，可以按简单组合变形的方法进行。

按照组合变形的叠加法，扭矩产生切应力分布和合弯矩产生的正应力分布如图9-29c所示，可见截面的危险点就是弯曲危险点所在的位置，即在与合弯矩垂直的直径的两个端点位置处。根据圆轴的扭转理论和梁的平面弯曲理论，可得危险点的应力状态如图9-29d所示，属于重要的常见的平面应力状态，其应力大小为

图9-28 例9-11图
a）结构受力图 b）AB杆M_y图 c）AB杆M_z图

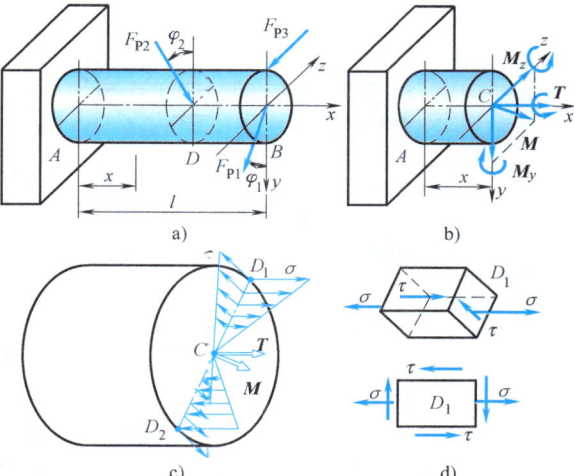

图9-29 圆截面梁的斜弯曲与扭转组合变形
a）结构受力图 b）任意x截面内力图 c）x截面的应力分布图和危险点 d）危险点的应力状态图

$$\sigma = \frac{M}{W_z}, \quad \tau = \frac{T}{W_P} = \frac{T}{2W_z} \tag{9-30}$$

按第三强度理论和第四强度理论，可得圆截面梁斜弯曲与扭转组合变形的强度条件为

$$\sigma_{r3} = \sqrt{\sigma^2 + 4\tau^2} \leqslant [\sigma] \tag{9-31}$$

$$\sigma_{r4} = \sqrt{\sigma^2 + 3\tau^2} \leqslant [\sigma] \tag{9-32}$$

把式（9-30）代入式（9-31）和式（9-32），圆截面梁斜弯曲与扭转组合变形的强度条件可表示为

$$\sigma_{r3} = \frac{\sqrt{M^2 + T^2}}{W_z} \leqslant [\sigma] \quad \text{或} \quad \sigma_{r3} = \frac{\sqrt{M_y^2 + M_z^2 + T^2}}{W_z} \leqslant [\sigma] \tag{9-33}$$

$$\sigma_{r4} = \frac{\sqrt{M^2 + 0.75T^2}}{W_z} \leqslant [\sigma] \quad \text{或} \quad \sigma_{r4} = \frac{\sqrt{M_y^2 + M_z^2 + 0.75T^2}}{W_z} \leqslant [\sigma] \tag{9-34}$$

【例 9-12】 如图 9-30a 所示，绞盘 A 受水平力 $F_P = 20\text{kN}$ 作用，绞盘与带轮 B 的半径均为 $R = 200\text{mm}$，带轮 B 受到皮带张力 F_{P1}、F_{P2} 作用，且 $F_{P1} = 2F_{P2}$，轴的许用应力 $[\sigma] = 60\text{MPa}$。试用第三强度理论设计轴的直径 d。

解： 1）以整体为对象，由转动平衡得

$$F_{P2} = 20\text{kN}, \quad F_{P1} = 40\text{kN}$$

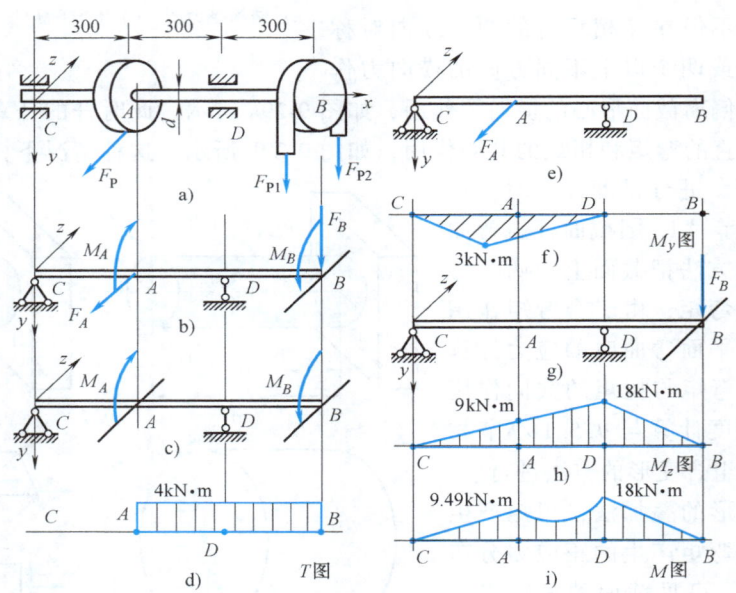

图 9-30 例 9-12 图

a）结构受力图　b）外力简化图　c）扭转变形　d）扭矩图　e）xz 平面弯曲变形
f）弯矩 M_y 图　g）xy 平面弯曲变形　h）弯矩 M_z 图　i）合弯矩 M 图

2）把荷载向对应截面的形心简化，如图 9-30b 所示，$M_A = M_B = 4\text{kN} \cdot \text{m}$，$F_A = 20\text{kN}$，$F_B = 60\text{kN}$。

3）扭转变形受力和扭矩图如图 9-30c、d 所示，$T_{AB} = M_A = 4\text{kN} \cdot \text{m}$。

4）xz 平面内的受力和弯矩 M_y 图如图 9-30e、f 所示，$M_{Ay} = 3\text{kN} \cdot \text{m}$。

5）xy 平面内的受力和弯矩 M_z 图如图 9-30g、h 所示，$M_{Az} = 9\text{kN} \cdot \text{m}$　$M_{Dz} = 18\text{kN} \cdot \text{m}$。

6）合弯矩 M 图如图 9-30i 所示，$M_A = 9.49\text{kN} \cdot \text{m}$，$M_D = M_{Dz} = 18\text{kN} \cdot \text{m}$。

可知截面 D 是危险截面。由第三强度理论，把危险截面的弯矩和扭矩代入式（9-33）得

$$\frac{\pi d^3}{32} \geqslant \frac{\sqrt{M_D^2+T_D^2}}{[\sigma]} = \frac{\sqrt{18^2(\mathrm{kN\cdot m})^2+4^2(\mathrm{kN\cdot m})^2}}{60\times10^6\mathrm{Pa}} = 307.318\times10^{-6}\mathrm{m}^3$$

$$d \geqslant \sqrt[3]{\frac{32\times307.318\times10^{-6}\mathrm{m}^3}{\pi}} = 0.146\mathrm{m} = 146\mathrm{mm}$$

可取

$$d = 150\mathrm{mm}$$

9.5.3 拉（压）、斜弯曲和扭转组合变形的强度计算

当圆截面杆不但在互相垂直的两个纵向对称平面上受到两个或两个以上不同方向的横向力作用，而且还受到偏离截面形心的横向力和轴向力的作用，如图 9-31a 所示，此时杆的任意横截面一般同时存在轴力、扭矩，以及两个相互垂直的弯矩，如图 9-31b 所示。这种情况下杆将发生拉（压）、斜弯曲和扭转组合变形。进行强度计算时，首先按照 9.5.2 小节的方法把截面上的两个弯矩合成合弯矩，按平面弯曲理论确定弯曲危险点 D_1、D_1，如图 9-31c 所示。根据组合变形的叠加法，可知 D_1、D_1 也是组合变形的危险点，忽略弯曲剪力的影响，易知危险点 D_1、D_1 的应力状态属于常见的重要的平面应力状态，如图 9-31d 所示。

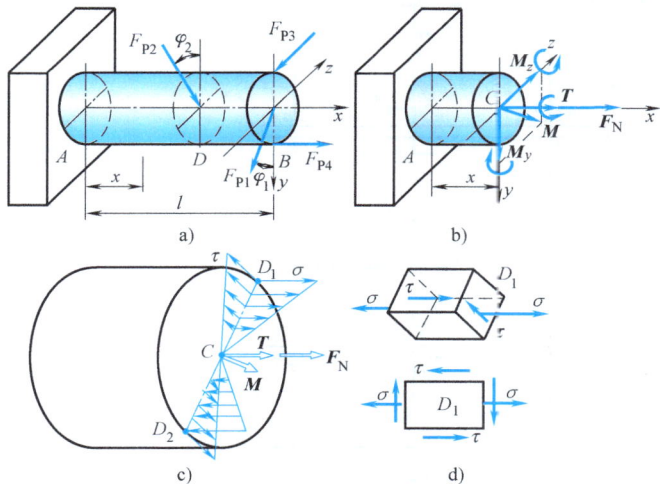

图 9-31 圆截面梁的拉（压）、斜弯曲与扭转组合变形
a）结构受力图 b）横截面内力图 c）横截面的应力分布、合弯矩和危险点 d）危险点应力状态图

根据叠加法，可知危险点平面应力状态的应力为

$$\sigma = \frac{F_\mathrm{N}}{A} + \frac{M}{W_z} = \frac{F_\mathrm{N}}{A} + \frac{\sqrt{M_y^2+M_z^2}}{W_z}, \quad \tau = \frac{T}{W_\mathrm{P}} \tag{9-35}$$

按第三强度理论和第四强度理论，圆截面梁拉（压）、斜弯曲与扭转组合变形的强度条件为

$$\sigma_{\mathrm{r}3} = \sqrt{\sigma^2+4\tau^2} \leqslant [\sigma] \tag{9-36}$$

$$\sigma_{\mathrm{r}4} = \sqrt{\sigma^2+3\tau^2} \leqslant [\sigma] \tag{9-37}$$

可表示为

$$\sigma_{r3} = \sqrt{\left(\frac{F_N}{A} + \frac{M}{W_z}\right)^2 + 4\frac{T^2}{W_P^2}} = \sqrt{\left(\frac{F_N}{A} + \frac{M}{W_z}\right)^2 + \frac{T^2}{W_z^2}} \leq [\sigma] \qquad (9\text{-}38)$$

$$\sigma_{r4} = \sqrt{\left(\frac{F_N}{A} + \frac{M}{W_z}\right)^2 + 3\frac{T^2}{W_P^2}} = \sqrt{\left(\frac{F_N}{A} + \frac{M}{W_z}\right)^2 + 0.75\frac{T^2}{W_z^2}} \leq [\sigma] \qquad (9\text{-}39)$$

【例 9-13】 转动轴上的齿轮 A 受到三个互相垂直的啮合力 $F_{Pa} = 650\text{N}$，$F_{Pt} = 650\text{N}$ 和 $F_{Pr} = 173\text{N}$ 的作用，方向如图 9-32a 所示。已知齿轮直径 $D = 50\text{mm}$，长度 $l = 100\text{mm}$，轴的直径 $d = 13\text{mm}$，轴的 B 处由轴肩止推支承，许用应力 $[\sigma] = 160\text{MPa}$。试用第四强度理论校核该转动轴的强度。

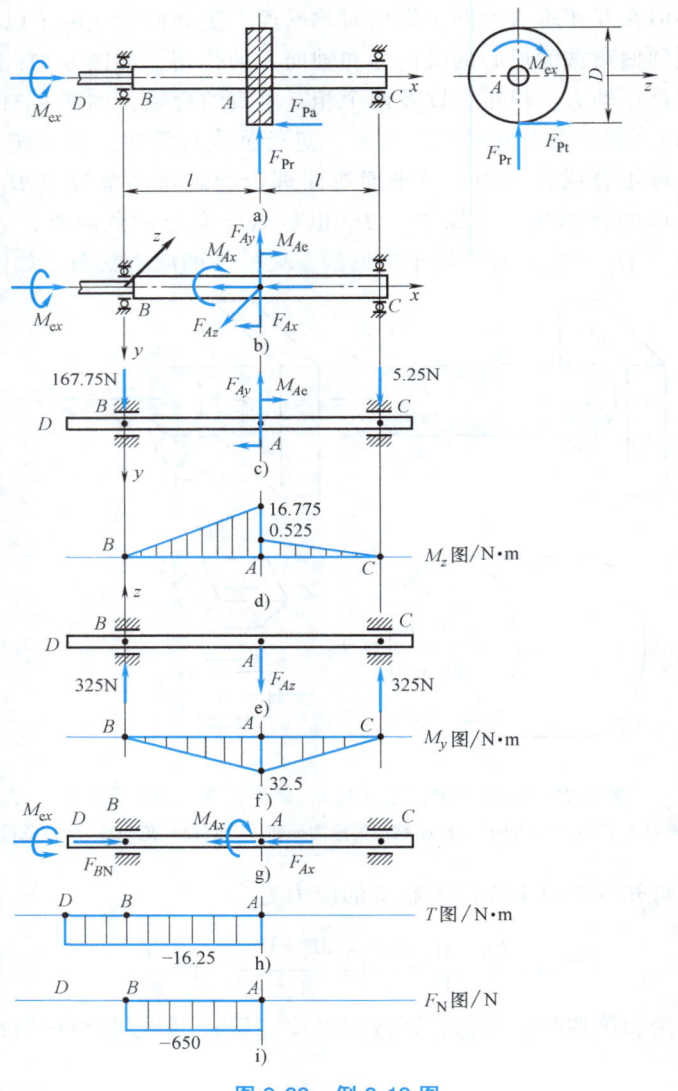

图 9-32 例 9-13 图

a）结构图 b）外力简化图 c）xy 平面弯曲变形 d）弯矩 M_z 图 e）xz 平面弯曲变形
f）弯矩 M_y 图 g）扭转和拉压变形 h）扭矩图 i）轴力图

解：

1）以整体为对象，如图 9-32a 所示，由转动平衡得

$$M_{ex} = 16.25\text{N} \cdot \text{m}$$

2）把荷载向对应截面的形心简化，如图 9-32b 所示，$F_{Ax} = 650\text{N}$，$F_{Ay} = 173\text{N}$，$F_{Az} = 650\text{N}$，$M_{Ae} = 16.25\text{N} \cdot \text{m}$，$M_{Ax} = 16.25\text{N} \cdot \text{m}$。

3）xy 平面内的受力和弯矩 M_z 图如图 9-32c、d 所示，$M_{A^-z} = 16.775\text{N} \cdot \text{m}$，$M_{A^+z} = 0.525\text{N} \cdot \text{m}$。

4）xz 平面内的受力和弯矩 M_y 图如图 9-32e、f 所示，$M_{Ay} = 32.5\text{N} \cdot \text{m}$。

5）AB 段发生扭转变形的受力和扭矩 T 图如图 9-32g、h 所示，$T_{AB} = 16.25\text{N} \cdot \text{m}$。

6）AB 段发生压缩变形的受力和轴力图 F_N 如图 9-32g、i 所示。

根据内力图，可知该转动轴属于压缩、斜弯曲和扭转组合变形，A^- 截面是危险截面。截面的合弯矩、扭矩和几何性质为

$$M_{A^-} = \sqrt{M_{A^-y}^2 + M_{A^-z}^2} = \sqrt{(32.5\text{N} \cdot \text{m})^2 + (16.775\text{N} \cdot \text{m})^2} = 36.57\text{N} \cdot \text{m}$$

$$T_{A^-} = 16.25\text{N} \cdot \text{m}$$

$$A = \frac{1}{4}\pi d^2 = \frac{1}{4}\pi \times 13^2 \times 10^{-6}\text{m}^2 = 132.73 \times 10^{-6}\text{m}^2$$

$$W_z = \frac{1}{32}\pi d^3 = \frac{1}{32}\pi \times 13^3 \times 10^{-9}\text{m}^3 = 21.57 \times 10^{-8}\text{m}^3$$

危险点是危险截面上弯曲压应力最大的点，根据第四强度理论，由式（9-39）得

$$\sigma_{r4} = \sqrt{\left(\frac{M_{A^-}}{W_z} + \frac{F_N}{A}\right)^2 + 0.75\frac{T_{A^-}^2}{W_z^2}}$$

$$= \sqrt{\left(\frac{36.57\text{N} \cdot \text{m}}{21.57 \times 10^{-8}\text{m}^3} + \frac{650\text{N}}{132.73 \times 10^{-6}\text{m}^2}\right)^2 + 0.75 \times \left(\frac{16.25\text{N} \cdot \text{m}}{21.57 \times 10^{-8}\text{m}^3}\right)^2}$$

$$= 186.27 \times 10^6\text{Pa} = 186.27\text{MPa} > [\sigma] = 160\text{MPa}$$

因此，该转动轴不满足强度要求，不安全。

思 考 题

9-1 什么是组合变形叠加法？其计算的基本前提是什么？

9-2 组合变形叠加法与普通叠加法（如内力计算的叠加法）有何区别？

9-3 如何理解组合变形叠加法要先分解基本变形，再把各基本变形的变形、应力叠加？

9-4 拉（压）弯组合变形的中性轴与直梁平面弯曲的中性轴有何异同？

9-5 偏心压缩的截面核心是如何确定的？由什么因素确定？材料性质会影响截面核心吗？

9-6 斜弯曲梁截面的中性轴一定通过截面形心吗？中性轴与截面合弯矩一定平行吗？

9-7 矩形截面斜弯曲的最大正应力与圆截面斜弯曲的最大正应力有何特点？计算时有何异同？

9-8 斜弯曲梁的挠曲线一定是空间曲线吗？挠曲线是平面曲线的弯曲，一定不是斜弯

曲吗？

9-9　弯扭组合变形的危险点处于什么应力状态？如何进行强度计算？

9-10　弯扭组合变形梁按第三强度理论计算时，为什么可以由危险面的内力主矩除以截面的弯曲截面系数进行？与第四强度理论计算有何区别？

9-11　为什么圆截面梁斜弯曲强度计算可以由危险面的合弯矩除以截面的弯曲截面系数进行，而矩形截面则不行？

9-12　圆截面或正多边形截面在多个横向力的作用下的变形一定是斜弯曲吗？

9-13　当任意方向横向力通过圆形或正多边形截面的形心时，其变形一定是平面弯曲吗？

9-14　拉（压）、弯曲和扭转组合变形的危险点处于什么应力状态？其强度计算与弯扭组合变形有何异同？

习　题

9-1　刚架结构的几何和受力如图 9-33 所示，已知 $a=2\text{m}$，$\theta=30°$，$F_\text{P}=50\text{kN}$，试作出 AB 杆的内力图。

9-2　柱子 AB 受力如图 9-34 所示，$F_{\text{P}1}=1000\text{kN}$，作用线偏离 AD 段轴线 $e_1=0.1\text{m}$，$F_{\text{P}2}=500\text{kN}$，作用线偏离 DB 段轴线 $e_2=0.3\text{m}$。试作柱子 AB 的内力图。

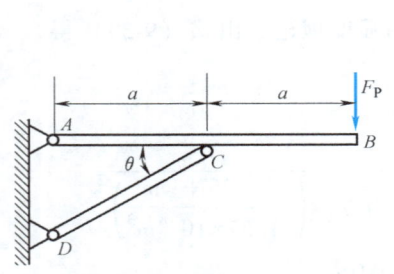

图 9-33　习题 9-1 图

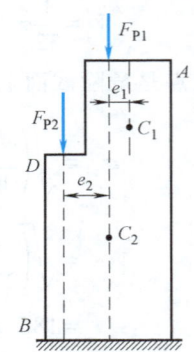

图 9-34　习题 9-2 图

9-3　传动轴的直径 $d=50\text{mm}$、$D=100\text{mm}$，作用力 $F_{\text{P}1}=4.5\text{kN}$、$F_{\text{P}2}=4\text{kN}$、$F_{\text{P}3}=13.5\text{kN}$、$F_{\text{P}4}=5.2\text{kN}$，如图 9-35 所示。试作轴的内力图并求其最大弯矩和扭矩值。

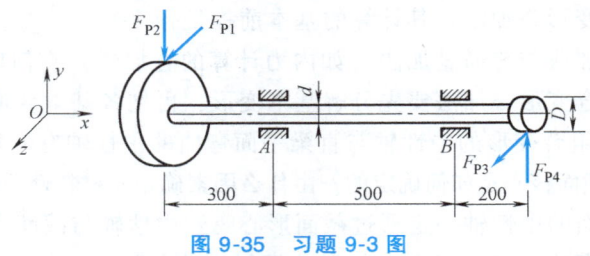

图 9-35　习题 9-3 图

9-4　图 9-36 所示为承受纵向荷载的人骨受力简图。设：1. 假定骨骼为实心圆截面；2. 假定骨骼中心部分（其直径为骨骼外直径的一半）由海绵状骨质所组成，忽略海绵状承受力的能力。试确定1、2两种情形下,骨骼在横截面 B—B 上最大压应力之比。

9-5 试计算图9-37所示各杆的正应力的最大绝对值,并做比较。

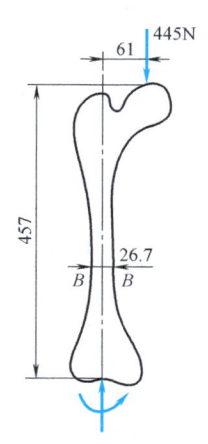

图 9-36 习题 9-4 图

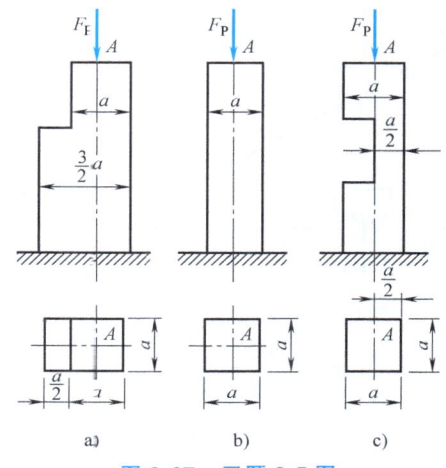

图 9-37 习题 9-5 图

9-6 钻床结构简图及受力如图9-38所示。铸铁立柱的 A—A 横截面为空心圆截面,外圆直径 $D=140\text{mm}$,内外径之比为 $\alpha=d/D=0.75$,铸铁的拉伸许用应力 $[\sigma_t]=35\text{MPa}$,压缩许用应力 $[\sigma_c]=90\text{MPa}$,荷载 $F_P=15\text{kN}$。试:(1)校核立柱的强度;(2)求承压区的强度储备(即 $n=[\sigma_c]/\sigma_{cmax}$);(3)计算立柱应力时,若忽略轴力,所产生的误差有多大。

9-7 图9-39所示立柱的横截面尺寸 $b=180\text{mm}$、$h=300\text{mm}$,承受轴向压力 $F_{P1}=100\text{kN}$、$F_{P2}=45\text{kN}$。试求柱下端无拉应力时的最大偏心距 e。

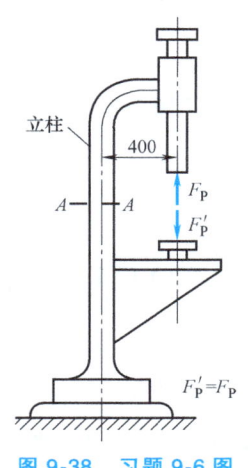

图 9-38 习题 9-6 图

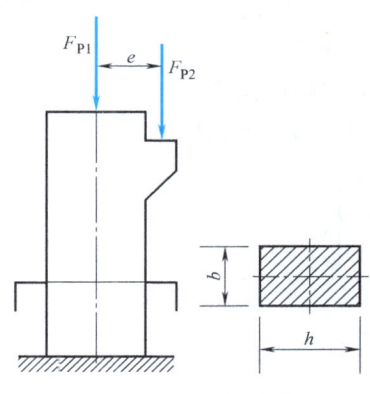

图 9-39 习题 9-7 图

9-8 图9-40所示悬挂式起重机由16号工字钢梁与拉杆组成,小车重 $F_P=25\text{kN}$。AB梁的弯曲截面系数 $W_z=141\times10^3\text{mm}^3$,截面面积 $A=26.11\times10^2\text{mm}^2$,许用应力 $[\sigma]=100\text{MPa}$。试校核梁 AB 的强度。

9-9 桥墩受力如图9-41所示,试确定下列荷载作用下截面 ABCD 上 A、B 两点的正应力:(1)在点1、2、3处均施加40kN的压缩荷载;(2)仅在1、2两点处各施加40kN的压

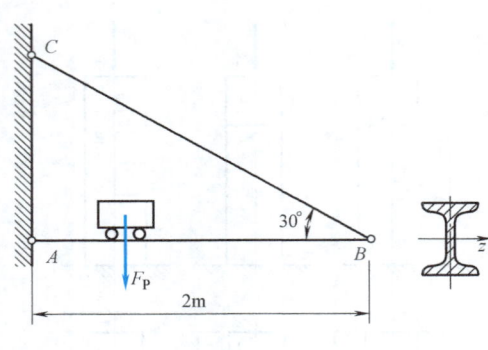

图 9-40 习题 9-8 图

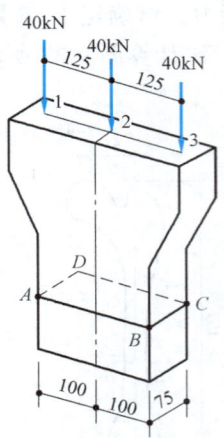

图 9-41 习题 9-9 图

缩荷载；(3) 仅在点 1 或点 3 处施加 40kN 的压缩荷载。

9-10 悬臂梁受力如图 9-42 所示，$F_1 = F$，$F_2 = 4F$，z 轴为形心主惯性轴，$I_z = 3.49 \times 10^7 \text{mm}^4$，$I_y = 6.96 \times 10^6 \text{mm}^4$，材料的许用应力 $[\sigma_t] = 30\text{MPa}$，$[\sigma_c] = 90\text{MPa}$。试求梁的许用荷载 $[F]$。

9-11 简支木梁承受均布荷载如图 9-43 所示，$q = 0.96 \text{kN/m}$，$l = 3.6\text{m}$，矩形截面的高宽比 $h : b = 3 : 2$，许用应力 $[\sigma] = 10\text{MPa}$。试求梁的截面尺寸。

9-12 矩形截面悬臂梁的尺寸如图 9-44 所示，承受水平集中力 $F = 0.2\text{kN}$，竖直均布荷载 $q = 0.6\text{kN/m}$，弹性模量 $E = 10\text{GPa}$。试求梁的最大正应力、切应力与最大挠度。

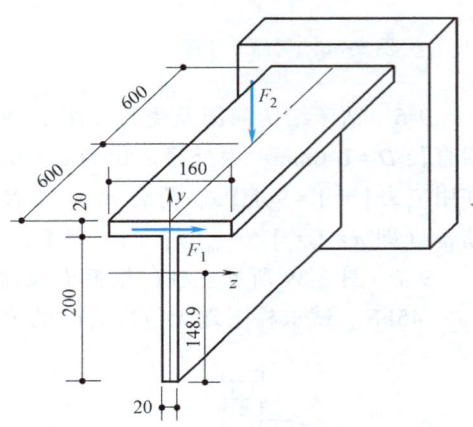

图 9-42 习题 9-10 图

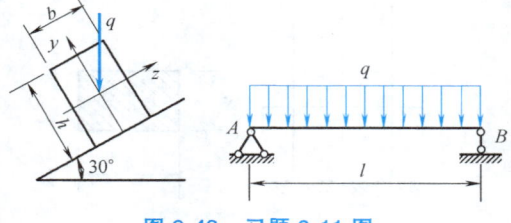

图 9-43 习题 9-11 图

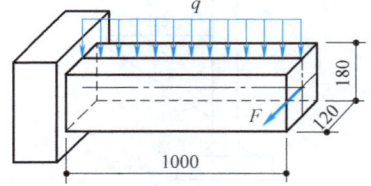

图 9-44 习题 9-12 图

9-13 如图 9-45 所示，功率 $P = 9\text{kW}$ 的电动机轴 AB 以转速 $n = 750\text{r/min}$ 转动。带轮的直径 $D = 250\text{mm}$，重力 $G = 700\text{N}$。轴可以看成长度为 $l = 120\text{mm}$ 的悬臂梁，轴的直径 $d = 40\text{mm}$，轴重不计，许用应力 $[\sigma] = 60\text{MPa}$。试用第三强度理论校核该轴

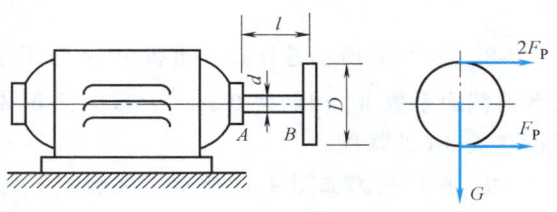

图 9-45 习题 9-13 图

强度。

9-14 图 9-46 所示的圆截面直角弯杆 ABC 放置于水平位置,已知 $L=50\text{cm}$,$F_P=40\text{kN}$,与 BC 平行,铅垂均布荷载 $q=28\text{kN/m}$,材料的许用应力 $[\sigma]=160\text{MPa}$。试用第三强度理论设计杆的直径 d。

9-15 图 9-47 所示结构中,砂轮轴 ABC 传递的力偶矩 $M_e=20.5\text{N}\cdot\text{m}$,砂轮直径 $D=250\text{mm}$,重力 $G=275\text{N}$,磨削力 $F_y=3F_z$。轴的许用应力 $[\sigma]=60\text{MPa}$,轴重不计。试用第四强度理论设计轴的直径。

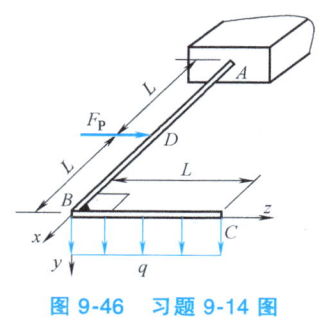

图 9-46 习题 9-14 图

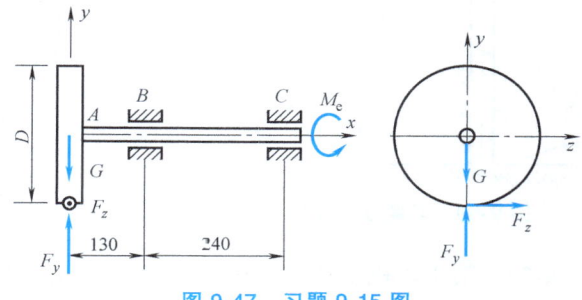

图 9-47 习题 9-15 图

9-16 图 9-48 所示带轮转动轴,传递功率 $P=7\text{kW}$,转速 $n=200\text{r/min}$,带轮重力 $Q=1.8\text{kN}$,左端轮齿上啮合力 F_n 与齿轮节圆切线的夹角(压力角)为 20°。右端带轮的皮带拉力 $F_1=2F_2$,轴材料的许用应力 $[\sigma]=80\text{MPa}$,试分别在忽略和考虑带轮重力的两种情况下,按第三强度理论估算轴的直径。

9-17 直杆 AB 与直径 $d=40\text{mm}$ 的圆柱杆焊接成一体,结构受力如图 9-49 所示。若不忽略弯曲剪应力的影响,试确定固定端上点 a 和点 b 的应力状态,并按第四强度理论计算其相当应力 σ_{r4}。

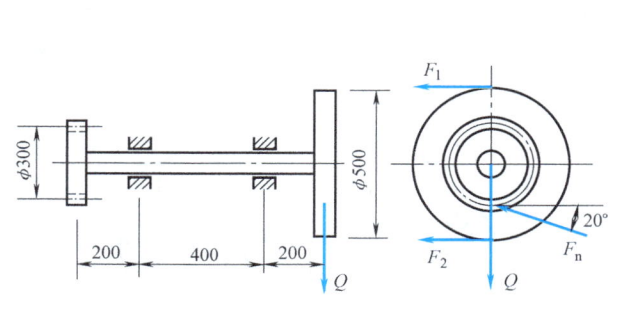

图 9-48 习题 9-16 图

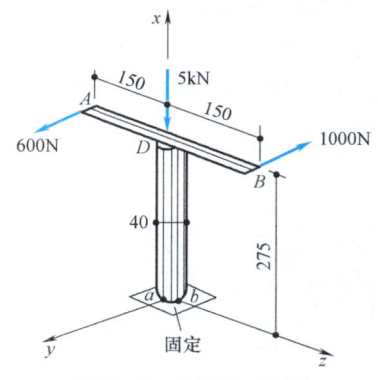

图 9-49 习题 9-17 图

9-18 如图 9-50 所示,广告牌受均布风荷载 1.5kPa 作用。若圆截面立柱直径为 100mm,材料弹性模量为 200GPa,泊松比 $\nu=0.3$,试求距离底端 1.5m 处截面 A 上危险点的(1)应力状态;(2)三个主应力值;(3)三个主应变值。

9-19 图 9-51 所示圆截面杆受横向力 F 和力偶 M_e 共同作用。测得点 A 的轴向线应变 $\varepsilon_0=4\times10^{-4}$,点 B 与母线成 45°方向的线应变 $\varepsilon_{-45°}=3.75\times10^{-4}$。杆的弯曲截面系数 $W_z=$

$6 cm^3$，$E = 200 GPa$，$\nu = 0.25$，$[\sigma] = 150 MPa$。试用第三强度理论校核杆的强度。

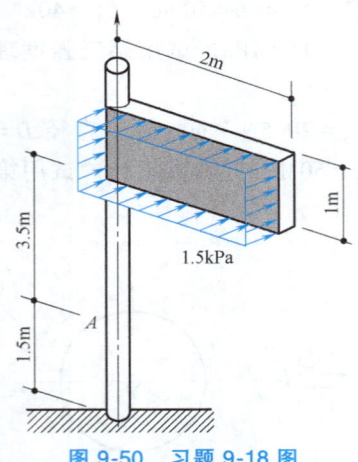

图 9-50 习题 9-18 图

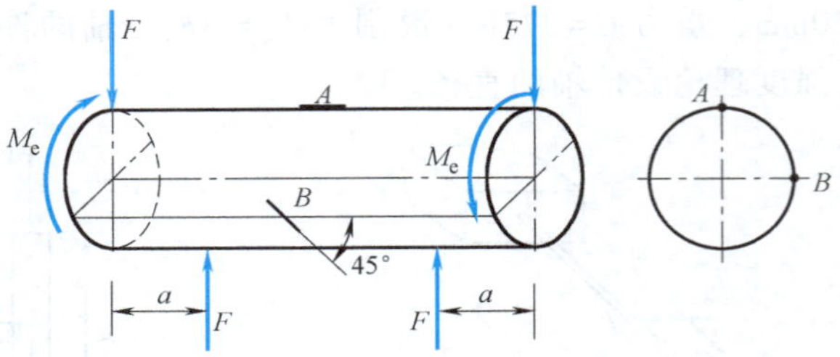

图 9-51 习题 9-19 图

9-20 某水轮机主轴受拉扭联合作用，如图 9-52 所示。在主轴沿轴线方向与轴向夹角 45°方向各贴一应变片。现测得轴等速转动时，轴向应变平均值 $\varepsilon_{90°} = 26 \times 10^{-6}$，45°方向应变平均值 $\varepsilon_{45°} = 140 \times 10^{-6}$。已知轴的直径 $D = 300 mm$，材料的 $E = 200 GPa$，$\nu = 0.25$。试求拉力 F 和扭矩 T。若许用应力为 $[\sigma] = 120 MPa$，试用第三强度理论校核轴的强度。

9-21 图 9-53 所示为承受内压 p 和扭矩 T 的两端封闭的薄壁圆筒，试验测得圆筒外表面 a 点沿 ab 和 ac 方向的线应变 $\varepsilon_{ab} = 172.8 \times 10^{-6}$，$\varepsilon_{ac} = 502.2 \times 10^{-6}$。若圆筒平均直径 $d = 200 mm$，壁厚 $\delta = 10 mm$，弹性模量 $E = 200 GPa$，泊松比 $\nu = 0.25$，试求筒内压强 p 和作用在圆筒上的扭矩 T。

9-22 图 9-54 所示钢制圆轴的直径 $d = 100 mm$，长 $l = 1m$。自由端承受竖直力 F_2 和力偶 M_e 的作用，中截面受水平力 F_1 作用。已知 $F_1 = F_2 = 4.2 kN$，$M_e = 1.5 kN \cdot m$，杆的许用应力 $[\sigma] = 80 MPa$。试用第三强度理论校核该轴的强度。

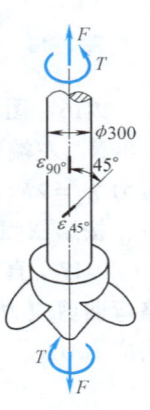

图 9-52 习题 9-20 图

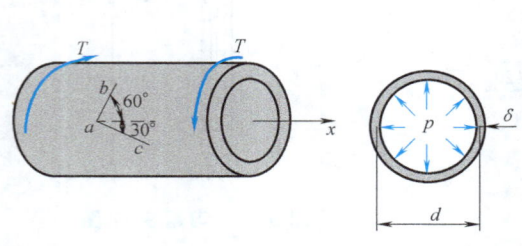

图 9-53 习题 9-21 图

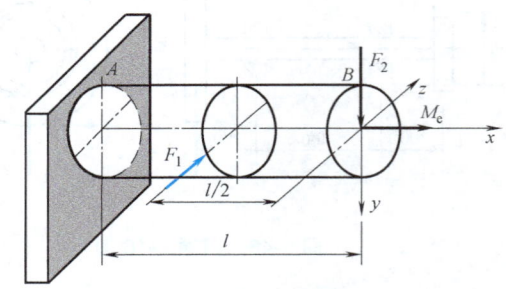

图 9-54 习题 9-22 图

第 10 章 压杆稳定计算

本章提要

材料力学的基本任务是研究杆件的强度、刚度和稳定性问题。前面各章中已详尽讨论了杆件的强度和刚度问题,本章将研究轴向受压杆件的稳定性问题。本章首先介绍压杆稳定的工程背景,介绍关于刚体、弹性体和压杆稳定性的基本概念,然后根据杆件微弯的屈曲平衡构形,由平衡条件和挠曲线近似微分方程以及端部约束条件,确定不同约束条件下弹性压杆的临界荷载,给出临界应力总图并讨论,最后介绍两种工程中常用的压杆稳定分析方法和工程中的压杆稳定性设计。

■ 10.1 压杆稳定的实例和概念

压杆稳定的工程实例

10.1.1 压杆稳定的工程实例

工程中主要承受轴向压缩荷载的杆件,称为压杆。稳定性问题一般发生在细长压杆中。细长压杆是工程中桥梁、建筑以及机械结构中常见的构件。例如图 10-1 所示的汽车起重机中的液压杆,图 10-2 所示的发动机的曲柄连杆,图 10-3 所示的桥梁结构中的受压杆,图 10-4 所示的建筑结构中的受压柱等。

图 10-1 汽车起重机中的液压杆

图 10-2 发动机的曲柄连杆

图 10-3 桥梁结构中的受压杆

图 10-4 建筑结构中的受压柱

值得注意的是，由于压杆稳定性问题导致的结构失效往往是突然发生的，常给工程带来灾难性后果。历史上曾多次发生因压杆失稳而引起的重大事故。例如 1907 年加拿大劳伦斯河上，跨长为 548m 的魁北克大桥，在建设过程中由于错误地忽略了桁架中压杆的稳定性问题，导致整座大桥倒塌，如图 10-5 所示。这类事故时有发生，如建筑工地脚手架有大量受压杆，压杆稳定性问题会导致钢管脚手架整体失稳坍塌，如图 10-6 所示。这些都是工程结构压杆失稳的典型例子。因此，结构设计除了需保证足够的强度和刚度外，还需保证结构具有足够的稳定性。

a)

b)

图 10-5 魁北克大桥倒塌残骸和新建的魁北克大桥
a) 倒塌残骸　b) 新建的魁北克大桥

10.1.2 稳定性的概念

结构稳定性问题的研究经历了很长的历程，稳定性问题虽然有各种不同的定义，但粗略地讲，是研究系统在外界干扰微小时系统状态的扰动是否也是微小的问题，如果系统状态的扰动发生了较大的变化，则称为系统的失稳或屈曲。

结构构件或者机器零件在荷载作用下，在某一位置保持平衡，这一平衡位置称为平衡构形。当荷载小于一定的数值时，微小外界扰动虽然使其偏离初始平衡构形，但在外界扰动除去后，构件仍能恢复到初始平衡构形，则称初始平衡构形是稳定的；当荷载大于一定的数值

图 10-6 脚手架结构和倒塌事故

a) 脚手架   b) 倒塌事故

时,微小外界扰动使其偏离初始平衡构形,外界扰动除去后,构件不能恢复到初始平衡构形,则称初始平衡构形是不稳定的。

刚体的平衡位形和弹性体的平衡构形都存在稳定与不稳定问题。例如,图 10-7a 所示处于刚性凹面的刚性球,当球受到微小干扰,偏离其平衡位置后,经过几次摆动,它会重新回到原来的平衡位置,因此这种情形下刚性球的初始平衡位置是稳定的。图 10-7b 所示处于刚性凸面的刚性球,当球受到微小干扰时,将偏离其平衡位置,而不再恢复原位,因此这种情形下刚性球的初始平衡位置是不稳定的。

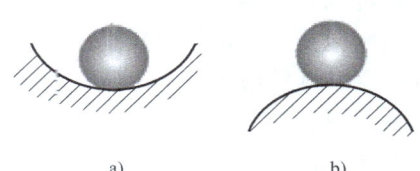

图 10-7 刚体的稳定平衡与不稳定平衡

a) 稳定平衡   b) 不稳定平衡

对于轴向受压杆件,压杆初始为直线平衡构形,如图 10-8a 所示。若施加如图 10-8b 所示的微小的横向扰动,当轴向压力小于一定数值时,在微小扰动作用下直线平衡构形转变为弯曲平衡构形,扰动撤除后,杆件恢复其初始的直线平衡构形(见图 10-8c),这表明压杆的初始直线平衡构形是稳定的。当轴向压力大于某临界值时,在微小横向扰动下直线平衡构形转变为弯曲平衡构形,扰动撤除后,杆件不能恢复其初始的直线平衡构形,而是停留在弯曲平衡构形(见图 10-8d),这表明压杆的初始直线平衡构形是不稳定的。压杆从直线平衡构形到弯曲平衡构形的转变过程,称为屈曲或失稳。

除压杆外,工程中的薄壳结构及薄壁容器等,在有压力存在时,都可能发生失稳。例如,受均匀压力的薄圆环,当压力超过一定数值时,圆环将不能保持圆对称的平衡形式,而突然变为非圆对称的平衡形式(见图 10-9a)。又如,狭长截面梁在横向荷载作用下,将发生

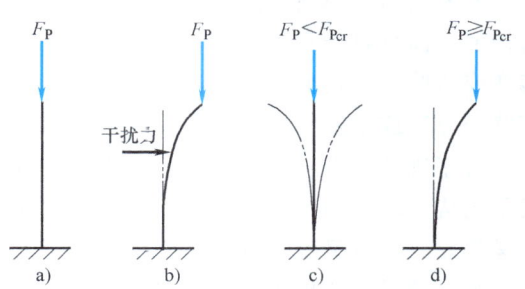

图 10-8 压杆的稳定平衡与不稳定平衡

a) 初始平衡构形   b) 施加干扰
c) 稳定平衡   d) 不稳定平衡

平面弯曲，但当荷载超过一定数值时，梁的平衡形式将突然变为弯曲和扭转（见图10-9b）。

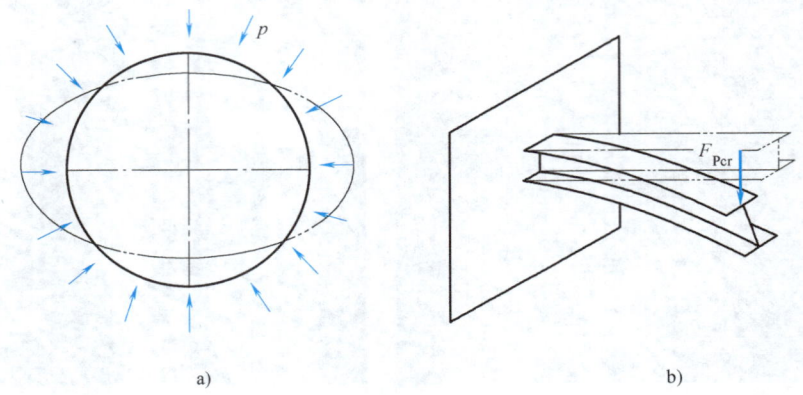

图 10-9 受压构件的失稳现象
a) 受均匀压力的薄圆环失稳 b) 狭长截面梁失稳

10.1.3 压杆稳定的概念

压杆稳定的概念

前面初步了解了轴向受压杆件稳定平衡和不稳定平衡的现象，下面详细介绍压杆稳定的相关概念。

对轴向受压的理想细长直杆，若以 $w_{\max}$ 表示压杆存在弯曲变形时的最大侧向位移，则轴向压力 F_P 与 $w_{\max}$ 的关系可用图 10-10 表示。当压力 F_P 小于某一数值时，F_P 与 $w_{\max}$ 的关系用直线 OA 描述；当压力 F_P 超过这一数值时，若无横向扰动，压杆仍具有直线平衡构形，F_P 与 $w_{\max}$ 的关系用直线 AB 描述；但在微小横向扰动下，压杆会偏离直线平衡构形，转变为弯曲平衡构形，F_P 与 $w_{\max}$ 的关系用曲线 AC 描述，如 AB 路径中的 D 点一经干扰将达到 AC 路径上同一 F_P 值的 E 点，处于弯曲平衡形式。不同压力作用下 F_P 与 $w_{\max}$ 的关系曲线称为压杆的平衡路径。可以看出，当轴向压力 F_P 小于一定数值时，平衡路径为 OA，压杆具有唯一的稳定的直线平衡构形；当轴向压力 F_P 大于一定数值时，平衡路径出现分支 AB 和 AC，压杆存在直线平衡构形和弯曲平衡构形两种可能的平衡构形，而且直线平衡构形在微小横向扰动力作用下立即会转变成弯曲平衡构形，这种出现分支平衡路径的现象称为平衡路径分叉或平衡构形分叉。

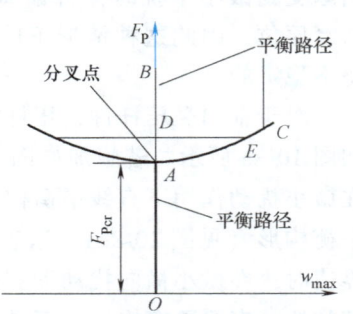

图 10-10 压杆的平衡路径

对于细长压杆，当轴向压力大于一定数值时，在任意微小的外界扰动下，压杆都要由直线平衡构形转变为弯曲平衡构形，这一过程称为屈曲或失稳。由于屈曲过程中出现平衡路径分叉现象，所以又称为分叉屈曲。

平衡路径开始出现分叉现象的那一点，称为分叉点。分叉点是稳定的平衡构形与不稳定的平衡构形之间的分界点，又称为临界点。临界点（或分叉点）对应的荷载称为临界荷载或者分叉荷载。

当轴向压力达到或者超过临界荷载时，压杆将失稳，此时压杆已丧失承载能力，并可引起整个结构的破坏。因此压杆稳定计算的关键就是从理论上分析其临界荷载的大小及影响它的各种因素。

另外还必须指出，压杆的失稳与强度破坏有着本质上的区别。我们看一个简单的试验，如图 10-11 所示，图中为相同材料制成的横截面相同的木杆，材料的弹性模量 E 为 10GPa，强度极限 σ_b 为 30MPa，杆件横截面为矩形（1cm×3cm），但两杆长度不同。图 10-11a 所示木杆长为 3cm，当压力为 9kN 时杆破坏。图 10-11b 所示木杆长为 1m，当压力为 0.25kN 时杆被压弯，导致破坏。对于同样材料和横截面的受压直杆，若按照强度条件计算，应该承载能力是一样的，但为什么长杆的试验结果远远小于短杆呢？这是因为细长压杆的破坏是由于突然产生显著的弯曲变形而使结构丧失承载能力，并非因强度不够，而是压杆不能保持原有直线平衡状态所致，即压杆发生了失稳。

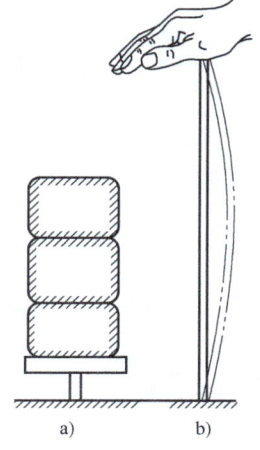

图 10-11　两受压木杆
a) 受压短木杆
b) 受压细长杆

10.2　细长压杆的临界力

根据前面的学习，把使压杆初始的直线平衡构形开始由稳定转为不稳定的压力值，称为临界压力或简称为临界力，用 F_{Pcr} 表示。压杆失稳是由直线平衡构形转变为弯曲平衡构形，可以推测，凡是影响弯曲变形的因素，如截面的弯曲刚度、杆件长度和杆两端的约束情况，都会影响压杆的临界力。下面首先以两端铰支的中心受压理想直杆为例，得到细长压杆的临界力，并进一步给出各种不同约束条件下临界力的结果。

10.2.1　两端铰支细长压杆的临界力

从数学上说，结构在静荷载作用下出现屈曲（即失稳）可以归结为平衡方程解的多值性问题，可以这样理解所谓的屈曲，在一定荷载下的结构，若其平衡状态的无限小邻域内存在着同一荷载作用下的其他平衡状态，那么原来的平衡状态就是不稳定的，使结构具有上述性质的最小荷载即称为临界荷载。从图 10-10 所示的平衡路径可以看出，当 F_P 无限接近于临界荷载 F_{Pcr} 时，在直线平衡构形附近无限小的邻域内，存在微弯的平衡构形。根据这一平衡构形，由杆的平衡条件、挠曲线近似微分方程和杆端约束条件，即可确定临界荷载。

考虑如图 10-12a 所示的中心受压理想细长杆，两端为球铰约束，长度为 l，受轴向压力 F_P 作用。设压杆在直线平衡构形附近无限小的邻域内，存在微弯的平衡构形，如图 10-12b 所示。为简化分析，不考虑杆的轴向变形及剪切变形的影响。

建立坐标系，压杆任意 x 截面的挠度为 $w(x)$，如图 10-12c 所示。由图示压杆局部的平衡方程，可得该截面上的弯矩为

$$M(x)=F_P w(x) \tag{10-1}$$

式中　F_P——压力（N）；

$w(x)$——截面挠度（m）。

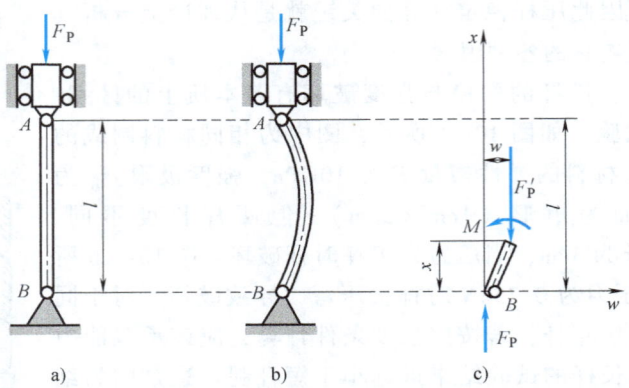

图 10-12　两端球铰的中心受压理想细长杆
a) 直线平衡构形　b) 微弯平衡构形　c) 局部受力

当杆内的应力不超过比例极限 σ_P 时，压杆的挠曲线近似微分方程为

$$M(x) = -EI\frac{\mathrm{d}^2 w(x)}{\mathrm{d}x^2} \tag{10-2}$$

式中　EI——杆件的弯曲刚度。

联立式（10-1）与式（10-2）可得

$$EI\frac{\mathrm{d}^2 w(x)}{\mathrm{d}x^2} + F_P w(x) = 0 \tag{10-3}$$

两端分别除以 EI，并令 $k^2 = \dfrac{F_P}{EI}$，得

$$\frac{\mathrm{d}^2 w(x)}{\mathrm{d}x^2} + k^2 w(x) = 0 \tag{10-4}$$

式（10-4）是一个二阶常系数线性齐次常微分方程，其通解为

$$w(x) = A\sin(kx) + B\cos(kx) \tag{10-5}$$

式中　A、B——积分常数，可由压杆的边界条件确定。

利用杆下端的约束条件 $w(0)=0$，代入式（10-5），得到 $B=0$，可知压杆的微弯挠曲线为正弦函数

$$w(x) = A\sin(kx) \tag{10-6}$$

再由杆上端的约束条件 $w(l)=0$，代入式（10-6），得到

$$A\sin(kl) = 0 \tag{10-7}$$

式（10-7）的解有两种情况，一个解为 $A=0$，此时 $w(x)\equiv 0$，即压杆无微弯变形，这与假设不符。另一个解为 $\sin(kl)=0$，此时由于 A 不为零，由式（10-6），$w(x)$ 存在非零解，即压杆存在微弯的平衡构形。

由 $\sin(kl)=0$ 可得 $kl=n\pi$，把 $k^2 = \dfrac{F_P}{EI}$ 代入，可得

$$F_P = \frac{n^2 \pi^2 EI}{l^2} \tag{10-8}$$

在实际工程中，有意义的是最小的非零临界荷载，故取 $n=1$，得到**最小临界荷载**

$$F_{Pcr}=\frac{\pi^2 EI}{l^2} \tag{10-9}$$

式中　F_{Pcr}——压杆失稳的临界压力（或临界力）（N）；
　　　E——材料的弹性模量（Pa）；
　　　I——截面的形心主惯性矩（m^4）；
　　　l——压杆的实际长度（m）。

科学家欧拉

式（10-9）即**两端铰支细长压杆临界力的表达式，又称为欧拉公式**。因此，相应的 F_{Pcr} 也称为欧拉临界力。压杆失稳时，总是绕弯曲刚度最小的轴发生弯曲变形。因此，对于各个方向约束相同的情形（例如球铰约束），式（10-9）中的 I 应为截面最小的形心主惯性矩。式（10-9）表明，在确定的约束条件下，压杆临界力与弯曲刚度成正比，与杆长的二次方成反比。杆件的弯曲刚度越大，长度越小，临界力越高，稳定性越好。压杆临界力是压杆自身的一种力学性质指标，与外部轴向压力的大小无关。

下面讨论压杆的**屈曲模态**。将 $k=\dfrac{\pi}{l}$ 代入式（10-6），得两端铰支细长压杆失稳时的挠曲线方程为

$$w(x)=A\sin\left(\frac{\pi x}{l}\right) \tag{10-10}$$

这是一条半波正弦曲线，称为压杆的屈曲模态。在 $x=l/2$ 处，有最大挠度 $w_{max}=A$。A 称为**屈曲模态幅值**。

在上述分析中，A 为不定常量，w_{max} 的值不能确定，其与 F_P 的关系曲线如图10-13中的水平线 AA' 所示，这是由于采用挠曲线近似微分方程求解造成的；如采用挠曲线的精确微分方程，则得 F_P-w_{max} 曲线如图10-13中 AC 所示。这即为图10-10所示的压杆的平衡路径。

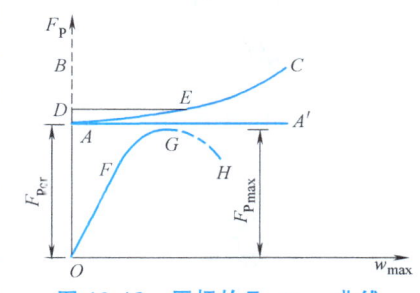
图10-13　压杆的 F_P-w_{max} 曲线

需要注意，对实际工程中的压杆，轴线的初曲率、压力的偏心、材料的缺陷和不均匀等因素总是存在的，为非理想受压直杆。对其进行试验或理论分析所得的平衡路径如图10-13中的 $OFGH$ 曲线，无平衡路径分支现象，一经受压（无论压力多小）即处于弯曲平衡形式，但也有稳定与不稳定之分。当压力 $F_P<F_{Pmax}$，处于路径 OFG 段上的任一点，如施加使其弯曲变形微增的干扰，然后撤除，仍能恢复原状（当处于弹性变形范围），或虽不能完全恢复原状（如已发生塑性变形）但仍能在原有压力下处于平衡状态，这说明原平衡状态是稳定的。而下降路径 GH 段上任一点的平衡是不稳定的，因一旦施加使其弯曲变形微增的干扰，压杆将不能维持平衡而被压溃。压力 F_{Pmax} 称为失稳极值压力，它比理想受压直杆的临界力 F_{Pcr} 小，且随压杆的缺陷（初曲率、压力偏心等）的减小而逐渐接近 F_{Pcr}。因 F_{Pcr} 的计算比较简单，它对非理想受压直杆的稳定计算有重要指导意义，故本书的分析是以理想受压直杆为主。

10.2.2 其他杆端约束下细长压杆的临界力

不同杆端约束下细长压杆的临界力表达式,可通过上述类似的方法导出,也可将其他约束的压杆的屈曲变形弹性曲线形状与两端铰支细长压杆的比拟而直接求得。

对于不同杆端约束的细长压杆,临界力可以表示为统一形式,即

$$F_{\text{Pcr}} = \frac{\pi^2 EI}{(\mu l)^2} \qquad (10\text{-}11)$$

细长压杆临界力的欧拉公式

式中 μ——长度系数,反映不同杆端约束情况的影响;
μl——有效长度或相当长度(m),指压杆屈曲模态中正弦半波的长度。

式(10-11)称为细长压杆临界力的欧拉公式。

图 10-14 给出了四种杆端约束情况下细长压杆的屈曲模态及相应的临界力计算公式。可以看出,杆端的约束越强,则长度系数 μ 越小,压杆的临界力 F_{Pcr} 越高,稳定性越好。

需要指出的是,欧拉公式的推导中应用了弹性小挠度微分方程,因此公式只适用于弹性稳定问题。另外,上述各种长度系数 μ 的值都是对理想约束而言的,实际工程中的约束往往是比较复杂的,长度系数 μ 值应根据实际约束程度,以图 10-14 中的四种约束作为参考加以选取。例如压杆两端若与其他构件连接在一起,则杆端的约束是弹性的,μ 值一般为 0.5~1,通常将 μ 值取接近于 1。在有关的设计规范中,对于工程中常用的约束情况对应的 μ 值都有具体的规定。

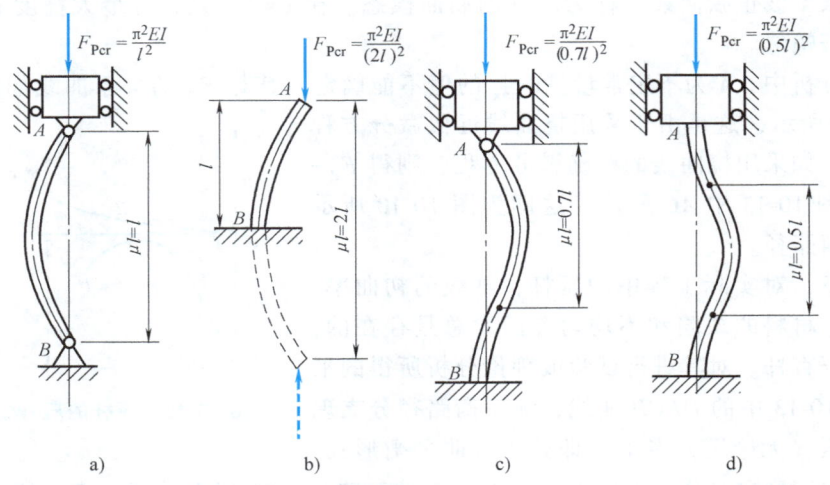

图 10-14 不同约束条件下细长压杆的临界力
a) 两端铰支 b) 一端固定,一端自由 c) 一端固定,一端铰支 d) 两端固定

事实上,压杆的临界力与其挠曲线形状是有联系的,对于后三种约束情况的压杆,如果将它们的挠曲线形状与两端铰支压杆的挠曲线形状加以比较,就可以用几何类比的方法求出它们的临界力。从图 10-14 中挠曲线形状可以看出:长为 l 的一端固定、另一端自由的压杆,与长为 $2l$ 的两端铰支压杆相当;长为 l 的一端固定、另一端铰支的压杆,约与长为 $0.7l$ 的两端铰支压杆相当;长为 l 的两端固定压杆(其挠曲线上有两个拐点,该处弯矩为零),与

长为 0.5l 的两端铰支压杆相当。

应当注意，压杆是在抵抗失稳能力较差的方向发生失稳的，即压杆失稳时总是绕弯曲刚度最小的轴发生弯曲变形。若细长压杆在各个方向的约束情况相同（如球形铰链约束），欧拉公式中的惯性矩 I 应取最小的形心主惯性矩。最小的形心主惯性矩 I 根据截面的形状确定。对于圆形和正方形截面，对所有形心轴的惯性矩一样大；对于矩形、三角形、工字形、槽形、不等边角截面，绕 y 轴惯性矩最小，如图 10-15 所示。

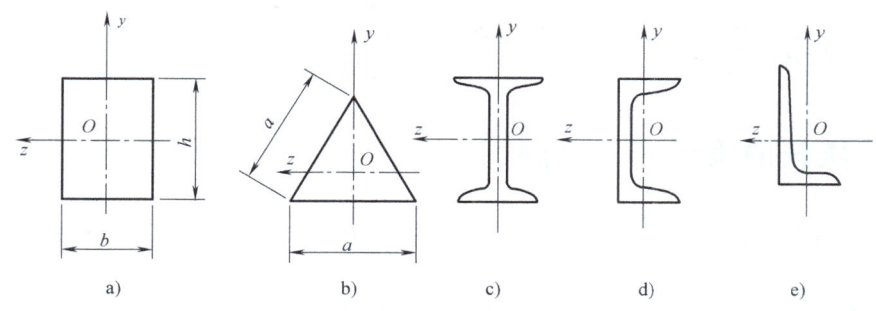

图 10-15　不同截面形状示意图

若杆端在不同方向的约束情况不同（如柱形铰链约束），则需同时考虑欧拉公式中的长度系数 μ 和惯性矩 I 的取值，得到最小的临界力 F_{Pcr}。如图 10-2 所示的发动机曲柄连杆机构，其中的连杆为压杆，连杆在运动平面内的约束为两端铰支，在垂直于运动平面内的约束为两端固定。

【例 10-1】　图 10-16 所示为 Q235 钢制成的矩形截面细长压杆，在 A、B 处为销钉连接，已知 $l = 2300$mm，$b = 40$mm，$h = 60$mm，弹性模量 $E = 206$GPa。试求此杆的临界力。

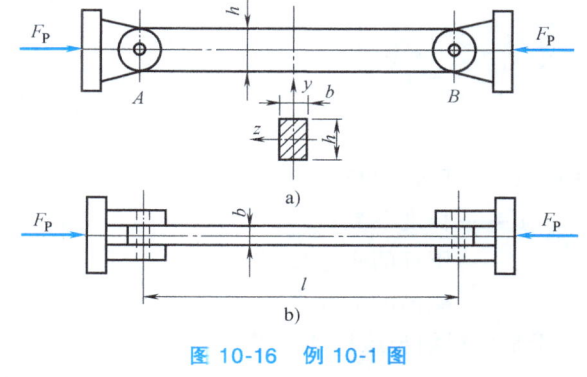

图 10-16　例 10-1 图
a）正视图　b）俯视图

解：分别计算压杆在两个平面内屈曲的临界压力，比较确定最小临界压力。

在正视图平面内（见图 10-16a），A、B 两处相当于铰链约束

$$\mu = 1.0$$

各截面绕 z 轴转动

$$I_z = \frac{bh^3}{12}$$

$$F_{Pcrz} = \frac{\pi^2 EI}{(\mu l)^2} = \frac{\pi^2 Ebh^3}{12l^2}$$

在俯视图平面内（见图 10-16b），A、B 两处相当于固定端约束

$$\mu = 0.5$$

各截面绕 y 轴转动

$$I_y = \frac{hb^3}{12}$$

$$F_{\text{Pcry}} = \frac{\pi^2 EI}{(\mu l)^2} = \frac{\pi^2 Eh b^3}{3l^2}$$

有

$$\frac{F_{\text{Pcrz}}}{F_{\text{Pcry}}} = \frac{h^2}{4b^2} = \frac{9}{16}$$

因此 $F_{\text{Pcrz}} < F_{\text{Pcry}}$，故压杆将在正视图平面内屈曲。

$$F_{\text{Pcrz}} = \frac{\pi^2 EI}{(\mu l)^2} = \frac{\pi^2 Eb h^3}{12 l^2} = \frac{\pi^2 \times 206 \times 10^9 \text{Pa} \times 40\text{mm} \times (60\text{mm})^3}{12 \times (2300\text{mm})^2} = 277\text{kN}$$

■ 10.3　压杆的临界应力总图

压杆承受临界力而处于临界直线平衡构形时，其横截面上的平均压应力称为<u>临界应力</u>，用 σ_{cr} 表示。

设压杆横截面面积为 A，则细长压杆的临界应力可表示为

$$\sigma_{\text{cr}} = \frac{F_{\text{Pcr}}}{A} = \frac{\pi^2 E}{(\mu l)^2} \cdot \frac{I}{A} \tag{10-12}$$

注意到 $\dfrac{I}{A} = i^2$，i 为截面的惯性半径，于是得

$$\sigma_{\text{cr}} = \frac{\pi^2 E}{\left(\dfrac{\mu l}{i}\right)^2} \tag{10-13}$$

令

$$\lambda = \frac{\mu l}{i} \tag{10-14}$$

式中　λ——压杆的<u>长细比</u>或<u>柔度</u>；

　　　μ——长度系数；

　　　l——压杆的实际长度（m）；

　　　i——截面的惯性半径（m）。

于是可得细长压杆的临界应力

$$\sigma_{\text{cr}} = \frac{\pi^2 E}{\lambda^2} \tag{10-15}$$

式（10-15）称为<u>细长压杆临界应力的欧拉公式</u>。注意到，λ 为压杆的长细比或柔度，它全面反映了压杆长度、约束条件、截面尺寸和形状对临界力的影响。对同一材料制成的压杆，柔度值 λ 决定着临界应力 σ_{cr} 的大小。柔度越大，临界应力越小，压杆越容易失稳。柔度是影响压杆承载能力的综合指标。

欧拉公式是根据压杆在微弯平衡状态的挠曲线近似微分方程导出的，而该方程只有在小变形和线弹性的条件下才成立。因此，欧拉公式的适用范围是临界应力不超过<u>比例极限</u> σ_{p}，即 $\sigma_{\text{cr}} \leqslant \sigma_{\text{p}}$，代入式（10-15）可得

$$\sigma_{cr} = \frac{\pi^2 E}{\lambda^2} \leqslant \sigma_p \tag{10-16}$$

于是有

$$\lambda \geqslant \sqrt{\frac{\pi^2 E}{\sigma_p}} \tag{10-17}$$

令

$$\lambda_p = \sqrt{\frac{\pi^2 E}{\sigma_p}} \tag{10-18}$$

欧拉公式的适用条件可表示为

$$\lambda \geqslant \lambda_p \tag{10-19}$$

由式（10-18）可知，λ_p 仅与压杆的材料有关。例如，对于 Q235 钢，$\lambda_p \approx 101$；对于铝合金，$\lambda_p \approx 62.8$；对于木材，$\lambda_p \approx 80$。

由以上分析可知，只有当 $\lambda \geqslant \lambda_p$ 时，才可以使用欧拉公式计算压杆的临界力或临界应力。满足 $\lambda \geqslant \lambda_p$ 的压杆，称为**大柔度杆**，即前文所指的**细长压杆**。

根据柔度 λ 取值范围的不同，可以把压杆分为三类：大柔度杆（或细长杆）、中柔度杆（或中长杆）、小柔度杆（或短粗杆）。下面分别介绍其失效形式和临界应力。

对于**大柔度杆（或细长杆）**，$\lambda \geqslant \lambda_p$，压杆将发生弹性失稳（屈曲）。压杆的临界应力由式（10-15）计算。

对于**中柔度杆（或中长杆）**，$\lambda_s \leqslant \lambda \leqslant \lambda_p$，$\lambda_s$ 为中长杆柔度的下限。这类压杆也会发生失稳，但压杆失稳时，横截面上的正应力已超过材料的比例极限，截面上某些部分已进入塑性状态，属于弹塑性稳定问题。这种压杆的屈曲称为非弹性屈曲，其临界应力一般采用经验公式计算。工程中常采用直线公式

$$\sigma_{cr} = a - b\lambda \tag{10-20}$$

式中 a、b——与材料性能有关的常数（Pa）。

直线公式适合合金钢、铝合金、铸铁与松木等中柔度压杆。表 10-1 给出了常用工程材料的 a、b 值。当 $\sigma_{cr} = \sigma_s$ 时，其相应的柔度即为中长杆柔度的下限 λ_s，可得

$$\lambda_s = \frac{a - \sigma_s}{b} \tag{10-21}$$

以上表述针对塑性材料，对于脆性材料，只需把以上各式中的 σ_s 替换为 σ_b。

表 10-1 几种常用工程材料的 a、b 值

材　　料	a/MPa	b/MPa
Q235 钢（$\sigma_s = 235\text{MPa}, \sigma_b \geqslant 372\text{MPa}$）	304	1.12
优质碳素钢（$\sigma_s = 306\text{MPa}, \sigma_b \geqslant 417\text{MPa}$）	461	2.568
硅钢（$\sigma_s = 353\text{MPa}, \sigma_b \geqslant 510\text{MPa}$）	578	3.744
铬钼钢	980	5.296
硬铝	372	2.14
铸铁	331.9	1.453
松木	39.2	0.199

例如，对于 Q235 钢，$\sigma_s=235\text{MPa}$，$a=304\text{MPa}$，$b=1.12\text{MPa}$，可得 $\lambda_s=61.6$。

对于**小柔度杆（或短粗杆）**，$\lambda\leqslant\lambda_s$。这时压杆不会发生失稳，但将会发生屈服，即强度失效，因此有临界应力等于屈服极限，即 $\sigma_{cr}=\sigma_s$。

根据上述三类压杆临界应力的情况，可以绘制临界应力随柔度变化的关系曲线，称为**压杆的临界应力总图**，如图 10-17 所示。欧拉公式的图像是一条双曲线，$\lambda\geqslant\lambda_p$ 时只有实线部分适用，$\lambda_s\leqslant\lambda\leqslant\lambda_p$ 时临界应力是斜直线，$\lambda\leqslant\lambda_s$ 时临界应力是水平线。这三段曲线分别对应的是大柔度杆、中柔度杆和小柔度杆。

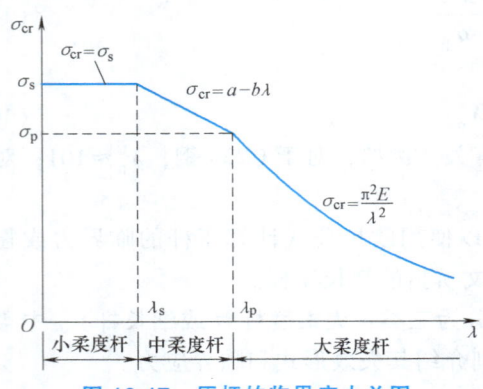

压杆的临界应力总图

图 10-17 压杆的临界应力总图

值得注意的是，对于结构钢、低合金钢等材料制作的中柔度杆，可采用抛物线形经验公式计算其临界应力。

$$\sigma_{cr}=a_1-b_1\lambda^2 \tag{10-22}$$

式中 a_1、b_1——与材料性能相关的常数（Pa）。

对于 Q235 钢（$E=206\text{GPa}$，$\sigma_s=235\text{MPa}$），有

$$\sigma_{cr}=235\text{MPa}-0.00668\lambda^2\text{MPa}(\lambda<\lambda_c=123) \tag{10-23}$$

对于 16Mn 钢（$E=206\text{GPa}$，$\sigma_s=343\text{MPa}$），有

$$\sigma_{cr}=343\text{MPa}-0.01447\lambda^2\text{MPa}(\lambda<\lambda_c=109) \tag{10-24}$$

采用抛物线公式的结构钢压杆的临界应力总图如图 10-18 所示。图中 DBE 是以欧拉公式 $\sigma_{cr}=\dfrac{\pi^2 E}{\lambda^2}$ 绘出的双曲线，ABC 段是以经验公式 $\sigma_{cr}=a_1-b_1\lambda^2$ 绘出的抛物线。两段曲线交于 B 点，B 点对应的柔度为 λ_c。λ_c 与由式（10-18）算得的理论值 λ_p 有一定的差别。例知，Q235 钢的 $\lambda_c=123$。应用抛物线公式计算压杆的临界应力时，按压杆的柔度 λ 可将其分为：$\lambda\geqslant\lambda_c$ 的压杆称为细长杆，按式（10-15）计算其临界应力；$\lambda<\lambda_c$ 的压杆称为非细长杆，按式（10-22）计算其临界应力。

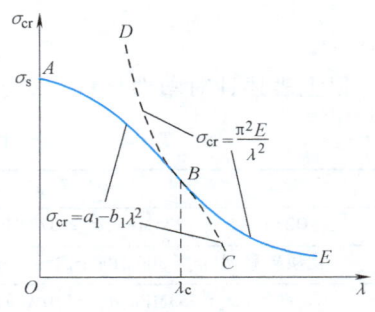

图 10-18 压杆的抛物线公式临界应力

计算压杆的临界力和临界应力时，一般先计算柔度，判断压杆类型，然后选择相应的临界应力公式计算。同时注意，对局部面积有削弱的压杆

（如铆钉孔等），计算临界力和临界应力时，可采用未削弱的尺寸计算横截面面积和惯性矩，这一点与强度计算不同。

【例 10-2】 图 10-19 所示矩形截面压杆，在 xOz 平面内杆端约束为两端固定，在 xOy 平面内杆端约束为一端固定、一端自由。已知材料为 Q235 钢，$E=200\text{GPa}$，$\sigma_\text{p}=200\text{MPa}$。试求此压杆的临界力。

解：根据已知条件计算临界柔度

$$\lambda_\text{p} = \pi\sqrt{\frac{E}{\sigma_\text{p}}} = \pi\times\sqrt{\frac{200\times 10^9\text{Pa}}{200\times 10^6\text{Pa}}} = 99.3$$

压杆是矩形截面，分别计算对 y 轴和 z 轴的惯性半径 i_y 和 i_z。

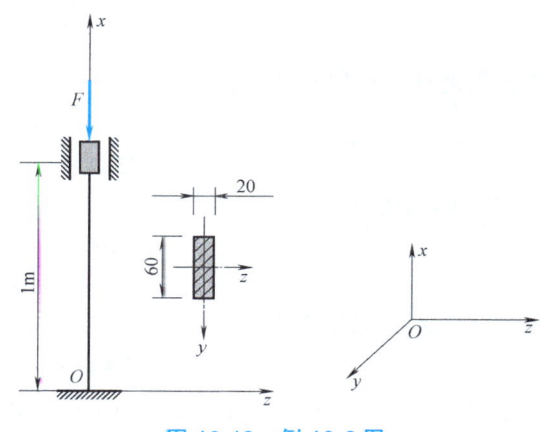

图 10-19 例 10-2 图

$$i_y = \sqrt{\frac{I_y}{A}} = \sqrt{\frac{60\text{mm}\times(20\text{mm})^3}{12\times 20\text{mm}\times 60\text{mm}}} = 5.77\text{mm}$$

$$i_z = \sqrt{\frac{I_z}{A}} = \sqrt{\frac{20\text{mm}\times(60\text{mm})^3}{12\times 20\text{mm}\times 60\text{mm}}} = 17.32\text{mm}$$

利用柔度公式 $\lambda = \dfrac{\mu l}{i}$，计算不同平面内的柔度。

在 xOy 平面内，约束为一端固定、一端自由，所以 $\mu_z=2$，得

$$\lambda_z = \frac{\mu_z l}{i_z} = 115.5 > \lambda_\text{p}$$

在 xOz 平面内，约束为两端固定，所以 $\mu_y=0.5$，得

$$\lambda_y = \frac{\mu_y l}{i_y} = 86.7 < \lambda_\text{p}$$

可见 $\lambda_z > \lambda_y$，压杆将在 xOy 平面内失稳。
由于 $\lambda_z > \lambda_\text{p}$，可用欧拉公式计算临界应力或临界力。

临界应力

$$\sigma_\text{cr} = \frac{\pi^2 E}{\lambda_z^2} = \frac{\pi^2\times 200\text{GPa}}{115.5^2} = 148\text{MPa}$$

临界力

$$F_\text{cr} = \sigma_\text{cr} A = 148\times 10^6\text{Pa}\times 20\text{mm}\times 60\text{mm}\times 10^{-6}\times 10^{-3} = 178\text{kN}$$

【例 10-3】 矩形截面压杆，截面宽和高分别为 $b=12\text{mm}$，$h=20\text{mm}$，杆长 $l=300\text{mm}$。材料为 Q235 钢，弹性模量 $E=206\text{GPa}$。$\lambda_\text{p}=101$，$\lambda_\text{s}=62$。试求此杆在（1）一端固支，一端自由；（2）两端铰支；（3）两端固支三种情况下的临界力。

解：（1）一端固定，一端自由

$$i = \sqrt{\frac{I}{A}} = \sqrt{\frac{20\text{mm}\times(12\text{mm})^3}{12\times 12\text{mm}\times 20\text{mm}}} = 3.46\text{mm}$$

$$\lambda = \frac{\mu l}{i} = \frac{2 \times 300\text{mm}}{3.46\text{mm}} = 173.4 > \lambda_p$$

属于大柔度杆，可用欧拉公式。

$$F_{cr} = \frac{\pi^2 E}{\lambda^2} bh = \frac{\pi^2 \times 206 \times 10^9 \text{Pa}}{173.4^2} \times 12\text{mm} \times 20\text{mm} \times 10^{-6} = 16.2\text{kN}$$

（2）两端铰支

$$\lambda = \frac{\mu l}{i} = \frac{1 \times 300\text{mm}}{3.46\text{mm}} = 86.7$$

此时 $\lambda_s < \lambda < \lambda_p$，属于中柔度杆，用直线公式。

$$\sigma_{cr} = a - b\lambda = 304\text{MPa} - 1.12 \times 86.7\text{MPa} = 207\text{MPa}$$
$$F_{cr} = \sigma_{cr} bh = 207 \times 10^6 \text{Pa} \times 12\text{mm} \times 20\text{mm} \times 10^{-6} = 49.7\text{kN}$$

（3）两端固定

$$\lambda = \frac{\mu l}{i} = \frac{0.5 \times 300\text{mm}}{3.46\text{mm}} = 43.4 < \lambda_s = 62$$

属于小柔度杆，考虑强度问题，临界应力就是屈服极限 $\sigma_{cr} = \sigma_s = 235\text{MPa}$。

$$F_{cr} = \sigma_{cr} bh = 235 \times 10^6 \text{Pa} \times 12\text{mm} \times 20\text{mm} \times 10^{-6} = 56.4\text{kN}$$

■ 10.4　压杆的稳定性计算

压杆的稳定性条件

压杆的稳定性计算，是指在一定的外加荷载、杆件尺寸、约束以及材料性能的情况下，校核压杆是否满足稳定性条件，并可进行压杆截面设计以及确定压杆及结构的许用荷载。压杆的稳定性计算常用的方法有安全系数法和折减系数法。

10.4.1　安全系数法

根据前述内容，可以求得各种压杆的临界应力和临界力。为使压杆在稳定性方面有足够的安全储备，必须使压杆所承受的实际荷载小于压杆的临界荷载。压杆的临界压力 F_{Pcr} 与压杆实际承受的压力 F_P 之比为压杆的工作安全系数 n。为保证压杆具有足够的稳定性，其工作安全系数 n 应不小于规定的稳定安全系数 n_{st}，即

$$n = \frac{F_{Pcr}}{F_P} = \frac{\sigma_{cr} A}{F_P} \geqslant n_{st} \tag{10-25}$$

式中　F_{Pcr}——临界压力（或临界力）（N）；

F_P——实际工作压力（N）；

σ_{cr}——临界应力（Pa）；

A——压杆的横截面面积（m^2）。

值得注意的是，在选择稳定安全系数 n_{st} 时，除应遵循确定强度安全系数的一般原则外，还应考虑到压杆的制造误差引起的初曲率及荷载可能的微小偏心等不利因素，因此，稳定安全系数一般大于强度安全系数。常见压杆的稳定安全系数可从有关设计规范和手册中查得。此外需要指出的是，稳定安全系数 n_{st} 不但与材料有关，还与压杆的柔度 λ 有关，λ 越

大，压杆失稳的概率越大，因此所取的 n_{st} 值应越大。

10.4.2 折减系数法

从临界应力的角度计算，式（10-25）表示的安全系数法可改写为

$$\sigma = \frac{F_P}{A} \leqslant \frac{\sigma_{cr}}{n_{st}} = [\sigma_{st}] \tag{10-26}$$

式中 σ——工作应力（Pa）；
$[\sigma_{st}]$——稳定许用应力（Pa）。
引入

$$\varphi(\lambda) = \frac{[\sigma_{st}]}{[\sigma]} = \frac{\sigma_{cr}}{n_{st}[\sigma]} \tag{10-27}$$

式中 $[\sigma]$——强度许用应力（Pa）；
$\varphi(\lambda)$——与压杆材料及柔度 λ 有关且小于 1 的系数，称为折减系数或稳定系数。
于是，稳定性条件（10-26）又可表示为

$$\sigma = \frac{F_P}{A} \leqslant \varphi(\lambda)[\sigma] \tag{10-28}$$

各种设计规范都制备了常用材料的柔度 λ 与折减系数 $\varphi(\lambda)$ 数值表或曲线图，以供设计时使用。表 10-2 列出几种常见材料对应不同 λ 时的折减系数 $\varphi(\lambda)$。

表 10-2 几种常见材料对应不同 λ 时的折减系数 $\varphi(\lambda)$

λ	$\varphi(\lambda)$ 值				
	Q235 钢	16Mn 钢	铸铁	木材	混凝土
0	1.000	1.000	1.00	1.000	1.00
20	0.981	0.973	0.91	0.932	0.96
40	0.927	0.895	0.69	0.822	0.83
60	0.842	0.776	0.44	0.668	0.70
70	0.789	0.705	0.34	0.575	0.63
80	0.731	0.627	0.26	0.470	0.57
90	0.669	0.546	0.20	0.370	0.51
100	0.604	0.462	0.16	0.300	0.46
110	0.536	0.384	—	0.248	—
120	0.466	0.325	—	0.208	—
130	0.401	0.279	—	0.178	—
140	0.349	0.242	—	0.153	—
150	0.306	0.213	—	0.133	—
160	0.272	0.188	—	0.117	—
170	0.243	0.168	—	0.104	—
180	0.218	0.151	—	0.093	—
190	0.197	0.136	—	0.083	—
200	0.180	0.124	—	0.075	—

安全系数法和折减系数法是常用的稳定性计算方法，可用这两种方法进行压杆稳定性校核、压杆截面设计以及确定压杆及结构的许用荷载。此外要注意，强度许用应力和稳定许用应力的区别，强度许用应力只与材料有关；稳定许用应力不仅与材料有关，还与压杆的约束、截面尺寸、截面形状有关。

【例 10-4】 千斤顶如图 10-20a 所示，丝杠长度 $l=375\text{mm}$，内径 $d=40\text{mm}$，材料是 Q235 钢，$\lambda_p=101$，$\lambda_s=61.6$ 最大起重量 $P=80\text{kN}$，稳定安全系数 $n_{st}=3$。试校核丝杠的稳定性。

图 10-20 例 10-4 图

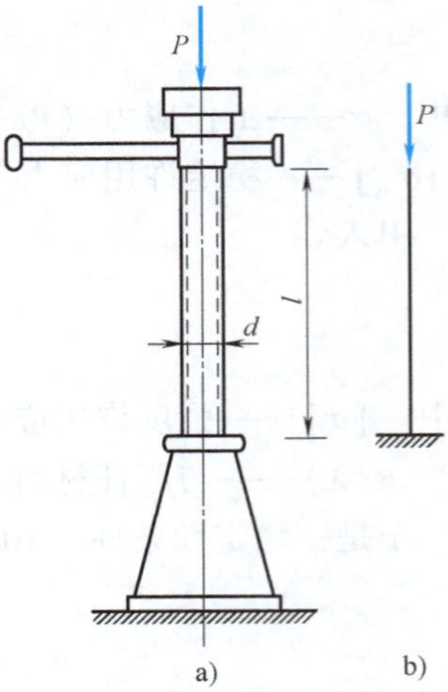

解：（1）计算丝杠柔度 丝杠可简化为下端固定上端自由的压杆（见图 10-20b），故长度系数 $\mu=2$。

计算丝杠的柔度

$$i=\sqrt{\frac{I}{A}}=\frac{d}{4}$$

$$\lambda=\frac{\mu l}{i}=\frac{\mu l}{\frac{d}{4}}=\frac{2\times375\text{mm}}{10\text{mm}}=75$$

（2）计算临界力并校核稳定性 Q235 钢的 $\lambda_p=101$，$\lambda_s=61.6$，而 $\lambda_s<\lambda<\lambda_p$，可知丝杠是中柔度压杆，应采用直线经验公式计算其临界荷载。

查表 10-1 得 $a=304\text{MPa}$，$b=1.12\text{MPa}$，故丝杠的临界荷载为

$$\begin{aligned}F_{\text{Pcr}}&=\sigma_{\text{cr}}A=(a-b\lambda)\frac{\pi d^2}{4}\\&=(304\text{MPa}-1.12\text{MPa}\times75)\times\frac{\pi}{4}\times(40\text{mm}\times10^{-3})^2\\&=277\text{kN}\end{aligned}$$

校核丝杠的稳定性：

$$n=\frac{F_{\text{Pcr}}}{P}=\frac{277\text{kN}}{80\text{kN}}=3.46>n_{st}=3$$

所以此千斤顶丝杠是稳定的。

【例 10-5】 图 10-21 所示结构中，AB 为圆截面杆，直径 $d=80\text{mm}$，BC 为正方形截面杆，边长 $a=70\text{mm}$，两杆材料均为 Q235 钢，$E=210\text{GPa}$。两部分可以各自独立发生屈曲而互不影响。已知 A 端固定，B、C 端为球形铰链，$l=3\text{m}$，稳定安全系数 $n_{st}=2.5$，$\lambda_p=101$。试求此结构的许用荷载。

解： 计算 AB 段的柔度

$$\begin{aligned}\lambda_{AB}&=\frac{\mu l_{AB}}{i_{AB}}=\frac{\mu l_{AB}}{d/4}=\frac{4\times0.7\times1.5\times3\text{m}}{0.08\text{m}}\\&=157.5>\lambda_p=101\end{aligned}$$

AB 为细长杆，根据欧拉公式计算临界力

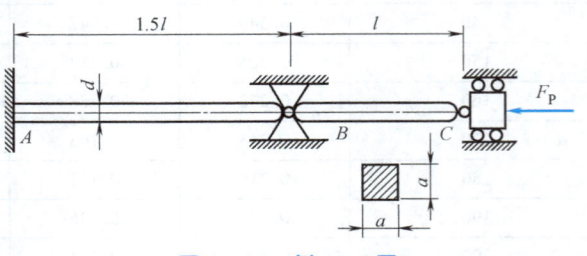

图 10-21 例 10-5 图

$$F_{\text{Pcr1}} = \frac{\pi^2 EI}{(\mu l_{AB})^2} = \frac{\pi^2 \times 210 \times 10^9 \text{Pa} \times \dfrac{\pi \times (80\text{mm} \times 10^{-3})^4}{64}}{(0.7 \times 4.5\text{m})^2} = 419.3 \text{kN}$$

计算 BC 段的柔度

$$\lambda_{BC} = \frac{\mu l_{BC}}{i_{BC}} = \frac{\mu l_{BC}}{a/2\sqrt{3}} = \frac{2\sqrt{3} \times 1 \times 3\text{m}}{0.07\text{m}} = 148.45 > \lambda_p = 101$$

BC 为细长杆，根据欧拉公式计算临界力

$$F_{\text{Pcr2}} = \frac{\pi^2 EI}{(\mu l_{BC})^2} = \frac{\pi^2 \times 210 \times 10^9 \text{Pa} \times \dfrac{(70\text{mm} \times 10^{-3})^4}{12}}{(3\text{m})^2} = 460.3 \text{kN}$$

所以

$$[F_P] = \frac{F_{\text{Pcr1}}}{n_{\text{st}}} = \frac{419.3\text{kN}}{2.5} = 167.7\text{kN}$$

【例 10-6】 柱由两根 20a 槽钢组成，柱长 $l = 6\text{m}$，下端固定上端铰支，如图 10-22a 所示。材料是 Q235 钢，$[\sigma] = 160\text{MPa}$，分别求以下两种情况下柱的许用荷载 $[F_P]$：(1) 两个槽钢连接为一整体（见图 10-22b）；(2) 两槽钢相距 a，使 $I_y = I_z$（见图 10-22c）。

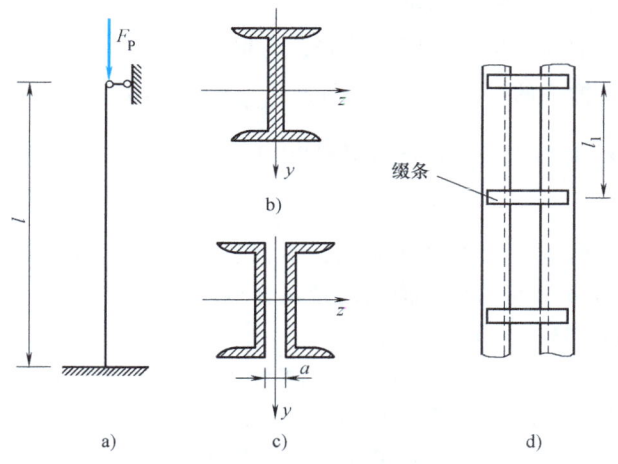

图 10-22 例 10-6 图

解：(1) 两槽钢为一整体的情况 由附录 B 查得

$$A = 2 \times 28.83 \times 10^2 \text{mm}^2 = 5.766 \times 10^3 \text{mm}^2$$

$$I_{\min} = I_y = 2 \times 244 \times 10^4 \text{mm}^4 = 4.88 \times 10^6 \text{mm}^4$$

$$i_{\min} = i_y = \sqrt{\frac{I_y}{A}} = \sqrt{\frac{4.88 \times 10^6 \text{mm}^4}{5.766 \times 10^3 \text{mm}^2}} = 29.1\text{mm}$$

$$\lambda_y = \frac{\mu l}{i_y} = \frac{0.7 \times 6 \times 10^3 \text{mm}}{29.1\text{mm}} = 144$$

由表 10-2 查得 $\lambda = 140$，$\varphi(\lambda) = 0.349$；$\lambda = 150$，$\varphi(\lambda) = 0.306$。用直线内插法求得 $\lambda =$

144，$\varphi(\lambda) = 0.349 - \dfrac{4}{10} \times (0.349 - 0.306) = 0.332$。

于是压杆的许用荷载为

$$[F_{P1}] = \varphi(\lambda)[\sigma]A = 0.332 \times 160\text{MPa} \times 5.766 \times 10^3 \text{mm}^2 = 307\text{kN}$$

（2）两槽钢相距 a，$I_z = I_y$ 的情况

$$I_z = I_y = 2 \times 1780 \times 10^4 \text{mm}^4 = 3.56 \times 10^7 \text{mm}^4$$

$$i_y = \sqrt{\dfrac{I_y}{A}} = \sqrt{\dfrac{3.56 \times 10^7 \text{mm}^4}{5.766 \times 10^3 \text{mm}^2}} = 78.6\text{mm}$$

$$\lambda_y = \dfrac{\mu l}{i_y} = \dfrac{0.7 \times 6 \times 10^3 \text{mm}}{78.6\text{mm}} = 53.4$$

由表 10-2 查得 $\lambda = 40$，$\varphi(\lambda) = 0.927$；$\lambda = 60$，$\varphi(\lambda) = 0.842$。用直线内插法求得 $\lambda = 53.4$，$\varphi(\lambda) = 0.927 - \dfrac{13.4}{20} \times (0.927 - 0.842) = 0.87$。

于是压杆的许用荷载为

$$[F_{P2}] = \varphi(\lambda)[\sigma]A = 0.87 \times 160\text{MPa} \times 5.766 \times 10^3 \text{mm}^2 = 803\text{kN}$$

将两种情况进行比较，$[F_{P2}]$ 是 $[F_{P1}]$ 的 2.6 倍。可见当压杆的两个方向约束情况相同时，应使截面的两个形心主惯性矩相等。

但此时应注意压杆的连接构造问题。首先，为保证 $I_y = I_z$，两个槽钢拉开的间距 a 应足够大，如本例，因单个槽钢的最小形心主惯性矩 $I_{\min} = 128 \times 10^4 \text{mm}^4$，根据

$$2 \times \left[128 \times 10^4 + 28.83 \times 10^2 \times \left(20.1 + \dfrac{a}{2}\right)^2\right] = 2 \times 1780 \times 10^4$$

可求得 $a = 111.2\text{mm}$。

其次，为保证每根槽钢不发生局部失稳，沿柱长每隔 l_1 的长度内应有连接板（缀条）（见图 10-22d）。因两连接板间的每根槽钢通常看作两端铰支，而单个槽钢的 $i_{\min} = 21.1\text{mm}$，故 $l_1 \leq i_{\min} \lambda_y = 21.1\text{mm} \times 53.4 = 1127\text{mm}$。

【例 10-7】 图 10-23 所示结构，梁 AB 为 14 号普通热轧工字钢，CD 为圆截面直杆，直径 $d = 20\text{mm}$，两者材料均为 Q235 钢。A、C、D 三处均为球铰约束，已知 $F = 25\text{kN}$，$l_1 = 1.25\text{m}$，$l_2 = 0.55\text{m}$，$\sigma_s = 235\text{MPa}$，$E = 206\text{GPa}$，强度安全系数 $n_s = 1.45$，稳定性安全系数 $n_{st} = 1.8$，$\lambda_p = 101$。试问此结构是否安全。

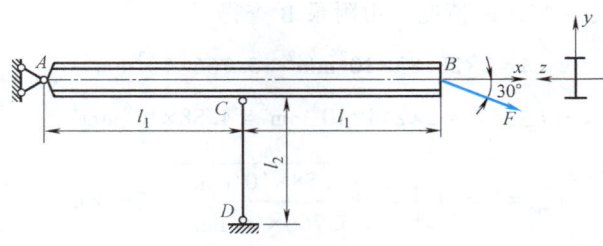

图 10-23 例 10-7 图

解：梁 AB 承受拉伸和弯曲的组合作用，属于强度问题；杆 CD 承受轴向压力作用，属于稳定性问题。

(1) 梁 AB 的强度校核　根据内力分析,危险截面为 C 截面。
$$M_C = F\sin30°\, l_1 = 15.63\text{kN}\cdot\text{m}$$
$$F_N = F\cos30° = 21.65\text{kN}$$

查附录 B 得到
$$A = 21.5\times10^{-4}\text{m}^2,\ W_z = 102\times10^{-6}\text{m}^3$$

最大工作应力
$$\sigma_{max} = \frac{M}{W_z} + \frac{F_N}{A} = 163.3\text{MPa}$$

许用应力
$$[\sigma] = \frac{\sigma_s}{n_s} = 162\text{MPa}$$

可见,σ_{max} 略大于 $[\sigma]$,但
$$\frac{\sigma_{max} - [\sigma]}{[\sigma]}\times100\% = 0.8\% < 5\%$$

工程上仍视为符合强度要求。

(2) 梁 CD 的稳定性校核　根据平衡条件,CD 杆轴力为
$$F_{NCD} = 2F\sin30° = 25\text{kN}$$

惯性半径 $i = \dfrac{d}{4} = 5\text{mm}$,则
$$\lambda = \frac{\mu l_2}{i} = 110$$

可见 $\lambda > \lambda_P$,用欧拉公式计算临界力
$$F_{cr} = \frac{\pi^2 E}{\lambda^2}A = \frac{\pi^2\times206\times10^9\text{Pa}}{110^2}\times\frac{\pi\times(20\text{mm}\times10^{-3})^2}{4} = 52.8\text{kN}$$

工作安全系数
$$n = \frac{F_{cr}}{F_{NCD}} = 2.11 > n_{st} = 1.8$$

杆 CD 符合稳定性要求。

综上所述,结构安全。

10.5　压杆稳定性的合理设计

提高压杆稳定性的关键在于提高其临界应力,从而提高其临界力。由前面的分析可知,临界应力与压杆的材料性质以及柔度 λ 有关。而柔度 λ 与压杆的长度、横截面的形状与尺寸以及杆端约束条件有关。因此,通过综合考虑上述各因素进行合理设计,就可以提高压杆的稳定性。可采用的措施有以下几个方面:

压杆稳定性的合理设计

1. 尽量减小压杆的长度

对于细长压杆，其临界力与杆长的二次方成反比。因此，减小杆长可以显著地提高压杆的临界力。有时，可以通过改变结构或增加支点达到减小杆长提高压杆承载能力的目的。例如，如图 10-24 所示的两个桁架，其中的杆①、④均为压杆，但是图 10-24b 中的压杆短，承载能力远高于图 10-24a 中的压杆。如图 10-25 所示的压杆，通过改变压杆的约束条件改变其长度，在两端铰支的细长压杆中点增加一个支座，其临界力变为原来的 4 倍。

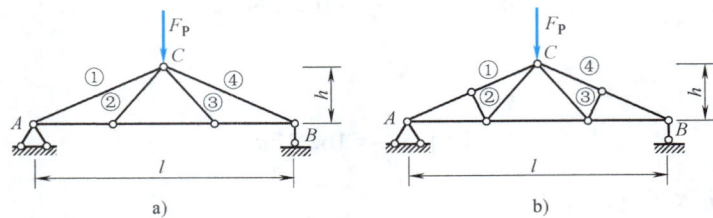

图 10-24　减小压杆长度

2. 改变压杆的约束条件

由前述讨论可知，改变压杆的约束条件直接影响临界力的大小。约束的刚性越大，压杆的长度系数 μ 值越低，临界力越大。例如，将两端铰支的圆截面细长压杆，改为两端固定端约束的情况，其临界力变为原来的 4 倍。

读者可以试比较图 10-26 所示四种不同约束情况各压杆临界力的大小。

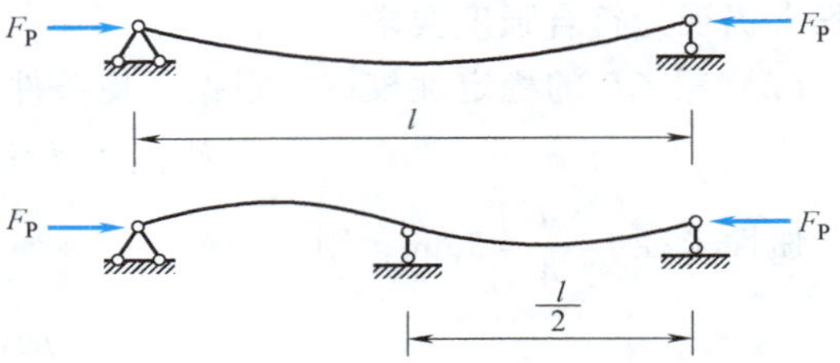

图 10-25　增加支座减小压杆长度

3. 合理选择截面形状

细长压杆和中柔度压杆的临界应力均与柔度 λ 有关，且柔度越小，临界应力越大。由柔度和惯性半径的定义可以看出，对于一定长度和约束方式的压杆，在横截面面积保持一定的情况下，应选择惯性矩较大的截面形状。当压杆两端在各个方向弯曲平面内具有相同的约束条件时，应尽量选择对任一形心轴的惯性矩相同的截面，且截面对形心主轴的惯性矩尽可能大。圆截面、正方形截面或正多边形截面等，可以使压杆在各个方向上具有相同的稳定性，同时空心截面的惯性矩比实心截面大。如薄壁圆管（见图 10-27a）、正方形薄壁箱形截面（见图 10-27b）是理想截面。当压杆端部在不同的平面内具有不同的约束条件时，理想的设计应尽量使压杆在两个纵向形心主惯性平面内的柔度相等。例如前述的发动机连杆，在两个面

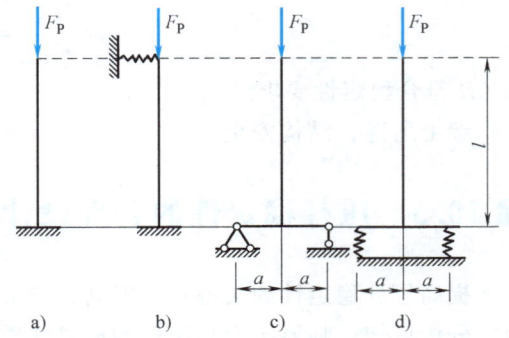

图 10-26　不同约束情况的压杆

内支座形式不同,所以曲柄连杆一般不会设计为圆形。对于型钢截面(工字钢、槽钢、角钢等),由于它们的两个形心主轴惯性矩相差较大,为了提高这类型钢截面压杆的承载能力,工程实际中常用几个型钢通过缀板组成一个组合截面,如图10-27c、d所示。经适当设计距离 a,使截面对两个形心主轴的惯性矩相等,这样可大大提高压杆的承载能力。

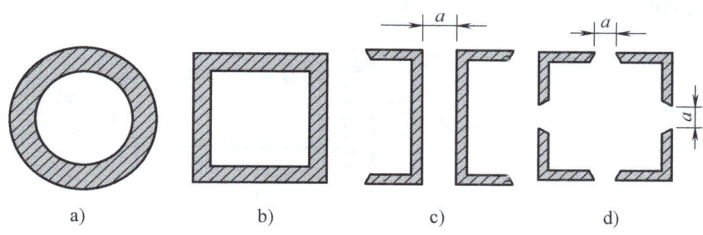

图10-27 压杆的合理截面形状

4. 合理选用材料

在其他条件均相同的情况下,选用弹性模量较高的材料,可以提高细长压杆的承载能力。然而,普通碳素钢、合金钢及高强度钢的弹性模量数值相差不大,因此,如果仅从稳定性考虑,选用高强度钢作为细长压杆意义不大,反而会造成材料的浪费。对于中小柔度杆,其临界力与材料的比例极限、压缩极限有关,这时选用高强度钢会使压杆的临界力有所提高。

思 考 题

10-1 两端固定的细长钢管在常温下安装。如下何种原因会引起钢管失稳:温度升高,温度降低,杆的横截面形状和尺寸变化?

10-2 圆截面细长压杆的材料和杆端约束保持不变,若将其直径缩小一半,则压杆的临界压力为原杆的多少倍?

10-3 两根材料和柔度都相同的压杆,临界应力和临界力是否一定相等?

10-4 在横截面面积等其他条件均相同的条件下,压杆采用以下何种形状的截面稳定性最好:圆形,长方形,正方形,"回"字形?

10-5 采取选用弹性模量 E 值较大材料的措施,能不能提高细长压杆的稳定性?

10-6 理想均匀直杆当轴向压力 $F_P = F_{Pcr}$ 时处于直线平衡状态。当其受到一微小横向干扰力后发生微小弯曲变形。若此时解除干扰力,则压杆的变形状态会发生什么变化?

10-7 一般情况下压杆很容易变弯,造成压杆变弯的主要原因是什么?

10-8 什么是压杆的临界应力总图?塑性材料与脆性材料的临界应力总图有什么不同?

10-9 简述稳定性问题与强度、刚度问题的区别。

10-10 如图10-28所示空间框架由两根材料、尺寸都相同的矩形截面细长杆和两块刚性板固接而成。压杆横截面尺寸的比值 h/b 取何值时最为合理?

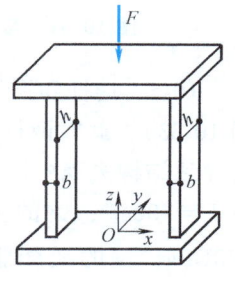

图10-28 思考题10-10图

习 题

10-1 图 10-29 所示为活塞杆，用硅钢制成，其直径 $d=40\text{mm}$，外伸部分的最大长度 $l=1\text{m}$，弹性模量 $E=210\text{GPa}$，$\lambda_\text{p}=100$。试确定活塞杆的临界荷载。

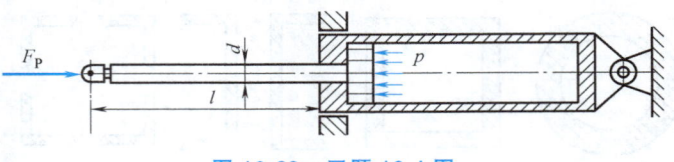

图 10-29 习题 10-1 图

10-2 图 10-30 所示为某型号飞机起落架中承受轴向压力的斜撑杆，两端为铰支约束，杆为空心圆管，外径 $D=52\text{mm}$，内径 $d=44\text{mm}$，杆长 $l=950\text{mm}$。材料的强度极限 $\sigma_\text{b}=1600\text{MPa}$，比例极限 $\sigma_\text{p}=1200\text{MPa}$，弹性模量 $E=210\text{GPa}$。试求该斜撑杆的临界压力。

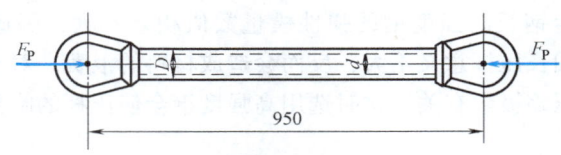

图 10-30 习题 10-2 图

10-3 图 10-31 所示结构中，圆截面杆 CD 的直径 $d=50\text{mm}$，$E=200\text{GPa}$，$\lambda_\text{p}=100$。试确定该结构的临界荷载 F_cr。

10-4 如图 10-32 所示结构，AB 为刚性杆，其他杆均为直径 $d=10\text{mm}$ 的细长圆杆，弹性模量 $E=200\text{GPa}$，屈服极限 $\sigma_\text{s}=360\text{MPa}$，试求此结构的破坏荷载 F 值。

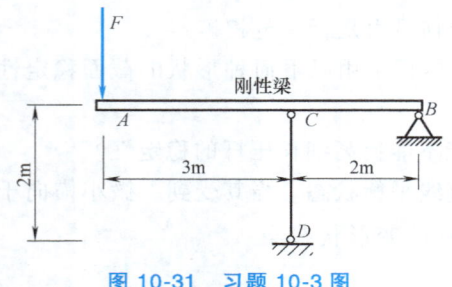

图 10-31 习题 10-3 图 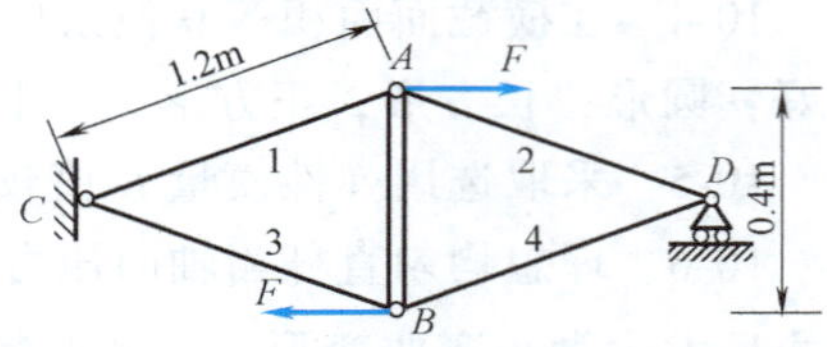　　　　图 10-32 习题 10-4 图

10-5 钢杆和铜杆截面、长度均相同，都是细长杆。将两杆的两端分别用铰链并联（见图 10-33），此时两杆都不受力。试计算当温度升高多少℃时，将会导致结构失稳？已知杆长 $l=2\text{m}$，横截面面积 $A=20\text{cm}^2$，惯性矩 $I_z=40\text{cm}^4$；钢的弹性模量 $E_\text{s}=200\text{GPa}$，铜的弹性模量 $E_\text{c}=100\text{GPa}$，钢的线膨胀系数 $\alpha_\text{s}=12.5\times10^{-6}\text{℃}^{-1}$，铜的线膨胀系数 $\alpha_\text{c}=16.5\times10^{-6}\text{℃}^{-1}$。

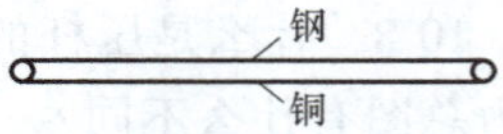

图 10-33 习题 10-5 图

10-6 图 10-34 所示为两端固定的工字钢梁，横截面面积 $A=26.1\text{cm}^2$，惯性矩 $I_z=$

1130cm^4,$I_y = 93.1\text{cm}^4$,长度 $l=6\text{m}$,材料的弹性模量 $E=200\text{GPa}$,比例极限 $\sigma_p = 200\text{MPa}$,屈服极限 $\sigma_s = 240\text{MPa}$,直线公式的系数 $a = 304\text{MPa}$,$b = 1.12\text{MPa}$,线膨胀系数 $\alpha_s = 12.5\times 10^{-6}\text{℃}^{-1}$,当工字钢的温度升高 $\Delta T = 10\text{℃}$ 时,试求其工作安全系数。

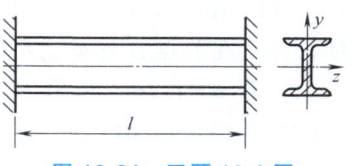

图 10-34 习题 10-6 图

10-7 图 10-35 所示为正方形平面桁架,杆 AB、BC、CD、DA 均为刚性杆。杆 AC、BD 为弹性圆杆,其直径 $d=20\text{m}$,杆长 $l=550\text{m}$;两杆材料也相同,比例极限 $\sigma_p = 200\text{MPa}$,屈服极限 $\sigma_s = 240\text{MPa}$,弹性模量 $E = 200\text{GPa}$,直线公式系数 $a = 304\text{MPa}$,$b=1.12\text{MPa}$,线膨胀系数 $\alpha_s = 12.5\times 10^{-6}\text{℃}^{-1}$,当只有杆 AC 温度升高,其他杆温度均不变时,试求极限的温度改变量 ΔT_{cr}。

10-8 如图 10-36 所示结构,已知三根细长杆的弹性模量 E,杆长 l,横截面面积 A 及线膨胀系数 α_l 均相同。问:当升温 ΔT 为多大时,该结构将失稳?

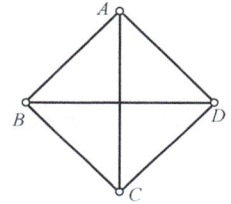

图 10-35 习题 10-7 图

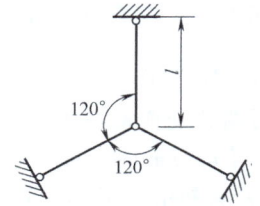

图 10-36 习题 10-8 图

10-9 图 10-37 所示为一端固定、一端自由的细长压杆,全长为 l。为了提高其稳定性,在杆件的长度范围内加一固定约束,杆的两段仍可视为细长压杆,试求约束最合理的位置 x。

10-10 在水平面 ABC 上用同材料的三根杆支持力 F,如图 10-38 所示。A、B、C、D 均为铰链节点。竖直力 F 的作用线恰好通过等边三角形 ABC 的形心 G。已知 $DG=AB=h$。三杆截面均为圆形,直径为 d,材料的弹性模量为 E。适用欧拉公式的临界柔度 $\lambda_p = 90$。已知 $h=20d$,试确定结构承受的最大荷载 $F_{\max}$。

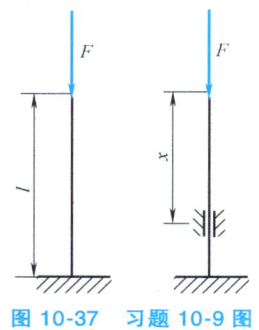

图 10-37 习题 10-9 图

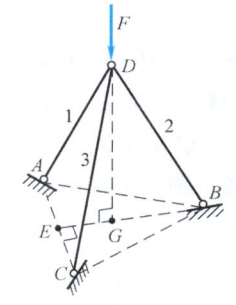

图 10-38 习题 10-10 图

10-11 如图 10-39 所示结构,由圆杆 AB、AC 通过铰链连接而成,若两杆的长度、直径 D 及弹性模量 E 均分别相等,BC 间的距离保持不变,F 为给定的集中力。试按稳定性条件确定用材最省的高度 h 和相应的杆直径 D。(设给定条件已满足大柔度压杆的要求)

10-12 图 10-40 所示为铰接桁架,由竖杆 AB 和斜杆 BC 组成,两杆均为弯曲刚度为 EI 的细长杆,在节点 B 处承受水平力 F 作用。

(1) 设 $a=1.2$m,$b=0.9$m,试确定水平力 F 的最大值(用 π、EI 表示)。

(2) 保持斜杆 BC 的长度不变,确定充分发挥两杆承载能力的 α 角。

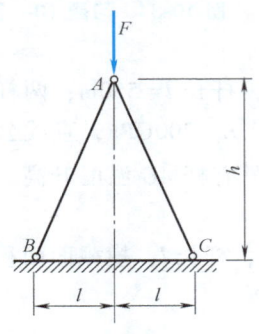

图 10-39 习题 10-11 图

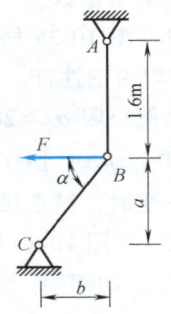

图 10-40 习题 10-12 图

10-13 如图 10-41 所示结构,AB 和 BC 是两端铰支的细长杆,弯曲刚度均为 EI。钢丝绳 BDC 两端分别连接在 B、C 两铰点处,在点 D 悬挂一重力为 P 的重块。试求:

(1) 当 $h=3$m 时,能悬挂的 P 最大值是多少?

(2) h 为何值时悬挂的重力最大?

10-14 桁架 ABC 由两根具有相同截面形状和尺寸以及同样材料的细长杆组成,如图 10-42 所示。试求由 AB、BC 杆的稳定性条件确定使荷载 F 为最大时的 θ 角(设 $0<\theta<\pi$)。

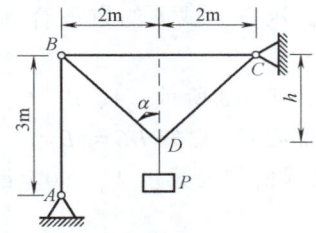

图 10-41 习题 10-13 图

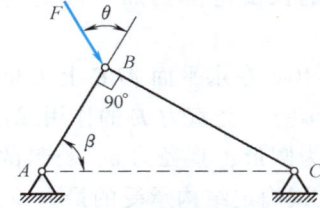

图 10-42 习题 10-14 图

10-15 如图 10-43 所示构架,AB 为刚性杆,F 作用在跨中,AC、BD、BE 均为细长杆,且材料、横截面面积均相同。设弹性模量 E、横截面面积 A、惯性矩 I 和图示尺寸 a 已知,稳定安全系数 $n_{st}=3$,试求许用荷载 [F]。

10-16 图 10-44 所示结构 ABC 为矩形截面杆,$b=60$mm,$h=100$mm,$l=4$m,BD 为圆

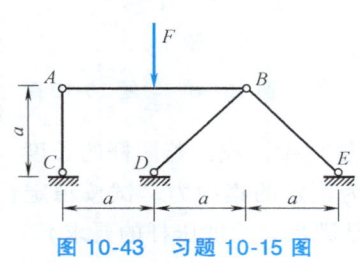

图 10-43 习题 10-15 图

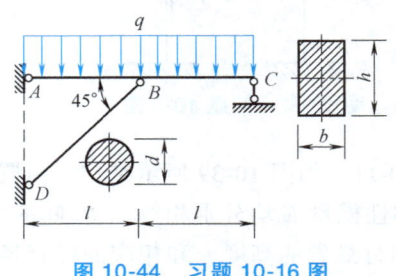

图 10-44 习题 10-16 图

截面杆，直径 $d=60\text{mm}$，两杆材料均为低碳钢，弹性模量 $E=200\text{GPa}$，比例极限 $\sigma_p=200\text{MPa}$，屈服极限 $\sigma_s=240\text{MPa}$，直线经验公式为 $\sigma_{cr}=(304-1.12\lambda)$ MPa，均布荷载 $q=1\text{kN/m}$，稳定安全系数 $n_{st}=3.0$。试校核杆 BD 的稳定性。

10-17 托架横梁 AB 由斜杆 CD 支撑，如图 10-45 所示。杆 CD 由两根 100mm×100mm×10mm 的等边角钢焊成，CD 两端为球铰。角钢的惯性矩 $I_x=179.5\text{cm}^4$，横截面面积 $A=19.26\text{cm}^2$，$z_0=2.84\text{cm}$。材料的比例极限 $\sigma_p=200\text{MPa}$，屈服极限 $\sigma_s=235\text{MPa}$，稳定性直线公式系数 $a=304\text{MPa}$，$b=1.12\text{MPa}$，弹性模量 $E=200\text{GPa}$，稳定安全系数 $n_{st}=3$。试根据杆 CD 求托架的许用荷载 $[F]$。

10-18 图 10-46 所示正方形桁架结构由五根圆钢杆铰接而成，各杆的直径均为 $d=40\text{mm}$，$a=1\text{m}$，材料均为 Q235 钢，$[\sigma]=160\text{MPa}$。试：(1) 求结构的许用荷载 $[F_P]$；(2) 若力 F_P 的方向与图示的相反，问许用荷载是否改变？若有改变，应为多少？

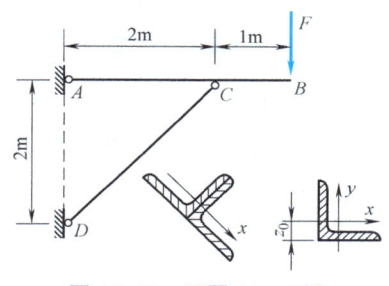

图 10-45 习题 10-17 图

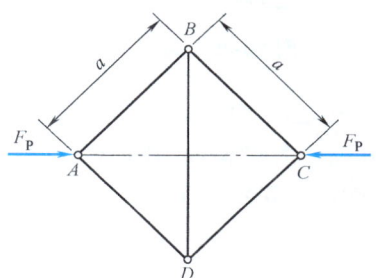

图 10-46 习题 10-18 图

10-19 正方形截面压杆 CD、EF（见图 10-47），材料、截面、尺寸相同，已知：边长为 100mm，许用应力 $[\sigma]=10\text{MPa}$；当 $\lambda\leq80$ 时，$\varphi(\lambda)=1.02-0.55\times[(\lambda+20)/100]^2$；当 $\lambda>80$ 时，$\varphi(\lambda)=3000/\lambda^2$。试求 CD、EF 两杆能同时达到稳定许用应力时 x 与 a 的关系。

10-20 图 10-48 所示桁架由 5 根圆截面杆组成。已知各杆直径均为 $d=30\text{mm}$，$l=1\text{m}$。各杆的弹性模量均为 $E=200\text{GPa}$，$\lambda_p=100$，$\lambda_s=61$，直线经验公式系数 $a=304\text{MPa}$，$b=1.12\text{MPa}$，许用应力 $[\sigma]=160\text{MPa}$，并规定稳定安全系数 $n_{st}=3$，试求此结构的许用荷载 $[F]$。

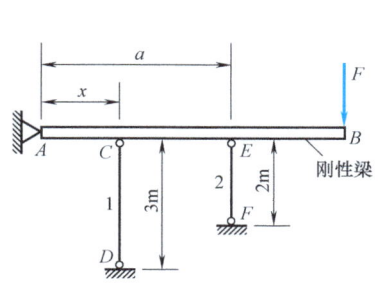

图 10-47 习题 10-19 图

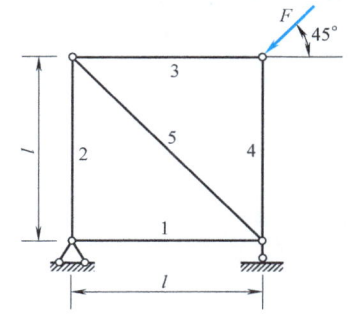

图 10-48 习题 10-20 图

10-21 图 10-49 所示矩形截面杆 AC 与圆形截面杆 CD 均用低碳钢制成，C、D 两处均为球铰，材料的弹性模量 $E=200\text{GPa}$，强度极限 $\sigma_b=400\text{MPa}$，屈服极限 $\sigma_s=240\text{MPa}$，比例极

限 $\sigma_p = 200\text{MPa}$，直线公式系数 $a = 304\text{MPa}$，$b = 1.118\text{MPa}$。$\lambda_p = 100$，$\lambda_s = 61$，强度安全系数 $n = 2.0$，稳定安全系数 $n_{st} = 3.0$，试确定结构的最大许用荷载 $[F]$。

10-22 图 10-50 所示桁架 ABC 由两根材料相同的圆截面杆组成，该桁架在节点 B 处受荷载 F 作用，其方位角 θ 可在 0°与 90°间变化，$0 \leqslant \theta \leqslant \pi/2$。已知杆 1、2 的直径分别为 $d_1 = 20\text{mm}$、$d_2 = 30\text{mm}$，$a = 2\text{m}$，材料的屈服极限 $\sigma_s = 240\text{MPa}$，比例极限 $\sigma_p = 196\text{MPa}$，弹性模量 $E = 200\text{GPa}$，屈服安全系数 $n_s = 2.0$，稳定安全系数 $n_{st} = 2.5$。试计算许用荷载值 $[F]$。

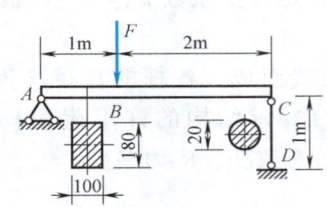

图 10-49 习题 10-21 图

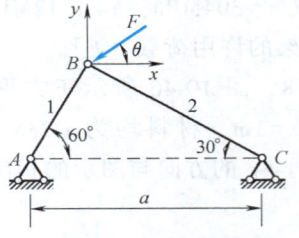

图 10-50 习题 10-22 图

10-23 图 10-51 所示结构中，分布荷载 $q = 20\text{kN/m}$。梁的截面为矩形，$b = 90\text{mm}$，$h = 130\text{mm}$。柱的截面为圆形，直径 $d = 80\text{mm}$。梁和柱的材料均为 Q235 钢，$E = 200\text{GPa}$，$[\sigma] = 160\text{MPa}$，稳定安全系数 $n_{st} = 3.0$，$\lambda_p = 101$。试校核结构是否安全。

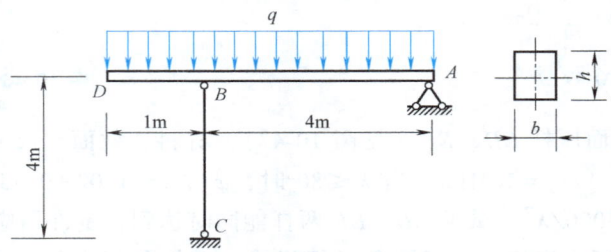

图 10-51 习题 10-23 图

10-24 图 10-52 所示刚性杆 AD 在 A 端铰支；在 B 处与直径 $d_1 = 50\text{mm}$ 的钢圆杆铰接，钢圆杆材料为 Q235 钢，$E_1 = 200\text{GPa}$，$[\sigma]_1 = 160\text{MPa}$；在 C 处与直径 $d_2 = 100\text{mm}$ 的铸铁圆杆铰接，铸铁的 $E_2 = 120\text{GPa}$，$n_{st} = 5.5$，$\lambda_p = 80$。试求结构的许用荷载。

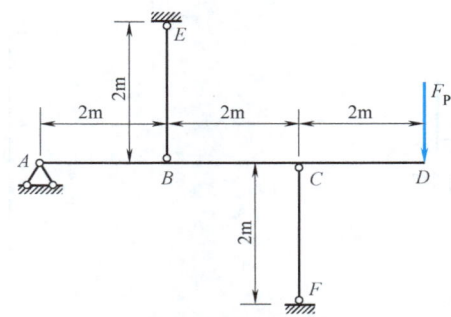

图 10-52 习题 10-24 图

第 11 章 能量法及其应用

> **本章提要**
>
> 固体力学中把与功和能有关的一些定理统称为**能量原理**。应用能量原理求解变形固体的位移、变形和内力等的方法,统称为**能量法**。能量法主要用于杆件结构特别是复杂的杆件结构系统在外力作用下的变形、位移计算以及超静定结构的求解等。本章主要介绍材料力学中常用的能量方法,内容包括应变能的计算、卡氏第二定理和单位荷载法等。

11.1 应变能的计算

弹性体在外力作用下将产生变形,引起力作用点沿力作用方向的位移,外力在弹性体的变形上将做功,同时弹性体由于变形储存了能量。只考虑弹性体在静荷载作用下的问题,静荷载下变形过程中弹性体处于平衡状态,动能和其他能量损耗均不考虑,那么由功能原理可知,外力功将全部转化为变形体内部的能量。这种由于弹性体变形而储存在弹性体内部的能量称为**弹性体的应变能或变形能**。

弹性体的应变能是可逆的,当逐渐解除外力时,弹性体将完全释放出弹性应变能。但如果超出弹性范围,塑性变形将消耗一部分能量。材料力学中一般不考虑塑性变形,这种弹性体称为**完全弹性体**。

下面介绍应变能的计算。

以静荷载方式给某一线弹性体从零逐渐到 F_P 施加荷载,外荷载与弹性体在荷载作用点沿荷载作用方向的位移 Δ 之间的关系可用图 11-1 表示。

某时刻,当 F_P 从零加载到 F_{P1} 时,其相应的位移为 $d\Delta_1$,作用在弹性体上的荷载 F_{P1} 因微小位移 $d\Delta_1$ 而做功 $dW = F_{P1}d\Delta_1$,则整个过程中 F_P 所做的功为

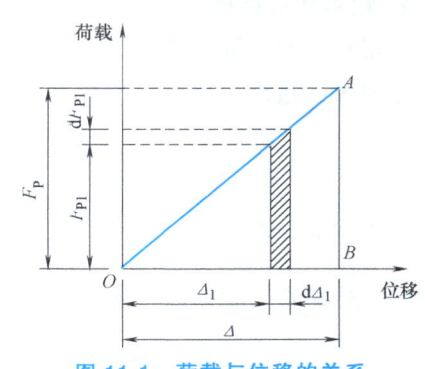

图 11-1　荷载与位移的关系

$$W = \int dW = \int_0^\Delta F_{P1} d\Delta_1 = \int_0^\Delta \frac{F_P}{\Delta}\Delta_1 d\Delta_1 = \frac{1}{2}F_P\Delta \tag{11-1}$$

这也等于线弹性体的应变能，即

$$V_\varepsilon = W = \frac{1}{2}F_P\Delta \tag{11-2}$$

式中　V_ε——弹性体的应变能（N·m）；

W——外力功（N·m）；

F_P——广义力或广义荷载，可以是集中力（N）或集中力偶（N·m）；

Δ——广义位移，可以是线位移（m）或角位移（rad）。

11.1.1　基本变形形式下杆件的应变能

下面介绍各种变形形式下杆件的应变能。

1. 轴向拉压变形杆件

对轴向拉压变形杆件，设其轴力方程为 $F_N(x)$。在杆件上取 dx 微段，微段的受力情况如图 11-2 所示，该微段的应变能等于轴力在微段的轴向变形上做的功，可表示为

$$dV_\varepsilon = \frac{1}{2}F_N(x) d\Delta l \tag{11-3}$$

注意到 $d\Delta l = \dfrac{F_N(x) dx}{EA}$，$EA$ 为拉压刚度，并在杆件的长度上进行积分，得到轴向拉压变形杆件的应变能为

$$V_\varepsilon = \frac{1}{2}\int_l \frac{F_N^2(x)}{EA} dx \tag{11-4}$$

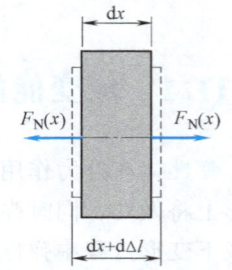

图 11-2　拉伸杆件微段

式中　V_ε——杆件的应变能（N·m）；

$F_N(x)$——杆件的轴力（N）；

EA——拉压刚度（N）。

如果杆件的轴力 F_N 为常数且为等直杆，则其应变能为

$$V_\varepsilon = \frac{F_N^2 l}{2EA} \tag{11-5}$$

2. 扭转变形杆件

对扭转变形圆轴，设其扭矩方程为 $T(x)$。圆轴微段的受力情况如图 11-3 所示，该微段的应变能等于扭矩在微段的相对扭转角上做的功，可表示为

$$dV_\varepsilon = \frac{1}{2}T(x) d\varphi \tag{11-6}$$

注意到 $d\varphi = \dfrac{T(x) dx}{GI_p}$，$GI_p$ 为扭转刚度，并在圆轴的长度上进行积分，得到扭转变形圆轴的应变能为

$$V_\varepsilon = \frac{1}{2}\int_l \frac{T^2(x)}{GI_p} dx \tag{11-7}$$

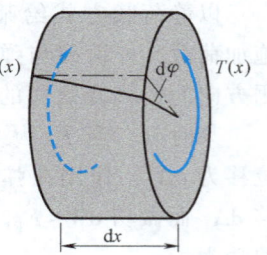

图 11-3　扭转杆件微段

式中　V_ε——杆件的应变能（N·m）；
　　　$T(x)$——杆件的扭矩（N·m）；
　　　GI_p——扭转刚度（N·m²）。

如果杆件的扭矩 T 为常数且为等直圆轴，则其应变能为

$$V_\varepsilon = \frac{T^2 l}{2GI_p} \tag{11-8}$$

3. 平面弯曲变形梁

对平面弯曲变形梁，设其弯矩方程为 $M(x)$。梁微段的受力情况如图 11-4 所示，该微段的应变能等于弯矩在微段的相对转角上做的功，可表示为

$$dV_\varepsilon = \frac{1}{2}M(x)d\theta \tag{11-9}$$

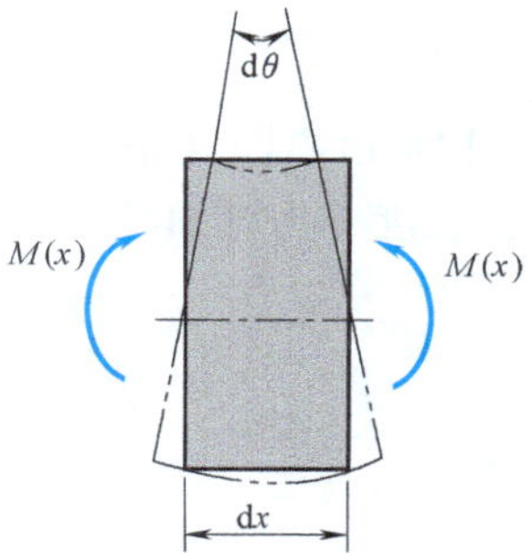

注意到 $d\theta = \dfrac{M(x)dx}{EI}$，$EI$ 为弯曲刚度，在梁的长度上进行积分，得到平面弯曲梁的应变能为

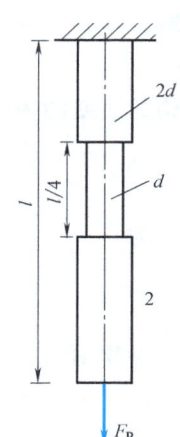

图 11-4　弯曲杆件微段

$$V_\varepsilon = \frac{1}{2}\int_l \frac{M^2(x)}{EI}dx \tag{11-10}$$

式中　V_ε——杆件的应变能（N·m）；
　　　$M(x)$——杆件的弯矩（N·m）；
　　　EI——弯曲刚度（N·m²）。

这里只考虑了弯矩引起的变形能。若要计及剪切变形能，形式如下：

$$V_\varepsilon = \frac{1}{2}\int_l \frac{M^2(x)}{EI}dx + \frac{1}{2}\int_l \frac{kF_S^2(x)}{GA}dx \tag{11-11}$$

式中　k——不同截面修正系数，矩形 $k=6/5$，圆形 $k=10/9$，工字形
　　　　　$k=A/A_1$。

要注意的是对一般实心截面细长梁，在横力弯曲变形中，剪切变形引起的应变能相对于由弯矩引起的应变能来说是很小的，往往可以忽略不计。

【例 11-1】　如图 11-5 所示的圆截面拉杆，弹性模量为 E，受力和尺寸如图，求杆的应变能。

解： 杆可分为两段轴力为常数的等直杆，由式（11-5）得

$$V_\varepsilon = \frac{F_P^2\left(\dfrac{l}{4}\right)}{2EA} + \frac{F_P^2\left(\dfrac{3l}{4}\right)}{2E(4A)} = \frac{7F_P^2 l}{32EA}$$

其中，$A = \dfrac{1}{4}\pi d^2$。

图 11-5　例 11-1 图

【例 11-2】　如图 11-6 所示的悬臂梁，自由端作用一集中力 F_P 和一力偶矩 M_e，EI 为常数，求梁的应变能。

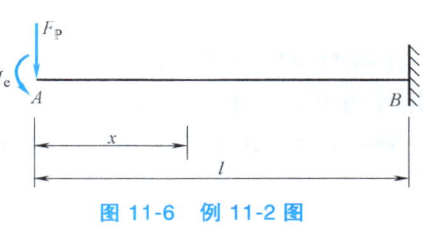

图 11-6　例 11-2 图

解：梁的弯矩方程为
$$M(x) = -(M_e + F_P x)$$

由式（11-10）得应变能

$$V_\varepsilon = \frac{1}{2}\int_l \frac{M^2(x)}{EI}dx = \frac{1}{2}\int_l \frac{[-(M_e+F_P x)]^2}{EI}dx$$

$$= \frac{F_P^2 l^3}{6EI} + \frac{F_P M_e l^2}{2EI} + \frac{M_e^2 l}{2EI}$$

【例11-3】 如图11-7a所示的桁架结构，求 A 点的竖向位移。各杆件的拉压刚度均为 EA，长度 a 为已知。

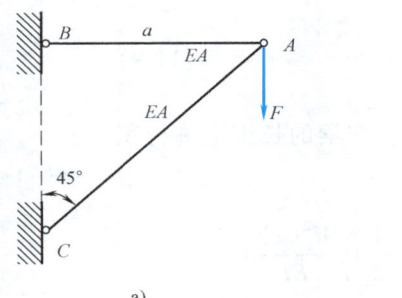
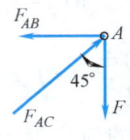

a) b)

图 11-7 例 11-3 图

a）桁架结构　b）节点 A 受力图

解：计算两杆中的轴力，如图11-7b所示，由节点 A 的平衡有

$$F_{AB} = F（拉力），\quad F_{AC} = -\sqrt{2}F（压力）$$

则结构的应变能为

$$V_\varepsilon = \frac{F^2 a}{2EA} + \frac{(-\sqrt{2}F)^2 \sqrt{2} a}{2EA} = \frac{(1+2\sqrt{2})F^2 a}{2EA}$$

外力功为

$$W = \frac{1}{2}F\Delta_A$$

根据 $V_\varepsilon = W$ 有

$$\frac{1}{2}F\Delta_A = \frac{(1+2\sqrt{2})F^2 a}{2EA}$$

则 A 点的竖立向位移为

$$\Delta_A = \frac{(1+2\sqrt{2})Fa}{EA}$$

【例11-4】 如图11-8a所示结构，求 C 点的竖向位移。梁的弯曲刚度为 EI，两杆的拉压刚度均为 EA，长度 l 和 a 为已知。

解：（1）求结构各杆和梁的内力　梁中的弯矩是对称的，只考虑半梁，其弯矩方程为

$$M(x) = \frac{1}{2}Fx \quad \left(0 \leq x \leq \frac{l}{2}\right)$$

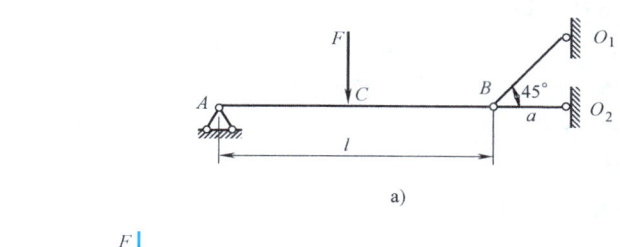
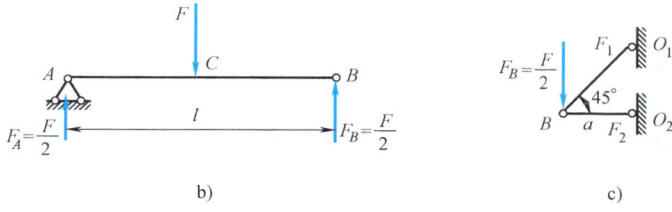

图 11-8 例 11-4 图

a）结构图　b）AB 梁受力图　c）BO_1O_2 受力图

两杆中的轴力，考虑节点 B 的平衡有

$$F_1 = \sqrt{2} F_B = \frac{\sqrt{2} F}{2} (\text{拉})$$

$$F_2 = F_B = \frac{F}{2} (\text{压})$$

（2）求结构的应变能和外力功　结构的应变能为

$$V_\varepsilon = \frac{F_1^2 \sqrt{2} a}{2EA} + \frac{F_2^2 a}{2EA} + 2 \cdot \int_0^{l/2} \frac{M^2(x)}{2EI} dx = \frac{\sqrt{2} F^2 a}{4EA} + \frac{F^2 a}{8EA} + \int_0^{l/2} \frac{F^2 x^2}{4EI} dx$$

$$= (1 + 2\sqrt{2}) \frac{F^2 a}{8EA} + \frac{F^2 l^3}{96EI}$$

结构外力做功为

$$W = \frac{1}{2} F \Delta_C$$

（3）求 C 点的竖向位移　根据 $V_\varepsilon = W$ 有

$$\frac{1}{2} F \Delta_C = (1 + 2\sqrt{2}) \frac{F^2 a}{8EA} + \frac{F^2 l^3}{96EI}$$

$$\Delta_C = (1 + 2\sqrt{2}) \frac{F a}{4EA} + \frac{F l^3}{48EI} (\text{向下})$$

11.1.2　克拉比隆原理

以上是杆件在几种基本变形下的应变能。现在推广到线弹性变形体系的一般情况。如图 11-9 所示的线弹性体，作用有广义力 F_{P1}、F_{P2}、F_{P3} 等，各力作用点产生的相应的广义位移为 Δ_1、Δ_2、Δ_3 等，弹性体因约束限制没有刚性位移。因这些广义力均为缓慢增加，故弹性体的应变能等于这些力所做的功。

又因为应变能与加载顺序无关，选择一种便于计算的加载方式，将 F_{P1}、F_{P2}、F_{P3} 等广

义力按同一比例 α 增加到最终值，即

$$0 \rightarrow \alpha F_{P1}, \alpha F_{P2}, \alpha F_{P3}, \cdots \rightarrow F_{P1}, F_{P2}, F_{P3}, \cdots \quad (11\text{-}12)$$

由于是线弹性体，广义位移也按相同比例增加，即

$$0 \rightarrow \alpha \Delta_1, \alpha \Delta_2, \alpha \Delta_3, \cdots \rightarrow \Delta_1, \Delta_2, \Delta_3, \cdots \quad (11\text{-}13)$$

其中，α 由 0 逐渐增加到 1。

α 增加 dα 时，则位移的相应增量为

$$\Delta_1 d\alpha, \Delta_2 d\alpha, \Delta_3 d\alpha, \cdots \quad (11\text{-}14)$$

对应的广义力为

$$(\alpha+d\alpha)F_{P1}, (\alpha+d\alpha)F_{P2}, (\alpha+d\alpha)F_{P3}, \cdots \quad (11\text{-}15)$$

在以上位移增量上所做的功为（略去高阶微量）

$$dW = (F_{P1}\Delta_1 + F_{P2}\Delta_2 + F_{P3}\Delta_3 + \cdots)\alpha d\alpha \quad (11\text{-}16)$$

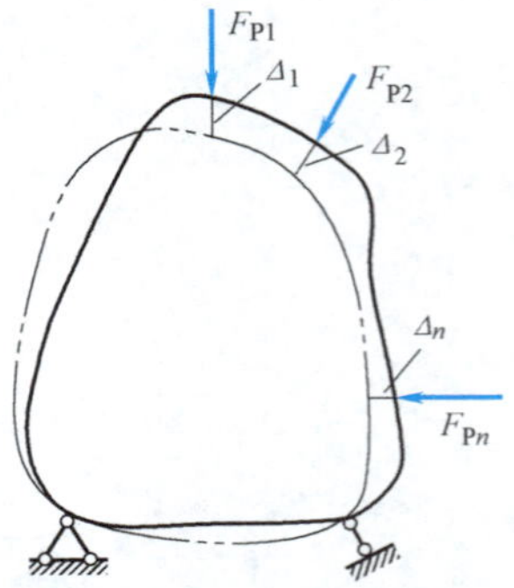

积分得

$$W = \int_0^1 (F_{P1}\Delta_1 + F_{P2}\Delta_2 + F_{P3}\Delta_3 + \cdots)\alpha d\alpha = \frac{1}{2}(F_{P1}\Delta_1 + F_{P2}\Delta_2 + F_{P3}\Delta_3 + \cdots) \quad (11\text{-}17)$$

图 11-9　一般线弹性体

可以证明，线弹性体的应变能等于各广义力与其相应的广义位移乘积之半的总和。这一结论称为<u>克拉比隆原理</u>。

$$V_\varepsilon = W = \sum_i \frac{1}{2} F_{Pi}\Delta_i = \frac{1}{2}(F_{P1}\Delta_1 + F_{P2}\Delta_2 + F_{P3}\Delta_3 + \cdots) \quad (11\text{-}18)$$

11.1.3　组合变形杆件的应变能

现在讨论组合变形杆件的应变能。对于组合变形杆件，其轴力、弯矩及扭矩、剪力方程分别为 $F_N(x)$、$M(x)$、$T(x)$、$F_S(x)$。杆件微段的受力情况如图 11-10 所示。根据克拉比隆原理，可以得到微段上的应变能如下：

$$dV_\varepsilon = dW = \frac{1}{2}F_N(x)d\Delta l + \frac{1}{2}M(x)d\theta + \frac{1}{2}T(x)d\varphi + \frac{1}{2}kF_S(x)d\gamma$$

$$= \frac{F_N^2(x)dx}{2EA} + \frac{M^2(x)dx}{2EI} + \frac{T^2(x)dx}{2GI_p} + \frac{kF_S^2(x)dx}{2GA}$$

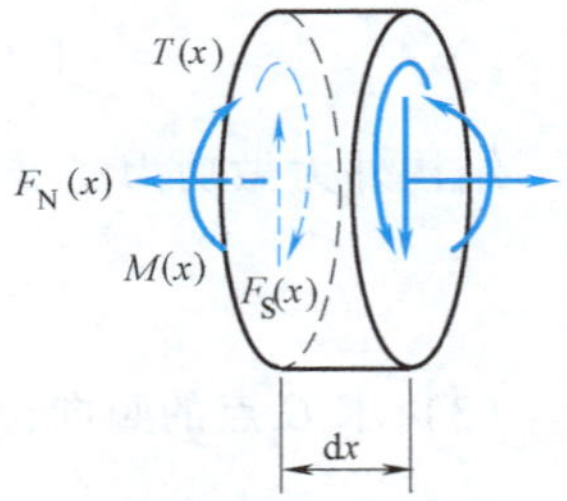

积分可以得到整个杆件的应变能

$$V_\varepsilon = \int_l \frac{F_N^2(x)}{2EA}dx + \int_l \frac{M^2(x)}{2EI}dx + \int_l \frac{T^2(x)}{2GI_p}dx + \int_l \frac{kF_S^2(x)}{2GA}dx \quad (11\text{-}19)$$

图 11-10　组合变形杆件微段

组合变形应变能的叠加形式是由于横截面内力仅在自身产生的变形上做功，其应变能与其他内力引起的变形无关。也就是说，相互独立的广义力引起的变形能可以相互叠加。

这里注意，相对于弯矩和扭矩引起的应变能来说，轴力和剪力引起的应变能往往是很小的，因此，组合变形杆件应变能的计算中往往忽略轴力和剪力的影响。

另外还需要注意，同种内力引起的应变能不能简单叠加。例如图 11-11 所示梁，总弯矩等于 M_1+M_2，但是应变能并不等于 M_1 和 M_2 引起的应变能之和。

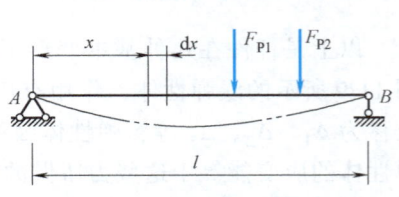

图 11-11　受集中力简支梁

$$V_\varepsilon = \frac{1}{2}\int_l \frac{M^2(x)}{EI}\mathrm{d}x = \frac{1}{2}\int_l \frac{[M_1(x)+M_2(x)]^2}{EI}\mathrm{d}x$$

$$\neq \frac{1}{2}\int_l \frac{M_1(x)^2}{EI}\mathrm{d}x + \frac{1}{2}\int_l \frac{M_2(x)^2}{EI}\mathrm{d}x$$

【例 11-5】 如图 11-12 所示圆截面折杆 ABC。已知杆横截面的极惯性矩 I_p，对中性轴的惯性矩 I_z，材料弹性模量 E 和切变模量 G。求折杆的应变能。

解： 内力方程为

CB 段：$M_1(x) = -\dfrac{qx^2}{2}$

BA 段：$M_2(x) = -qlx$，$T_2(x) = -\dfrac{ql^2}{2}$

由式（11-19）有应变能

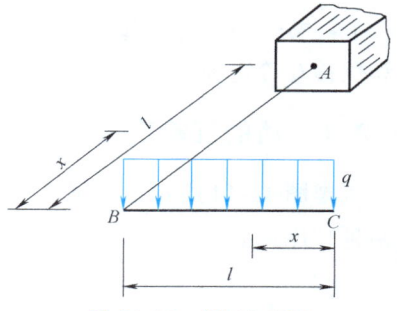

图 11-12 例 11-5 图

$$V_\varepsilon = \int_{CB}\frac{M^2(x)}{2EI}\mathrm{d}x + \int_{BA}\frac{M^2(x)}{2EI}\mathrm{d}x + \int_{BA}\frac{T^2(x)}{2GI_p}\mathrm{d}x$$

$$= \int_0^l \frac{1}{2EI_z}\left(-\frac{qx^2}{2}\right)^2\mathrm{d}x + \int_0^l \frac{1}{2EI_z}(-qlx)^2\mathrm{d}x + \int_0^l \frac{1}{2GI_p}\left(-\frac{ql^2}{2}\right)^2\mathrm{d}x$$

$$= \frac{23q^2l^5}{120EI_z} + \frac{q^2l^5}{8GI_p}$$

下面讨论刚架和曲杆应变能的计算。

刚架和曲杆在外力作用下通常发生组合变形，平面刚架和曲杆（见图 11-13a、b）的内力通常有三种，即轴力、剪力和弯矩；而空间刚架和曲杆（见图 11-13c、d）的内力通常有四种，即轴力、剪力、弯矩和扭矩。

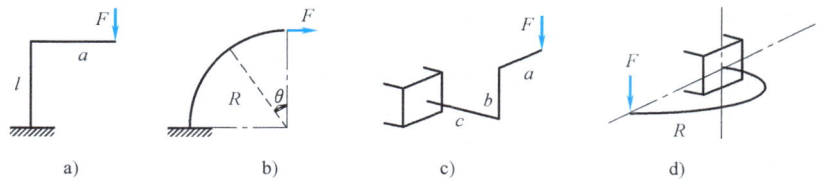

图 11-13 刚架和曲杆
a）平面刚架 b）平面曲杆 c）空间刚架 d）空间曲杆

刚架和曲杆的应变能通常忽略轴力和剪力的影响，只计算弯矩和扭矩所引起的应变能，见式（11-20）和式（11-21）。而具体计算中只需将相应公式中的积分取为分段积分或者沿曲线轴线的积分即可。对于刚架，轴线通常是折线，将其看成一个杆件系统，系统总的应变能等于杆件系统各部分应变能之和。

平面刚架和曲杆的应变能

$$V_\varepsilon = \frac{1}{2}\int_l \frac{M^2(x)}{EI}\mathrm{d}x \tag{11-20}$$

空间刚架和曲杆的应变能

$$V_\varepsilon = \frac{1}{2}\int_l \frac{M^2(x)}{EI}\mathrm{d}x + \frac{1}{2}\int_l \frac{T^2(x)}{GI_\mathrm{p}}\mathrm{d}x \tag{11-21}$$

11.2 互等定理

上一节学习了应变能的计算，对于线弹性体，利用应变能的概念，可以导出功的互等定理和位移互等定理。

11.2.1 功的互等定理

考虑图 11-14 所示悬臂梁，在 1 位置和 2 位置分别作用荷载 F_1 和 F_2，按两种顺序加载。

功的互等定理

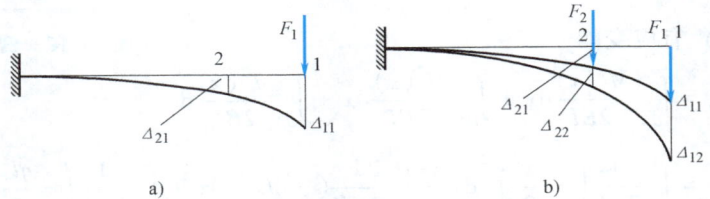

图 11-14　悬臂梁第一种加载顺序
a) F_1 加载　b) F_2 继续加载

先作用 F_1 再作用 F_2，如图 11-14 所示。作用 F_1 后，梁的变形如图 11-14a 所示，F_1 引起 1 位置沿 F_1 方向的位移为 Δ_{11}，同时 F_1 引起 2 位置的位移为 Δ_{21}，此时梁的应变能等于 F_1 所做的功，为 $\frac{1}{2}F_1\Delta_{11}$。然后，对变形后的梁再作用 F_2（见图 11-14b），F_2 引起 2 位置沿 F_2 方向的位移为 Δ_{22}，同时 F_2 引起 1 位置的位移为 Δ_{12}。在此过程中，F_2 所做的功为 $\frac{1}{2}F_2\Delta_{22}$，同时原在结构上的 F_1 在此过程中为常力，在位移 Δ_{12} 上做功 $F_1\Delta_{12}$。因此，结构的应变能为

$$V_{\varepsilon 1} = \frac{1}{2}(F_1\Delta_{11} + F_2\Delta_{22}) + F_1\Delta_{12} \tag{11-22}$$

换一种加载顺序，先作用 F_2 再作用 F_1，如图 11-15 所示。作用 F_2 后，梁的变形如图 11-15a 所示，F_2 引起 2 位置沿 F_2 方向的位移为 Δ_{22} 和 1 位置沿 F_1 方向的位移为 Δ_{12}，此时梁的应变能等于 F_2 所做的功，为 $\frac{1}{2}F_2\Delta_{22}$。然后，对变形后的梁再作用 F_1（见图 11-15b），F_1 引起 1 位置沿 F_1 方向的位移为 Δ_{11}，同时 F_1 引起 2 位置的位移为 Δ_{21}。在此过程中，F_1 所做的功为 $\frac{1}{2}F_1\Delta_{11}$，同时原在结构上的 F_2 作为常力，在位移 Δ_{21} 做功 $F_2\Delta_{21}$。因此，结构的应变能为

$$V_{\varepsilon 2} = \frac{1}{2}(F_2\Delta_{22} + F_1\Delta_{11}) + F_2\Delta_{21} \tag{11-23}$$

这样，得到了两种加载顺序下悬臂梁的应变能，由于应变能与加载顺序无关，所以两式

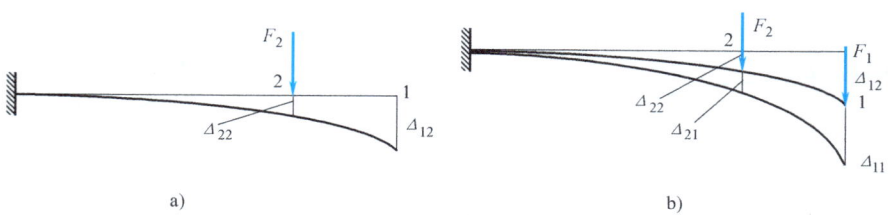

图 11-15 悬臂梁第二种加载顺序
a) F_2 加载 b) F_1 继续加载

相等，化简等式，可以得到：

$$V_{\varepsilon 1} = V_{\varepsilon 2} \tag{11-24}$$

$$F_1 \Delta_{12} = F_2 \Delta_{21} \tag{11-25}$$

式中 F_1——1 位置作用的广义力（N 或 N·m）；

F_2——2 位置作用的广义力（N 或 N·m）；

Δ_{12}——F_2 引起 1 位置的广义位移（m 或 rad）；

Δ_{21}——F_1 引起 2 位置的广义位移（m 或 rad）。

以上结果显然可以推广到一般线弹性体承受任意数量力的情况（见图 11-16），即对于线弹性体，第一组力系在第二组力系引起的位移上所做的功，等于第二组力系在第一组力系引起的位移上所做的功，见式（11-26）。这就是功的互等定理。注意这里为广义力和广义位移。

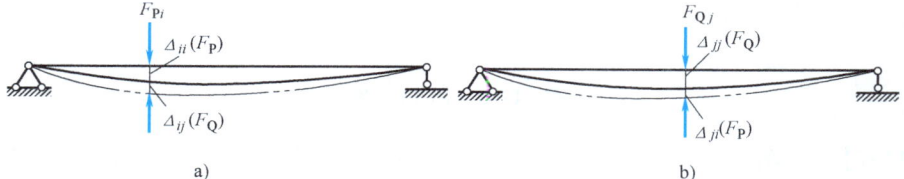

图 11-16 线弹性体
a) 第一组力作用 b) 第二组力作用

$$\sum_{i=1}^{m} F_{Pi} \Delta_{ij} = \sum_{j=1}^{n} F_{Qj} \Delta_{ji} \tag{11-26}$$

11.2.2 位移互等定理

仍考虑前述悬臂梁，当 $F_1 = F_2 = F$ 时（见图 11-17），由功的互等定理式（11-25），可得

$$\Delta_{12} = \Delta_{21} \tag{11-27}$$

式中 Δ_{12}——广义力 F 作用在 2 位置时引起 1 位置的广义位移（m 或 rad）；

Δ_{21}——广义力 F 作用在 1 位置时引起 2 位置的广义位移（m 或 rad）。

推广得到，对于线弹性体，若第一个力和第二个力数值相等，则第一个力引起的在第二个力作用点沿第二个力方向的位移，数值上等于第二个力引起的在第一个力作用点沿第一个力方向的位移。这就是位移互等定理。注意这里为广义力和广义位移。

对于图 11-16 所示线弹性体，若 $F_{Pi} = F_{Qj}$，则

$$\Delta_{ij} = \Delta_{ji} \tag{11-28}$$

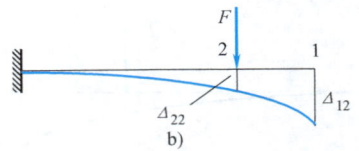

图 11-17 位移互等定理

a) F 作用在 1 位置 b) F 作用在 2 位置

【例 11-6】 如图 11-18a 所示的简支梁,力 F_P 作用在梁中点 C 处时,B 截面的转角 $\theta_B = \dfrac{F_P l^2}{16EI}$,试求在 B 截面作用力偶矩 M_e(见图 11-18b)时,C 点的挠度 w_C。

解:根据功的互等定理,力 F_P 在力偶矩 M_e 在 C 点所产生的挠度(见图 11-18b)上做的功等于力偶矩 M_e 在力 F_P 在 B 处所产生的转角(见图 11-18a)上做的功,即

$$F_P w_C = M_e \theta_B$$

得到

$$w_C = \dfrac{M_e l^2}{16EI} (\downarrow)$$

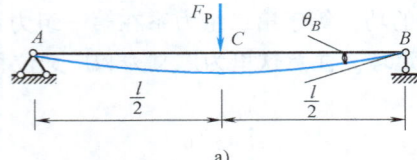
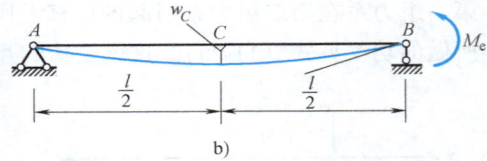

图 11-18 例 11-6 图

【例 11-7】 如图 11-19a 所示的悬臂梁,长为 l,弯曲刚度 EI 已知。力 F 作用在梁端部 B,试求在中点 C 处的挠度 w_C。

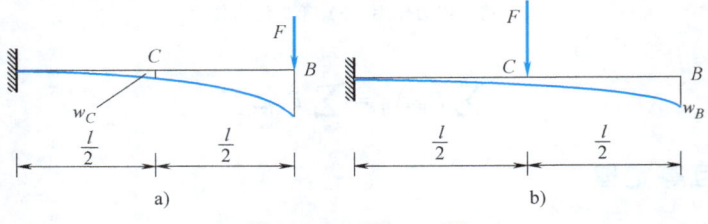

图 11-19 例 11-7 图

解:根据位移互等定理,F 作用在 B 点时引起 w_C(见图 11-19a)与 F 作用在 C 点时引起 w_B(见图 11-19b)相等。

$$w_B = \dfrac{F\left(\dfrac{l}{2}\right)^3}{3EI} + \dfrac{F\left(\dfrac{l}{2}\right)^2}{2EI}\left(\dfrac{l}{2}\right) = \dfrac{5Fl^3}{48EI}$$

所以

$$w_C = \dfrac{5Fl^3}{48EI}$$

11.3 卡氏第二定理

卡氏第二定理

卡氏定理是计算线弹性结构位移的常用能量方法之一。

仍然考虑如图 11-9 所示的线弹性体，作用有第一组广义力 F_{P1}、F_{P2}、F_{P3} 等，各力作用点产生的相应的广义位移为 Δ_1、Δ_2、Δ_3 等，弹性体因约束限制没有刚性位移。根据前面的学习，弹性体的应变能等于这些力所做的功，也就是

$$V_\varepsilon = f(F_{P1}, F_{P2}, F_{P3}, \cdots, F_{Pi}, \cdots) \tag{11-29}$$

V_ε 是广义力 F_{P1}、F_{P2}、F_{P3} 等的函数，记为 f。这时再对弹性体施加一个力，这个力是任一广义力 F_{Pi} 的增量 δF_{Pi}，看作第二组力，这时应变能也有一个增量，即 δV_ε。

最后可以得到弹性体的总应变能

$$V_\varepsilon + \delta V_\varepsilon = V_\varepsilon + \frac{\partial V_\varepsilon}{\partial F_{Pi}} \delta F_{Pi} \tag{11-30}$$

接下来换一种加载顺序，先作用 δF_{Pi}，做功为 $\frac{1}{2}\delta F_{Pi} \delta \Delta_i$，再作用一组力 F_{P1}、F_{P2}、F_{P3}、$\cdots$、F_{Pi} 等，相应位移为 Δ_1、Δ_2、Δ_3、$\cdots$、Δ_i 等。这些力做功不受 δF_{Pi} 影响，仍用函数 f 表示，做功 $W = V_\varepsilon = f(F_{P1}, F_{P2}, F_{P3}, \cdots, F_{Pi}, \cdots)$。这时注意，在作用 F_{P1}、F_{P2}、F_{P3}、$\cdots$、F_{Pi} 等这组力的过程中，F_{Pi} 的方向上发生了位移 Δ_i，而 δF_{Pi} 在此过程中保持在这个方向上作用，所以 δF_{Pi} 完成的功为常力做功 $\delta F_{Pi} \Delta_i$。最后弹性体的总应变能由三部分相加

$$\frac{1}{2}\delta F_{Pi} \delta \Delta_i + V_\varepsilon + \delta F_{Pi} \Delta_i \tag{11-31}$$

这样，得到了两种加载顺序下弹性体的应变能，由于应变能与加载顺序无关，所以两式相等，化简等式，并略去高阶小量，可以得到

$$\Delta_i = \frac{\partial V_\varepsilon}{\partial F_{Pi}} \tag{11-32}$$

式中　V_ε——杆件的应变能（N·m）；

F_{Pi}——任一广义力（N 或 N·m）；

Δ_i——F_{Pi} 作用点沿其方向的位移（m 或 rad）。

式（11-32）表明，将弹性体的应变能 V_ε 表示为广义力 F_{P1}、F_{P2}、F_{P3}、$\cdots$、F_{Pi} 等的函数，则应变能对任一广义力 F_{Pi} 的偏导数，等于 F_{Pi} 作用点沿其方向的位移 Δ_i，这便是卡氏第二定理。

相似地，可以把弹性体的应变能 V_ε 表示为广义位移的函数，则应变能对任一广义位移 Δ_i 的偏导数，等于该位移方向上作用的广义力 F_{Pi}，这是卡氏第一定理。

注意，卡氏第一定理适用于线性和非线性的弹性结构，但卡氏第二定理仅适用于线弹性结构，这里主要讨论卡氏第二定理。

关于卡氏第二定理，需要注意以下几点：

1) V_ε 是整体结构在所有外力作用下的应变能。

2) F_{Pi} 是广义力（力或力偶），相应的位移 Δ_i 为广义位移（线位移或角位移）。

3) F_{Pi} 视为变量，结构的约束力、内力和应变能等都必须表示为 F_{Pi} 的函数。

4) Δ_i 为 F_{Pi} 作用点沿 F_{Pi} 方向的位移。

5) 当结构上没有与 Δ_i 对应的 F_{Pi} 时，先虚加 Δ_i 方向的 F_{Pi}，求偏导后，再令其为零。

下面给出几种常见结构的卡式第二定理表达式。

1. 桁架

桁架由若干轴向拉压杆组成，应变能为各杆应变能之和，如下：

$$V_\varepsilon = \sum_{i=1}^{m} \frac{F_{Ni}^2 l_i}{2EA_i} \tag{11-33}$$

由卡氏第二定理可得

$$\Delta_i = \frac{\partial V_\varepsilon}{\partial F_{Pi}} = \sum_{i=1}^{m} \frac{F_{Ni} l_i}{EA_i} \frac{\partial F_{Ni}}{\partial F_{Pi}} \tag{11-34}$$

2. 直梁

直梁发生平面弯曲变形，仅考虑弯矩引起的应变能，如下：

$$V_\varepsilon = \int_l \frac{M^2(x)}{2EI} dx \tag{11-35}$$

由卡氏第二定理可得

$$\Delta_i = \frac{\partial V_\varepsilon}{\partial F_{Pi}} = \int_l \frac{M(x)}{EI} \frac{\partial M(x)}{\partial F_{Pi}} dx \tag{11-36}$$

3. 组合变形杆件

考虑轴力、弯矩、扭矩引起的应变能，由卡氏第二定理得到 Δ_i 的表达式如下：

$$V_\varepsilon = \int_l \frac{F_N^2(x) dx}{2EA} + \int_l \frac{M^2(x) dx}{2EI} + \int_l \frac{T^2(x) dx}{2GI_p} \tag{11-37}$$

$$\Delta_i = \int_l \frac{F_N(x)}{EA} \frac{\partial F_N(x)}{\partial F_{Pi}} dx + \int_l \frac{M(x)}{EI} \frac{\partial M(x)}{\partial F_{Pi}} dx + \int_l \frac{T(x)}{GI_p} \frac{\partial T(x)}{\partial F_{Pi}} dx \tag{11-38}$$

【例 11-8】 图 11-20 所示为正方形杆系结构，求 A、C 两点的相对位移。已知各杆的拉压刚度 EA 相同。

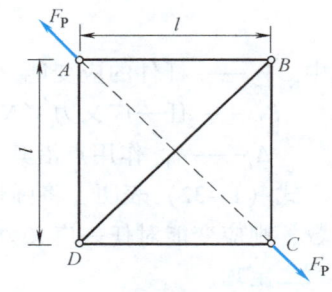

图 11-20 例 11-8 图

解：（1）求各杆轴力

$$F_{NAB} = F_{NBC} = F_{NCD} = F_{NAD} = \frac{\sqrt{2}}{2} F_P$$

$$F_{NBD} = -F_P$$

（2）计算杆系结构的应变能

$$V_\varepsilon = \sum_{i=1}^{5} \frac{F_{Ni}^2 l_i}{2EA_i} = 4 \times \frac{F_{NAB}^2 l}{2EA} + \frac{F_{NBD}^2 \sqrt{2} l}{2EA} = \left(1 + \frac{\sqrt{2}}{2}\right) \frac{F_P^2 l}{EA}$$

（3）由式（11-32）得 A、C 点相对位移

$$\Delta_{AC} = \frac{\partial V_\varepsilon}{\partial F_P} = (2 + \sqrt{2}) \frac{F_P l}{EA} (\searrow)$$

【例 11-9】 如图 11-21a 所示的变截面梁，弯曲刚度分段为常量，试用卡氏第二定理求在荷载 F_P 作用下 B 截面的挠度 w_B。

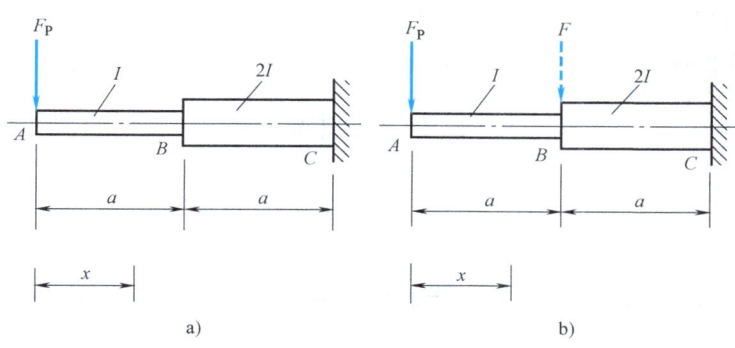

图 11-21 例 11-9 图

解：在 B 点添加一个与所求位移（挠度 w_B）相应的虚设广义力（集中力 F），如图 11-21b 所示。可得 AB、BC 段的弯矩方程分别为

$$M_1(x) = -F_P x$$
$$M_2(x) = -F_P x - F(x-a)$$

计算应变能

$$V_\varepsilon = \int_0^a \frac{M_1^2(x)}{2EI} dx + \int_a^{2a} \frac{M_2^2(x)}{2E(2I)} dx$$

由式（11-32）得 B 截面的挠度

$$w_B = \frac{\partial V_\varepsilon}{\partial F} = 0 + \int_a^{2a} \frac{(F_P x + Fx - Fa)}{2EI}(x-a) dx$$

令 $F=0$，得到

$$w_B = \int_a^{2a} \frac{F_P x}{2EI}(x-a) dx = \frac{5F_P a^3}{12EI}(\downarrow)$$

【**例 11-10**】 如图 11-22 所示平面曲杆，EI 为常量。A 端固定，B 端自由，作用集中力 F_P，求 B 点的竖直位移。

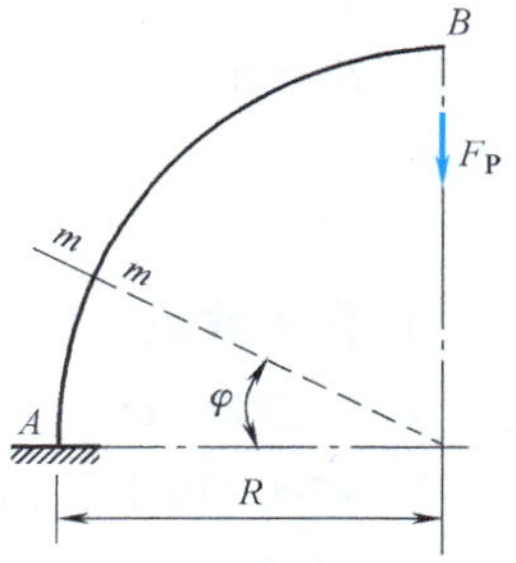

解：前面提到过，平面曲杆的内力有轴力、剪力和弯矩，但通常忽略轴力和剪力的影响。所以只给出弯矩方程

$$M = F_P R \cos\varphi$$

计算应变能

$$V_\varepsilon = \int_s \frac{M^2(s)}{2EI} ds$$

图 11-22 例 11-10 图

由式（11-32）得 B 点的竖直位移

$$\Delta_{By} = \frac{\partial V_\varepsilon}{\partial F_P} = \int_s \frac{M(s)}{EI} \frac{\partial M(s)}{\partial F_P} ds$$

$$= \frac{1}{EI} \int_0^{\pi/2} F_P R\cos\varphi \cdot R\cos\varphi \cdot R d\varphi = \frac{F_P R^3 \pi}{4EI}(\downarrow)$$

【**例 11-11**】 悬臂梁 BC 如图 11-23a 所示，受均布荷载作用，$q = 12\text{kN/m}$，支承如图。

已知 CD 杆截面面积 $A=100\text{mm}^2$，弹性模量 $E_1=70\text{GPa}$，长度 $a=7.5\text{m}$；BC 梁截面惯性矩 $I=20\times10^6\text{mm}^4$，弹性模量 $E_2=200\text{GPa}$，梁长 $l=3\text{m}$。求杆 CD 所受轴力。

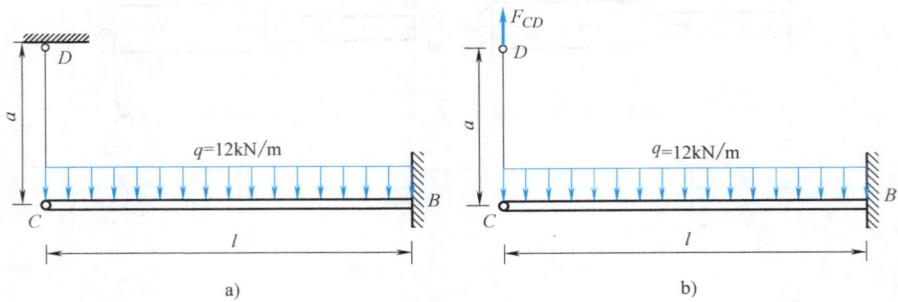

图 11-23 例 11-11 图

解：1）这是一次超静定问题。解除 D 点约束，用未知约束力 F_{CD} 代替，建立基本静定基如图 11-23b 所示。

2）用卡氏第二定理求 D 处位移。

CD 杆的轴力 $\quad F_{NCD}(x)=F_{CD}$

BC 梁的弯矩 $\quad M_{CB}(x)=F_{CD}x-\dfrac{1}{2}qx^2$

由卡氏第二定理有

$$\Delta_D=\int_{CD}\dfrac{F_{NCD}(x)}{E_1A}\dfrac{\partial F_{NCD}(x)}{\partial F_{CD}}\text{d}x+\int_{CB}\dfrac{M_{CB}(x)}{E_2I}\dfrac{\partial M_{CB}(x)}{\partial F_{CD}}\text{d}x$$

$$=\dfrac{1}{E_1A}\int_0^a F_{CD}\text{d}x+\dfrac{1}{E_2I}\int_0^l\left(F_{CD}x-\dfrac{1}{2}qx^2\right)x\text{d}x$$

$$=\dfrac{F_{CD}a}{E_1A}+\dfrac{1}{E_2I}\left(\dfrac{1}{3}F_{CD}l^3-\dfrac{1}{8}ql^4\right)$$

3）D 点的位移协调条件为 $\Delta_D=0$，即

$$\dfrac{F_{CD}a}{E_1A}+\dfrac{1}{E_2I}\left(\dfrac{1}{3}F_{CD}l^3-\dfrac{1}{8}ql^4\right)=0$$

4）代入数值，解得

$$F_{CD}=\dfrac{12000(\text{N/m})\times(3\text{m})^4}{8\times200\times10^9\text{Pa}\times20\times10^{-6}\text{m}^4}\div\left(\dfrac{1}{200\times10^9\text{Pa}\times20\times10^{-6}\text{m}^4}\times\dfrac{1}{3}\times(3\text{m})^3+\dfrac{7.5\text{m}}{70\times10^9\text{Pa}\times100\times10^{-6}\text{m}^2}\right)$$

$$=9.15\text{kN}$$

11.4 单位荷载法

单位荷载法又称莫尔积分法，也是计算线弹性结构位移的常用能量方法。

如图 11-24 所示的简支梁，作用有广义力 F_{P1}、F_{P2} 等，现求 C 点的铅垂位移 Δ。采用两种方法加载。

第一种方法，分两步，第一步在 C 点施加单位力 $F_{PC}=1$（见图 11-25a），弯矩记为 $\overline{M}(x)$，应变能为 $V_{\varepsilon 1}=\int_l \dfrac{\overline{M}^2(x)}{2EI}\mathrm{d}x$；第二步，将 F_{P1}、F_{P2} 等作用于梁上（见图 11-25b），相应弯矩为 $M(x)$，应

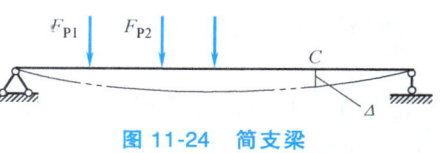

图 11-24　简支梁

变能为 $V_{\varepsilon P}=\int_l \dfrac{M^2(x)}{2EI}\mathrm{d}x$，这时注意，在作用 F_{P1}、F_{P2} 等力的过程中，C 点的单位力的方向上发生了位移 Δ，而单位力在此过程中保持在这个方向上作用，所以单位力做功为常力做功 $1\times\Delta$。最后梁的总应变能由三部分相加

$$V_{\varepsilon}=V_{\varepsilon 1}+V_{\varepsilon P}+1\times\Delta \tag{11-39}$$

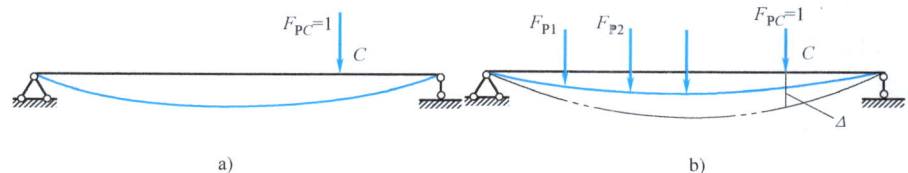

图 11-25　简支梁分步加载
a）单位力作用　b）F_{P1} 等继续作用

接下来换一种加载方法，梁上同时作用 F_{P1}、F_{P2} 等和 C 点单位力 $F_{PC}=1$，这时弯矩为 $M(x)+\overline{M}(x)$，应变能为

$$V_{\varepsilon}=\int_l \dfrac{[M(x)+\overline{M}(x)]^2}{2EI}\mathrm{d}x \tag{11-40}$$

两种加载方法得到的应变能相等，化简等式，可以得到

$$V_{\varepsilon 1}+V_{\varepsilon P}+1\times\Delta=\int_l \dfrac{[M(x)+\overline{M}(x)]^2}{2EI}\mathrm{d}x \tag{11-41}$$

$$\Delta=\int_l \dfrac{M(x)\overline{M}(x)}{EI}\mathrm{d}x \tag{11-42}$$

式中　Δ——所求点的位移（m 或 rad）；

$M(x)$——实际所受外力作用下的弯矩（N·m）；

$\overline{M}(x)$——所求位移点处作用单位荷载下的弯矩（N·m）；

EI——弯曲刚度（N·m²）。

式（11-42）为单位荷载法计算弯曲变形杆件位移的一般表达式，此结果可以推广用于其他基本变形和组合变形杆件的结构位移的计算。于是给出单位荷载法计算组合变形杆件位移的一般表达式，如下：

$$\Delta=\sum_i\int \dfrac{F_{Ni}(x)\overline{F}_{Ni}(x)}{EA_i}\mathrm{d}x+\sum_i\int \dfrac{M_i(x)\overline{M}_i(x)}{EI_i}\mathrm{d}x+\sum_i\int \dfrac{T_i(x)\overline{T}_{Ni}(x)}{GI_{pi}}\mathrm{d}x \tag{11-43}$$

式中　Δ——所求点的位移（m 或 rad）；

F_{Ni}、$M_i(x)$、$T_i(x)$——实际所受外力作用下截面上的轴力、弯矩、扭矩方程（N 或 N·m）；

$\overline{F}_{Ni}(x)$、$\overline{M}_i(x)$、$\overline{T}_{Ni}(x)$——所求位移点处作用单位荷载时截面上的轴力、弯矩、扭矩方程（N 或 N·m）。

应用单位荷载法计算杆件的位移应注意以下几点：

1) 荷载是广义力（力或力偶），与之相应的位移为广义位移（线位移或角位移）。

2) 所加的广义单位荷载必须与广义位移相对应（集中力对应线位移，集中力偶对应角位移）。

3) 外力和单位荷载作用下的内力方程，应采用相同的坐标系和坐标原点；需分段时，应分段积分再求和。

4) 结果为正，则位移与单位荷载方向一致；为负则相反。

5) 如果求结构上两点的相对位移，在两点的相应位移处，施加一对方向相反的广义单位力（力或力偶）。

下面给出应用单位荷载法计算变形杆件位移的简化形式。

1. 桁架

$$\Delta = \sum_i \frac{F_{Ni}\overline{F}_{Ni}l_i}{EA_i} \tag{11-44}$$

2. 梁与刚架（忽略轴向及剪切变形）

$$\Delta = \sum_i \int \frac{M_i(x)\overline{M}_i(x)}{EI_i} dx \tag{11-45}$$

3. 组合结构

$$\Delta = \sum_i \frac{F_{Ni}\overline{F}_{Ni}l_i}{EA_i} + \sum_i \int \frac{M_i(x)\overline{M}_i(x)}{EI_i} dx \tag{11-46}$$

【**例 11-12**】 对于例 11-5 中的圆截面折杆 ABC。已知杆横截面的极惯性矩 I_p，对中性轴的惯性矩 I_z，材料的弹性模量 E 和切变模量 G。用单位荷载法求截面 C 处的铅垂位移。

解： 折杆受力如图 11-26a 所示，在截面 C 处施加单位力 $F_{PC} = 1$，如图 11-26b 所示。在外力和单位力作用下的内力方程分别为

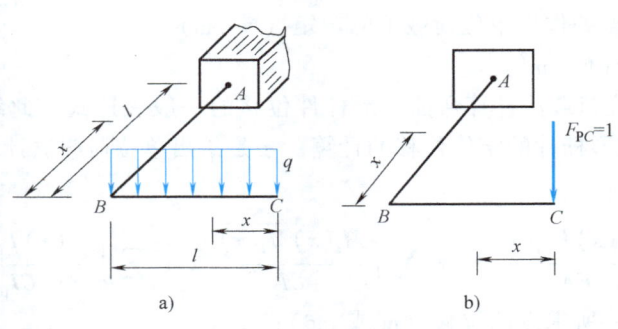

图 11-26 例 11-12 图

CB 段：$M_1(x) = -\dfrac{1}{2}qx^2$， $\overline{M}_1(x) = -x$

BA 段：$M_2(x) = -qlx$， $\overline{M}_2(x) = -x$

$T_2(x) = -\dfrac{1}{2}ql^2$， $\overline{T}_2(x) = -l$

由式（11-43）计算截面 C 处的铅垂位移

$$\Delta_C = \int_0^l \dfrac{M_1(x)\overline{M}_1(x)}{EI_z}dx + \int_0^l \dfrac{M_2(x)\overline{M}_2(x)}{EI_z}dx + \int_0^l \dfrac{T_2(x)\overline{T}_2(x)}{GI_p}dx$$

$$= \int_0^l \dfrac{1}{EI_z}\left(-\dfrac{1}{2}qx^2\right)(-x)dx + \int_0^l \dfrac{1}{EI_z}(-qlx)(-x)dx + \int_0^l \dfrac{1}{GI_p}\left(-\dfrac{1}{2}ql^2\right)(-l)dx$$

$$= \dfrac{11ql^4}{24EI_z} + \dfrac{ql^4}{2GI_p}(\downarrow)$$

【例 11-13】 求图 11-27a 所示刚架 C 点的水平位移和角位移，EI 已知。

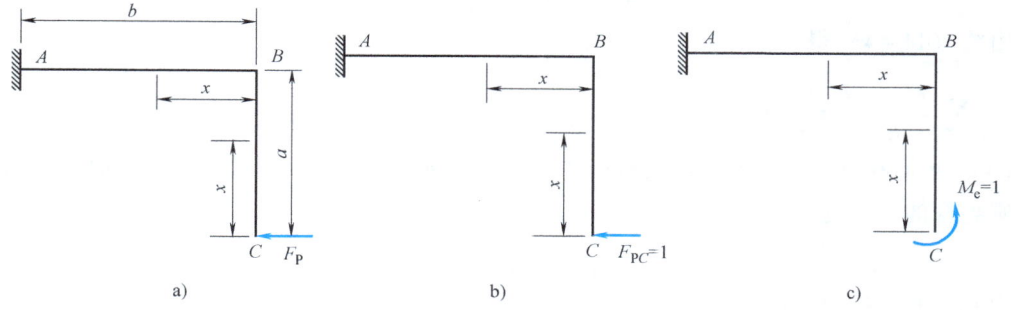

图 11-27 例 11-13 图

解：1）在截面 C 处施加单位力 $F_{PC} = 1$，如图 11-27b 所示。
在外力和单位力作用下的弯矩方程分别为

BC 段：$M_1(x) = -F_P x$， $\overline{M}_1(x) = -x$

BA 段：$M_2(x) = -F_P a$， $\overline{M}_2(x) = -a$

由式（11-45）计算 C 点的水平位移

$$\Delta_{CH} = \int_0^a \dfrac{M_1(x)\overline{M}_1(x)}{EI}dx + \int_0^b \dfrac{M_2(x)\overline{M}_2(x)}{EI}dx = \dfrac{F_P a^2(a+3b)}{3EI}(\leftarrow)$$

2）在截面 C 处施加单位力偶矩 $M_e = 1$，如图 11-27c 所示。
在外力和单位力偶矩作用下的弯矩方程分别为

BC 段：$M_1(x) = -F_P x$， $\overline{M}_1(x) = 1$

BA 段：$M_2(x) = -F_P a$， $\overline{M}_2(x) = 1$

由式（11-45）计算 C 点的角位移

$$\theta_C = \int_0^a \dfrac{M_1(x)\overline{M}_1(x)}{EI}dx + \int_0^b \dfrac{M_2(x)\overline{M}_2(x)}{EI}dx = -\dfrac{F_P a(a+2b)}{2EI}(\curvearrowright)$$

【例 11-14】 如图 11-28a 所示的桁架结构，已知荷载 F 及尺寸 a，各杆的拉压刚度为 EA，求节点 A 的竖向位移和水平位移。

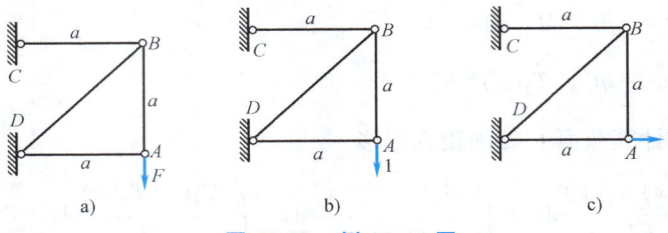

图 11-28　例 11-14 图

解：（1）求外力 F 作用下桁架各杆的轴力　如图 11-28a 所示，各杆的轴力为

$$F_{NAB}=F,\ F_{NBC}=F,\ F_{NBD}=-\sqrt{2}F,\ F_{NAD}=0$$

（2）求 A 点的竖向位移　在原结构的 A 点作用竖直方向的单位集中力，如图 11-28b 所示，则各杆的轴力为

$$\overline{F}_{NAB}=1,\ \overline{F}_{NBC}=1,\ \overline{F}_{NBD}=-\sqrt{2},\ \overline{F}_{NAD}=0$$

由式（11-44）得 A 点的竖向位移为

$$w_A=\sum_i \frac{F_{Ni}\overline{F}_{Ni}l}{EA}=\frac{1}{EA}[Fa+Fa+(-\sqrt{2}F)\times(-\sqrt{2})\times(\sqrt{2}a)]=2(1+\sqrt{2})\frac{Fa}{EA}(\downarrow)$$

（3）求 A 点的水平位移　在原结构的 A 点作用水平方向的单位集中力，如图 11-28c 所示，则各杆的轴力为

$$\overline{F}_{NAB}=0,\ \overline{F}_{NBC}=0,\ \overline{F}_{NBD}=0,\ \overline{F}_{NAD}=1$$

由式（11-44）得 A 点的水平位移为

$$u_A=\sum_i \frac{F_{Ni}\overline{F}_{Ni}l}{EA}=0$$

11.5　图形互乘法

前面介绍了卡氏第二定理和单位荷载法两种求解线弹性结构位移的能量方法，但是在实际运用过程中以上两种方法往往计算比较烦琐。图形互乘法就是用于计算单位荷载法中莫尔积分的一种简化计算方法。

下面以平面弯曲杆件为例说明图形互乘法的基本原理。

在求平面弯曲杆件的位移时，若杆的弯曲刚度 EI 为常数，由式（11-42）可知杆件的位移为

$$\Delta=\int_l \frac{M(x)\overline{M}(x)}{EI}\mathrm{d}x=\frac{1}{EI}\int_l M(x)\overline{M}(x)\mathrm{d}x \tag{11-47}$$

注意到 $\overline{M}(x)$ 是单位荷载引起的弯矩，其图形必为直线，则式（11-47）中的积分可以通过图形互乘的方法得以简化。图 11-29a 所示为某梁段由外力引起的 $M(x)$ 图；图 11-29b 所示为单位荷载引起的 $\overline{M}(x)$ 图，为一条直线。将 $\overline{M}(x)$ 直线延长交基线（x 轴）于 A 点，

$\overline{M}(x)$ 线的延长线与 x 轴的夹角为 α，则 $\overline{M}(x)$ 图中与 x 截面相对应的纵坐标为

$$\overline{M}(x) = x\tan\alpha \tag{11-48}$$

而图 11-29a 中阴影部分的面积为

$$dA = M(x)dx \tag{11-49}$$

将式（11-48）与式（11-49）代入式（11-47），得

$$\Delta = \int_l \frac{M(x)\overline{M}(x)}{EI}dx = \frac{\tan\alpha}{EI}\int_l xM(x)dx = \frac{\tan\alpha}{EI}\int_l xdA \tag{11-50}$$

其中，根据静矩的定义（见附录 A），积分 $\int_a^b xdA$ 是外力作用下 $M(x)$ 图的面积 A 对 M 轴的静矩，记 x_C 是 $M(x)$ 图形的形心 C 的 x 坐标，则 $\int_a^b xdA = Ax_C$，故式（11-50）可以改写为

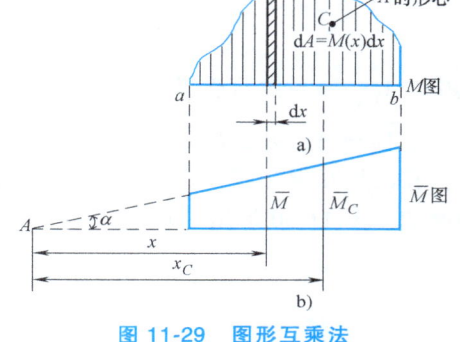

$$\Delta = \frac{\tan\alpha}{EI}\int_l xdA = \frac{Ax_C\tan\alpha}{EI} = \frac{A\overline{M}_C}{EI} \tag{11-51}$$

于是得

$$\Delta = \frac{A\overline{M}_C}{EI} \tag{11-52}$$

图 11-29 图形互乘法

式中 Δ——所求点的位移（m 或 rad）；

A——外力作用下 $M(x)$ 图的面积（m^2）；

EI——弯曲刚度（$N \cdot m^2$）；

$\overline{M}_C$——外力作用下 $M(x)$ 图的形心 C 所对应的单位荷载作用下 $\overline{M}(x)$ 图上的纵坐标（$N \cdot m$），$\overline{M}_C = x_C\tan\alpha$。

式（11-52）就是用图形互乘法求解梁和刚架位移最基本的计算公式。用图形互乘法计算莫尔积分时只需计算外力作用下 $M(x)$ 图的面积 A 以及 $M(x)$ 图的形心 C 所对应的 $\overline{M}(x)$ 图上的纵坐标。显然，这样可以避免单位荷载法求内力函数以及进行积分的烦琐过程。

但需要注意，使用图形互乘法求位移时应注意的以下事项：

1) 各梁段为直杆，其弯曲刚度 EI 为常数。

2) $M(x)$ 图和 $\overline{M}(x)$ 图中至少有一个为直线图形［其中 $\overline{M}(x)$ 图必为直线图形］。

3) 当面积 A 与纵坐标 $\overline{M}_C$ 在基线同侧时，$A\overline{M}_C$ 乘积取正号，反之取负号。

4) 当单位荷载引起的 $\overline{M}(x)$ 图的斜率变化时，图形互乘需分段进行，保证每一段内的斜率必须是相同的，这时式（11-52）变成

$$\Delta = \sum_{i=1}^{n} \frac{A_i\overline{M}_{Ci}}{EI_i} \tag{11-53}$$

式中　n——$\overline{M}(x)$ 图的分段数。特别注意，荷载与单位力作用下的分段及坐标系必须一致。

另外，如果考虑 $M(x)$ 图也为直线的情况，可以求单位荷载弯矩 $\overline{M}(x)$ 图的面积和形心位置，并对应求出荷载弯矩图直线上的弯矩值，然后相乘，即 $\Delta = \dfrac{A\overline{M}_C}{EI}$。

上述以弯曲变形杆件为例得到的图形互乘法的计算方法，可以推广到其他变形杆件的情况。例如轴向拉压杆、等截面或阶梯状直梁杆件系统或者刚架系统，用图形互乘法求解结构上任意一点沿某个方向的广义位移，可表示为如下形式：

$$\Delta = \sum_n \frac{F_N \overline{F}_N l}{EA} + \sum_m \left[\sum_i \frac{A\overline{M}_C}{EI} + \sum_i \frac{A_T \overline{T}_C}{GI_p} \right] \quad (11\text{-}54)$$

式中　A_T——各段荷载扭矩图的面积；

$\overline{T}_C$——荷载扭矩图的形心所对应的单位荷载扭矩图的值。

在图形互乘法应用过程中，常见的内力图往往是矩形、三角形、抛物线形，或几种图形的叠加。图 11-30 给出了几种常见图形的面积和形心位置。

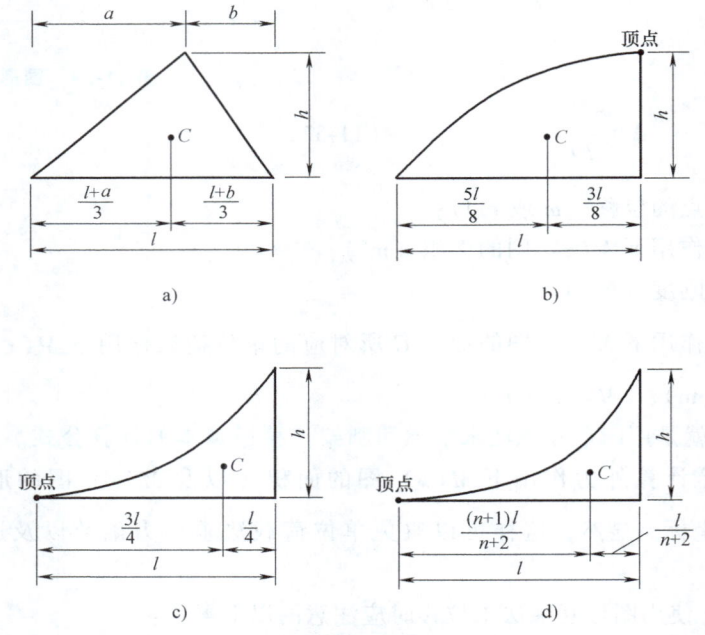

图 11-30　常见图形的面积和形心位置

a) 三角形 $A = \dfrac{lh}{2}$　b) 二次抛物线 $A = \dfrac{2}{3}lh$　c) 二次抛物线 $A = \dfrac{1}{3}lh$　d) n 次抛物线 $A = \dfrac{1}{n+1}lh$

【例 11-15】　集中荷载 F 和均布荷载 q 作用的简支梁 AB 分别如图 11-31a、b 所示，梁长为 l，弯曲刚度为 EI。试用图形互乘法求简支梁 AB 的中点 C 的挠度和 A、B 端的转角。

解：1）如图 11-31a 所示，简支梁在中点 C 受集中力 F 作用。作梁外力作用下的 $M(x)$ 图，如图 11-31c 所示。

为求中点 C 处的挠度，在 C 处作用单位荷载，如图 11-31e 所示，其单位荷载作用下的

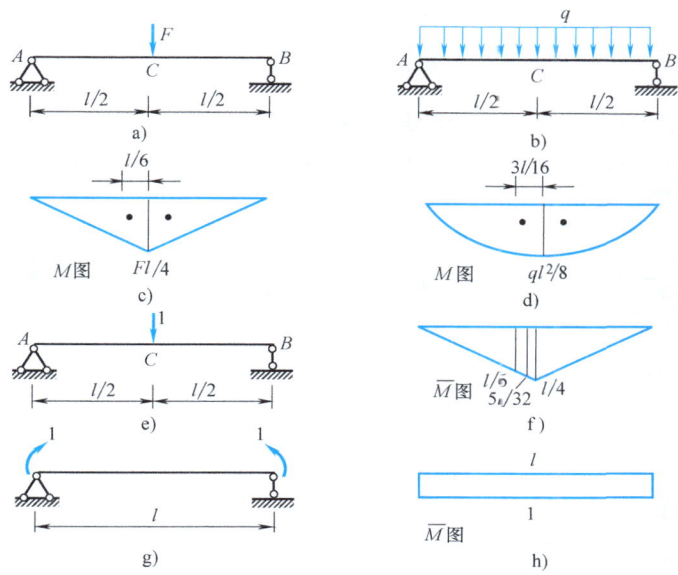

图 11-31 例 11-15 图

$\overline{M}(x)$ 图如图 11-31f 所示。

根据图形互乘法，求得梁中点 C 处的挠度为

$$w_{C1} = \sum \frac{A\overline{M}_C}{EI} = \frac{1}{EI} \times 2 \times \left(\frac{1}{2} \times \frac{l}{2} \times \frac{Fl}{4}\right) \times \left(\frac{2}{3} \times \frac{l}{4}\right) = \frac{Fl^3}{48EI}(\downarrow)$$

由于对称性，梁两端的转角在数值上相等，在梁两端同时施加一对单位力偶，如图 11-31g 所示，其单位荷载作用下的 $\overline{M}(x)$ 图如图 11-31h 所示。

根据图形互乘法，可得梁端的转角满足

$$2\theta_{A1} = 2\theta_{B1} = \sum \frac{A\overline{M}_C}{EI} = \frac{1}{EI} \times 2 \times \left(\frac{1}{2} \times \frac{l}{2} \times \frac{Fl}{4}\right) \times 1 = \frac{Fl^2}{8EI}$$

求得梁端的转角为

$$\theta_{A1} = \theta_{B1} = \frac{Fl^2}{16EI}$$

A 端梁的转角为顺时针，B 端梁的转角为逆时针（与单位力偶的方向一致）。

2) 如图 11-31b 所示，简支梁受均布荷载 q 作用，作外力作用下的 $M(x)$ 图，如图 11-31d 所示。对图 11-31d 所示的 M 图和图 11-31f 所示的 $\overline{M}$ 图，应用图形互乘法，可得梁中点 C 处的挠度为

$$w_{C2} = \sum \frac{A\overline{M}_C}{EI} = \frac{1}{EI} \times 2 \times \left(\frac{2}{3} \times \frac{l}{2} \times \frac{ql^2}{8}\right) \times \left(\frac{5}{8} \times \frac{l}{4}\right) = \frac{5ql^4}{384EI}(\downarrow)$$

与 1) 中的分析类似，对图 11-31d 所示的 M 图和图 11-31h 所示的 $\overline{M}$ 图，应用图形互乘法，可得梁端的转角满足

$$2\theta_{A2} = 2\theta_{B2} = \sum \frac{A\overline{M}_C}{EI} = \frac{1}{EI} \times 2 \times \left(\frac{2}{3} \times \frac{l}{2} \times \frac{ql^2}{8}\right) \times 1 = \frac{ql^3}{12EI}$$

求得梁端的转角为

$$\theta_{A2} = \theta_{B2} = \frac{ql^3}{24EI}$$

A 端梁的转角为顺时针，B 端梁的转角为逆时针（与单位力偶的方向一致）。

【例 11-16】 如图 11-32a 所示的变截面悬臂梁。已知 F_P、a、EI，试利用图形互乘法计算悬臂梁 B 端的挠度。

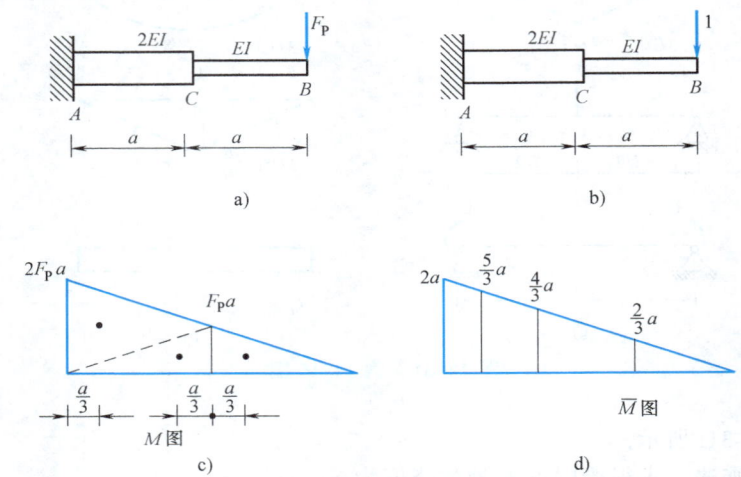

图 11-32 例 11-16 图

解：在悬臂梁 B 端施加单位荷载，如图 11-32b 所示。分别作荷载和单位荷载作用下的弯矩图，如图 11-32c、d 所示。考虑到 AC 与 CB 两段的弯曲刚度不同，需分段应用图乘法计算。AC 段 $M(x)$ 图为一直角梯形，可以将其划分成两个三角形，于是得到

$$w_B = \sum \frac{A\overline{M}_C}{EI} = \frac{1}{EI} \times \frac{1}{2} F_P a \times a \times \frac{2}{3} a + \frac{1}{2EI}\left(\frac{1}{2} F_P a \times a \times \frac{4}{3} a + \frac{1}{2} \times 2F_P a \times a \times \frac{5}{3} a\right)$$

$$= \frac{F_P a^3}{3EI} + \frac{7F_P a^3}{6EI}$$

$$= \frac{3F_P a^3}{2EI}(\downarrow)$$

【例 11-17】 如图 11-33a 所示结构，AB 梁中点 E 受集中力 F_P 作用，已知 F_P、a、EI，求 AB 梁中点 E 的竖直位移（仅考虑弯矩的影响）。

解：用图形互乘法求解。

1）为求 E 点竖直位移，在 E 处加单位力 $F_P = 1$，如图 11-33c 所示。

2）分别作出外力作用下的弯矩 M 图和 $F_P = 1$ 作用下的弯矩 $\overline{M}$ 图，如图 11-33b、d 所示。

3）由图形互乘法，将 M 图与 $\overline{M}$ 图互乘，得

$$\Delta_E = \frac{1}{EI} \times \left(2 \times \frac{1}{2} \times \frac{a}{2} \times \frac{F_P a}{4} \times \frac{2}{3} \times \frac{a}{4} + 2 \times \frac{1}{2} \times a \times \frac{F_P a}{2} \times \frac{2}{3} \times \frac{a}{2}\right) = \frac{Fa^3}{EI}\left(\frac{1}{48} + \frac{1}{6}\right) = \frac{9F_P a^3}{48EI}(\downarrow)$$

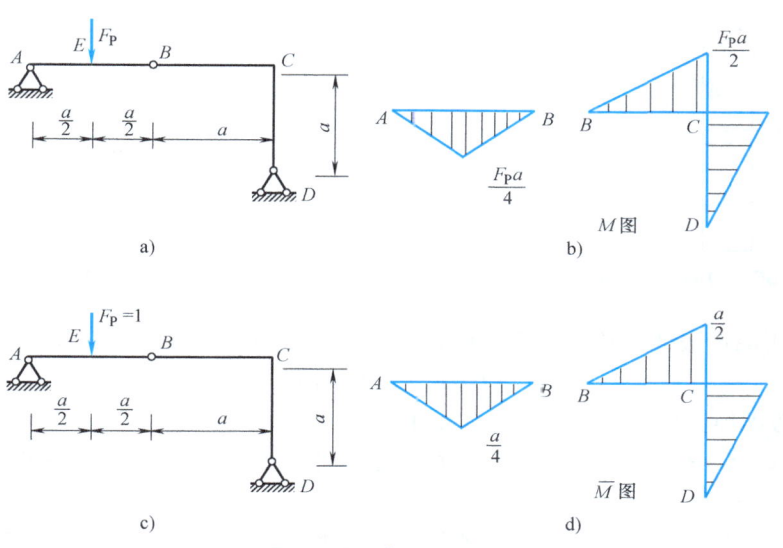

图 11-33 例 11-17 图

思 考 题

11-1 能量法除适用于线弹性体外，还可用于非线弹性体吗？

11-2 当杆件发生小变形，材料在线弹性范围内时，杆件的内力、应力、变形及应变能计算是否均可用叠加原理？

11-3 功的互等定理成立的前提是什么？试说明。

11-4 欲测定图 11-34 所示梁端截面的转角 θ_A，但只有测量挠度的仪器，怎样用改变加载方式的方法达到此目的？

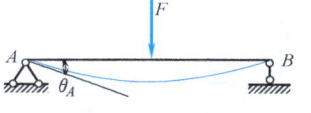

图 11-34 思考题 11-4 图

11-5 用卡氏第二定理求结构的位移有什么局限性？该定理成立的条件是什么？

11-6 图 11-35 所示刚架采用卡氏第二定理求位移，则 $\partial V_\varepsilon / \partial F$ 代表的是 A 点水平位移和铅垂位移的矢量和还是代数和？

11-7 在考虑刚架的位移或转角计算时，若只考虑弯矩和扭矩对刚架应变能的影响，忽略轴力、剪力对应变能的影响，由此计算的结果是偏小还是偏大？

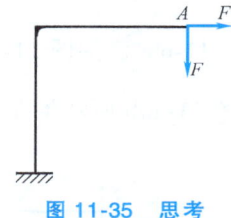

图 11-35 思考题 11-6 图

11-8 单位荷载法的应用条件是什么？

习 题

11-1 已知图 11-36 所示等直杆的截面面积为 A，杆长为 l，材料的弹性模量为 E，重度为 γ，求该杆在自重作用下的应变能。

11-2 直杆的支承及受力如图 11-37 所示，试证明当 $F_1 = 2F/3$ 时，杆中应变能最小，并求出此时的应变能值。

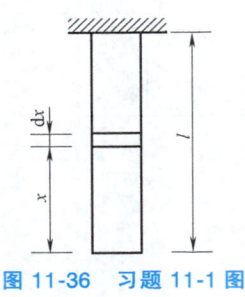

图 11-36　习题 11-1 图

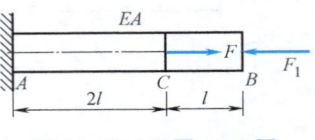

图 11-37　习题 11-2 图

11-3　试用能量法证明各向同性材料的三个参数 E、G、ν 有如下关系：

$$G = E / [2(1+\nu)]$$

（提示：考虑纯剪切应力条件下的单元体）

11-4　刚架 $ACDB$ 在 A、B 两点受一对力 F_P 作用（见图 11-38），所有杆的 EI 相同，求 A、B 两点的相对位移。

11-5　图 11-39 所示桁架，五根杆的拉压刚度均为 EA，B 节点处作用有一竖直力 F_P，求 B 点的竖直位移。

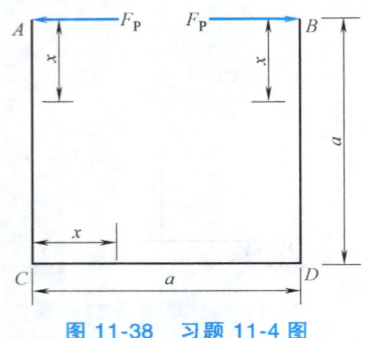

图 11-38　习题 11-4 图

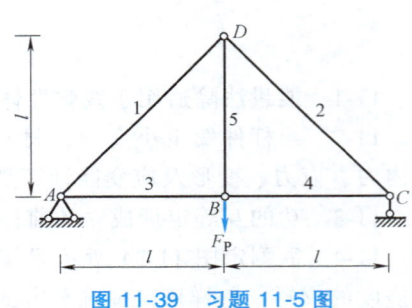

图 11-39　习题 11-5 图

11-6　已知图 11-40a 所示梁在荷载 F_P 作用下 B 截面的转角 $\theta_B = \dfrac{3F_P l^2}{8EI}$，试用互等定理求图 11-40b 所示梁在 M_e 作用下 C 截面的挠度。

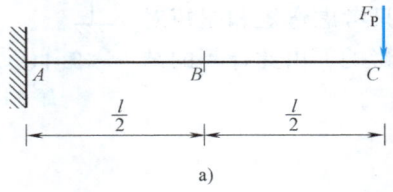
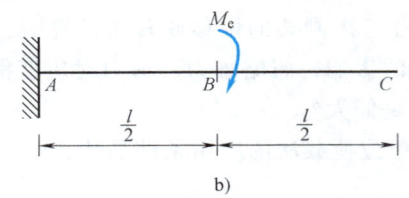

a)　　　　　　　　　　　b)

图 11-40　习题 11-6 图

11-7　一薄壁圆环，厚度为 δ，宽度为 1，平均直径为 D，受力如图 11-41 所示。试根据互等定理求解变形后与受力前圆环所围面积的改变量。

11-8　平面刚架受力如图 11-42 所示，已知 M、a、弯曲刚度 EI，试用卡氏第二定理求截面 A 的水平位移。

11-9　图 11-43 所示刚架各段弯曲刚度均为 EI。不计轴力和剪力的影响。试用卡氏第二

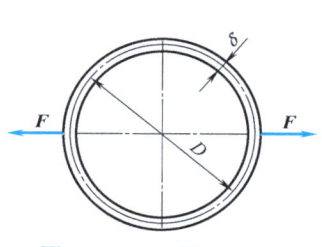

图 11-41 习题 11-7 图

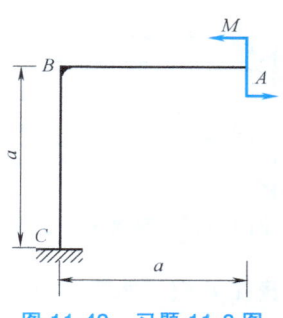

图 11-42 习题 11-8 图

定理求 B 截面的转角。

11-10 如图 11-44 所示结构，AB 梁中点 E 受集中力 F_P 作用，已知 F_P、a、EI。试用卡氏第二定理求 AB 梁中 E 截面的竖直位移（仅考虑弯矩的影响）。

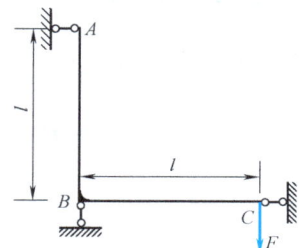

图 11-43 习题 11-9 图

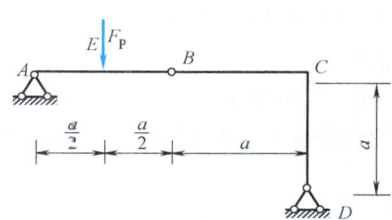

图 11-44 习题 11-10 图

11-11 超静定刚架受力如图 11-45 所示，EI 为常量，试用卡氏第二定理求解刚架的多余约束力，并作出刚架的弯矩图。

11-12 已知梁的 EI 为常量，受力如图 11-46 所示。试用卡氏第二定理或单位荷载法求外伸梁 A 点的挠度。

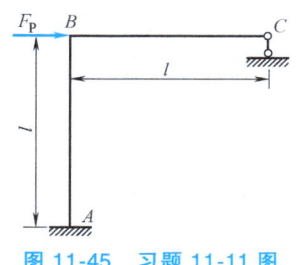

图 11-45 习题 11-11 图

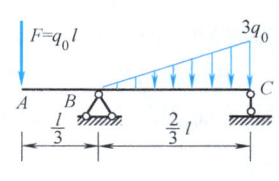

图 11-46 习题 11-12 图

11-13 试用能量法求图 11-47 所示结构 C 点的铅垂位移。已知杆 AC 的弯曲刚度 EI 和 BD 杆的拉压刚度 EA。受弯构件不计剪力和轴力的影响；BD 杆不会失稳。

11-14 试用莫尔积分法求图 11-48 所示曲杆在力 F 作用下，截面 A 的水平位移 Δ_{Ax} 及铅垂位移 Δ_{Ay}。EI 为已知。

11-15 简支梁受均布荷载 q 作用（见图 11-49），弯曲刚度 EI 已知。试用莫尔积分法求横截面 A、C 之间的相对角位移 θ_{AC}。

11-16 图 11-50 所示为由两个半圆组成"S"形的等截面弹簧片，截面的弯曲刚度为

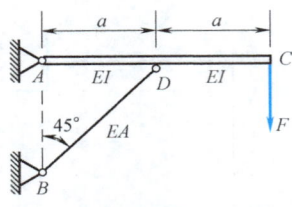

图 11-47　习题 11-13 图

图 11-48　习题 11-14 图

EI。该弹簧在 B 端受水平力 F 作用。试用莫尔积分法求该弹簧的刚度。

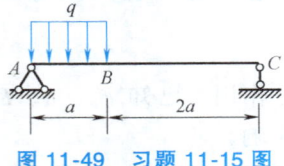

图 11-49　习题 11-15 图

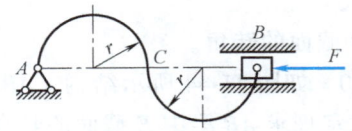

图 11-50　习题 11-16 图

11-17　试用单位荷载法求图 11-51 所示桁架中杆 AB 的转角。各杆的拉压刚度 EA 相同，且均为常数。

11-18　试用单位荷载法计算图 11-52 所示结构中铰链 A 左、右两截面间的相对转角 θ_A。设各杆的弯曲刚度 EI 相同，且均为常数。

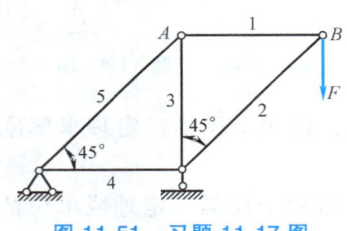

图 11-51　习题 11-17 图

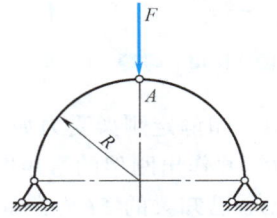

图 11-52　习题 11-18 图

11-19　图 11-53 所示为某缺口圆环，$\Delta\theta$ 为很小的角度，$\Delta\theta$、EI 和 R 均已知。为使缺口处两截面恰好密合，试问在缺口处的两截面上应加多大的力偶 M？必须验证此时两截面的相对线位移为 $R\Delta\theta$。（用莫尔积分法）

11-20　由拉杆 AB、AC 和小曲率杆 BDC 组成的结构及其受力情况如图 11-54 所示。已知各杆的截面面积均为 A，弯曲刚度均为 EI。试用莫尔积分法求 B、C 两点之间的相对位移。

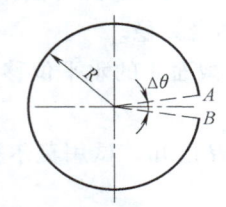

图 11-53　习题 11-19 图

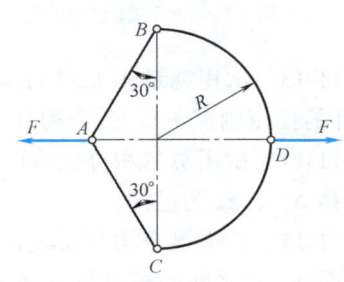

图 11-54　习题 11-20 图

11-21 薄壁圆环的受力如图 11-55 所示。已知该环的宽度 b、厚度 h、弹性模量 E。试用莫尔积分法求缺口两侧面的相对线位移和相对角位移。

11-22 承受径向均布荷载半径为 R 的开口薄壁圆环如图 11-56 所示。已知该环的 b、h、弹性模量 E。用能量法求缺口两侧面的张开位移。

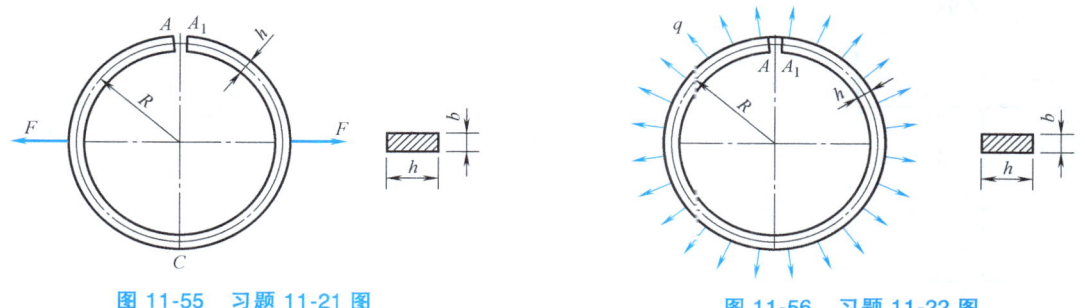

图 11-55 习题 11-21 图   图 11-56 习题 11-22 图

11-23 已知梁的弯曲刚度 EI 为常数。试用能量法求图 11-57 所示简支梁在三角形分布荷载作用下两端截面的转角 θ_A 和 θ_B。

11-24 一半径为 R 的半圆形曲杆，杆截面直径为 d，$d \leqslant R$。此曲杆 A 端固定，在自由端 B 承受一力偶 M_e（M_e 作用面分别平行于 xOz 平面和 yCz 平面，z 轴垂直于图面），如图 11-58 所示。试用莫尔积分法求两种工况条件下 B 点的 z 向位移。设杆的弯曲和扭转刚度分别是 EI 和 GI_p。

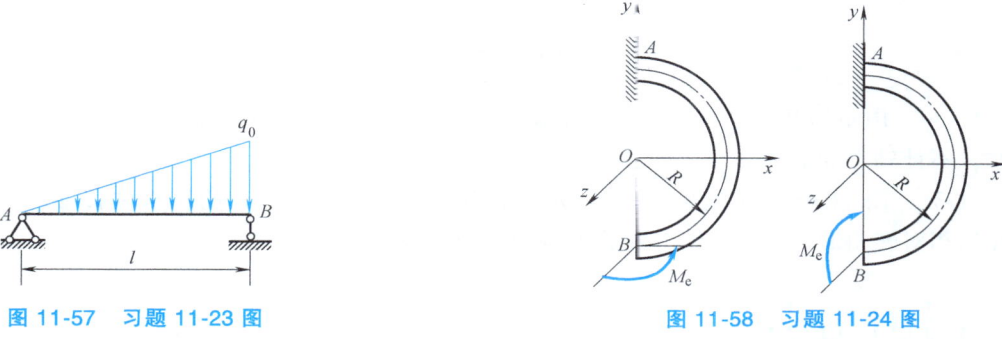

图 11-57 习题 11-23 图   图 11-58 习题 11-24 图

11-25 图 11-59 所示矩形截面梁 AB，设其底面和顶面的温度分别升高 T_1 和 T_2（$T_1 > T_2$），且沿横截面高度 h 按线性规律变化。试用能量法计算横截面 A 的铅垂位移 Δ_{Ay} 和水平位移 Δ_{Ax}。材料的线膨胀系数为 α。

11-26 对于图 11-60 所示线弹性简支梁，试用单位荷载法计算变形后梁的轴线与变形前梁的轴线所围成的面积 A^*。已知 EI 为常数。

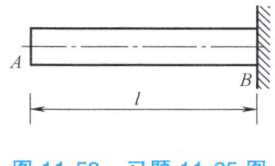 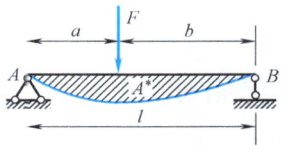

图 11-59 习题 11-25 图   图 11-60 习题 11-26 图

11-27 图 11-61a 所示刚架的各杆 EI 相等,试用图形互乘法求图中 A 截面的竖直位移及 C 截面的转角。图 11-61b 所示刚架的各杆 EI 相等,试用图形互乘法求图中 A 截面的竖直位移。

11-28 用图形互乘法求图 11-62 所示刚架截面 C 的水平位移及转角和截面 D 的水平位移,EI 为常数。

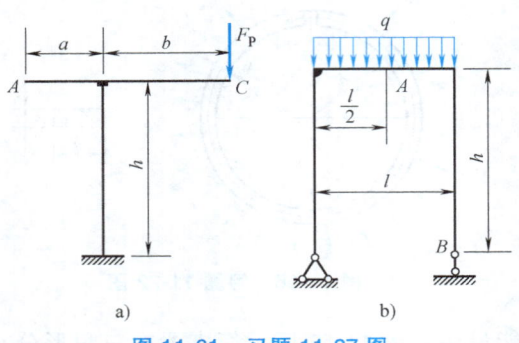
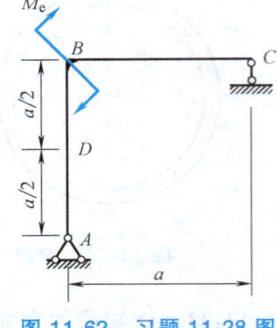

图 11-61 习题 11-27 图   图 11-62 习题 11-28 图

11-29 用图形互乘法求图 11-63 所示梁截面 A 的挠度及截面 B 的转角,EI 为常数。

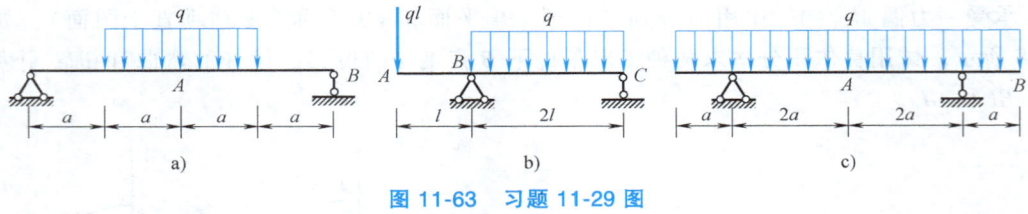

图 11-63 习题 11-29 图

11-30 用图形互乘法求图 11-64 所示刚架铰链 B 处左右两截面的相对转角 $\theta_{BB'}$,EI 为常数,不计轴力和剪力对变形的影响。

11-31 图 11-65 所示刚架 EI 为常数,试用图乘法求铰链 C 处的铅垂位移 w_C 及左右两截面的相对转角 $\theta_{CC'}$,不计轴力和剪力对变形的影响。

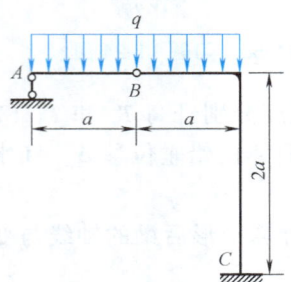
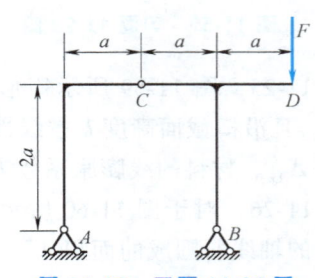

图 11-64 习题 11-30 图   图 11-65 习题 11-31 图

11-32 图 11-66 所示刚架在自由端受集中力 F 作用,AB、BC 的弯曲刚度为 EI。现欲使 C 点位移发生在沿力 F 的方向。试问力 F 应沿什么方向？（用图乘法求解,规定 α 角在 $0<\alpha<\pi/2$ 区间内变化）

11-33 带中间铰链的等直梁 ABC 受力如图 11-67 所示,已知 q、a 及弯曲刚度 EI。试用

能量法求中间铰链 B 左右两侧截面的相对转角和 B 点的铅垂位移。

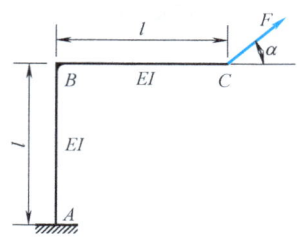

图 11-66 习题 11-32 图

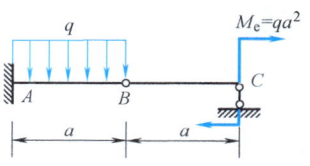

图 11-67 习题 11-33 图

11-34 用图形互乘法求图 11-68 所示刚架 A 截面的转角 θ_A 及 C 处的铅垂位移 Δ_{Cy}，EI 为常数。

11-35 试用能量法求图 11-69 所示刚架 A 处的约束力。已知各杆弯曲刚度相同（忽略剪力和轴力的影响）。

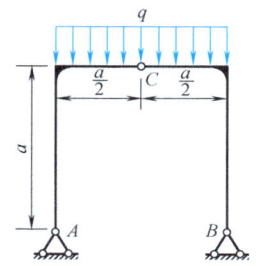

图 11-68 习题 11-34 图

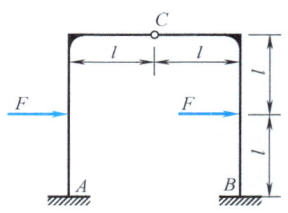

图 11-69 习题 11-35 图

11-36 四根材料、面积均相同的弹性杆，铰接于 O 点，另一端则分别支承在刚性铰接点 A、B、C、D 处，各杆的长度均为 l。试用能量法求在图 11-70 所示荷载作用下各杆的内力。

11-37 刚架各段杆的 EI 相同，受力如图 11-71 所示。用能量法计算 A、E 两点的相对线位移 Δ_{AE}；欲使 A、E 间无相对线位移，试求 F_1 与 F_2 的比值，并试大致画出刚架在 A、E 间无相对线位移情况下的变形曲线。

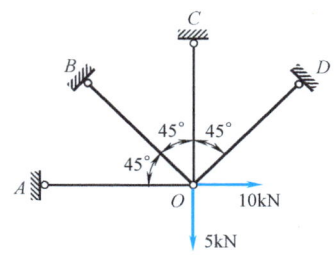

图 11-70 习题 11-36 图

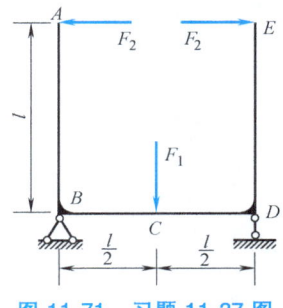

图 11-71 习题 11-37 图

11-38 在形状任意的弹性体上有两点 A、B 相距为 d，如图 11-72 所示。该弹性体的弹性模量为 E，泊松比为 ν。试求：

（1）若在弹性体的表面有集度为 q 的均布压力作用，试求 A、B 两点间距离的变化。

（2）若在 A、B 两点作用一对大小相等、方向相反、作用在一条直线上的集中力 F，试求该弹性体的体积变化。

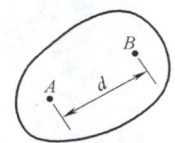

图 11-72　习题 11-38 图

第 12 章 动荷载

本章提要

前面各章研究了构件在静荷载作用下的强度、刚度和稳定性问题，主要包括在静荷载作用下构件的内力、应力及变形计算。本章讨论构件在动荷载作用下的应力和变形的计算。

12.1 动荷载的概念和工程实例

静荷载是指荷载缓慢地从零逐渐增加到最终数值后保持不变。在静荷载作用下，构件内任一点加速度为零，或加速度很小可忽略不计，这时构件处于平衡或做匀速直线运动状态。

而在实际工程中，许多构件是在动荷载作用下工作，如图 12-1 所示。所谓**动荷载**，是指加载过程中构件内部各点的速度发生明显改变，或者构件所受的荷载明显随时间的变化而变化。例如，建筑物受到地震荷载作用，引起剧烈晃动，甚至倒塌；飞行器在飞行过程中，受到鸟等物体的冲击，造成严重的机体变形；高速旋转的部件或加速提升的构件，其内部各

a)

b)

图 12-1 动荷载作用实例
a) 飞行器飞行受到鸟的撞击 b) 打桩需要考虑冲击荷载

c)   d)

图 12-1 动荷载作用实例（续）
c）桥梁结构抗震设计试验　d）起落架受冲击作用

点存在明显的加速度。

　　动荷载作用下构件的应力和变形分别称为动应力和动变形。本章仅讨论做匀加速直线运动或匀角速定轴转动的构件、受冲击荷载作用的构件的动荷载、动应力和动变形计算。

　　动荷载试验表明，静荷载下服从胡克定律的材料，在动荷载下只要动应力不超过比例极限，胡克定律仍然有效，而且弹性模量不变。

■ 12.2　匀加速度运动时的应力和变形计算

　　构件做匀加速运动时的应力和变形计算常采用动静法。达朗贝尔原理指出，对于加速度为 a 的质点，其惯性力的大小等于质点质量 m 与加速度 a 的乘积，方向与 a 相反。质点上的原力系与惯性力组成平衡力系。这样，就可以用动静法把动力学问题在形式上当作静力学问题处理。

匀加速直线运动时构件的应力和变形

12.2.1　匀加速直线运动时构件的应力和变形

　　图 12-2a 所示为一根吊有重物的起重机吊杆，杆与重物一起以匀加速度 a 上升。设杆为均质直杆，杆长为 l，横截面面积为 A，材料密度为 ρ，起吊重力为 P。现在求杆距下端为 x 处的横截面上的动应力。采用截面法，将杆沿 Ⅰ—Ⅰ 截面截开，取下方部分研究，受力分析如图 12-2b 所示。按动静法，除了考虑外加荷载外，还要考虑由于加速度 a 产生的附加惯性力，即以下的作用力在形式上组成平衡力系：

　　Ⅰ—Ⅰ 截面处杆横截面上的轴力为 F_{Nd}；物块上的惯性力 F_g 为 $\dfrac{P}{g}a$；杆的自重由荷载集度 q_{st} 表示，且 $q_{\text{st}}=\rho A g$；杆的惯性力用荷载集度 q_g 表示，且 $q_g=\rho A a$。

　　根据动静法，利用平衡条件 $\sum F_x = 0$，得

$$F_{\text{Nd}} - P - F_g - q_{\text{st}}x - q_g x = 0 \tag{12-1}$$

　　将各量代入式（12-1），有

$$F_{Nd} = (P + \rho g A x)\left(1 + \frac{a}{g}\right) \quad (12\text{-}2)$$

式中，$(P + \rho g A x)$ 一项为杆静止或匀速上升时的内力，可记为 F_{Nst}，则

$$F_{Nd} = F_{Nst}\left(1 + \frac{a}{g}\right) \quad (12\text{-}3)$$

由于构件的匀加速运动，动荷内力 F_{Nd} 等于静荷内力 F_{Nst} 乘以系数 $\left(1+\frac{a}{g}\right)$，系数 $\left(1+\frac{a}{g}\right)$ 称为<u>动荷系数</u>，记为

$$K_d = \left(1 + \frac{a}{g}\right) \quad (12\text{-}4)$$

则式（12-3）可改写为

$$F_{Nd} = K_d F_{Nst} \quad (12\text{-}5)$$

进而可得到动荷载 F_d、动应力 σ_d、动变形 Δ_d 分别为

$$F_d = K_d F_{st} \quad (12\text{-}6)$$
$$\sigma_d = K_d \sigma_{st} \quad (12\text{-}7)$$
$$\Delta_d = K_d \Delta_{st} \quad (12\text{-}8)$$

显然，动应力随截面位置的不同而不同，最大动应力发生在杆上端的横截面上。

$$\sigma_{dmax} = \frac{P + \rho g A l}{A}\left(1 + \frac{a}{g}\right) = K_d \sigma_{stmax} \quad (12\text{-}9)$$

吊杆做匀加速直线运动时的强度条件为

$$\sigma_{dmax} = K_d \sigma_{stmax} \leq [\sigma] \quad (12\text{-}10)$$

式中 $[\sigma]$——静荷载情况下的许用应力（MPa）。

图 12-2 起重机吊杆
a）示意图 b）受力分析图

综上所述可知，解决构件做匀加速直线运动时的动力计算问题关键在于正确分析构件内各点的加速度和相应的附加惯性力，按动静法求出动荷系数 K_d，再将<u>静力计算的结果乘以动荷系数就能得到动荷载作用下的响应</u>。

【例 12-1】 一根长度 $l = 12m$ 的 14 号工字钢，由两根钢缆吊起，并以匀加速度 $a = 15m/s^2$ 向上升，如图 12-3a 所示。已知钢缆的横截面面积 $A = 72mm^2$，工字钢的许用应力 $[\sigma] = 160MPa$，试计算钢缆的动应力，并校核工字钢梁的强度。

解：由附录 B 查得：工字钢每米长度的重力 q_{st} 以及弯曲截面系数 W_z 为

$q_{st} = 165.62 \times 10^{-3} N/mm$，$W_z = 16.1 \times 10^3 mm^3$

计算动荷系数

$$K_d = \left(1 + \frac{a}{g}\right) = 1 + \frac{15m/s^2}{9.8m/s^2} = 2.53$$

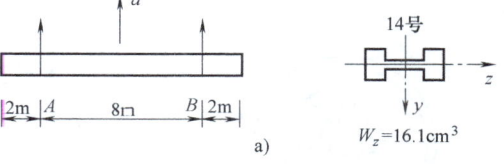

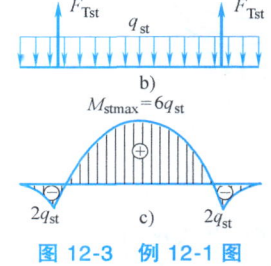

图 12-3 例 12-1 图

工字钢梁在自重（静荷载）作用下的受力如图 12-3b 所示，由钢梁的平衡条件 $\sum F_y = 0$，

解得钢缆所受的静拉力 F_{Nst} 以及静应力 σ_{st} 为

$$F_{Nst} = \frac{q_{st}l}{2} = \frac{1}{2} \times (165.62 \times 10^{-3}\text{N/mm}) \times (12 \times 10^3\text{mm}) = 993.7\text{N}$$

$$\sigma_{st} = \frac{F_{Nst}}{A} = 13.8\text{MPa}$$

故钢缆内的动应力为

$$\sigma_d = K_d \sigma_{st} = 2.53 \times 13.8\text{MPa} = 34.9\text{MPa}$$

绘出工字钢梁在静荷载 q_{st} 作用下的弯矩图如图 12-3c 所示。在跨中截面有最大弯矩

$$M_{stmax} = F_{Nst}\frac{AB}{2} - \frac{1}{2}q_{st}\left(\frac{l}{2}\right)^2$$

$$= 993.7\text{N} \times \left(\frac{1}{2} \times 8 \times 10^3\text{mm}\right) - \frac{1}{2} \times (165.62 \times 10^{-3}\text{N/mm}) \times \left(\frac{1}{2} \times 12 \times 10^3\text{mm}\right)^2$$

$$= 993.7 \times 10^3 \text{N} \cdot \text{mm}$$

在跨中截面上下边缘有最大应力

$$\sigma_{stmax} = \frac{M_{stmax}}{W_z} = \frac{993.7 \times 10^3 \text{N} \cdot \text{mm}}{16.1 \times 10^3 \text{mm}^3} = 61.7\text{MPa}$$

工字梁内最大动应力

$$\sigma_{dmax} = K_d \sigma_{stmax} = 2.53 \times 61.7\text{MPa} = 156.1\text{MPa} < [\sigma]$$

故工字钢梁是安全的。

12.2.2 构件做匀角速转动时的应力计算

旋转构件由于动应力而引起的失效问题在工程中也是很常见的。处理这类问题时,首先是分析构件的运动,确定其加速度,然后应用达朗贝尔原理,在构件上施加惯性力,最后按照静荷载的分析方法,确定构件的内力和应力。现以图 12-4a 所示以等角速度 ω 旋转的飞轮为例,说明动静法的应用。

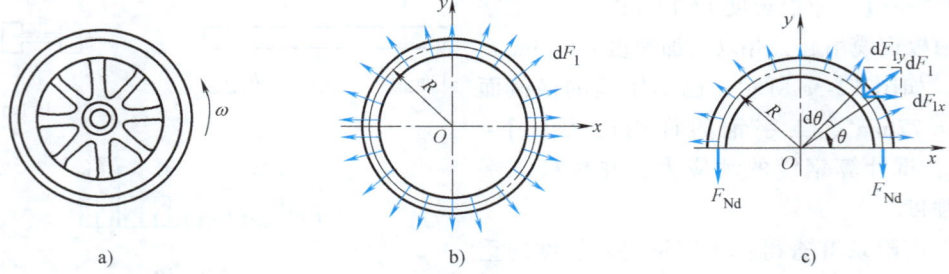

图 12-4 等角速度旋转的飞轮
a) 飞轮示意图 b) 受力分析图 c) 截面法

设图 12-4b 中飞轮的匀角速度为 ω(rad/s),单位体积重力为 γ,轮缘平均直径为 $2R$,轮缘部分的横截面面积为 A(不考虑轮辐的影响,将飞轮简化为平均直径等于 $2R$ 的薄壁圆环)。当此圆环做匀角速度运动时,环内各点的切向加速度为零,只有向心加速度 a_n,可近似认为环内各点的向心加速度大小相同,为

$$a_n = R\omega^2 \tag{12-11}$$

根据动静法，沿平均直径为 $2R$ 的圆周上施加均匀离心惯性力（见图12-4b），可见此惯性力系自身组成一平衡力系。为求圆环上的应力，采用截面法，沿直径将圆环一截为二，研究上半环（见图12-4c），截面内力用 F_{Nd} 表示。

沿圆周方向微弧长 ds 为

$$ds = R d\theta \tag{12-12}$$

圆环微弧段上的质量为

$$dm = \frac{A\gamma}{g} ds = \frac{A\gamma}{g} R d\theta \tag{12-13}$$

于是圆环微段上的惯性力为

$$dF_1 = dm \cdot a_n = dm R\omega^2 = \frac{A\gamma R^2 \omega^2}{g} d\theta \tag{12-14}$$

由平衡方程 $\sum F_y = 0$，有

$$\int_0^\pi dF_{1y} - 2F_{Nd} = 0 \tag{12-15}$$

将 $dF_{1y} = \frac{A\gamma R^2 \omega^2}{g} d\theta \sin\theta$ 代入式（12-15），得

$$F_{Nd} = \frac{1}{2}\int_0^\pi \frac{A\gamma R^2 \omega^2}{g} \sin\theta d\theta = \frac{A\gamma R^2 \omega^2}{g} = \frac{A\gamma}{g} v^2 \tag{12-16}$$

式中，$v = R\omega$ 为飞轮轮缘上任意点的线速度。

当轮缘厚度远小于半径 R 时，圆环横截面上的正应力可视为均匀分布，并用 σ_d 表示。

$$\sigma_d = \frac{F_{Nd}}{A} = \frac{A\gamma v^2}{g} \times \frac{1}{A} = \frac{\gamma v^2}{g} \tag{12-17}$$

其强度条件为

$$\sigma_{d\max} = \frac{\gamma v^2}{g} \leq [\sigma] \tag{12-18}$$

因此有

$$v \leq \sqrt{\frac{g[\sigma]}{\gamma}} \tag{12-19}$$

这一结果表明，为保证飞轮具有足够的强度，起决定作用的量是线速度 v，而非轮缘部分的横截面面积 A。增加轮缘部分的横截面面积，无助于降低飞轮轮缘横截面上的总应力。

【例 12-2】 图 12-5 所示为某重物 $G = 40$ kN，用绳索以匀加速 $a = 5$ m/s² 向上起吊。绳索绕在重力为 $G_1 = 4$ kN，直径 $D = 1.2$ m 鼓轮上，轮的回转半径 $R = 45$ cm，轴的许用应力 $[\sigma] = 100$ MPa。设鼓轮轴的 A、B 两端为径向轴承，试按第三强度理论设计轴的直径 d。

解： 这是弯扭组合变形的动荷载强

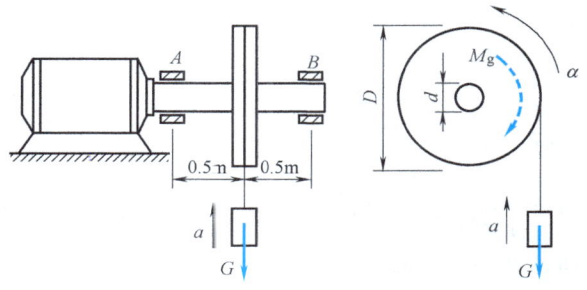

图 12-5 例 12-2 图

度计算问题。

此轮轴除了承受由起吊重物做匀加速直线运动时产生的动弯矩 M_d 和动弯矩 T_{d1} 外，还承受由鼓轮做匀加速转动时的惯性力偶矩产生的动扭矩 T_{d2}。所以，本题应根据动静法确定动弯矩和动扭矩，其余的计算与第 9 章介绍的弯扭组合变形强度计算方法相同。

（1）求吊绳的动拉力 F_{Nd}　由式（12-4）和式（12-5）有

$$F_{Nd} = K_d F_{Nst} = \left(1 + \frac{a}{g}\right)G = \left(1 + \frac{5\mathrm{m/s^2}}{9.8\mathrm{m/s^2}}\right) \times 40\mathrm{kN} = 60.41\mathrm{kN}$$

（2）求由动拉力 F_{Nd} 和鼓轮重 G_1 引起的动弯矩 M_d 和动扭矩 T_{d1}　将动拉力 F_{Nd} 和鼓轮重 G_1 向轴心简化，则轴跨中的动弯矩 M_d 和动扭矩 T_{d1} 分别为

$$M_d = \frac{(F_{Nd} + G_1)l}{4} = \frac{(60.41\mathrm{kN} + 4\mathrm{kN}) \times 1\mathrm{m}}{4} = 16.1\mathrm{kN \cdot m}$$

$$T_{d1} = F_{Nd}\frac{D}{2} = 60.41\mathrm{kN} \times \frac{1.2\mathrm{m}}{2} = 36.25\mathrm{kN \cdot m}$$

（3）求鼓轮对轴产生的惯性力偶矩引起的动弯矩 T_{d2}　由动力学原理可知，若不计轴的质量，鼓轮对轴产生的惯性力偶矩的大小为

$$M_g = I\alpha$$

其中，I 为鼓轮的转动质量

$$I = mR^2 = \frac{G_1}{g}R^2$$

α 为鼓轮的角加速度

$$\alpha = \frac{2a}{D} = \frac{2 \times 5\mathrm{m \cdot s^{-2}}}{1.2\mathrm{m}} = 8.333\mathrm{s^{-2}}$$

由鼓轮对轴产生的惯性力偶矩引起轴跨中的动扭矩 T_{d2} 则为

$$T_{d2} = M_g = \frac{G_1}{g}R^2\alpha = \frac{4 \times 10^3\mathrm{N}}{9.8\mathrm{m \cdot s^{-2}}} \times 0.45\mathrm{m^2} \times 8.333\mathrm{s^{-2}} = 0.6887\mathrm{kN \cdot m}$$

（4）求轴跨中截面的总动扭矩

$$T_d = T_{d1} + T_{d2} = 36.25\mathrm{kN \cdot m} + 0.6887\mathrm{kN \cdot m} = 36.94\mathrm{kN \cdot m}$$

（5）按第三强度理论设计轴径　轴的跨中截面是危险截面，按第三强度理论的强度条件得

$$\sigma_{r3} = \frac{1}{W_z}\sqrt{M_d^2 + T_d^2} \leqslant [\sigma]$$

其中

$$W_z = \frac{\pi d^3}{32}$$

因此有

$$d \geqslant \sqrt[3]{\frac{32}{\pi[\sigma]}\sqrt{M_d^2 + T_d^2}} = \sqrt[3]{\frac{32}{\pi \times 100\mathrm{MPa}}\sqrt{[(16.1\mathrm{N \cdot m})^2 + (36.94\mathrm{N \cdot m})^2] \times 10^6}} = 160.1\mathrm{mm}$$

取轴径 $d = 160\mathrm{mm}$。

【例 12-3】　在 AB 轴的 B 端有一个质量很大的飞轮，如图 12-6 所示。与飞轮相比，轴的质

量可以忽略不计。轴的另一端 A 装有制动离合器。飞轮的转速 $n=100\text{r/min}$，$I_x=0.5\text{kN}\cdot\text{m}\cdot\text{s}^2$。轴的直径 $d=100\text{mm}$。制动时使轴在 10s 内均匀减速停止转动。求轴内最大动应力。

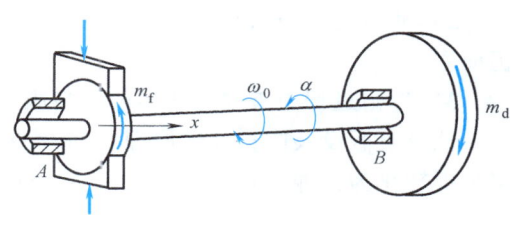

图12-6 例12-3图

解：飞轮与轴的转动角速度为

$$\omega_0=\frac{2n\pi}{60}=\frac{\pi\times 100}{30}\text{rad/s}=\frac{10\pi}{3}\text{rad/s}$$

当飞轮与轴同时做均匀减速时，其角加速度为

$$\alpha=\frac{\omega_1-\omega_0}{t}=\frac{0\text{rad/s}-\frac{10\pi}{3}\text{rad/s}}{10\text{s}}=-\frac{\pi}{3}\text{rad/s}^2$$

等号右边的负号只是表示 α 与 ω_0 的方向相反，如图12-6所示。按动静法，在飞轮上加上方向与 α 相反的惯性力偶矩 m_d，且

$$m_\text{d}=I_x\alpha=-0.5\text{kN}\cdot\text{m}\cdot\text{s}^2\times\left(-\frac{\pi}{3}\right)\text{rad/s}^2=\frac{0.5\pi}{3}\text{kN}\cdot\text{m}$$

设作用于轴上的摩擦力矩为

$$m_\text{f}=m_\text{d}=\frac{0.5\pi}{3}\text{kN}\cdot\text{m}$$

AB 轴由于摩擦力矩 m_f 和惯性力偶矩 m_d 引起扭转变形，横截面上的扭矩为

$$T=m_\text{d}=\frac{0.5\pi}{3}\text{kN}\cdot\text{m}$$

横截面上的最大扭转剪应力为

$$\tau_\text{max}=\frac{T}{W}=\frac{\frac{0.5\pi}{3}\times 10^3\text{N}\cdot\text{m}}{\frac{\pi}{16}(100\times 10^{-3}\text{m})^3}=2.67\times 10^6\text{Pa}=2.67\text{MPa}$$

■ 12.3 受冲击荷载时的应力和变形计算

当具有一定速度的物体作用于静止的构件上时，物体的速度在极短时间内发生急剧的变化。由于物体的惯性，使物体受到很大的作用力，这种现象称为冲击。例如气锤锻造、落锤打桩、金属的冲击加工等。运动物体称为冲击物，静止物体称为被冲击物。在冲击过程中，冲击物将很大的力施加于被冲击的构件上，这种力称为冲击力或冲击荷载。

冲击问题的特点是结构受外力作用的时间极短，加速度变化剧烈，其加速度值难以精确计算，加上物体接触变形等因素影响，因此使用动静法计算冲击应力十分困难，工程上通常采用机械能守恒定律进行简化计算，求得冲击时构件内最大应力和最大变形。这种简化计算基于以下假设：

1) 冲击物为刚体，被冲击物为不计质量的变形体；从开始冲击到冲击产生最大位移时，冲击物与被冲击物一起运动，而不发生回弹。

2) 冲击过程中只有动能、势能和变形能间的转换，无其他能量损耗，机械能守恒定律仍成立。

3) 冲击过程中被冲击物体的材料服从胡克定律，即其力学性能是线弹性的。

从以上假设及能量守恒原理可知，冲击物在冲击过程中所减少的动能 T 和势能 V 之和将全部转化为被冲击物的弹性应变能，即

$$T+V=V_\varepsilon \tag{12-20}$$

显然，不计能量损耗的应变能大于实际的应变能，所以由此方法得出的计算结果是偏于保守的。

12.3.1 机械能守恒定律的应用

现在以图 12-7 所示简支梁受自由落体冲击为例，说明应用机械能守恒定律计算冲击荷载的简化方法。

设图中冲击物的重力为 G，到梁顶面的高度为 h；冲击结束时，梁受到了冲击荷载 F_d 作用且冲击点处产生相应的冲击变形 Δ_d，此时两者均达到了最大值。

从图 12-7 中可知，冲击物所减少的势能为

$$V=G(h+\Delta_d) \tag{12-21}$$

冲击物的初速度和终速度均为零，所以其动能的变化为

$$T=0 \tag{12-22}$$

而被冲击物所增加的应变能，可通过冲击荷载 F_d 对位移 Δ_d 所做的功 W 计算。由于冲击过程中 F_d 和 Δ_d 均由零开始增加到最终值，且材料服从胡克定律，于是有

$$V_\varepsilon = W = \frac{1}{2}F_d\Delta_d \tag{12-23}$$

由前面的假设可知，在线弹性范围内，冲击荷载与变形间的比值和静荷载时的数值相同。设静荷载 G 作用在被冲击构件上冲击点处的相应静变形为 Δ_{st}，构件内某点处的静应力为 σ_{st}。在冲击荷载 F_d 作用下相应的动变形和动应力分别为 Δ_d 和 σ_d，则有

$$\frac{F_d}{G}=\frac{\Delta_d}{\Delta_{st}}=\frac{\sigma_d}{\sigma_{st}} \text{ 或 } \frac{F_d}{\Delta_d}=\frac{G}{\Delta_{st}} \tag{12-24}$$

将式（12-21）~式（12-23）代入式（12-20）消去 Δ_d，得

$$F_d^2 \Delta_{st} - 2G\Delta_{st}F_d - 2G^2 h = 0 \tag{12-25}$$

解得

$$F_d = G \pm G\sqrt{1+\frac{2h}{\Delta_{st}}} = \left(1 \pm \sqrt{1+\frac{2h}{\Delta_{st}}}\right)G \tag{12-26}$$

为求得 F_d 的最大值，式（12-26）中的根号前应取正号，即

$$F_d = \left(1+\sqrt{1+\frac{2h}{\Delta_{st}}}\right)G \tag{12-27}$$

将式（12-27）右端的括号记为

$$K_d = 1+\sqrt{1+\frac{2h}{\Delta_{st}}} \tag{12-28}$$

式中，K_d 称为自由落体冲击时的动荷系数，于是，式（12-27）可改写为

$$F_d = K_d G \qquad (12\text{-}29)$$

求得冲击动荷系数后，则冲击应力（动应力）σ_d 和动变形 Δ_d 可分别表达为

$$\sigma_d = K_d \sigma_{st} \qquad (12\text{-}30)$$

$$\Delta_d = K_d \Delta_{st} \qquad (12\text{-}31)$$

受冲击荷载的动荷系数

下面就几种常见的冲击形式，讨论受冲击荷载时的应力和变形计算。

1. 自由落体冲击

式（12-28）即为自由落体冲击问题动荷系数计算公式。式中 h 为冲击物距被冲击物的高度；Δ_{st} 为冲击物作为静荷载作用在冲击方向时，引起的被冲击物在冲击点处沿冲击方向的位移。计算出 K_d 后，可由式（12-29）~式（12-31）计算其他所需的量。

【例 12-4】 图 12-8 所示为某圆形木柱，下端固定，上端自由。在离柱顶 h 高处有一重 $W = 3\text{kN}$ 的重锤自由落下。试求柱内最大动荷应力。已知柱长 $l = 6\text{m}$，直径 $d = 300\text{mm}$，弹性模量 $E = 10\text{GPa}$，$h = 0.2\text{m}$。

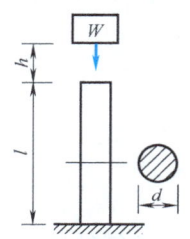

图 12-8 例 12-4 图

解：（1）计算动荷系数 在用式（12-28）计算动荷系数之前，先计算静位移为

$$\Delta_{st} = \frac{Wl}{EA} = \frac{3 \times 10^3 \text{N} \times 6\text{m}}{10 \times 10^9 \text{Pa} \times \frac{\pi \times 0.3^2}{4}\text{m}^2} = 0.0000255\text{m}$$

将静位移数值代入式（12-28），得

$$K_d = 1 + \sqrt{1 + \frac{2 \times 0.2\text{m}}{0.0000255\text{m}}} = 126$$

（2）求柱内最大动荷应力 先计算柱内最大静应力为

$$\sigma_{st\,max} = \frac{W}{A} = \frac{3 \times 10^3 \text{N}}{\frac{\pi \times 0.3^2}{4}\text{m}^2} = 42462.35\text{Pa}$$

再根据式（12-30）计算柱内最大动应力为

$$\sigma_{d\,max} = K_d \sigma_{st\,max} = 126 \times 42462.85\text{Pa} = 5.35\text{MPa}$$

【例 12-5】 图 12-9 所示两个相同的钢梁受相同的自由落体冲击，一个支于刚性支座上，另一个支于弹簧刚度 $k = 100\text{N/mm}$ 的弹簧上，已知 $l = 3\text{m}$，$h = 50\text{mm}$，$P = 1\text{kN}$，钢梁的 $I = 34 \times 10^6 \text{mm}^4$，$W_z = 309 \times 10^3 \text{mm}^3$，$E = 200\text{GPa}$，试比较两者的动应力。

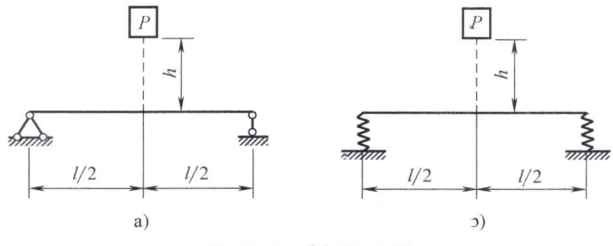

图 12-9 例 12-5 图

解： 在用式（12-28）计算动荷系数之前，先计算静位移。在图12-9a中

$$\Delta_{st} = \frac{Pl^3}{48EI} = \frac{1 \times 10^3 \text{N} \times 3^3 \text{m}^3}{48 \times 200 \times 10^9 \text{Pa} \times 3400 \times 10^{-8} \text{m}^2} = 8.27 \times 10^{-5} \text{m}$$

动荷系数

$$K_d = 1 + \sqrt{1 + \frac{2h}{\Delta_{st}}} = 1 + \sqrt{1 + \frac{2 \times 5 \times 10^{-2} \text{m}}{8.27 \times 10^{-5} \text{m}}} = 35.8$$

$$\sigma_{stmax} = \frac{Pl}{4W_z} = \frac{1 \times 10^3 \text{N} \times 3\text{m}}{4 \times 309 \times 10^{-6} \text{m}^3} = 2.43 \text{MPa}$$

于是得

$$\sigma_{dmax} = K_d \sigma_{stmax} = 35.8 \times 2.43 \text{MPa} = 86.99 \text{MPa}$$

在图12-9b中

$$\Delta_{st} = \frac{Pl^3}{48EI} + \frac{P}{2k} = 8.27 \times 10^{-5} + \frac{1 \times 10^3 \text{N}}{2 \times 100 \times 10^3 \text{N/m}} = 5.0827 \times 10^{-3} \text{m}$$

$$K_d = 1 + \sqrt{1 + \frac{2h}{\Delta_{st}}} = 1 + \sqrt{1 + \frac{2 \times 5 \times 10^{-2}}{5.0827 \times 10^{-3}}} = 5.55$$

$$\sigma_{dmax} = K_d \sigma_{stmax} = 5.55 \times 2.43 = 13.5 \text{MPa}$$

从计算结果可以看出，由于图12-9b所示钢梁采用了弹簧支座，减小了系统的刚度，因而使动荷系数减小，这是降低冲击应力的有效方法。

【例12-6】 桁架如图12-10所示，重力为F_P的物体自高度h处自由下落到节点B上，已知各杆的拉压刚度均为EA，$E = 200\text{GPa}$，$A = 100\text{mm}^2$，$a = 1\text{m}$，$F_P = 5\text{kN}$，$h = 3\text{mm}$。若不考虑压杆的稳定性，试求B点的竖直位移。

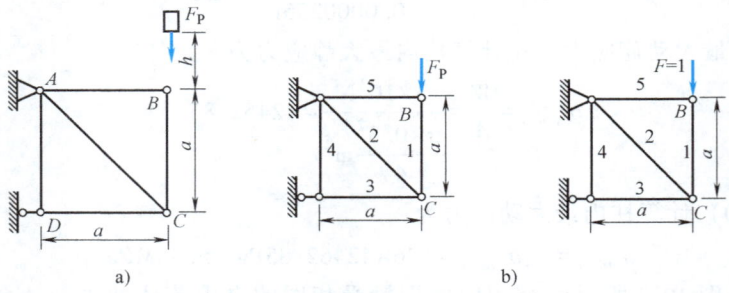

图12-10 例12-6图

解： 1）由图12-10b，求出B点分别在静载F_P和单位力$F = 1$作用下各杆的轴力为

$$F_1 = F_3 = -F_P, \quad F_2 = \sqrt{2} F_P, \quad F_4 = F_5 = 0$$

$$\overline{F}_1 = \overline{F}_3 = -1, \quad \overline{F}_2 = \sqrt{2}, \quad \overline{F}_4 = \overline{F}_5 = 0$$

2）系统在冲击点B处的竖直静位移为

$$\Delta_{st} = \sum_{i=1}^{5} \frac{F_{Ni} \overline{F}_{Ni}}{EA} l_i = \frac{2 + 2\sqrt{2}}{EA} F_P a = 1.21 \text{mm}$$

3）计算动荷系数

$$K_d = 1 + \sqrt{1 + \frac{2h}{\Delta_{st}}} = 3.44$$

4) 冲击点 B 处的竖直位移

$$\Delta_{BV} = K_d \Delta_{st} = 4.16 \text{mm}$$

2. 突加荷载情况

若令 $h=0$，相当于冲击物突然作用在被冲击物上的情况，这种冲击荷载称为突加荷载。由式（12-28）得

$$K_d = 2 \tag{12-32}$$

可见，突加荷载情况下，构件的变形和应力是静荷载作用时的 2 倍。

3. 突然制动问题

如图 12-11 所示，一钢制悬臂梁在自由端处安装一起重机，将重力为 G 的物体以匀速 v 下落，当钢丝绳长为 a 时起重机突然制动，试求钢丝绳中的动应力。已知梁的弯曲刚度为 EI，长为 l，钢丝绳的横截面面积为 A，弹性模量为 E。梁、钢丝绳及起重机的自身重力忽略不计。

将钢丝绳和梁看成一个弹性系统。

因为物体以匀速下降时，钢索内已有静轴力 G，故在受冲击前钢索内已存有一定的应变能，因此本题不能直接用式（12-32）求 K_d，而应用能量守恒定律求解。

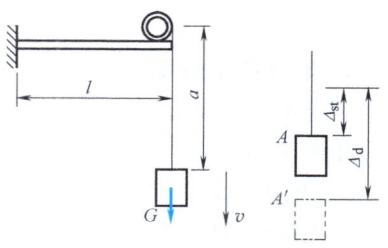

图 12-11 起重机制动示意图

当钢索长为 a，尚未制动时，已有静变形 Δ_{st}，处于冲击的开始位置 A，由于突然制动，钢索受冲击产生最大动变形 Δ_d，达到终止位置 A'。

（1）制动前系统的能量 制动前，系统的动能为 $\frac{1}{2}\frac{G}{g}v^2$，因重力 G 的作用使系统产生的应变能为 $\frac{1}{2}G\Delta_{st}$。式中，Δ_{st} 为在 G 作用下钢丝绳的伸长与梁在自由端处的挠度之和，即

$$\Delta_{st} = \frac{Ga}{EA} + \frac{Gl^3}{3EI} \tag{12-33}$$

（2）制动后系统的能量 制动后，由于重物的惯性力作用使系统的变形增大。设制动后系统总变形量为 Δ_d，系统的弹性应变能为 $\frac{1}{2}F_d\Delta_d$。因为 Δ_d 比 Δ_{st} 大，所以系统制动后，势能减少 $G(\Delta_d - \Delta_{st})$，重物的动能为零。

（3）按能量守恒定律求动荷系数 制动后系统的动能和势能的减少等于系统应变能的增加，即

$$\frac{1}{2}\frac{G}{g}v^2 + G(\Delta_d - \Delta_{st}) = \frac{1}{2}F_d\Delta_d - \frac{1}{2}G\Delta_{st} \tag{12-34}$$

在线弹性范围内，有

$$\frac{F_d}{G} = \frac{\Delta_d}{\Delta_{st}} \tag{12-35}$$

由式（12-34）、式（12-35）可得

$$\Delta_d^2 - 2\Delta_{st}\Delta_d + \Delta_{st}^2 - \frac{v^2}{g}\Delta_{st} = 0 \tag{12-36}$$

由此解得

$$\Delta_d = \Delta_{st}\left(1 + \sqrt{\frac{v^2}{g\Delta_{st}}}\right) = K_d \Delta_{st} \tag{12-37}$$

其中动荷系数

$$K_d = 1 + \sqrt{\frac{v^2}{g\Delta_{st}}} \tag{12-38}$$

最后,求得钢丝绳中的动应力为

$$\sigma_d = K_d \sigma_{st} = \frac{G}{A}\left[1 + \sqrt{\frac{v^2}{g\left(\frac{Ga}{EA} + \frac{Gl^3}{3EI}\right)}}\right] \tag{12-39}$$

4. 水平冲击问题

对于水平冲击过程,同样可以按机械能守恒的分析方法类似地推导其动荷系数。

如图 12-12 所示某水平放置的等直杆,受到重力为 G、初速度为 v 的重物的水平冲击,若杆的长度为 l,拉压刚度为 EA,现求水平冲击时的动荷系数和冲击应力。

水平冲击时,冲击物只有动能的变化,势能不变,即

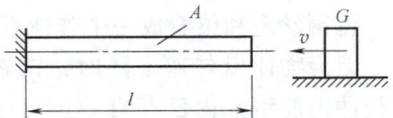

图 12-12 受水平冲击的等直杆

$$T = \frac{1}{2}mv^2 = \frac{1}{2}\frac{G}{g}v^2, \quad V = 0 \tag{12-40}$$

被冲击物的弹性应变能

$$V_\varepsilon = \frac{1}{2}F_d \Delta_d \tag{12-41}$$

根据能量守恒原理,初始时刻的动能将全部转换为碰撞结束时刻被冲击物的应变能,即

$$\frac{1}{2}F_d \Delta_d = \frac{1}{2}\frac{G}{g}v^2 \tag{12-42}$$

在线弹性范围内,下面的关系式成立:

$$F_d = \frac{\Delta_d}{\Delta_{st}}G, \quad \sigma_d = \frac{\Delta_d}{\Delta_{st}}\sigma_{st} \tag{12-43}$$

将上述关系式代入式(12-42),得

$$\Delta_d = \sqrt{\frac{v^2}{g\Delta_{st}}}\Delta_{st} \tag{12-44}$$

式中,Δ_{st} 为大小等于 G 的静荷载沿水平方向施加到杆件上时,杆件的静变形量。

$$\Delta_{st} = \frac{Gl}{EA} \tag{12-45}$$

由此可得动荷系数为

$$K_{\mathrm{d}} = \sqrt{\frac{v^2}{g\Delta_{\mathrm{st}}}} \tag{12-46}$$

冲击应力为

$$\sigma_{\mathrm{d}} = K_{\mathrm{d}}\sigma_{\mathrm{st}} = \sqrt{\frac{v^2}{g\Delta_{\mathrm{st}}}}\frac{G}{A} = \sqrt{\frac{v^2 EG}{g\mathit{Al}}} \tag{12-47}$$

【例 12-7】 下端固定、长度为 l、直径为 d 的竖直实心圆截面杆 AB，在 C 点处被重力为 G 的重物沿水平方向冲击，如图 12-13a 所示。已知 C 点到杆下端的距离为 a，梁的弯曲刚度为 EI，弯曲截面系数为 W，其在与杆接触时的速度为 v。试求杆在危险点处的冲击动应力。

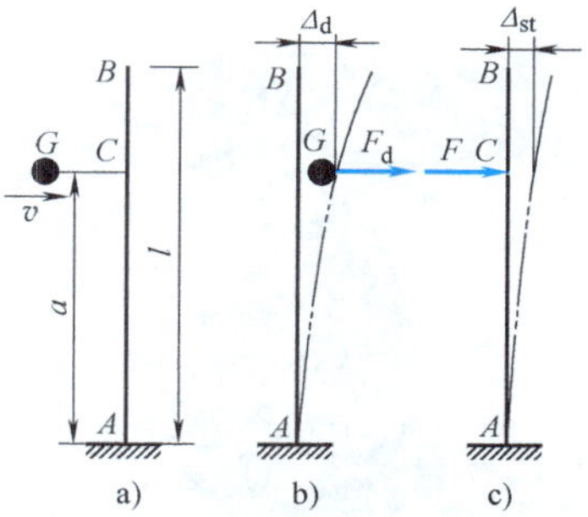

图 12-13 例 12-7 图

解：此为水平冲击的问题。

（1）确定冲击物静止水平作用在被冲击物点 C 所产生的挠度

$$\Delta_{\mathrm{st}} = \frac{Ga^3}{3EI}$$

（2）水平冲击情况下的动荷系数

$$K_{\mathrm{d}} = \sqrt{\frac{v^2}{g\Delta_{\mathrm{st}}}}$$

（3）求危险点处的冲击动应力　当杆在 C 点处受水平力 G 作用时，杆的固定端横截面最外边缘（即危险点）处的静应力为

$$\sigma_{\mathrm{stmax}} = \frac{M_{\max}}{W} = \frac{Ga}{W}$$

于是，杆在危险点处的冲击动应力

$$\sigma_{\mathrm{dmax}} = K_{\mathrm{d}}\sigma_{\mathrm{stmax}} = \sqrt{\frac{v^2}{g\Delta_{\mathrm{st}}}}\frac{Ga}{W}$$

12.3.2　冲击荷载作用下的强度条件

构件在不同冲击形式时的强度条件可统一写成

$$\sigma_{\mathrm{dmax}} = K_{\mathrm{d}}\sigma_{\mathrm{stmax}} \leqslant [\sigma] \tag{12-48}$$

式中，$[\sigma]$ 仍采用静荷载时的数值。由强度条件可知，冲击荷载强度计算的关键是计算冲击动荷系数 K_{d}。

■ 12.4　提高构件抗冲击能力的措施

由自由落体冲击和水平冲击的动荷系数表达式（12-28）可知，若能增大静位移 Δ_{st}，则可降低动荷系数，使构件较为柔软，能更多地吸收冲击的能量，从而达到降低冲击荷载和冲击应力的目的。

提高构件抗冲击能力的主要措施有以下几种：

（1）安装缓冲装置　从静位移的计算可知，要增大构件的静位移，势必会降低构件的刚度，如采用缩小截面尺寸的方法减小刚度，则会增大构件的静应力，由此未必能达到降低冲击应力的目的。因此，工程中往往采用在构件上加设缓冲装置而非直接减小构件本身刚度的方法增加静位移 Δ_{st}，如在起落架上安装液压弹簧（见图12-14）；在汽车大梁与轮轴之间安装叠板弹簧；在火车车厢架与轮轴间安装压缩弹簧；某些机器或梁件上加橡皮垫或垫圈等。这样既增大了静位移 Δ_{st} 又不至于增大构件的静应力 σ_{st}。

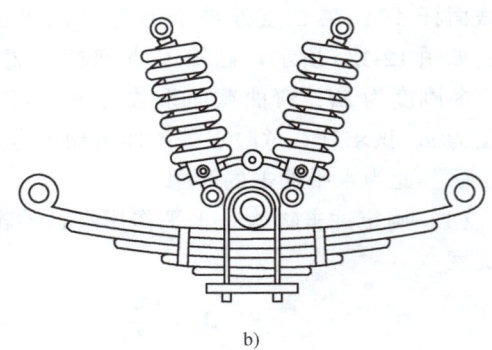

图 12-14　起落架上的弹簧装置
a）飞机起落架　b）液压弹簧

（2）适当增大构件的长度　在某些情况下，改变受冲击物件的尺寸或形状，也可以降低动应力。例如将承受冲击的气缸盖螺栓，由短螺栓的形式（见图12-15a）改为长螺栓的形式（见图12-15b），增加了螺栓的长度自然就增加了静位移 Δ_{st}，这样，可明显降低螺栓的冲击应力。

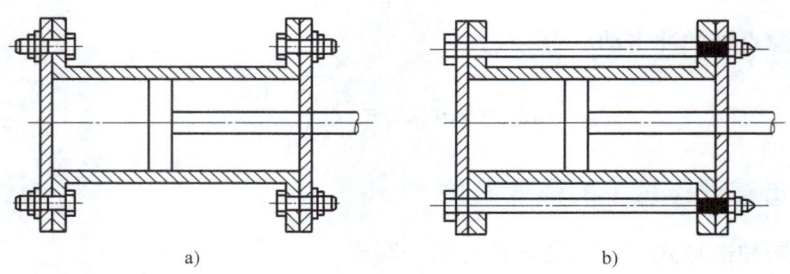

图 12-15　气缸盖螺栓装置
a）短螺栓　b）长螺栓

（3）在满足强度条件下选择合适的材料　由于降低弹性模量 E 可以增大静位移 Δ_{st}，因此，在满足强度条件的情况下选择弹性模量较低、任性较大的材料做受冲击的构件有利于提高构件抗冲击的能力。

思 考 题

12-1　某滑轮两边分别挂有重力为 W_1 和 W_2（设 $W_2 > W_1$）的重物，如图 12-16 所示。该滑轮左、右两边绳子的动荷系数、动应力是否相等？

12-2 构件做匀加速直线运动或匀角速转动时，如何计算其动效应？

12-3 在冲击应力和变形的实用计算的能量法中，通常不计被冲击物的质量，其计算结果与实际情况相比，冲击应力和变形会偏大还是偏小？

12-4 自由落体冲击时，被冲击构件的冲击应力与材料的弹性模量有关吗？

12-5 将高度为 h、宽度为 b 的矩形截面梁横放或竖放，承受同样的冲击荷载时，梁内的冲击应力有何不同？为什么？

12-6 如图 12-17 所示简支梁受水平冲击，若梁的直径 d 加粗为 $2d$，其他条件不变，其最大冲击应力变为原来的多少倍？

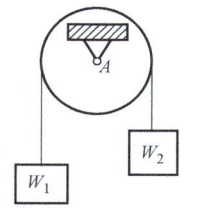

图 12-16 思考题 12-1 图

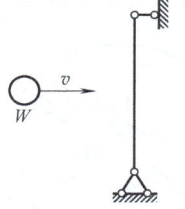

图 12-17 思考题 12-6 图

12-7 图 12-18 所示重力为 G 的物体从 h 处自由下落在梁 D 截面处，梁上 C 截面处的动应力 $\sigma_d = K_d \sigma_{st}$，其中 $K_d = 1 + \sqrt{1 + \dfrac{2h}{\Delta_{st}}}$。试问式中 Δ_{st} 应取静荷载作用下哪个截面上的位移？

12-8 如图 12-19 所示 4 根悬臂梁均受到重力为 Q 的重物自高度为 h 处自由落体冲击，其中哪根梁的 K_d 最大？

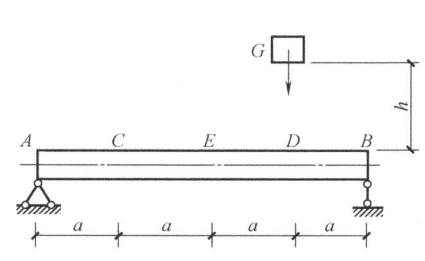

图 12-18 思考题 12-7 图

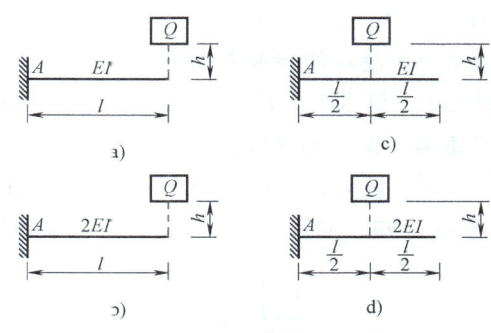

图 12-19 思考题 12-8 图

习　题

12-1 图 12-20 所示为长 $l = 8\text{mm}$ 的 20a 号槽钢，$b = 1\text{n}$。以初速度 1.8m/s 下降，槽钢在 0.2s 内速度均匀地降为 0.6m/s，如不计轴力影响，试求槽钢内的最大正应力。

12-2 如图 12-21 所示，飞轮的最大圆周速度 $v = 25\text{m/s}$，材料的重度 $\gamma = 72.6\text{kN/m}^3$，若不计轮辐的影响，试求轮缘内的最大正应力。

12-3 图 12-22 所示桥式起重机主梁由两根 16 号工字钢组成，主梁以匀速度 $v = 1\text{m/s}$ 向

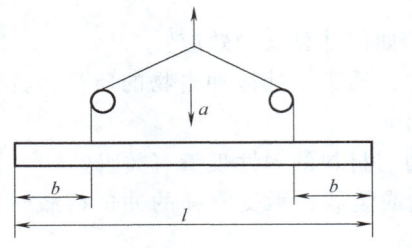
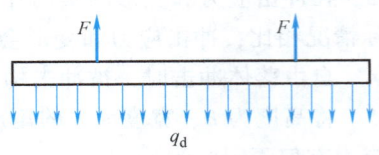

图 12-20 习题 12-1 图

前移动（垂直纸面），当起重机突然制动时，重物由于惯性而向前摆动，求此瞬时梁内最大正应力（设吊索的自重以及由重物摆动引起的斜弯曲影响都忽略不计）。

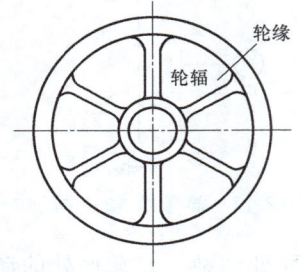
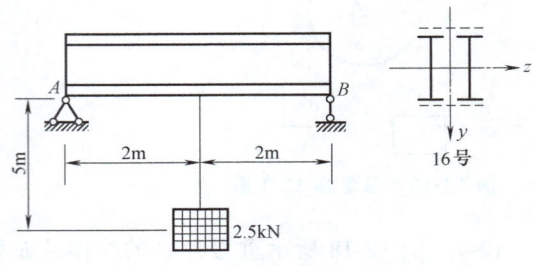

图 12-21 习题 12-2 图

图 12-22 习题 12-3 图

12-4 某圆杆以角速度 ω_0 绕 A 在铅垂平面内旋转，如图 12-23 所示。圆杆的 B 端有一质量 m 的小球，已知 $m = 10\text{kg}$，$\omega_0 = 0.1\text{rad/s}$，$l = 1\text{m}$，$b = 0.9\text{m}$，圆杆直径 $d = 10\text{mm}$。若杆在 C 点受力而使杆的转速在时间 $t = 0.05\text{s}$ 内均匀地减为 0，试求杆内最大动应力 σ_{dmax}。忽略杆本身重力，重力加速度 $g = 9.8\text{m/s}^2$。

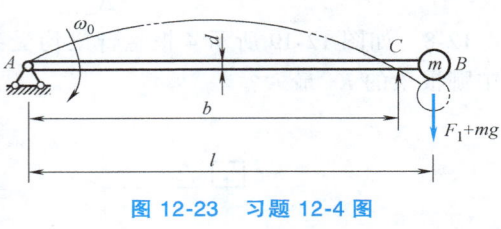

图 12-23 习题 12-4 图

12-5 重力为 G 的重物在高度 H 处自由下落到长为 l、截面为矩形的简支梁中间，抗弯刚度 EI 已知，如图 12-24 所示。试求梁的最大切应力和最大正应力。

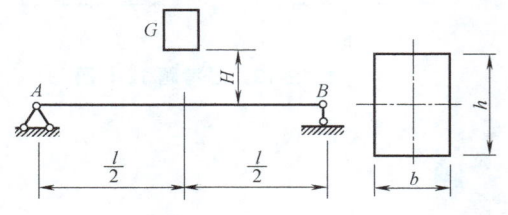
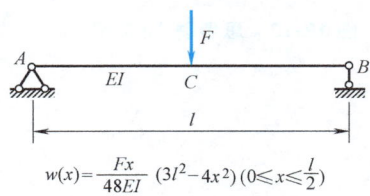

图 12-24 习题 12-5 图

12-6 重物 $G = 1\text{kN}$，自高度 $H = 0.04\text{m}$ 处下落到 AB 梁的自由端 B 点，如图 12-25 所示。已知梁的 $l = 2\text{m}$，横截面为矩形，高度 h 与宽度 b 之比 $h/b = 1.5$，材料的弹性模量 $E = 10\text{GPa}$，许用应力 $[\sigma] = 11\text{MPa}$，试根据强度条件确定矩形截面的尺寸 h 与 b。

12-7 如图 12-26 所示，重 700N 的运动员从 0.6m 高处落在跳板 A 端，跳板的横截面为 480mm×65mm 的矩形，木材的弹性模量为 $E=12$GPa，假设运动员腿不弯曲，试求：（1）跳板中的最大弯曲应力；（2）A 点的最大位移。

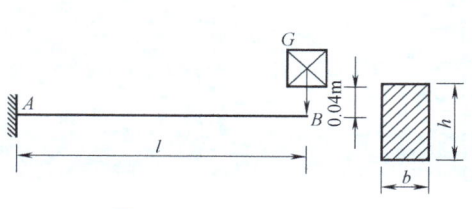

图 12-25　习题 12-6 图

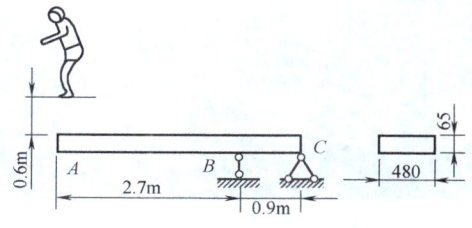

图 12-26　习题 12-7 图

12-8 如图 12-27 所示钢杆的下端有一固定圆盘，盘上放置弹簧，弹簧在 1kN 的静荷载作用下缩短 0.0625cm。钢杆的直径 $d=4$cm，$l=4$m，许用应力 $[\sigma]=120$MPa，$E=200$GPa。若有重为 15kN 的重物自由落下，求其许可的高度 h。若没有弹簧，则许可高度 h 将等于多少？

12-9 如图 12-28 所示，圆杆直径 $d=60$mm，长为 $l=2$m，右端有直径 $D=0.4$m 的鼓轮，轮上绕绳，绳长 $l_1=10$m，截面面积 $A=100$mm^2，弹性模量 $E=200$GPa，重力 $W=1$kN 的物体自 $H=0.1$m 处自由落下于吊盘上，若杆的切变模量 $G=80$GPa，求杆内最大切应力和绳内最大正应力。

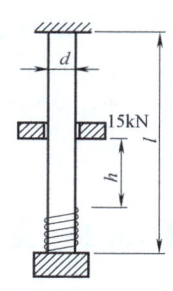

图 12-27　习题 12-8 图

12-10 如图 12-29 所示，钢梁 ABC 在 B 处受与梁同材料的两端铰支的柱 BD 支承。当梁自由端上方 $H=0.1$m 处自由落下的重物 G 对梁冲击时，试问该结构是否能正常工作？已知 $G=500$N，梁、柱材料为 Q235 钢，$E=200$GPa，$[\sigma]=180$MPa，梁惯性矩 $I_z=4\times10^{-6}$m^4，弯曲截面系数 $W_z=5\times10^{-5}$m^3，柱的直径 $d=80$mm。

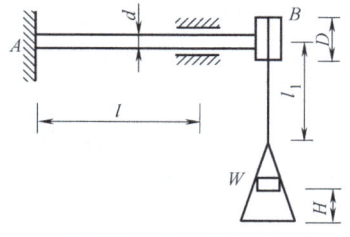

图 12-28　习题 12-9 图

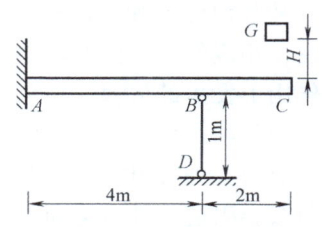

图 12-29　习题 12-10 图

12-11 如图 12-30 所示结构，梁 AB 的 EI、a、h 和重物的重力 P 已知。试求重物自由下落冲击 C 点所造成梁中的最大动态弯矩和最大冲击挠度。

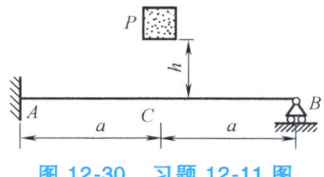

图 12-30　习题 12-11 图

第13章 交变应力与构件疲劳强度分析

本章提要

本章主要介绍交变应力与疲劳失效的基本概念，疲劳强度问题的特点及疲劳破坏的原因，以及不同疲劳荷载作用下构件的疲劳强度计算。

■ 13.1 交变应力与疲劳失效

随着 20 世纪 50 年代中期断裂力学的崛起、发展，人们逐渐认识到研究疲劳断裂规律及失效控制的重要性。工程实际中发生的疲劳破坏，占了全部力学破坏的 50%～90%，是机械、结构失效最常见的形式。

13.1.1 交变应力

某些构件（如蒸汽机、泥浆泵主轴、齿轮等）工作时承受的荷载常随着时间做周期性改变，相应的构件内所产生的应力也做周期性变化，这种应力称为交变应力。构件在交变应力作用下发生的失效，称为疲劳失效或疲劳破坏，简称疲劳。

构件内产生交变应力的原因可分两种：一种是构件在交变荷载下工作，因而构件内产生交变应力，如飞机在起飞和着陆过程中，机身都要经受一次增压和卸压的交替作用，这些变动荷载会引起交变应力而使构件产生疲劳破坏；另一种是荷载不变，由于构件本身转动引起构件内部应力发生交替变化，如行驶中的火车轮轴，火车轮轴上各点到中性轴的距离是随时间变化的，所以在行驶过程中各点的应力是按正弦曲线变化的。

图 13-1 所示为广义应力 S（σ 或 τ）随时间 t 的变化曲线。一点处的应力随时间 t 做周期性变化的曲线，称为应力谱。

应力随时间变化规律的基本特性如下：

1) 应力循环：应力变化的一个周期称为一个应力循环。在应力循环中，最大应力用 S_{max} 表示，最小应力用 S_{min} 表示（见图 13-1）。

2) 循环特征（应力比）r：一个应力循

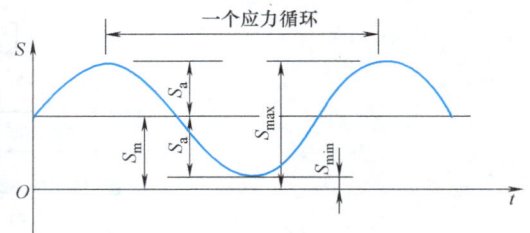

图 13-1 应力随时间变化曲线

环中最小应力 S_{min} 与最大应力 S_{max} 的比值,用 r 表示。

$$r = \frac{S_{min}}{S_{max}} \tag{13-1}$$

式中, S_{max} 与 S_{min} 均取代数值(MPa)。

按循环特征 r 的数值,可将工程中常见的交变应力分类如下:

对称循环应力: $S_{min} = -S_{max}$, $r = -1$ (见图 13-2a)。

脉动循环应力: $S_{min} = 0$, $r = 0$ (见图 13-2b)。

静应力: $S_{min} = S_{max}$, $r = 1$ (见图 13-2c)。

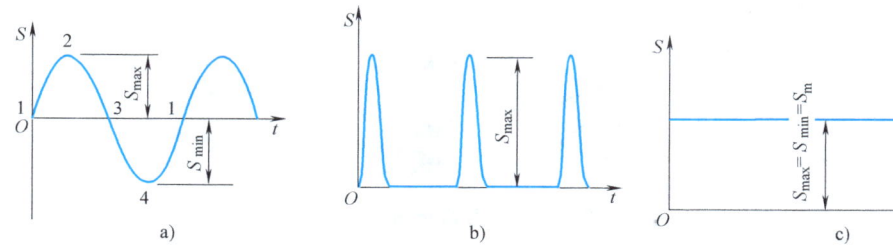

图 13-2 交变应力

a) 对称循环应力 b) 脉动循环应力 c) 静应力

凡循环特征 $-1 < r < 1$ 的交变应力均称为**非对称循环应力**。

3) **平均应力** S_m:

$$S_m = \frac{S_{max} + S_{min}}{2} \tag{13-2}$$

4) **应力幅** S_a:

$$S_a = \frac{S_{max} - S_{min}}{2} \tag{13-3}$$

由式(13-2)和式(13-3)可以导出:

$$S_{max} = S_m + S_a \tag{13-4}$$

$$S_{min} = S_m - S_a \tag{13-5}$$

注意:上述公式中 S 为广义应力,若为产生正应力的交变应力问题,则公式中的 S 均改为 σ;若为产生切应力的交变应力问题,则 S 均改为 τ。

13.1.2 疲劳失效特征

大量的试验结果以及实际构件和部件的破坏现象表明,构件在交变应力作用下发生失效时,具有以下明显的特征:

1) 只有在承受交变应力的条件下,疲劳才会发生,且疲劳失效的名义应力值的最大值远小于材料在静荷载下的强度极限,甚至低于屈服极限。

2) 无论是脆性材料还是塑性材料,破坏前无显著塑性变形,即使塑性很好的材料,也会突然发生脆性断裂。

3) 疲劳破坏有一个发展过程,是在足够多次的扰动荷载作用之后发生,裂纹萌生、扩展、断裂三个阶段是疲劳破坏的一大特点。

4）疲劳破坏起源于高应力或高应变的局部区域。

疲劳破坏是由应力或应变较高的局部区域开始，即构件应力集中处是疲劳失效的起源。典型的疲劳破坏断面如图 13-3 所示。断口有裂纹的起源点和两个明显不同的区域：明显的光滑区域和颗粒组成的粗糙区域。光滑区是裂纹扩展的区域，粗糙区是最后脆性断裂的区域。

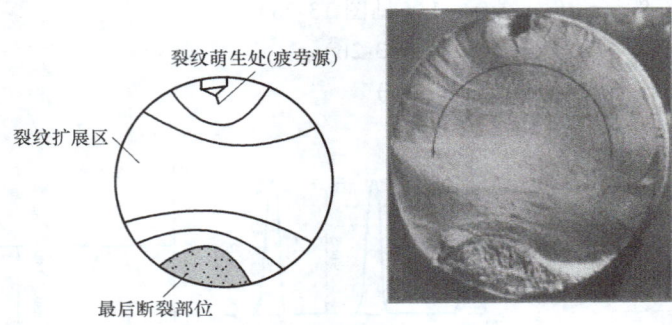

图 13-3　金属疲劳破坏断面图

综上可知，由于构件早期的微观裂纹十分细小，难以预先察觉，一旦形成宏观裂纹，则可能迅速扩展，故疲劳失效总是突然发生的，具有极大的危险性，所以研究构件在交变应力作用下的强度问题十分重要。

■ 13.2　S-N 曲线和疲劳极限

构件在交变应力作用下，即使是最大工作应力小于屈服极限，也会发生疲劳破坏。因此，在静荷载下测定的屈服极限或强度极限等强度指标已不能作为交变应力作用下的强度指标。材料在交变应力下的极限应力是用标准试样进行疲劳试验测定的。

试验证明，在交变应力作用下，材料是否发生疲劳失效，不仅与交变应力中的最大应力 S_{max} 值有关，还与循环特征 r 及循环次数 N 有关。在同一循环特征下，最大应力 S_{max} 越大，破坏前的循环次数越少。反之，降低 S_{max}，则可使破坏前经历的循环次数 N 增加。当 S_{max} 降低到某一临界值时，试件经历无穷多次应力循环 N 而不发生疲劳破坏，此时最大应力 S_{max} 最高值称为材料或结构在指定循环特征 r 下的疲劳极限，又称为持久极限。材料的疲劳极限用符号 S_r 表示，其中下标 r 表示循环特征，例如对称循环下材料的疲劳极限为 S_{-1}。

试验结果还表明，材料抵抗对称循环交变应力的能力最差；非对称循环下材料的疲劳极限可以通过简化用对称循环下的疲劳极限表示。所以，材料在对称循环下的疲劳极限是衡量材料疲劳强度的基本指标。

13.2.1　对称循环下材料的疲劳极限

要建立构件在交变应力作用下的强度指标，必须测定材料在交变应力下的疲劳极限应力。下面以测定弯曲对称循环时材料的疲劳极限为例，介绍材料疲劳极限的测定方法。

材料的疲劳性能试验采用标准试件在疲劳试验机（见图 13-4a）上进行。测定对称循环下的疲劳极限 S_{-1}，通常在纯弯曲变形下进行。试件是若干（每组约 10 根左右）尺寸为 3~

10mm 的光滑圆柱件（见图 13-4b）。在给定的应力比 r（即循环特征）下，对各组试件施加不同的应力水平，进行疲劳试验，记录每根试件的最大应力 S_{max} 以及发生破坏时所经历的应力循环次数 N。

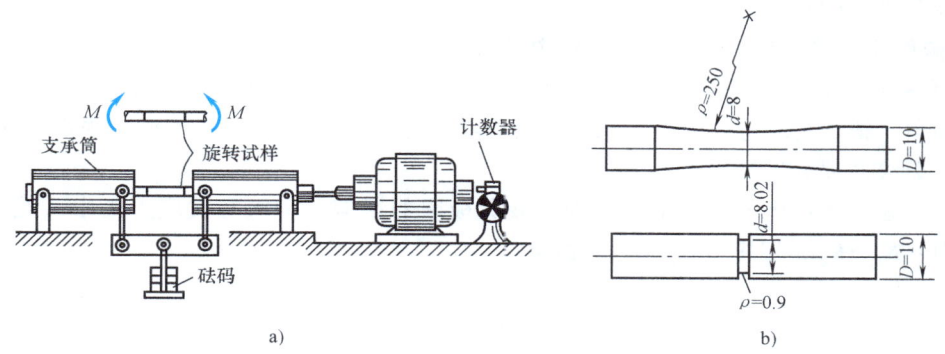

图 13-4 材料疲劳性能试验
a）疲劳试验机 b）光滑圆柱试件

从疲劳试验可得到应力 S_{max} 与相应寿命 N 的曲线即 S-N 曲线，或称为**疲劳曲线**（见图 13-5）。

由 S-N 曲线可以看出，在给定的应力比 r 下，应力 S_{max} 越小，寿命 N 就越大。当应力 S_{max} 小于某极限值时，试件经历无穷多次应力循环而不发生破坏，寿命 N 趋于无限长，S-N 曲线趋于水平，相应的最大应力值即为材料的疲劳极限 S_{-1}。

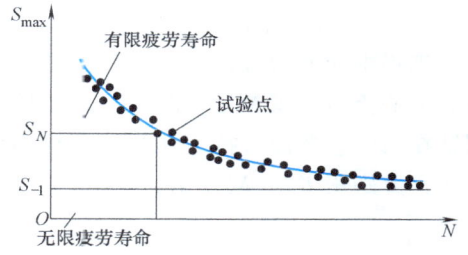

图 13-5 疲劳曲线

图 13-5 中，S_N 表示 N 次循环的疲劳寿命，S_{-1} 表示对称循环（$r=-1$）的疲劳极限。

所谓"无穷多次"的应力循环，在试验中是难以实现的，工程设计中通常规定某一指定寿命 N_0 下不破坏时的最大应力作为疲劳极限，N_0 也通常称为循环基数。通常规定钢材的循环基数为 $N_0=10^7$，有色金属的循环基数为 $N_0=10^8$，焊接件的循环基数为 $N_0=2\times10^6$。其中满足 $S<S_{-1}$ 的设计，即为**无限寿命设计**。

各种材料的疲劳极限可从有关手册中查得。表 13-1 给出了对称循环下几种钢材的疲劳极限。

表 13-1 几种材料的对称循环疲劳极限　　　　　　　　（单位：MPa）

材料		σ_{-1}（拉压）	
Q235 钢	120~160	170~220	100~130
45 钢	190~250	250~340	150~200
16Mn 钢	200	320	

13.2.2 影响构件疲劳极限的因素

对称循环的疲劳极限 S_{-1} 一般是在常温下用光滑小试样测定的，但光滑小试样的疲劳极限并不是构件的疲劳极限。构件的疲劳极限则与构件的状态和工作条件有关。构件状态包括构件的外形、尺寸、表面加工质量和表面强化处理等因素；工作条件包括荷载特性、介质和温度等因素。因此必须将光滑小试件的疲劳极限 S_{-1} 加以修正才能用于构件的设计。下面介绍影响疲劳极限的几种主要因素。

1. 构件外形的影响——有效应力集中系数

前面得到的 S-N 曲线是针对光滑试件的，然而，实际工程中的构件常常存在着不同形式的孔、圆角、槽、台阶等，这些形状改变处存在着应力集中现象，将使疲劳强度严重下降，容易萌生裂纹并促其发展。

对于上述原因产生的应力集中对构件疲劳极限的影响，引入有效应力集中系数 K_f（对于正应力：$K_f \rightarrow K_\sigma$，切应力 $K_f \rightarrow K_\tau$）衡量：

$$K_f = \frac{S_{-1}}{S'_{-1}} \tag{13-6}$$

式中　K_f——有效应力集中系数，其值大于1；

　　　S_{-1}——光滑试件的疲劳极限（MPa）；

　　　S'_{-1}——有应力集中因素且尺寸、加载条件、材料与光滑试件相同的试件的疲劳极限（MPa）。

工程中为使用方便，将试验所得的常用的有效应力集中系数整理成表格和图线，并收录在有关的资料中供参考。图 13-6～图 13-8 分别给出了对称循环下，$D/d = 2$ 的阶梯形圆截面钢轴在扭转、弯曲、拉（压）交变应力作用下，与阶梯轴的过渡半径 r 有关的有效应力集中系数，分别用 $K_{f\tau}$、$K_{f\sigma}$、$K_{f\sigma}$ 表示。

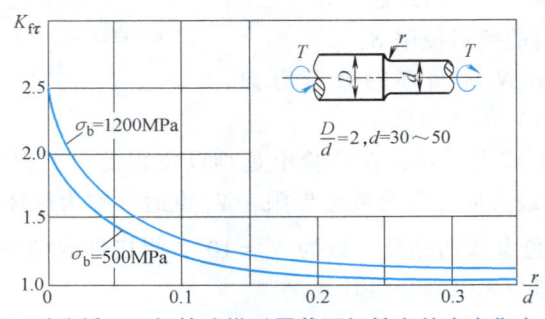

图 13-6　对称循环下扭转阶梯形圆截面钢轴有效应力集中系数 $K_{f\tau}$

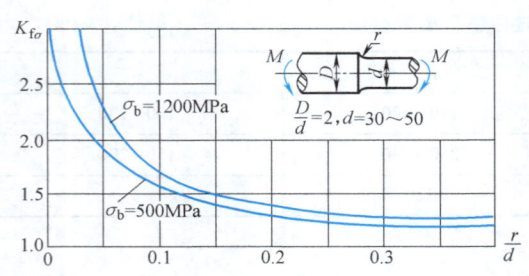

图 13-7　对称循环下弯曲阶梯形圆截面钢轴有效应力集中系数 $K_{f\sigma}$

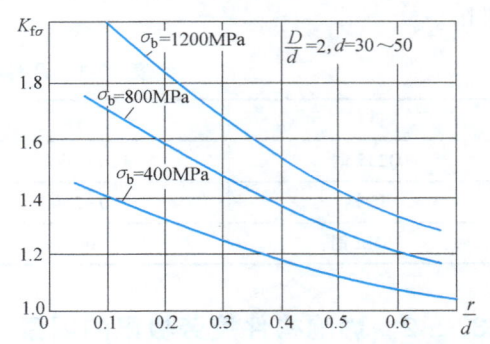

图 13-8　对称循环下拉（压）阶梯形圆截面钢轴有效应力集中系数 $K_{f\sigma}$

应该指出，上述曲线都是在 $D/d=2$，且 $d=30\sim50\mathrm{mm}$ 的条件下测得的。如果 $D/d<2$，则有效应力集中系数为

$$K_\sigma=1+\xi(K_{f\sigma}-1) \tag{13-7}$$
$$K_\tau=1+\xi(K_{f\tau}-1) \tag{13-8}$$

式中　ξ——修正系数，其值与 D/d 有关，可由图 13-9 查得；
$K_{f\tau}$、$K_{f\sigma}$——$D/d=2$ 的有效应力集中系数。

至于其他情况下的有效应力集中系数，可查阅有关手册。

至于构件上有螺纹、键槽、花键及横孔等在对称循环下、不同荷载作用时的有效应力集中系数 K_f 可参考相关的资料，在此不一一列举。

2. 构件尺寸的影响——尺寸系数

疲劳极限测定一般是用直径为 $3\sim10\mathrm{mm}$ 的小试件测定的。试验表明，随着试件横截面尺寸的增大，疲劳极限却相应地降低，而且对于钢材，强度越高，疲劳极限下降越明显。因此，当构件尺寸大于标准试件尺寸时，必须考虑尺寸的影响。

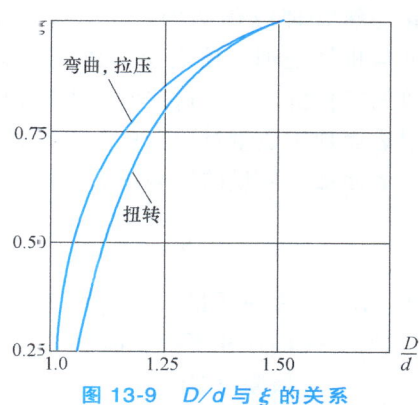

图 13-9　D/d 与 ξ 的关系

尺寸引起疲劳极限降低的原因主要有以下几种：一是毛坯质量因尺寸而异，大尺寸毛坯所包含的缩孔、裂纹、夹杂物等要比小尺寸毛坯多；二是大尺寸构件表面积和表层体积都比较大，而裂纹源一般都在表面或表面层下，故形成疲劳源的概率也比较大；三是应力梯度的影响。若大、小构件的最大应力均相同，在相同的表层厚度内，大尺寸构件的材料所承受的平均应力要高于小尺寸构件，这些更容易造成初始裂纹的形成和扩展，使疲劳极限降低。

尺寸大小的影响用尺寸系数 ε 表示，即光滑大试件的疲劳极限与标准光滑小试件的疲劳极限比值表示：

$$\varepsilon=\frac{(S_{-1})_d}{S_{-1}} \tag{13-9}$$

式中　ε——尺寸系数，其值小于1；
$(S_{-1})_d$——对称循环下光滑大试件的疲劳极限（MPa）；
S_{-1}——对称循环下光滑小试件的疲劳极限（MPa）。

常用钢材构件在弯曲和扭转时的尺寸系数 ε 列于表 13-2。

表 13-2　尺寸系数 ε

直径 d/mm		>20~30	>30~40	>40~50	>50~60	>60~70
ε_σ	碳钢	0.91	0.88	0.84	0.81	0.78
	合金钢	0.83	0.77	0.73	0.70	0.68
各种钢 ε_τ		0.89	0.81	0.78	0.76	0.74
直径 d/mm		>70~80	>80~100	>100~120	>120~150	>150~500
ε_σ	碳钢	0.75	0.73	0.70	0.68	0.60
	合金钢	0.66	0.64	0.62	0.60	0.54
各种钢 ε_τ		0.73	0.72	0.70	0.68	0.60

而轴向拉压时，若构件直径 $d<40\text{mm}$，经试验表明，尺寸对疲劳极限无明显影响，所以 $\varepsilon=1$。

3. 表面加工质量的影响——表面质量系数

一般情况下，构件的最大应力发生于表层，疲劳裂纹也多在表层生成。表面加工的刀痕、擦伤会引起应力集中，降低疲劳极限。如构件淬火、渗碳、氮化等热处理或化学处理使表层强化；或者滚压、喷丸等机械处理，使表层形成预压应力，减弱引起裂纹的工作抗应力，这些明显提高构件的疲劳极限。所以表面加工质量对疲劳极限有明显影响。

表面加工质量的影响用表面质量系数 β 度量：

$$\beta=\frac{(S_{-1})_\beta}{S_{-1}} \quad (13\text{-}10)$$

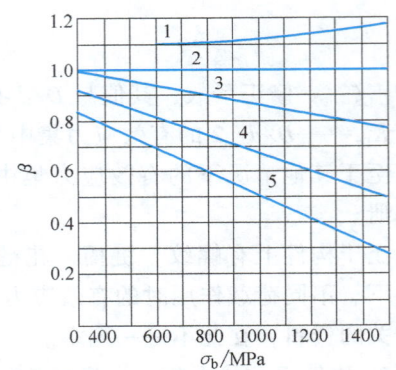

图 13-10　表面质量系数 β 与加工方法的关系图

1—抛光 $\overset{0.05}{\triangledown}$ 以下　2—磨削 $\overset{0.1}{\triangledown}\sim\overset{0.2}{\triangledown}$　3—精车 $\overset{1.6}{\triangledown}\sim\overset{4.3}{\triangledown}$　4—粗车 $\overset{3.2}{\triangledown}\sim\overset{12.5}{\triangledown}$　5—未加工

式中　β——表面质量系数，其值小于 1；
　　　$(S_{-1})_\beta$——同尺寸不同表面加工质量的试件的疲劳极限（MPa）；
　　　S_{-1}——表面磨光试件的疲劳极限（MPa）。

表面质量系数 β 与加工方法的关系如图 13-10 所示或见表 13-3。

表 13-3　表面质量系数 β

加工方法	表面粗糙度 $R_a/\mu m$	σ_b/MPa		
		400	800	1200
磨削	0.1~0.2	1	1	1
精车	1.6~4.3	0.95	0.90	0.80
粗车	3.2~12.5	0.85	0.80	0.65
未加工表面	—	0.75	0.65	0.45

可以看出，表面加工质量越低，疲劳极限降低越多；材料的静强度越高，加工质量对构件疲劳极限的影响越显著。

各种影响构件疲劳极限的系数均可从有关手册中查得。

综合以上三种因素都将影响疲劳极限的数值。因此必须将光滑小试件的疲劳极限 S_{-1} 加以修正，获得构件的疲劳极限 S_{-1}^0 才能用于构件的设计。

1）交变应力为正应力 σ 时，对称循环下构件的疲劳极限 σ_{-1}^0 为

$$\sigma_{-1}^0=\frac{\varepsilon_\sigma\beta}{K_\sigma}\sigma_{-1} \quad (13\text{-}11)$$

式中　K_σ——有效应力集中系数；
　　　ε_σ——尺寸系数；
　　　β——表面质量系数。

2）交变应力为切应力 τ 时，对称循环下构件的疲劳极限 τ_{-1}^0 为

$$\tau_{-1}^{0} = \frac{\varepsilon_{\tau}\beta}{K_{\tau}}\tau_{-1} \tag{13-12}$$

式中 K_{τ}、ε_{τ}、β——均可从《机械设计》等有关手册中查得。

13.3 对称循环下构件的疲劳强度计算

对称循环下，构件的疲劳极限由式（13-11）和式（13-12）计算。考虑到一些不可估计的因素，构件在对称循环应力下的需用应力等于构件的疲劳极限除以疲劳安全系数 n，即

$$[\sigma_{-1}] = \frac{\sigma_{-1}^{0}}{n} \quad 及 \quad [\tau_{-1}] = \frac{\tau_{-1}^{0}}{n} \tag{13-13}$$

构件的疲劳强度条件为

$$\sigma_{\max} \leqslant \frac{\sigma_{-1}^{0}}{n} = [\sigma_{-1}] \quad 及 \quad \tau_{\max} \leqslant \frac{\tau_{-1}^{0}}{n} = [\tau_{-1}] \tag{13-14}$$

将式（13-14）改写成安全系数表达的形式，有

$$n_{\sigma} = \frac{\sigma_{-1}^{0}}{\sigma_{\max}} \geqslant n \quad 及 \quad n_{\tau} = \frac{\tau_{-1}^{0}}{\tau_{\max}} \geqslant n \tag{13-15}$$

式中 n_{σ}、n_{τ}——构件工作安全系数。

将式（13-11）和式（13-12）分别代入式（13-15），得对称循环正应力下的疲劳强度条件

$$n_{\sigma} = \frac{\sigma_{-1}}{\dfrac{K_{\sigma}}{\varepsilon_{\sigma}\beta}\sigma_{\max}} \geqslant n \tag{13-16}$$

和对称循环扭转应力下的疲劳强度条件

$$n_{\tau} = \frac{\tau_{-1}}{\dfrac{K_{\tau}}{\varepsilon_{\tau}\beta}\tau_{\max}} \geqslant n \tag{13-17}$$

【例 13-1】 传动轴的一段如图 13-11 所示，在危险截面上，内力为对称循环的交变弯矩，其最大值为 $M_{\max} = 800\text{N} \cdot \text{m}$。材料的强度极限 $\sigma_{b} = 500\text{MPa}$，疲劳极限为 250MPa。轴径分别为 $D = 60\text{mm}$、$d = 50\text{mm}$、$r = 6\text{mm}$，轴表面经磨削加工，疲劳安全系数 $n = 2$。试校核该轴的疲劳强度。

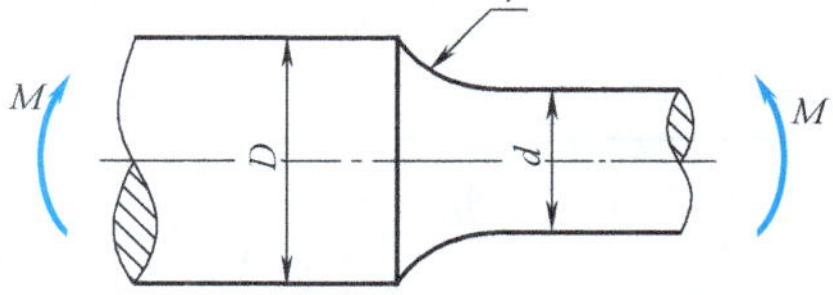

图 13-11 例 13-1 图

解：（1）计算工作应力

$$\sigma_{\max} = \frac{M_{\max}}{W} = \frac{800\text{N} \cdot \text{m}}{\dfrac{\pi \times 50^{3}\text{m}^{3}}{32} \times 10^{-9}} = 65.2\text{MPa}$$

（2）计算影响系数 根据 $\dfrac{D}{d} = 1.2$，$\dfrac{r}{d} = 0.12$ 和 $\sigma_{b} = 500\text{MPa}$，由图 13-7 和图 13-9 及式（13-7），得有效应力集中系数

$$K_\sigma = 1+0.8\times(1.5-1)=1.4$$

由表 13-2 和图 13-10 得尺寸系数和表面质量系数分别为

$$\varepsilon_\sigma = 0.81, \beta = 0.96$$

(3) 校核疲劳强度　将以上数据代入式（13-16），得

$$n_\sigma = \frac{\varepsilon_\sigma \beta \sigma_{-1}}{K_\sigma \sigma_{\max}} = \frac{0.81\times 0.96\times 250\text{MPa}}{1.4\times 65.2\text{MPa}} = 2.1 > n$$

所以，轴的疲劳强度符合要求。

13.4　非对称循环下构件的疲劳强度计算

对于承受非对称循环交变应力的构件，可由下列两式分别进行疲劳强度计算：
对于受正应力循环的情况：

$$n_\sigma = \frac{\sigma_{-1}}{\dfrac{K_\sigma}{\varepsilon_\sigma \beta}\sigma_a + \psi_\sigma \sigma_m} \geqslant n \qquad (13\text{-}18)$$

对于受切应力循环的情况：

$$n_\tau = \frac{\tau_{-1}}{\dfrac{K_\tau}{\varepsilon_\tau \beta}\tau_a + \psi_\tau \tau_m} \geqslant n \qquad (13\text{-}19)$$

式中　n_σ、n_τ——构件的工作安全系数；
　　　n——疲劳安全系数；
　　　σ_{-1}、τ_{-1}——对称循环下材料的疲劳极限（MPa）；
　　　K_σ、K_τ——构件有效应力集中系数；
　　　ε_σ、ε_τ——构件的尺寸系数；
　　　β——构件的表面质量系数；
　　　σ_m、τ_m——平均应力（MPa）；
　　　σ_a、τ_a——应力幅度（MPa）；
　　　ψ_σ、ψ_τ——材料对于应力循环非对称性的敏感系数，由表 13-4 查得。从表 13-4 知，钢的强度越高，ψ_σ、ψ_τ 的值越大。

表 13-4　钢材的材料常数 ψ_σ、ψ_τ

常数 ψ	静荷载强度极限 σ_b/MPa				
	350~500	500~700	700~1000	1000~1200	1200~1400
ψ_σ（拉压、弯曲）	0	0.05	0.10	0.20	0.25
ψ_τ（扭转）	0	0.05	0.05	0.10	0.15

注意：在非对称循环下，当循环特征 r 不同时，构件的破坏情况有所不同，要区别对待：
1) 当 $r<0$ 时，通常只发生疲劳破坏，故只按式（13-18）或式（13-19）校核构件的疲劳强度。

2) 当 $r \geq 0$ 时,材料的屈服极限可能低于构件的疲劳极限,此时构件先有明显塑性变形,然后才发生疲劳破坏,所以除应按式(13-18)或式(13-19)校核构件的疲劳强度外,还应按静荷载校核构件的强度,即

$$n_s = \frac{S_{\min}}{S_{\max}} \geq n \qquad (13-20)$$

式中 n_s——静荷载时构件的屈服安全系数;

S——广义应力(MPa)。

【例 13-2】 如图 13-12 所示圆杆上有一个沿直径的贯穿圆孔,不对称交变弯矩为 $M_{\max} = 5M_{\min} = 512\text{N} \cdot \text{m}$。材料为合金钢:$\sigma_b = 950\text{MPa}$,$\sigma_s = 540\text{MPa}$,$\sigma_{-1} = 430\text{MPa}$。圆杆表面经磨削加工。若已知对应的有效应力集中系数为 $K_\sigma = 2.18$,尺寸系数 $\varepsilon_\sigma = 0.77$,表面质量系数 $\beta = 1$,材料对应力循环不对称的敏感系数 $\psi_\sigma = 0.2$。若规定疲劳安全系数 $n = 2$,屈服安全系数 $n_s = 1.5$,试校核此杆的强度。

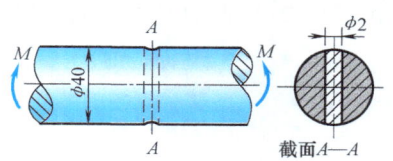

图 13-12 例 13-2 图

解:(1)计算圆杆工作应力

$$\sigma_{\max} = \frac{M_{\max}}{W} = \frac{512\text{N} \cdot \text{m}}{\frac{\pi \times 40^3 \text{m}^3}{32} \times 10^{-9}} = 81.5\text{MPa}$$

最小应力

$$\sigma_{\min} = \frac{1}{5}\sigma_{\max} = 16.3\text{MPa}$$

循环特征

$$r = \frac{\sigma_{\min}}{\sigma_{\max}} = \frac{1}{5} = 0.2$$

平均应力

$$\sigma_m = \frac{\sigma_{\max} + \sigma_{\min}}{2} = \frac{81.5\text{MPa} + 16.3\text{MPa}}{2} = 48.9\text{MPa}$$

应力幅值

$$\sigma_a = \frac{\sigma_{\max} - \sigma_{\min}}{2} = \frac{81.5\text{MPa} - 16.3\text{MPa}}{2} = 32.6\text{MPa}$$

(2)疲劳强度校核 计算工作安全系数

$$n_\sigma = \frac{\sigma_{-1}}{\frac{K_\sigma}{\varepsilon_\sigma \beta}\sigma_a + \psi_\sigma \sigma_m} = \frac{430\text{MPa}}{\frac{2.18}{0.77 \times 1} \times 32.6\text{MPa} + 0.2 \times 48.9\text{MPa}} = 4.21$$

由于 $n_\sigma > n = 2$,所以疲劳强度是足够的。

(3)静强度校核 因为 $r = 0.2 > 0$,所以需要校核静强度。

最大应力对屈服极限的工作安全系数为

$$n = \frac{\sigma_s}{\sigma_{\max}} = \frac{540\text{MPa}}{81.5\text{MPa}} = 6.63 > n_s = 1.5$$

所以，屈服强度条件也是满足的。

13.5 弯扭组合变形的疲劳强度计算

工程中常见的传动轴，均为受弯扭组合交变应力的状态，按第三强度理论，构件在弯扭组合变形时的静强度条件为

$$\sigma_{r3} = \sqrt{\sigma_{max}^2 + 4\tau_{max}^2} \leqslant \frac{\sigma_s}{n} = [\sigma] \tag{13-21}$$

将式（13-21）两边平方后同除以 σ_s^2，并将 $\tau_s = \sigma_s/2$ 代入，则变为

$$\frac{1}{\left(\dfrac{\sigma_s}{\sigma_{max}}\right)^2} + \frac{1}{\left(\dfrac{\tau_s}{\tau_{max}}\right)^2} \leqslant \frac{1}{n^2} \tag{13-22}$$

令式（13-22）中的 $\dfrac{\sigma_s}{\sigma_{max}} = n_\sigma$，$\dfrac{\tau_s}{\tau_{max}} = n_\tau$，则式（13-22）又可改为

$$\frac{n_\sigma n_\tau}{\sqrt{n_\sigma^2 + n_\tau^2}} \geqslant n \tag{13-23}$$

试验表明，上述形式的静强度条件可推广应用于弯扭组合交变应力下的构件。在这种情况下，n_σ、n_τ 应分别按对称或不对称循环的公式计算。因此，在同步的弯扭组合对称循环交变应力作用下（即两种交变应力同时达到最大值，同时达到最小值），构件疲劳强度计算的经验公式为

$$n_{\sigma\tau} = \frac{n_\sigma n_\tau}{\sqrt{n_\sigma^2 + n_\tau^2}} \geqslant n \tag{13-24}$$

式中 $n_{\sigma\tau}$——构件在弯扭组合交变应力下的工作安全系数；

n——弯扭组合时交变应力作用下规定的疲劳安全系数。

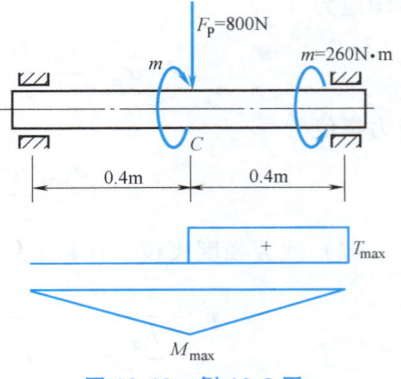

图 13-13　例 13-3 图

【例 13-3】 直径 $d = 40$mm 的齿轮轴 AB 受力如图 13-13 所示，轴不反转，但启动频繁。材料的 $\sigma_{-1} = 350$MPa，$\tau_{-1} = 210$MPa，在装齿轮的 C 处有键槽，查得 $K_\sigma = 2$、$K_\tau = 1.88$、$\varepsilon_\sigma = 0.88$、$\varepsilon_\tau = 0.73$、$\beta = 1$、$\psi_\tau = 0.05$，规定疲劳安全系数 $n = 2$，试校核轴的疲劳强度。

解：此为弯扭组合变形的疲劳强度分析问题，危险点在 C 截面右侧边缘处。

（1）求应力循环特征值 r 及其圆轴的工作应力 弯曲正应力为对称循环应力，$r = -1$，

$$\sigma_{max} = -\sigma_{min} = \frac{M_{max}}{W} = \frac{\dfrac{F_P L}{4}}{\dfrac{\pi d^3}{32}} = \frac{8 F_P L}{\pi d^3} = \frac{8 \times 800\text{N} \times 0.8\text{m}}{\pi \times (40 \times 10^{-3})^3 \text{m}^3} = 25.5\text{MPa}$$

轴虽然不反转，但由于启动频繁，实际上扭转切应力经常处于 $0 \to \tau_{max}$ 之间的变化中，因此，可视扭转切应力为非对称循环应力（脉动循环），$r=0$，则

$$\tau_{max} = \frac{T}{W_P} = \frac{16T}{\pi d^3} = \frac{16 \times 260 \text{N} \cdot \text{m}}{\pi \times (40 \times 10^{-3})^3 \text{m}^3} = 20.7 \times 10^6 \text{Pa} = 20.7 \text{MPa}$$

$$\tau_{min} = 0$$

$$\tau_m = \tau_a = \frac{\tau_{max}}{2} = 10.35 \text{MPa}$$

（2）校核疲劳强度　轴在弯曲对称循环正应力下的工作安全系数为

$$n_\sigma = \frac{\sigma_{-1}}{\frac{K_\sigma}{\varepsilon_\sigma \beta} \sigma_{max}} = \frac{350 \text{MPa}}{\frac{2}{0.88 \times 1} \times 25.5 \text{MPa}} = 6.04$$

轴在扭转非对称循环切应力下的工作安全系数为

$$n_\tau = \frac{\tau_{-1}}{\frac{K_\tau}{\varepsilon_\tau \beta} \tau_a + \psi_\tau \tau_m} = \frac{210 \text{MPa}}{\frac{1.88}{0.73 \times 1} \times 10.35 \text{MPa} + 0.05 \times 10.35 \text{MPa}} = 7.73$$

将上述数据代入式（13-24），有

$$n_{\sigma\tau} = \frac{n_\sigma n_\tau}{\sqrt{n_\sigma^2 + n_\tau^2}} = \frac{6.04 \times 7.73}{\sqrt{6.04^2 + 7.73^2}} = 4.76 > n = 2$$

即该轴有足够的疲劳强度。

虽然本例的弯曲正应力和扭转切应力循环的频率并不相同，但从长期的疲劳强度考虑，上述处理方法可行且偏于安全的。

13.6　提高构件疲劳强度的措施

在机械中发生损坏的零件，疲劳破坏占相当大的比例。因此提高构件的疲劳强度，延长其使用寿命是一个很重要的问题。根据 13.2.2 小节"影响构件疲劳极限的因素"分析，在不改变构件的基本尺寸和材料的前提下，主要措施有：

（1）减小应力集中　设计构件时，在可能的条件下应尽量避免尺寸的急剧变化，如尖角或方形的孔和槽。在截面改变处，要采用圆角过渡，并适当加大圆角的半径；阶梯轴的轴肩要采用足够大的过渡圆角 r 或开减荷槽；焊接件尽量采用坡口焊接（见图 13-14）。这样可以改善或消除应力集中现象，提高疲劳强度。

（2）提高表面质量　提高构件表面质量，可以消除或减小切削刀痕所引起的应力集中，尤其是高强度碳钢和合金钢，对应力集中特别敏感，更应该具有较好的表面质量。

（3）提高构件表层材料的强度　由于疲劳裂纹大多数起始于构件表面层，因此，提高表面层材料的强度，能使构件的疲劳强度增大。目前常用的方法有热处理、化学处理和冷加工处理等。热处理和化学处理如淬火、氮化、氰化；冷加工处理如滚压、喷丸。这些方法的共同特点是都能强化构件的表面层，并在表面层形成残余的压应力，以减少出现裂纹的机会，从而达到提高构件疲劳强度的目的。

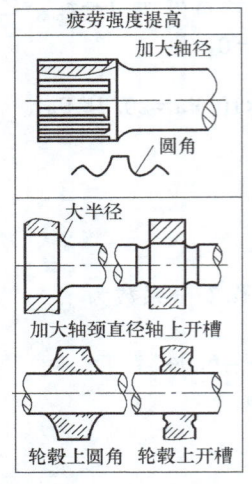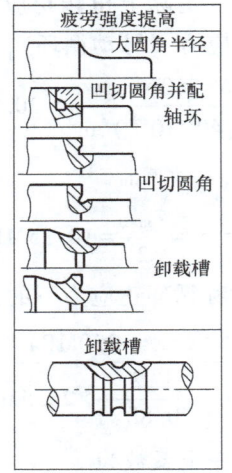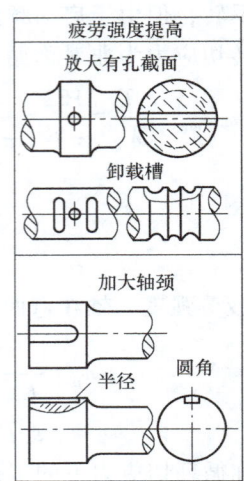

图 13-14 坡口焊接件

思 考 题

13-1 什么是交变应力？工程中常见的交变应力有哪几种？

13-2 若一个构件发生破坏，有什么简单方法可判断构件是否是疲劳破坏？

13-3 为什么在疲劳破坏时，即使塑性很好的材料也会发生脆性断裂？

13-4 什么是 S-N 曲线？简述通过试验方法测定材料疲劳极限的过程。

13-5 导致破坏的主要原因是什么？提高构件疲劳强度的措施有哪些？

13-6 当构件已存在宏观裂纹时，能否用本章的公式进行疲劳强度校核？

13-7 一种材料是否只有一种疲劳极限？影响构件疲劳极限的主要因素是什么？

13-8 如图 13-15 所示阶梯圆轴在工作中承受交变应力，试从提高圆轴疲劳强度的角度出发，对该圆轴的设计提出一些合理的改进意见。

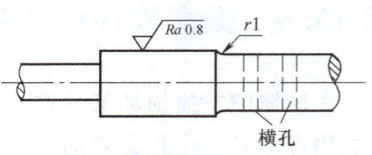

图 13-15 思考题 13-8 图

习 题

13-1 试计算图 13-16 所示交变应力的平均应力 σ_m、应力幅度 σ_a 和循环特征 r。

13-2 柴油发动机连杆大头螺钉在工作时受到最大拉力 $F_{max}=58.3\text{kN}$，最小拉力 $F_{min}=55.8\text{kN}$。螺纹处内径 $d=11.5\text{mm}$。试求平均应力 σ_m、应力幅值 σ_a 和循环特征 r。

13-3 火车轮轴受力情况如图 13-17 所示，$a=500\text{mm}$，$l=1435\text{mm}$，轮轴中间直径 $D=15\text{cm}$，若 $F_P=50\text{kN}$，试求轮轴中段截面边缘上任一点的最大应力 σ_{max}、最小应力 σ_{min} 和循环特征 r，并作出 σ-t 曲线。

13-4 图 13-18 所示钢轴，承受对称循环弯曲应力作用，钢轴分别由合金钢和碳钢制成，合金钢的 $\sigma_b=1200\text{MPa}$、$\sigma_{-1}=480\text{MPa}$，碳钢的 $\sigma_b=700\text{MPa}$、$\sigma_{-1}=280\text{MPa}$，它们均经

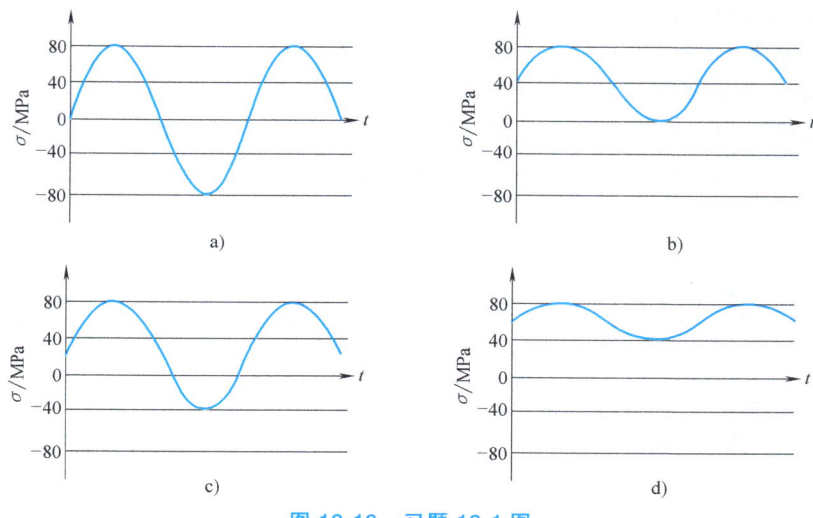

图 13-16　习题 13-1 图

粗车制成。设疲劳安全系数 $n=2$，试分析各钢轴的许用应力 $[\sigma_{-1}]$，并进行比较。

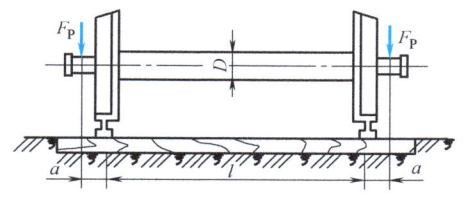

图 13-17　习题 13-3 图

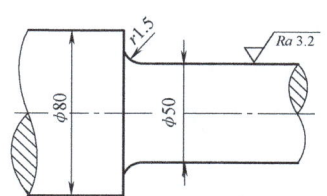

图 13-18　习题 13-4 图

13-5　如图 13-19 所示的电动机轴直径 $d=30$mm，轴上开有铣加工的键槽。轴的材料是合金钢，$\sigma_b=750$MPa，$\tau_b=400$MPa，$\tau_{-1}=190$MPa。轴在 $r=750$r/min 的转速下传递的功率 $P=14.7$kW。该轴时而工作，时而停止，但没有反向旋转。轴表面经磨削加工。若规定安全系数 $n=2$，试校核该轴的强度。

13-6　图 13-20 所示阶梯轴受交变弯矩和交变扭矩的联合作用，弯矩从 200N·m 变化到 −200N·m，扭矩从 500N·m 变化到 250N·m，两者同相位。轴的材料为碳钢，$\sigma_b=500$MPa，$\tau_b=350$MPa，$\sigma_s=300$MPa，$\tau_s=180$MPa，$\sigma_{-1}=220$MPa，$\tau_{-1}=120$MPa，杆表面经磨削加工，取 $\psi_\sigma=\psi_\tau=0$，$D=50$mm，$d=40$mm，$r=2$mm，若疲劳安全系数 $n=1.8$，强度安全系数 $n_s=1.5$，试校核轴的疲劳强度。

13-7　图 13-21 所示圆杆表面未经加工，且因径向圆孔而削弱。杆受由 0 到 $F_{P\max}$ 的交

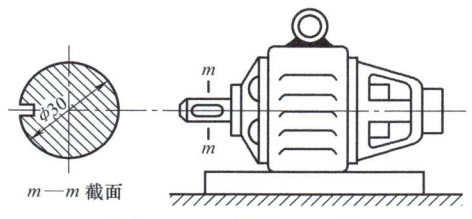

图 13-19　习题 13-5 图

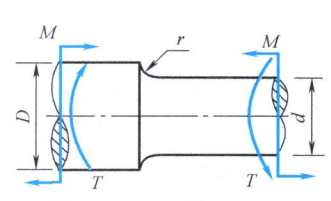

图 13-20　习题 13-6 图

变轴向力作用。已知材料为普通碳钢，$\sigma_b = 600\text{MPa}$，$\sigma_s = 340\text{MPa}$，$\sigma_{-1} = 200\text{MPa}$，取 $\psi_\sigma = 0.1$，疲劳安全系数 $n = 1.7$，$n_s = 1.5$，试求最大荷载。

13-8 试确定下列各题中轴上点 B 的应力比：

（1）图 13-22a 为轴固定不动，滑轮绕轴转动，滑轮上作用着不变荷载 F_P。

（2）图 13-22b 为轴与滑轮固结成一体而转动，滑轮上作用着不变荷载 F_P。

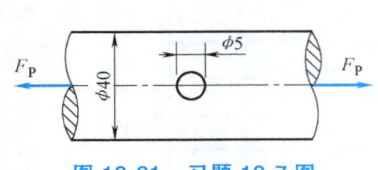

图 13-21 习题 13-7 图

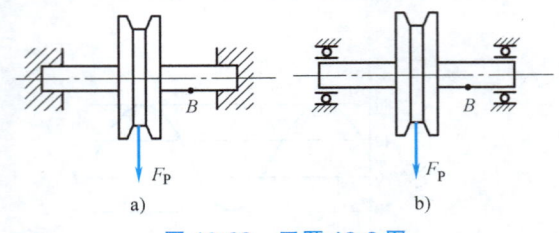

图 13-22 习题 13-8 图

附　　录

■ 附录 A　平面图形的几何性质

A.1　平面图形的静矩和形心

静矩是衡量图形形心位置的几何参数之一。**平面图形的静矩即为该图形对平面内某轴的一次矩**，数学上表示为图形各微元面积 dA 与平面内某轴线距离乘积的积分，如图 A-1 所示。该平面图形分别关于 x 轴和 y 轴的静矩 S_x、S_y 可定义为

$$\begin{cases} S_x = \int_A y \mathrm{d}A \\ S_y = \int_A x \mathrm{d}A \end{cases} \quad (\text{A-1})$$

其中 A 表示平面图形的面积。

平面图形的形心是指平面图形的几何中心（见图 A-2），根据合力矩定理，平面图形的形心 C 点坐标为

$$\begin{cases} x_C = \dfrac{\int_A x \mathrm{d}A}{\int_A \mathrm{d}A} = \dfrac{S_y}{A} \\ y_C = \dfrac{\int_A y \mathrm{d}A}{\int_A \mathrm{d}A} = \dfrac{S_x}{A} \end{cases} \quad (\text{A-2})$$

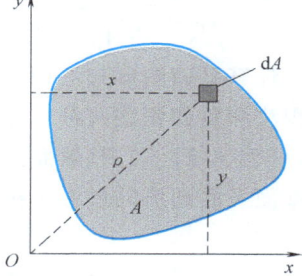

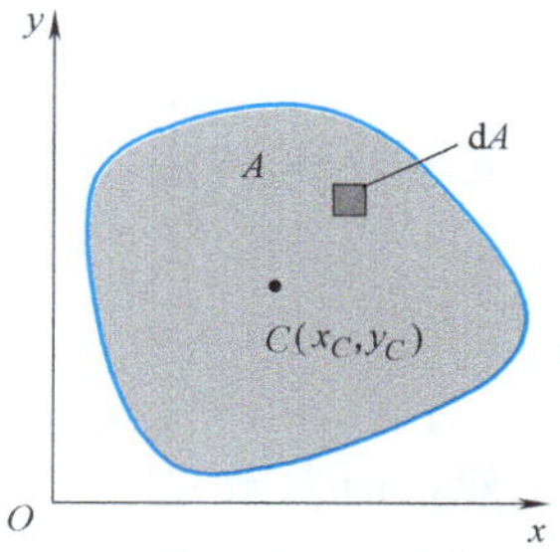

图 A-1　平面图形位置坐标

图 A-2　形心位置

因此，平面图形的静矩也可表示为

$$S_y = x_C A$$
$$S_x = y_C A \quad (\text{A-3})$$

不难看出，当平面图形的形心位于坐标轴 x 上时，有 $y_C = 0$，此时也有 $S_x = 0$；同理，当平面图形的形心位于坐标轴 y 上时，有 $x_C = 0$，$S_y = 0$。因此，若将通过图形形心的轴线定义

为形心轴，则平面图形对平面内形心轴的静矩应为零。

例 A-1 通过积分法计算了平面图形的形心坐标。

【例 A-1】 平面图形由边长为 a 的正方形和直径为 a 的半圆形组合而成，如图 A-3 所示。试确定其形心的位置。

解：平面图形关于 y 轴对称，因此形心必在 x 轴上。

圆周曲线方程为 $(x-a)^2+y^2=\left(\dfrac{a}{2}\right)^2$，即 $y=\pm\sqrt{\left(\dfrac{a}{2}\right)^2-(x-a)^2}$

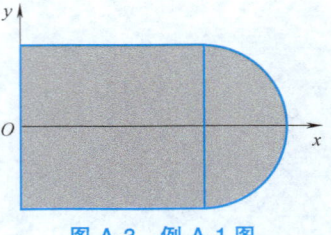

图 A-3 例 A-1 图

$$x_C=\dfrac{S_y}{A}=\dfrac{\int_A x\mathrm{d}A}{A}=\dfrac{\int_0^a xa\mathrm{d}x+\int_a^{\frac{3}{2}a} x\mathrm{d}A}{a^2+\dfrac{1}{2}\dfrac{\pi a^2}{4}}=\dfrac{\int_0^a xa\mathrm{d}x+\int_a^{\frac{3}{2}a} 2x\sqrt{\left(\dfrac{a}{2}\right)^2-(x-a)^2}\mathrm{d}x}{\left(1+\dfrac{\pi}{8}\right)a^2}=\dfrac{14+3\pi}{3(8+\pi)}a$$

若平面图形由 n 个平面图形组成（见图 A-4），则组合平面图形的形心 C' 点坐标为

$$x_{C'}=\dfrac{\sum x_{Ci}A_i}{\sum A_i},\quad y_{C'}=\dfrac{\sum y_{Ci}A_i}{\sum A_i}\quad(i=1,2,\cdots,n)\quad(\text{A-4})$$

计算平面图形形心时，可采用组合面积法，主要分为正面积法和负面积法两种，详见例 A-2。

【例 A-2】 T 形截面梁的尺寸参数如图 A-5 所示，计算梁截面平面图形的形心坐标。

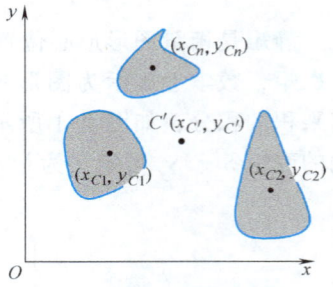

图 A-4 平面图形的整体形心

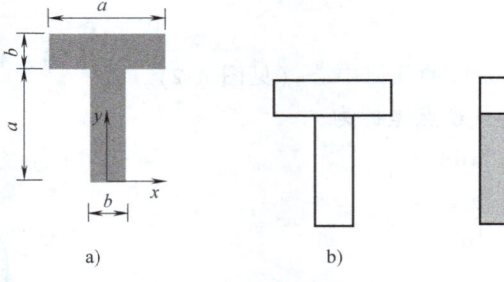

图 A-5 例 A-2 图
a) 坐标系及尺寸 b) 加面积法 c) 减面积法

解：(1) 解答一（正面积法） 平面图形关于 x 轴对称，因此形心必在 y 轴上，即 $x_C=0$。采用组合面积法，上述平面图形由两个矩形组成，由式（A-4）有

$$y_C=\dfrac{\sum y_{Ci}A_i}{\sum A_i}=\dfrac{\dfrac{a}{2}ab+\left(a+\dfrac{b}{2}\right)ab}{2ab}=\dfrac{3a+b}{4}$$

(2) 解答二（负面积法） 同理，$x_C=0$，若平面图形视为 1 个大矩形扣除 2 小矩形组成，由式（A-4）有

$$y_C = \frac{\sum y_{Ci}A_i}{\sum A_i} = \frac{\frac{a+b}{2}(a+b)a + \frac{a}{2}\left[-2a\left(\frac{a-b}{2}\right)\right]}{(a+b)a + \left[-2a\left(\frac{a-b}{2}\right)\right]} = \frac{3a+b}{4}$$

A.2 极惯性矩、惯性矩与惯性积

极惯性矩是衡量截面扭转能力的一个几何参数，即为平面图形对某一极点的二次矩，故又称为截面二次极矩，数学上表示为图形各微元面积 dA 与各微元至该平面法向轴线距离 ρ 二次方乘积的积分（见图 A-1），记为 I_p。

$$I_p = \int_A \rho^2 dA \tag{A-5}$$

惯性矩是衡量截面抗弯能力的一个几何参数，即为该图形对平面内某轴的二次矩，数学上表示为图形各微元面积 dA 与平面内某轴线距离二次方乘积的积分，如图 A-1 所示。该平面图形分别关于 x 轴和 y 轴的惯性矩 I_x、I_y 可定义为

$$\begin{cases} I_x = \int_A y^2 dA \\ I_y = \int_A x^2 dA \end{cases} \tag{A-6}$$

类似地可定义平面图形的**惯性积**。

$$I_{xy} = \int_A xy\, dA \tag{A-7}$$

由图 A-1 可知 $\rho^2 = x^2 + y^2$，故 $\int_A \rho^2 dA = \int_A y^2 dA + \int_A x^2 dA$，进而平面图形极惯性矩与惯性矩之间的关系为

$$I_p = I_x + I_y \tag{A-8}$$

平面图形的**惯性半径**又称为**回转半径**，是指物体微分质量假设的集中点到转动轴间的距离，其值为平面图形对某轴的惯性矩除以该图形面积所得商的平方根值。

$$\begin{cases} i_x = \sqrt{\dfrac{I_x}{A}} \\ i_y = \sqrt{\dfrac{I_y}{A}} \end{cases} \tag{A-9}$$

与形心计算类似，极惯性矩和惯性矩也可采用**组合面积法**计算，如例 A-3 和例 A-4 所示。

【例 A-3】 计算图 A-6 所示实心圆、圆环以及薄壁圆环平面图形相对于圆心 O 处法向轴的极惯性矩、x 轴的惯性矩，并给出相应的惯性半径。

解： 对于图 A-6a 所示的实心圆平面图形，取厚度为 $d\rho$ 的圆环微元面积 $dA = 2\pi\rho d\rho$，如图 A-7a 所示，则有

$$I_p = \int_A \rho^2 dA = \int_0^{D/2} \rho^2 \times 2\pi\rho d\rho = \frac{\pi D^4}{32}$$

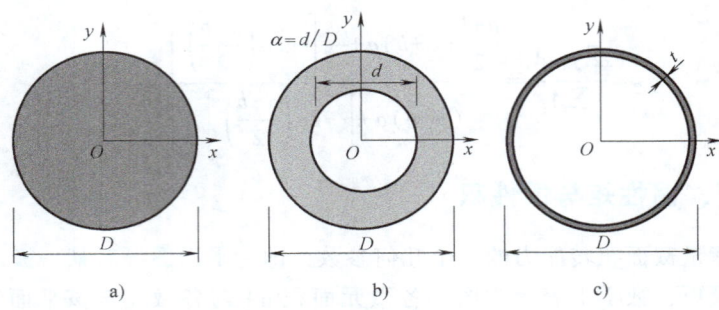

图 A-6 例 A-3 图
a) 实心圆   b) 圆环   c) 薄圆环

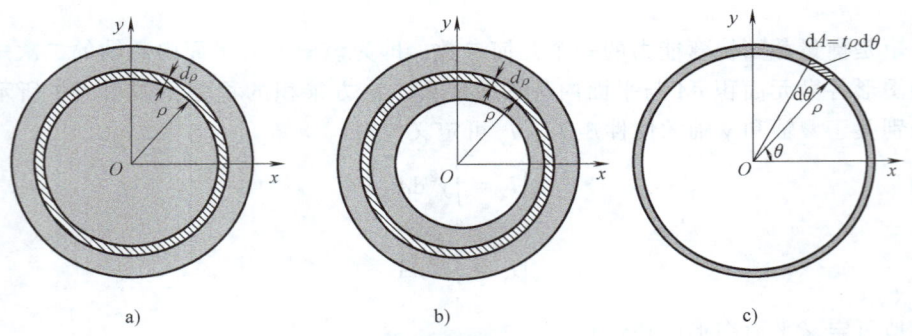

图 A-7 圆形平面图形的微元面积
a) 实心圆   b) 圆环   c) 薄圆环

根据图形的对称性，有 $I_y = I_x$，因此 $I_p = I_x + I_y = 2I_x$。

$$I_x = \frac{1}{2}I_p = \frac{\pi D^4}{64}$$

$$i_x = \sqrt{\frac{I_x}{A}} = \sqrt{\frac{\pi D^4}{64} \bigg/ \frac{\pi D^2}{4}} = \frac{D}{4}$$

对于图 A-6b 所示的圆环平面图形微元面积如图 A-7b 所示。

$$I_p = \int_A \rho^2 dA = \int_{d/2}^{D/2} \rho^2 \times 2\pi\rho d\rho = \frac{\pi(D^4 - d^4)}{32} = \frac{\pi D^4}{32}(1-\alpha^4)$$

或采用组合面积法有

$$I_p = I_{p大圆形} - I_{p小圆形} = \frac{\pi D^4}{32} - \frac{\pi d^4}{32} = \frac{\pi D^4}{32}(1-\alpha^4)$$

同理，根据图形的对称性，有

$$I_x = \frac{1}{2}I_p = \frac{\pi D^4}{64}(1-\alpha^4)$$

或采用组合面积法有

$$I_x = I_{x大圆形} - I_{x小圆形} = \frac{\pi D^4}{64} - \frac{\pi d^4}{64} = \frac{\pi D^4}{64}(1-\alpha^4)$$

图形相对于 x 轴的惯性半径为

$$i_x = \sqrt{\frac{I_x}{A}} = \sqrt{\frac{\pi D^4(1-\alpha^4)}{64} \bigg/ \frac{\pi D^2(1-\alpha^2)}{4}} = \frac{D\sqrt{(1+\alpha^2)}}{4}$$

对于图 A-6c 所示的薄圆环平面图形，由于圆环厚度 t 很小，因此可视其半径为常数，取 $\rho = D/2$，薄圆环微元面积如图 A-7c 所示，取为 $dA = t\rho d\theta = \dfrac{Dt}{2}d\theta$。

$$I_p = \int_A \rho^2 dA = \int_0^{2\pi} \left(\frac{D}{2}\right)^2 \frac{Dt}{2} d\theta = \frac{\pi D^3 t}{4}$$

同理，根据图形的对称性，有

$$I_x = \frac{1}{2}I_p = \frac{\pi D^3 t}{8}$$

【例 A-4】 计算如图 A-8 所示实心矩形和空心矩形平面图形相对于 x 轴的惯性矩以及惯性半径。

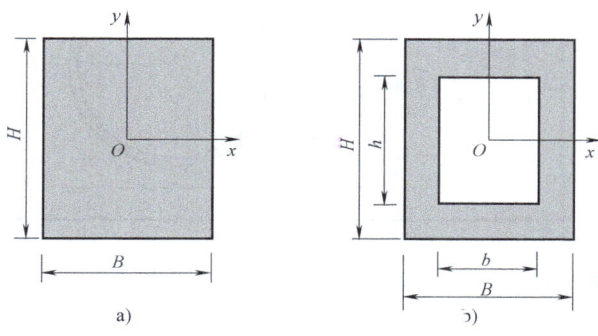

图 A-8 例 A-4 图
a) 实心矩形 b) 空心矩形

解：实心矩形平面图形上，取厚度为 dy 的矩形微元面积 $dA = Bdy$，如图 A-9 所示。于是

$$I_x = \int_A y^2 dA = \int_{-H/2}^{H/2} y^2 B dy = \frac{BH^3}{12}$$

$$i_x = \sqrt{\frac{I_x}{A}} = \sqrt{\frac{BH^3}{12} \bigg/ BH} = \frac{H}{2\sqrt{3}}$$

对于空心矩形平面图形而言，其惯性矩可由组合法得到，等于大矩形惯性矩减去小矩形惯性矩，因此

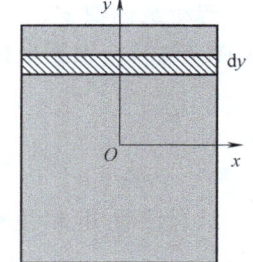

图 A-9 实心矩形平面图形的微元面积

$$I_x = I_{x\text{大矩形}} - I_{x\text{小矩形}} = \frac{BH^3}{12} - \frac{bh^3}{12}$$

$$i_x = \sqrt{\frac{I_x}{A}} = \sqrt{\left(\frac{BH^3}{12} - \frac{bh^3}{12}\right) \bigg/ (BH - bh)} = \frac{1}{2\sqrt{3}}\sqrt{\frac{BH^3 - bh^3}{BH - bh}}$$

表 A-1 归纳了常见简单平面图形的惯性矩、惯性半径等几何性质，以备查询。

表 A-1 常见简单平面图形的几何性质

平面图形	惯性矩、惯性半径	平面图形	惯性矩、惯性半径
矩形（宽 B，高 H）	$I_x = \dfrac{BH^3}{12}, I_y = \dfrac{HB^3}{12}$ $i_x = \dfrac{H}{2\sqrt{3}}, i_y = \dfrac{B}{2\sqrt{3}}$	圆形（直径 D）	$I_x = I_y = \dfrac{\pi D^4}{64}$ $i_x = i_y = \dfrac{D}{4}$
圆环（外径 D，内径 d，$\alpha = d/D$）	$I_x = I_y = \dfrac{\pi D^4}{64}(1-\alpha^4)$ $i_x = i_y = \dfrac{D\sqrt{(1+\alpha^2)}}{4}$	薄壁圆环（直径 D，壁厚 t）	$I_x = I_y = \dfrac{\pi D^3 t}{8}$ $i_x = i_y = \dfrac{\sqrt{2}}{4}D$

A.3 惯性矩和惯性积的平行移轴公式

坐标系通常是已设定的，已知平面图形关于坐标轴 x、y 的惯性矩 I_x、I_y 和惯性积 I_{xy}，在某些情况下，可能需要计算平面图形关于新坐标轴 x'、y' 的惯性矩 $I_{x'}$、$I_{y'}$ 和惯性积 $I_{x'y'}$。

若新坐标轴 x'、y' 相对于原坐标轴 x、y 分别平移 d_x、d_y（见图 A-10），根据坐标轴的关系

$$\begin{cases} x' = x - d_x \\ y' = y - d_y \end{cases} \quad (\text{A-10})$$

结合惯性矩和惯性积的表达式（A-6）和式（A-7），可得

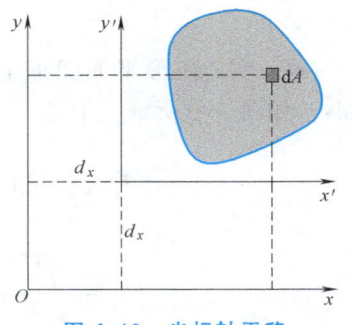

图 A-10 坐标轴平移

$$\begin{cases} I_{x'} = \int_A y'^2 \mathrm{d}A = \int_A y^2 \mathrm{d}A - 2d_y \int_A y\mathrm{d}A + d_y^2 A \\ I_{y'} = \int_A x'^2 \mathrm{d}A = \int_A x^2 \mathrm{d}A - 2d_x \int_A x\mathrm{d}A + d_x^2 A \\ I_{x'y'} = \int_A x'y' \mathrm{d}A = \int_A xy\mathrm{d}A - d_x \int_A y\mathrm{d}A - d_y \int_A x\mathrm{d}A + d_x d_y A \end{cases} \quad (\text{A-11})$$

由此，应用静矩、惯性矩和惯性积的定义，可简化为

$$\begin{cases} I_{x'} = I_x - 2d_y S_x + d_y^2 A \\ I_{y'} = I_y - 2d_x S_y + d_x^2 A \\ I_{x'y'} = I_{xy} - d_x S_x - d_y S_y + d_x d_y A \end{cases} \quad (A\text{-}12)$$

若平面图形的形心位于平面内某轴上，此时平面图形关于该轴的静矩应为零。设定原坐标轴 x、y 均穿过平面图形的形心 C，则 $S_x = 0$，$S_y = 0$，式（A-12）可简化为

$$\begin{cases} I_{x'} = I_{x_C} + d_y^2 A \\ I_{y'} = I_{y_C} + d_x^2 A \\ I_{x'y'} = I_{x_C y_C} + d_x d_y A \end{cases} \quad (A\text{-}13)$$

由此可见，平面图形对所有平行轴的惯性矩中，以对通过其形心的轴的惯性矩为最小。例 A-5 和例 A-6 给出了坐标轴平移的情况下平面图形惯性矩和惯性积的计算过程。

【例 A-5】 如图 A-11 所示，坐标系 Oxy 下局部坐标系 $x_1 y_1$ 和 $x_2 y_2$ 原点 O_1、O_2 的位置分别为 (a_1, b_1)、(a_2, b_2)，且 O_2 与平面图形的形心 C 重合。若已知该平面图形面积为 A，相对于坐标轴 x_1、y_1 的惯性矩和惯性积分别为 I_{x_1}、I_{y_1}、$I_{x_1 y_1}$，求该平面图形相对于坐标轴 x、y 的惯性矩和惯性积。

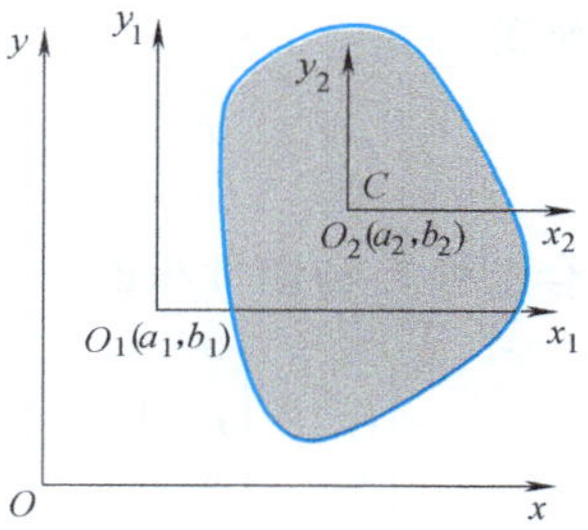

解：由式（A-13）可知，形心轴 $x_2 y_2$ 移到坐标轴 xy 时，惯性矩和惯性积写成

$$I_x = I_{x_2} + (-b_2)^2 A$$
$$I_y = I_{y_2} + (-a_2)^2 A$$
$$I_{xy} = I_{x_2 y_2} + (-a_2)(-b_2) A$$

图 A-11 例 A-5 图

形心轴 $x_2 y_2$ 移至坐标轴 $x_1 y_1$ 时，惯性矩和惯性积写成

$$I_{x_1} = I_{x_2} + [-(b_2 - b_1)]^2 A$$
$$I_{y_1} = I_{y_2} + [-(a_2 - a_1)]^2 A$$
$$I_{x_1 y_1} = I_{x_2 y_2} + [-(a_2 - a_1)][-(b_2 - b_1)] A$$

结合上述两组式子可得坐标轴 x、y 的惯性矩和惯性积

$$I_x = I_{x_1} + b_1 (2b_2 - b_1) A$$
$$I_y = I_{y_1} + a_1 (2a_2 - a_1) A$$
$$I_{xy} = I_{x_1 y_1} + [a_2 b_1 + a_1 (b_2 - b_1)] A$$

【例 A-6】 长宽分别为 a、b 的矩形中间挖去直径为 D 的圆形后，形成如图 A-12 所示的中空矩形平面图形，坐标轴 y 与图形对称轴重合，坐标原点 O 恰好位于矩形形心处，坐标轴 z 与圆形相切。求该平面图形对两轴的惯性矩 I_y、I_z。

解：实心矩形对于形心轴 y、z 的惯性矩分别为 $\dfrac{ab^3}{12}$ 和 $\dfrac{a^3 b}{12}$；实心圆形对于形心轴 y、z 的惯性矩均为 $\dfrac{\pi D^4}{64}$。

由于 y 轴既是矩形的形心轴，也是圆形的形心轴，则

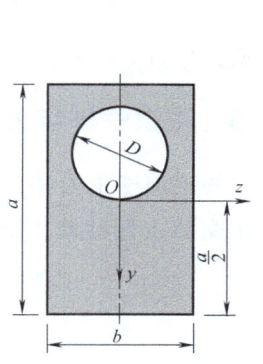

图 A-12 例 A-6 图

$$I_y = I_y^{矩形} - I_y^{圆形} = \frac{ab^3}{12} - \frac{\pi D^4}{64}$$

z 轴为矩形形心轴,但对于圆形为非形心轴,因此,应用平行移轴公式,圆形平面图形对于 z 轴的惯性矩为

$$I_z^{圆形} = \frac{\pi D^4}{64} + \left(\frac{D}{2}\right)^2 \frac{\pi D^2}{4} = \frac{5\pi D^4}{64}$$

由此,$I_z = I_z^{矩形} - I_z^{圆形} = \dfrac{a^3 b}{12} - \dfrac{5\pi D^4}{64}$。

A.4 惯性矩与惯性积的转轴公式

若新坐标轴 x'、y' 相对于原坐标轴 x、y 分别绕原点 O 转动角度 α(见图 A-13),根据坐标轴的关系

$$\begin{cases} x' = x\cos\alpha + y\sin\alpha \\ y' = y\cos\alpha - x\sin\alpha \end{cases} \quad (A\text{-}14)$$

结合惯性矩和惯性积的表达式(A-6)和式(A-7),可得

$$\begin{cases} I_{x'} = \int_A y'^2 \mathrm{d}A = \dfrac{1}{2}\left(\int_A y^2 \mathrm{d}A + \int_A x^2 \mathrm{d}A\right) + \dfrac{\cos 2\alpha}{2}\left(\int_A y^2 \mathrm{d}A - \int_A x^2 \mathrm{d}A\right) - \sin 2\alpha \int_A xy\,\mathrm{d}A \\ I_{y'} = \int_A x'^2 \mathrm{d}A = \dfrac{1}{2}\left(\int_A y^2 \mathrm{d}A + \int_A x^2 \mathrm{d}A\right) - \dfrac{\cos 2\alpha}{2}\left(\int_A y^2 \mathrm{d}A - \int_A x^2 \mathrm{d}A\right) + \sin 2\alpha \int_A xy\,\mathrm{d}A \\ I_{x'y'} = \int_A x'y' \mathrm{d}A = \dfrac{\sin 2\alpha}{2}\left(\int_A y^2 \mathrm{d}A - \int_A x^2 \mathrm{d}A\right) + \cos 2\alpha \int_A xy\,\mathrm{d}A \end{cases} \quad (A\text{-}15)$$

由此

$$\begin{cases} I_{x'} = \dfrac{1}{2}(I_x + I_y) + \dfrac{\cos 2\alpha}{2}(I_x - I_y) - \sin 2\alpha\, I_{xy} \\ I_{y'} = \dfrac{1}{2}(I_x + I_y) - \dfrac{\cos 2\alpha}{2}(I_x - I_y) + \sin 2\alpha\, I_{xy} \\ I_{x'y'} = \dfrac{\sin 2\alpha}{2}(I_x - I_y) + \cos 2\alpha\, I_{xy} \end{cases} \quad (A\text{-}16)$$

可见,$I_{x'} + I_{y'} = I_x + I_y$,两者之和为常数。

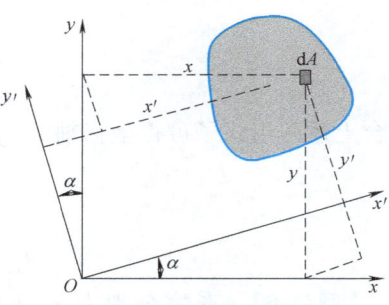

图 A-13 坐标轴转动

A.5 主惯性轴与主惯性矩

若平面图形对于一对正交坐标轴的惯性积为零,即 $I_{x'y'} = 0$,此时坐标轴 x'、y' 称为一对正交的主惯性轴,则由式(A-16)可确定该坐标系相对于原坐标系的转角 α_0 为

$$\alpha_0 = \frac{1}{2}\arctan\frac{2I_{xy}}{I_y - I_x} \quad (A\text{-}17)$$

与主惯性轴相应的惯性矩 $I_{x'}$、$I_{y'}$ 称为主惯性矩,即

$$\begin{cases} I_{x'} = \dfrac{1}{2}(I_x+I_y)+\dfrac{\cos 2\alpha_0}{2}(I_x-I_y)-\sin 2\alpha_0 I_{xy} \\ I_{y'} = \dfrac{1}{2}(I_x+I_y)-\dfrac{\cos 2\alpha_0}{2}(I_x-I_y)+\sin 2\alpha_0 I_{xy} \end{cases} \quad (\text{A-18})$$

若一对主惯性轴的交点与平面图形的形心重合，则它们即为平面图形的 形心主惯性轴。

任何具有三根或三根以上对称轴的平面图形（如，圆形平面图形、正多边形平面图形）。它们所有的形心轴均为形心主惯性轴，且形心主惯性矩都相等。

【例 A-7】 求图 A-14 所示中空矩形平面图形的形心主惯性矩。

解：首先计算平面图形的形心位置，根据对称性形心必位于 y 轴上，即 $z_C=0$。

$$y_C = \dfrac{\sum y_{Ci} A_i}{\sum A_i} = \dfrac{0 \cdot ab - \left(-\dfrac{D}{2}\right)\dfrac{\pi D^2}{4}}{ab-\dfrac{\pi D^2}{4}} = \dfrac{\pi D^3}{2(4ab-\pi D^2)}$$

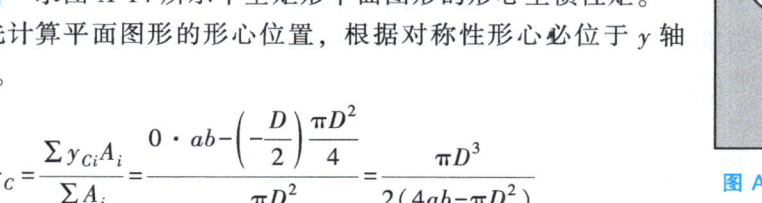

图 A-14 例 A-7 图

将坐标系 Oyz 平移至形心 C 处的新坐标系 $Cy'z'$，如图 A-14 所示。根据对称性有 $I_{y'z'}=0$，因此，新坐标轴 y'、z' 是该平面图形的主惯性轴，其形心主惯性矩可表示为

$$I_{y_C} = I_{y'} = \dfrac{ab^3}{12} - \dfrac{\pi D^4}{64}$$

$$I_{z_C} = I_{z_C 矩形} - I_{z_C 圆形} = (I_{z 矩形} + y_C^2 A_{矩形}) - \left(I_{z 圆形} + \left(y_C + \dfrac{D}{2}\right)^2 A_{圆形}\right) = \left(\dfrac{a^3 b}{12} + y_C^2 ab\right) - \left[\dfrac{\pi D^4}{64} + \left(y_C + \dfrac{D}{2}\right)^2 \dfrac{\pi D^2}{4}\right]$$

将 y_C 的表达式代入上式，得

$$I_{z_C} = \dfrac{a^3 b}{12} - \dfrac{\pi D^4}{64} + \dfrac{\pi ab D^4}{4(\pi D^2 - 4ab)}$$

思 考 题

A-1 平面图形对某一轴的静矩为零，该轴是否必定通过该图形的形心？

A-2 联系杆件弯曲问题，思考平面图形惯性矩、惯性积的用途；联系杆件扭转问题，思考极惯性矩的用途。

A-3 如何理解组合面积法适用于计算平面图形的极惯性矩、惯性矩和惯性积？

A-4 平面图形的主惯性轴是如何确定的？思考它与形心主惯性轴的联系与区别。

习 题

A-1 L 形平面图形如图 A-15 所示，置于坐标系 Oxy 中，求该图形形心位置坐标。

A-2 图 A-16 中 C 为正方形的形心，正方形边长为 a 且其上存在一阴影面积，高为 $a/4$，试求该阴影面积对形心轴 z_C 的静矩。

A-3 求图 A-17 所示截面对 z 轴的惯性矩 I_z。

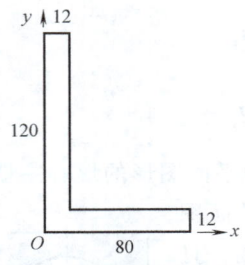
图 A-15 习题 A-1 图

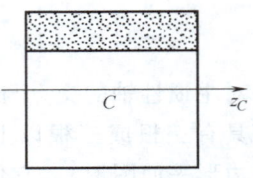
图 A-16 习题 A-2 图

A-4 采用积分法计算图 A-17 所示截面关于 y 轴的惯性矩 I_y。

A-5 由 4 个圆组成的截面，各圆的直径均为 D，如图 A-18 所示。试计算截面对 z_1 轴的惯性矩 I_{z_1}，并排列 I_{z_1}、I_{z_2}、I_{z_3} 的大小。

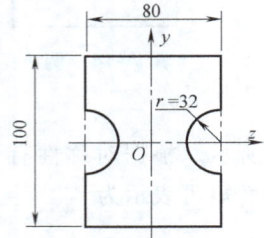
图 A-17 习题 A-3、A-4 图

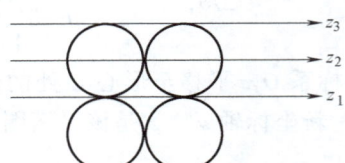
图 A-18 习题 A-5、A-6、A-7 图

A-6 若图 A-18 中 z_1 轴绕四圆平面图形的形心逆时针旋转 45°，求此时平面图形相对于 z_1 轴的惯性矩 I_{z_1}。

A-7 试确定图 A-18 中平面图形主惯性轴的方位，并计算其形心主惯性矩。

附录 B 型钢规格表[1]

B.1 工字钢

工字钢截面尺寸及标注如图 B-1 所示，工字钢型号及各项参数见表 B-1。

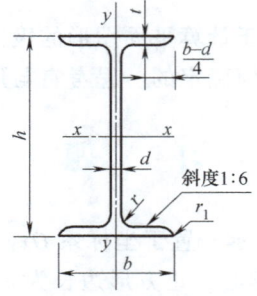
图 B-1 工字钢截面尺寸及标注

h—高度　b—腿宽度　d—腰厚度　t—腿中间厚度　r—内圆弧半径　r_1—腿端圆弧半径

附录

表 B-1　工字钢型号及各项参数

型号	截面尺寸/mm						截面面积/cm²	理论质量/(kg/m)	外表面积/(m²/m)	惯性矩/cm⁴		惯性半径/cm		截面系数/cm³	
	h	b	d	t	r	r_1				I_x	I_y	i_x	i_y	W_x	W_y
10	100	68	4.5	7.6	6.5	3.3	14.33	11.3	0.432	245	33.0	4.14	1.52	49.0	9.72
12	120	74	5.0	8.4	7.0	3.5	17.80	14.0	0.493	435	46.9	4.95	1.62	72.7	12.7
12.6	126	74	5.0	8.4	7.0	3.5	18.10	14.2	0.505	483	46.9	5.20	1.61	77.5	12.7
14	140	80	5.5	9.1	7.5	3.8	21.50	16.9	0.553	712	64.4	5.76	1.73	102	16.1
16	160	88	6.0	9.9	8.0	4.0	26.11	20.5	0.621	1130	93.1	6.58	1.89	141	21.2
18	180	94	6.5	10.7	8.5	4.3	30.74	24.1	0.681	1660	122	7.36	2.00	185	26
20a	200	100	7.0	11.4	9.0	4.5	35.55	27.9	0.742	2370	158	8.15	2.12	237	32.5
20b	200	102	9.0	11.4	9.0	4.5	39.55	31.1	0.746	2500	169	7.96	2.06	250	33.1
22a	220	110	7.5	12.3	9.5	4.8	42.10	33.1	0.817	3400	225	8.99	2.31	309	40.9
22b	220	112	9.5	12.3	9.5	4.8	46.20	36.5	0.821	3570	239	8.78	2.27	325	42.7
24a	240	116	8.0	13.0	10.0	5.0	47.71	37.5	0.878	4570	280	9.77	2.42	381	48.4
24b	240	118	10.0	13.0	10.0	5.0	52.51	41.2	0.882	4800	297	9.57	2.38	400	50.4
25a	250	116	8.0	13.0	10.0	5.0	48.51	38.1	0.898	5020	280	10.2	2.40	402	48.3
25b	250	118	10.0	13.0	10.0	5.0	53.51	42.0	0.902	5280	309	9.94	2.40	423	52.4
27a	270	122	8.5	13.7	10.5	5.3	54.52	42.8	0.958	6550	345	10.9	2.51	485	56.6
27b	270	124	10.5	13.7	10.5	5.3	59.92	47.0	0.962	6870	366	10.7	2.47	509	58.9
28a	280	122	8.5	13.7	10.5	5.3	55.37	43.5	0.978	7110	345	11.3	2.50	508	56.6
28b	280	124	10.5	13.7	10.5	5.3	60.97	47.9	0.982	7480	379	11.1	2.49	534	61.2
30a	300	126	9.0	14.4	11.0	5.5	61.22	48.1	1.031	8950	400	12.1	2.55	597	63.5
30b	300	128	11.0	14.4	11.0	5.5	67.22	52.8	1.035	9400	422	11.8	2.50	627	65.9
30c	300	130	13.0	14.4	11.0	5.5	73.22	57.5	1.039	9850	445	11.6	2.46	657	68.5
32a	320	130	9.5	15.0	11.5	5.8	67.12	52.7	1.084	11100	460	12.8	2.62	692	70.8
32b	320	132	11.5	15.0	11.5	5.8	73.52	57.7	1.088	11600	502	12.6	2.61	726	76
32c	320	134	13.5	15.0	11.5	5.8	79.92	62.7	1.092	12200	544	12.3	2.61	760	81.2
36a	360	136	10.0	15.8	12.0	6.0	76.44	60.0	1.185	15800	552	14.4	2.69	875	81.2
36b	360	138	12.0	15.8	12.0	6.0	83.64	65.7	1.189	16500	582	14.1	2.64	919	84.3
36c	360	140	14.0	15.8	12.0	6.0	90.84	71.3	1.193	17300	612	13.8	2.60	962	87.4
40a	400	142	10.5	16.5	12.5	6.3	86.07	67.6	1.285	21700	660	15.9	2.77	1090	93.2
40b	400	144	12.5	16.5	12.5	6.3	94.07	73.8	1.289	22800	692	15.6	2.71	1140	96.2
40c	400	146	14.5	16.5	12.5	6.3	102.1	80.1	1.293	23900	727	15.2	2.65	1190	99.6
45a	450	150	11.5	18.0	13.5	6.8	102.4	80.4	1.411	32200	855	17.7	2.89	1430	114
45b	450	152	13.5	18.0	13.5	6.8	111.4	87.4	1.415	33800	894	17.4	2.84	1500	118
45c	450	154	15.5	18.0	13.5	6.8	120.4	94.5	1.419	35300	938	17.1	2.79	1570	122

（续）

型号	截面尺寸/mm					截面面积/cm²	理论质量/(kg/m)	外表面积/(m²/m)	惯性矩/cm⁴		惯性半径/cm		截面系数/cm³	
	h	b	d	t	r	r_1				I_x	I_y	i_x	i_y	W_x	W_y

型号	h	b	d	t	r	r_1	截面面积/cm²	理论质量/(kg/m)	外表面积/(m²/m)	I_x	I_y	i_x	i_y	W_x	W_y
50a	500	158	12.0	20.0	14.0	7.0	119.2	93.6	1.539	46500	1120	19.7	3.07	1860	142
50b		160	14.0				129.2	101	1.543	48600	1170	19.4	3.01	1940	146
50c		162	16.0				139.2	109	1.547	50600	1220	19.0	2.96	2080	151
55a	550	166	12.5	21.0	14.5	7.3	134.1	105	1.667	62900	1370	21.6	3.19	2290	164
55b		168	14.5				145.1	114	1.671	65600	1420	21.2	3.14	2390	170
55c		170	16.5				156.1	123	1.675	68400	1480	20.9	3.08	2490	185
56a	560	166	12.5	21.0	14.5	7.3	135.4	106	1.687	65600	1370	22.0	3.18	2340	165
56b		168	14.5				146.6	115	1.691	68500	1490	21.6	3.16	2450	174
56c		170	16.5				157.8	124	1.695	71400	1560	21.3	3.16	2550	183
63a	630	176	13.0	22.0	15.0	7.5	154.6	121	1.862	93900	1700	24.5	3.31	2980	193
63b		178	15.0				167.2	131	1.866	98100	1810	24.2	3.29	3160	204
63c		180	17.0				179.8	141	1.870	102000	1920	23.8	3.27	3300	214

B.2 槽钢

槽钢截面尺寸及标注如图 B-2 所示，槽钢型号及各项参数见表 B-2。

B.3 等边角钢

等边角钢截面尺寸及标注如图 B-3 所示，等边角钢型号及各项参数见表 B-3。

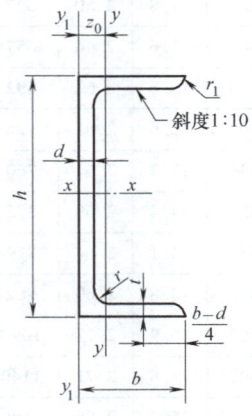

图 B-2 槽钢截面尺寸及标注
h—高度　b—腿宽度　d—腰厚度
t—腿中间厚度　r—内圆弧半径
r_1—腿端圆弧半径　z_0—重心距离

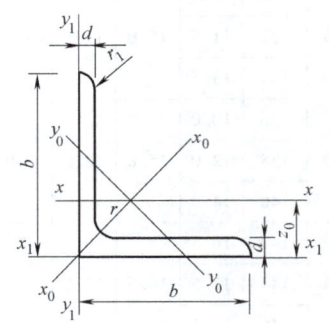

图 B-3 等边角钢截面尺寸及标注
b—边宽度　d—边厚度　r—内圆弧半径
r_1—边端圆弧半径　z_0—重心距离

表 B-2　槽钢型号及各项参数

型号	截面尺寸/mm					截面面积/cm²	理论质量/(kg/m)	外表面积/(m²/m)	惯性矩/cm⁴			惯性半径/cm		截面系数/cm³		重心距离/cm
	h	b	d	t	r	r_1				I_x	I_y	I_{y_1}	i_x	i_y	W_x	W_y	z_0
5	50	37	4.5	7.0	7.0	3.5	6.925	5.44	0.226	26.0	8.30	20.9	1.94	1.10	10.4	3.55	1.35
6.3	63	40	4.8	7.5	7.5	3.8	8.446	6.63	0.262	50.8	11.9	28.4	2.45	1.19	16.1	4.5	1.36
6.5	65	40	4.3	7.5	7.5	3.8	8.292	6.51	0.267	55.2	12.0	28.3	2.54	1.19	17.0	4.59	1.38
8	80	43	5.0	8.0	8.0	4.0	10.24	8.04	0.307	101	16.5	37.4	3.15	1.27	25.3	5.79	1.43
10	100	48	5.3	8.5	8.5	4.2	12.74	10.0	0.365	198	25.5	54.9	3.95	1.41	39.7	7.80	1.52
12	120	53	5.5	9.0	9.0	4.5	15.36	12.1	0.423	346	37.4	77.7	4.75	1.56	57.7	10.2	1.62
12.6	126	53	5.5	9.0	9.0	4.5	15.69	12.3	0.435	391	38.0	77.1	4.95	1.57	62.1	10.2	1.59
14a	140	58	6.0	9.5	9.5	4.8	18.51	14.5	0.480	564	53.2	107.0	5.52	1.70	80.5	13.0	1.71
14b	140	60	8.0	9.5	9.5	4.8	21.31	16.7	0.484	609	61.1	121.0	5.35	1.69	87.1	14.1	1.67
16a	160	63	6.5	10.0	10.0	5.0	21.95	17.2	0.538	866	73.3	144.0	6.28	1.83	108	16.3	1.80
16b	160	65	8.5	10.0	10.0	5.0	25.15	19.8	0.542	935	83.4	161.0	6.10	1.82	117	17.6	1.75
18a	180	68	7.0	10.5	10.5	5.2	25.69	20.2	0.596	1270	98.6	190.0	7.04	1.96	141	20.0	1.88
18b	180	70	9.0	10.5	10.5	5.2	29.29	23.0	0.600	1370	111	210	6.84	1.95	152	21.5	1.84
20a	200	73	7.0	11.0	11.0	5.5	28.83	22.6	0.654	1780	128	244	7.86	2.11	178	24.2	2.01
20b	200	75	9.0	11.0	11.0	5.5	32.83	25.8	0.658	1910	144	268	7.64	2.09	191	25.9	1.95
22a	220	77	7.0	11.5	11.5	5.8	31.83	25.0	0.709	2390	158	298	8.67	2.23	218	28.2	2.10
22b	220	79	9.0	11.5	11.5	5.8	36.23	28.5	0.713	2570	176	326	8.42	2.21	234	30.1	2.03
24a	240	78	7.0	12.0	12.0	6.0	34.21	26.9	0.752	3050	174	325	9.45	2.25	254	30.5	2.10
24b	240	80	9.0	12.0	12.0	6.0	39.01	30.6	0.756	3280	194	355	9.17	2.23	274	32.5	2.03
24c	240	82	11.0	12.0	12.0	6.0	43.81	34.4	0.760	3510	213	388	8.96	2.21	293	34.4	2.00
25a	250	78	7.0	12.0	12.0	6.0	34.91	27.4	0.722	3370	176	322	9.82	2.24	270	30.6	2.07
25b	250	80	9.0	12.0	12.0	6.0	39.91	31.3	0.776	3530	196	353	9.41	2.22	282	32.7	1.98
25c	250	82	7.5	12.0	12.0	6.0	44.91	35.3	0.780	3690	218	384	9.07	2.21	295	35.9	1.92
27a	270	82	9.5	12.5	12.5	6.2	39.27	30.8	0.826	4360	216	393	10.5	2.34	323	35.5	2.13
27b	270	84	11.5	12.5	12.5	6.2	44.67	35.1	0.830	4690	239	428	10.3	2.31	347	37.7	2.06
27c	270	86	7.5	12.5	12.5	6.2	50.07	39.3	0.834	5020	261	467	10.1	2.28	372	39.8	2.03
28a	280	82	9.5	12.5	12.5	6.2	40.02	31.4	0.846	4760	218	388	10.9	2.33	340	35.7	2.10
28b	280	84	11.5	12.5	12.5	6.2	45.62	35.8	0.850	5130	242	428	10.6	2.30	366	37.9	2.02
28c	280	86	7.5	12.5	12.5	6.2	51.22	40.2	0.854	5500	268	463	10.4	2.29	393	40.3	1.95
30a	300	85	7.5	13.5	13.5	6.8	43.89	34.5	0.897	6050	260	467	11.7	2.43	403	41.1	2.17
30b	300	87	9.5	13.5	13.5	6.8	49.89	39.2	0.901	6500	289	515	11.4	2.41	433	44.0	2.13
30c	300	89	11.5	13.5	13.5	6.8	55.89	43.9	0.905	6950	316	560	11.2	2.38	463	46.4	2.09

（续）

型号	截面尺寸/mm					截面面积/cm²	理论质量/(kg/m)	外表面积/(m²/m)	惯性矩/cm⁴			惯性半径/cm		截面系数/cm³		重心距离/cm
	h	b	d	t	r	r_1				I_x	I_y	I_{y_1}	i_x	i_y	W_x	W_y	z_0
32a		88	8.0				48.50	38.1	0.947	7600	305	552	12.5	2.50	475	46.5	2.24
32b	320	90	10.0	14.0	14.0	7.0	54.90	43.1	0.951	8140	336	593	12.2	2.47	509	49.2	2.16
32c		92	12.0				61.30	48.1	0.955	8690	374	643	11.9	2.47	543	52.6	2.09
36a		96	9.0				60.89	47.8	1.053	11900	455	818	14.0	2.73	660	63.5	2.44
36b	360	98	11.0	16.0	16.0	8.0	68.09	53.5	1.057	12700	497	880	13.6	2.70	703	66.9	2.37
36c		100	13.0				75.29	59.1	1.061	13400	536	948	13.4	2.67	746	70.0	2.34
40a		100	10.5				75.04	58.9	1.144	17600	592	1070	15.3	2.81	879	78.8	2.49
40b	400	102	12.5	18.0	18.0	9.0	83.04	65.2	1.148	18600	640	1140	15.0	2.78	932	82.5	2.44
40c		104	14.5				91.04	71.5	1.152	19700	688	1120	14.7	2.75	986	86.2	2.42

表 B-3　等边角钢型号及各项参数

型号	截面尺寸/mm			截面面积/cm²	理论质量/(kg/m)	外表面积/(m²/m)	惯性矩/cm⁴				惯性半径/cm			截面系数/cm³			重心距离/cm
	b	d	r				I_x	I_{x_1}	I_{x_0}	I_{y_0}	i_x	i_{x_0}	i_{y_0}	W_x	W_{x_0}	W_{y_0}	z_0
2	20	3	3.5	1.132	0.89	0.078	0.40	0.81	0.63	0.17	0.59	0.75	0.39	0.29	0.45	0.20	0.60
		4		1.459	1.15	0.077	0.50	1.09	0.78	0.22	0.58	0.73	0.38	0.36	0.55	0.24	0.64
2.5	25	3	3.5	1.432	1.12	0.098	0.82	1.57	1.29	0.34	0.76	0.95	0.49	0.46	0.73	0.33	0.73
		4		1.859	1.46	0.097	1.03	2.11	1.62	0.43	0.74	0.93	0.48	0.59	0.92	0.40	0.76
3	30	3	4.5	1.749	1.37	0.117	1.46	2.71	2.31	0.61	0.91	1.15	0.59	0.68	1.09	0.51	0.85
		4		2.276	1.79	0.117	1.84	3.63	2.92	0.77	0.90	1.13	0.58	0.87	1.37	0.62	0.89
3.6	36	3	4.5	2.109	1.66	0.141	2.58	4.68	4.09	1.07	1.11	1.39	0.71	0.99	1.61	0.76	1.00
		4		2.756	2.16	0.141	3.29	6.25	5.22	1.37	1.09	1.38	0.70	1.28	2.05	0.93	1.04
		5		3.382	2.65	0.141	3.95	7.84	6.24	1.65	1.08	1.36	0.70	1.56	2.45	1.00	1.07
4	40	3	5	2.359	1.85	0.157	3.59	6.41	5.69	1.49	1.23	1.55	0.79	1.23	2.01	0.96	1.09
		4		3.086	2.42	0.157	4.60	8.56	7.29	1.91	1.22	1.54	0.79	1.60	2.58	1.19	1.13
		5		3.792	1.98	0.156	5.53	10.7	8.76	2.3	1.21	1.52	0.78	1.96	3.10	1.39	1.17
4.5	45	3	5	2.659	2.09	0.177	5.17	9.12	8.2	2.14	1.40	1.76	0.89	1.58	2.58	1.24	1.22
		4		3.486	2.74	0.177	6.65	12.2	10.6	1.75	1.38	1.74	0.89	2.05	3.32	1.54	1.26
		5		4.292	3.37	0.176	8.04	15.2	12.7	3.33	1.37	1.72	0.88	2.51	4.00	1.81	1.30
		6		5.077	3.99	0.176	9.33	18.4	14.8	3.89	1.36	1.70	0.80	2.95	4.64	2.06	1.33
5	50	3	5.5	2.971	2.33	0.197	7.18	12.5	11.4	2.98	1.55	1.96	1.00	3.22	3.22	1.57	1.34
		4		3.897	3.06	0.197	9.26	16.7	14.7	3.82	1.54	1.94	0.99	4.16	4.16	1.96	1.38
		5		4.803	3.77	0.196	11.2	20.9	17.8	4.64	1.53	1.92	0.98	5.03	5.03	2.31	1.42
		6		5.688	4.46	0.196	13.1	25.1	20.7	5.42	1.52	1.91	0.98	5.85	5.85	2.63	1.46

（续）

型号	截面尺寸/mm			截面面积/cm²	理论质量/(kg/m)	外表面积/(m²/m)	惯性矩/cm⁴				惯性半径/cm			截面系数/cm³			重心距离/cm
	b	d	r				I_x	I_{x_1}	I_{x_0}	I_{y_0}	i_x	i_{x_0}	i_{y_0}	W_x	W_{x_0}	W_{y_0}	z_0
5.6	56	3	6	3.343	2.62	0.221	10.2	17.6	16.1	4.24	1.75	2.20	2.48	4.08	4.08	2.02	1.48
		4		4.39	3.45	0.220	13.2	23.4	20.9	5.46	1.73	2.18	3.24	5.28	5.28	2.52	1.53
		5		5.415	4.25	0.220	16.0	29.3	25.4	6.61	1.72	2.17	3.97	6.42	6.42	2.98	1.57
		6		6.42	5.04	0.220	18.7	35.3	29.7	7.73	1.71	2.15	4.68	7.49	7.49	3.40	1.61
		7		7.404	5.81	0.219	21.2	41.2	33.6	8.82	1.69	2.13	5.36	8.49	8.49	3.80	1.64
		8		8.367	6.57	0.219	23.6	47.2	37.4	9.89	1.68	2.11	6.03	9.44	9.44	4.16	1.68
6	60	5	6.5	5.829	4.58	0.236	19.9	36.1	36.1	8.21	1.85	2.33	4.59	7.44	7.44	3.48	1.67
		6		6.914	5.43	0.235	23.4	43.3	36.9	9.60	1.83	2.31	5.41	8.70	8.70	3.98	1.70
		7		7.977	6.26	0.235	26.4	50.7	41.9	11.0	1.82	2.29	6.21	9.88	9.88	4.45	1.74
		8		9.02	7.08	0.235	29.5	58.0	46.7	12.3	1.81	2.27	6.98	11.0	11.0	4.88	1.78
6.3	63	4	7	4.978	3.91	0.248	19.0	33.4	30.2	7.89	1.96	2.46	4.13	6.78	6.78	3.29	1.70
		5		6.143	4.82	0.248	23.2	41.7	36.8	9.57	1.94	2.45	5.08	8.25	8.25	3.90	1.74
		6		7.288	5.72	0.247	27.1	50.1	43.0	11.2	1.93	2.43	6.00	9.66	9.66	4.46	1.78
		7		8.412	6.6	0.247	30.9	58.6	49.0	12.8	1.92	2.41	6.88	11.0	11.0	4.98	1.82
		8		9.515	7.47	0.247	34.5	67.1	54.6	14.3	1.90	2.40	7.75	12.3	12.3	5.47	1.85
		10		11.66	9.15	0.246	41.1	84.3	64.9	17.3	1.88	2.36	9.39	14.6	14.6	6.36	1.93
7	70	4	8	5.570	4.37	0.275	26.4	45.7	41.8	11.0	2.18	1.40	5.14	8.44	8.44	4.17	1.86
		5		6.876	5.4	0.275	32.2	57.2	51.1	13.3	2.16	1.39	6.32	10.3	10.3	4.95	1.91
		6		8.160	6.41	0.275	37.8	68.7	59.9	15.6	2.15	1.38	7.48	12.1	12.1	5.67	1.95
		7		9.424	7.4	0.275	43.1	80.3	68.4	17.8	2.14	1.38	8.56	13.8	13.8	6.34	1.99
		8		10.67	8.37	0.274	48.2	91.9	76.4	20.0	2.12	1.37	9.68	15.4	15.4	6.98	2.03
7.5	75	5	9	7.412	5.82	0.295	40.0	70.6	63.3	16.6	2.33	1.50	7.32	11.9	11.9	5.77	2.04
		6		8.797	6.91	0.294	47.0	84.6	74.4	19.5	2.31	1.49	8.64	14.0	14.0	5.67	2.07
		7		10.16	7.98	0.294	53.6	98.7	85.0	22.2	2.30	1.48	9.93	16.0	16.0	7.44	2.11
		8		11.500	9.03	0.294	60.0	113	95.1	24.9	2.28	1.47	11.2	17.9	17.9	8.19	2.15
		9		12.83	10.1	0.294	66.1	127	105	27.5	2.27	1.46	12.4	19.8	19.8	8.89	2.18
		10		14.13	11.1	0.293	72.0	142	114	30.1	2.26	1.46	13.6	21.5	21.5	9.56	2.22
8	80	5	9	7.912	6.21	0.315	48.8	85.4	77.3	20.3	2.48	1.60	8.34	13.7	13.7	6.66	2.15
		6		9.397	7.38	0.314	57.4	103	91.0	23.7	2.47	1.59	9.87	16.1	16.1	7.65	2.19
		7		10.86	8.53	0.314	65.6	120	104	27.1	2.46	1.58	11.4	18.4	18.4	8.58	2.23
		8		12.300	9.66	0.314	73.5	137	117	30.4	2.44	1.57	12.8	20.6	20.6	9.46	2.27
		9		13.73	10.8	0.314	81.1	154	129	33.6	2.43	1.56	14.3	22.7	22.7	10.3	2.31
		10		15.13	11.9	0.313	88.4	172	140	36.8	2.42	1.56	15.6	11.1	24.8	11.1	2.35

（续）

型号	截面尺寸/mm			截面面积/cm²	理论质量/(kg/m)	外表面积/(m²/m)	惯性矩/cm⁴				惯性半径/cm			截面系数/cm³			重心距离/cm
	b	d	r				I_x	I_{x_1}	I_{x_0}	I_{y_0}	i_x	i_{x_0}	i_{y_0}	W_x	W_{x_0}	W_{y_0}	z_0
9	90	6		10.64	8.35	0.354	82.8	146	131	34.3	2.79	3.51	1.80	12.6	20.6	9.95	2.44
		7		12.30	9.66	0.354	94.8	170	150	39.2	2.78	3.50	1.78	14.5	23.6	11.2	2.48
		8		13.94	10.9	0.353	106	195	169	44	2.76	3.48	1.78	16.4	26.6	12.4	2.52
		9		15.57	12.2	0.353	118	219	187	48.7	2.75	3.46	1.77	18.3	29.4	13.5	2.56
		10		17.17	13.5	0.353	129	244	204	53.3	2.74	3.45	1.76	20.1	32.0	14.5	2.59
		12		20.31	15.9	0.352	149	294	236	62.2	2.71	3.41	1.75	23.6	37.1	16.5	2.67
10	100	6	12	11.93	9.37	0.393	115	200	182	47.9	3.10	3.90	2.00	15.7	25.7	12.7	2.67
		7		13.80	10.8	0.393	132	234	209	54.7	3.09	3.89	1.99	18.1	29.6	14.3	2.71
		8		15.64	12.3	0.393	148	267	235	61.4	3.08	3.88	1.98	20.5	33.2	15.8	2.76
		9		17.46	13.7	0.392	164	300	260	68	3.07	3.86	1.97	22.8	36.8	17.2	2.80
		10		19.26	15.1	0.392	180	334	285	74.4	3.05	3.84	1.96	25.1	40.3	18.5	2.84
		12		22.80	17.9	0.391	209	402	331	86.8	3.03	3.81	1.95	29.5	46.8	21.1	2.91
		14		26.26	20.6	0.391	237	471	374	99	3.00	3.77	1.94	33.7	52.9	23.4	2.99
		16		29.63	23.3	0.390	263	540	414	111	2.98	3.74	1.94	37.8	58.6	25.6	3.06
11	110	7	12	15.20	11.9	0.433	177	311	281	73.4	3.41	4.30	2.20	22.1	36.1	17.5	2.96
		8		17.24	13.5	0.433	199	355	316	82.4	3.40	4.28	2.19	25.0	40.7	19.4	3.01
		10		21.26	16.7	0.432	242	445	384	100	3.38	4.25	2.17	30.6	49.4	22.9	3.09
		12		25.20	19.8	0.431	283	535	448	117	3.35	4.22	2.15	36.1	57.6	26.2	3.16
		14		29.06	22.1	0.431	321	625	508	133	3.32	4.18	2.14	41.3	65.3	29.1	3.24
12.5	125	8		19.75	15.5	0.492	297	521	471	123	3.88	4.88	2.50	32.5	53.3	25.9	3.37
		10		24.37	19.1	0.491	362	652	574	149	3.85	4.85	2.48	40.0	64.9	30.6	3.45
		12		28.91	22.7	0.491	423	783	671	175	3.83	4.82	2.46	41.2	76.0	35.0	3.53
		14		33.37	26.2	0.490	482	916	764	200	3.80	4.78	2.45	54.2	86.4	39.1	3.61
		16		37.74	29.6	0.489	537	1050	851	224	3.77	4.75	2.43	60.9	96.3	43.0	3.68
14	140	10	14	27.37	21.5	0.551	515	915	817	212	4.34	5.46	2.78	50.6	82.6	39.2	3.82
		12		32.51	25.5	0.551	604	1100	959	249	4.31	5.43	2.76	59.8	96.9	45.0	3.90
		14		37.57	29.5	0.550	689	1280	1090	284	4.28	5.40	2.75	68.8	110.0	50.5	3.98
		16		42.54	33.4	0.549	770	1470	1220	319	4.26	5.36	2.74	77.5	123.0	55.6	4.06
15	150	8		23.75	18.6	0.592	521	900	827	215	4.69	5.90	3.01	47.4	78.0	38.1	3.99
		10		29.37	23.1	0.591	638	1130	1010	262	4.66	5.87	2.99	58.4	95.5	45.5	4.08
		12		34.91	27.4	0.591	749	1350	1190	308	4.63	5.84	2.97	69.0	112	52.4	4.15
		14		40.37	31.7	0.590	856	1580	1360	352	4.60	5.80	2.95	79.5	128	58.8	4.23
		15		43.06	33.8	0.590	907	1690	1440	374	4.59	5.78	2.95	84.6	136	61.9	4.27
		16		45.74	35.9	0.589	958	1810	1520	395	4.58	5.77	2.94	89.6	144	64.9	4.31

（续）

型号	截面尺寸/mm			截面面积/cm²	理论质量/(kg/m)	外表面积/(m²/m)	惯性矩/cm⁴				惯性半径/cm			截面系数/cm³			重心距离/cm
	b	d	r				I_x	I_{x_1}	I_{x_0}	I_{y_0}	i_x	i_{x_0}	i_{y_0}	W_x	W_{x_0}	W_{y_0}	z_0
16	160	10	16	31.5	24.7	0.630	780	1370	1240	322	4.98	6.27	3.20	66.7	109	52.8	4.31
		12		37.44	29.4	0.630	917	1640	1460	377	4.95	6.24	3.18	79.0	129	60.7	4.39
		14		43.30	34.0	0.629	1050	1910	1670	432	4.92	6.20	3.16	91.0	147	68.2	4.47
		16		49.07	38.5	0.629	1180	2190	1870	485	4.89	6.17	3.14	103	165	75.3	4.55
18	180	12	16	42.24	33.2	0.710	1320	2330	2100	543	5.59	7.05	3.58	101	165	78.4	4.89
		14		48.90	38.4	0.709	1510	2720	2410	622	5.56	7.02	3.56	116	189	88.4	4.97
		16		55.47	43.5	0.709	1700	3120	2700	699	5.54	6.98	3.55	131	212	97.8	5.05
		18		61.96	48.6	0.708	1880	3500	2990	762	5.50	6.94	3.51	146	235	105	5.13
20	200	14	18	54.64	42.9	0.788	2100	3730	3340	864	6.20	7.82	3.98	145	236	112	5.46
		16		62.01	48.7	0.788	2370	4270	3760	971	6.18	7.79	3.96	161	266	124	5.54
		18		69.30	54.4	0.787	2620	4810	4160	1080	6.15	7.75	3.94	182	294	136	5.62
		20		76.51	60.1	0.787	2870	5350	4550	1180	6.12	7.72	3.93	200	322	147	5.69
		24		90.66	71.2	0.785	3340	6460	5290	1380	6.07	7.61	3.90	236	374	167	5.87
22	220	16	21	68.67	53.9	0.866	3190	5680	5050	1310	6.81	8.59	4.37	200	326	154	6.03
		18		76.75	60.3	0.866	3540	6400	5620	1450	6.79	8.55	4.35	223	361	168	6.11
		20		84.76	66.5	0.865	3870	7110	6150	1590	6.76	8.52	4.34	245	395	182	6.18
		22		92.68	72.8	0.865	4200	7830	6670	1730	6.73	8.48	4.32	267	429	195	6.26
		24		100.5	78.9	0.864	4520	8550	7170	1870	6.71	8.45	4.31	289	461	208	6.33
		26		108.3	85.0	0.864	4830	9280	7690	2000	6.68	8.41	4.30	310	492	221	6.41
25	250	18	24	87.84	69.0	0.985	5270	9380	8370	2170	7.75	9.76	4.97	290	473	224	6.84
		20		97.05	76.2	0.984	5780	10400	9180	2380	7.72	9.73	4.95	320	519	243	6.92
		22		106.2	83.3	0.983	6230	11500	9970	2580	7.69	9.69	4.93	349	564	261	7.00
		24		115.2	90.4	0.983	6770	12500	10700	2790	7.67	9.66	4.92	378	608	278	7.07
		26		124.2	97.5	0.982	7240	13600	11500	2980	7.64	9.62	4.90	406	650	295	7.15
		28		133.0	104	0.982	7700	14600	12200	3180	7.61	9.58	4.89	433	691	311	7.22
		30		141.8	111	0.981	8160	15700	12900	3380	7.58	9.55	4.88	461	731	327	7.30
		32		150.5	118	0.981	8600	16800	13600	3570	7.56	9.51	4.87	488	770	342	7.37
		35		163.4	128	0.080	9240	18400	14600	3850	7.52	9.46	4.86	527	827	364	7.48

B.4 不等边角钢

不等边角钢截面尺寸及标注如图 B-4 所示，不等边角铜型号及各项参数见表 B-4。

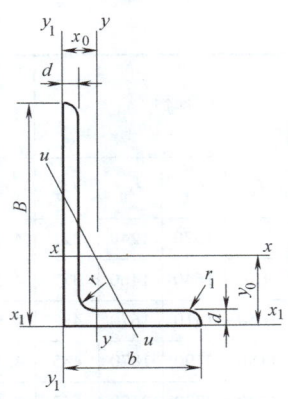

图 B-4 不等边角钢截面尺寸及标注

B—长边宽度　b—短边宽度　d—边厚度　r—内圆弧半径

r_1—边端圆弧半径　x_0—重心距离　y_0—重心距离

表 B-4 不等边角钢型号及各项参数

型号	截面尺寸/mm				截面面积 /cm²	理论质量 /(kg/m)	外表面积 /(m²/m)	惯性矩/cm⁴					惯性半径/cm			截面系数/cm³			tanα	重心距离/cm	
	B	b	d	r				I_x	I_{x_1}	I_y	I_{y_1}	I_z	i_x	i_y	i_z	W_x	W_y	W_z		x_0	y_0
2.5/1.6	25	16	3	4	1.162	0.910	0.080	0.70	1.56	0.22	0.43	0.14	0.78	0.44	0.34	0.4	0.19	0.16	0.392	0.42	0.86
			4		1.499	1.180	0.079	0.88	2.09	0.27	0.59	0.17	0.77	0.43	0.34	0.6	0.24	0.20	0.381	0.46	0.90
3.2/2	32	20	3	4	1.492	1.170	0.102	1.53	3.27	0.46	0.82	0.28	1.01	0.55	0.43	0.7	0.30	0.25	0.382	0.49	1.08
			4		1.939	1.520	0.101	1.93	4.37	0.57	1.12	0.35	1.00	0.54	0.42	0.9	0.39	0.32	0.374	0.53	1.12
4/2.5	40	25	3	4	1.890	1.480	0.127	3.08	5.39	0.93	1.59	0.56	1.28	0.70	0.54	1.2	0.49	0.40	0.385	0.59	1.32
			4		2.467	1.940	0.127	3.93	8.53	1.18	2.14	0.71	1.36	0.69	0.54	1.5	0.63	0.52	0.381	0.63	1.37
4.5/2.8	45	28	3	5	2.149	1.690	0.143	4.45	9.1	1.34	2.23	0.80	1.44	0.79	0.61	1.5	0.62	0.51	0.383	0.64	1.47
			4		2.806	2.200	0.143	5.69	12.1	1.70	3.00	1.02	1.42	0.78	0.60	1.9	0.80	0.66	0.380	0.68	1.51
5/3.2	50	32	3	6	2.431	1.910	0.161	6.24	12.5	2.02	3.31	1.20	1.60	0.91	0.70	1.8	0.82	0.68	0.404	0.73	1.60
			4		3.177	2.490	0.160	8.02	16.7	2.58	4.45	1.53	1.59	0.90	0.69	2.4	1.06	0.87	0.402	0.77	1.65
5.6/3.6	56	36	3	6	2.743	2.150	0.181	8.88	17.5	2.92	4.7	1.73	1.80	1.03	0.79	2.3	1.05	0.87	0.408	0.80	1.78
			4		3.590	2.820	0.180	11.5	23.4	3.76	6.33	2.23	1.79	1.02	0.79	3.0	1.37	1.13	0.408	0.85	1.82
			5		4.415	3.470	0.180	13.9	29.3	4.49	7.94	2.67	1.77	1.01	0.78	3.7	1.65	1.36	0.404	0.88	1.87
6.3/4	63	40	4	7	4.058	3.190	0.202	16.5	33.3	5.23	9.63	3.12	2.02	1.14	0.88	9.9	1.70	1.40	0.398	0.92	2.04
			5		4.993	3.920	0.202	20.0	41.6	6.31	10.9	3.76	2.00	1.12	0.87	2.07	1.71	0.396	0.95	2.21	
			6		5.908	4.640	0.201	23.4	50.0	7.29	13.1	4.34	1.96	1.11	0.86	5.6	2.43	1.99	0.393	0.99	2.12
			7		6.808	5.340	0.201	26.5	58.1	8.24	15.5	4.97	1.98	1.10	0.86	2.78	2.29	0.389	1.03	2.15	
7/4.5	70	45	4	8	4.553	3.57	0.226	23.2	45.9	7.55	12.3	4.40	2.26	1.29	0.98	4.9	2.17	1.77	0.410	1.02	2.24
			5		5.609	4.40	0.225	28.0	57.1	9.13	15.4	5.40	2.23	1.28	0.98	5.9	2.65	2.19	0.407	1.06	2.28
			6		6.644	5.22	0.225	32.5	68.4	10.6	18.6	6.35	2.21	1.26	0.98	7.0	3.12	2.59	0.404	1.09	2.32
			7		7.658	6.01	0.225	37.2	80.0	12.0	21.8	7.16	2.20	1.25	0.97	8.0	3.57	2.94	0.402	1.13	2.36

330

附录

（续）

型号	截面尺寸/mm				截面面积/cm²	理论质量/(kg/m)	外表面积/(m²/m)	惯性矩/cm⁴					惯性半径/cm			截面系数/cm³			tanα	重心距离/cm	
	B	b	d	r				I_x	I_{x_1}	I_y	I_{y_1}	I_z	i_x	i_y	i_z	W_x	W_y	W_z		x_0	y_0
7.5/5	75	5	5	8	6.126	4.81	0.245	34.9	70	12.6	21.0	7.41	2.39	1.44	1.10	6.8	3.30	2.74	0.435	1.17	2.40
			6		7.260	5.70	0.245	41.1	84.3	14.7	25.4	8.54	2.38	1.42	1.08	8.1	3.88	3.19	0.435	1.21	2.44
			8		9.467	7.43	0.244	52.4	113	18.5	34.2	10.9	2.35	1.40	1.07	10.5	4.99	4.10	0.429	1.29	2.52
			10		11.59	9.10	0.244	62.7	141	22.0	43.4	13.1	2.33	1.38	1.06	12.8	3.04	4.99	0.423	1.04	2.60
8/5	80	50	5	8	6.376	5.00	0.255	42.0	85.2	12.8	21.1	7.66	2.56	1.42	1.10	7.8	3.32	2.74	0.388	1.14	2.60
			6		7.560	5.93	0.255	49.5	103	15.0	25.4	8.85	2.56	1.41	1.08	9.3	3.91	3.20	0.387	1.18	2.65
			7		8.724	6.85	0.255	56.2	119	17.0	29.8	10.2	2.54	1.39	1.08	10.6	4.48	3.70	0.384	1.21	2.69
			8		9.867	7.75	0.254	62.8	136	18.9	34.3	11.4	2.52	1.38	1.07	11.9	5.03	4.16	0.381	1.25	2.73
9/5.6	90	56	5	9	7.212	5.66	0.287	60.5	121	18.3	29.5	11.0	2.90	1.59	1.23	9.9	4.21	3.49	0.385	1.25	2.91
			6		8.557	6.72	0.286	71.0	146	21.4	35.6	12.9	2.88	1.58	1.23	11.7	4.96	4.13	0.384	1.29	2.95
			7		9.880	7.76	0.286	81.0	170	24.4	41.7	14.7	2.86	1.57	1.22	13.5	5.70	4.72	0.382	1.33	3.00
			8		11.18	8.78	0.286	91.0	194	27.2	47.9	16.3	2.85	1.56	1.21	15.3	6.41	5.29	0.380	1.36	3.04
10/6.3	100	63	6	10	9.62	7.55	0.320	99.1	200	30.5	50.5	18.4	3.21	1.79	1.38	14.6	6.35	5.25	0.394	1.43	3.24
			7		11.11	8.72	0.320	113	233	35.3	59.1	21.0	3.20	1.78	1.38	16.9	7.29	6.02	0.394	1.47	3.28
			8		12.58	9.88	0.319	127	265	39.4	67.9	23.5	3.18	1.77	1.37	19.1	8.21	6.78	0.391	1.50	3.32
			10		15.47	12.10	0.319	154	333	47.1	85.7	28.3	3.15	1.74	1.35	23.3	9.98	8.24	0.387	1.58	3.40
10/8	100	80	6	10	10.64	8.35	0.354	107	200	61.2	103.0	31.7	3.17	2.40	1.72	15.2	10.2	8.37	0.627	1.97	2.95
			7		12.30	9.66	0.354	123	233	70.1	120.0	36.2	3.16	2.39	1.72	17.5	11.7	9.60	0.626	2.01	3.00
			8		13.94	10.90	0.353	138	267	78.6	137.0	40.6	3.14	2.37	1.71	19.8	13.2	10.80	0.625	2.05	3.04
			10		17.17	13.50	0.353	167	334	94.7	172.0	49.1	3.12	2.35	1.69	24.2	16.1	13.10	0.622	2.13	3.12
11/7	110	70	6	10	10.64	8.35	0.354	133	266	42.9	69.1	25.4	3.54	2.01	1.54	17.9	7.90	6.53	0.403	1.57	3.53
			7		12.30	9.66	0.354	153	310	49.0	80.8	29.0	3.53	2.00	1.53	20.6	9.09	7.50	0.402	1.61	3.57
			8		13.94	10.9	0.353	172	354	54.9	92.7	32.5	3.51	1.98	1.53	23.3	10.3	8.45	0.401	1.65	3.62
			10		17.17	13.5	0.353	208	443	65.9	117	39.2	3.48	1.96	1.51	28.5	12.5	10.30	0.397	1.72	3.70
12.5/8	125	80	7	11	14.10	11.1	0.403	228	455	74.4	120	43.8	4.02	2.30	1.76	26.9	12.0	9.92	0.408	1.80	4.01
			8		15.99	12.6	0.403	257	520	83.5	138	49.2	4.01	2.28	1.75	30.4	13.6	11.20	0.407	1.84	4.06
			10		19.71	15.5	0.402	312	650	101	173	59.5	3.98	2.26	1.74	37.3	16.6	13.60	0.404	1.92	4.14
			12		23.35	18.3	0.402	364	780	117	210	69.4	3.95	2.24	1.72	44.0	19.4	16.00	0.400	2.00	4.22
14/9	140	90	8	12	18.04	14.2	0.453	366	731	121	196	70.8	4.50	2.59	1.98	38.5	17.3	14.30	0.411	2.04	4.50
			10		22.26	17.5	0.452	446	913	140	246	85.8	4.47	2.56	1.96	47.3	21.2	17.50	0.409	2.12	4.58
			12		26.40	20.7	0.451	522	1100	170	297	100	4.44	2.54	1.95	55.9	25.0	20.50	0.406	2.19	4.66
			14		30.46	23.9	0.451	594	1280	192	349	114	4.42	2.51	1.94	64.2	28.5	23.50	0.403	2.27	4.74

331

（续）

型号	截面尺寸/mm				截面面积/cm²	理论质量/(kg/m)	外表面积/(m²/m)	惯性矩/cm⁴					惯性半径/cm			截面系数/cm³			tanα	重心距离/cm	
	B	b	d	r				I_x	I_{x_1}	I_y	I_{y_1}	I_z	i_x	i_y	i_z	W_x	W_y	W_z		x_0	y_0
15/9	150	90	8	12	18.84	14.8	0.473	442	898	123	196	74.1	4.84	2.55	1.98	43.9	17.5	14.5	0.364	1.97	4.92
			10		23.26	18.3	0.472	539	1120	149	246	89.9	4.81	2.53	1.97	54.0	21.4	17.7	0.362	2.05	5.01
			12		27.60	21.6	0.471	632	1350	173	297	105	4.79	2.50	1.95	63.8	25.1	20.8	0.358	2.12	5.09
			14		31.86	25.0	0.471	721	1570	196	350	120	4.76	2.48	1.94	73.3	28.8	23.8	0.356	2.20	5.17
			15		33.95	26.7	0.471	764	1680	207	376	127	4.74	2.47	1.93	78.0	30.5	25.3	0.354	2.24	5.21
			16		36.03	28.3	0.470	806	1800	217	403	134	4.73	2.45	1.93	82.6	32.3	26.8	0.352	2.27	5.25
16/10	160	100	10	13	25.32	19.9	0.512	669	1360	205	337	122	5.14	2.85	2.19	62.1	26.6	21.9	0.390	2.28	5.24
			12		30.05	23.6	0.511	785	1640	239	406	142	5.11	2.82	2.17	73.5	31.3	25.8	0.388	2.36	5.32
			14		34.71	27.2	0.510	896	1910	271	476	162	5.08	2.80	2.16	84.6	35.8	29.6	0.385	2.43	5.40
			16		39.28	30.8	0.510	1000	2180	302	548	183	5.05	2.77	2.16	95.3	40.2	33.4	0.382	2.51	5.48
18/22	180	110	10	14	28.37	22.3	0.571	956	1940	278	447	167	5.80	3.13	2.42	79.0	32.5	26.9	0.376	2.44	5.89
			12		33.71	26.5	0.571	1120	2330	325	539	195	5.78	3.10	2.40	93.5	38.3	31.7	0.374	2.52	5.98
			14		38.97	30.6	0.570	1290	2720	370	632	222	5.75	3.08	2.39	108	44.0	36.3	0.372	2.59	6.06
			16		44.14	34.6	0.569	1440	3110	412	726	249	5.72	3.06	2.38	122	49.4	40.9	0.369	2.67	6.14
20/12.5	200	125	12	14	37.91	29.8	0.641	1570	3190	483	788	286	6.44	3.57	2.74	117	50.0	41.2	0.392	2.83	6.54
			14		43.87	34.4	0.640	1800	3730	551	922	327	6.41	3.54	2.73	135	57.4	47.3	0.390	2.91	6.62
			16		49.74	39.0	0.639	2020	4260	615	1060	366	6.38	3.52	2.71	152	64.9	53.3	0.388	2.99	6.70
			18		55.53	43.6	0.639	2240	4790	677	1200	405	6.35	3.49	2.70	169	71.1	59.2	0.385	3.06	6.78

习题参考答案

第 1 章

1-1　二者不等效。图 1-6a 所示梁受力后发生反对称弯曲，而图 1-6b 梁受力后不变形。

1-2　$F_N = 2\text{kN}$，BC 杆拉伸变形。
　　$M = 2F_N - (3 \times 1)\text{kN} \cdot \text{m} = 1\text{kN} \cdot \text{m}$，$AB$ 梁弯曲变形。

1-3　$F_{N1} = -20\text{kN}$，1—1 段发生轴向压缩变形。
　　$F_{N2} = (-20 + 25)\text{kN} = 5\text{kN}$，2—2 段发生轴向拉伸变形。
　　$F_{N3} = 15\text{kN}$，3—3 段发生轴向拉伸变形。

1-4　$T_{BC} = 0$，扭矩为零，说明 BC 段不变形。

1-5　$F_{S1} = -qa$，$M_1 = -\dfrac{qa^2}{2}$，AC 段梁发生弯曲变形。
　　$F_{S2} = -\dfrac{3qa}{2}$，$M_2 = -2qa^2$，CD 段梁发生弯曲变形。

1-6　B 点处的应力和应变的大小均为零。

1-7　$\gamma = \dfrac{\pi}{180}\text{rad} = 0.017\text{rad}$

1-8　$\varepsilon = \dfrac{\pi(d + \Delta d) - \pi d}{\pi d} = \dfrac{\Delta d}{d}$

1-9　（1）$\gamma_{xy} = 8.80 \times 10^{-3}\text{rad}$；（2）$\varepsilon_x = 4.43 \times 10^{-3}$；（3）$\varepsilon_{x'} = 8.84 \times 10^{-3}$

第 2 章

2-1　a）$|F_N|_{\max} = 70\text{kN}$，b）$|F_N|_{\max} = 60\text{kN}$，c）$|F_N|_{\max} = 10\text{kN}$，d）$|F_N|_{\max} = 40\text{kN}$

2-2　$F_N(x) = A\gamma x$（图略）

2-3　$\sigma = 63.7\text{MPa}$

2-4　左柱 $\begin{cases} \sigma_{AB} = -0.6\text{MPa} \\ \sigma_{BC} = -1\text{MPa} \\ \sigma_{CD} = -0.85\text{MPa} \end{cases}$　右柱 $\begin{cases} \sigma_{EF} = -0.3\text{MPa} \\ \sigma_{FG} = -0.2\text{MPa} \\ \sigma_{GH} = -0.65\text{MPa} \end{cases}$

2-5 $\sigma_{CE} = 15\text{MPa}$, $\sigma_{DE} = 50\text{MPa}$

2-6 $\alpha = 26.6°$

2-7 $\sigma = 124.6\text{MPa} < [\sigma] = 150\text{MPa}$,螺栓的强度是足够的。

2-8 $d \geqslant 15.9\text{mm}$

2-9 $A_{AD} \geqslant 17.65\text{cm}^2$,AD 杆可选两根 60mm×8mm 的等边角钢。

$A_{AB} \geqslant 35.29\text{cm}^2$,AB 杆选用两根 100mm×10mm 的等边角钢。

2-10 $\theta = 45°$

2-11 $F = 30.0\text{kN}$

2-12 $b \leqslant 4.19\text{m}$

2-13 许用荷载 $[F] = 420\text{kN}$

2-14 (1) 略;(2) $\sigma_{AC} = -2.5\text{MPa}$, $\sigma_{BC} = -6.5\text{MPa}$;(3) $\varepsilon_{AC} = -2.5×10^{-4}$, $\varepsilon_{BC} = -6.5×10^{-4}$;(4) $\Delta l = -1.35\text{mm}$(缩短)

2-15 (1) $F_N(y) = -\dfrac{Fy^3}{l^3}$;(2) 桩的压缩量 $\Delta l = 1.43\text{mm}$

2-16 $\theta = 10.9°$, $F = 21.2\text{kN}$

2-17 $\sigma_{AC} = 135.88\text{MPa} < [\sigma]$, $\sigma_{BD} = 131.06\text{MPa} < [\sigma]$,各杆强度满足要求。$\Delta_A = 1.62\text{mm}$, $\Delta_B = 1.56\text{mm}$

2-18 点 B 的水平位移和铅垂位移分别为

$$\delta_x = 0, \quad \delta_y = \dfrac{2(\sqrt{2}+1)Fl}{EA}$$

2-19 $\sigma_{CE} = 96.4\text{MPa} < [\sigma_c]$, $\sigma_{BD} = 160.7\text{MPa} < [\sigma]$ 强度满足要求。

2-20 $\sigma_c = 83.5\text{MPa}$, $\sigma_a = 55.6\text{MPa}$

2-21 $\sigma_{tmax} = \dfrac{2F}{3A}$, $\sigma_{cmax} = \dfrac{F}{3A}$

2-22 $F = 18.75\text{kN}$, $F_{N1} = 15\text{kN}$, $F_{N2} = 7.5\text{kN}$

2-23 $F_{N1} = \dfrac{12+2\sqrt{2}}{9+2\sqrt{2}}F$, $F_{N2} = \dfrac{2}{9+2\sqrt{2}}F$, $F_{N3} = -\dfrac{6+2\sqrt{2}}{9+2\sqrt{2}}F$

2-24 $\sigma_t = 75.8\text{MPa}$

2-25 $\sigma_1 = 113.4\text{MPa}$, $\sigma_2 = 37.8\text{MPa}$

2-26 (1) $\sigma_a = \dfrac{F_a}{A} = 250\text{MPa}$, $\sigma_b = 150\text{MPa}$;(2) $l_b > 301.5\text{cm}$

2-27 $F_{N1} = \dfrac{E_1 E_2 A_1 A_2 \Delta}{2a(2E_1 A_1 + E_2 A_2)}$, $F_{N2} = \dfrac{E_1 E_2 A_1 A_2 \Delta}{a(2E_1 A_1 + E_2 A_2)}$

第 3 章

3-1 $\Delta l = 0.01\text{mm}$, $\sigma_{max} = 42\text{MPa}$

3-2 (1) $E = 66.7\text{GPa}$, $\sigma_p = 240\text{MPa}$, $\sigma_{0.2} = 330\text{MPa}$

(2) 当 $\sigma = 350\text{MPa}$ 时，$\varepsilon = 0.008$，$\varepsilon_e = 0.00525$，$\varepsilon_p = \varepsilon - \varepsilon_e = 0.00275$

3-3 $F = 15.7\text{kN}$

3-4 $\sigma = 149.3\text{MPa}$，$E = 203.6\text{GPa}$

3-5 $F = 200.67\text{kN}$

3-6 $\Delta l_p = 2.5\text{mm}$

3-7 $\delta = 16.6\%$，$\psi = 61.6\%$

第 4 章

4-1 剪切面面积 $A_s = \pi dh$，挤压面面积 $A_{bs} = \dfrac{1}{4}\pi(D^2 - d^2)$

4-2 剪切面面积 $A_s = ab$，挤压面面积 $A_{bs} = bc$

4-3 剪切面面积 $A_s = 4a\delta$，挤压面面积 $A_{bs} = a^2$

4-4 挤压面面积 $A_{bs} = bh/\cos\alpha$

4-5 $[F_P] = 160\text{kN}$

4-6 $\delta = 9\text{mm}$，$l = 90\text{mm}$，$h = 46\text{mm}$

4-7 $[F_P] = 38.01\text{kN}$

4-8 $\delta = 2.8\text{mm}$

4-9 在 C 处时：$d_C = 1.20\text{mm}$；在 D 处时：$d_C = 1.29\text{mm}$

4-10 $[F_P] = 250\text{N}$

4-11 $[n] = 3$

4-12 $l \geqslant 289\text{mm}$；$h \geqslant 36\text{mm}$

4-13 $\tau = 73.68\text{MPa} \leqslant [\tau] = 80\text{MPa}$　安全

4-14 $d \geqslant 9.54\text{mm}$

4-15

剪切强度：$\tau = 119.37\text{MPa} < [\tau] = 140\text{MPa}$　安全

挤压强度：

$\sigma_{bs1} = 312.5\text{MPa} \geqslant [\sigma_{bs}] = 240\text{MPa}$　不安全

$\sigma_{bs2} = 375\text{MPa} \geqslant [\sigma_{bs}] = 240\text{MPa}$　不安全

4-16 $[F_P] = 245.44\text{kN}$

4-17 $\tau = 73.7\text{MPa} < [\tau] = 80\text{MPa}$　安全

4-18

剪切强度：$\tau = 45.91\text{MPa} < [\tau] = 100\text{MPa}$　安全

挤压强度：$\sigma_{bs} = 180.28\text{MPa} < [\sigma_{bs}] = 200\text{MPa}$　安全

4-19 $d \geqslant 15.2\text{mm}$

第 5 章

5-1 (1) 略；(2) 有利

5-2 最大扭矩：$|T|_{max} = |T_{BC}| = 2005.3\text{N}\cdot\text{m}$

5-3 扭矩方程：$T = M\left[1 - \dfrac{2x}{l} + \left(\dfrac{x}{l}\right)^2\right]$

5-4 (1) $\tau_{max} = 71.3\text{MPa}$, $\varphi = 1.02°$
　　(2) $\tau_A = \tau_B = 71.3\text{MPa}$, $\tau_C = 35.65\text{MPa}$
　　(3) $\gamma_C = 4.5 \times 10^{-4}$

5-5 (1) $M_e = 17.8\text{kN}\cdot\text{m}$；(2) 圆轴的强度不足

5-6 比值：$M_{e2}/M_{e1} = 15$

5-7 (1) $M = 110\text{N}\cdot\text{m}$；(2) $\theta = 1.26°$

5-8 (1) $\tau_{max} = \dfrac{32ma}{\pi d^3}$；(2) $\gamma_A = \dfrac{16ma}{G\pi d^3}$；(3) $\theta_{max} = \dfrac{64ma}{G\pi d^4}$；(4) $M_C = ma$

5-9 圆轴满足强度和刚度要求

5-10 钢轴：$\tau_s(x) = \dfrac{G_s M_e \rho}{G_s I_{ps}(x) + G_c I_{pc}(x)}$, $[0 \leq \rho \leq d(x)/2]$

　　　铜管：$\tau_c(x) = \dfrac{G_c M_e \rho}{G_s I_{ps}(x) + G_c I_{pc}(x)}$, $[d(x)/2 \leq \rho \leq d_3/2]$

5-11 $\tau_{maxAC} = \dfrac{8tL(1+2\alpha^4)}{\pi D_1^3(1+\alpha^4)}$, $\tau_{maxBC} = \dfrac{8tL}{\pi D_2^3(1+\alpha^4)}$

5-12 分配到 AB 和 CD 两杆上的受力分别为 $\dfrac{3}{4}P$ 和 $\dfrac{1}{4}P$

5-13 (1) a 杆：$d_1 = 29.42\text{mm}$；b 杆：$d_2 = 28.86\text{mm}$；c 杆：$d_3 = 21.66\text{mm}$
　　　(2) $G_1 : G_2 : G_3 = 1 : 1.23 : 1.38$

第 6 章

6-1

a) $F_{S1} = 0$, $F_{S2} = -F_P$, $F_{S3} = 0$, $M_1 = M_2 = F_P a$, $M_3 = 0$

b) $F_{S1} = F_{S2} = -qa$, $F_{S3} = 0$, $M_1 = M_2 = -qa^2/2$, $M_3 = 0$

c) $F_{S1} = -q_0 a/2$, $F_{S2} = q_0 a/12$, $M_1 = M_2 = -q_0 a^2/6$

d) $F_{S1} = -qa$, $F_{S2} = -3qa/2$, $M_1 = -qa^2/2$, $M_2 = -2qa^2$

e) $F_{S1} = 1333\text{N}$, $F_{S2} = -667\text{N}$, $M_1 = 267\text{N}\cdot\text{m}$, $M_2 = 333\text{N}\cdot\text{m}$

f) $F_{S1} = F_{S2} = -100\text{N}$, $F_{S3} = 200\text{N}$, $M_1 = -20\text{N}\cdot\text{m}$, $M_2 = M_3 = -40\text{N}\cdot\text{m}$

6-2

a) $|F_S|_{max} = 2ql$, $|M|_{max} = 3ql^2/2$

b) $|F_S|_{max} = qa$, $|M|_{max} = 3qa^2/2$

c) $|F_S|_{max} = 5F_P/3$, $|M|_{max} = 5F_P a/3$

d) $|F_S|_{max} = 2qa$, $|M|_{max} = 5qa^2/2$

e) $|F_S|_{max} = 2F_P$, $|M|_{max} = F_P a$

f) $|F_S|_{max} = F_P$，$|M|_{max} = F_P a$

g) $|F_S|_{max} = 2qa$，$|M|_{max} = qa^2$

h) $|F_S|_{max} = 3qa/8$，$|M|_{max} = 9qa^2/128$

i) $|F_S|_{max} = 3M_e/2a$，$|M|_{max} = 3M_e/2$

j) $|F_S|_{max} = qa$，$|M|_{max} = qa^2/2$

k) $|F_S|_{max} = 5qa/8$，$|M|_{max} = qa^2/8$

l) $|F_S|_{max} = 3.5F_P$，$|M|_{max} = 2.5F_P a$

m) $|F_S|_{max} = qa$，$|M|_{max} = qa^2$

n) $|F_S|_{max} = qa/2$，$|M|_{max} = qa^2/8$

o) $|F_S|_{max} = 30\text{kN}$，$|M|_{max} = 15\text{kN} \cdot \text{m}$

6-3

a) $|F_S|_{max} = 3ql/4$，$|M|_{max} = ql^2/4$

b) $|F_S|_{max} = qa$，$|M|_{max} = qa^2$

c) $|F_S|_{max} = qa/2$，$|M|_{max} = qa^2/8$

d) $|F_S|_{max} = 3M_e/2l$，$|M|_{max} = M_e$

e) $|F_S|_{max} = 5qa/3$，$|M|_{max} = 8qa^2/9$

f) $|F_S|_{max} = qa$，$|M|_{max} = qa^2$

g) $|F_S|_{max} = F_P$，$|M|_{max} = 3F_P a$

h) $|F_S|_{max} = 5ql/8$，$|M|_{max} = 3ql^2/16$

i) $|F_S|_{max} = 3M_e/2a$，$|M|_{max} = 3M_e/2$

j) $|F_S|_{max} = qa$，$|M|_{max} = qa^2$

k) $|F_S|_{max} = 3qa/2$，$|M|_{max} = qa^2$

l) $|F_S|_{max} = qa$，$|M|_{max} = qa^2/2$

m) $|F_S|_{max} = 5qa/3$，$|M|_{max} = 25qa^2/18$

n) $|F_S|_{max} = qa$，$|M|_{max} = 3qa^2/4$

o) $|F_S|_{max} = q_0 a/2$，$|M|_{max} = q_0 a^2/3$

6-4　略

6-5　略

6-6

a) $M_{BA} = M_{BC} = qa^2/2$（上拉）

b) $M_{DA} = 0$；$M_{BD} = M_{BC} = F_P a$（上拉）

c) $M_{CB}^R = F_P a$，$M_{CB}^L = 0$，$M_{AC} = 2F_P a$（上拉）

d) $M_{CB} = 2qa^2$，$M_{AC} = 3qa^2$（上拉）

e) $M_{CA} = M_{CB} = 3qa^2/4$（下拉）

f) $M_{BA} = M_{BC} = qa^2$（上拉）

6-7　$x = \dfrac{(\sqrt{2}-1)}{2} l$

6-8　$x = \dfrac{l}{2} - \dfrac{c}{4}$

6-9　a) $M_{max} = \dfrac{Fl}{4}$；b) $M_{max} = \dfrac{Fl}{6}$；c) $M_{max} = \dfrac{Fl}{6}$；d) $M_{max} = \dfrac{3Fl}{20}$

6-10　实心轴 $\sigma_{max} = 159\text{MPa}$，空心轴 $\sigma_{max} = 93.7\text{MPa}$
　　　空心轴比实心轴的最大正应力减少 41%

6-11　$b \geqslant 277\text{mm}$，$h \geqslant 416\text{mm}$

6-12　$\sigma_{max} = 105\text{MPa}$

6-13　$\sigma_{max} = \dfrac{Ed}{d+D}$，$\varepsilon_{max} = \dfrac{d}{d+D}$，$M = \dfrac{E\pi d^4}{32(d+D)}$

6-14　$\sigma_{max} = 67.5\text{MPa}$

6-15　$(\sigma_{max})_{AB} = 113.74\text{MPa}$，$(\sigma_{max})_{BC} = 100.38\text{MPa}$

6-16　$\sigma_{tmax} = 26.2\text{MPa}$，$\sigma_{cmax} = 52.4\text{MPa}$

6-17　$b = 510\text{mm}$

6-18　(1) 略；(2) 选两根 8 号槽钢

6-19　$[F] = 56.88\text{kN}$

6-20　C 处左截面 $\sigma_{tmax} = 28.35\text{MPa}$，$\sigma_{cmax} = 45.18\text{MPa}$
　　　C 处右截面 $\sigma_{tmax} = 60.2\text{MPa}$，$\sigma_{cmax} = 37.8\text{MPa}$

6-21　$W \geqslant 125\text{cm}^3$，选 16 号工字钢

6-22　(1) $[q] = 15.68\text{N/m}$；(2) $d = 16.8\text{mm}$

6-23　$a = 1.385\text{m}$

6-24　(1) $b \geqslant 125\text{mm}$　(2) $\sigma^A_{max} = 7.78\text{MPa} < [\sigma] = 10\text{MPa}$，安全

6-25　$l_1 = \dfrac{l}{2}$，$h_1 = 2h_2 = l\sqrt{\dfrac{3q}{b[\sigma]}}$

6-26　$\sigma_{max} = 142\text{MPa}$，$\tau_{max} = 17.8\text{MPa}$

6-27　$\tau_A = 0.42\text{MPa}$，$\tau_B = 0.31\text{MPa}$，$\sigma_B = 2.08\text{MPa}$

6-28　(1) 提示：对于整体梁，受弯曲时的变形如图 6-77a 中双点画线所示，对于叠合梁在弯曲时的变形应该怎样？
　　　(2) $F_1 = 2F_2$

6-29　$[F_P] = 3.75\text{kN}$

6-30　$h/l = 1/10$

6-31　a) 圆截面：$d = 78.2\text{mm}$，$W_z/A = 9.8\text{mm}$，$\tau_{max} = 4.2\text{MPa}$
　　　b) 矩形截面：$h = 82.6\text{mm}$，$b = 41.3\text{mm}$，$W_z/A = 13.7\text{mm}$，$\tau_{max} = 6.6\text{MPa}$
　　　c) 10 号工字钢：$W_z/A = 34.2\text{mm}$，$\tau_{max} = 39.3\text{MPa}$

6-32　选 28a 号工字钢

6-33　(1) $2\text{m} \leqslant a \leqslant 2.667\text{m}$；(2) 选 50a 号工字钢

6-34　$F_P = 125.6\text{kN}$

6-35　$\sigma_{max} = 106.3\text{MPa}$，$\tau_{max} = 98.7\text{MPa}$，在 $F_S = 208\text{kN}$，$M = 41.8\text{kN}\cdot\text{m}$ 截面上，翼缘和腹板交界处 $\sigma_{r4} = 152\text{MPa}$

6-36　$F_P = 47.4\text{kN}$

6-37　$\sigma_{max} = 6.67\text{MPa}$，$\tau_{max} = 1.00\text{MPa}$

6-38　16 号工字钢

第 7 章

7-1　a) $w_A = 0$，$w_B = \dfrac{ql}{2k}$；b) $w_A = 0$，$\theta_A = 0$；c) $w_A = C$，$w_B = 0$；

　　d) $w_A = 0$，$\theta_A = 0$，$w_{B^-} = w_{B^+}$，$w_C = 0$；各梁的挠曲线大致形状略。

7-2　$F = 6EIA$（↑），$M = 6EIAl$（⌒）

7-3　$\theta_A = \dfrac{ql^3}{6EI}$（⌒），$\theta_B = 0$，$w_C = \dfrac{ql^4}{8EI}$（↓），$w_D = \dfrac{ql^4}{12EI}$（↓）

7-4　a) $w_A = -\dfrac{7ql^4}{384EI}$（↑），$\theta_B = -\dfrac{ql^3}{12EI}$（↻）

　　b) $w_A = \dfrac{5ql^4}{24EI}$（↓），$\theta_B = \dfrac{ql^3}{12EI}$（⌒）

7-5　$w_B = -\dfrac{5M_e l^2}{16EI}$（↑），$\theta_B = -\dfrac{3M_e l}{4EI}$（↻）

7-6　$w_A = \dfrac{13Fa^3}{48EI}$（↓）

7-7　$w_D = 6.37\text{mm}$（↓）

7-8　$w_{max} = w_C = 0.0246\text{mm}$（↓）$< [w] = 0.05\text{mm}$，该轴满足刚度要求。

7-9　$d \geq 112\text{mm}$

7-10　选两根 22a 号槽钢

7-11　选 32a 号工字钢

7-12　$F_{RA}(↓) = F_{RB}(↑) = \dfrac{9M_e}{8l}$，$M_A = -\dfrac{M_e}{8}$（⌒），剪力图和弯矩图略。

7-13　$F_N = \dfrac{3Aql^4}{8(Al^3 + 3hI)}$

7-14　$F_{NBD} = \dfrac{3Aql^3}{4(4Al^2 + 3I)}$

7-15　$F_B = \dfrac{12EI\Delta}{l^3}$（↓），$M_B = \dfrac{6EI\Delta}{l^2}$（↻）

7-16　$F_A = \dfrac{3F}{32}$（↓），$F_B = \dfrac{13F}{32}$（↑），$F_C = \dfrac{11F}{16}$（↑）

第 8 章

8-1　$\tau = 51\text{MPa}$

8-2　（1）$h = 22.24\text{m}$；（2）$\sigma_l = 0$

8-3　$\sigma_x = -33.33\text{MPa}$，$\tau_x = -57.73\text{MPa}$

8-4　$\tau_{-60°} = -1.55\text{MPa}$，$|\tau_{-60°}| > 1\text{MPa}$，故胶层不满足剪切强度。

8-5　$\sigma_1 = \sigma_2 = \sigma_3 = -\sigma$，应力圆退缩成应力点圆。

8-6　a）解析法。

$\sigma_1 = \sigma' = 60\text{MPa}$，$\sigma_2 = \sigma'' = 20\text{MPa}$，$\sigma_3 = \sigma''' = 0\text{MPa}$

主方位角 $\alpha_0 = 0°$，对应 $\sigma_1 = 60\text{MPa}$；$\alpha_0 = 90°$，对应 $\sigma_2 = 20\text{MPa}$。

b）解析法。

$\sigma_1 = \sigma' = 35\text{MPa}$，$\sigma_2 = \sigma''' = 0\text{MPa}$，$\sigma_3 = \sigma'' = -35\text{MPa}$

主方位角 $\alpha_0 = -45°$，对应 $\sigma_1 = 35\text{MPa}$；$\alpha_0 = 45°$，对应 $\sigma_3 = -35\text{MPa}$。

c）解析法。

$\sigma_1 = \sigma' = 96.57\text{MPa}$，$\sigma_2 = \sigma''' = 0\text{MPa}$，$\sigma_3 = \sigma'' = -16.57\text{MPa}$

主方位角 $\alpha_0 = -22.5°$，对应 $\sigma_1 = 96.57\text{MPa}$；$\alpha_0 = 67.5°$，对应 $\sigma_3 = -16.57\text{MPa}$。

d）解析法。

$\sigma_1 = \sigma' = 45.62\text{MPa}$，$\sigma_2 = \sigma'' = 4.38\text{MPa}$，$\sigma_3 = \sigma''' = 0\text{MPa}$

主方位角 $\alpha_0 = 37.98°$，对应 $\sigma_1 = 45.62\text{MPa}$；$\alpha_0 = 52.02°$，对应 $\sigma_2 = 4.38\text{MPa}$。

8-7　$\genfrac{}{}{0pt}{}{\sigma_1}{\sigma_3} = \genfrac{}{}{0pt}{}{128.1}{-28.1}\text{MPa}$，$\sigma_2 = 0$，$\varepsilon = 5 \times 10^{-4}$

8-8　应力表示应变的一般平面应力状态下的胡克定律公式：

$$\varepsilon_x = \frac{1}{E}(\sigma_x - \nu\sigma_y),\ \varepsilon_y = \frac{1}{E}(\sigma_y - \nu\sigma_x),\ \varepsilon_z = -\frac{\nu}{E}(\sigma_x + \sigma_y),\ \gamma_{xy} = \frac{\tau_{xy}}{G}$$

用应变表示应力的一般平面应力状态下的胡克定律公式：

$$\sigma_x = \frac{E}{1-\nu^2}(\varepsilon_x + \nu\varepsilon_y),\ \sigma_y = \frac{E}{1-\nu^2}(\varepsilon_y + \nu\varepsilon_x),\ \tau_{xy} = G\gamma_{xy}$$

8-9　$M_e = T = -10.89\text{kN} \cdot \text{m}$

8-10　$F = F_N = 39.8\text{kN}$

8-11　$\sigma_1 = 0\text{MPa}$，$\sigma_2 = -19.8\text{MPa}$，$\sigma_3 = -60\text{MPa}$；$\Delta l_1 = 3.76 \times 10^{-3}\text{mm}$，$\Delta l_2 = 0$，$\Delta l_3 = -7.6 \times 10^{-3}\text{mm}$

8-12　$v_d = 13.0\text{kJ/m}^3$

8-13　对低碳钢一类的塑性材料，通常取为 $[\tau] = (0.5 \sim 0.6)[\sigma]$。对铸铁一类的脆性材料通常取为 $[\tau] = (0.8 \sim 1.0)[\sigma]$。

8-14　$p = 2.8\text{MPa}$

8-15　（1）$\delta \geq 7.5\text{mm}$；（2）$\delta \geq 3.2\text{mm}$

8-16　$\sigma_{r3} = 101.37\text{MPa} > [\sigma] = 100\text{MPa}$，但因相对误差 $<5\%$，所以满足强度要求。

8-17　按第三强度理论，$\delta \geq 6.43\text{mm}$

8-18　选 25b 号工字钢满足强度要求。

第9章

9-1　$F_{\text{Nmax}} = 173.2\text{kN}$，$F_{\text{Smax}} = 50\text{kN}$，$M_{z\text{max}} = 100\text{kN} \cdot \text{m}$

9-2 $F_{Nmax} = 1500\text{kN}$, $M_{zmax} = 150\text{kN}\cdot\text{m}$

9-3 $M_{ymax} = 2.70\text{kN}\cdot\text{m}$, $M_{zmax} = 1.2\text{kN}\cdot\text{m}$, $T_{max} = 0.675\text{N}\cdot\text{m}$

9-4 1. $\sigma_{c1} = -15.32\text{MPa}$, 2. $\sigma_{c2} = -16.55\text{MPa}$, 3. $\sigma_{c2}/\sigma_{c1} = 1.08$

9-5 a) $\sigma_{max} = \dfrac{4F}{3a^2}$; b) $\sigma_{max} = \dfrac{F}{a^2}$; c) $\sigma_{max} = \dfrac{8F}{a^2}$

9-6 （1）$\sigma_{tmax} = 34.83\text{MPa}$；（2）$n = 2.96$；（3）6.4%

9-7 $e_{tmax} = 161.1\text{mm}$

9-8 $\sigma_{cmax} = 97.14\text{MPa} < [\sigma] = 100\text{MPa}$ 安全

9-9 （1）三点加载 $\sigma_A = \sigma_B = -8\text{MPa}$；（2）1、2 点加载 $\sigma_A = -15.33\text{MPa}$，$\sigma_B = 4.67\text{MPa}$；（3）在点 1 加载：$\sigma_A = -12.67\text{MPa}$，$\sigma_B = 7.33\text{MPa}$；由对称性得，在 3 点加载：$\sigma_A = 7.33\text{MPa}$，$\sigma_B = -12.67\text{MPa}$

9-10 $[F] = 1605.78\text{N}$

9-11 $h = 130\text{mm}$，$b = 90\text{mm}$

9-12 $\sigma_{max} = 0.926\text{MPa}$，$\tau_{max} = 0.44\text{MPa}$，$w_{max} = 0.288\text{mm}$

9-13 $\sigma_{r3} = = 57.18\text{MPa} \leqslant [\sigma] = 60\text{MPa}$ 安全

9-14 $d \geqslant 116\text{mm}$

9-15 $d \geqslant 18.88\text{mm}$

9-16 忽略皮带重力时 $d \geqslant 48\text{mm}$，不忽略皮带重力时 $d \geqslant 49.3\text{mm}$

9-17 点 a：$\sigma_{r4} = 35.74\text{MPa}$，点 b：$\sigma_{r4} = 34.00\text{MPa}$

9-18 （1）常见的重要的应力状态；（2）$\sigma_1 = 109.14\text{MPa}$，$\sigma_2 = 0$，$\sigma_2 = -2.14\text{MPa}$；（3）$\varepsilon_1 = 0.55\times 10^{-3}$，$\varepsilon_2 = 0.1605\times 10^{-3}$，$\varepsilon_3 = 0.174\times 10^{-3}$

9-19 $\sigma_{Ar3} = 144.22\text{MPa} < [\sigma] = 150\text{MPa}$，$\sigma_{Br3} = 120\text{MP}\varepsilon < [\sigma] = 150\text{MPa}$ 安全

9-20 $F = 385.94\text{kN}$，$T = 113.63\text{kN}\cdot\text{m}$，$\sigma_{r3} = 43.1\text{MPa} < [\sigma] = 120\text{MPa}$ 安全

9-21 $p = 12\text{MPa}$，$T = 25.8\text{kN}\cdot\text{m}$

9-22 $\sigma_{r3} = 50\text{MPa} < [\sigma] = 80\text{MPa}$ 安全

第 10 章

10-1 $F_{Pcr} = 65.113\text{kN}$

10-2 $F_{Pcr} = 400.37\text{kN}$

10-3 $F_{cr} = 60.559\text{kN}$

10-4 结构破坏荷载 $F = 1.33\text{kN}$

10-5 $\Delta t = 185\text{℃}$

10-6 $n_{st} = \dfrac{\sigma_{cr}}{\sigma} = 3.13$

10-7 $\Delta t_{cr} = 130.5\text{℃}$

10-8 $\Delta t = \dfrac{\pi^2 l}{\alpha_1 A l^2}$

10-9 $x = \dfrac{1}{5}l$

10-10 $F = \dfrac{0.03\pi^3 E d^4}{h^2}$

10-11 $h = l/2$ $D = 1.303 \sqrt[4]{F/E}\sqrt{l}$

10-12 (1) $F_{max} = 0.267\pi^2 EI$; (2) $\alpha = 61.51°$

10-13 (1) $P_{max} = \dfrac{3\pi^2 EI}{16}$; (2) $h = 3.56\text{m}$

10-14 $\theta = \arctan(\cot^2\beta)$

10-15 $[F] = \dfrac{2\sqrt{2}(F_{cr})_{BD}}{n_{st}} = \dfrac{\sqrt{2}i^2\pi^2 EA}{3a^2}$

10-16 $F_{NBD} = 7.06\text{kN}$; $F_{cr} = 39\text{kN}$; $n = \dfrac{F_{cr}}{F_{NBD}} = 5.56 > n_{st}$,安全

10-17 $[F] = 121\text{kN}$

10-18 (1) $[F_P] = 171.6\text{kN}$; (2) $[F_P] = 68.9\text{kN}$

10-19 $x = 0.716a$

10-20 $[F] = 37\text{kN}$

10-21 $[F] = 15.50\text{kN}$

10-22 $[F] = 6.2\text{kN}$

10-23 $\sigma_{max} = 138.7\text{MPa} < [\sigma]$

杆 BC 受轴向压力,应力 $\sigma = 12.4\text{MPa} < [\sigma]$

梁 AB 和杆 BC 的强度满足要求

$\sigma_{cr} = 49.3\text{MPa}$

$n = \dfrac{\sigma_{cr}}{\sigma} = \dfrac{49.3}{12.4} = 3.97 > n_{st}$

满足稳定性要求

10-24 $[F_P] = 194\text{kN}$

第 11 章

11-1 $V_\varepsilon = \dfrac{\gamma^2 A l^3}{6E}$

11-2 $V_{\varepsilon\min} = \dfrac{F^2 l}{3EA}$

11-3 略

11-4 $\Delta_{AB} = \dfrac{5F_P a^3}{3EI}$ ($\longleftrightarrow$)

11-5 $\Delta B_V = \dfrac{(2\sqrt{2}+3)F_P l}{2EA}$ ($\downarrow$)

习题参考答案

11-6　$w_C = \dfrac{3M_e l^2}{8EI}$（↓）

11-7　$\Delta_A = \dfrac{FD^2}{2E\delta}$

11-8　$\Delta_{Ax} = \dfrac{Ma^2}{2EI}$（向左）

11-9　$\theta_B = \dfrac{\int_0^l Fx \dfrac{x}{l} \mathrm{d}x}{EI} = \dfrac{Fl^2}{3EI}$（⌢）

11-10　$\Delta_E = \dfrac{9F_P a^3}{48EI}$（↓）

11-11　$F_{RC} = \dfrac{3}{8} F_P$（↑）

11-12　$w_A = \dfrac{38 q_0 l^4}{1215 EI}$（↓）

11-13　$\Delta_{Cy} = \dfrac{2Fa^3}{3EI} + \dfrac{8\sqrt{2} Fa}{EA}$

11-14　$\Delta_{Ax} = \dfrac{\pi F R^3}{2EI}$（水平向左）

　　　$\Delta_{Ay} = \dfrac{2FR^3}{2EI}$（铅垂向下）

11-15　$\theta_{AC} = \dfrac{7qa^3}{12EI}$

11-16　$k = F/\Delta = 0.32 EI/r^3$

11-17　$\theta_{AB} = \sum \dfrac{F_i \overline{F}_i l_i}{EA} = (4\sqrt{2}+2) \dfrac{F}{EA}$（⌢）

11-18　$\theta_A = FR^2(\pi-2)/(4EI)$（反向转动）

11-19　$M = \Delta\theta EI / (2\pi R)$

11-20　$\Delta_{BC} = \dfrac{(2+\sqrt{3}\pi) FR^3}{(4EI)} = 1.86 \dfrac{FR^3}{EI}$（两点靠近）

11-21　(1) 相对线位移：$\Delta_{AA1} = (4+\pi) \dfrac{6FR^3}{Ebh^3}$（张开）

　　　(2) 相对角位移：$\theta_{AA1} = \dfrac{24FR^2}{Ebh^3}$（张开）

11-22　$\Delta_{AA_1} = \dfrac{36\pi q R^4}{Ebh^3}$

11-23　$\theta_A = \dfrac{7 q_0 l^3}{360 EI}$（⌢）

343

$\theta_B = \dfrac{q_0 l^3}{15EI}$ （↻）

11-24　xOz 平面：$\Delta_z = \dfrac{2M_e R^2}{GI_p}$

yOz 平面：$\Delta_z = \dfrac{\pi M_e R^2}{2GI_p} + \dfrac{\pi M_e R^2}{2EI}$

11-25　$\Delta_{Ay} = \alpha(T_1 - T_2) l^2 / (2h)$ （↑）
$\Delta_{Ax} = \alpha(T_1 + T_2) l / 2$ （←）

11-26　$A^* = \left(\dfrac{a^2 + b^2}{6} - \dfrac{a^3 + b^3}{8l}\right) \dfrac{Fab}{EI}$

11-27　a) $\Delta_{Ay} = \dfrac{-F_P bha}{EI}$ （↑），$\theta_C = \dfrac{F_P b(b+2h)}{2EI}$ （↻）

b) $\Delta_{Ay} = \dfrac{5ql^4}{384EI}$ （↓）

11-28　$\Delta_{Cx} = \dfrac{M_e a^2}{3EI}$ （向右），$\theta_C = \dfrac{M_e a}{6EI}$ （↻），$\Delta_{Dx} = \dfrac{M_e a^2}{6EI}$ （向右）

11-29　a) $w_A = \dfrac{19qa^4}{8EI}$ （向下），$\theta_B = \dfrac{11qa^3}{6EI}$ （↻）

b) $w_A = \dfrac{2ql^4}{3EI}$ （向下），$\theta_B = \dfrac{ql^3}{3EI}$ （↻）

c) $w_A = \dfrac{7qa^4}{3EI}$ （向下），$\theta_B = \dfrac{3qa^3}{2EI}$ （↻）

11-30　$\theta_{BB'} = \dfrac{14qa^3}{3EI}$

11-31　$w_C = -\dfrac{Fa^3}{3EI}$ （向上），$\theta_{CC'} = -\dfrac{2Fa^2}{3EI}$ （左逆、右顺时针）

11-32　$\alpha = \dfrac{\pi}{8}$

11-33　$\theta_{BB'} = \dfrac{3qa^3}{8EI}$ （B 面左逆时针，右顺时针），$w_B = \dfrac{5qa^4}{24EI}$ （向上）

11-34　$\theta_A = \dfrac{qa^3}{48EI}$ （↻），$\Delta_{Cy} = \dfrac{11qa^4}{384EI}$ （向下）

11-35　$F_{Ay} = \dfrac{3F}{14}$ （向下），$F_{Ax} = F$ （向左），$M_A = \dfrac{11Fl}{14}$ （↻）

11-36　$F_{AO} = \dfrac{15\sqrt{2}}{2}$kN，$F_{BO} = -\dfrac{5\sqrt{2}}{2}$kN，$F_{CO} = 5$kN，$F_{DO} = \dfrac{5}{2}$kN

11-37　（1）$\Delta_{AE} = \dfrac{5F_2 l^3}{3EI} - \dfrac{F_1 l^3}{8EI}$ （相对离开）

(2) 令 $\Delta_{AE}=0$, $\dfrac{F_1}{F_2}=\dfrac{40}{3}$

(3) 曲线略

11-38 解 (1) $\Delta d = \varepsilon d = \dfrac{q(2\nu-1)}{E}d$ (缩短)

(2) $\Delta V = Fd\dfrac{(2\nu-1)}{E}$

第 12 章

12-1 最大动应力 $\sigma_{dmax}=60.3\text{MPa}$

12-2 $\sigma_{dmax}=4.63\text{MPa}$

12-3 $\sigma_{dmax}=180\text{MPa}$

12-4 $\sigma_{dmax}=120.2\text{MPa}$

12-5 $\tau_{dmax}=K_d\dfrac{3G}{4bh}$, $\sigma_{dmax}=K_d\dfrac{GL}{4W_z}$

12-6 $b=160\text{mm}$, $h=240\text{mm}$

12-7 $\sigma_{dmax}=34.54\text{MPa}$ $w_{dmax}=287\text{mm}$

12-8 有弹簧 $h=389\text{mm}$, 无弹簧 $h=9.67\text{mm}$

12-9 $\tau_{dmax}=63.77\text{MPa}$, $\sigma_{dmax}=135.1\text{MPa}$

12-10 AC 梁: $\sigma_{dmax}=\dfrac{M_{dmax}}{W_z}=\dfrac{k_d M_B}{W_z}=157.5\text{MPa}<[\sigma]$

BD 杆: $\sigma_{dmax}=k_d\sigma_{stmax}=1.37\text{MPa}<[\sigma]$

12-11 最大动态弯矩: $M_{dmax}=\left(1+\sqrt{1+\dfrac{192hEI}{7Pa^3}}\right)\dfrac{3Pa}{8}$

最大冲击挠度: $\omega_{dmax}=\left(1+\sqrt{1+\dfrac{192hEI}{7Pa^3}}\right)\dfrac{7Pa^3}{96EI}$

第 13 章

13-1 a) $\sigma_m=0$; $\sigma_a=80\text{MPa}$; $r=-1$

b) $\sigma_m=40\text{MPa}$; $\sigma_a=40\text{MPa}$; $r=0$

c) $\sigma_m=20\text{MPa}$; $\sigma_a=60\text{MPa}$; $r=-\dfrac{1}{2}$

d) $\sigma_m=60\text{MPa}$; $\sigma_a=20\text{MPa}$; $r=\dfrac{1}{2}$

13-2 $\sigma_m=549\text{MPa}$; $\sigma_a=12\text{MPa}$; $r=0.957$

13-3 $\sigma_{max}=75.5\text{MPa}$; $\sigma_{min}=-75.5\text{MPa}$; $r=-1$

13-4　$[\sigma_{-1}]_1 = \dfrac{75.9}{2}\text{MPa} = 37.95\text{MPa}$, $[\sigma_{-1}]_2 = \dfrac{75.5}{2}\text{MPa} = 37.75\text{MPa}$

13-5　$n_\tau = \dfrac{\tau_{-1}}{\dfrac{K_\tau}{\varepsilon_\tau \beta}\tau_a + \psi_\tau \tau_m} = 5.06 > n = 2$

13-6　$n_{\sigma\tau} = \dfrac{n_\sigma n_\tau}{\sqrt{n_\sigma^2 + n_\tau^2}} = 2.7 > n = 1.8$

13-7　最大荷载为 74.4kN

13-8　(1) $r=1$；(2) $r=-1$

附录 A

A-1　(20.5mm, 40.5mm)

A-2　$\dfrac{3a^3}{32}$

A-3　$5.84 \times 10^6 \text{mm}^4$

A-4　$2.50 \times 10^6 \text{mm}^4$

A-5　$\dfrac{5D^4\pi}{16}$, $I_{z_1} < I_{z_2} < I_{z_3}$

A-6　$\dfrac{5D^4\pi}{16}$

A-7　与 z_1 轴夹角为 $0°$、$90°$ 或 $-45°$、$45°$，均为 $\dfrac{5D^4\pi}{16}$

参 考 文 献

[1] 武际可. 力学史 [M]. 重庆：重庆出版社，2000.
[2] TIMOSHENKO S P. History of strength of materials [M]. New York: Dover Publications, 1983.
[3] 黄小清，陆丽芳，何庭蕙. 材料力学 [M]. 2版. 广州：华南理工大学出版社，2011.
[4] 刘鸿文. 材料力学 [M]. 7版. 北京：高等教育出版社，2017.
[5] 孙训方，方孝淑，关来泰. 材料力学：I [M]. 5版. 北京：高等教育出版社，2009.
[6] 孙训方. 材料力学 [M]. 6版. 北京：高等教育出版社，2019.
[7] GERE J M, GOODNO B J. Strength of materials: The Seventh Edition [M]. 影印版. 北京：机械工业出版社，2011.
[8] 秦世伦，李晋川. 材料力学 [M]. 北京：高等教育出版社，2016.
[9] 苟文选. 材料力学：I [M]. 3版. 北京：科学出版社，2017.
[10] 秦飞. 材料力学 [M]. 北京：科学出版社，2012.
[11] 章宝华，龚良贵. 材料力学 [M]. 北京：北京大学出版社，2011.
[12] 刘海燕，韩斌，水小平. 材料力学学习指导与题解 [M]. 北京：电子工业出版社，2014.
[13] 王永廉，汪云祥，方建士. 材料力学学习指导与题解 [M]. 2版. 北京：机械工业出版社，2013.
[14] 单辉祖. 材料力学问题与范例分析 [M]. 2版. 北京：高等教育出版社，2016.
[15] 单辉祖. 材料力学 [M]. 3版. 北京：高等教育出版社，2009.
[16] 胡益平. 材料力学典型例题及难题详解 [M]. 成都：四川大学出版社，2014.
[17] HIBBELER R C. Mechanics of Materials: The Fifth Edition [M]. 影印版. 北京：高等教育出版社，2004.
[18] 江晓禹，龚辉. 材料力学 [M]. 5版. 成都：西南交通大学出版社，2017.
[19] 叶开沅，冯燕伟. 材料力学 [M]. 北京：高等教育出版社，1989.
[20] 苏翼林. 材料力学 [M]. 北京：高等教育出版社，1980.
[21] 范钦珊，殷雅俊. 材料力学 [M]. 北京：清华大学出版社，1999.
[22] 张杨，赵亚哥白. 材料力学 [M]. 成都：电子科技大学出版社，2016.
[23] 古滨，唐学彬，邱清水，等. 材料力学 [M]. 北京：北京理工大学出版社，2016.
[24] 赵永刚，赵晓军，杨静宁. 材料力学教程 [M]. 武汉：武汉大学出版社，2012.
[25] 王吉民，王小岗，杜留记，等. 材料力学 [M]. 北京：中国电力出版社，2012.
[26] 中国钢铁工业协会. 热轧型钢：GB/T 706—2016 [S]. 北京：中国标准出版社，2017.
[27] 陈炎，张晓晴. 关于材料力学课程教学中两个问题的讨论 [J]. 高等建筑教育，2020，29（4）：78-86.